ソーシャル エンタープライズ
社会的企業
雇用・福祉のEUサードセクター

C.ボルザガ／J.ドゥフルニ [編]

内山哲朗・石塚秀雄・柳沢敏勝 [訳]

Social
Enterprise

日本経済評論社

The Emergence of Social Enterprise
edited by Carlo Borzaga and Jacques Defourny
Copyright©Carlo Borzaga and Jacques Defourny 2001
All Rights Reserved. Authorised translation from
English language edition published by Routledge, a
member of the Taylor & Francis Group.
Japanese translation published by arrangement with Taylor & Francis Books Ltd.
through The English Agency (Japan) Ltd.

日本語版への序文

　本書は、「社会的企業の登場、ヨーロッパにおける社会的排除との闘いの道具」と名づけられた4年間の研究計画の成果である。この研究計画は EMES (L'Émergence des Enterprises Sociales en Europe) と広く呼ばれている。
　「社会的企業」という言葉は、1990年代半ばにようやくヨーロッパに登場した。しかし、EU加盟15ヵ国の研究者からなるチームは次のような仮説を立てた。すなわち、ヨーロッパ全体で見出せる「社会的企業家活動」という新しい波を説明するための何か有効な概念があるのではないか、と。研究計画がスタートして8年ほどたったとき、われわれは「社会的企業」という概念に行き当たった。しかし、これは、ときに曖昧で多様な意味を付与されていた。
　今日「社会的経済」という概念が経済のサードセクターを示すものとしてヨーロッパではしだいに受け入れられつつあるものの、「社会的企業」もまた、民間営利セクターにも公的セクターにも属さない起業組織を示すものとして、その種の概念のなかではこれまでのどれよりも早く受け入れられつつあることは注目に値する。
　アカデミックな世界では、社会的企業のマネジメントに関する教育プログラムが多く立ち上がりつつある。そのなかには、ハーバードビジネススクールのようなよく知られた機関のものもある。政治的には、イタリア、スペイン、ポルトガル、ギリシャ、ベルギーなどいくつかのヨーロッパ諸国が社会的企業についての新しい法律を制定している。また最近では、フランスで「社会的共通益のための協同組合 (La Société Coopérative d'Intérêt Collectif)」法（2002年2月）がつくられ、またフィンランドでも、起業組織についての法律が近日中に制定される予定である。すでにイギリス政府も、「コミュニティのための企業」法を新たにつくっている。これらはいずれも、社会的企業についてのわれわれの定義に沿ったものである。
　国際的には OECD が、われわれの EMES 報告に基づいて社会的企業に関す

る報告書を作成した。

　本書に結実した学際的な研究成果と結びついたこれらの動きは，研究者たちによるネットワークの形成へと導いた。そして，EMES ヨーロッパ研究ネットワークが国際的非営利組織として結成され，ヨーロッパ 9 ヵ国の研究センターと研究者個人，さらに，社会的経済の研究センターが存在しない国々の研究者が参集した。EMES ネットワークでは，現在も新しい研究プロジェクトを推進している。そのなかには，中欧・東欧の研究者との共同研究も含まれる。これらの研究プロジェクトは，社会的企業や社会的経済が直面する諸側面や諸問題を取り扱っている。

　社会的企業についてのわれわれの分析枠組みに合致する起業組織の性格が多彩であるとともに，地域的にもその多様性が広がっている。本書の日本語版は，社会的企業についてのわれわれの研究に関する理解を日本において広めることに寄与するであろう。しかし細かくいえば，日本的な枠組みのなかでの社会的企業の概念とは対立点もあるかもしれない。

　多くの EU 諸国のように，日本にも，巨大で多様な協同組合セクターが存在する。それは，アメリカの NPO セクターアプローチでは分析しきれないかもしれない。さらに基本的なことは，最近の日本の協同組合運動や社会的経済セクターに属するその他の組織の発展をみれば，その動向を真に把握するためには，新しい分析枠組みが必要だという点である。それらの組織のなかには，ヨーロッパ的な見方からすれば驚きであるが，新しい社会的ニーズに応えようと動き出している運動・事業体がある。たとえば，農業協同組合（厚生連）による協同組合医療運動や医療生活協同組合運動は重要である。とりわけ民医連運動（全日本民主医療機関連合会）はいまやみずからを「非営利・協同組織」とみなしている。阪神・淡路大震災以後，ボランタリーの新しい波が起こり，1999 年には「特定非営利活動促進法（NPO 法）」が制定された。また規模は小さいが，労働者協同組合運動やワーカーズコレクティブ運動も登場している。

　日本におけるこうした一連の動向，および，われわれがおそらくまだ知らない多くの動向からすれば，日本は，社会的経済の分野においてきわめて発展し変化しつつある地域であり，本書で提案している社会的企業概念の理論的考察

の検証の場にもなる。日本はまた，社会的経済・社会的企業をめぐるさらなる実証的・理論的研究の新たな確証の場となるかもしれない。

　以上のような理由で，多大な努力と時間を注ぎ込んで本書の日本語版を完成させてくれた日本の3人の同僚，内山哲朗，石塚秀雄，柳沢敏勝の諸氏に対して，われわれは，ヨーロッパEMESネットワークを代表して感謝申し上げるしだいである。また，日本語版の出版の労をとってくださった日本経済評論社にも心より謝意を表したい。

2003年5月19日

カルロ・ボルザガ
ジャック・ドゥフルニ

目　　次

日本語版への序文
図　表　一　覧　　　　　　　　　　　　　　　　　　　　xiv
凡　　　例　　　　　　　　　　　　　　　　　　　　　　xv
著者および担当章　　　　　　　　　　　　　　　　　　　xvi
献　　　辞　　　　　　　　　　　　　　　　　　　　　　xx

緒論　サードセクターから社会的企業へ ………………………… 1

　　は じ め に　　　　　　　　　　　　　　　　　　　　　1
　1　サードセクターの（再）発見　　　　　　　　　　　　4
　2　社会的経済という概念　　　　　　　　　　　　　　　7
　3　非営利セクターという概念　　　　　　　　　　　　　12
　4　非営利セクターと社会的経済——類似点と相違点　　　14
　5　2つの概念の限界　　　　　　　　　　　　　　　　　16
　6　新しい社会的企業家活動　　　　　　　　　　　　　　18
　7　社会的企業の定義に向けて　　　　　　　　　　　　　26
　8　各国で広がる起業組織　　　　　　　　　　　　　　　29
　9　3つの中心問題　　　　　　　　　　　　　　　　　　33
　10　社会的企業の理論に向けて　　　　　　　　　　　　　34

第Ⅰ部　EU 15ヵ国における社会的企業

1　オーストリア：社会的企業と新しい保育サービス ………… 43

　　は じ め に　　　　　　　　　　　　　　　　　　　　　43
　1　地域協同組合，社会的経済企業，社会福祉アソシエーションの伝統　　45
　2　社会的企業とは何か　　　　　　　　　　　　　　　　50

	3　保育分野での社会的企業	52
	結　　論	60
2	**ベルギー：コミュニティサービスにおける社会的企業** …………	**63**
	はじめに	63
	1　社会的企業と失業者の労働市場への統合	65
	2　社会的企業とコミュニティサービス——その歴史的背景	68
	3　アソシエーションと社会的企業家活動	76
	4　社会的企業の位置と役割——前向きな挑戦	81
	5　結論および将来展望	84
3	**デンマーク：協同組合活動とコミュニティ開発** …………………	**88**
	はじめに	88
	1　社会保障制度	88
	2　社会的企業	90
	3　社会的企業の新しいタイプ	94
	4　今日の社会的企業の貢献——長所と短所	105
	5　将来展望と結論	107
4	**フィンランド：失業への革新的回答と労働参入協同組合** …………	**110**
	はじめに	110
	1　労働市場への統合における協同組合的な社会的企業	112
	2　労働参入協同組合——失業に対する自助的解答	116
	3　支　援　体　制	127
	4　協同組合的な社会的企業と社会的資本	128
	5　協同組合的な社会的企業の将来	128
5	**フランス：社会的企業による「近隣サービス」** …………………	**133**
	はじめに	133
	1　社会サービスの発展	136

2	近隣サービスと社会的企業	140
3	公共政策と社会的企業	146
	結　論	156

6　ドイツ：社会的企業と中間労働市場 …………………………… 159

	はじめに	159
1	サードセクター――隠れた雇用の可能性	161
2	社会的企業と社会的資本――概念的枠組み	163
3	社会的統合と事業の推進との狭間で――ドイツの社会的企業	167
4	合同再開発・雇用戦略の一部をなす社会的企業――デュイスブルグ-マルクスロウの事例	173
5	結論　社会的企業の潜在的可能性――否定か実現か	178

7　ギリシャ：福祉ニーズに応える社会的企業 ……………………… 182

	はじめに	182
1	社会的企業――法概念の欠落と起業組織の存在	184
2	労働市場の状況	185
3	社会的企業のタイプ	188
4	社会的企業の主要な特徴	190
5	社会的企業が動員する資源	192
6	社会的排除に反対する闘いの成果	193
7	発展にとっての弱点と障壁	194
	結　論	196

8　アイルランド：社会的企業と地域開発 …………………………… 199

	はじめに	199
1	社会的企業――その広い枠組み	201
2	社会的企業のカテゴリー	203
3	地域開発と社会的企業の登場	207
4	事　例	214

5　結論および政策的な意味　　　　　　　　　　　　　218

9　イタリア：伝統的な協同組合から革新的な社会的企業へ………… 223
　　はじめに　　　　　　　　　　　　　　　　　　　　223
　　1　社会的企業　　　　　　　　　　　　　　　　　224
　　2　社会的協同組合の内容　　　　　　　　　　　　226
　　3　社会的企業の誕生と発展　　　　　　　　　　　228
　　4　社会的協同組合の特徴　　　　　　　　　　　　235
　　5　社会的協同組合の機能の評価　　　　　　　　　239
　　6　発展の可能性　　　　　　　　　　　　　　　　242
　　結　　論　　　　　　　　　　　　　　　　　　　　243

10　ルクセンブルグ：サードセクターと労働市場への統合型
　　社会的企業 ………………………………………………………… 245
　　はじめに　　　　　　　　　　　　　　　　　　　　245
　　1　ヨーロッパではユニークな雇用状態　　　　　　245
　　2　サードセクターの誕生　　　　　　　　　　　　249
　　3　労働市場への参入を支える社会的コミュニティ方式　251
　　4　労働市場への統合活動──いくつかの事例　　　253
　　5　次なる道は？　　　　　　　　　　　　　　　　256

11　ポルトガル：障害者のためのリハビリテーション協同組合 …… 259
　　はじめに　　　　　　　　　　　　　　　　　　　　259
　　1　社会的経済の概要　　　　　　　　　　　　　　261
　　2　社会的企業──CERCI の場合　　　　　　　　264
　　3　将来の展望と結論　　　　　　　　　　　　　　270

12　スペイン：雇用政策の失敗と社会的企業 ……………………… 273
　　はじめに　　　　　　　　　　　　　　　　　　　　273
　　1　労働市場の概況　　　　　　　　　　　　　　　274

2	分析の焦点	276
3	方法と事例	278
4	社会的統合を行う企業の特徴	280
5	社会的企業のリスク	289
6	公共政策との相互関係	291
7	将来展望と結論	292

13 スウェーデン：労働市場への統合型社会的企業の登場 ………… 295

	はじめに	295
1	この分野の定義――国家，福祉，慈善	296
2	組織形態と法人形態	298
3	サードセクターと雇用	301
4	社会的協同組合	303
5	問題と展望	310
6	結論と含意	314

14 オランダ：近隣開発企業 ………………………………………… 317

	はじめに	317
1	非営利セクター	317
2	社会的企業の登場	325
3	近隣開発プログラム	327
4	結論と将来の道すじ	334

15 イギリス：広範囲にわたる社会的企業 ………………………… 337

	はじめに	337
1	歴史からみたサードセクター組織	337
2	社会的企業の概観	340
3	新しい社会的企業セクターの概観	347
4	福祉サービスにおける社会的企業	353
	結　論	361

第Ⅱ部　社会的企業──理論的視点

16　社会的企業のインセンティブ構造 …………………… 367

 はじめに　367
 1　企業──生産機能と調整メカニズムの対立　369
 2　制度派アプローチとサードセクター組織──既存理論とその限界　375
 3　対人サービス・社会的共通サービスの特殊性　380
 4　サードセクターと社会的企業の制度的特性　383
 5　インセンティブ構造としての社会的企業　386
 結　論　392

17　社会的企業と社会的資本 …………………………………… 396

 はじめに　396
 1　社会的資本　399
 2　社会的企業の混合資源構造と社会的資本　402
 3　社会的企業の多様な目的と社会的資本　406
 4　サードセクターの社会的資本と公共政策　412

18　社会的企業と社会経済理論 ………………………………… 420

 はじめに　420
 1　社会的企業──所有，生産の諸機能と諸目的　422
 2　社会的企業と社会的資本　427
 3　社会的企業と経済的諸関係　437
 結　論　442

19　社会的企業と経営管理者 …………………………………… 448

 はじめに　448
 1　ヨーロッパにおける社会的企業の課題　451
 2　伝統的な非営利組織の経営管理　454

3	社会的企業における人材管理	456
4	社会的企業の経営管理上の課題	457

　結　論　467

結論　ヨーロッパの社会的企業——起業組織の多様性とその展望 … 471

　はじめに　471

1	社会的企業の主要な活動分野	472
2	社会的企業の登場についての説明	475
3	社会的企業の各国ごとの多様性	476
4	社会的企業の主要な貢献	481
5	社会的企業における内部の弱点と外部の障壁	491
6	社会的企業の発展の展望	495

解題　サードセクターの動態と社会的企業(ソーシャルエンタープライズ) …………… 501

1	タイトルをめぐって	501
2	サードセクターの新しい駆動力	505
3	ザードセクターへの既存アプローチ	507
4	「社会的」「企業家活動」としての社会的企業	511
5	EU 社会的企業の動向	515
6	社会的企業と「新しい混合経済」	521

　索　引　529

図表一覧

| 図1 | 協同組合と非営利組織の交差空間に存在する社会的企業 | 35 |
| 図2 | オーストリアにおける保育の福祉三角形 | 54 |

表1-1	ウィーンの保育施設（1997年）	54
表1-2	週40時間の保育に対し両親が支払う月額料金（1997年）	55
表1-3	ウィーンにおける供給業者の資金調達先（1997年）	56
表4-1	フィンランドの労働者協同組合と労働参入協同組合（1993～98年）	117
表4-2	カイニウ地方の労働参入協同組合からの公的収入（1997年度）	122
表4-3	カイニウ地方における公的予算への労働参入協同組合の貢献（1997年度）	123
表4-4	新協同組合の訓練内容	125
表9-1	260協同組合の組合員の構成の変化	237
表9-1	CGMの構成と構造	239
表13-1	財団とアソシエーションの性格	301
表14-1	BBB（近隣開発プログラム）の都市別所得（1996年）	330
表14-2	BBBの所得と支出（1996年）	331
表14-3	BBBにおける労働者数（1997年）	332
表15-1	商業的な可能性と供給業者のタイプ	356

凡　　例

1　各章・節のタイトルのうち，長いものについては，簡便な短い表現に変更した個所がある。
2　長い段落については，読み易さを考えて分割した個所がある。
3　文脈理解に必要と思われる訳注は，[　]で本文中に挿入した。
4　本文中の強調を示すイタリックについては，傍点を付した。
5　重要なタームの表現に関して，必要に応じて英語表記を挿入した。
6　引用文献の表記については，(Schumpeter 1934)，(Salamon 1997:282) のように原文どおりにした。

著者および担当章

ジャック・ドゥフルニ　Jacques Defourny　（緒論，2章：ベルギー，結論）
　リエージュ大学経済学部教授，同社会的経済センター所長。また本書を生み出したEMES（ヨーロッパ社会的経済研究ネットワーク）の共同創設者。協同組合とアソシエーションの経済分析，労働統合社会的企業と先進国・発展途上国におけるサードセクターの理論的方法論の研究。

カイ・ライヒセンリング　Kai Leichsenring　（1章：オーストリア）
　ウィーンにあるヨーロッパ社会福祉政策研究センターの上級研究員・顧問。対人サービス，高齢者介護政策の研究。行政や非営利組織の組織問題のコンサルタントもしている。

マース・ニッセンズ　Marthe Nyssens　（2章：ベルギー，18章）
　ルーバンカソリック大学経済学部教授，同「連帯社会改革研究センター」の社会的非営利経済学研究チームの幹事。彼女の現在の研究はサードセクターと社会政策評価について。

ラース・フルゲール　Lars Hulgård　（3章：デンマーク）
　デンマークのロスキル大学社会科学部助教授。社会変動，社会政策の最新傾向・社会的企業と評価の研究。

ステン・ベンソン　Steen Bengtsson　（3章：デンマーク）
　コペンハーゲンの社会研究所上級研究員，ロスキル大学助教授。専門は社会サービス組織論，市民と制度論。

ペッカ・ペッティニエミ　Pekka Pättiniemi　（4章：フィンランド）

ヘルシンキ大学協同組合研究所理事，開発部長。彼の研究は従業員所有企業，社会的企業の開発と経営論。

ジャン-ルイ・ラビル　Jean-Louis Laville　　（5章：フランス，18章）
　社会学者。パリの国立社会研究所研究員。「民主自治情報研究センター」の創設者。現代社会の経済社会学に関心を持ち，デクレデブロウェ社の「経済社会学」選書を編纂し，同テーマでパリのいくつかの大学で教える。

アダルベート・エバース　Adalbert Evers　　（6章：ドイツ，17章）
　政治学者。ギーセン大学比較医療社会政策教授。フランクフルトアムマインの社会進歩研究所理事。サードセクター，福祉ミックス，社会サービス研究。とりわけ市民社会と民主的ガバナンスの社会政策論。

マチアス・シュルツェ-ボーイング　Matthias Schulze-Böing　　（6章：ドイツ）
　経済省経済開発，雇用統計局部長。オッフェンバッハ市議員。

マリア・ケツェツォポーロー　Maria Ketsetzopoulou　　（7章：ギリシャ）
　アテネの国立社会研究センター所属社会政策研究所研究員。彼女の専門は所得不平等，労働市場からの排除，フレキシブル労働。

ディミトリス・チオマス　Dimitris Ziomas　　（7章：ギリシャ）
　アテネの国立社会研究センター所属社会政策研究所研究員。労働市場政策，人的資源開発，ギリシャの社会政策と社会的経済の研究。

ニコス・ボウサス　Nicos Bouzas　　（7章：ギリシャ）
　アテネの国立社会研究センター所属社会政策研究所研究員。雇用と職業訓練政策・評価方法の研究。

パトリシア・オハラ　Patricia O'Hara　　（8章：アイルランド）
　コーク大学協同組合研究センター研究員。1999年より西部発展委員会（アイルラ

ンド西部地域開発機関という新機関）の上級政策分析員。彼女は現在，地域開発，社会的排除，協同問題を研究中。

アルケステ・サントゥアリ　Alceste Santuari　　（9章：イタリア）
　トレント大学非営利（比較）法上級講師。同ISSAN研究所理事。非営利組織および一般会社の法律・組織・税金問題，とりわけその国際比較研究。

カルロ・ボルザガ　Carlo Borzaga　　（9章：イタリア，16章，19章，結論）
　トレント大学経済学部教授，同ISSAN研究所所長。労働市場と非営利セクターの政治経済学，とりわけ雇用とサービス供給との関連について研究中。

ポール・ドゥラノワ　Paul Delaunois　　（10章：ルクセンブルグ）
　ルクセンブルグの「Co-labor」協同組合の専務理事。「社会的排除を受けた者の動態研究」ヨーロッパネットワークのとりまとめ役。

エウゲネ・ベッカー　Eugène Becker　　（10章：ルクセンブルグ）
　ルクセンブルグの経済学教員。社会的排除問題のアソシエーションに関わり，1998年より協同組合「Co-labor」の理事長。政治経済学と社会的排除の関係を研究中。

ヘロイサ・ペリスタ　Heloísa Perista　　（11章：ポルトガル）
　社会学者。社会介入研究センター上級研究員。彼女の研究の中心は高齢者問題，機会平等，移民動態，地域開発組織，社会的経済。

イサベル・ビダル　Isabel Vidal　　（12章：スペイン）
　バルセロナ大学ビジネススクール教授。同市民社会研究センター創設理事長。彼女はまた「社会的経済センター（CIES）」の理事長。労働政策，雇用創出，サードセクター経済理論，対人サービス供給，社会的監査などの研究。

ヨハンナン・ストルイヤン　Yohanan Stryjan　　（13章：スウェーデン）

社会学者。南ストックホルムにあるゾーエテン大学の経営管理論の教授。組織理論，制度変換，社会的企業の研究。

ピエト・H. ルノイ　Piet H. Renooy　（14章：オランダ）
　独立研究機関 Regioplan の共同創設者・専務。社会保障，闇労働，ボランタリー労働，補助労働などの非正規労働の研究。

ロジャー・スピア　Roger Spear　（15章：イギリス）
　オープンユニバーシィテイ協同組合教育研究所所長。ICA 研究委員会前委員長。

アルベルト・バッキエガ　Alberto Bacchiega　（16章）
　ヨーク大学研究員。トレント大学 ISSAN 研究所研究員。専門は産業組織論，不完全契約理論，非営利協同組織研究。

ルッカ・ソラーリ　Luca Solari　（19章）
　トレント大学組織人間関係マネージメント助教授。同 ISSAN 研究所研究員。マクロ（人口），ミクロ（個人）レベルの組織形態の変化研究プロジェクトに参加。

献　辞

　本書は，ヨーロッパ連合（12総局）の「特定社会経済研究」における研究結果をまとめたものである。EU加盟各国すべての研究者の参加によってEMES（社会的企業研究ネットワーク）をつくり，1996年夏から99年末まで「ヨーロッパにおける社会的企業の登場」をテーマに研究した。

　われわれとしては，とりわけCECOP（ブリュッセルにある社会的経済協同組合研究センター）のエンゾ・ペッチーニ Enzo Pezzini がジャック・ドゥフルニを助けてこのネットワークの調整に著しく貢献してくれたことに感謝したい。彼は，このプロジェクトすべての事務的・技術的な問題についてかかわってくれたし，ヨーロッパの各地で毎年2回開催した合同研究会の面倒をみてくれた。

　われわれはまた，ソフィ・アダム Sophie Adam（リエージュ大学社会的経済センター）が本書の面倒な編集の手助けをしてくれたことに感謝したい。ジョン・カラハン John Callaghan とパトリシア・オハラ Patricia O'Hara が言語上の最終調整をしてくれたことにも感謝したい。ロジャー・スピア Roger Spear は，本書の準備段階で我慢強く面倒をみてくれた。

　最後にわれわれは，各国で訪問調査した組織や企業に感謝申し上げたい。彼らのおかげで，われわれの調査研究が共同研究として実ったのであり，また，EMESネットワークが引き続きヨーロッパ研究ネットワークとしてその他の一般研究プロジェクトに取り組むこともできたのである。

カルロ・ボルザガ
ジャック・ドゥフルニ

緒論　サードセクターから社会的企業へ

ジャック・ドゥフルニ

はじめに

　今日，ほとんどの先進諸国で，「サードセクター」すなわち社会経済的な起業組織（initiatives）――伝統的な民間営利セクターにも公的セクターにも属さない起業組織――の顕著な成長を確認できる。これらの起業組織は一般に，ボランタリー組織からその駆動力を引き出しながら，さまざまな法人格のもとで活動している。そして，社会経済的な起業組織は，経済危機，人々の社会的絆の希薄化，福祉国家の困難を背景として，新しい市民社会あるいはリニューアルされた市民社会を多様な方法で表現する。

　「非営利セクター」あるいは「社会的経済」としばしば呼称されるサードセクターの重要性は，いまでは行政の主要な経済的役割と広範に結びついている点にある。サードセクターは，公共財に準ずる財・サービスの生産を通じて資源配分に関与する。サードセクターは，多くのアソシエーションが動員できる資金やボランティアという自発的な貢献を通じて，無料あるいは事実上無料のサービスを恵まれない人々に広範囲にわたって供給し，それによって再分配機能も果たしている。サードセクターは，たとえば，アソシエーションや社会的協同組合が行政のパートナーとなって，低技能失業者たち――労働市場からの恒常的な排除という危険にさらされている人々――の仕事への復帰を支援する場合には，経済生活の調整にも関与する。

　多くの国で構造的失業が持続する可能性，国家の財政赤字削減とその低レベルへの抑制の必要性，伝統的な社会政策のゆきづまりによる，より積極的な統

合政策の必要性等によって，当然にも次のような問題が浮上してくる。すなわち，サードセクターはこうした課題をどこまで解決し，ある領域の行政機能をどこまで引き継ぐことができるか，という問題である。もちろん，この問題に対する簡単な解答はないし，議論もまだ始まったばかりである。一方で，アソシエーションを，行政責任の新たな移転とそれに伴う行政コスト削減の格好のパートナーとみなす論者がいる。それは，民間企業が通常もっている特質——柔軟性，即応性，創造性，責任を引き受ける意志等——が，サードセクターによるサービス供給の改善に役立つと期待されるからである。他方，サードセクターが，民営化政策——社会的な規制撤廃と既得社会権の漸進的な解体を進める政策——の手段にされると懸念する論者もいる。また別の論者は，個人，市民社会の中間組織，国家という3者間の関係のあり方を見直す方向に先進社会が向かっているという事実を強調する。いずれにせよ，私たちはおそらく，福祉国家から新しい混合型福祉（a new welfare mix）へと移行する途上にある。そして，新しい混合型福祉では，効率性と公正性という厳正な基準に基づいて，行政，営利的サービス供給者，サードセクター組織それぞれが責任を分担しあうべきなのである。

　本書の目的は，サードセクターの領域と役割に関する重要な議論を通じて，まだほとんど認識されていないこの経済領域の主要な駆動力——本書で「ソーシャルエンタープライズ：社会的企業」（social enterprises, 以下，訳語としては「社会的企業」を使用した。その経緯については，本書巻末「解題」を参照）と呼ぶ起業組織——を明らかにし，それを分析することにある。「社会的企業」の顕著な数の増加をみれば，ヨーロッパ全体を通じて，社会的目的に焦点をあてる新しい企業家精神（a new entrepreneurial spirit）が発展していることがよくわかる。しかし，さらにはっきりさせなければならない。これから検討しようとする社会的企業は，サードセクターの下位部門を構成する新しい事業体であり，旧来の経験を再生する新しい社会的企業家活動（a new social entrepreneurship）を創り出すものである。その意味で，社会的企業は，サードセクター全体に影響を与える地下水脈のような1つの傾向を反映している。本書では，サードセクターに関する既存のアプローチや分析を掘り下げ，少なくとも部分的にはそれを修正するような考察を提示してみたい。

社会的企業という概念の検討に先立って，サードセクターをめぐる状況を把握するために，ここ四半世紀に展開されてきた主要なアプローチについて述べておきたい。最初に，ここ数十年間にサードセクター全般を学界に再発見させることになった主要なステップについて指摘する（第1節）。続く2つの節では，先にも触れた2つの主要な概念的枠組みを明らかにする。1つは社会的経済という概念であり（第2節），もう1つは非営利セクターという概念である（第3節）。両者は，サードセクターへの関心の高まりをうけて構築された概念的枠組みである。そして，これら2つのアプローチに関する類似点と相違点（第4節），および，それらが抱えているいくつかの限界，とりわけ，サードセクターの内部で現在観察される活力をどう把握するかをめぐっての限界（第5節）を明確にしようと試みる。実際，これから検討するように，現在観察できるサードセクターの革新的な性格は，新しい社会的企業家活動とみなしうるところにあり（第6節），この新しい社会的企業家活動は，社会的企業という概念の提起に導いてくれたものである。すなわち，社会的企業という概念は，本書を生み出すことになった共同研究プロジェクト全体の研究基盤として位置づけられてきた（第7節）。

　本緒論では，社会的企業という概念の規定を基礎に，実に多様な種類の社会的企業の存在がEU諸国すべてで確認できることを示す（第8節）。そして，これらの起業組織のいくつかに焦点をすえ，EU15ヵ国それぞれの研究者による立ち入った分析を導いた中心的な問題——①社会的企業の特徴，②社会的企業による貢献，③社会的企業の将来展望——を提示する。この問題は，EMESネットワーク[1]と命名されたヨーロッパ科学研究ネットワークでの4年にわたるプロジェクト期間に開催されたすべてのジョイントセッションを通じて，ずっと議論されてきた（第9節）。そして，この3つの問題は，EU諸国すべてを対象とする本書第Ⅰ部各国分析篇の基本的枠組みであると同時に，第Ⅱ部理論篇の出発点でもある（第10節）。

---

1) EMESは，欧州委員会へフランス語で提出された研究プロジェクトのタイトル——「ヨーロッパにおける社会的企業の登場」（*L'Émergence des Enterprises Sociales en Europe*）——に由来する。

1 サードセクターの(再)発見

　長い間，民間営利セクターにも公的セクターにも属さない「第3のタイプ」の経済組織に関心を寄せる研究者が存在してきた。20世紀を通じて，協同組合——特有の協同組合原則に従って組織される1つの企業形態であり，世界中どこにでも広がってきた[2]——に関する文献が豊富に蓄積されてきた。1960年代後半には，ワーカーズコープやいわゆる「労働者自主管理企業」——新古典派経済学でさえそれを考察の対象としていた——が広範な理論的・実践的な関心を呼び起こした[3]。社会学のような他の研究分野では，ボランタリー組織に関する調査研究が20世紀中葉以降，精力的に行われてきた。

　しかしながら，サードセクター——第一義的には利潤を追求せず，公的セクターを構成することもない企業と組織のほとんどを包含する——という明確な考えが登場してきたのは，実際には，1970年代半ばである。こうした諸組織は，それ以前にすでに多くの領域で活発に活動しており，公共政策の特別の主題でさえあった。しかし，こうした組織・団体をひと括りにするという考え方やそれを成り立たせる理論的な基礎が展開されることは，それ以降実際上なかった[4]。深化する経済危機によって問題が生起するようになって，伝統的な

---

[2] 協同組合について全面的に，あるいは部分的に言及し，古くから存在し，現在もなお存在する雑誌のうち，後に*RECMA*（注6参照）と名づけられた『協同組合研究』(*Revue des Études Cooperatives*，シャルル・ジードが1921年に創刊) と，『公共・協同経済学年報』(*Annals of Public and Co-operative Economics*, 1908年に創刊) をとくにあげておくべきである。

[3] 『経済分析と労働者自主管理』(*Economic Analysis and Workers' Management*) 誌が発刊されたのは1970年代後半であった。それは，このような一連の研究を事実上代表するものであった。現在では『経済分析』(*Economic Analysis*) という短いタイトルで出版されており，いまでも自主管理とワーカーズコープの経済学を扱っている。しかし，「参加の経済学」を包含するかたちでその関心領域を拡大している。

[4] 1930年代以降60年代を通じて，ヨーロッパ経済は，2つの主要セクターから構成

公的セクターと民間セクターの限界が徐々に認識されるようになった。このような背景のもと，両セクターには帰属することのない別の種類の経済組織に対する関心が大いに再活性化された。そこには，資本主義と国家社会主義との間に位置する，経済発展の「第3の道」を探るようなところが多少あった。そして「第3の道」を求めたのは，程度に違いがあったとはいえ，1950年代と60年代に新たに独立した諸国であった。

　合衆国では，フィラー委員会および150名の研究者を組織して実施されたイェール大学「非営利組織研究プログラム」(1976年) による仕事が，非営利組織 (NPO) と非営利セクターの理論的基礎を明確にする決定的なステップとなった。それ以降，経済学，社会学，政治学，歴史学，法学等々多様な学問分野[5]からの貢献によって，非営利組織に関する膨大な研究文献が生み出されていった。

　ヨーロッパでは，社会的，政治的，文化的，経済的にみた各国事情がきわめて多様なため，サードセクターを発展させるべきものとする認識が広範囲にわたって急速に広がることはなかった。しかしながら，サードセクターアプローチを通じて徐々に光を当てられてきた経済事業体は，ほとんどの国ですでに重要なファクターとなっていた。それらはまた，共済組織や協同組合が1世紀以上にわたってどの国にもある程度存在してきたというかぎりでは，また，自助運動のみならずアソシエーションに基礎をもつ経済的な起業組織の数もまたかなりの期間にわたって増大してきたというかぎりでは，長期にわたる強固な伝統に根づいていた。

　実際，サードセクターに対する見解が各国それぞれの歴史的文脈に強く規定されることは否定できないとしても，サードセクターの経済的重要性を数量化

　　される混合経済とますますみなされるようになった。その混合経済とは，民間営利セクターと並んで国家の関与と公的セクターが第2の主要な構成要素となる経済のあり方である。

5)　国際的な研究誌である『季刊・非営利およびボランタリーセクター』(*Non-profit and Voluntary Sector Quarterly*) および『ボランタス』(*Voluntas*) によって，こうした文献の概観に関する貴重な情報が得られる。

しようとする統計的な研究ともあいまって，サードセクターに対する2つの理論的アプローチが国際的に徐々に広がっているといってよい。すでに言及したように，1つは「非営利セクター」アプローチであり，もう1つは，「社会的経済」——出自はフランス語であり，協同組合，共済団体，アソシエーション（しばしば，財団も包含される)6)を包括する——という概念である。「非営利セクター」という第1の見解が，簡明性という利点をもち，合衆国の状況を把握するために設定された枠組みとしてその強固さをもっているのに対し，「社会的経済」という第2のアプローチは，ヨーロッパを通じてはるかに大きな共鳴を得て，EUの制度に引き継がれている7)。

国際的にみれば，サードセクターをめぐる別の理論もまた発展している。その1例が，経済を3つの極でとらえる3極アプローチである。3つの極は，あるときは3つのタイプの経済主体——民間企業・国家・家計——(Evers 1995; Pestoff 1992)に区分され，またあるときは交換を規制する原理や方法——市場・再分配・互酬——(Laville 1994)に従って規定される。さらには，関連する資源のタイプ——営利的・非営利的・非貨幣的——に従って規定される場合もある。このような観点からすれば，サードセクターは，それぞれの極が結合する中間空間とみなされる。3極アプローチは，その柔軟性によって，非営利セクターと社会的経済の両概念を調停するのに役立つ。そしてまた，この3極アプローチは本書理論篇でも重要な位置を占めている。しかしさしあたり，本

---

6) 「社会的経済」というこのアプローチは，すでに触れたフランス語の雑誌（注2参照）——のちに『協同組合・共済組合・非営利組織研究』(*Revue des Études Coopératives, Mutualistes et Associatives* [*RECMA*])となった——の普及によく表れている。
7) かなり長期間にわたって，ヨーロッパ議会と経済社会委員会に「社会的経済グループ」が存在してきた。また，「社会的経済ユニット」がヨーロッパ委員会第23総局によって10年前に設置された。近年，「社会的経済ユニット」は「協同組合，共済団体，アソシエーション，財団に関する諮問委員会」を公式に認知した。そのいくつかの委員会は現在，大きく変化している。しかしより一般的にいえば，数多くの行動計画や大臣会議の決定において——たとえば，すべてのメンバー国政府が作成しなければならない国内行動計画のガイドラインのかたちで——社会的経済が明示的に言及されるようになっている。

緒論では最初の2つのアプローチに限定し，2つのアプローチが社会的企業という現象をどの程度まで説明できるかという観点から，それぞれの特有の性格，相互の類似点と相違点を検証するつもりである。

2　社会的経済という概念

社会的経済に関する事実上すべての研究は，法制度上の特質を基礎として，あるいは，社会的経済組織が共通してもっている原則の強調によって，社会的経済を理解しようと試みている。以下で検討するように，これらのアプローチは，いまでは結びついているのが普通である。

法制度的アプローチ

ほとんどの先進諸国において，サードセクターを構成する企業や組織は，3つの主要なカテゴリーに分類される。すなわち，協同組合，共済団体，アソシエーションとして一般に説明され，その法人形態は，国によってかなり異なっている。この3つのカテゴリーへの分類は，歴史に深く根ざしてきた社会的経済への1つのアプローチである。この種の組織は，法的認知が，メンバーによる自由なアソシエーションに基づく活動に対して徐々にしか与えられなかったとはいえ，きわめて長期間にわたって存在してきた。それらは，19世紀のほとんどの間，非公式であるか，場合によっては秘密のままでさえあった。

社会的経済を3つのカテゴリーでとらえるこの方法は，フランスに由来するものだとしても，いまではフランス国境を越えて広がっている。というのは，社会的経済を構成する3つの主要な要素が，ほとんどどの国でも見出されるからである。

- **協同組合方式の企業**　19世紀中葉以降，協同組合は国際的にも広がり，現在では世界中でみられるようになっている[8]。協同組合運動は，成長

---

8)　協同組合発展の第1の波が起きる鍵となったのはロッチデール公正先駆者組合であ

し続ける多くの枝をもった1本の大木のようなものである。協同組合には，農業協同組合，貯蓄・信用協同組合，消費者協同組合，保険協同組合，小売業協同組合，住宅協同組合等々がある。長年続いてきた多くの協同組合は，きわめて競争主義的な市場のもとで発展してきた。その結果，協同組合は，利潤極大化を求める競争者のように振る舞うことをますます強要されるようになってきた。しかしながら，そのほとんどは，ある種特有の協同組合的な性格をなお保持している。さらにもっと重要なのは，この数十年間に，新しい活動領域におけるワーカーズコープ（労働者協同組合）や社会的協同組合のような新しい組織の登場によって，協同組合運動が絶えず更新されてきたことである。

　社会的経済の第1の構成要素である協同組合には，協同組合とは明示的に呼ばれなくても，協同組合と親近性のある規則や実践を採用する多様な起業組織も含まれる。この点は，途上諸国にとくに当てはまる。のみならず，社会的目的をもったある種の企業——協同組合として設立されたわけではないとしても——が協同組合という区分のもとに分類される先進諸国にも当てはまる（たとえば，スペインの労働株式会社）。

- **共済タイプの組織**　社会的経済の第2の構成要素である相互扶助団体は，ほとんどの国できわめて長期間にわたって存在してきた。多くの場合，相互扶助団体はしだいに制度化され，先進諸国では社会保障制度の主要な担い手となってきた[9]。しかしながら，サードセクターを構成する共済部門には多様なタイプの組織[10]も多く含まれる。社会保障制度が発展の初期段階にとどまって人口の小部分しかカバーできない国々では，こ

る。それは，1844年マンチェスター北部で織物工グループによって創立された。その綱領は「協同組合原則」の最初の表現であり，この原則は数度にわたって改訂されたものの，世界の協同組合運動を鼓吹し続けている。今日では，国際協同組合同盟（ICA）が5大陸にまたがって7億5,000万人を包含している。

9）　共済団体の多くは，国際共済協会（Association Internationale de la Mutualité：AIM）の会員となっている。

10）　多様なタイプの共済組織は，しばしば，地方文化から生まれたり，コミュニティの連帯をめぐる価値や実践を反映したりする。

の多様なタイプの共済組織が，コミュニティ保険制度を自力で創設しようとする地域コミュニティのニーズに応えている。共済組織は，健康（治療・医薬品・入院のコスト），死亡（患者家族への物質的支援），葬儀，収穫不良あるいは不漁等を含む広い範囲のリスクを相互化している。

- アソシエーション　自由なアソシエーションは，世界のほとんどの国で公式に認知されている。しかし，その法人形態は実に多様であり，程度の差はあれ，さまざまな事情のもとに置かれている。実際，社会的経済の第3の構成要素であるアソシエーションには，多くのアドボカシー組織——組織のメンバー，メンバー外の人々（たとえば，セイブ・ザ・チルドレン Save the Children），あるいは社会全体（たとえば，グリーン・ピース Green Peace）に対するサービス供給者とみなされる——が含まれる。さらに一般的にいえば，社会的経済の第3の構成要素には，利潤獲得を本質的な目的とせず，財やサービスの生産のために人々がつくる自由なアソシエーションの他の形態すべてが含まれる。明らかに，これらの組織は実に多様な名称をもっている。たとえば，アソシエーション(associations)，非営利組織 (non-profit organisations)，ボランタリー組織 (voluntary organisations)，非政府組織 (non-governmental organisations)，非営利アソシエーション (*ideell* associations) 等々である。財団やある国に特有の組織——たとえば，イギリスの慈善組織——も，しばしばアソシエーションとして区分される。

　最後に，社会的経済に対する以上のような第1のアプローチの枠組みが主要な制度的分類に依拠しているとしても，法人格決定主義［当該組織のもつ法人格だけで，それが社会的経済に属するかどうかを判断する考え方］を何ら強いるものではないという点をここでは強調しておきたい。確かに，統計データの収集という目的にとって，社会的経済諸組織の法的地位が分類のためにはしばしば必要な手段となる。しかし，このアプローチに依拠することによって，長期間にわたって存在してきた数多くのインフォーマルな起業組織も，社会的経済を構成する3つの要素のなかに包含できる。これはきわめて重要な点である。というのは，先進諸国にも事実上のアソシエーションは数多く存在するし，南の

諸国にもインフォーマルな諸活動が存在するのであり，それらは，協同組合型，共済型，アソシエーション型として，それぞれその姿を現しているからである。

規範的アプローチ

社会的経済に関する第2のアプローチは，各組織が共通してもっている原則を強調する方法である。換言すれば，きわめて多様な企業や組織がなぜ同じ原則を尊重するのか，また，それらの組織がいかなる共通の流儀によって伝統的民間セクターからも公的セクターからも区別されるのか，を可能なかぎり提示しようとする方法である。

この規範的アプローチは重要であり，第1のアプローチへの追加的な補完物とみなすことはできない。そうすることは，長期間にわたってずっと認知されてきた諸組織――制度的アプローチの主要な分類に容易に適合する諸組織――と，サードセクターの新しい起業組織――法人形態以上に特有の価値と実践によって分類される諸組織――とを対立させるというリスクをもたらすだろう[11]。

今日，これらの組織に共通する特徴が生産の目的と組織の内部構造に関連していることは，広く合意されている。社会的経済を定義するにはいくつかの方法がある。しかし，以下のような定義は，すでに述べた法制度的アプローチと規範的・倫理的アプローチ――サードセクターを支える価値と原則の主張――とを結合させる利点をもっている。いくつかの国で採用されている，法制度的アプローチと規範的アプローチとを結合した社会的経済の定義は，以下のようである。

　　社会的経済は，協同組合とその関連企業，共済団体，アソシエーションによって実行される経済諸活動を包含する。その倫理的な構えは，以下の

---

11) これは1980年代にフランスで起こったことでもあり，新しい起業組織のもつ特有の性格を反映させようとの意図に基づいて「連帯経済 économie solidaire」という別の概念を生み出すことになった。したがって，全体としてのサードセクターが「社会的・連帯経済 économie sociale et solidaire」と呼ばれることもある。

原則で表現される。
- 利潤を生むことよりも,メンバーやコミュニティへの貢献を目的とする
- 管理の自立性
- 意思決定過程の民主性
- 所得分配における,資本に対する人間と労働の優越性

(CWES 1990 : 8)[12]

　第1原則では,社会的経済で実行される活動とは,メンバーや広くコミュニティに対してサービスを供給することであり,何よりもまず,資本投資に対する金銭的利得をつくる手段ではない,という事実を強調する。可能な剰余を生み出すことはしたがって,サービス供給あるいはサービスの質的向上の結果であるに過ぎず,活動の背景をなす主要なモチベーションではない。
　第2原則である管理の自立性は,財やサービスを生産する公的事業体から社会的経済を区別する主要な流儀である。公的事業体が実行する経済活動では一般に,ボランタリーな起業組織に本質的な駆動力を与えるような広い範囲にかかわる管理の自立性が役立つことはない。
　第3原則である民主的な意思決定過程の必要性は,協同組合の中軸をなす「1人1票制」原則から引き出される。これは,多様性に富んだ現実的な実践を通じて表現されるとしても,「1株1票制」のルールを明確に排除しており,少なくとも,最終的な意思決定力を握っている機関のメンバー1人当りの投票権数に厳密な制限が存在する。
　最後に,第4原則である所得分配における人間と労働の優越性は,他の諸原則から直接出てくる（それゆえ,あまり本質的とはみなされないかもしれない）。第4原則は,社会的経済諸組織の広範囲にわたる実践に当てはまる。そこには,以下の諸点が含まれる。すなわち,①資本利得の制限,②労働者や組合員・利用者間でのボーナスの形態による剰余配分,③事業展開のための積立金の創出,④社会的目的のための剰余の緊急使用等,である。すでに述

---

[12] ここで述べたような社会的経済アプローチに基づくサードセクターの国際比較分析について,Defourny and Monzón Campos (1992)を参照。

べたように，社会的経済という概念はEUで使用される頻度がますます高まっており，1980年代以降，この概念をめぐる経験的な情報をさらに収集するために膨大な研究が進められてきた[13]。

3 非営利セクターという概念

制度的アプローチを通じてみた社会的経済の場合と同様に，非営利セクターという概念は歴史に深く根ざしている。アメリカについてはとくにそうである。サラモンが述べているように，ボランタリーアソシエーションをめぐるアメリカ的な傾向の初期の要因には，「イギリス王権と中央集権化された政府の権威に対する根深い敵意がある。それは，アメリカ入植地への植民を促進した宗教的非国教徒が旧世界を捨てたときにもたらしたものである」(Salamon 1997 : 282)。しかし，非営利セクターという明確な考えが実際に形をとり始めたのは，やっと19世紀後半になってからのことだった。非営利組織は当時，単に公共活動を補完する手段であるだけでなく，公共的ニーズを実現する優れた手段としても促進された。1960年代および70年代における非営利セクターの拡大が，非営利組織をしだいに支援するようになった政府とのパートナーシップと強く結びついていたものの，非営利組織についてのアメリカ的感覚には反政府の姿勢が色濃く残ったままである。それは，非営利組織への言及の際に，「独立セクター」という言葉が頻繁に使用されることにも表れている。

基軸的な基準としての課税控除

非営利セクターが合衆国で法的に規定されるようになったのは，主として税法を通じてである。連邦政府税法の規定によれば，特定26種類の組織について，連邦所得課税からの控除が認められる。これらの組織は，「所得のいかな

---

13) EUを横断的に対象として実行された比較統計研究の要約について Defourny and Mertens(1999)を，また，最新の数値について CIRIEC (2000)を参照。

る部分も役員や理事の利益にせず」，組織の設立文書にこれを明記して活動しなければならない。

　課税控除される組織には多様な種類があり，本来の公的サービス供給組織のみならず，メンバーへのサービス供給を目的とする組織も含まれる。とはいえ，アメリカでの近年の非営利セクター研究の多くの議論では，第2のカテゴリー——より特殊的には，課税控除を受けているか，内国歳入法第501項(c)(3)のもとで税の優遇措置を受けるのに適格であると認められる一連の組織——に焦点が当てられ，これらの組織——公益活動のかなりの範囲を代表し，学校，大学，病院，ミュージアム，図書館，デイケアセンター，社会サービス機関を含む——が非営利セクターの中心とみなされている。

国際比較のための定義

　以上のようにきわめて特有な歴史的背景があるため，普遍的に受け入れられる非営利セクターの概念が今日見出しえないことは驚くにはあたらない。しかしながら，国際比較研究を試みるための重要な努力がここ10年の間になされてきた[14]。1999年以降，アメリカのジョンズ・ホプキンス大学がコーディネートした広範な国際研究による概念的枠組みが，頻繁に参照されるようになってきた。

　このプロジェクトに関わってきた研究者グループによれば，以下のような特徴をもった組織によって非営利セクターが構成される。

- ある程度制度化された公式の組織——一般的には，法人であることが前提となる——であること。
- 政府とも，行政が運営する組織とも別個の，民間組織であること。
- みずからの規則と意思決定機関をもった，自己統治する組織であること。

---

14) このプロジェクトはいまも続いており，一連の叢書を出版している。そのうち，最初の成果と最新の成果を参照のこと。Salamon and Anheier (1994), Salamon, Anheier and Associates (1999).

- 組織の会員や理事にも，組織の「所有者」にも，利潤を分配できない組織であること。この「利潤非分配制約」は，NPOに関するすべての研究の核心にすえられている。
- 時間の点でも（ボランティア），資金の点でも（寄付），ある程度自発的な貢献に基づく組織でなければならない。そして，会員による自由で自発的な加入によって設立される組織でなければならない。

4　非営利セクターと社会的経済——類似点と相違点

　本書が焦点を当てようとする現実を，非営利セクターと社会的経済がどの程度まで包含できるかを検証するに先立って，この2つの概念を簡単ながら比較しておくことが必要であろう。まず最初に，非営利セクターと社会的経済という2つの定義を比較してみると，両者には重要な類似点がある[15]。すなわち，たとえ，社会的経済の法制度的アプローチが3つのタイプの法的地位しか強調していないとしても[16]，公式の組織であることを規定する非営利セクター概念は，法制度的アプローチと共鳴している。NPO概念に含意される民間組織という性格については，社会的経済アプローチでも説明可能である。というのは，一方で，社会的経済組織の法的地位が一般に公的セクターよりも民間営利セクターにはるかに近似しており，他方，自己統治というNPO基準が社会的経済における自立的な管理と近似しているからである。また，自発的組織であるという最後のNPO基準——それは，イギリスのボランタリーセクターの伝統に影響を受けたものだが——も，社会的経済のほとんどの組織に実際上当てはまる。すなわち，協同組合，共済団体，アソシエーションは組合員の加入が自由であり，理事会メンバーの活動も，通常，自発性を基礎とすることをその定款で一般に規定されているからである。

---

15) この類似点について，Archambault (1996) も参照。
16) 実際，NPOの大部分は，上述したきわめて広い観点でとらえるならば，アソシエーションおよび共済団体と同様の法的地位を有している。

さらに，非営利セクターも社会的経済も，収入の源泉よりも組織の基礎構造と規則によって定義されるという点が強調されるべきであろう。自発的な貢献が非営利組織の自明の役割だとしても，市場からの収益，国庫からの補助金，その他の資源がそれぞれどの程度でなければならないかについて，概念的に十分規定されているわけではない。したがって，非営利セクターアプローチと社会的経済アプローチとの主要な相違点は，事実上，以下の3点——①目的の詳細規定，②組織に対する統制，③利潤の処分法——にかかわっている。

　第1に，社会的経済アプローチでは，組織の主要な目的が利潤追求にではなく，メンバーやコミュニティへのサービスにあることが明確に規定される。反対に，NPOアプローチでは，組織の目的規定が明確ではない。もちろん，NPOの目的は，組織の自己統治機関によって設定され，利潤処分に関する厳密な制限に基づいて，伝統的な民間企業が追求する目的とはまったく異なった目的が通常導き出される。とはいえ，所有者や理事に利潤分配がなされないことを条件とするかぎり，利潤極大化等いかなる目的であれ，NPOによる実際の追求が不可能なわけではない。

　第2に，社会的経済では，メンバーの実際の関与と発言権の重視に加えて，民主的な意思決定過程——組織目的の実際の追求を統制する組織的手続き——がその核心に位置づけられる。NPOアプローチでは，組織目的の追求への統制も，公式の民主的な規定がなくても，自己の統治機関を通じて組織内部から生まれるとされる。利潤非分配制約はおそらく，組織を統制する重要な規則——一般に法によって強制される——であろう。しかし，その会計と管理業務のあり方は，組織の実際上の統制過程とはほとんど無関係である[17]。

　第3に，非営利アプローチでは，いかなる利潤分配も禁止するため，社会的経済の構成要素であるほとんどの協同組合を除外する。というのは，協同組合は一般に，剰余の一部を組合員に再分配するからである。非営利アプローチでは，ある種の共済団体も除外する。たとえば，相互保険会社は，将来の保険料

---

17) Clotfelder, *Who Benefits from the Nonprofit Sector?* を参照。Ben-Ner (1994) は，アメリカ合衆国のNPOの状況からみて，消費者，スポンサー，寄付提供者による意思決定過程へのアクセスの改善が必要であり，また，マネジメントに対する彼らの監査を許容することが必要だと述べている。

割引きの形態でその剰余の一部をメンバーに還元するからである[18]。

　以上のような相違点を言い換えてみれば，非営利アプローチの概念的な基礎は，非営利組織に公益アソシエーションとしての特有の適合性を付与する，利潤非分配制約にあると整理できる。他方，社会的経済という概念は協同組合思想に大きく依拠している。協同組合思想はいうまでもなく，共益組織を重視し，組織の目的と機能に対する民主的な統制を中心に位置づける。しかしながら，こうした相違点は理論的視点からのみ厳密に妥当するだけであって，実証的な調査研究にとっては，さほどの重要性をもたないという点を強調しておきたい。とくに民主的な意思決定過程については，すべての社会的経済組織で当然実現されているとは考えるべきではない。というのは，社会的経済の多くの組織でも，民主的に開催される総会があるとはいえ，実質的な権力が数人の手にしばしば集中される傾向があるからである。さらに，財団――社会的経済の第4の構成要素として言及されるようになっている――では一般に，組織の統治に「1人1票制」原則をとっているわけではない。剰余分配に関する第3の主要な概念上の相違点も，過大評価されるべきではない。というのは，協同組合や共済組合では何らかの利潤分配が通常なされるとしても，対内的にも対外的にも一定の規則によって制限されているからである[19]。

5　2つの概念の限界

　サードセクターの多様な側面については，もちろん，これまでにもすでに数多くの研究の主題とされてきた。しかし，本書の分析目的――① 社会的企業の登場，② 社会的企業の法人形態，③ 社会的企業の重要性，④ 社会的企業の背景をなす駆動力について，それらをどう理解するかという目的――にとって，上述したような非営利セクターと社会的経済という概念には2つの大きな限界

---

18)　2つのアプローチをめぐる相違のより詳細な分析について，とりわけ Mertens (1999) および Defourny, Develtere and Fonteneau (1999) を参照。

19)　共益組織へのメンバーとしての加入が「門戸開放」原則に基づくときには，共益組織と公益組織の相違も小さくなるという点を指摘できる。

がある。

　第1に，非営利セクターと社会的経済はともに，広い領域に存在する多様な役割をもった諸組織を包含する，非常に一般的な概念である。両者は，すべてを包含する単一の定義をもって，サードセクター全体を直ちにカバーしようと試みる。単一の定義で諸組織を統合するこのような考え方に立てば，すべてのサードセクター組織で見出すことのできるもっとも広義の共通定義に依拠せざるをえない。その結果，それぞれの定義に部分的にしか合致しない状況，セクター全体を通じて見出されるわけではない特徴，あるいは，特定の組織にしか当てはまらない性格等々を，両者は必然的に包含することができなくなる。同時に，両者によっては，サードセクターの中心的な組織は別として，ある種境界領域に位置する事業体を描くことが容易ではない。

　第2に，非営利セクターと社会的経済という2つの概念は，その本性において，動態的というより静態的であり，サードセクターにみられる実に多様な状況を概略的に示すものである。しかし両者は，その描写能力を超えるところでは，サードセクターに関連する要因——全部か一部かは別として——がもっている根底的な活力の把握にとってあまり有効ではない。たとえば，両者はいずれも，サードセクターの企業家的行動や上記の要因が生み出す経済的リスクを明示的に表現する概念ではない。2つの概念は確かに，いくつかの展開——たとえば，雇用の増大や一定期間における他の基軸指標の変化——を説明することはできる。しかし，これらの展開の帰結は，ときどきの非営利セクターや社会的経済として，かなり静態的な形でその概略が一般的に示されるに過ぎない。

　もちろん，非営利セクターに関する文献の多くが，明示的に，あるいは少なくとも暗黙裡に歴史的視点から記述されており，また，多様な分析によって，サードセクターの存在理由，サードセクター登場の諸条件の説明が試みられてきたことは確かである[20]。しかし，非営利セクターに関する諸理論では，社会的経済の発展諸条件に関する多様な研究がそうであるように，起こるかもしれない発展の研究よりも，起こったことの分析がしばしば問題とされる。

---

20) これら諸理論をサーベイした既存の文献のなかでは，たとえばJames and Rose-Ackerman (1986)を参照のこと。

最後に付け加えておけば，後に示すように[21]，多くの社会的企業は，協同組合の要素と非営利組織の要素とを結合させている。このような理由からすれば，明らかに，伝統的な NPO アプローチは社会的企業研究の最良の出発点ではない。反対に，社会的経済という概念は，社会的企業を包含することが可能である。しかし，社会的経済の3つ，あるいは4つの構成要素のどれもが社会的企業にぴったりと合致しない場合には，さらなる要素が必要とされる。もちろん，こう述べたからといって，社会的企業をめぐる理解の質を高める努力のなかで，既存の研究成果をあまり重視しないということを意味するものではない。ただ，社会的企業にアプローチする適切な概念的枠組みを研究するにあたり，非営利セクターと社会的経済という2つの概念の枠内に，われわれ自身を閉じ込めたくはないのである。

6 新しい社会的企業家活動

ここで，本書が研究対象とする現実について，より正確に描いてみよう。明確にしておかなければならないのは，社会的企業は，非営利セクターあるいは社会的経済のまったく新しい展開であり，また，社会的企業には，非営利セクターと社会的経済という2つの概念を超える分析がふさわしい，という点である。ここでは第1に，社会的企業がなぜ現実的な企業とみなされるか，そしてより特殊的にいえば，社会的企業がなぜ新しい企業家活動の表現であるとみなされるかを説明してみたい。次いで第2に，社会的企業とその企業家的行動が，社会的なものとしての質をどの程度までもっているのかを明らかにしてみたい。

イノベーション行動としての企業家活動

企業家活動に関する理論のなかでは，シュンペーター (Schumpeter 1934) がいまなお出発点として活用できる。その見解によれば，経済発展とは「生産過

---

21) たとえば，Defourny, Favreau and Laville (1998)を参照。

程において新結合を実行する」(Schumpeter 1934：66) 1 つの過程であり，企業家とはまさに，こうした新結合を実行すべき役割をもった人のことである。企業家は必ずしも会社の所有者であるわけではない。しかし企業家は，次のような方法の少なくとも1つをもって，変化を導入する責任を負っている。すなわち，①新しい製品あるいは新しい品質をもった製品の導入，②新しい生産方法の導入，③新しい市場の開拓，④新しい原材料の入手，⑤活動分野の再組織化，である。さらに，ヤング (Young 1983, 1986) の研究，バデルト (Badelt 1997) のサーベイによれば，こうした5項目はサードセクターにも適用可能であり，新しい企業家活動がサードセクターにどの程度まで当てはまるか，5項目すべてのレベルで検証する必要がある。

新しい生産物と生産物の新しい質

サードセクターに関する多くの分析によれば，伝統的な民間セクターや国家によっては満足のいく解決を提供できなかった領域のニーズに対応して，社会的企業がしばしば発展してきた[22]。それぞれの時代の課題を取り上げて，新しいタイプのサービスをつくりだしてきた組織の事例は無数にある。今日——もちろん過去においても——からみれば，こうした新しいサービスの創出こそ，企業家活動の発露である。しかしここ20年間を振り返ってみるとき，過去と現在では特別な違いとして何があっただろうか。それについては，アメリカよりおそらくヨーロッパで広がっている新しい企業家活動を指摘できる。予算，有効性，正統性の点でのヨーロッパ福祉制度の危機によって，サードセクターの起業組織はより自律的に発展してきた。そして行政は，1945～75年の栄光の時期と同程度に経済状況が良好であるとすれば，民間の起業組織による解決策——民間の起業組織がこれまでみずから実行してきた解決策——の提供をますます当てにするようになっている。公的なイニシアティブの縮小については，疑いなくイギリスがもっとも顕著である。しかし同様の傾向は，程度の違いはともかく，EU 諸国のほとんどで明瞭な現象である。

---

[22] サードセクターの主要な存在理由を明らかにする研究にとって，それがまさに中心テーマの1つであった。

社会的企業の新しい発展は，特定の活動領域でとくにはっきりしている。不熟練労働者の労働市場への統合領域や対人サービスの領域における社会的企業では，サービスがニーズによりよく適合するように発想されて立ち上げられた新しい活動という点で，多様なイノベーションがみられる。すなわち，職業訓練，幼い子供たちのためのセンターや施設の提供，老齢者のためのサービス，特定種類の弱者——虐待された子供たち，避難民，移民等[23]——の救済等々に関わる領域である。以上は，われわれが特別の注意を向ける領域である。社会的企業による企業家活動は，サードセクターの内部においてさえ，いっそう革新的にみえるものであり，高度に官僚的で革新的な行動をほとんどとることができない一定の伝統的な組織——たとえば，ドイツの大規模化した福祉組織——とは鮮やかな対照をなしている。

組織もしくは生産の新しい方法

サードセクターが，伝統的な民間セクターや公的セクターとは異なる枠組みに従ってみずからの活動を組織すると考えるのは普通のことである。しかし，現在の社会的企業の生成でもっとも際立っているのは，異なる種類の多様なパートナーが関与していることである。伝統的な社会的経済組織が，より均質な社会的グループによって設立されるのが一般的であるのに対して[24]，社会的企業では，従業員，ボランティア，利用者，支援組織，地方自治体がしばしば同一プロジェクトのパートナーとなっている。このプロジェクトがサービスの生産過程を革新することに必ずしもならないときには，活動の組織方法がしばしば転換される。このようなパートナー間の協同は，利害関係者間の同盟として描かれうるだろう。たとえば，サービス供給者と利用者とが協同に基づいて，一定の近隣サービスを組織し管理するケースである。フランスやスウェーデンでみられる，親たちが運営する保育センターの開設は，まさにこうした協

---

23) 労働市場への統合というテーマについては Defourny, Favreau and Laville (1998) を，対人サービスについては Borzaga and Santuari (1998) を参照のこと。

24) このような均質性の高さは，さまざまなタイプの協同組合や共済団体の名称にとくに反映されている。たとえば，ワーカーズコープ，農業協同組合，公務員・熟練労働者・農業労働者等々の共済団体というように，である。

同の多くの実例の1つである。他のケースでは、こうした「マルチステークホルダー」構造によって、社会的企業が既存の市場で営利企業とより効果的に競争する例もみられる。

新しい生産要素

　サードセクターの主要な、長年続いてきた特有の性格の1つがボランティアを動員する力である。ボランティアの活用それ自体はイノベーションというわけではない。しかし、最近の多くの起業組織では重要な意味をもっている。というのは、ボランティアによって、財の生産やサービスの供給が可能となるためである。そのような財やサービスは、以前なら手に入れることができなかったり、有償労働者を雇うことでしか手に入れられなかったものである（その場合、まったく同一の「生産物」であることは稀ではあるが）。ボランティア動員の性格がここ数十年間にわたって変化してきたことも注目に値する。4, 50年前と比べて、慈善的な性格がはるかに薄まっただけではなく、1960年代、70年代よりも「活動家」的性格がはるかに薄まったように見受けられる。今日のボランティアは、かなり実用的であり、特有のニーズに対応する「生産的な」目的と活動にいっそう焦点を当てるようになっている。さらに、企業活動の立ち上げという、もっとも普通に使われる意味での企業家的役割を、ボランティアが実行するのは決して珍しいことではない。

　有償労働にも、さまざまなイノベーションがあった。一方で、多くのサードセクター組織は、非定型の雇用――たとえば、雇用計画へ組み入れるかたちで、労働時間の顕著な短縮を伴った半ボランタリー方式やパートタイムの労働を活用すること等々[25]――に関する実験の最先端であり続けてきた。他方では、従業員の固有の権利として、社会的企業の統治機関の構成メンバーとなることが認知される場合――そのメンバーは統制権や意思決定権をもつことになる――には、伝統的な従業員の地位はしばしば「豊かな」ものとなる。最後に、

---

25) この展開を説明するにはいま一度、次の点を考慮しなければならない。すなわち、こうした革新的な行動は、部分的には組織のあり方自体に起因するとしても、公共政策に内在する、その行動に対する促進要因や制約要因への対応あるいは適用の問題でもある、という点である。

ボランティアと有償労働者という2種類の労働者を混合することは，どちらか一方によってこれまで排他的に実行されてきた活動においては，それ自体が1つの革新的な生産要素——それには，人的資源に特有の管理技術が必要とされる——とみなされうるだろう。

新しい市場関係

　一部の国では，一定のサービス供給が長い間，たとえばスカンジナビア諸国のように公的機関だけに制限されたり，あるいはイタリア，スペイン，ギリシャのようにインフォーマルな供給者——家族や近隣——に限定されたりしてきた。しかしながら，充足されないままのサービスへの需要が存在したため，サードセクターの起業組織は，これまでなら制限された領域で市場関係を創出し始めた。ますます多くの国で状況が急速に変化しており，以前なら家族が供給してきたサービスがだんだん外部化されるようになった。それは，女性たちがますます労働市場へ参加するようになって，家族員が孤立するという要因に起因している。同時に，一定のサービス——以前は行政や政府公認の民間非営利組織が供給してきたサービス——に対する「外部契約化」(contracting out)や準市場的展開への傾向がある。事実，コスト削減と利用者ニーズによりよく合致するサービス供給という観点から，行政は，入札要求——多様なタイプのサービス供給者を，公的資金の提供にあたって競争させる——をいっそう巧妙に利用しようとしている。このような方向性をもっとも推進したのがイギリス保守党政権であった。とはいえ，「保護者的統制」から「競争的統制」への転換は，ほとんどの国でますます普通のことになりつつある。

　福祉国家でのこうした根本的な変化によって，さまざまなレベルで大きな変容が避けられなくなっている。本緒論の目的からすれば，アソシエーションが伝統的な企業と共通する性格をもつだけでなく，部分的にはシュンペーターの言及した「新結合」を推進する性格をますますもつようになっているという意味で，アソシエーションの企業家的性格を目立たせることになる諸要因を強調しておくだけで十分である。その要因は以下のようである。

- 既存のアソシエーションも入札の場合には，既存企業との競争場面に身

を置くことがある。
- アソシエーションも結果として，営利セクターをモデルとして組織の内的管理構造を導入したり，強化したりするよう余儀なくされている。
- たとえばスウェーデンのように，ある種の公的な独占，あるいはドイツのように大規模福祉組織による独占の終焉によって，はじめからこうした文脈を反映してつくられる民間の新しい起業組織——営利組織であれ，非営利組織であれ——の登場が促進されている。
- 最後に強調したいのは，新しいアソシエーションにとっても旧来のアソシエーションにとっても，経済的リスクがしだいに大きくなっていくという点である。というのは，これからの資金調達は，準市場化競争に打ち勝って，どこまで利用者を満足させうるかという能力にかかってくるからである[26]。

最後に，上述のような諸要因は，ある種のサービス——人口の主要部分の生活水準が継続的に上昇したことによって，アクセス可能となったサービス——への需要が十分な金融資産をもった諸個人の間で増大することによって，ますます強制されていくといわざるをえない。こうして，たとえば，相応の年金を受け取り，かなりの貯蓄を保有する高齢者は，しばしばたいへん競争的な新しい市場を象徴する。

新しい企業形態

ヨーロッパ諸国における各国レベルの法律に，社会的企業をめぐる多様な法的枠組みが近年導入されてきたことをみれば，それは，やや独特な性格をもった企業家活動を研究対象として取り上げる理由を裏づけるものである。こうした法的枠組みは，伝統的な非営利組織や協同組合よりも新しいタイプの起業組織によく適合するよう意図されている。イタリア議会がこの点に関して，「社会的協同組合」(social co-operative) 法を1991年に導入することで先駆者となった。この新しい法人形態は当初からきわめて成功裡に浸透してきており，

---

[26] この傾向について，Laville and Sainsaulieu (1997)を参照。

イタリア社会的協同組合の驚異的な発展に刺激され，他国政府も，関心をもって後を追うように導入している。1995年には，ベルギーが「社会的目的をもった会社」（company with a social purpose）というコンセプトの法律を導入し，他方，ポルトガルでは「社会的連帯協同組合」（social solidarity co-operative）法を1998年に，ギリシャでは「有限責任社会的協同組合」（social co-operatives with limited liability）法を1999年に，それぞれ制定した。その他の諸国——とりわけフランス——でも，同様の法律の導入準備を進めている。

一般的にいえば，こうした新しい法的枠組みは，社会的プロジェクトの不可欠の一部分を構成する，企業家精神に富んだ商業的な活力を奨励するために構想されている。こうした法的枠組みもまた，利害関係者——有償労働者，ボランティア，利用者等——を意思決定過程に関与させることによって，多数の起業組織のマルチステークホルダー的性格を公式に認知する1つの方法である。しかしながら，イタリアを別として，社会的企業の大部分がサードセクターを規定する伝統的な法人形態をいまだにとっていることを強調しておかねばならない。その法人形態が，重要な変化——たとえば，利用者にその組合員資格を開放しているワーカーズコープが，公益企業により近い存在になる傾向——を場合によってはみえなくさせているかもしれないにもかかわらず，である。

「社会的」と呼称される企業

もし，当然のこととして，新しい企業家活動を確認できるとするならば，新しい企業家活動を進める企業をなぜ「社会的」企業として描かねばならないかを説明する必要がある。より正確にいえば，そのような企業の行動の新しい経済的な傾向が，明確な社会的な側面と両立可能かどうかが問われる。これまで，こうした起業組織がサードセクター——非営利セクターという意味で認識されるか，あるいは社会的経済として認識されるかのどちらかで——に帰属すること，そして，非営利セクターと社会的経済という2つの概念が，ここで確認したい社会的側面を具体化するのに必要な要素を提供することについて述べてきた。もちろん，研究対象とする組織にこうした要素が実際に存在するかどうかはまだ確証されたわけではない。しかし，理論的観点からすれば，ここでの主

要な問題は，すでに指摘した革新的な経済活動と，サードセクターに関する伝統的な概念——第2節，第3節で提示した——に埋め込まれている社会的側面とを結合することにある。要するに，サードセクターに関する伝統的な概念——非営利セクターと社会的経済——によって，サードセクターの起業組織がもっている「社会的」であるという性格は，3つのレベルで説明できるだろう。

活動の目的

社会的経済という概念には，その中心の基準として，「利潤を生み出すことよりも，メンバーやコミュニティに貢献することを目的とする」という点が含まれる。他方，非営利セクターでは，メンバーや理事がいかなる剰余の受け取りもできないことが強調される。社会的経済，とりわけ協同組合ではメンバーへの限定的な利潤分配の可能性が排除されないとしても，ここでは，2つのアプローチに共通する特徴——それは，すべての社会的企業で見出される——こそ，強調されるべきである。その共通の特徴とは，生み出された剰余は「社会化」されるべきである，すなわち，剰余は活動拡大のために再投資されて，組織を統制する人々よりも他の人々の利益になるよう使われるべきであるという要件——絶対的にであれ，部分的にであれ——である。

非営利資源

いま強調したように，2つの概念はともに，コミュニティや対象とするグループに対する利益に関連している。このような利益こそ，サードセクター組織への補助金支出をしばしば正当化する。このことは，市場から引き出される資源とコミュニティの名のもとに行政が割り当てる非営利の資源とによって資金を調達する，社会的企業のほとんどに当てはまる。社会的企業には通常，非貨幣的資源——ボランティアの労働もしくは寄付のような，非営利アプローチが強調する要素——も関係する。社会全体にわたるこうした幅広い資源動員や，サービス供給の役割を果たすためにサードセクター組織が依存できる善意は，社会的企業の特徴をなす。それについては，後に本書後半，とりわけ社会的企業の理論が必要とする諸要素の集約を試みる際に，広範囲に扱うつもりである。

特有の組織方法

　社会的経済と非営利セクターという2つの概念は，サードセクター組織が固有の意思決定機関をもって，自律的（autonomous）あるいは自立的（independent）でなければならないという視点を具体化している。社会的経済アプローチも，意思決定過程が民主的でなければならないと強調する。こうした特徴は社会的企業にもしばしば当てはまる。というのは，社会的企業には一般に，そのメンバー——有償労働者，ボランティア，利用者，さらに，たとえば地域コミュニティを代表する他のパートナー——を組織の管理や統制に関与させるという参加型活力が見出されるからである。また，メンバーとしての権力が一般に，メンバーの保有する資本持株数に比例していないからである。以上のようにして，社会的なものとして分類される社会的企業の性格を明確に確認できる。

7　社会的企業の定義に向けて

　これまでのところ，社会的企業という新しい現象が現代経済におけるサードセクターの範囲内で説明できること，同時に，伝統的な非営利アプローチと社会的経済アプローチの範囲からは部分的にはみ出す特徴をもった新しい企業家活動として，社会的企業を把握できることについて述べてきた。これを踏まえたうえで，この新しい現象を明らかにし，それを分析するための研究を組織したEMESネットワークの方法にここで立ち返ってみよう。ここで提示する研究の主要な段階は，本書全体の構成にも反映しており，本書第Ⅰ部をなす「各国分析篇」でも活かされている。

　EMESプロジェクトの仮説の1つは，社会的企業が既存のサードセクター組織の新しい事業体として，もしくは新しい活力として，EU諸国どこにでも存在するだろうという点であった。EMESネットワークが形成され，EU全15ヵ国の研究者による研究が企画されたのもそれゆえである。もちろん，それぞれの研究の文脈では，かなりの多様性と不均質性がある。

　共通の基礎に基づく研究を組み立てるために，最初の段階でのEMESの仕

事は，15ヵ国それぞれの社会的企業を説明するのに活用可能な，一連の共通基準を定義することであった。この基準は当初から，プロジェクトの進行過程で改訂の必要も出てくるかもしれない，社会的企業の試論的定義と考えられた。しかし，プロジェクトが終わってみると，最初の枠組みとなったこの概念は，かなり確実で信頼に足るものだと確認することができた[27]。この試論的定義は，一方での経済的な基準と他方での主要な社会的な指標とを区別している。ここでまず，経済的・企業家的な側面に関わる4つの基準からみてみよう。

財・サービスの生産・供給の継続的活動

社会的企業は普通，伝統的な非営利組織と違って，主要な目的としてのアドボカシー活動や金融フローによる再配分——たとえば，助成財団のように——にはかかわらない。しかし，社会的企業は継続的に，財の生産やサービスの供給に直接関与する。それゆえ，こうした財やサービスの供給こそ，社会的企業の主要な存在理由の1つである。

高度の自律性

社会的企業は一定の人々の集団が自発的に創設するものであり，自律的プロジェクトという枠組みで彼ら自身が統制する。状況しだいでは，社会的企業は公的補助金に依存することもある。しかし，直接的にも間接的にも，行政や他の組織——業界団体や民間企業等——に社会的企業が管理されることはない。社会的企業は，「発言と退出」の権利——みずからの活動を始める権利と止める権利——の両方を保有している。

経済的リスクの高さ

社会的企業を創設する人々は，全面的か部分的かによらず，起業組織が経済的リスクを負っていると想定する。ほとんどの公共機関と違って，財政的な存立可能性は，十分な資源を確保しようとするメンバーや労働者の努力しだいで

---

[27] たとえばOECD(1999)が，EMESのアプローチとEMESの中間報告（1997年から99年までの）に大きく依拠して，社会的企業に関する報告書を提出した。

ある。

最少量の有償労働
伝統的な非営利組織のほとんどの場合と同様，社会的企業も，貨幣的資源と非貨幣的資源とを，有償労働者とボランティアとを結合しようとする。しかしながら，社会的企業が実践する活動には，最少量の有償労働者が必要である。

以上が，経済的な側面である。次に，起業組織の社会的側面を把握する5つの基準がある。

コミュニティへの貢献という明確な目的
社会的企業の主要な目的の1つは，コミュニティや特定の集団に奉仕することである。同じことだが，社会的企業の特徴は，地域レベルで社会的責任感をみずから望んで発揮しようとする点にある。

市民グループが設立する組織
社会的企業は，コミュニティ，あるいは一定のニーズと目的を共有する集団に帰属する人々の関与によって生まれる，共同の活力が生み出すものである。そして社会的企業は，こうした側面を何らかの方法で維持しなければならない。

資本所有に基づかない意思決定
これは一般に，「1人1票制」原則，あるいは，少なくとも資本持株数の多寡によって区別されることのない，組織統制に関わる投票権——最終的な意思決定権——を意味する。社会的企業のすべてが自己資本をもっているわけではないとしても，資本所有者は明らかに重要である。しかし社会的企業では，意思決定権は他のステークホルダーと分有される。

活動によって影響を受ける人々による参加
顧客の代表権と参加，ステークホルダー志向，民主的な管理方式は，社会的企業の重要な特徴である。多くの場合，経済活動を通じた地域レベルでの民主

主義の促進が，社会的企業の目的の1つとなっている。

利潤分配の制限

社会的企業には，全面的な利潤非分配制約を特徴とする組織ばかりではなく，一部の国の協同組合のように，制限された割合でしか利潤分配をしないことによって利潤極大化行動を抑制する組織も含まれる。

8　各国で広がる起業組織

以上のような試論的な定義については，当初の段階から次の点は明らかであった。すなわち，これらの基準の達成程度はきわめて多様であり，また，社会的企業は，明確に認識される一連の組織として登場するというより，広い範囲で存在しうるものとして各国で登場している，という点である。同時に，社会的企業の分析を，サードセクターの他の組織や各国の全体的な社会経済的な文脈——ある国では，サードセクターという概念すら明確にされないままである——と結びつけることがたいへん重要であった。このような背景を踏まえつつ，上述の試論的定義に従って「社会的企業」と命名されるタイプの起業組織——程度に違いがあるものの——を確認し，それを列挙することは当時でも可能であった。社会的企業という用語そのものが一部の国では使用されていないものの，いくつかのカテゴリーの組織は，われわれが関心をもった新しい社会的企業家活動に明らかに合致する。

研究の次の段階では，各国ごとに，1つか2つの主要なタイプの社会的企業やその活動領域を選択し，それを深く分析してみることで合意が得られた。こうした選択の結果として，プロジェクトへの参加研究者すべてが，何らかの意味でとくに興味深いと思われる特定の社会的企業に焦点をすえることになった。関心の対象とされたのは，以下の諸点である。①社会的企業はどのようなプロセスを通じて創設されたか，②社会的企業はどのような資源混合に依拠しているか，③社会的企業はどのような種類のサービスを供給しているか，④社会的企業はどのようなカテゴリーの利用者にそのサービスを供給するか，⑤

社会的排除と闘う社会的企業はどのような革新的な特徴をもっているか，等々。起業組織の数については，選択にあたって考慮したものの，主要な基準とはほとんどしなかった。

最後に，研究対象として選択された社会的企業は，ほとんどの国で2つの大きな活動領域で機能している。すなわち，第1に，労働市場から排除された人々を訓練したり，雇用に再統合したりする活動である。そして第2に，急速に発展している対人サービスの領域である。しかしながら，この領域区分を，各国分析篇で扱う領域を簡便に理解するための方法でしかない，と考えてはならない。いくつかのケースでは，社会的企業は，2つの領域を結合させたり，それらを超えて活動しているからである。より重要なのは，社会的企業の他の多くの区分領域も，調査する側面——①リーダーシップの役割，②ボランティアもしくは有償労働者の割合，③市場との関係，④地域コミュニティや行政による支援——しだいでは，相互に関連することである。

本書第Ⅰ部各国篇で分析される社会的企業グループを明確にするために，その主要な特徴点を以下で簡単にみておくことにしよう。

オーストリアでは，「児童・子どもを預かる」活動——ボランタリーな無償ベースで最初は提供されていた——の職業化が顕著になっている。この分野でとくに興味深いのは，児童グループ——2名の看護師か特別な訓練を受けた保育者が面倒をみる12名ほどの児童からなる小さなグループであり，両親グループの自己組織的な関与によって支えられている——が増えていることである。親たちが参加型で関与する保育センターは，フランスでもごく普通に存在する。他方，フランスにおける他の社会的企業は，高齢者や要介護者への在宅支援サービスの新しい形態を発展させている。より一般にいえば，フランスの社会的企業は，「近隣サービス」——近隣性は，地域レベルでサービスが供給されるという点で客観的であり，供給されるサービスの関係的側面に主にかかわるときには主観的である——とますます呼ばれるようになった領域全体で，とりわけ革新的である。ベルギーでもそうである。実際，社会的企業は，市場からも政府からも出てくることのない追加的資源をしばしば動員し，政府の機能主義を超えて活動する。これは，数千に及ぶイタリアの社会的協同組合——当該地域に住んでいるかどうかにかかわりなく，障害者，高齢者，麻薬中毒患者，

家族的困難を抱えた子どもたちを支援するために，種々の社会サービスを供給している——をみても明らかである。イギリスでは，在宅介護協同組合が，地方自治体との準市場的で競争的な契約手続きの急速な広がりという特殊な文脈のなかで登場してきた。

　福祉サービスの供給と，労働市場から排除された人々を雇用に再統合する活動との間に，はっきりとした境界はまったくない。いくつかの国では，精神疾患，機能障害あるいはその他の障害を抱えた人々に対する社会福祉事業や社会サービスが，より生産的な活動に発展している。そしてその活動は，一時的な仕事か安定的な仕事かは別にして，仕事を提供する社会的企業を立ち上げる際の基盤をなすものとして生まれてきた。このハイブリッドな性格は，デンマークのケースをみるとよくわかる。デンマークでは，社会福祉事業，コミュニティ開発および生産的活動が多様なタイプの起業組織——たとえば，生産コミューン，低家賃住宅，民衆高校——において組み合わされている。後者2つは，社会問題を抱えた若者層の面倒をみるものとしてその力量がよく知られている。スウェーデンでは，元精神疾患者と身体障害者のためのソーシャルワーカー協同組合が発展してきた。というのは，1980年代になって，大規模な精神衛生施設の段階的な廃止を含む改革に政府が乗り出したためである。こうした協同組合は，標準的な仕事を提供するわけではないものの，地域の協同組合開発機関に支援されながら新しい企業家精神（an entrepreneurial spirit）を示している。それとはまったく違った文脈で，ポルトガルではCERCI——精神疾患を抱える子どもたちの教育とリハビリテーションのための協同組合——が特殊教育学校として創設され，子どもたちの加齢に応じて，より生産的で雇用創出的な方向で発展した。

　多くの場合，精神的障害や身体的障害をもつ人々を労働市場に統合しようとする社会的企業と，社会的に排除された人々——たとえば，麻薬中毒患者，囚人，早期退学者——を労働市場に統合しようとする社会的企業との間に明瞭な境界があるわけではない。両タイプの社会的企業——場合によっては対象集団が混在している——は，イタリア，ルクセンブルグ，ギリシャ，スペインにも存在している。スペインの社会的企業では，廃品回収とリサイクル事業を中心に，複数の活動領域を重複する企業がとくに重要である。

多くの社会的企業が，社会的に排除された人々に安定的な仕事を提供しており，特定の対象集団にとっては就労可能性の唯一の機会である。しかしながら，他の多くの社会的企業も，「過渡的な労働市場」の一部とみなければならない。それは，通常の労働市場と「正規の」雇用への復帰途上の一段階である。ドイツにおける多様な社会的雇用のための起業組織——とりわけ，3つの州で特別に「社会的企業」と命名される起業組織——や，フィンランドの労働参入協同組合——その目的は，他の雇用主がメンバーの労働を使用するという下請け契約を通じて，労働参入協同組合が彼らを雇用することにある——もみな，古くて貧しい郊外地域の住民たちにサービスと雇用機会の提供を試みるオランダの近隣開発組織と同様に，行政からの一時的な支援を伴った過渡的な機関と考えなければならない。

　社会的企業は，かなり狭く，明確に限定された目的——たとえば，人々の正規雇用へ復帰を支援するために職業訓練（OJT）や労働体験を提供すること——しかもっていないようにみえるときでさえ，一般に，こうした目的と他の側面や課題とを結合させようとする。上述の事例では言及しなかった側面や課題のなかでは，社会的企業が発展の遅れた地域での地域開発の活力として参画している点は強調されなければならない。これはとくに，オランダ都市部での近隣開発／再開発組織と同様，新しい東ドイツ州の「雇用創出・構造開発アソシエーション ABS」組織，郊外農村地域の女性たちが運営するギリシャのアグリツーリズム協同組合に当てはまる。地域開発への関心も，場合によっては，地域住民の動員とローカルパートナーシップの形成がなければ，近隣サービスやコミュニティビジネスにおける起業組織が広範囲に登場することもなかったような地域——たとえば，アイルランドのように——で，最初に生まれるものである。

　最後に，これらの事例によってEU社会的企業の全体像が描かれると考えるべきではない，という点を強調しておきたい。それらは単に，EMES研究プログラムの主要な問題に答えるために注目した事例であるに過ぎないからである。

9　3つの中心問題

われわれは，共通の枠組み——事実上，3つの中心問題に集約される[28]——を基礎として，EU 15ヵ国の社会的企業を分析してきた。この3つの問題は，各国レベルで，そして国際比較の視点から検討されたものである。

問題1：社会的企業の現状での特徴は何か

われわれはとくに，①社会的企業の登場を促進するような文脈，②社会的企業がこれまでに受けてきた支援やいまでも受け続けている支援，③利用者および行政との関係と同様に，目的や利用可能な資源の点で社会的企業がどのように発展してきたか，について明らかにしようしてきた。社会的企業をめぐる組織内部の構成方法，法人形態，労働者のプロフィールについても検討してきた。

問題2：社会的企業はいかなる貢献をなしうるか

われわれは，他のタイプの民間組織や公的組織と比較して，社会的企業に特別の長所があるのかどうかという問題——とりわけ，他の組織には手が届かないような資源動員に関して——を検討してきた。社会的企業がなければ充足されないかもしれない一定のニーズがあるとして，それを満足に充足できるかどうかについても明らかにしようと努力してきた。同じ延長線上で，社会的企業が達成する成果——とりわけ，失業と社会的排除との闘いにおける貢献——についても評価してきた。しかし，もしかして財政資源や組織的効率性の点で，社会的企業がある種固有の弱点によってハンディキャップを負っているかもしれないという点も問題としている。

---

28) これらのフィールド研究のほとんどは，1997年と98年に実施されたものであることに注意が必要である。多くのデータが97〜98年のものか，それよりいくぶん古いものになっているのはそのためである。

問題3：社会的企業の将来展望は何か

　社会的企業は，まったく一時的な解決策しか提供できないのか，あるいは，中・長期的な役割を演じることができるのか。社会的企業が関与している領域で，行政が社会問題に取り組もうと決断するとすれば，社会的企業の長期的な役割はどのように位置づけられるだろうか。反対に，社会的企業はどの程度まで，行政と協働できるだろうか。もし，社会的企業によるサービス供給の対象である私的個人の拠出する財政資源がしだいに大きくなって，伝統的な民間セクター企業を魅きつけることになれば，社会的企業の発展にとってそれはハンディキャップとなるだろうか。ヨーロッパの安定的な経済成長に関する現在の見通しからすれば，社会的企業の必要性とその発展機会は減少するのだろうか。以上のような問題を踏まえたうえで，われわれは，もっともありうるシナリオを描き，また，それぞれの領域における社会的企業の現実的な将来発展にとって，好ましい条件とは何かを描こうと試みてきた。

10　社会的企業の理論に向けて

　以上3つの中心問題は，各国の社会的企業を描写し，分析し，比較するための基礎を提供しただけにとどまらない。実証的な視点から収集された情報と知見のすべては研究過程の各共同研究セッションで検討された概念構成と，理論的提起のための基礎を提供するものでもあった。

　すでに提起されている社会的企業の定義を超えて，EMESネットワークが直面した理論的な課題については，図1によって簡略に描くことができる。この図はとりわけ，社会的企業を位置づけるためにサードセクターに関する伝統的な視点をどのように活用できるか，また，伝統的な視点を超えるさらなる一歩をどのように踏み出すことが必要だったかを，表示している。

　第1の主要な参照軸は，社会的経済の明確な構成要素である協同組合の世界である。協同組合には，思想上の固有の研究的伝統と学派がある。いくつかの国では実際，上述した事例からもわかるように，社会的企業が協同組合として登記されている。さらに，ワーカーズコープ——フィンランドの労働参入協同

組合，ギリシャの農業協同組合，イギリスの在宅介護協同組合のケースでみたように——は，伝統的でかなり大規模な利用者協同組合よりも社会的企業により近いものとして登場している。しかしながら，社会的企業はしばしば，メンバー資格に多様なタイプのステークホルダーを組み込んでおり，古典的なワーカーズコープよりもずっとコミュニティ全体の利益に目を向けている。

　第2の主要な参照軸は，非営利組織の世界である。そこでは，生産志向の事業体がアドボカシー組織や助成財団よりも確かに社会的企業に近いものである。いくつかのヨーロッパ諸国では，社会的企業は現実にも，非営利組織あるいはアソシエーションという法制上の地位にある。しかしながら，本緒論第4節・第5節でみたとおり，全体としての社会的企業の現実をNPO研究によって包括することはできない。NPO研究だけでは社会的企業の現実をトータルに包括できないことは，社会的目的をもった企業の発展を促進する新しい法律が，イタリア，ポルトガル，ギリシャ，ベルギーで通過したことをみても，相変わらず真実である。

　社会的企業の性格が協同組合と非営利組織という両タイプの組織的特徴を併せもつようになるにつれて，図中の交差部分が大きくなっていくことは，それぞれの輪が相互に近づいていく傾向を的確に示している。しかしこれは，真の協同組合であり同時に純粋な非営利組織でもあるような社会的企業はほんのわ

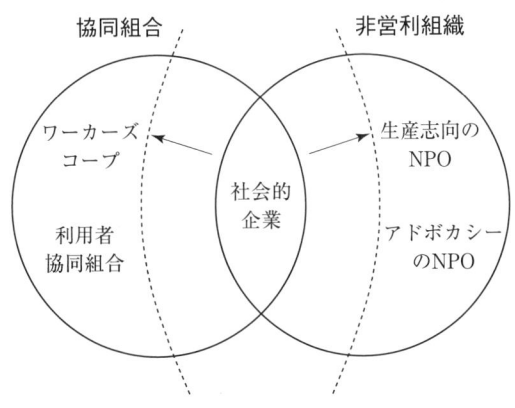

図1　協同組合と非営利組織の交差空間に存在する社会的企業

ずかに過ぎないというように，静態的に理解されるべきではない。さらに，図中の点線は，当初から説明してきたこと——つまり，社会的企業という現象の一部は明らかに新たに創出された組織からなるということ——に符合するもう1つの視点を示唆している。そしてそれは，既存のサードセクター組織を変形していく動態的な過程を示すものでもある。

　本書第Ⅱ部では，社会的企業の固有の理論を構築しようと試みる。バッキエガとボルザガによる理論篇第16章の考察では，社会的企業の革新的な性格を強調するために，制度派組織理論のツールを活用している。そこでは，社会的企業のEMES定義を導いた基準によって，社会的企業という組織の内部に独特のインセンティブシステムが形成されることが説明される。そのインセンティブ構造（incentive structure）のあり方は，一方で，貨幣的および非貨幣的な要素——後者は前者よりも重要だとみなされる傾向がある——の混合の仕方しだいであり，他方で，カテゴリーの違いによるステークホルダーのさまざまに異なる目的——実際に対立的になることもありうる——の混合の仕方しだいでもある。彼らはまた，独特のインセンティブ構造によって，社会的企業の長所と弱点をどの程度説明できるか，また，ヨーロッパの文脈における社会的企業の多様性をどの程度説明できるかを検証している。

　理論篇第17章では，社会的企業の目的と資源をめぐる多様な構造について，エバースがその社会的・政治的な分析を提起する。そこでは，「社会的資本」（social capital）という概念——それは現在，きわめて多義的な意味で広く使用されている——をもち込むことによって，社会的企業の目的・資源構造をよりよく理解できることが示される。また，非市場かつ非政府の資源——社会的企業にとってきわめて重要な資源であり，たとえば，対話の用意，協同，市民的関与があげられる——を包括するために，「市民資本」（civic capital）と呼ばれるものにも焦点を合わせている。さらにまた，社会的資本の形成をサードセクター組織の目的の1つとみなすことが，サードセクター組織への市民的関心とその効果——民主的な側面を含んだ広義の公益概念と符合する——を目に見えるようにするのに有効であると述べている。こうした視点からいえば，社会的資本の形成は，社会的企業のような組織にとって明白な目的となる。最後に，社会的資本と公共政策の結合に光を当て，それを当然視するのではなく，その

政策形成とプログラム化が，社会的企業による社会的資本の動員と再生産のおかげであることを認識すべきだと強調する。

ラビルとニッセンズによる理論篇第18章では，「理念型」的な社会的企業 (an 'ideal-type' social enterprise) に関して，その経済的，社会的，政治的な諸側面を試論的な統合理論のなかで結合させようと試みながら，きわめて幅広い考察を行っている。そこでは最初に，社会的企業の特有の目的と所有構造との関係を検討し，コミュニティへの貢献という目的を，社会的に共通の外部性 (collective externalities)，すなわち，主要なサービス生産活動と結びついた社会的共通益 (collective benefits) の明確な増進として定義する。この目的はしかし，所有構造の単一ステークホルダーモデルをなんら要請するものではない。彼らはまた，社会的資本という中心資源が社会的・政治的な効果を生み出すだけでなく，取引費用と生産費用を削減することを示しながら，社会的企業における社会的資本の特有の性格に関する分析を展開する。

次に，社会的企業の内部関係に焦点をすえたあとで，社会的企業とその外部環境との間に成り立つ経済的交換の諸類型に言及し，市場交換・再分配・互酬という経済原則を区別したポランニー理論を踏まえて，社会的企業が，3つの交換様式を多様な社会的・政治的文脈においてどのように組み合わせるかを提示する。この観点からすれば，社会的企業の登場は，互酬的な動機によるものと理解できる。とはいえ，社会的企業における異なる経済原則の統合過程は，制度的な同形化 (isomorphism) と，相互に異なる原則をハイブリッド化することとの間に生じる緊張関係を明らかにする。

本書理論篇第19章は，ボルザガとソラーリによる考察である。そこでは，社会的企業のマネージャーとメンバーが直面する主要な課題を探求する。そして，こうした重要な課題を検討しながら，マネージャーが介入すべき戦略と領域を示唆する。理論篇の先行諸章で強調された内部の弱点と外部の障壁を克服するにあたって，マネージャーは主要な役割を実際に果たしている。地域社会，行政の意思決定者，顧客といった外部のアクターや労働者およびボランティアを含む内部のアクターとの関連で社会的企業の正統性が構築されるとき，ボルザガとソラーリは，マネージャーの役割をとくに強調する。また，法律を通じて，ある種の規則に則った社会的企業の正統性がとくにヨーロッパ諸国で確立

されてきたけれども，彼らは，多様な統治形態，組織のデザイン，人的資源の熟練化——それらは，サードセクターで機能する他の組織形態と比較して，社会的企業の有効性を促進できる要素である——を説明するにあたって，マネージャーの役割に注目するのである。

最後に本書の結論では，共同研究プロジェクト全体の実証的・理論的な研究成果を要約する。まずはじめに，社会的企業という起業組織のもつ多様性のみならず，EU諸国すべてに社会的企業が登場してきた理由を総合的に扱う。そこでは，①経済的・社会的な発展レベル，②福祉制度の性格，③伝統的なサードセクターの役割，④社会的企業のための特別の法的枠組みの存在，に関連づけて各国ごとの違いを説明する。また，既存の福祉制度の転換，雇用創出，地域開発，社会的資本と社会的統合の構築，サードセクターに内在する新しい駆動力，といった諸点に対する社会的企業の主要な貢献についても概観する。しかしながら，社会的企業によるこのような貢献があるからといって，特有の組織タイプ——特定の文脈では，きわめて脆弱である——として，その内部に抱える弱点を覆い隠すことができるわけではない。さらに，外部の障壁がしばしば社会的企業の発展を妨げてもいる。本書が，ヨーロッパでの経済システムの基本的な多元主義を強調するという文脈において，社会的企業の特性と潜在能力をよりよく認識できるような政策を最後に観察しているのもそのためである。

参考文献

ARCHAMBAULT, E. (1996) *Le secteur sans but lucratif. Associations et fondations en France*, Economica, Paris.

BADELT, CH. (1997) 'Entrepreneurship Theories of the Nonprofit Sector', *Voluntas*, vol. 8, 2: 162–78.

BEN-NER, A. (1994) 'Who Benefits from the Nonprofit Sector? Reforming Law and Public Policy Towards Nonprofit Organizations', *The Yale Law Journal*, vol. 104: 731–62.

BORZAGA, C. and MITTONE, L. (1997) 'The Multistakeholder versus the Nonprofit Organisation', Università degli Studi di Trento, Draft Paper no. 7.

BORZAGA, C. and SANTUARI, A. (1998) *Social Enterprises and New Employment in Europe*, Regione Autonoma Trentino-Alto Adige, Trento.

CIRIEC (2000) *The Enterprises and Organizations of the Third System*, International Center of Research and Information on the Public and Cooperative Economy, Liège.

CLOTFELDER, C.T. (1992) *Who Benefits from the Non-profit Sector?*, University of Chicago Press, Chicago.

Conseil Wallon de l'Économie Sociale (1990*) Rapport à l'Exécutif Régional Wallon sur le secteur de l'économie sociale*, Namur.

DEFOURNY, J. (ed.) (1994) *Développer l'entreprise sociale*, Fondation Roi Baudouin, Brussels.

DEFOURNY, J. and MERTENS, S. (1999) 'Le troisième secteur en Europe: un aperçu des efforts conceptuels et statistiques', in GAZIER, B., OUTIN, J.-L. and AUDIER, F. (eds) *L'économie sociale*, tome 1, L'Harmattan, Paris, 5–20.

DEFOURNY, J. and MONZÓN CAMPOS, J.-L. (eds) (1992) *Économie Sociale – The Third Sector*, De Boeck, Brussels. →❶

DEFOURNY, J., DEVELTERE, P. and FONTENEAU, B. (eds) (1999) *L'économie sociale au Nord et au Sud*, De Boeck, Brussels.

DEFOURNY, J., FAVREAU, L. and LAVILLE, J.-L. (eds) (1998) *Insertion et nouvelle économie sociale*, Desclée de Brouwer, Paris.

EMES (1997a, 1997b, 1998a, 1998b, 1999a) *Semestrial Progress Reports*, EMES European Network, Brussels.

―― (1999b) *The Emergence of Social Enterprises in Europe. A Short Overview*, EMES European Network, Brussels.

EVERS, A. (1995) 'Part of the Welfare Mix: The Third Sector as an Intermediate Area', *Voluntas*, vol. 6, 2: 159–82.

GUI, B. (1991) 'The Economic Rationale for the Third Sector', *Annals of Public and Co-operative Economics*, vol. 62, 4: 551–72.

HANSMANN, H. (1987) 'Economic Theories of Nonprofit Organisations', in POWELL, W. (ed.) *The Nonprofit Sector. A Research Handbook*, Yale University Press, New Haven, 27–42.

JAMES, E. and ROSE-ACKERMAN, S. (1986) *The Non-profit Enterprise in Market Economies: Fondamentals of Pure and Applied Economics*, Harwood Academic Publishers, London.

LAVILLE, J.-L. (ed.) (1994) *L'économie solidaire*, Desclée de Brouwer, Paris.

LAVILLE, J.-L. and SAINSAULIEU, R. (eds) (1997) *Sociologie de l'association*, Desclée de Brouwer, Paris.

MERTENS, S. (1999) 'Nonprofit Organizations and Social Economy: Two Ways of Understanding the Third Sector', *Annals of Public and Co-operative Economics*, vol. 70, 3: 501–20.

OECD (1999) *Social Enterprises*, OECD, Paris.

PESTOFF, V.A. (1998) *Beyond Market and State. Social Enterprises and Civil Democracy in a Welfare Society*, Ashgate, Aldershot. →❷

―― (1992) 'Third Sector and Co-operative Services. An Alternative to Privatization', *Journal of Consumer Policy*, vol. 15: 21–45.

ROSE-ACKERMAN, S. (ed.) (1986) *The Economics of Non-profit Institutions. Structure and Policy*, Oxford University Press, New York.

SALAMON, L.M. (1997) 'The United States', in SALAMON, L.M. and ANHEIER, H.K. *Defining the Nonprofit Sector: A Cross-National Analysis*, Johns Hopkins Nonprofit Sector Series, vol. 4, Manchester University Press, Manchester, 280–319.

SALAMON, L.M. and ANHEIER, H.K. (1994) *The Emerging Sector: An Overview*, The Johns Hopkins University Institute for Policy Studies, Baltimore. →❸

SALAMON, L.M., ANHEIER, H.K. and Associates (1999) *Global Civil Society. Dimensions of the Nonprofit Sector*, The Johns Hopkins University Center for Civil Society Studies, Baltimore.

SCHUMPETER, J.A. (1934) *The Theory of Economic Development*, 3rd printing, 1963, Oxford University Press, New York. →❹

SPEAR, R., DEFOURNEY, J., FAVREAU, L. and LAVILLE, J. -L. (eds) (2001) *Tackling Social Exclusion in Europe. The Contribution of the Social Economy*, Ashgate, Aldershot.

YOUNG, D. (1997) 'Non-profit Entrepreneurship', to be published in *International Encyclopedia of Public Administration*.

—— (1986) 'Enterpreneurship and the Behavior of Non-profit Organizations: Elements of a Theory', in ROSE-ACKERMAN, S. (ed.) *The Economics of Non-profit Institutions*, Oxford University Press, New York, 161–84.

—— (1983) *If Not for Profit, for What?*, Lexington Books, Lexington, MA.

❶富沢賢治他訳『社会的経済――近未来の社会経済システム』(日本経済評論社, 1995年)

❷藤田暁男他訳『福祉社会と市民民主主義――協同組合と社会的企業の役割』(日本経済評論社, 2000年)

❸今田忠監訳『台頭する非営利セクター』(ダイヤモンド社, 1996年)

❹塩野谷祐一他訳『経済発展の理論』(上・下, 岩波書店, 1977年)

第Ⅰ部

EU 15ヵ国における社会的企業

1　オーストリア：社会的企業と新しい保育サービス

カイ・ライヒセンリング

はじめに

　オーストリアの混合型福祉すなわち，社会保障の供給と社会的統合の維持を行うさまざまなアクターの間での分業は，主として，以下に述べるような歴史的伝統と歴史的発展によって形成されてきた。すなわち，第1に，カトリック教会の歴史的に大きな影響力とその社会福祉のパラダイムと，とりわけ国家に対するその補完性原則――教会と国家は対等かつ相互補完的であるとする――であり，第2に，社会主義（現在は社会民主主義）運動と連携する福祉組織の役割である。これは生産者協同組合よりもどちらかといえば消費者協同組合とつながるものである。第3に，国家の規制に対するコーポラティズムアプローチ，すなわち社会的パートナーシップ（Sozialpartnerschaft）がある[1]。1945年以降のオーストリア社会でのもう1つの大きな特徴は，長期にわたる「系柱化」（pillarisation）である。これは政党や宗教団体と連動した普遍主義的な福祉をつくりだしてきた。
　さらに，強調しなければならないのは，オーストリアの社会保障制度は現金

---

1) 社会的パートナーシップの制度は，労使協議によって労働と資本との間の緊張を緩和する道具である。すなわち，賃金規則と労働法に上乗せした団体交渉と，労働組合と経営者組織と国家による3者政策交換である。この規制メカニズムの機能の前提とは，社会発展と平和を確保するためのものであるが，第2次世界大戦と占領後に，オーストリアの主要産業が国有化されて，すべての経済活動アクターがこの種の統治に共通利害をもったという事実に支えられている。

給付の比率が極端に高いという性格である。教育支出を除いた全社会保障支出の約73％に達する（Badelt and Österle 1998）。貧困や社会的排除に対する社会サービスとその他の現物給付は，一般的には地域政府がそれぞれ独自の社会保障法に基づいて組織し財政化している。

積極的労働市場政策もしくは社会的排除に対する政策に関しては，オーストリアは1970年代以降これまで，OECD諸国の間では失業率の低い国の1つであった。これはとくには産業の国有化によるものであり，70年代の経済危機に国家から補助を大いに受けたためである。しかしながら，オーストリアが「祝福された島」といわれた時代は終わって，失業と社会的排除にかかわる問題がここ10年から15年の間に政治的に重要性を増してきた。

1980年代のはじめに，オーストリア政府とりわけ労働社会事業省は，伝統的な職業訓練プログラムや労働流動化プログラムに加えて，長期失業者の「通常の労働市場」への再統合を支援する特別措置を導入した。このいわゆる「実験的な労働市場政策」には，不利な農村地域やアルプス地域におけるプロジェクトへの補助金や自律的な企業の設立，そして訓練補助，賃金補助，地方自治体や非営利組織などが推進するプロジェクトによる長期失業者のための当初8,000人分の仕事創出をめざすアクションプログラムが含まれていた。このプログラムは通常「アクション 8000」と呼ばれ，実験的な労働市場政策の目玉となっており，公的組織や非営利組織が社会福祉サービスや文化活動や環境保護活動の分野で新規雇用と追加的雇用またはどちらか一方をつくりだすことを促進した[2]。1996年に，「アクション 8000」は名前を変えて「公的統合給付」（GEB, Gemeinnützige Eingliederungsbeihilfe）と呼ばれた。しかし，その主要な性格の変更はなかった。あらかじめ決められてある期間（約1年）に，非営利組織における仕事創出のための労働費用の2/3を供給した。1984年以降，約5万人の長期失業者がこの制度の世話になった。「アクション 8000」（現在はGEB）は，伝統的な福祉団体を補助し，さらにオーストリアにおける社会的経済企業（Sozialökonomische Betriebe）の設立プログラムを支援している。

---

[2] さらなる分析は，Lehner (1998), Fehr-Duda et al. (1995a, 1995b), AMS (1996)を参照のこと。

こうした貢献は,「アクション 8000/GEB」のような実験的な労働市場政策という手段を活用しながら,1980年代以降導入された起業組織に焦点を当てている。これらの政策は,労働社会事業省と労働市場局（Arbeitsmarktverwaltung）が所管している。労働市場局は,1994年に一部が民営化され,現在は「労働市場雇用サービス機構（AMS, Arbeitsmarktservice）」と呼ばれる[3]。第1節では,この新しく登場した起業組織,計画,企業を概観する。とりわけ,各種の労働市場への統合計画に焦点を当てる。第2節では,オーストリアにおける社会的企業の定義を検証する。第3節では,対人サービスの特別分野の1つである保育に注目する。この領域での社会企業は,サービス提供の新しい方法を推進すると同時に社会的に不利な人々に対する社会的排除と闘うために,新しい仕事の創出に貢献している。

1　地域協同組合,社会的経済企業,社会福祉アソシエーションの伝統

オーストリアにおける社会的企業の登場について分析するためには,ときに重複するさまざまな中間組織の領域と展開を区分する必要がある。これらの中間組織は,社会構造を維持する一助となっており,特定の対象グループを労働市場や社会に再統合し,たんなる市場志向組織が活動しないような分野をカバーし,国の法的措置の補完的役割を果たす。起業組織のいくつかの種類は本書の議論の対象となっている「社会的企業」とみなすことができる。本節では,失業者の労働市場への統合型企業である社会的企業にとりわけ焦点を当てるこ

---

[3] 次のような議論も可能である。すなわち,オーストリアの積極的労働市場政策は,部分的には民営化されてきている,あるいはこうした政策の組織的枠組みが,国家と市場との間でより「ハイブリッド化」した形態に変化しているという議論である。疑問なのは,この種の「ハイブリッド化」が,雇用機会を公的セクターで促進するという,より先制的な戦略よりも,積極的労働市場への投資を抑制する方向に向かうのではないかということである。しかし,結論を急ぐべきではないであろう。とりわけ,最近のEUレベル（各国雇用活動計画）での雇用政策は,いくつかの新しい起業組織に希望を与えている。

とにする。

自主管理的地域雇用のための起業組織

　組織の第1の種類は，自主管理的な地域雇用起業組織と定義できるものである。自主管理的生産協同組合もこれに含めることができる。1980年代初頭以降，構造的失業が増加し始め，こうした組織の取り組み計画に対して政府の補助金が提供されると，いくつかの地域起業組織が登場するようになった。これらの組織はとりわけOECDの地域開発と地域雇用のプログラムの影響を受けた（BMSV 1984）。たとえば，構造的に弱体な地域で，破産に瀕していたいくつかの工芸会社が雇用確保のために協同組合に転換した。こうした組織や非営利組織を支援する2つの準公的なコンサルタント組織がこの転換を援助した。当初，これらの起業組織については，こうした雇用よりも自律性や自主管理がより強調された（BMSV 1984）。

　これらの起業組織は雇用に関してどちらかといえばよい結果を生んだが，その数の着実な増加と自主管理の拡大については芳しくなかった。29のこうした協同組合（工芸，ツーリズムと文化，事業とサービス）は，1981年から91年の間に設立されて積極的労働市場政策によって支援されたが，次のような傾向を示した（Paulesich 1996）。すなわち，

- 通常，協同組合はその大部分が有限会社であるアソシエーションとして発足したが，その後普通の会社（単独の所有者による），有限会社，さらには公開株式会社（public limited company）［公益性の強い企業が選択する形態］に転換してしまった。
- 投資収益，人件費，キャッシュフローについてみれば，すべての協同組合がよい結果を残した。流動資産について問題があった。
- 雇用という元来の目的は，これら29の協同組合のうち22の協同組合において達成された。とりわけ小規模の工業協同組合では労働者数が増加した。
- 現在の経営陣に対する聞き取り調査によると，「協同組合理念」は当初こ

そ組織を導いていたが,消滅してしまった。19の協同組合企業が自主管理理念に基づいて設立されたが,9の協同組合だけが協同組合原則を重視していると述べた。このことは創立メンバーの50%がすでに退職していることによると思われる。

協同に関する一般的な状況は満足のいくものであったが,自主管理については,労働条件の質の改善の道具として,とりわけ新しい企業の設立を促進するものとして重視された (Paulesich 1996)。

社会経済的計画

組織の第2の種類は,実験的な労働市場政策の枠組みのなかで発展し,(臨時)雇用の供給と社会的に不利な立場にあるグループ(ホームレス,若年失業者,女性,障害者)の訓練を目的とした社会経済的計画のなかから生まれた。これらの計画はしばしば,ソーシャルワーカーが主導して,環境活動,文化活動,社会サービス分野に取り組んでいる。もしこうした対象グループが労働市場においてきわめて不利な立場にあるとしても,これらの計画の主要な目的は,あくまでも一時的な支援の提供であり,訓練対象者すなわち顧客を一般労働市場に再統合することにある。したがって失業者は,訓練期間を通じて仕事の資格・再資格取得のための訓練を受けたり,事業やサービスのための能力向上につながるその他の訓練を受ける。

しかしながら,これらの計画の多くが普通の企業となってしまう。それは,いわゆる社会的経済企業 (Sozialökonomische Beschäftigungsbetriebe) としての新しいアイデンティティにも反映されている事実である。その営利的な業務の遂行は,ほとんどの労働者が一定期間を経ると退職していってしまうためいくぶん弱まるものの,営利事業目的は企業としての基本理念の一部をなしている。たとえば,その組織・法人形態は有限会社 (GesmbH) である。平均すると,これらの計画ないし企業は費用の約37%をみずからの経済活動によって埋めている。予算全体の約48%である4億シリング(約2,900万ユーロ)が,AMSによる基金であり,さらに16%が県による資金である。また1995年以降,

ヨーロッパ社会基金の補助も増加している (AMS 1997)。

1996年に,こうした45の企業において719の仕事が1,606人の臨時雇用の人々に提供された。さらに約315人のいわゆる「中心職員」が雇用された。過去6年間,こうした計画企業の数は横這いであるが,中心職員と臨時職員の人数は1992年から96年にかけて増加している (それぞれ25%と40%増加)。職員のジェンダーや年齢別の構成に関して興味深いことに,これらの企業の中で女性の数が相対的に低いことが注目される (約30%)。臨時職員の約1/3が25歳以下であり,21%が40歳以上である (AMS 1997)。

社会的経済企業の事業能力については,2つの側面が考えられる。第1に,雇用効果の数字としては,1996年に企業を退職した臨時職員をみると平均して,労働者の約1/3が一般労働市場に移動し,8%がさらに訓練を受け,27%が企業を離れて年金受給者や介護休暇となり,31%が退職したが失業者にとどまっている。しかし,全体の平均は事態の一面を示すに過ぎない。実際には,個別の企業によってまた地域によって大きな違いがある。たとえば,1996年に労働市場に再挿入された人の割合は,カリンシア地域の5つの社会的企業における23%から,ブルゲンラント地域の3企業での56%までと幅がある。企業を退職して失業者にとどまっている人の割合は,この期間では地域によって最小18%から最大40%である (AMS 1997)。

第2に,経済実績も重要である。調査対象企業は,その予算の8%から82%,平均して約34%をみずからの経済活動によって生み出している。AMSからの補助金は平均8%であり,またその他の補助金 (主として地方自治体による) が27%である (AMS 1997)。補助金は投資,社会的支援,教育支援,その他の臨時支出にとって必要である。1990年代初めに実施された調査 (Biffl et al. 1996) が示すところによれば,たとえば,多かれ少なかれ,一定の職員が転職するので,中心職員によるとくに組織的な対応が必要となっている。

この種の企業のあり方は,経済活動の種別や企業に参加する (退職する) 人材の種類によるところが大きい。たとえば,(スティリア地方にある) BANは,ホームレスや元受刑者を対象にしている。30人の臨時職員と15人の常勤職員が環境事業 (リサイクル) やゴミの掃除の分野で活動している。この種の仕事はまたウィーンのAREGE, Nichtsesshaftenhilfe (ホームレス支援) からも提供

されている。一方，Chamäleon（これもスティリア地方にある）は一般サービス（家事，庭仕事など），布織物（パッチワーク，テーブルクロス，ぼろなど）の分野に取り組み，長期失業の若年女性や熟年女性，障害者，元麻薬中毒者に対して15人分の過渡的な仕事を提供している。

「緊急避難型労働作業会社」

　オーストリアでは，社会的目的をもった企業に対する特別法制は緊急避難型労働作業所についてのみつくられてきた。これらの作業所は障害者（明確な選択基準に基づいている）に対して通常の雇用を提供し，障害者雇用法の枠組みのなかでの特別の形態の有限会社として機能している。したがって，国家によって直接，これらの会社に対する追加的な補助金が補償されている。

　1979年以来，9つの緊急避難型作業所が設立された。これらの作業所では現在約1,200人が雇用され，そのうち3/4は障害者であり，彼らは全国的な団体協約による基準に基づいて賃金が支払われている。これらの緊急避難型労働作業所は，熟練労働分野（金属，木材，印刷，織物）やサービス分野（複写，洗濯）で製品・サービスの生産を行っている。年間総売り上げは約4億オーストリアシリング（約2,900万ユーロ）であり，そのうち補助金は約25％である（Blumberger and Jungwirth 1996）。

社会的参入と雇用支援のその他の起業組織

　AMSが運営する地域職業紹介所以外に，たいていは非営利組織やアソシエーションが組織した特別情報センターがある。これらのセンターは個人的負債，非合法麻薬使用，精神医学的問題，差別や暴力の被害者といった特別な問題を抱える人たちを対象にしている。これらのセンターは，（精神医療や社会問題，仕事探し，家族計画などについて）カウンセリングと情報提供，さらにはコミュニケーション，余暇，その他活動の便宜を提供している。

　ウィーンでは，約16のこうした情報センターがさまざまな提供組織によって設立されている。たとえば，保育，職業訓練，移民相談，若年失業者に対す

る情報提供を行っている。さらに，いくつかの起業組織がたとえば「女性の家 (Frauenhäuser)」，ホームレスのための避難所，若者・障害者・元受刑者へのグループ住宅提供などを行っている。

対人サービスや近隣サービス提供の非営利組織

社会サービスの提供分野では，社会福祉アソシエーションが長い伝統をもっている。とりわけ巨大ボランタリー組織が政党（フォルクスヒルフェ (Volkshilfe) やヒルフスベルク (Hilfswerk)）かもしくは教会（カリタス (Caritas) やディアコニイ (Diakonie)）と結びついている。これらの組織は，地域政府から受けている補助金とは別に，追加的サービスや新規サービスに対する共同融資のために AMS が提供するアクション 8000 / GEB の機会を利用している。さらに規模の小さい起業組織や新しいアソシエーションもまた GEB を利用して新規のサービス提供に取り組んでいる。こうした起業組織の事例からはとくに，保育デイケアの分野（保母，保育グループ）が発展しており，以下で詳細を示す。

2　社会的企業とは何か

オーストリアの社会的，政治的，文化的背景を前提として，緊急避難型労働作業所を除けば，社会的包摂の分野で活動する組織については特別な法規則がないことを考慮するならば，「社会的企業」という用語を広い意味で理解するのが適切であろう。オーストリアの状況は，自主管理的雇用起業組織や社会的経済企業，緊急避難型労働作業所も社会サービス分野で活動するアソシエーションも，社会的排除に取り組んでいる社会的企業とみなされるべきである。それは次の条件を満たしているからである。すなわち，

- 恒常的に財とサービスまたはどちらかの生産活動を行っている。
- 自主管理性が相対的に高い。
- 経済リスクが高い（時がたてば発生する危険がある）。

- 事業は賃金労働に基づく。しかし無報酬のボランティアと一部有償のボランティアがときにはみられる。たとえばアソシエーションはボランティアからなる理事会をもつ。理事はこの場合，必要経費の一部を受け取る。別の事例の「保育グループ」では，父母が協力して資金を出して必要な水準を保っている。

社会福祉アソシエーションもしくは非営利組織の法人形態は，通常「アソシエーション法 (Vereinsgesetz)」に基づく。同法は，登記手続き，免税，説明責任に関する一般規則，強制義務，基本規則などを定めている。しかしながら，一部の伝統的アソシエーションと新しい起業組織，とりわけ経済活動を行っているものは，民間有限会社 (GesmbH) へと法人形態を転換している。それはアソシエーションの理事会がアソシエーションの活動と結びついた金銭上のリスクに責任があるからである。一部の起業組織もまた，登録民事会社 (Gesellschaft Bürgerlichen Rechts) または協同組合 (Genossenschaft) に転換している。ただし，オーストリアにおけるこれらの法規則は非常に複雑である。

強調すべきは，これまであげたすべての組織がオーストリアの社会構造の維持にとって重要な要素であること，すなわち，市民社会，社会的包摂，社会的統制の基礎となっていることである。

過去10～15年に設立された社会的起業組織は，3つの主要な目的に焦点を合わせている。すなわち，①雇用機会を提供すること，②職業訓練によって(再)統合を推進すること，そして③市場志向アプローチを通じて良好な経済パフォーマンスを達成すること，である。同時に，これらの組織やその他のボランタリー組織の原則は，長い歴史をもったアソシエーションや協同組合の考えに深く根ざしている (Hautmann and Kropf 1976 ; Tálos 1981)。こうした歴史やそれぞれの定義があるにもかかわらず，「社会的企業」という用語をオーストリアの議論のなかに導入することは有意義であろう (すでに存在する「社会的経済企業 Sozialökonomischer Betrieb」という用語を補うからである)。その目的は，変化しつつある「労働社会」に失業者を社会的に統合する新しい組織形態を推進することにある。

したがって社会的企業という用語は，次の各節において，過去20年間の

オーストリアとりわけウィーンの保育サービスの特別形態について論ずるときに使われる。この発展を理解するために，市場志向のサービス供給という枠組みで保育サービスをまずはじめに簡単にみていくことにする。

3 保育分野での社会的企業

　福祉国家改革についての現在の議論は，福祉生産の現実について再検討し，対人社会サービスを計画し方向づけ，さらに供給，管理する新しい方法を開発する機会をもたらしている。このことは一方で，福祉を提供するさまざまな活動主体，すなわち家庭，民間非営利組織，社会的起業組織，公的供給機関，市場に基づく供給などを含む活動主体について知ることであり，混合型の社会福祉経済にとっての適切な規制について議論することを意味している（Evers and Olk 1996；OECD 1996)。他方，公的マネジメントの新しいモデルが導入されて，いっそうの市場志向的方法が社会サービスのプランニング，財政，供給において促進されている。これらの市場志向型の方法は，クライアントと供給業者との分離，さらなる競争を内包しており，費用や成果を定めた生産物として社会サービスをとらえる新しい考えを含んでいる。したがって，たとえば外部契約化や強制的競争入札を通じて，非政府型のサービス供給を支援強化するために改革が求められているのである（Naschold 1995）。この展開はまた，新しく登場しつつある社会的起業組織にとってよいものであるべきである。そのためにはそれらの起業組織が，縮小しつつある法定の供給と市場とのギャップを埋めることができるほどの影響力と有用性を示すことが必要である。

　オーストリアでは，こうした発展は，いくぶん遠回しに導入されてきている。もちろん，社会福祉政策には費用削減や厳格化への一般的傾向があり，公的マネジメントにいっそうの効率性が求められ，より市場化しつつある。しかしながら，国家と市場との間の相違が依然として強調されており，中間組織は軽視されている。にもかかわらず，オーストリアにおける社会福祉供給の現在の構造を考えれば，「新しい公的マネジメント」や「混合型福祉」についての議論には価値がある。とくに保育分野を取り上げ，この点をみていくことにする[4]。

保育分野におけるオーストリアの混合型福祉

　保育デイケアは，子供をもつ父母に対する法律的な権利義務の問題と受け止められはじめたばかりである。保育施設に対する父母の権利が依然として満たされていないという事実があるので，この問題は近年議論の対象となっており，とりわけ，生活様式の変化と，機会均等と家族と雇用を連結すべきだと主張する若い女性たちの期待が背景にある。

　現在まで，児童デイケア施設の拡大をする責任は県と市町村にあり，しばしば，大規模なボランタリー非営利組織に，そのサービス供給を外部契約化してきた。さらに，サービスの量や質について十分な施設がないため（たとえば時間外保育の制限があって）多くの小規模な起業組織が雨後の竹の子のように現れた。

　図2はさまざまな供給業者が混在して，さまざまなニーズをバラバラの基準と取り決めによってサービス提供していることを示している。しかしながらこの状況は，財政やさまざまなアクターの役割と機能に関して意識的な決定がなされたことによるものではない。たとえばアソシエーションは，利用者にやさしい，またフレキシビルなサービス供給をするという点で質の水準を向上させてきたが，つねに公共政策づくりのパートナーとみなされてきたわけではなく，たいていはどちらかといえば敵対者ではないとみなされてきたに過ぎない。

　こうした状況において，AMSは，それ自体一種のハイブリッド型の組織であり，中間組織として重要な役割を果たしてきた。とりわけウィーンで，約65,000人の児童を各種のデイケアセンターに通所させている（半分は公的施設の，半分はボランタリー組織の保育所。表1-1参照のこと）。この数年間，AMSは，積極的労働市場政策の3つの方式を採用している。これらは父母と制度的保育供給業者との間の両方に広がっている。すなわち，

- 児童保育手当（KBH, Kinderbetreuungsbeihilfe）。これは低所得者父母に的

4）　Evers and Leichsenring（1996）を参照のこと。

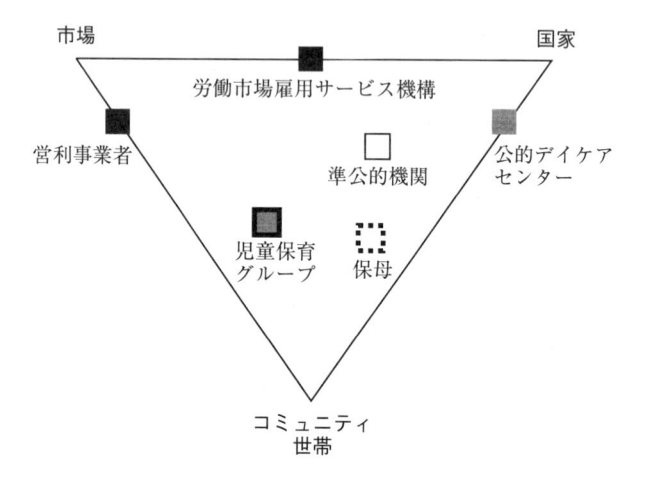

```
          市場                              国家
               ■  労働市場雇用サービス機構
        ■                                  ■
     営利事業者           □              公的デイケア
                       準公的機関           センター

                    ■        ┆
                  児童保育    保母
                  グループ

                      コミュニティ
                         世帯
```

図2　オーストリアにおける保育の福祉三角形

表1-1　ウィーンの保育施設（1997年）

供給業者名	定員数	職員数	事業高 (1,000ユーロ)	子供1人当り 年間費用 (ユーロ)
公的保育所	32,378	5,500	230,446	7,119
民間・非営利組織	33,908	3,644	91,277	—
民間保育所	9,000	900	24,636	2,737
カトリック系保育所	11,288	844	27,979	2,481
託児所（Kinderfreunde）	9,762	1,100	25,435	2,606
「ウィーン児童」（KIWI）	700	96	2,326	3,358
デイマザー	165	69	1,090	6,853
ウィーン支援事業（デイマザー）	109	38	581	5,366
ウィーン子供グループ	480	89	2,180	4,577
子供グループフォーラム	72	14	363	4,792
その他の供給業者	1,300	150	3,997	3,103
フリーランスのデイマザー	1,032	344	2,689	2,616
合　　計	66,286	9,144	321,723	4,856

出所：ウィーン市（MA 11）；供給業者組織，自己推計。

を絞った現金給付であり，父母が仕事をみつけた後でもこのサービスが必要ならば，保育サービスを受けることができる。
- 保育供給業者に対する補助金（KBE, Beihilfe für Kinderbetreuungseinrichtungen）。これは，すでに述べた GBE における特別制度である。これは賃金支援補助金（賃金の66％）を3年間までの期限で（これまでは1年だけ）供給するものであり，保育供給業者がもっと保育職員を（通常は失業者から）採用することができるよう促進するものである。
- 失業者への訓練支援をして保育専門者（保母，保父）を養成する。

これらの方式は，とりわけ新しい形態のサービス供給業者，たとえば保母（保育者）を雇用し組織したアソシエーションや，12名の児童グループを2名の看護師（保育者）が世話をする形の起業組織などを支援してきた。この起業組織は父母協同組合に似ている（ドイツの私設保育所〔Kinderläden〕に類似）。これらの組織を両方合わせてもウィーンの全保育市場の約2％を占めているに過ぎないものの，父母や職員が参加関与するという点で特別な関心が向けられている。

父母は，公的施設や民間ボランタリー施設によって異なる料金を支払わなければならない（表1-2）。公的サービスの利用者は，個人が支払う料金が家族所得を基準としていることで有利かもしれない。民間ボランタリー供給業者を利用している父母は，たいていは毎月2,000～3,000オーストリアシリング（145～218ユーロ）を週40時間の食事付き保育に支払っている。KBH（児童保育手当）は，これについては部分的に負担しているだけで，保

表1-2　週40時間の保育に対し両親が支払う月額料金（1997年）
（単位：ユーロ）

供給者／保育の種類	最低	最高
公的保育所[a]	0	209
民間・非営利組織		
民間保育所[b]	211	334
カトリック系保育所[b]	103	196
託児所（Kinderfreunde）[b]	166	213
ウィーン児童（KIWI）[b]	214	276
デイマザー[b]	196	218
ウィーン支援事業[b]（デイマザー）	211	218
ウィーン子供グループ[c]	145	218
子供グループフォーラム[c]	240	291

出所：ウィーン市（MA 11）；供給業者組織，自己推計。
注：a. 料金は家計所得により異なる。　b. 食事代含む。
　　c. 食事なし。

表1-3 ウィーンにおける供給業者の資金調達先（1997年）

(単位：%)

供　給　者	市	AMS	両親	その他
公的保育所	87.0	0.0	13.0	(0.0)
民間・非営利組織				
民間保育所	1.0	7.0	92.0	0.0
カトリック系保育所	29.2	0.0	66.9	3.9
託児所（Kinderfreunde）	33.0	0.1	48.0	18.9
「ウィーン児童」（KIWI）	38.0	4.0	55.0	3.0
デイマザー	42.0	33.0	25.0	0.0
ウィーン支援事業（デイマザー）	50.0	14.0	34.0	2.0
ウィーン子供グループ	18.0	31.5	50.5	0.0
子供グループフォーラム	16.0	25.0	59.0	0.0

出所：ウィーン市（MA 11）；供給業者組織。
注：1997年に連邦政府は保育施設拡大のための特別予算を含めた。ウィーン市は約1,160万ユーロを受けた。すなわち，市の保育予算の4％。家計から受け取る費用の平均割合は0〜35％である。

育支出に対する払い戻しとして低所得家族に対してのみ支払われる。

　公的支出のこの配分の不均衡に対しては，AMSが一部負担して，とくに新しい取り組みをする施設を支援しているに過ぎない。表1-3は，ウィーンの保育施設の経済的な混合状態を示したものである。

保母（デイマザー）と保育グループを組織した社会的企業の経験

ウィーン「子供のための保育グループ」

　ウィーンの最初の「子供のための保育グループ」は1970年代初期に設立され，80年代初頭になって，約40の保育グループによってはじめて連合組織が設立された。ウィーンのこの保育グループの定義は，「父母と保育者によって設立され組織され」なければならないというものである。その目的は，子供たち個々の発達を保障する施設を創設して民主的で相互に助け合う生活スタイルを子供たちが学ぶ機会を提供し，父母たちの日常的な協働と月例のグループ会議にもとづいて，父母と保育者の協同関係で成り立つような保育を組織することにある。会議では，経営と日常業務についてもっとも重要な決定がなされている。

連合会は，補助的な基金と関連規則について地方自治体と交渉するために設立された。それまでは個別のアソシエーション組織は父母の分担（現金および現物）とアクション 8000 からの給付を財源にしているに過ぎなかった。

現在，39 の保育グループがあり，10～12 歳の児童に対して約 450 人分の保育を行っている。約 90 人の保育者（1 集団に対して少なくとも 2 名）が常用雇用されており，平均，週 30 時間労働である。保育者の約 80% は，雇用サービス局による特別制度（KBE）からの財政支援を受けている。また職員のほとんども連合組織による訓練を受けており，AMS からの財政補助を受けている。この訓練コースの参加者 49 人は全員が長期失業者もしくはこれまで恒常的な仕事に就いたことのない人々であったが，そのうちの約 50% は依然として 3 年後も常用雇用にとどまっていた（Leichsenring et al. 1997）。

保育グループの全費用（1 グループ当り約 12 児童）は月額 3,700 ユーロである。父母は，平均月額 190 ユーロと食事代を支払っており，全費用の約半分を賄っている。さらに，父母は平均して約 15 時間を給食づくり，清掃，会議などに当てている。ウィーン市当局は，児童 1 人当り合計毎月 70 ユーロを支払っている。AMS の賃金補助は，全費用の 1/3 をカバーしている。

連合会は地方自治体と精力的に交渉を行い，AMS の賃金補助（保育者に対するわずか 3 年間の賃金補助金）が終了した後にも保育グループの財源を確保するために協定を結ぶことを目的にしている。短期間の補助金が与えられているが，長期協定については依然として検討中である。しかし，連合会は，現在，保育グループにおける保育者たちの新中級訓練方式を作成中であり，少ない人数での職務分掌を検討している。この種の保育組織によって生み出される社会的資本は，彼らの強さと同時に弱さでもある。保育グループに積極的に参加する用意のある父母の数は多くはないが，全国レベルでのネットワークは，児童とその父母に対する社会的学習を促進するという特殊性を優位に推進している。

ウィーンの「デイペアレント保育センター」

「デイペアレント保育センター」は，「オーストリア児童の親たち協会」という大きなアソシエーションに加盟している。これは養子里親による保育の分野のアソシエーションである。この起業組織の出発点は，里親たちのデイケア施

設に対する大きな需要であった。1989年に,「児童の親たち」協会はAMSに対して保育者訓練講座のための財政支援を要求した。当初,こうした講座は約160時間の訓練と1週間の実技で構成されていた。さらに,日常的な指導と中級訓練が義務化されていた。この訓練形式がさらに精緻化され,将来的には,保母に必要な特別の職務要件を満たすために600時間の訓練が必要とされる予定である。ライヒゼンリング他（Leichsenring et al. 1997）による評価では,訓練課程の受講者たちはAMSの補助を受けており,労働市場においてはもっとも不利な立場のグループに所属している。83人の受講者のうち,17人だけが訓練以前に就業しており,2/3は1年後にようやく就職できた。

現在,デイペアレント保育センターは約60人の保母を雇用し,約170人の児童を世話している。これは平均して,保母1人につき約3人の児童である。子供たちは4ヵ月児から7歳児までいる。デイペアレント保育センターの保母たちは常用雇用であり,自分が面倒みる児童数（自分の子供を含めて4人以下）に応じた報酬となっている。たとえば,3人の児童を週40時間保育する保母は,現行の協定最低賃金（約900ユーロ）プラス食事代全額を受け取る。

この組織は,利用者料金（児童1人当り約200ユーロ）,40%の地方自治体補助,30%のAMSのKBE賃金補助を財源にしている。公的補助金なしには,この保育サービスは過度に利用者の料金に依存することになってしまうし,保母の安定した雇用は確保されないだろう。この保育サービスがはじまった当初はそれが現実であった。したがって,補助金が継続すること,あるいはサービスの購入者と供給者の関係がはっきりした,規制化された市場があることが雇用を確保するためにはきわめて重要である。

こうした背景によって,「児童の親たち」組織は,上に述べた教育の拡充（総合カリキュラム）と保母に必要な職務要件を適切に定めることによって,保育セクターのいっそうの専門化を促進することに目標を置いている。こうした活動は,国内・国外のネットワークによってさらに発展している。国内レベルでの（類似組織による）ネットワーク化と議会へのロビー活動により,全国レベルもしくは少なくともすべての諸州で定められるべき総合カリキュラムの作成に向けた交渉が始まった。ある国際的なプロジェクトがこの目的を推進する助けとなった。このプロジェクトは「シンデレラ」計画と呼ばれ,EUの雇

用プログラム「NOW（女性のための新しい雇用機会プログラム）」を使って「児童の親たち」組織がコーディネートしており，さらにオーストリアの組織をドイツ，イタリア，イギリスの組織と連携させている（Cinderella 2000）。この種の保育の専門化がヨーロッパにおける共通の特徴であることは，シンデレラ計画とそれによるオーストリアでの保母3,000人分の雇用創出という目的がオーストリア政府の雇用創出計画で言及されているという事実からも見て取ることができる。

基本的な課題

保育分野での社会的企業については，取り組むべきいくつかの緊張関係と矛盾が政治的・行政的レベルで存在する。それには次のようなものが含まれる。すなわち，

- 中央政府による社会政策と供給業者の多元化との間の緊張関係。すなわち，社会政策の目標は普遍主義的権利を重視しており，保育施設とその質を確保することと，多様な利用者グループの個別のニーズをバランスさせた質を確保することとの間の緊張である。
- 行政の責任と個人の権利義務との間の緊張関係。問題は，保育が，とりわけ（潜在的な）利用者の社会的・経済的統合という点で「公共財」であるのかどうかである。もし労働市場への参加が社会的排除を克服する唯一の手段であるならば，そうした保育施設の存在を通じて，雇用の平等の機会が促進されるべきである。
- さまざまな行政組織と準公共機関との間の緊張関係。すなわち，連邦政府の構成が複雑で社会保障に責任をもついくつかの準非政府団体が存在するために，もしオーストリアにおける混合型福祉のバランスを目標とするならば，調整メカニズムの必要性が増大する。つまり，目的と手段との継続的な調和が必要とされるのである。この調整メカニズムは，各組織間での情報交換が欠けている点を考えれば，とくに重要である。
- 民主的価値や利用者志向型，利用者参加型の価値の増大と，選択や市場

志向型といった新しい価値との間の緊張関係。保育サービスにおける新しい参加形態と自治組織のあり方は，行政や財政機関に対抗しつつある。利用者に受け入れられる，あるいは利用者が自分で組織してしまうことさえある民間供給業者の数が増えつつあるので，公的なサービス供給機関（またそのサービス供給に対する独特な組織化と財政化）は，自分たちの競争相手にならないかぎり，こうした新しい施設を財政的に支えられない者たちにとっての資金源となるべきである。実際，このことは，公的なサービス供給機関が，より競争的な価格とサービスの質を高めることによってその特権的な市場における位置を確保しようとすることを意味している（たとえば開所時間をもっとフレキシブルにしたり，利用者参加をもっと促進するなどして）。

結　　論

　たしかに，社会サービスは追加的雇用機会を与える分野として期待されている。同時に，社会サービスは社会的排除に対する闘いの前線でもある。したがって，社会的交流，自治，コミュニティ志向という概念と雇用の要素の双方を結びつける組織形態を理解して推進することは理屈に合っている。こうした基本的諸価値に基づく社会的企業は，もし行政がそのサービス生産能力が小さいにもかかわらず舵取り能力を高めたいならば，とりわけ行政にとって重要なパートナーである。

　もし，社会的企業自体と国家の双方が相互の利益と欠点について合意できるならば，社会サービスの供給分野における社会的企業の成長に絶好の機会を与えることになる。規制化された「準市場」の発展は，すべてのアクターを平等に扱い，官僚主義，階層序列への依存，財政的な制約などを減らすに違いない。その一方，社会的企業の特別な地位に関する議論，たとえば社会的企業の特別な法人形態についての議論は，その一般的な戦略とガイドラインの発展を助けることになるだろう。この2つの方向に向けた第一歩が踏み出された。しかし，オーストリアの福祉三角形の良好なバランスのなかで社会的企業がその存在理

由を見出すためにはまだ少し時間がかかりそうであり，社会的企業には組織的な学習や政治的な意思が求められるであろう。

参考文献

ALTHALER, K.S. and DIMMEL, N. (1993) 'Sozialpolitische Handlungsfelder der experimentellen Arbeitsmarktpolitik. Aushandlungsformen, Kooperation und Konflikt zwischen Arbeitsmarktverwaltung, Ländern und Gemeinden', ÖZP, vol. 22, 3: 343-60.

AMS (Arbeitsmarktservice Österreich) (various years) Sozialökonomische Betriebe, Jahresberichte, AMS Österreich, Wien.

BADELT, C. and ÖSTERLE, A. (1998) Grundzüge der Sozialpolitik – Band 2: Sozialpolitik in Österreich, Manz, Wien.

BIFFL, G., HOFER, H. and PICHELMANN, K. (1996) 'Sozialökonomische Beschäftigungsprojekte und soziale Kursmaßnahmen', in AMS (ed.) Ergebnisse der innovativen Arbeitsmarktpolitik, Wissenschaftsverlag, AMS report, no. 1, Wien, 7–25.

BLUMBERGER, W. and JUNGWIRTH, Ch. (1996) Geschützte Werkstätten GmbH – Unternehmen mit sozialpolitischem Auftrag, Bundesministerium für Arbeit und Soziales (Forschungsberichte aus Sozial- und Arbeitsmarktpolitik, no. 57), Wien.

Bundesministerium für Soziale Verwaltung (1984) Lokale Beschäftigungsinitiativen in Österreich, BMSV (Forschungsberichte aus Sozial- und Arbeitsmarktpolitik, no. 6), Wien.

CINDERELLA Network (2000) 'Edu-carer. A New Professional Role in Family Based Childcare', Vienna (mimeo).

EVERS, A. and OLK, T. (eds) (1996) Wohlfahrtspluralismus. Vom Wohlfahrtsstaat zur Wohlfahrtsgesellschaft, Westdeutscher Verlag, Opladen.

EVERS, A. and LEICHSENRING, K. (1996) Reduktion oder Redefinition politischer Verantwortung? Modernisierung sozialer Dienste in Delft und Stockholm, Europäisches Zentrum (Eurosocial Report, no. 60), Wien.

FEHR-DUDA, H., FRÜHSTÜCK, B., LECHNER, F., NEUDORFER, P., REITER, W. and RIESENFELDER, A. (1995a) Anforderungsgerecht. Die Wirkung des Beschäftigungsprogrammes Aktion 8000, L&R Sozialforschung/AMS Österreich, Wien.

FEHR-DUDA, H., LECHNER, F., NEUDORFER, P., REITER, W. and RIESENFELDER, A. (1995b) Die Effektivität arbeitsmarktpolitischer Beschäftigungsmaßnahmen in Österreich. Ergebnis einer Wirkungsanalyse der 'Aktion 8000', Wissenschaftsverlag (AMS Studien, no. 1), Wien.

HAUTMANN, H. and KROPF, R. (1976) Die Österreichische Arbeiterbewegung vom Vormärz bis 1945. Sozialökonomische Ursprünge ihrer Ideologie und Politik, Europa Verlag, Wien.

Institut für Arbeitsmarktbetreuung und -forschung (eds) (1997) Arbeitsmarktpolitische Maßnahmen in Wien, IFA, Wien.

LEHNER, P.U. (1998) 'Autriche: Des initiatives récentes ancrées dans une forte tradition d'action publique', in DEFOURNY, J., FAVREAU, L. and LAVILLE, J.-L. (eds) Inser-

tion et nouvelle économie sociale. Un bilan international, Desclée de Brouwer, Paris, 245–62.

LEICHSENRING, K., THENNER, M., FINDER, R. and PRINZ, CH. (1997) *Beschäftigungspolitische Aspekte der Kinderbetreuung in Wien. Evaluationsstudie im Auftrag des AMS*, European Centre, Wien.

NASCHOLD, F. (1995) *Ergebnissteuerung, Wettbewerb, Qualitätspolitik. Entwicklungspfade des Öffentlichen Sektors in Europa*, Sigma, Berlin.

OECD (1996) *Reconciling Economy and Society. Towards a Plural Economy*, OECD, Paris.

PAULESICH, R. (1996) 'Kooperative Unternehmensgründungen. Die Zehnjahresbilanz eines Instruments zur Arbeitsmarktförderung', in *AMS* (ed.) *Ergebnisse der innovativen Arbeitsmarktpolitik*, Wissenschaftsverlag (*AMS* report, no. 1), Wien, 47–63.

Plattform der OÖ. Sozialprojekte (ed.) (1997) *Für viele ein Neubeginn ... – 110 Oberösterreichische Sozialprojekte in Selbstdarstellungen*, Plattform der OÖ. Sozialprojekte, Linz.

TÁLOS, E. (1981) *Staatliche Sozialpolitik in Österreich. Rekonstruktion und Analyse*, Verlag für Gesellschaftskritik, Wien.

2　ベルギー：コミュニティサービスにおける社会的企業

ジャック・ドゥフルニ
マース・ニッセンズ

はじめに

1990年代初頭以降，社会的経済はしだいにサードセクターとして認められるようになった。社会的経済は協同組合，共済組合，アソシエーションによって構成される。しかし実際は，ルーツはずっと以前の19世紀の労働者団体や農民団体にさかのぼることができる。これらは20世紀を通じて成長してきた。ベルギーの協同組合運動は長い間，農業セクター，信用保険セクター，薬品販売セクターで盛んであった。第2次世界大戦が終わると，共済組合は国民医療保険制度と協同サービス（associated services）の各種提供制度にしっかりと組み込まれた。しかし，アソシエーションこそがベルギーの社会的経済の最大部分である。ごく最近の統計によれば，アソシエーションは305,000人の雇用労働と10万人分のフルタイム雇用に相当するボランティアの労働を動員している[1]。アイルランドやオランダと並んで，ベルギーは非営利セクターの比重が高い国の1つである（Salamon, Anheier and Associate 1998）。

社会的経済の概念[2]についてしだいに幅広い合意がつくられつつあるものの，

---

1) Defourny, Dubois and Perrone (1997)。いわゆる「自由」（カトリック）ネットワークのグループも含めると，47万人分の仕事をつくりだしている（Mertens et al. 1999）。しかしながら，これらのグループは社会的経済と公的セクターの中間にあるものと一般的にみられている。
2) 「社会的経済ワロン地区会議」の報告書（1990）は，社会的経済の定義を提案し，

社会的企業という考えについては最近でてきたものであり，概念化がうまくいっていない。それにもかかわらず，この言葉は二重の意味で次第によく使われるようになっている。

一方では，社会的経済の組織が増加することによって，とりわけ営利活動をするアソシエーションが増えることによって，企業家的方法が強調される傾向がある。なかでも，新しい法律の導入はこの傾向の表れである。1995年にベルギー議会は「社会的目的をもった会社」の設立を承認する法律を可決した。この法律は，あらゆる種類の営利会社（協同組合，有限会社を含む）を対象としている。1996年6月以降，どんな会社でも，もし「その社員（members）の金儲け促進のため」でなく，また組織内規によって一連の条件を遵守するならば，「社会的目的をもった会社（SFS, Société à finalité sociale）」と呼ばれることが可能となった[3]。

しかしながらこの法的な地位は，これまでのところ，ごく限られた成功をおさめているに過ぎない。それというのも，従来の会社に関する必要条件に加えて，さらに非常に多くの条件が必要となるからである[4]。このSFSの法的枠組

　　この点で重要な役割を果たした。
3)　SFSの条項では「社員は利潤獲得に制限を受けるかあるいは利潤を求めない」。また社員は「会社の主目的として，社員に対していかなる間接的利益の獲得も求めない（社員に限定された直接的利潤を提供する会社の場合，現行において6%の利率を超えてはならない）」。法文ではまた「会社の内部的・外部的目的にふさわしい利潤の分配政策」を述べている。解散の場合，「すべての負債が支払われ，社員が自分たちの資本の返済を受けた後の剰余金は，すべて会社の社会的目的にできるかぎり近い目的に対して配分されるべきである」。SFSはまた一定の民主主義を企業に導入している。法規定では，「従業員は，少なくとも入社1年後に社員の資格をもつことができるという手続き条項」を定めることとしている。また，「総会で投票権を行使するいかなる者も，株式に比例した投票権の1/10を超える投票数を行使できない。この比率は，1人あるいはそれ以上の社員が会社に雇用された従業員である場合には1/20となる」。
4)　「社会的企業」という名称で括られる組織のほとんどはASBL（association sans but lucratif—非営利組織）という法人形態のものである。この法人形態は非常に柔軟で営利会社よりも必要条件が緩い。また活動の社会的な側面が盛んな場合に対する公的補助金を得るために，このASBLの法人資格が必要とされることが多い。とくに重要な

みは，社会的経済の組織にとっては，将来的に財政上やその他の有利な措置がとられ，コミュニティに対するサービスの提供ができて，なおかつ自分たちに不利な特別費用を償うことができるようになれば魅力的なものになるだろう。

他方，「社会的企業」という用語はまた，労働市場から排除された人々を仕事に戻していくことを事業とする協同組合やアソシエーションによってつくられた組織の多くを呼称するものとして使用される[5]。この20年間で，多くの新しい起業組織がこの分野で活動しながら，しだいに認知されつつあり，行政からの支援も増加している。この種の組織についての研究もいくつか出てきている[6]。コミュニティサービスの分野など大きな分野で事業活動をする社会的企業が数多く登場していること，またその成長の可能性が高いことなどが研究対象とする理由である。

1 社会的企業と失業者の労働市場への統合

失業者の労働市場への統合分野では，2つの起業組織の区分がみられる。起業組織が公的な職業訓練を期間限定の仕事を与えることによって行うのか，それとも，より長期安定的な仕事を与えることによって行うのかの違いである。

労働に基づいた訓練

1980年代を通じて，非営利アソシエーションの法人形態をとった小規模企業の設立が相次いだ。これらの企業は，伝統的な教育制度からはずれてしまった人々に対して仕事を与え，その一方で特別訓練員の監督を受けつつ職業訓練

のは，その活動が二次的な意義しかもたず，しかも非営利というアソシエーションの主目的に準じているならば，ASBLは産業活動や商業活動を行うことができるという点である。
5) ボードワン国王財団発行の本を参照のこと (Defourny 1994)。「社会的企業ネットワーク」もまたベルギーのフランス語圏でつくられている。
6) もっとも最近の研究にはたとえば Lauwereys, Matheus and Nicaise (2000)がある。

を受けさせるというものである。これらの企業は法律の例外として発展した。1987年までは,「職業訓練企業 (EAP, Entreprises d'Apprentissage Professionnel)」は承認されなかった。1995年4月に,ワロン地域[7]の行政は新しい法律をつくり,訓練を受ける者に対する資格条件の拡大と,EAPならびに「仕事を通じて訓練をする企業 (EFT, Entreprises de Formation par le Travail)」の領域で活動するその他のアソシエーションの名称変更を行った。1999年に,約60のEFTがベルギーのフランス語圏に存在した。これらは,総計で約1,000ヵ所の職業訓練の場所を提供し,毎年約2,000人の訓練受講者が通っている。

フランドル地域では,これらは「オン・ザ・ジョブ・トレーニング企業 (Leerwerkbedrijven, leerwerkplaatsen)」または「労働経験計画 (Werkervaringsprojecten)」という別の名称で呼ばれている。フランドル地域における労働による訓練の特徴は,入会のための厳しい条件がないことと,訓練を受ける人々に対して,労働契約のような形である種の身分を与えることである。

雇用創出の起業組織

緊急避難型(保護)作業所

最低資格しかもたない人々が継続的な仕事をみつけるための支援をする起業組織は,当初は,身体障害者や精神障害者を対象にしていた。ベルギーでは,1999年には170以上の緊急避難型作業所もしくは「適応労働企業 (Entreprises de Travail Adapté)」があった。こうした起業組織は,障害をもつ約2万人の人々に対して安定的な賃金労働を提供した。その従業員は市場で販売される財やサービスの生産に参加しており,これらの民間非営利企業は比較的高い(平均60%の)自己財政化を達成している。このような起業組織は非営利組織という法人形態を採用して,厳しい規制の下で公的補助金を得ている。この補助金は,障害者を監督指導し,その低い生産性を補填するための財源である。

---

7) ベルギーは3つの地域に分かれている。すなわちフランドル地域,ワロン地域,ブリュッセル地域である。

社会的作業所

フランドル地域では,緊急避難的な仕事は,いままでは身体障害者や精神障害者を対象としていたが,この20年間でいっそう幅広い人々に適用されるようになった。1980年代初頭以来,深刻な「社会的職業的障害」をもつ人々(すなわち,何の職もない人,文盲の人,犯罪歴のある人,家庭環境に困難のある人等)が優先的に「社会的作業所(social workshops, Sociale werkplaatsen)」に雇用されてきている。こうした作業所は,一部営利活動をしているものの,補助金に大きく頼っている。1994年にフランドル地域政府は,これらの起業組織に対する法的・財政的制度を試験的に認め,最終的に1998年になって正式に制度化した。長期的には,緊急避難的な雇用のすべて(緊急避難型作業所と社会的作業所の両方)をカバーする法律制定が期待される。

1999年には社会的作業所は80ほどであった。そして,労働市場への統合が困難な900人の人々に対して仕事を提供し,また150人の監督者の仕事をつくり出した。

労働市場への統合型企業

1990年代半ば以降,同じように社会的目的をもちながらも完全な市場志向をもった企業が登場することによって新しい段階が生じた。しかし,これらの市場志向の企業は,とりわけ設立時にはある程度の公的補助金を必要とするものの,その目的は,普通の市場で事業を行い,市場から自分たちの資源のほとんどを手に入れることである。

フランドル地域では,約25の労働市場への統合型企業(Invoegbedrijven)がこの数年で登場している。この労働市場への統合型企業は,手に職のない長期失業者に対する継続的な仕事の提供を目的にしている。これらの企業は,営利企業という法的地位に基づいて設立される。最初の3~4年は,これらの企業は強力な公的支援を受けて,労働市場への統合の対象となる人々の低賃金をカバーする。

ベルギーのフランス語圏では,ボードワン国王財団が重要な役割を果たしており,ワロン地域における7つ,およびブリュッセル地域における5つの実験的計画を支援している。1998年に,これらの2つの地域は,労働市場への統

合型企業の認可と補助金支援のための条件整備を行った。とりわけ，ブリュッセル地域の5計画は SFS という法的地位を採用しなければならず，設立当初の数年間は，事業設立者と対象となるグループから雇い入れた労働者の賃金を補塡するための補助金を受けとっている。1999年には，30以上の労働市場への統合型企業がこの措置に基づく補助を受けている。

ワロン地域でも1995年に，市場志向型の社会的経済に対する公的基金 SOWECSOM（商業的社会的経済ワロン地域協会，Société Wallonne d'Économie Sociale Marchande）が設立され，実際に，この種の企業だけでなく，営利的に活動する社会的経済企業全体を奨励した。SOWECSOM は公開持株会社でもあり，巨額の資金（約1,200万ユーロ）をもって，貸し付けや信用保証，企業への資本投資を行っている。

2 社会的企業とコミュニティサービス──その歴史的背景

労働を通じて人々を社会的に挿入することは，高失業率の時期には大いに関心をもたれた。だがここでは，社会的企業の発展のための別の重要な分野に焦点をあてる。しだいに関心がもたれるようになったのは「近隣サービス(services de proximité)」の分野である。

コミュニティサービスすなわち近隣サービスは，緊急に必要とされる雇用のための新しい基盤として，また市場の力だけでも行政の介入だけでも充足されない新しいニーズへの回答として登場してきている。コミュニティサービスすなわち近隣サービスという考えそのものは広いものである。しかししだいに，概念としても実践的な用語としても明確化されるようになってきた[8]。したがってわれわれも，こうしたサービスを提供する社会的企業の特別な役割について，最近の研究対象となっている3つの分野，すなわち，低家賃住宅，窮乏化地域の再活性化，在宅支援と保育の分野で検証してきたのである（Gilain et

---

8) たとえば，Laville and Nyssens (2000)を参照。

al. 1998)。

　歴史的にみれば明らかなように，この分野のひとつひとつは社会の底辺にいるグループの支援を目的とする重要な起業組織と同時に発生しているし，長い間一体であった場合もある。これらの起業組織には似たようなものもあり違ったものもあるが，その発展の結果，社会的企業の性格とりわけ社会的排除との闘いに貢献するという性格に光が当てられなければならないのである。

低家賃住宅

最初の起業組織

　通常，社会的企業の大きな発展の波は，ベルギーの経済諸制度の大きな変化に対応しているといわれる。そして，19世紀の急速な産業化と，石油危機に続く景気後退，情報技術革命，経済のグローバル化によって特徴づけられる過去25年間の急速な産業化との比較がよくなされる。窮乏化した市街地や郊外，ホームレスなどの今日的問題についても，19世紀の労働者住宅やその後の低家賃住宅（social housing）の登場について検討してみるならば，新たな見方ができるであろう。

　19世紀全体を通じて，ベルギーとりわけワロン地域では，イギリスの産業革命後ただちに産業革命が起きて，ベルギーへ外国人労働者が大量に流入した。当時，彼らを受け入れる態勢はなく，非人間的な住宅事情をしばしば余儀なくされた。しかし，郊外に多く位置していた企業はできるだけ労働者を引きつけて維持しようとしたので，産業家自身も自分たちの手による解決を強いられた。こうして，最初の鉱山村や労働者町が1810年から20年以降にかけて建設されることになった。

　かくして，最初の労働者住宅が民間会社の手によって建設された。社会秩序に対する心配もまた生じた。住宅事情を改善すれば，会社が依然として必要とするこれらの貧しく野蛮で，飢えた飲兵衛の労働者たちを「文明化」することもできるだろうと考えられた。しかし，こうした環境において，慈善運動や政治的・社会的ユートピア運動もまた盛んになった。たとえば，ギーズ（リール市の近く）でゴダンが創設した「ファミリステール」がある。またブリュッセ

ルやリエージュでも，同様の運動がみられた[9]。

社会的動機と経済的動機，利他主義と利己主義とを混合するあり方は，今日でも，近隣地域の再生をめざす組織に見出せるものであり，また，ホームレスや物乞い，その他社会の崩壊による「被害を受けた」犠牲者たちを社会的に統合しようとする起業組織のなかにも見出せるものである[10]。

公的機関による挑戦

低家賃住宅に対する本格的な公共政策の始まりは，1919年に遡る。当時ベルギー政府は，全国住宅基金を設立して，労働者が入手しやすい住宅を供給しようとした[11]。この公的基金の創設によって，低家賃住宅の建設の責任が民間主導から行政主導に転換した。しかしながら，集権化した方法を採用する代わりに，全国住宅基金は，地域自治体によってそのほとんどが設立される全国の地域団体を登録する方式を採用した[12]。

1950年代を通じて，これらの団体によって年間7,000戸以上の住宅が建設された。この比率は1970年代後半には2倍以上になり，公共事業を通じて経済の活性化に貢献した。したがって低家賃住宅政策は，体制維持の手段として始まり，1950年代と60年代には経済成長の否定的な副作用を軽減する道具として使われ，70年代にはさらに失業対策の一手段としての役割を果たした。

低家賃住宅はこの数十年間，非常に不安定な状況にある。まず，これらの登

---

9) これらの施設は非常に「発展した労働者住宅をもち，当時においてはきわめて快適な住環境を提供した（中庭を見下ろすことのできる回廊をもったアパート）。しかし，労働者の私的生活は労働条件と同様に，事業主の強い家父長的統制の下にあった。
10) しかし，大きな違いは，今日では公的機関が非常に大きな役割を果たすことである。
11) 1956年に全国住宅基金は全国住宅協会（Société Nationale de Logement）と改称して，地域的に再編された。
12) これらの団体の多くは借家人協同組合として設立され，「ガーデンシティ」型の開発が行われ，非常に豊かな社会的・文化的生活をめざしたものであった。数少ない借家人協同組合も現在では公的管理の下になっている（Horman 1985）。ベルギーは分権的な取り組みをしたので，フランスやイタリアにみられるような大規模な公的住宅開発をしない理由となった。

録組織の大部分が,借り主の所得低下の影響で家賃収入が悪化するなど厳しい財政問題を抱えている。このため行政は,低家賃住宅に利益原則を導入することで会計上の収支のバランスをとるよう諸団体に強制し,また,借り主を平均所得に基づいて選別するよう誘導した。1994年に発行された貧困に関するある重要な報告書によれば,貧困線以下で暮らす41万世帯のうちわずか27%の人々が低家賃住宅協会から支援を受けたに過ぎない。残りの30万世帯は,民間の住宅を借りるしかなかった。このとき低家賃住宅協会は,14万戸を対象外の世帯に賃貸していた[13]。さらに,長年にわたって,低家賃住宅が票を獲得するための大きな地盤となってきたため,供給順位や優先事項について多くの抜け道をつくることになった[14]。

新しい起業組織

過去10年間に,多くの都市部の貧困化と社会の周辺にいる集団の増加による住宅問題が,アソシエーションセクターからのさまざまな起業組織の登場を促した。こうした起業組織は非常に孤立して発展する場合もあるが,たいていの団体は,地方自治体や地域の行政とのパートナーシップを結ぶようになっている。というのも,不動産部門では一般に多額の資金を必要とするからである。

広くいえば,これらの起業組織はいくつかに区分できる。第1の組織区分は,一方に公的土地所有者と私的地主がおり,他方には仲介やしっかりした支援がないために地主の信頼を得られない借家人がおり,その両者を仲介する活動を行う組織である。この種の活動をする組織がはじめて登場したのは1989年であり,12程度のアソシエーションが共同した[15]。この取り組みは当時ワロン地域政府が始めたものであった。現在ではどの地方行政にも広がり,5万人以上の住民が住宅を借り受けている。これらの低家賃住宅機関 (AIS, Agences Im-

---

13)「貧困一般報告書」(*Rapport Général sur la Pauvrete*, 1994)。
14) 1960年代の初めに Detrez and Klein (1962) は次のように指摘している。「政党の党員資格が,低家賃住宅の借り主になるための必要条件であることは珍しいことではなかった」。1994年に,「貧困一般報告書」は,フランドル地域の低家賃住宅協会の37%だけが住宅配給規則を明確に守っていたと述べている。
15)「ナムール住宅管理」と呼ばれた。

mobilières Sociales) は現在では，実質上の準地方自治体機関であり，地域の状況にもよるが，とくに受益者に社会的訓練をほどこすようなアソシエーションに恒常的に頼っている。さらに，非常に問題なのは，AIS が，家主に対する直接の契約責任を借家人に負わせないような管理的な役割を果たしてしまうことである。そのために一部のアソシエーションでは，借家人に力を与える「スライド制賃貸方式」を導入して，これを正常な契約関係にまでだんだんともっていこうとしている[16]。

その他のアソシエーションは，空き家改装に投資しており，一般的に，この目的にとって利用可能な公的資金に依存している。ときには，「自主改装契約」を通じて，最初から将来の借家人を巻き込むこともある。

アソシエーションはまた数多くの簡易宿泊所を設置して，何ももたない人々のための長期宿泊施設として提供している。集団的に組織化することを通じて，これらの人々はやや非日常的な状況の下でみずからの権利を認めてもらおうとする。ホームレスを組織する同じような運動が，空き屋の占拠（不法占拠）運動として登場している。

活動組織の範囲は，事実，非常に幅広い（Prick 1994）。一部のアソシエーションは数日間の緊急用宿泊施設を，他のアソシエーションは短期用宿泊施設をそれぞれ提供している。そしてまた他のアソシエーションは，将来買い取りができるような長期的な賃貸住宅を提供している。

過去数年間に，非常な数の近隣管理方式も登場してきた。30 以上の組織が低家賃住宅会社と連結し，さまざまな仕事（簡単な修繕，公共施設などの営繕など）を通して，これらの住宅に住む若者を社会復帰させるための訓練と世話を提供している。12 以上の組織が，地域住民を動員して貧窮地域を修復しながら都市の再活性化に力を注いでいる。原則としてこれらの方式は「地域協働協議会（régies de quartier）」というフランスモデルを基礎に置くものであるけれども，ワロン地域モデルは行政や低家賃住宅会社に由来している。そのこと

---

[16] AIS がその管理する住宅の数に比例して資金を受けられるので，何でもかんでもこの数を増やそうとする強い誘惑があり，借家人を恒常的な依存状態に置いてしまいがちである。これは，家主についてもいえることであるのは，彼らがより安定した取引相手（parties）を好むからである。

がしばしば，低家賃住宅会社の事業内容と企業的な活動余地を限界づけることにもなる（Defourny 1998）。

保　育

最初の組織

同じ社会的・経済的な文脈とはいえ別の領域でいえば，1845年にベルギーにおける最初の託児所が登場した。この託児所も民間によるものであった。これらの組織はフィランソロピーあるいは慈善に由来しており，慈善団体によって組織され，個人の寄付，教会，地方自治体，県，さらには保育費用を払う家族による財政支援を受けた。これらの組織の目的は，工場で働く母親の子供に対して，不潔で無認可の保育に代わって，高い水準のデイケア保育を提供することであった（Dubois et al. 1994）。

行政による取り組み

この分野における行政の取り組みには低家賃住宅での取り組みとは明確な違いがあるものの，保育の発展に伴って行政の干渉も増加した。特徴的なのは，受益者数が並行して増加したことである。第2次世界大戦までは，託児所は困窮状態にある子供を守るための手段の1つであった。しかし，1960年代においては，託児所に対する位置づけがしだいに変化して，1970年と71年の法律では，託児所のイメージはまったく変わってしまった。子供の訓練を取り入れ，公的補助金制度を導入して，もはや低所得者家庭の子供を対象にしなくなった。今日，託児所サービスを社会的にみれば，父母による財政負担が父母の収入に依存しているという事実がある。しかしながら，はっきりしているのは，住民全体に対するサービスなのであって，社会階層は無関係である[17]。託児所サービス自体は非常に多様であり，公的なサービス提供と並んで，利用可能なサービスの大きな比率を民間団体が依然として占めている。それは，大部分と

---

17) ベルギーにおいては，働く母親のいる3歳児以下の子供の約20%が認可保育所や補助金を受けている保育所を利用している。

いってもいい場合さえある[18]。

新しい起業組織

1990年代に保育分野でたくさんの起業組織が登場したのは，社会的・経済的変化による新しいニーズに対応したものであった。病気の子供のケア，失業者が職業訓練コースに参加したり仕事探しができるように子供を預かること，学童保育制度，時間外での「フレキシブル保育」などのニーズが登場した。これらの新しい起業組織は，公的機関である職業訓練学校，学校，地方自治体，アソシエーションなどに付随して，いろいろな形で生まれた。これらの起業組織は，新しく登場したニーズに対応しようとする「社会的企業家」と密接な連携をとることも多い。多くの起業組織は，困窮状態にある近隣地域で活動し，貧困家庭のニーズ，とりわけ社会的・経済的困難にぶつかっている家庭のニーズに対応する小さなアソシエーションとして始まった。

このセクターでは，起業組織の規則と財源にかかわる所管当局との関係について長い間議論があった。保育は家族政策の観点から取り扱われるべきなのか，またベルギーでは地方自治体やコミュニティの責任はどうなのか，社会保障的観点からはどうなのか，父母の雇用促進政策と直接結びつけるべきなのか，等々であった。今日では，さまざまな所管当局が，権限を分担し合うことに同意している[19]。

在宅支援

最初の組織

在宅支援の分野では，最初の起業組織は非常に困難な時期に登場した。第2

---

18) 民間保育所（3歳児までを自宅で面倒をみている）に当初反対し，その後監督するようになった行政は，1975年に民間保育所を補助金支給保育制度に組み込んだ。この方式は，それなりの行政費用がかかったものの，過去20年間に最大限の成長をみせた。だが，このセクターの専門性を高め保育所で働く人々の法的地位を確立しようと期待した人々にとっては不満が高まった。

19) 1997年に，ベルギー連邦政府は約480の新しい保育所計画に財源を出した。今日，

次世界大戦とそれに続く何年かは一般家庭にとって非常に厳しい時期であった。家庭内での相互支援では充足できないニーズを抱える世帯を支援するために，ボランタリーな起業組織がいくつも登場した。こうした起業組織は，ほとんどの場合女性たちによって指導される，より広い運動に急速に統合されていった。その運動は，起業組織が単に財政的な支援を受けるだけの存在であることからも（たとえば，起業組織が提供するサービスに対して，その受け手である家族は受けたサービスにふさわしい適切な料金を支払う，というように），また，社会的扶助の分野でしばしば見られる家父長制的温情主義からも（初めての家族支援員であっても，訓練を受けた上でふさわしい賃金を得られるようにする，というように）距離を置こうとするものであった。

行政の取り組み

家族向けの在宅支援もしだいに公的な規制を受けることが多くなり，サービスの種類も受給者の幅も広がった。最初の家族支援の法律が1949年に制定された。60年代を通じて，家族支援の対象は，障害者，高齢者，困窮家庭の母親などを含めることになった。しだいに，在宅支援を担う職業が社会サービス全体における重要な環になっていった。今日では，在宅支援という職業は地方自治体による規制を受け，ボランタリー組織と地方自治体によって組織されている。

新しい起業組織

急速な人口の高齢化や生活様式と家族構造の変化，さらには社会経済的な危機のもとで，在宅支援サービスの領域は今では，高齢者の長期介護を含む需要の変化と複雑化，また，家族崩壊に伴うさまざまなサービスへの対応に直面するようになっている。大きな転換期という時代におけるこうしたニーズに対応するために，新しい起業組織が登場してきたのである。

地域政府と地方自治体は伝統的な託児所と学童保育に対して財源を拠出している。1998年に，連邦当局は，188の病気の子供の保育所，522の学童保育とフレキシブル保育所に財源を拠出している。

在宅支援サービスの領域では，関与するすべての人々による革新的な協力形態が，医者，看護師，アソシエーション，公的団体のイニシアティブを通じて最初はインフォーマルなかたちで発展していった。1989年以降，法令ができ，在宅支援のさまざまな介護やサービスの調整が進められて要介護の人々に対する介護の質が全体的に向上した。しかしながら，アソシエーションセクター内部では，この法令が，一般国民と国民医療保険制度との関係を調整するベルギーの共済組織に近い諸組織と，より独立的な非営利組織との間に緊張関係をつくりだした。これらの2つのグループはまったく異なる調整方式をとっている。第1グループは医療ニーズに応える活動をし，第2グループはユーザー支援全体の一部として家族支援に主として取り組んでいる。

主としてアソシエーションセクターにある他の起業組織もまた登場してきた。このなかには，ボランティアに依存するものもあり，また賃金労働者に依存するものもある。ボランティアに主として依存するアソシエーションは，しばしば，関係者同士の良好な関係をつくることを第一義としつつ，また公的補助の対象とはならない移動支援，買い物支援，小規模修繕などの作業を含むサービスを行う。主として有償の従業員に頼るアソシエーションは，それなりの所得をもっている人々に対してサービスを提供しようとするのが一般的である。しかし，これらのサービスを必要とする人々は，そのための支払い能力が十分ではない人々である。そのため，こうした起業組織は，その職員の大部分を公的雇用制度に依拠して調達している[20]。

3 アソシエーションと社会的企業家活動

これまでみてきたいろいろな起業組織において，ここで定義したような真の社会的企業として認められるものがあるだろうか。われわれとしてはEMES

---

[20] この市場はユーザーの所得に応じて非常に細分化している。いくつかのサービスでは，人間関係的側面はあまり重要でない（買い物，食事配達，簡単な修繕など）。裕福なユーザーたちは民間営利会社や闇経済分野のサービスに切り替える。一方，非営利組織は，支払いできないユーザーの需要に対応する。

（ヨーロッパ社会的企業研究ネットワーク）による社会的定義と経済的定義の両方を，コミュニティサービスセクターにおける約100の活動組織の調査結果と比較する必要がある[21]。事実，この調査事例の全部が社会的経済に属しているわけではない。一部は，公的セクターに属しており，他の一部は民間営利企業である。少なくともアソシエーションの一部が，社会的また企業家的な動機に同時に動かされている組織だといえるのかどうかを見定めるつもりである。

　企業家的な側面

　ベルギーでの社会的経済の議論においては，その一部だけが，すなわち「市場志向型の社会的経済」だけが，企業家的基盤をもつものとして認知されている。この場合の特徴は，企業の財政を賄ううえで市場からの所得を重視していることである（一般的に，社会的経済組織は，50％以上の所得を市場から得ている場合について市場志向型としている）。しかし，これは，企業の定義としては非常に狭いものである。経済理論，とりわけ組織理論においては，企業とは「（広い意味での）契約が可能な独立した事業体であり，リスクを引き受けるもの」と定義される(Milgrom and Roberts 1992：289)。ある程度まで，企業というものの独特の特徴は「経済的リスクを引き受ける」ことだといえよう。組織がさまざまなプレーヤー（供給業者，顧客，労働者その他）と契約するので，これらの契約を修正することによって組織を改編すること，および第三者との関係のなかで経営の独立性を組み替えることができることは，いずれも重

---

21) この調査はGilain, Jadoul, Nyssens and Petrella (1998)によって実施された。その目的は，シャルルロア地域におけるコミュニティサービスを実施する公的機関，民間組織，非営利組織の組織形態の研究である。これは4つの活動分野に分けられる。すなわち，家族や高齢者のための在宅支援，（6歳児までの）保育，近隣開発（近隣住民管理制度，コミュニティセンター），住宅取得補助である。92組織で1,500人の従業員のデータベースがつくられた。注目すべきは，この研究は「制度化」された組織に限定されたもので，インフォーマルセクター（家族，友人，闇経済によるサービス提供）の調査は行っていない。というのも，インフォーマルセクターの情報収集は困難だからである。

視すべき企業家的側面の指標となる。

　この状況を実際に確かめるためにこの調査を眺めれば，コミュニティサービスを提供するアソシエーションがユーザーや有給の従業員，そして資金提供者などと実に多彩な契約関係を結んでいることがわかる。また，細かくみていくと問題があるにしても，アソシエーションの予算の平均57％が事業活動以外からのものである。公的資金の比率は，もちろん行政が直接経営している組織（平均90％の資金比率）[22]に比べて低いのは当然であるとしても，公的資金への依存は，これらの組織の自主経営能力を失うことを意味しないだろうか。言い換えれば，これらのアソシエーションの最終決定権は誰がもっているのだろうか。誰が経済的リスクを負うのだろうか。

　実際には，アソシエーションにおける責任は理事会が負う。したがって，理事会の構成についてみておくことが大事である。調査では，行政の代表は，アソシエーションにおける理事会の1/4を幾分超えている。しかしながら，理事会よりも下位の集団において公的代表の占める幅は7〜65％と幅広い。また注目すべきは，営利事業以外の収入の比率は，行政が代表の過半数を占めるこうしたアソシエーションでは大変高いことである。このため，こうしたアソシエーションを「準公的組織」あるいは「第2種公的組織」とみなすのが適当かもしれない。

　しかし，これはアソシエーションの一部にしか過ぎない。アソシエーションの予算における非営利資源の割合は一般的には相対的に大きく，したがって，行政に対して財政的にある程度依存しているといえるけれども，ほとんどの意思決定機関の構成からすれば，アソシエーションの多くが経営的な独立性を実質的に保持していることも確かである。

　調査データによれば，市場志向型の社会的経済を真の企業家的性格を示す唯一の部分であるとみなすことは短見である。というのは，第1に，コミュニティサービス分野で活動するアソシエーションは，営利的取引活動からもまた非営利的活動からも財源をほぼ均等に得ており，これによって営利的な社会的経済と非営利的な社会的経済の間に何らかの区分を見出すのは難しいからであ

---

22)　ここでいう活動分野では，伝統的民間セクターは公的補助金を受けていない。

る。第2に，公的補助金の支払いがアソシエーションの構造において重要な役割を占めるにしても，経済的リスクの最終責任はほとんどの場合，アソシエーション自体にあることは間違いないからである。

社会的な側面

社会的企業がもっている社会的な側面とは主として，市民グループのイニシアティブによって生まれた組織であり，そして，組織活動のなかにユーザーを組み入れたり，ボランティアや寄付を動員したり，また，地域のパートナーシップを開発したりといった多様な方法を通じて表現される参加型アプローチに依拠する組織であるという事実をさす。社会的企業に多様なアクターを巻き込むことは「社会的資本」の概念に近いものであり，それがまたいろいろなところで強調されている[23]。

調査では，2つの特徴を指摘している。第1に，多くの異なるパートナーを巻き込むことは，公的セクターや民間営利セクターに比べて非営利セクターにおいていっそう顕著にみられるという点である。彼らを包摂することは，いろいろな実践例でみられる。たとえば，ユーザーが理事会に入って，サービスの計画と生産に貢献すること，労働者が経営に参加すること，公的セクターや民間営利セクターにはみられないボランティアが独自の貢献をもたらすこと，である。第2に，ほとんどのアソシエーションが地域パートナーシップの開発をめざしたいと表明しているという点である。

原則として，社会的な側面は，次の事実，すなわち社会的企業の主要目的が資本の報酬を得るためでもなく，また組織を統制する人のためでもなく，何らかの形でコミュニティにサービスを提供することにあるという事実にある。

ベルギーでは，他の諸国と同様に，アソシエーションの法人形態では利潤の分配を禁止している。また，組合員による資本所有の規定もない。投票権は個人に属しており，株式に属すものではない。それでは，実際には，コミュニティサービスの分野で活動するアソシエーションの目的は何であろうか。

---

[23] 本書のエバース，ラビルとニッセンズ執筆の各章を参照のこと。

最初に，社会的排除と闘うためのサービスすなわち，ユーザーを社会に統合あるいは再統合するサービスである。公的サービスが広い範囲を対象とするのに対して，調査したアソシエーションのサービスは，低所得者や給付を受けている人々，すなわち社会的に不利なグループの人々を対象とし，とりわけ近隣開発と結びついたサービスである。民間営利セクターのユーザーは，所得が平均以上に高いグループに属している。そのため，アソシエーションは，主として，社会的に弱い立場の人々の満たされない需要に応えることが主目的となる。人々をこうして分類していくと，コミュニティサービスにおけるダブルスタンダードや社会的弱者にとってのスティグマ感をもたらす危険がある。

　アソシエーションはまた，仕事や訓練を通じて従業員の社会的・職業的統合を進めている。アソシエーションの80%は，失業者の再雇用をその主目的にはしていないけれども，行政の積極的雇用政策を失業対策として採用して，全仕事の40%に対する財源にしている。調査したアソシエーションの約20%が，その労働者の社会的・職業的な挿入を明確な目標としている（労働を通じて訓練する企業，労働市場への統合型企業，近隣経営制度）。しかしながら，一方での不熟練労働者の労働市場への統合のための公共政策の目標と，他方でのユーザーに対する質の高いサービスを提供することが主目的であるアソシエーションがとる優先順位との間には難しい関係が生ずる。

　サービス提供にはまた，社会的に共通の外部性（collective externalities），すなわち，コミュニティ全体に利益を与える活動の間接的な効果が含まれる[24]。コミュニティサービスは，高齢者の孤立を減少させ，子供の社会化を進め，家族への支援を供給するなどによって社会的統合を強化する。学校の失敗や非行，社会的排除を阻止し，近隣住民の連帯をつくり出すコミュニティサービスの役割は，直接的な支援を受ける人々だけでなく，社会全体の福祉の向上にも貢献する。コミュニティサービスの存在はまた，地域的な外部性すなわち一定地域への利益貢献をつくり出し，生活の質の向上と地域開発を促進させる。生活条

---

24) より正確にいえば，外部性は，ある活動主体による活動が他の諸主体の福利に対して積極的効果あるいは否定的効果（これらは価格制度によっては動かされないが）を与えるときに現れる。さらに，本書のラビルとニッセンズの論文をみよ。

件の改善を支援する活動もまた，人々を促して近隣地域にとどまらせ，新たな経済活動を引きつける。結局，構造的失業という現状においては，コミュニティサービスの開発は，仕事の創出と失業の削減という形で外部性を生み出すことができるのである。

こうしたアソシエーションに印象的なのは，調査が明らかにしたところによれば，アソシエーションによって地域に創出される社会的共通益（collective benefits）は主要な活動が生み出す単なる副次的な効果ではなく，むしろ，プロジェクトの統合的な役割として多かれ少なかれ推進者たちによって構想された本質的な側面に他ならないという点である。この意味で，こうした社会的に共通の外部性に依拠していることが，コミュニティサービスの開発に取り組む人々がアソシエーションに参加する際の主要な動機となるのである。

4 社会的企業の位置と役割——前向きな挑戦

コミュニティサービスの分野に登場したこうした起業組織は，社会的経済の豊かな活力を代表するものであろう。これらの組織は実際のところ，どこに位置づけられるであろうか。どのような問題がその発展に伴って生ずるであろうか。この活動分野では否定しようもない責任をもつ行政との関係はどのようなものであろうか。公的な政策に対してどのような貢献をするのであろうか。これらの質問に対して，これまで論じてきた歴史的発展に照らしていくつかの回答を試みたい。

公的介入が果した先駆的役割

これまで起業組織に言及してきたが，しばしばボランタリー組織であるこれらの民間組織による取り組みは，困窮状態にある人々のニーズに対応する事業という点で，一般に国家の介入よりも先行している。アソシエーションは，報酬を受けないで社会的な需要に対応するための活路を開くうえで先駆的な役割を果たしてきた。その後，行政は，アソシエーションの活動に財政支援を行い

ながら法律の枠をはめてきた。このような公的介入の必要性は，民間非営利セクターの限界を指摘する多くの論者が強調するところである。こうした限界には，「フィランソロピーの不十分性」すなわち，十分なボランタリー諸資源を動員することの困難性と，「フィランソロピーの特異性」すなわち，あるグループが優遇されその他が冷遇されるというリスクとが含まれる[25]。行政もまた，これらの準社会的共通サービスにおける公益性に貢献するために関与したいと思っている。提供されるサービスのほとんどは，個々人の利益の源となるだけでなく，コミュニティ全体の利益でもある。したがって，公的財源が正当化されるのである。

サービス供給をする継続的な場所

サービスの社会的な革新という段階を過ぎても，アソシエーションは依然としてサービス供給の役割を果たしている。第1に，国家が，その集権化し官僚主義化した運営方式のために，多様化した異質のニーズに応えることが難しくなってきたからである。第2に，ある意味では，アソシエーションは非常に特別な位置を占めているからである[26]。ベルギーにおいては，公的セクターとボランタリーセクターの共同活動が教育，医療などの大きな分野でみられるが，それは異なる理念の各「系柱」(ローマカトリック教会と世俗社会)同士の歴史的妥協の結果であり，ベルギー社会の構造に深く根ざしている。第3に強調すべきは，アソシエーションが，ボランタリー資源を動員して，行政が対応できない特有の需要に対応する補完的なサービスを開発する能力をもっていること

---

25) Salamon (1987) における諸論文を参照。
26) なぜ，国家は，その生産の一部を非営利セクターに委任して，民間営利セクターに委任しないのか。その説明は，信頼理論にある (Hansmann 1987)。現在は，行政がサービスに資金提供するがサービスは生産しないという状況である。行政はサービス供給者の行動だけを統制できるし，また公的補助金の使用をいくぶんか統制できる。この場合，アソシエーションの立場は，利潤の再分配をしてはならないことと，その社会的目的 (ユーザーにサービスを提供すること) をもつことであり，それが信頼を促進させるという。

とである[27]。

公的権力との難しい関係

非営利セクターと公的権力との間のパートナーシップの問題は，その背景がどうあれ，しばしば鋭い形をとることがある（Gilain and Nyssens 1999）。たとえばベルギーでは，フランス革命以来2つの考えの間に変わらぬ対立がある。一方には，国家が排他的に公益を代表するとの考えを擁護する人々がいる。この場合，国家と市民との間には最低限の接触しかない。他方には，アソシエーション型の「中間団体」の発展が集権化した国家や極端な個人主義から市民を守るためには必要だという考えもある。今日，社会的排除と闘う多くの起業組織が地方行政レベルに引き継がれているため，多数派がどこにいるかにもよるが，行政とアソシエーションの関係がもっとも難しくなりうるのもこの地方レベルである。

諸目的間の部分的軋轢

また，コミュニティサービスでは，異なる諸目的の間に緊張が生まれることを指摘すべきである。労働市場における困難があり，予算制限が増加したりすると，行政は，より質の低い労働者を積極的労働市場政策によってコミュニティサービスに統合しようとする。しかしながら，コミュニティサービスを提供する組織は何よりもユーザーにとってのサービスの利益を強調しており，それには，在宅サービスを通じた社会的弱者の社会的挿入やホームレスの社会的挿入，あるいは保育施設のユーザーたちに必要な社会的・専門的挿入も含まれる。とはいえ，それらの起業組織は，その戦略に明かに制限があると分かっていても，サービス展開の財源となるかぎり，行政の雇用政策を等しく利用する。

---

[27] ワイズブロッドの理論（Weisbrod 1977）をみよ。中位の投票者の選好に基づいた政治的意思決定過程により性格づけられる国家機能のあり方は，それに合わない特別な，性格の異なる需要を無視したままにする。

起業組織の法人格の不安定さや人員の転職率の高さ,また国家支援が一定期間に限られていることを別にしても,これらの事業計画は人を見つけ出す難しさから影響を受ける。というのも,雇用政策が求めるプロフィールをもつ人々と,活動の性格から必要とされるプロフィールをもつ人々とが異なることが多いからである。

制度化への取り組み

これまでみてきた分野では,2つの要素が歴史的に登場している。クライアントの数が増大しているためにサービスの制度化が進みつつあることと,予算制限によっていっそう厳しい経営が求められていることである。

このような傾向にもかかわらず,新しい起業組織は,既存の大きな組織の外部に登場して同じ分野やそれに近い分野で活動し,まだ取り組まれていない新しい問題に対応している。言い換えれば,もっともインフォーマルなものからもっとも制度化されたものまでを含む多くの起業組織には,新しい解決策とプレーヤーおよび資源の新しい組み合わせを要請するような領域がつねに登場してくることにかかわって,一種のライフサイクルがおそらく存在する。こうした解決策や新しい組み合わせは,時代の課題に対応して生まれてくるものである。

5　結論および将来展望

コミュニティサービスあるいは近隣サービスについてのわれわれの分析によれば,社会的企業にはきわめて特有の特徴がある。さらに,前世紀に登場した似たような組織と同様に,社会的企業は現在の社会経済的景観を生み出すことにそもそも貢献しているだけでなく,その形成に一定の役割を演ずることもできる。しかしながら,社会的企業の将来発展の可能性は,みずからのアイデンティティを維持し開発するための機会の与えられ方にかかっている。社会的企業の特質は2つの主要な要素,すなわち経済的なものと非営利的なものとのバ

ランスをめざしていることである。このバランスについては，さまざまな外部要因によって左右されることがほとんど避け難い。

　それだけではないが，社会的企業の財政面の議論が将来展望にとって重要である。公的財源に大きく依存している社会的企業にとって，将来の財政問題は決定的である。しかしながらいたるところで，行政と，法的に定義されたサービスを供給するアソシエーションとの間の契約関係を促進する傾向がみられる。この契約関係によって，アソシエーションは公的資金の使用についての統制を受け，供給するサービスへの責任も増大するけれども，逆にその自律性と革新的能力が束縛されるかもしれない。この現象はまた，社会的企業に対する支援が失業者を労働市場に戻すという政策に制度的に結びつく場合に起こりうる。その場合，社会的企業は行政によって使われるだけに終るという危険も生ずる。そうなると，社会的企業はゆっくりと窒息していくに違いない。

　市場の諸力だけで規制していくという考えも好ましいものではない。もし社会的企業がクライアントの支払い可能なサービスだけを供給することにみずからを限定するならば，社会的企業は従来の営利企業との競争に巻き込まれる危険があるし，結局，営利企業の行動にみずからを合わせていかざるを得なくなる。逆説的だが，こうしたシナリオは，ベルギーで起きているように，サードセクターを推進しようとする公共政策の支援を受けることができるかもしれない。公共政策が市場志向型の社会的経済を優遇しようとしているからである。

　もし国家と市場との相乗化が，戦後の好況期に戻ったかのように，経済の多元的なとらえ方にしだいに置き換えられるとするならば，明らかに，社会的企業の発展の展望も異なってくる。この多元主義は，社会的・経済的活動主体の幅広い連携（彼ら同士のパートナーシップ）が必要だという認識や企業家的アプローチの多様性，市場と非市場さらに非貨幣資源との組み合わせを承認することのなかにとくに反映されているはずである。ベルギーは社会的企業を支援する努力において低調な国ではないし，サードセクターへの理解も十分であるが，公的セクターと営利セクターへの同形化圧力を抑えるためにはなすべきことも多い。

　それにもかかわらず，社会的・経済的環境をめぐる将来的な変化がどうあれ，歴史的には，コミュニティの創造性と市民の企業家的能力が一緒になって新た

な解決を見出せるような新しい分野は常に存在するのである。

参考文献

Conseil Wallon de l'Économie Sociale (1990) *Rapport à l'Exécutif régional wallon sur le secteur de l'économie sociale*, Namur.
DEFOURNY, J. (1998) 'Les régies de quartier en Wallonie: une perspective comparative', paper presented at the XIth Social Economy Morning, Solidarité des Alternatives Wallonnes and Fondation Roi Baudouin, Brussels.
—— (ed.) (1994) *Développer l'entreprise sociale*, Fondation Roi Baudouin, Brussels.
DEFOURNY, J. and DEVELTERE, P. (1999) 'Origines et contours de l'économie sociale au Nord et au Sud', in DEFOURNY, J., DEVELTERE, P. and FONTENEAU, B. (eds) *L'économie sociale au Nord et au Sud*, De Boeck, Brussels and Paris, 25–56.
DEFOURNY, J., DUBOIS, P. and PERRONE, B. (1997) *La démographie et l'emploi rémunéré des ASBL en Belgique*, Centre d'Économie Sociale, Université de Liège.
DEFOURNY, J., FAVREAU, L. and LAVILLE, J.-L. (eds) (1998) *Insertion et nouvelle économie sociale*, Desclée de Brouwer, Paris.
DEFOURNY, J., NYSSENS, M. and SIMON, M. (1998) 'De l'association sans but lucratif à la société à finalité sociale', in DEFOURNY, J., FAVREAU, L. and LAVILLE, J.-L., (eds) *Insertion et nouvelle économie sociale*, Desclée de Brouwer, Paris, 73–98.
De l'utopie au réel. 1919–1994, 75 ans de logement social en Wallonie (1994), Les Chiroux Éditions, Liège.
DETREZ, R. and KLEIN, E.C. (1962) *Pour un secteur paritaire du logement social*, Édition du Centre Paul Hymans, Brussels.
DUBOIS, A. (1996) 'Le Fonds d'équipements et de services collectifs', in *Grandir à Bruxelles*, Cahiers de l'observatoire de l'enfant, no. 2: 9–12.
DUBOIS, A., HUMBLET, P. and DEVEN, F. (1994) 'L'accueil des enfants de moins de trois ans', *Courrier hebdomadaire du CRISP*, nos 1,463–4, Brussels.
GILAIN, B. and NYSSENS, M. (1999) 'L'économie sociale dans les services de proximité: pionnière et partenaire dans un champ en développement', *Revue des Études Coopératives, Mutualistes et Associatives*, no. 273: 40–55.
GILAIN, B., JADOUL, B., NYSSENS, M. and PETRELLA, F. (1998) 'Les services de proximité, quels modes d'organisation socio-économiques pour quels enjeux?', *Les Cahiers du CERISIS*, 98/6, Charleroi.
GUI, B. (1992) 'Les fondements économiques du tiers-secteur', *Revue des Études Coopératives, Mutualistes et Associatives*, nos 44–5: 160–73.
HANSMANN, H. (1987) 'Economic Theories of Nonprofit Organizations', in POWELL, W. (ed.) *The Nonprofit Sector, A Research Handbook*, New Haven, Yale University Press, 27–42.
HORMAN, D. (1985) 'Le logement social et les comités de locataires', *Alternatives*

wallonnes, no. 32: 12–15.
LAUWEREYS, L., MATHEUS, N. and NICAISE, I. (2000) *De sociale tewerkstelling in Vlaanderen: doelgroepbereik, kwaliteit en doelmatigheid*, Hoger Instituut voor de Arbeid, Leuven.
LAVILLE, J.-L. and NYSSENS, M. (2000) 'Solidarity-Based Third Sector Organizations in the "Proximity Services" Field: A European Francophone Perspective', *Voluntas*, vol. 11, 1: 67–84.
'Lutter pour un toit' (1995) Report in the journal *Traverses*, no. 101: 3–8.
MERTENS, S., ADAM, S., DEFOURNY, J., MARÉE, M., PACOLET, J. and VAN DE PUTTE, I. (1999) 'The Nonprofit Sector in Belgium', in SALAMON, L.M. *et al.*, (eds) *Global Civil Society. Dimensions of the Nonprofit Sector*, The Johns Hopkins Comparative Project, Baltimore, 43–61.
MILGROM, P. and ROBERTS, J. (1992) *Economics, Organization and Management*, Prentice Hall International, Englewood Cliffs.
NOUVELLE-CORDIER, C. (1990) 'Solutions alternatives aux problèmes du logement social wallon', *Wallonie*, no. 7: 23–30.
NYSSENS, M. (1998) 'Raisons d'être des associations et théorie économique', Discussion Paper no. 9811, IRES, Université Catholique de Louvain.
—— (1996) 'Associations et services aux personnes âgées', Contribution to the 'Associations' CIRIEC working group, Liège.
PRICK, F. (1994) *Rapport sur les nouvelles initiatives de logement social*, Les Sans Logis Asbl, Liège.
Rapport général sur la pauvreté (1994) Fondation Roi Baudouin, Brussels.
SALAMON, L.M. (1987) 'On Market Failure, Voluntary Failure, and Third Party of Government Relations in the Modern Welfare State', *Journal of Voluntary Action Research*, vol. 16, 2: 29–49.
SALAMON, L.M., ANHEIER, H.K. and Associates (1998) *The Emerging Sector Revisited*, Johns Hopkins University, Baltimore.
SPEAR, R., DEFOURNY, J., FAVREAU, L. and LAVILLE, J.-L. (eds) (2001) *Tackling Social Exclusion in Europe. The Contribution of the Social Economy*, Ashgate, Aldershot.
TRIGALET, P. (1997) 'Les exclus ont-ils droit au vert?', *Traverses*, no. 119: 3–12.
WEISBROD, B.A. (1977) 'Collective-Consumption Services of Individual Consumption Goods', *Quarterly Journal of Economics*, vol. 78: 471–7.

3　デンマーク：協同組合活動とコミュニティ開発

ステン・ベンソン
ラース・フルゲール

はじめに

　協同組合企業と社会的分野以外における市民参加の伝統があるにもかかわらず、「社会的企業」という概念はデンマークにおいてはこれまで使われてこなかった。しかしながら、多くのプロジェクトと起業組織がこの10年来発展してきており、社会的企業を論ずるときに考慮されるべきものになっている。これらの活動組織はしばしば実験的なパイロット事業として財政支援されている。こうした取り組みプログラムはソーシャルワークの実践と、また福祉国家の現代化にも非常な影響を与えている。今日の社会的企業を取り巻く条件を理解する背景としてデンマークの社会政策の現状を提示した後に、協同組合企業の2つの形態について概略を述べたい。

1　社会保障制度

　デンマークの福祉制度は、社会的分野、医療分野、教育分野での大きな公的サービスセクターの存在が特徴である。デンマークの福祉は主として、所得税と付加価値税（VAT）を財源としている。社会扶助と多くの社会保険給付は一般税が財源である。事業者と被保険者は社会予算全体にとってはわずかな保険料を支払っているに過ぎない。このことを別にしても、デンマークの福祉はま

ずもって普遍主義的保障制度であり,社会権の適用が市民権よりも居住と関連づけられている。唯一の例外は失業保険と早期年金保険で,これは仕事と結びついたもの[1]であるけれども,国家の財政補助が大きい。

デンマークの福祉制度の性格はしたがって,普遍主義的な保障と公共による財政および社会サービスの生産である。1960年代より,デンマークの社会福祉は行政によって管理されてきた。とりわけ地方自治体によって社会サービスの生産が行われた。この地方福祉制度という基本構造は,60年代末に始まった一連の総合的改革によってはっきりしてきた。諸改革は,地方自治体の数を大幅に減らして新しい社会的任務に対応できるような規模にするという地方自治体合併によって始まった (Villadsen 1996)。いわゆる「第2次分権化」は1980年代より開始され,地方自治体には財政と一般政策の枠内での活動ができるという制度的自由が与えられた。

この公的,普遍主義的モデルはどちらかといえば新しい現象である。1960年以前には,スカンジナビア諸国の社会制度はヨーロッパモデルとの違いはなかった。しかし,その普遍主義の発展の条件は歴史的に跡づけることができる。プロテスタントの伝統では,教会は国に属するものであり,一般的な政治的合意の文化を示すものに他ならなかった。地方自治体の極端な自由が,デンマークにおいてみられるのは,1800年代からの都市と農村の間での権力の分有という伝統と結びついている。近代の経済的・社会的計画が1960年代と70年代の官僚主導のイデオロギーと結びついて,地方自治体は分権化した政治制度における公的サービスの主要な生産者となった (Knudsen 1995)。

旧来の宗教的な福祉アソシエーションの構造を残しておきたいということはなかったので,疾病給付アソシエーションは,医療制度の枠組みのなかの公式の組織となって一般に公的機関とみなされた。1970年代に,疾病給付アソシエーションは排除されて,医療サービスへの支払い責任はすべて国家が行うことになった。

---

1) 失業保険は数週間雇用されていたに過ぎない人にとっては任意加入である。受給資格は,失業保険基金への加入が1年以上で,保険料を払いずみで雇用が半年以上の場合のときに与えられる。

福祉国家の形成は，それまで非営利セクターが実行していたソーシャルワークの一部を公的機関に吸収することを意味した。ほとんどのボランタリー組織は依然として民間事業体として存在しているが，行政と協力することはその組織のほとんどがまさに公的制度の部分として機能することに他ならなかった。しかしながら，それはサードセクターがすべて消滅したということではなかった。ボランタリー組織はどちらかといえば福祉事業の新しい分野を開拓する役割を担ってきたのであり，それから先は行政の責任とされている。しかし，革新的なソーシャルワークが民間ボランタリー組織によって実施されて社会的認知が広がる一方で，慈善事業全体は，とりわけ行政が責任をもっていた諸分野については一般的には評価が低かった。

2　社会的企業

　今日のデンマークの状況では，社会的企業は，世間一般の意識のなかに概念としてはほとんど存在していない。この概念がないにもかかわらず，われわれは，社会的企業の主要な内容がデンマークの福祉国家の歴史的形成と福祉制度のソフトな近代化のより最近の過程との両方にとって実体的な役割を果たしていると主張できる。第1期として，労働者協同組合運動と農民協同組合運動が社会的企業にかかわるもっとも影響力のあるアクターであった。しかしこの20年間に，新しいタイプの社会的企業がソーシャルワークと社会サービスの生産分野で重要な役割を果たしていることが見て取れる。

社会的協同の伝統的なタイプ

　伝統的に，デンマークの協同組合運動には2種類あった。すなわち，農民運動と労働者運動であった。農民協同組合は農民の経済的な利益擁護のための中心的役割を果たしてきたが，社会のより一般的な利益に奉仕するという特定の目標は持ち合わせていなかった（その消費者小売業の面は別として）。しかし，労働者協同組合は，社会的な利益についての目標をたくさんもっていた。これ

らの目標には次のものがあげられる。すなわち,

- 適切な値段の質の高い生産物の小売り販売
- 適切な値段の質の高い製品の生産と適切な値段の質の高い住宅
- 仕事をみつけるのが困難な人々に対する労働の場の提供
- モデル作業所の開発
- 企業と事業のための専門知識の開発。協同組合連合会は,いわゆる労働者運動事業協議会[2]とともに活動している。この協議会は,労働者運動の事業と経済分析を行う機関である。

一般労働者に対する日用品の小売り販売のための最初の消費者協同組合は1866年に1人の牧師によって始められ,その世紀中には,パンやオートミールといった日用品の生産が労働者協同組合によって行われた。

仕事をみつけることが困難な人々に対する仕事の場の提供は,労働者協同組合の重要な目的である。しかし,これらの協同組合が直面する困難は,階級闘争にかかわるものであった。1899年には,労働市場における大きな紛争が発生し,ストライキに参加した多くの労働者がブラックリストに載せられた。このため,労働組合運動はみずからの企業の設立,とりわけ建設業分野での設立を促進した。同年夏には,煉瓦工,建具屋,大工,鍛冶屋などによる最初の有限会社がいくつかつくられた。後に,同様の会社が塗装業,配管業,電気業の分野でもつくられた。1918年と27年にさらに労働紛争が発生し,いろいろあったなかで,コペンハーゲンに協同組合方式の理容店や美容院が開かれた。労働組合は,基金を集めてこれらの会社の所有者となった。

1930年代以降,モデルになるような仕事の場を発展させることが労働組合所有企業のもう1つの目標となった。組合員に仕事を提供することだけではなくて,労働組合所有企業は,よい賃金支払いと労働条件のための労働組合運動の急先鋒となった。これらの企業では,労働運動は,労働者の要求が現実的であり,妥当な経済の枠組みでその要求を満たしうることを示すことができた。

---

2) Arbejderbevægelsens Erhvervsråd.

しかしながら,協同組合運動が持続可能でありうるためには,こうした枠組みを尊重せざるをえなかった。「協同組合は(労働運動の)金づるであってはならない」とは協同組合理論家がいうとおりである(Vernerlund 1972)。

専門知識の発展と事業政策に基礎をおいた力が最終的な目標である。1953年に,労働組合連合会,社会民主党,協同組合連合会は,協同組合連合にかかわる事業政策協議会を設置した。この協議会は,労働組合と社会民主党のために経済発展について分析を行い,1970年代には,経済民主主義にかかわる政策提言に役割を果たした。これらの提案と協同組合企業を経済民主主義的にどのように調和させるかが協同組合の未来に関する当時の議論における主要な論点となった[3]。経済民主主義が実現することは決してなかったものの,協同組合連合会と協同組合企業の主要な機能は,近年において,労働者運動の経済的な実験室としての役割を果たした。労働者運動事業協議会は,みずから経済予測をしたりさまざまな政策提言の帰結を計算して,政策論議で役割を果たしている。

労働者協同組合の発展

労働者協同組合の設立が波のように広まった理由の一部には,労使紛争,戦時の困難,国家の支援といった要素があった。労働者協同組合の製品の多くはパン,ビール,燃料などといった基本物資で,労働者たちや国民一般が望んだものであった。その他の多くの製品は,協同組合の小売店にはないという商品の隙間を埋めるものとしてつくられた。

大量消費が進むと,生産における全般的な集中化が進んだ。これは,協同組合セクターでも同様であった。合理化によって合併が進められ,協同組合企業の数も減少したものの,全体の規模は大きくなった。協同組合セクターの企業は,協同組合連合会の会員でもあるが,しばしば有限会社であり,労働組合や他の協同組合,そして労働運動団体が株主となった。バガーは,労働者協同組合企業がしだいに労働組合に依存するようになって,企業に対する労働者の自

---

[3] *Det Kooperative Fællesforbund* (1975).

律性が弱体化していったと指摘している (Bager 1992)。

この数十年間，協同組合の伝統的な目標の多くが不要なものになってきた。事業政策に基礎を置いた権力という一番後に置かれた目標がいまやもっとも重要な目標となった。古い労働者協同組合はもはや社会的企業とみなすことはできない。それらは，労働組合活動が理由とされて通常の労働市場での雇用が困難な人々に対して仕事を提供する機能を持ち合わせていないからである[4]。

近年，農民による消費者小売協同組合と労働者協同グループは合併してその社会的目標を新たに設定し，この10年ではとくにエコロジー的な食品生産に主要な役割を果たしている。

最近では，労働者協同組合運動は，社会サービス分野での活動に取り組んでいる。若者向けの住宅協同組合は1980年代に発展したが，経営が悪かったので破産した。こうした経験は一時的に社会サービスの発展への取り組みの低下をもたらした。しかし，1990年代になって協同組合連合会が社会サービス分野への参入可能性を調査した[5]。1993年に，協同組合理念センターが設立されて，長期失業者や障害者に対する雇用創出のための新しいタイプの協同組合をつくることをめざした。また視覚障害者の訓練のための翻訳サービスや電話による通信販売の会社をつくった。近年，協同組合連合会は，多くの地方自治体と協力して高齢者向けの社会サービス供給会社の設立可能性について積極的に調査を進めている。これには，少なくとも2つの理由がある。第1に，失業率が依然として高いときには，失業保険が切れそうな長期失業状態にある労働組合員に仕事の場をつくりだすことが目的とされたからである。1998年には，労働能力が低下した人々に対する賃金補助が導入され，現在ではこの制度は，新規の協同組合を設立して就労困難な労働者に対して雇用を与えるための手段として使われている。第2の理由は，公的機関に取って代わって民間のサービス供給業者を使用することが議論になりつつあることである。これまでのところ，社会サービスを外部契約化する地方自治体が少ないにしても，営利会社はこの新市場に参入するつもりであり，協同組合連合会も参入を希望している。

---

4) これは別として，社会保障なのか組織化の権利保護なのかが問題である。
5) Kooperativ Udvikling (1996); *Rapport* (1997).

これらの協同組合の特有の資源は，協同組合連合会による支援であり，労働組合と社会民主党による支援ネットワークである。

　　ボランタリー・ソーシャルワーク

　協同組合運動は多くの社会的機能を果たしているが，その理念は主として経済的・政治的であった。障害のある人々の雇用はきわめて最近になって取り上げられた機能であり，社会サービスは現在のところでは計画段階である。以前には，障害者に対する慈善組織だけが，この種の活動を行っていた。1960年代になって，公的制度によってこの活動の多くが担われることなった。多くの場合，これらの組織は，制度的には民間組織であったが，現在は，公的制度の実質的な部分として，協定に基づいて活動している。しかし1980年代には，新しいボランタリズムがこの傾向に取って代わった。草の根ソーシャルワークという新たな取り組みが生まれ，社会的企業の新しいタイプが登場した。これは当初，既存の協同組合の伝統の枠外にあった。

3　社会的企業の新しいタイプ

　1960年代末以降，各種の新しい社会的プロジェクトや起業組織が発展した。新しい社会的プロジェクトはほとんどが社会的企業モデルに合致していたものの，その方法はさまざまであった。新しい社会的企業には多くの相違があったけれども，1960年代末の自由主義的民主主義を通じて席捲した文化革命を共通の背景としていた点は強調しておかねばならない。1960年代に続いて起こった新しいライフスタイルの実験が新しい生活様式を広げたが，それは，コミュニティを生産と結びつけようとする考えを育むことにもなった。1980年代以降，社会保障の分野でも上述したような実験的な傾向によって多くのプロジェクト組織が生まれ，それが社会的企業とみなされるようになった。ライフスタイルの実験はまた，従来のソーシャルワークにも大きな変化をもたらした。1970年代初期以降，3つのタイプのソーシャルワークの起業組織が従来の社会

的企業の伝統とつながって発展してきた。すなわち，小規模な低家賃住宅 (Opholdssteder)，非寄宿舎型民衆高校 (Daghøjskoler)，生産学校 (Produktionsskoler) である。

　社会政策とソーシャルワークにおけるこの実験的戦略の歴史的背景について，ヘクランド (Hegland 1990) は，ライフスタイルの実験と実験的なソーシャルワークとの連結性を強調している。そして，ライフスタイル実験プロジェクトにおける理念のいくつかと1960年代末から70年代にかけてのコレクティブ運動 (Kollektivbevægelsen) が都市問題，社会的分野，教育分野への回路となってきたことを強調する。「オルタナティブ」は広く使われる新しい表現であった。ソーシャルワーカーは，「オルタナティブ・ソーシャルワーク」について語り，教育者は「オルタナティブ教育」を語った。いずれも「オルタナティブな組織」をめぐる議論であった。ヘクランドは，こうした下からの活動が社会開発プログラム (1988〜93年) と直接結びついたり，あるいは実験的で開発的なソーシャルワークと直接結びついたりすることによって，活動の目的が社会的企業のそれとしばしば類似してくる点を力説している (Hegland 1990)。

　　パイロット・アクションプログラムの影響

　過去10年間に，いくつかのパイロット・アクションプログラムが社会政策の分野で実施され，社会的企業の普及に大きな役割を果たした。これらのプログラムは，社会的企業モデルという実験のデンマーク方式として，とりわけ社会的排除に対抗するサードセクター組織の役割として理解された。デンマークは社会政策全般をリニューアルする方法としてこうしたパイロットプログラムを横断的に実施して，社会的排除に対抗する戦略や社会的目的を強調した都市政策の戦略を展開した。社会改革プログラムをスタートさせようとするこうした決定の背後にある大きな理由の1つは，公的セクターの成長と社会的支出の増加である。多くのプログラムは社会サービスの再編をめざし，地域コミュニティの役割や地域パートナーシップ，サードセクター組織の参加を強調した。この種の社会プログラムは，ソーシャルワークと社会サービスについてのパイロット的実験であり，ソーシャルワークにとって2つの結果をもたらした。

第1の結果は，過去10年間，公式に教育を受けたソーシャルワーカーよりも専門家や市民がソーシャルワークの実践に影響力をもってきたことである。多様な専門家，市民，ボランティアが，コミュニティワークや地域レベルでのパートナーシップ，さらに社会的排除と闘う市民参加のプロジェクトに取り組む最前線のソーシャルワーカーたちと一緒になって働くようになっている。

　第2の結果は，ソーシャルワークという専門職が転換期にあるということである。ソーシャルワークと地域コミュニティの建設に取り組む多くのソーシャルワーカー，専門家，市民たちは変革主体になりつつある。ここでの変革主体とは，すでに古典ともいえるシュンペーターの定義による企業家に他ならない。企業家としてのソーシャルワーカーは，全般的な転換期にある社会においては重要な媒介となる。

　われわれの仮説としては，ソーシャルワークでの上述したような構造転換は，パイロット・アクションプログラムによる影響と同様に，社会的統合に取り組む社会的企業の重要性を示すことになる。ソーシャルワークにおけるこれらの変化と社会サービスの生産は多くのパイロット・アクションプログラムによって支えられている。そのうちいくつかをここで示す。社会政策の実験的プロジェクトにおける最大の起業組織は「社会開発プログラム」(1988～93年) であり，SUMプログラムと呼ばれている[6]。1988年に，議会は3億5,000万クローネ（約4,700万ユーロ）を3年間のプログラムに支出することを決定した。このプログラムは議会の広い合意を基礎に実行された。実験であることが強調されつつも，社会開発プログラムはパイロット・アクションプログラムの試金石とみなされた。費消された金額が巨額であったことはその重要性を示している。このプログラムが終了した後も，社会政策におけるさまざまなユーザーグループや政策課題を対象とした多様な実験的プログラムを実際に見出すことができる。

　このようにして，3億5,000万クローネという額は，1980年代半ばから社会政策分野と医療分野のパイロットプロジェクトに使われた総額の一部に過ぎない。1997年の推計によれば，社会保障省は，社会改革プログラムに対して

---

6) 社会開発省。

1994年から97年までに総額13億7,400万クローネ（約1億8,480万ユーロ）を支出している。

　社会開発プログラム

　社会開発プログラムは，社会的企業戦略と実質的に似ている。このプログラムの目標は，地域コミュニティの役割の強化と各分野の横断的協力の確立によって，すなわち，サードセクターの役割を強化することによって予防的活動を高める方向に促して社会政策を再編することである。議会の社会委員会による社会開発プログラムの主たる骨子は次のようなものである。すなわち，

- 地域コミュニティは社会政策において，より先進的な役割を果たさなければならない。
- 地域住民は，自分たちの生活に関わる意思決定について積極的に参加する必要がある。
- 問題の解決法は，行政，専門家を含めた分野横断的でなければならない。
- 公私の壁を乗り越えて，横断的な共通の解決を見出す能力をつける必要がある。

　実際上は，ソーシャルワーカーがこれらの機能を担って，まず調整者と「実施取扱者」という当初の役割から，人々（顧客と市民）を支援する過程での「媒介者」とならなければならない。人々は，積極的にみずからの生活のなかで社会問題と闘い，ネットワークをつくり地域コミュニティを強化しなければならない。このプログラムは，これまで社会政策のあり方を道理もなく狭めていた，セクター・行政・専門家間の縄張り意識を克服することによって，社会問題の解決に貢献すべきものであった。開発プログラムは，制度的統合（すなわち公的セクターにおける，国，郡，地方自治体の協力，また公的機関と民間機関との協力など）と同様に，社会的統合（社会福祉サービス生産への市民参加）の推進をめざしたのである。

　サードセクターにおける多くの地域活動家や市民起業家，専門家にとって，

このプログラムは法的な後ろ盾になっており，より実効性のある新しい社会的組織の発展を可能にしている。

社会開発プログラムは，全国の約1,700のパイロットプロジェクトに財政支援をしている。最優先されているのは次のようなプロジェクトである。すなわち，

- 労働力の活動化と回復の分野すなわち，労働年齢にあるが労働市場に入れない人々を，仕事へ戻る機会を提供することでより活動的な存在にすること。
- 地域社会と地域行政において新しい試みを重視すること。
- 児童・若者とその家族，高齢者，障害者・難民・移民・被差別グループなどへのプロジェクト[7]。

社会開発プロジェクトの実施以来，いくつかの別の基金もパイロット開発計画を実施してきている。少なくとも2つのプログラムが社会的企業の点から注目される。すなわち，(1)年間予算3,000万クローネ（約400万ユーロ）の「アクティビティ・プール」[8]，(2)年間5,000万クローネ（670万ユーロのパイロット開発計画である）のPUF基金[9]（Hegland 1997）。PUF基金は，これまで「貧困基金」と呼ばれていたもので，社会的排除の問題に取り組むボランタリー組織の活動や起業組織に財政支援をしている。地域ボランタリー仕事センターはPUF基金が支援するプロジェクトの1例である（Hegland 1997）。

社会事業省はパイロット・アクションプログラムが財政的に支援するすべてのプロジェクトに関するデータベースをつくった。このデータはSUMプログラムに支援された1,700のプロジェクトのデータから始められた。以後，さまざまな社会基金によって財政支援されたすべてのプロジェクトがデータベースに追加されている。このデータベースから「活性化」という単語を検索してみ

---

7) Jensen (1992).
8) Støjgtte til erhvervshæmmede i virkosmhederne.
9) PUF Fund（ボランタリー社会的労働開発促進基金）。

ると，643のプロジェクトが1980年代以降，さまざまな基金により財政支援されていることがわかる。「職業訓練」というキーワードで検索すると，146プロジェクトがみつかる。27プロジェクトが「オルタナティブな働き場所」というキーワードで登録されている。これらのプロジェクトのいくつかは，本書で定義している社会的企業という基準に合致する。これらのプロジェクトは新しい種類の社会的企業であり，たいていの場合は社会基金からの補助を受けている。典型的には，これらのプロジェクトは財政支援を受けるうえで大きな創造力を発揮しており，それによって公的基金からも民間基金からもいろいろな資金プログラムの補助金を受けられるのである。

データベースによるこの2つのプロジェクトは，PUF基金と活動プール基金から財政支援を受けており，社会的企業のこうした側面を描くのに役立っている。

- 「カルチャースイング」は，後に詳述するが，PUF基金から財政支援を受けている。カルチャースイングの目的は，「社会的に排除された人々を労働市場に統合できるような仕事の場をつくりだすことであり，また個人的な発展が責任と積極的な関与を通じて増大できるようにすることである」[10]。このプロジェクトは，4つの自主管理的な部門で組織されている。この4つの自主管理的な部門は社会的企業の二重の活動すなわち，サービスの生産と社会的資本の生産を行っている。
- 「カフェとお店のジャスミン」は「活動プール基金」，EU社会基金とファスケ地方自治体から財政支援を受けている。データベースによれば，「その第1の目的は参加者たちが統制する民主的な組織をつくることであり，すべての人間の発展をめざしている。第2の目的は，社会的ネットワークの多文化的な融合体をつくりだすことであり，失業者たちが職業訓練を受けつつ製品や食品をつくって販売することである」[11]。

---

10) 社会事業省。
11) 社会事業省。

新しい社会的企業の4つのタイプ

　起業組織の4つのタイプが大きく発展しており，これらはいずれも社会的企業とみなすことができる。これらの4つのタイプは経済基準を満しているものの，それぞれに違いもある。いずれも財とサービスを生産している。社会的な側面に関するかぎり，社会的企業は，何はともあれ下からつくられている。参加する人々による自主管理的な組織であり，地域コミュニティと民主主義の強化を追求している。

生産コミューンと共同作業所（タイプ1）
　1984年の調査では，ノールングとケールゼンは，デンマーク国内の117の「生産コミューン」(Produktionskollektiver) と「共同作業所」(Arbejdsfællesskaber) を調査した。このいずれの起業組織も人々が協働している。さらに生産コミューンでは共同で住んでもいる。調査では，「生産コミューン」を少なくとも3人の成人が住んで企業を共同で運営するコミュニティと定義している。所有と協働はコミュニティのメンバー全員で分担しており，必ずしも法律に基づくものではないが，いくつかの法的規制を受けてはいる（Nørrung and Kjeldsen 1984）。
　1980年代の半ばにこれら117のコミュニティは，99の異なった財とサービスを生産していた。これらの幅広い生産物には，家具，農業製品，ストーブ，陶器，映画などがある。製品とサービスの一般的なタイプはコミュニケーションである。コミューンは，出版社，印刷所，雑誌発行，書店，写真店などと組んでコミュニケーションすることができた。また，多くのコミュニティが日曜大工店，レストラン，劇場，配管工事，ラジオ修理店，雑貨店，法律相談などの，各種サービスの生産販売を行っている。
　もっとも有名なオルタナティブなコミュニティは「フリータウン・クリスチャニア」であり，約30年前からよく取り上げられてきた組織である。1971年にホームレスたちによって設立されて，彼らは住宅がなかったときに軍の廃止されたキャンプを占拠して非難された。同年冬に，彼らはコペンハーゲンの

古い城壁の大部分を占拠して，そこを「フリータウン・クリスチャニア」と名づけた。

いくつかの社会的企業が何年かの間にこのクリスチャニアのなかで設立された。その多くは初期からうまく機能している。1984年には850人がクリスチャニアで生活しており，約400人が自営業や自分が組織した仕事に就いている（Nørrung and Kjeldsen 1984）。1997年に約1,000人の児童と若者と成人がクリスチャニアに住んでいた。レストラン，バー，ミュージッククラブ，演劇集団，音楽バンドをもち，クリスチャニアは何十年間もコペンハーゲンの文化的イメージにとって重要な役割を果たしてきた。革新的な生産物がクリスチャニアの職人たちによってつくられた。たとえばクリスチャニア自転車，クリスチャニアオーブンなどである。クリスチャニアナイト（クリスチャニア住民）はクリスチャニア自転車を自慢しており，ものを運ぶのに都合のいいこの自転車はドイツのメルセデス・ベンツ社にも輸出しているほどである。ベンツ社は工場内での移動に使っている。

財とサービスを生産するコミュニティワーク（タイプ2）

このタイプ／区分は主としてソーシャルワークプロジェクトのための総括的な種類であり，参加者のエンパワーメントを目標にしている。1980年代以降，デンマークの社会政策ではすでに述べたような大きな実験プログラムが進められており，これらのプロジェクトの部分部分で経済活動が取り組まれていた。これらのプロジェクトは一般に，文化，教育，地域コミュニティに対する社会サービスの生産を伴っている。2つの事例がある。すなわち「カルチャースイング（Culture Swing）」と「サイドストリート（Side Street）」である。

このカルチャースイングは，デンマーク第2の都市であるオーフスにおける社会的・文化的プロジェクトである。このプロジェクトはレストラン，喫茶，ミュージッククラブ（ミュージックカフェ），ユースホステル（シティスリープイン），広告代理店（Kultursats）などから構成される企業での訓練や仕事経験の機会を提供している。カルチャースイングは，通常の仕事に就いたり訓練を受け続けることが困難な人々を活性化することを目的としている（ここでの活性化とは，社会保障を受けるために必要な条件である社会的に有用な仕事の

提供と理解されている)。これらの人々の一部は自信を失っており，また労働市場との接触がほとんどなく，教育訓練が欠けているので，将来に対する展望がない。カルチャースイングを1987年に設立したときは，ソーシャルワークと実践的な技術を組み込む一方で，人々を社会的ネットワークで包み込むプロジェクトをつくるという考えであった。当初，唯一の事業はレストランであった。他のサービスはその後から取り組まれた。

社会的企業としてのカルチャースイングは，異なる人生経験と資源をもつ人々がサービス生産において共同する方法を提供した。96人の人々がこのプロジェクトに参加して，そのうち16人の専任の労働者がこの企業の背後に存在するアソシエーションの会員であり，80人がパート労働者である。パート労働者のうち60人が職業訓練を受けている者であり，10人がリハビリ期間中であり，10人がボランティアである。レストランは事業高237,510ユーロであり，ミュージッククラブの事業高は10万ユーロであり，シティスリープインは20万ユーロであった。カルチャースイングは民間基金と公的基金，さらにEU社会基金からも20万ユーロの補助金を受け取っている。

サイドストリートはコペンハーゲンにおけるコミュニティワークと職業訓練計画であり，これはまた企業家活動と社会的活動を連結したものであった。ジョー・ベルテルセンはサイドストリートの創設者であるが，彼がはじめて企業を設立した1986年に2つの問題を考えていた。中央駅のすぐ裏にある地域は閉鎖された店舗がたくさんあった。同時に，その地域には多くの若年失業者がいた。1997年までに，サイドストリートは11の店舗を設立し，職業訓練中にある40人の若者が経営に携わった。サイドストリートは若年失業者向けの職業訓練の見返りとして公的補助金を一方で受け取っているが，11人の専門家が，若者たちが自主管理的な運営ができるように継続的に支援している。その結果，職業訓練のための補助金を受け取っているものの，企業は直接的にせよ間接的にせよ行政の管理を受けていない。サイドストリートからすれば，その自治を維持し拡大する方法は，活動と資金の拡大であった。EUの社会基金，厚生省，社会事業省そしていくつかの民間財団が主要な財源となった。

サイドストリートには3つの基本的な相関する考えがある。第1は，この新しい起業組織は下からつくられ発展するものでなければならない，すなわち，

地域コミュニティとの密接な関係が企業を導く原則でなければならない。地域外からの専門家は地域コミュニティが何をすべきか，どのような企業がよいのかについては論じないからである。第2は，企業は地域コミュニティと参加者グループにおける社会的過程についての解釈に基づいたものでなければならないということである。第3は，実践に移すことはもっとも困難ではあるが，参加者の個人的なエンパワーメントを地域コミュニティの共同的なあるいは政治的なエンパワーメントに転換する過程に取り組むことである。

　これらの2つのプロジェクトはほんの1例に過ぎないが，社会的企業が地域の民主的な文化と企業の自主管理を結びつけて発展させるという社会的企業のタイプを示すものである。このタイプのプロジェクトは，継続的に，社会性をもった企業家的な（経済）活動を追求する。ただし，「純粋な」市場活動を認めないような特定の法的規制があるのも確かである。

低家賃住宅（タイプ3）

　1997年に，デンマークには約300の低家賃住宅（Opholdssteder）があった。これらはそもそも，1960年代後半から70年代のこれまでにあげたような労働のためのコミュニティと居住のためのコミュニティと同様のイデオロギー的な環境にルーツがある。ヨルゲンセンが強調しているのは，いかに「低家賃住宅がオルタナティブとして発展したか，それが，措置の下に置かれる若者のニーズよりも計画者やリーダーや専門家のニーズに基づく伝統的な児童若者住宅（Døgninstitutioner）といかに対照的であるか」ということである（Jørgensen 1997b : 1）。

　1970年代に，多くの低家賃住宅が生産と住宅を結びつけるコミュニティとして組織された。財とサービスの生産が，低家賃住宅において社会的ケアおよび介護と統合された。ヨルゲンセンによれば，この10年間多くの低家賃住宅がつくられたが，今日では生産より教育と介護に重点が置かれている。

　低家賃住宅をこの区分に入れる理由は，低家賃住宅の起源と初期の実践による。たとえば，「スコルピオ」という組織は，15年前には低家賃住宅の典型であった。企業のなかに教育的な機能と介護の機能を併せもった生産と住宅のコミュニティであった。1984年にはスコルピオでは20人の成人が住み働いてい

た。彼らには作業所での生産（自動車修理，配管，ラジオ修理，大工，ブロック積み）と社会的企業の各種活動に対応した職業訓練の公的補助の両方からの収入があった（Nørrung and Kjeldsen 1984）。職業訓練活動と社会的ケアがこれらの失業若年層を対象にして実施された。

このような低家賃住宅の運営方法は，当時としてはきわめて一般的であった。これらがしだいに生産を重視しない方向に機能していくのは，とりわけ，行政によって低家賃住宅に入れられる若者の年齢が低下し，ケアのニーズがより増大したことによる。16,7歳以上の若者については今日ではあまり注意が払われていない。かつてはこの住宅の住民の大半を占めていた彼らは社会的に不適応ぎりぎりのところにあり，コミュニティでの仕事の経験さえあれば，それ以上の待遇を必要としていなかったからである。

学校（タイプ4）

もともと「民衆高校（Folkehøjskoler）」は，農業教育と文化教育を通じて農村の若者世代に自信をもたせることを目的にしていた。民衆文化スタイルの文化教育は，ブルジョア的なアカデミック文化とは対抗するものであり，「ブラックスクール」と呼ばれていた。宿舎をもたないこの民衆高校は，伝統的な寄宿舎型民衆高校に基礎をもつが，いまでは都市部で組織されている。最初の非寄宿舎型民衆高校は，大量失業が始まった1974年に設立された。事実，失業者のニーズに取り組むために設立された。同じように，その後つくられた非寄宿舎型民衆高校は，自信を失いかけた失業者を対象にしたものであった。

1998年には，デンマーク非寄宿舎型民衆高校協会の会員には85の民衆高校が加入していた。同協会のリーダーによる推計によれば，これら会員のうちの11が社会的企業の定義に合致している。特別の環境の下で，非寄宿舎型民衆高校には企業活動が認められている。しかし，それは，教育活動とは分離されなければならない。協会では，民衆高校の一部にのみこうした事業活動に従事させており，多くは文化やサービス活動を地域事業として行うものである。たとえば，ノルジュールス（東ユトランド）の民衆高校は歴史文化センターとして活動しており，地域の公文書館と観光サービス機能ももっている。

一部の寄宿舎型高校もまた企業活動を実施してきた。1970年代の初め，教

員グループが西ユトランドのトビンドで民衆高校を設立した。これには多少，毛沢東主義的な傾向があり，所有者は「共同所有」（Fælleseje）と呼ばれる財団であった。全教員が国から支払われる賃金の大部分をこの財団につぎ込む約束をした。財団は数年間のうちに数多くの建物を購入し，グループ内の高校が国の補助金を得てこれらの建物を借りたりもした。したがって，かなり多額の国家補助金が「共同所有」財団の建物取得に流れるというのが実情であった。これによってつくられたいくつかの民衆高校が集まってトビンド学校（グループの最初の高校がつくられた地名をつけた）と呼ばれる大きなグループをつくった。これらの学校の多くは，社会的問題を抱える若者の面倒をみる能力の高さで知られている。しかしトビンド学校グループは民衆高校の法律の適用を選び，法律家が高校に対しては想定していなかった事業活動で組織として数億クローネを稼ぎだしたが，1997年に特別法によってそれは中止された。しかし，1999年に，最高裁はこの法律が違憲であると決定したため，多くの民衆高校が現在では各種の企業活動を手広く行うことには慎重になっている。

4 今日の社会的企業の貢献——長所と短所

　1960年代から70年にかけての多くの生産コミュニティと労働コレクティブは，いまや消滅してしまっている。しかし，コペンハーゲンのスバンホルムやフリータウン・クリスチャニアといった生産コミュニティのような一部の大きな組織はまだ存在している。デンマークでも大きな影響があった1968年の若者の反乱にルーツをもつその他の社会的企業や，オルフスなどの学生戦線に由来する多くの活動は，子供や若者向けの特別の住宅施設を提供している。しかし社会的企業とその他の社会的プロジェクトを区分する線は明確ではなく，その数字を推定するのは難しい。

　これら社会的企業の源泉の1つは1968年の文化であり，1980年代から90年代にかけて，社会的企業はこの文化を利用して，概して大人に不信感を抱いている若者のために有効な手を打つことができた。これは，1968年文化の積極的な展開である。とくにテロリズムのサブカルチャーや無気力で無規範な世

代の登場に比べるとそうである。その他の源泉は緑［環境派］の原則であり，高度技術以外の解決策の追求を主張しており，労働に対する熱意と取り組みをつくりだすことのできる連帯のイデオロギーを重視するものである。これを背景に，社会的企業は社会的解決をつくりだすばかりではなくて，同時に，片隅に排除されたグループにとっての意味と社会的な場をつくりだす。この意味で，社会的企業は「社会的資本」を動員でき，容易に破壊的なものに転化しうる諸力を経済と社会における建設的な要素に転換することができるといえる。

デンマークには，すでにみたように，いくつかの社会的企業の成功例があるものの，共通の呼び名もなく，その存在は世間一般には認知されていない。社会的分野での企業については，多くのデンマーク人はまず営利企業を思い浮かべる。社会的介護の話になると警戒ランプが点灯する。先に述べた社会的企業に加えて，こうした分野においては，営利企業が一部存在するが，それらはたいてい小規模で，利潤を得ているかどうかをごまかそうとする。というのも，資金を提供する行政が利益の獲得を歓迎しないからである。公的な支援を受けている社会サービス分野で事業をしている企業が実施する経済活動は，こうした活動が不公平な競争になると心配する労働組合によって妨害されてきた。しかし近年，労働組合はこうした活動に対してより寛容になってきているようである。

保育や高齢者向けサービスといった社会的支援の分野の場合，状況はすこし違う。この分野では，公的サービスと民間の営利的サービス事業者との長短についての議論が何年も公然と行われてきた。これまでこの議論は公的サービス供給という全体的な枠組みを大きく変えるものにはなっていない。しかし，営利企業を地方自治体の社会サービスの唯一可能な代替であるという構図をつくりだしており，社会的企業のような非営利起業組織の可能性を覆い隠すものになっている。公的ソーシャルワーカーの労働組合は公的セクターの社会サービスの強力な擁護者であり続けた。したがってすべての左翼勢力，すなわち労働組合，社民党はこの線を支持したので，協同組合的な解決の支持基盤はほとんどなかった。

社会的企業の弱点は，見た目が分かりづらいことと，その実体を明確にする概念がないことである。すでに強調したように，「社会的企業」の概念は，デ

ンマークでは使われていない。したがって，ホームレス，麻薬・アルコール中毒者といった分野では，いわゆる「ボランティア」ソーシャルワークがもっとも分かりやすく政治的関心を集めるのであり，営利セクターは高齢者介護や保育の分野に集中している。社会的企業の見た目の分かりづらさは，社会的企業の活用と存在が公務員の恣意に依存することが多いことにつながる。政治家は社会的企業の存在と可能性についてほとんど関心がなく，社会的企業の利用者もまた，一般の地方自治体サービスと違うことを知らない。社会的企業は行政の組織文化に依存している。オルフスの地方自治体における行政文化は，1968年の精神から多くの影響を受けており，他の諸都市に比べると社会的企業にとってより開かれたものである。とりわけ，コペンハーゲンの地方自治体はより「官僚的」であり，何でも知っているという態度が強い。

5　将来展望と結論

　前述のデンマークにおける社会的企業の事例は，社会的経済に特別な可能性があることの証明である。しかし，主要な問題は，社会的企業という概念が社会で認知されていないことである。その結果，社会的企業は重視されず，社会的企業の長所は理解されず，現在のところ発展の機会がほとんどない。しかし，社会サービスの分野では，新たに発展しつつあり，その新しい可能性が探求されつつある。ボランタリーソーシャルワーク，慈善，営利的解決に対する関心にとどまっているのも確かである。しかし，依然として社会的企業が将来の社会保障活動の重要なモデルになる可能性がある。

　社会的企業の可能性はこれから先の数十年における社会的発展の方向しだいである。「ヨーロッパシナリオ2000」（1998）では，2010年までのヨーロッパにおける経済的・社会的統合の可能性を予測して，以下のものがより重要であると述べている。すなわち，

- すべての人が自己自身のために，すなわち改革のニューライトのスタイル。

- 創造的社会すなわち，有用であるための普遍主義的権利。
- パートナーとしての国家。

「ニューライト」という考えは，1980年代のイギリス以降，よく知られるようになったものだが，デンマークの社会的思考にも影響を及ぼしている。

「創造的社会」は緑の価値や社会的価値を表現するものであり，このシナリオは，一般労働市場に就労困難な労働力の10〜15%を雇用しようという社会的非営利企業に可能性を与えている。緑の価値と社会的価値は影響力を持ち始め，社会的経済にとっての隙間がこの分野で開花する可能性を示すものである。

最後に述べたシナリオは，公的／私的の二分法が，根本的な分権化と問題解決のための公と私によるパートナーシップの普及によって緩和されることを想定している。これはより組織的であり，創造的社会に比べれば下から積み上げるオルタナティブとは言い難い。しかし，問題解決に社会的企業が参加する場を提供することは間違いない。このシナリオは，スカンジナビア諸国のように公的リーダーシップの強い国ではありうるシナリオである。なぜなら，国家と地方自治体に対してパートナーシップにおける役割を与えるからである。同時に，ヨーロッパ大陸の諸国にとっても可能性のあるシナリオである。

したがって，社会的企業の展望にとって決定的な要素は，この新しい自由主義的スタイルが社会開発の考えにとって有力になるかどうかであり，また緑の価値や社会的価値とパートナーシップがより影響力のあるテーマになるかどうかにかかっている。

しかし，この価値志向型の考えは，現実の政治状況と擦り合わせなければならない。地方自治体ソーシャルワーカーの労働組合が公的社会サービスに対するいかなる代替案にも反対しており，右翼政治勢力は公的社会サービスへの営利的代替案の導入を図っているからであり，そしてこれらに対する唯一のわかりやすい代替案は，いわゆる「ボランタリー」セクターあるいは慈善セクターだからである。

参考文献

ALS, J., CLAUSEN, J. and OKSEN, A. (1979) *Arbejderkooperationen*, Soc., København.
BAGER, T. (1992) *Andelsorganisering*, Sydjysk Universitetsforlag.
BJØRN, C. (1986) *Andelsbevægelsen i Danmark*, Andelsudvalget, København.
Det Kooperative Fællesforbund (1975) *Kooperationen – i dag og i fremtiden*, Fremad, København.
'Europe Scenarios 2010. Partial Scenarios: Economic and Social Cohesion in Europe' (1998) (Working group no. 2), Discussion paper, Forward Studies Unit, European Commission, Brussels.
HEGLAND, T.J. (1997) 'From a Thousand Flowers to Targeted Development', Papers in Organisation, no. 24, Copenhagen Business School, Institute of Organization and Industrial Sociology, Copenhagen.
—— (1990) *SUM-programmet – en historisk sociologisk baggrundsanalyse*, SUMma Summarum, vol. 1, 1, December, København.
—— (1985) *Arbejds- og levemiljøer med socialpædagogisk sigte – en systematisk oversigt*, Aalborg Universitetscenter, ALFUFF, Aalborg.
HULGÅRD, L. (1997) *Værdiforandring i velfærdsstaten*, Forlaget Sociologi, København.
JENSEN, M.K. (1992) *Slut_sum*, Socialforskningsinstituttetrapport 92:18, København.
JØRGENSEN, G. (1997a) *Børn, unge og voksne på opholdsstederne*, Forlaget Nordkysten, Silkeborg.
—— (1997b) *Opholdsstedsbogen 1997*, Ictus, Gilleleje.
KNUDSEN, T. (1995) *Dansk statsbygning*, Jurist- og Økonomforbundet Forlag, Gentofte.
KOLSTRUP, S. (1996) *Velfærdsstatens rødder*, SFAH, København.
Kooperativ udvikling indenfor social – og sundhedsområdet, ældreområdet, det boligsociale område (1996), Dialogpapir, Det Kooperative Fællesforbund, København.
KRAG, J.O. (1945) *Kooperationen, fremtiden og planøkonomien*, Det Kooperative Fællesforbund, København.
NØRRUNG, P. and KJELDSEN, J. (1984) *Produktionskollektiver og arbejdsfællesskaber*, Aalborg Universitetscenter, ALFUFF, Aalborg.
Rapport om udlicitering og kooperationen (1997) Det Kooperative Fællesforbund, 24 November, København.
SUMma Summarum 1. årgang no. 1, December 1990, Socialstyrelsen, København.
VERNERLUND, O. (ed.) (1972) *Kooperation – en idé!*, Aof / Fremad, København.
VILLADSEN, S. (1996) 'Local Welfare Systems in Denmark in a Period of Political Reconstruction: A Scandinavian Perspective', in Bent Greve (ed.) *Comparative Welfare Systems. The Scandinavian Model in a Period of Change*, Macmillan Press, London, 133–64.

4 フィンランド：失業への革新的回答と労働参入協同組合

ペッカ・ペッティニエミ

はじめに

　本章では，主として，失業者の労働市場への統合分野における新しい協同組合としての社会的企業に焦点を当てる。したがって，戦争から戻った人々を労働市場や普通の生活に戻すために，第2次世界大戦後に国内に登場した作業所や緊急避難型作業所といった（フィンランド的文脈では）比較的伝統的な社会的企業については簡単に触れるにとどめる。

　フィンランド社会は，とりわけ第2次世界大戦以後は，木材産業や金属産業などといった産業を構築する努力が集中的になされた。同時に，フィンランドは福祉国家を発展させて，公的機関がその中心的で主要な役割を果たした。とりわけ地方自治体は，依然としてそうだが，社会サービスと福祉サービスについて重要な役割を果たしている。この政策は，どの社会団体や政党からも一致して支持されている。その結果，一般的にはサードセクター，特殊的には社会的企業はフィンランドでは雇用者としては小さな役割を果たしているに過ぎない。地域の起業組織，ボランタリー組織あるいは社会的経済による解決策は，実践的には福祉サービスを組織するまでには至っていない。ただし，退役軍人向けや障害者向けサービスなどのいくつかの分野については別である。今日，全雇用の約3～4％がアソシエーションによりつくりだされたものであるが，協同組合，共済組合を入れるならば，6～8％となる。

　完全雇用は，1950年代からの労働市場の一般的なあり方であった。これは，1950年代から70年代はじめにかけて，スウェーデンや先進諸国への移住

によって補完されたものであった。フィンランド国家は伝統的に雇用政策に責任をもち，労働省はほとんどすべての地方自治体に労働局を設置している。

労働市場に対する国の規則と総合的な社会政策がフィンランドの国民経済の安定的成長を促進した。これらの施策はまた，国民の福祉レベルの急成長の道具となった。労働市場政策は経済政策全体の一部とみなされていた。

福祉国家は，家計水準に関係なくよい教育機会を提供し続け，ほぼ無料の医療と良好な社会保障がすべての国民に提供された。福祉国家は，労働力の質の向上を可能にして，生活水準と一般教育の向上を達成した。

しかしながら，経済政策における規制緩和が状況の変化をもたらした。この10年の間にますますグローバル市場化と規制緩和が進み，1990年代初めには大量失業も発生して，労働市場政策の再編が起きた。それまでの労働市場政策の有効性がなくなった。すなわち，ときには経済成長の推進と社会福祉の増進という目的に対立する結果をもたらした（Koistinen 1996：17-20）。

1990年代初期に，失業率は頂点に達して約20％となった。これによって，1990年代後半には10〜20万人の失業者が長期失業者となり，フィンランドはもはや，かなり高額の失業給付が支給される国ではなくなっている。

1987年から93年にかけて，非正規雇用形態，たとえば臨時雇用，パートタイム労働などが急激に増加した。1993年に，新規の仕事のうち3つに1つがパートタイム雇用であった。また，新規仕事の3/4は臨時であり，新規雇用のわずか20％が伝統的な常雇いのフルタイマーであった（Parjanne 1997）。1990年代前半の大量失業問題は民間の起業組織による雇用創出を急速に発展させた。

一般の議論では，協同組合と民主的で平等的な共同所有企業は，サードセクターや社会的経済セクターの仲間だとはみなされないことが多い。この見解はフィンランドの歴史に根拠がある。フィンランドでは，巨大農協や生協，共済保険会社は社会的経済に属するというより，常に民間会社とみなされてきた。アソシエーションは伝統的に市民グループを代表するものであり，経済セクターや社会セクターの事業体とはみなされていない。

1　労働市場への統合における協同組合的な社会的企業

　本章では，労働市場への統合分野で活動する協同組合的な社会的企業のさまざまなタイプについて簡単に触れ，ついで，労働参入協同組合（labour cooperatives）という特殊なタイプに焦点をあてて詳細に論ずる。

障害者のための協同組合と社会的企業

　障害者向けの緊急避難型作業所は数百あり，アソシエーションによって組織されているが，これらは伝統的な方法で，精神障害者と身体障害者を労働の場に統合したり，リハビリテーションとして労働を行っているものとみなされている。緊急避難型労働作業所運動は数十年の歴史がある。また4つのファンテン・ハウスというクラブハウスが精神障害者向けに労働的な活動もしくは過渡的な仕事を提供している。

　今日，心身障害者向けのさまざまなアソシエーションが労働市場への統合活動をする協同組合や社会的企業を設立している。新しい社会的協同組合がいくつも設立され，また一部の伝統的な作業所や緊急避難型作業所が実際的な営利事業の方向に転換しつつあり，活動に必要な資金のかなりをみずから調達しようとしている。多くの場合，リハビリテーションのための国家補助の規則が変わって，いまや国家扶助は限定的な期間しか受けることができなくなったためである。多くの地方自治体においては，このことは，心身障害者である自分たちの通常の労働者に対する国家扶助を作業所がもはや受け取れないことを意味する。

　1997年に，こうした社会的企業は，通常の労働契約から排除される危険のあった153人の人々と作業所にいる946人を雇用していた。これらのアソシエーションと財団によるプロジェクトではさらに343人が雇用された。彼らは労働市場から排除される危険のあった人々である。

　これらの協同組合の1例は，ヘルシンキから30km北部にあるヤルベンパ自

治体にある「オスウクンタ・ヤルベンパン・オマ・オクサ（協同組合所有支部）」である。ここではプラスチック・化学会社の下請けとして組み立てと包装を行い，また洗濯屋も経営している。この協同組合はもともと潰れかかった緊急避難型作業所であった。現在は，8人の労働者，そのうち5人は精神障害者であり，他の3人は地方自治体，精神障害者向けアソシエーションと地域の労働者協同組合からである。ここのマネージャーによれば，5人の精神障害者の組合員の労働能力は，作業所から，労働者やその他の利害関係者が所有する協同組合へと転換してから著しく向上した。財務状況もまた改善しているし，協同組合は近い将来，財政的にも自立できるだろう。さらにこの活動の拡大のために，建物を新しく大きくせよとの圧力さえある。

失業者のための社会的作業所と地域アソシエーション

　失業した若者向けの社会的作業所の数は過去4年間で60から350へと増加している（Andersson 1997）。これらの一部はアソシエーションがつくったものである。約300の作業所がフィンランド作業所協会の会員である。これらの作業所は半年の労働体験を工芸，車・オートバイの修理，木工について提供する。

　フィンランドには約350（そのうち250が登録されているが）の失業対策向けの地域アソシエーションがある。これらは，情報や社会的つながりやいっそうの教育などを必要とする失業者のニーズからつくられた地域の起業組織である。アソシエーションは全国連合組織すなわちVTYを設立した。失業者向けアソシエーションはフィンランドにおける市民活動と自助型再統合の新しい型をつくりだした。非常に重要なことは，これらのアソシエーションが自分たちのメンバーの技能を実際の労働市場に合致するよう訓練によって向上させようとしていることである。ほとんどのインストラクターはボランティアであるが，教師と報酬をもらう者（しばしば彼らはマネージャーであり事務局である）は国の補助金で雇われている。1年以上失業している者には地域雇用事務所から補助金が支払われる。そこでは通常，最低6ヵ月の契約が結ばれる。

　失業者の社会的，身体的，精神的な条件の前進と維持のために，一部のアソシエーションは自助と相互扶助の活動を行っている。失業者にとって，同じよ

うな生活状況にある他の人々と会って交流することにより，考えや経験や情報を共有できるので実際的にも有意義である。支援を与えたり受けたりすることはまた，メンバーたちの自信とアイデンティティを強める。これらの新しい社会的な接触によって新しい友人ができるし，仕事の機会にもつながる。さらに多くのアソシエーションが彼らのスポーツや手軽な仕事への参加の道も開いている。施設は，地域の教区や地方自治体が無料でしばしば提供される。低価格の食事も失業者自身の手で提供されている。

　失業者向けのアソシエーションの一部は，「仕事への応募をどのようにしたらよいか」とか「どのように協同組合や民間会社をつくるか」などの講習を用意している。これらの講習やセミナーはたいていは無料か，最小限の料金でメンバーに提供されている。これらのアソシエーションにおける活動への最大の支援はボランティアたちが行っている。通常，1人から3人くらいの補助金で雇われた従業員がいるだけである。低料金給食事業は失業者たち自身が実施している。アソシエーションの多くは，補助金なしで職員を雇用できるほど自立できているわけではない（Pättiniemi and Nylund 1997）。

　アソシエーションがいろいろな労働市場への統合活動をどのようにしているかについてはHyvä Arki（ヒバ・アルキ；毎日いい日）グループがよい事例である。Hyvä Arkiグループは，3つの企業により構成されている。すなわち，Hyvä Arkiアソシエーション，Hyvä Arkiサービス協同組合，Hyvä Arki自然食品協同組合である。このアソシエーションは社会的目的をもったアソシエーションである。その活動は，長期失業者向けの議論グループ，訓練コース，作業所，低価格給食である。また短期雇用のための訓練コースもある。そのサービス協同組合は，近隣サービスの提供を行っている。たとえば，高齢者のための家の掃除，低価格の食事づくり，一般住宅の修繕などを，失業者を優先的に使いながら行っている。Hyvä Arkiアソシエーションと協同組合は，失業や社会的排除から労働生活への橋渡しをしている。社会的排除を受けた人々は，アソシエーションによって労働生活を続けるための基本的技術についてそれなりの訓練を受けて，協同組合の現実の仕事で長期間雇用される可能性を手に入れることができる。

　約3,500人が毎年このアソシエーションの活動にかかわっている。アソシ

エーションには20人の常勤職員がいる。この協同組合では約40人が常勤で，さらに毎年110人に対して長期・短期の雇用機会を提供している。Hyvä Arki サービス協同組合の歴史は浅いが（1997年春に設立），みずからを労働市場へ統合することが難しい人々でも，仕事をみつけることができるということを示している。この協同組合は専門的に経営されている。すなわち，主要なクライアントにサービスを提供して，積極的に職業訓練を行うだけでなく，社会的に排除された人々に雇用のための訓練をしたりしている。この協同組合はエスポー市やこのサービスを利用する他の自治体でも広く認知されている。

住宅アソシエーションと不動産協同組合

失業者向けの一部の組織はまた，住宅問題にも取り組んでいる。「シルクラン・パーク・コミュニティアソシエーション（Sirkkulan puisto yhteisö）」は，社会的排除グループに対する共同住宅の提供と労働市場への統合のための1つの実験である。このコミュニティは，アルコール中毒の人たちを仕事と社会へ復帰させようと取り組んでいる。このコミュニティの人々は自分たちで住宅を建設して，また市場で販売できるような製品（主として手づくり品）をみずからいくつかの作業所でつくっている。

周辺のいくつかの町でも不動産協同組合をつくる動きがある。この種の3つの協同組合がすでに設立されて，新しいプロジェクトを推進中である。これらの協同組合は，失業している住民，地主，ボランティア，ボランタリーアソシエーションなどによって構成されている。地方自治体やルーテル派の教区もまた組合員として参加している場合がある。通常は，不動産協同組合は，住宅整備，公共空間の開発，近隣サービス（主として保育）などの分野で活動している。クライアントは主として地主および地方自治体である。

ビレッジ協同組合

地方では，村社会や自発的な委員会（約3,300人がメンバー）がビレッジ協同組合づくりを指導している。しばしばビレッジ協同組合は，村人の過半数に

よってつくられるが,村に存在するアソシエーションも加わることがあり,村全体の改善発展に貢献している。その主要目的は,地域店舗,郵便局,銀行サービス,小学校,社会サービスの確保である (Hyyryläinen 1994)。村社会はしだいに社会福祉と医療サービスを提供しつつあり,また失業した村人の雇用を促進している。ただし,これらの起業組織の雇用効果についてはまだ明確な資料はない。

2 労働参入協同組合——失業に対する自助的解答

労働参入協同組合運動の登場と労働者協同組合との関係

フィンランドで労働者協同組合運動の波が最初に登場したのは20世紀の初めで,とりわけ運輸や建設部門で起きた。第2の波は,同じ分野において第2次世界大戦後に起きた。労働者協同組合の第3の波は1990年代初めに大量失業に直面して自助的解決策として登場した。90年代のこの展開の新しい特徴は,労働者協同組合が新しい分野とりわけ,訓練,相談,計画という知識集約的な分野で登場したことである。

350ある労働者協同組合の約半分は,1987年以後に設立されたものであり,従来型の協同組合だとみなされている。これらは1～2の産業分野で活動しており,その理念は主として営利事業や個別家庭向けのサービスをつくりだすことに関わるものである (Pättiniemi 1998)。労働者協同組合の残りの半分は,多部門にまたがって活動する労働者協同組合と労働(または仕事)参入協同組合である。これらの協同組合は主として,失業の後に労働市場に再参入したい失業者たちによってつくられている。労働参入協同組合という考えは,組合員の労働を会社や家庭向けに貸し出しすることにある。労働参入協同組合は,組合員が協同組合によって永続的に雇用されるわけではないという点で他の労働者協同組合とは異なっている。組合員が協同組合に雇用されることもあれば,雇用されずに国家から失業手当を受け取ることもある。フィンランドの多くの分野で活動する労働者協同組合と労働参入協同組合は,「純粋な」労働者協同組

合よりもむしろ労働市場への統合に取り組む社会的協同組合によく似ているかもしれない。

最初の労働参入協同組合は1993年秋に, ヘルシンキから35km西側にあるキルコヌンミという自治体で設立された。「ウシマ郡にある労働参入協同組合 (Työsosuuskunta Uudenmaan Aktio)」は, 失業者対策の地域アソシエーションによって同年はじめに設立された。

失業者対策の地域アソシエーション (上述した「失業者のための社会的作業所と地域アソシエーション」の項を参照) は, そのメンバーに臨時的仕事や安定的仕事をみつける努力をそれまで続けてきた。アソシエーションは, その構成メンバーが臨時の仕事でもする意志をもっていることを広く宣伝した。また, 事務所に掲示板をつくり, 会社や一般家庭からの労働の募集を掲示した。この試みは成功した。しかしながら, 個人や会社からの仕事の注文がしばしば掲示板から消えてしまったり, 闇経済からの仕事の注文があったりしていくぶん問題があった。そこでアソシエーションは, メンバー会議を開いて, そうした問題が起きないようにするための対策について議論した。計画では, さらにメンバーに臨時の仕事機会をみつけるために協同組合化する提案があった。協同組合となれば, メンバーの労働時間を賃貸しして, 臨時的にあるいは恒常的に人手を必要としている家庭や会社にそれを提供できるだろう。そして, 労働者の税金や付加価値税, 社会保障給付金などの支払いといった使用者本来の義務をこの協同組合が果たすことになるだろう。アソシエーションのメンバーは, この考えを支持した。協同組合は1993年11月に設立総会を開き, 年内に登録をして活動を開始した (Suominen 1995)。

Aktio の設立は評判になり, メディアからの取材もあった。まもなく, いくつかの失業者対策の地域アソシエーションも同じような集会を開いたり, 労働参入協同組合の設立を支援したりした。

1994年から96年にかけて, 多く

表4-1 フィンランドの労働者協同組合と労働参入協同組合(1993～98年)

年度	労働者協同組合	労働参入協同組合
1993	23	(内数) 1
94	50	17
95	80	40
96	163	65
97	257	130
98	350	190

出所: *Uusosuustoimintaprojekti* (1998).

の労働参入協同組合がそうしたアソシエーションの主導や支援によって設立された。当初,労働参入協同組合は都市部に集中したが,今日ではしだいに,地方の小都市や村などでも設立されている(Pättiniemi 1997)。労働参入協同組合の組合員は1993年には1つであったが,1998年には190になっている(表4-1参照)。

労働参入協同組合の社会的・経済的目的

労働参入協同組合の明確な目的は定款で述べられているとおり,その組合員に労働機会を提供することによって彼らの経済的・社会的な福祉を向上させることにある。協同組合は組合員を常勤で雇用して,その労働力を別の雇用主に貸し付けることを目的としている。しかしながら,パートタイムや臨時労働でもかまわない。実際には,パートタイム労働と臨時労働は継続的フルタイム労働の可能性につながっている。また,組合員が労働市場と接点をもち続け,彼らの労働能力が継続できるのである。

一部の労働参入協同組合にはさらに社会的な目的がある。たとえば,特定の仕事能力をもった2人のうちから,より大きな社会的ニーズをもつ1人を選ぶことがある(Pättiniemi 1995)。カルハライネンの研究では,フィンランドの労働者協同組合の約10%が,それらは小規模ではあるが,その種の目標をもっている(Karjalainen 1996)。労働参入協同組合の多くもまた組合員向けの訓練を提供している。ときには,定款で,剰余金を組合員の訓練教育に使うことを定めている。一部の労働参入協同組合は,目標として,地域のコミュニティに奉仕することを定めている。

すべての労働参入協同組合は,組合員自身を雇用することが最重要なのではなくて,彼らに雇用機会を提供すること,そして,労働市場への参入を支援することが重要であるとしている。この目標は,一般の会社によって直接雇用されることを支援することにつながる。組合員が協同組合の外でフルタイム雇用され組合員でなくなることがよい結果なのである。事実,いくつかの労働参入協同組合はすでにこうした活動をやめている。というのも,組合員全員が他の会社に雇用されてしまったからである。

一部の労働参入協同組合はみずからを訓練提供者とみなしている。そこでは，組合員はみずからの事業計画を策定し，その実施を試して，計画がうまくいきそうであれば独立企業家として事業を始める（Karjalainen 1996）。フィンランドの行政と経営者団体は労働参入協同組合を一般民間起業家となるためのよいチャンネルだとみなしている（Karjalainen et al. 1998）。

　労働参入協同組合は，組合員間の新しい関係および組合員同士がそれぞれ抱える問題について議論できるような機能的な場を提供し，相互的な自助を通じて問題を解決しようと図っている。このようにして，労働参入協同組合は，失業に起因する組合員の精神的・社会的問題を彼らがみずから克服するよう支援している。ヘルシンキにある労働参入協同組合に関する最近の調査によれば，組合員の大多数は，協同組合の会議に出席したり無報酬でも労働したりすることが失業期間中の精神的・社会的な不安を解消するのに役立つと考えている（Eloaho and Koivuniemi 1997）。

　労働参入協同組合は新しいタイプの経済的自助組織であり，そこでは経済的な目的ばかりでなくて社会的な目的も重視されている。したがって，社会的連帯の新しい形が形成されているといえよう。

労働参入協同組合はどのような分野で活動するか

　ほとんどの労働参入協同組合は多様な分野にかかわっている。その60％で建設作業と事務作業に人材を提供している。この2分野は景気後退の影響をもっとも受けている分野である。40％の労働参入協同組合がコンピュータやデータサービス分野に人材提供している。また30％の労働参入協同組合が経理，清掃，社会サービス，訓練，金属業界，繊維業界，営繕などの分野に人材提供している（Karjalainen 1996）。

　フィンランド南部の経営団体は，協同組合方式が社会サービス，労働市場への統合，他の企業へのサービス提供，訓練・相談サービス，公共施設の改善，建設業などにおいてもっともよく機能するとみている（Karjalainen et al. 1998）。

労働参入協同組合の創設者とは

労働参入協同組合はたいていは1年か2年くらいの失業者たちによって設立される。組合員の2/3は，36〜45歳の人々である。一般的に，この年齢層は労働生活の経験が豊富であり，勤めていた会社と親しい関係にある。これらの関係は協同組合が事業を進めるうえで好都合である。フィンランドでは，40歳以上は新しく雇用されるには「歳をとりすぎている」とみなされ，しばしば労働市場から排除されてしまう。協同組合の運営構造では，男女平等である。1995年には一般組合員の約43％が女性であった。

移民たちによって10の協同組合が設立され，300人の組合員がいる。設立に際しては移民の文化団体の支援がある場合が多い。とりわけ積極的なのは旧ソ連邦からの移民たちであり，またソマリアからの移民たちも協同組合をいくつかつくっている。しかし，また複数の民族にまたがった多文化協同組合もある。これらの協同組合の目的は，組合員たちをフィンランドのビジネスの世界や労働生活に統合することである。これらの協同組合は，輸出入，給食，レストラン，エスニックフーズの販売，エスニックグループに対する保育などを行っている。

労働参入協同組合を設立する理由

労働参入協同組合を設立する主な理由は，組合員の失業のためである。カルハライネンによれば，労働参入協同組合には次のような利点がある (Karjalainen 1996)。

- 臨時雇用の機会の増大
- 労働契約の機会が増える
- 自分の仕事に積極的に対応できる
- 専門技術が確保できる

協同組合の民主的,参加的性格も組合員にとって重要である。このことの1例が,協同組合をつくった女性たちへの新聞インタビューのなかで示されている (Hovi 1998)。

労働参入協同組合設立の理由の1つは,とりわけ深刻な景気後退のなかで,行政の労働当局が急速に増大する失業者に雇用をつくりだしたり紹介したりすることができなくなっていたことである。多くの自治体では,労働当局は4％の失業率には慣れっこになっていたが,わずか数年のうちに20％にまで増大した。新しい仕事は少なく,高い労働の質を要求される仕事か臨時的な仕事であった。一方,景気後退によって,民間企業も臨時雇用の契約さえ嫌がるようになってきた。というのも,先々の継続雇用につながることを恐れるからである。したがって,労働参入協同組合の設立は,雇用獲得のための新しいより効果的な道具として現れた。協同組合は他の会社や個人や公的セクターと契約ができる法人であり,事業主としての遂行義務をもっているので,臨時雇用や短期雇用の創出を促進できる。協同組合が他の会社と事業契約をして,組合員が自分の協同組合と労働契約を結び,普通の従業員と同じになる。その結果,彼らはフィンランドの労働市場が被雇用者に与えている利益すべてを享受できる。協同組合は労働契約に伴う賃金,事業主費用,税金,その他法定費用を支払う。

事実,フィンランドの法律(自営業に関する失業給付法)によれば,企業の意思決定権の15％以下しかもたずにその企業で働いているとすれば,その者は企業家ではなくて従業員とみなされる。企業家という地位をもつ場合には,失業中の労働者が受け取るかなりの額の失業給付が受けられないという危険が伴う。

一部の事例では,労働参入協同組合はマルチステークホルダー企業 (Borzaga and Mittone 1996),コミュニティ企業や地域パートナーシップと似ており,そこでは,地域のさまざまな利害がコミュニティのために失業と闘うことと結びついている。労働参入協同組合の組合員メンバーとなっているのは,労働組合,地方自治体,教区,他のアソシエーション,地元銀行さらには企業などである。とくに農村部においては,労働参入協同組合は地域パートナーシップやコミュニティ企業とよく似ている。

中部フィンランドにあるエテリでは，地域パートナーシップが協同組合の形をとって進められている。さらには東部フィンランドのサンミケルでは，地域パートナーシップは労働参入協同組合を設立している。

労働参入協同組合の組合員は，協同組合内部における労働契約では全国的な団体交渉で決まったレベルの賃金を順守することを重視している。労働参入協同組合は建設業界で活発であり，フィンランドのこの業界には労働の闇市場があるので，団体交渉で決定される賃金水準を協同組合が維持し，また，従業員の税・保険料も支払っている。その結果，労働参入協同組合は闇労働市場の発生を防ぎ，国も地方自治体もそれを評価している。

こうした協同組合が次々と設立されたもう1つの理由は，1996年9月から持株会社設立の最低自己資本が5万フィンランドマルカ（FIM〔8,400ユーロ〕）と増加したことである。これは，長期失業にある人々の財源能力を超えるものである。

労働参入協同組合の雇用と経済効果

1995年に労働者協同組合（労働参入協同組合も含む）は，約1,500人に雇用機会を提供した。1996年には4,500人を超えた。最近，労働省は，新しい協同組合が少なくとも毎年19,000人の雇用をつくりだしていると推定している（Paasivirta 1998）。

表4-2 カイニウ地方の労働参入協同組合
からの公的収入（1997年度）

（単位：FIM，括弧内ユーロ）

付加価値税収入	995,000（167,347）
（事業高）452万（760,200）	
所得税収入	645,000（108,481）
（賃金）215万（361,600）	
社会保障費，その他労働賃金関連保険	
および費用収入	645,000（108,481）
公的収入総計	2,285,000（384,309）

出所：Kotisalo（1998：117）.

表4-3 カイニウ地方における公的予算への労働参入協同組合の貢献 (1997年度)

(単位：FIM, 括弧内ユーロ)

公的セクターの収入	2,285,000 (384,309)
－労働参入協同組合に対する補助金	185,000 (31,115)
＋公的支出の節約分	2,160,000 (363,286)
(失業手当とその他社会給付)	
純公的収入	4,260,000 (716,480)

出所：Kotisalo (1998：117).

フィンランド北東部のカイニウ地方では，10の新しい協同組合に180人の組合員がいる。1997年の1月から8月にかけて，これらの協同組合は短期雇用として125名を雇用した。別の調査によれば，労働参入協同組合は30人のフルタイム換算雇用をつくりだした（Kotisalo 1998）。さらに50人の組合員が協同組合以外での雇用についた（Nivala 1997）。1997年にカイニウ地方での新しい協同組合全体での賃金総額は215万FIM（361,600ユーロ）であった。その社会保障と賃金対応経費と付加価値税に伴う公的費用や所得税は総額で，230万FIM（385,000ユーロ）であった（表4-2）。公的支出の節約とともに，約430万FIM（716,000ユーロ）の公的支出に対する影響を与えた（表4-3）。

カイニウ地方の労働参入協同組合の成果は次のようなものである。すなわち，

- 協同組合は地方の失業者の大部分を一時雇用した（約200人）。これらの人々はその職業技術を継続または発展させることができた。
- これらの新しい企業は主として労働参入協同組合であるが，さまざまな技術を連結したりネットワーク化することによって，多くの資本投資を必要とせずにすんだ。
- 地域経済や地域社会において，これらの新しい企業は経済的・社会的，心理的に利益を生み出している。
- 地方から製品やサービスを輸出する機会をつくりだし，地域の富を豊かにしている。

(Kotisalo 1998)

1996年秋以来，フィンランドの南部の4つの労働参入協同組合が「ハビバ ADAPT」プロジェクトに参加して，新しい協同組合の事業能力の開発に取り組んでいる。1997年10月末までに，18人の安定的雇用がこれらの協同組合のなかでつくりだされ，52人の組合員が協同組合の外で安定的雇用に就いた。147人の組合員の約48%が1年以内に新しい安定的雇用に就いた（Kostilainen and Pättiniemi 1997）。

　労働参入協同組合の成功によって，いくつかの地方の労働局が同様の対応をとった。これらの労働局では，臨時労働者を公的セクターの労働者身分のまま民間企業に派遣してその賃金を集めた。一部の地方では，国の雇用局が労働参入協同組合をライバル視するようにさえなった。

　労働参入協同組合は主として組合員が余剰になるような分野で展開しているので，新しい仕事をみずからつくりだしているわけでは必ずしもない。むしろポスト産業主義的な一時雇用を組織する民間の道具になっている。労働参入協同組合は新しい協同組合事業による解決策の1つである。一般的に，この方式は，雇用全体にとっての比重は小さいが，地域における影響力は大きなものになりうるし，事実なっている。新しい協同組合における雇用問題の取り組みは，パイロットプロジェクトとみなされている。しかし，それが成功すれば，協同組合や人を中心に据えたその他の事業組織の評判も高くなるだろう（Karjalainen et al. 1998）。

　労働参入協同組合の組織

　新しい協同組合は概して小規模である。5～120人ほどの規模である。フィンランド協同組合法によれば，組織の最高意思決定権は，毎年または隔年ごとに開催される総会にある。総会では，組合員は「1人1票制」原則に基づいて決定に参加する。組合員は将来の労働戦略を決定し，収支を認否し，理事会（通常は組合員から構成される）と監査役を選出する[1]。

---

1)　協同組合法，第8章13～17，第9章17。

理事会は専務理事（もし必要ならば）を選出する[2]。専務理事は各部門のマネージャーとともに日常の事業を担当する。専務理事は，管理職務について半分の給与を受け取り，その他の日常業務で半分の給与を受け取る。協同組合では，ボランティアを使うことができるのは組織の管理と土地建物の保守管理だけである。理事は，理事会活動については通常報酬を受け取らない。

表4-4　新協同組合の訓練内容

（単位：％）

特種訓練内容	協同組合数
マーケティング	86
協同組合企業技術	
（マネジメント訓練）	85
経営学	85
経営規則	73
コンピュータ技術	59
製品開発	52

出所：*Uusosuuskuntien koulutustarpeet* (1997：5).

協同組合法に基づいて，労働参入協同組合は参加的な機能的組織をつくる。しかし，ほとんどの労働参入協同組合は多部門にかかわっているので，内部的に問題も発生することがある。労働参入協同組合はその活動をいろいろなセクターで成功させなければならないから，他のセクターで雇用がうまくいきそうな人を無視する場合がある。したがって，最も成功度の低い部門の組合員は組合を辞めるよう求められることもあり，協同組合活動には参加しない（雇用対策の対象にならずに支援活動だけをする）消極的な組合員になることもある。

　有能なマネージャーの不足も大きな問題である。一方，事業計画化やマーケティング技術の不足もまた労働参入協同組合の発展の妨げとなる要素である。ヘルシンキ大学の協同組合研究所の調査によれば，新しい協同組合はどのような訓練が必要かを明確にするよう求められ，190の協同組合が調査に回答した。訓練の必要項目は，表4-4に示されたとおりである。

　こうして回答は，労働参入協同組合で起きている問題は主として事業技術とマネジメント技術であることを示している。こうした企業を設立しようとしている人々には，経営の経験がない場合がほとんどである。

---

2)　協同組合法，第9章17～19。

財　政

　労働参入協同組合は一般の小規模企業と同じ財政問題を抱えている。そのなかでは，自己資本の欠如がもっとも重要である。貸し付けや金融を受けることが難しいのは，サービスセクターの小規模企業と同様である。一般に，新しい労働者協同組合や労働参入協同組合の自己資本は小さい。1995年においてはその平均は 12,363 FIM（2,080ユーロ）である。組合員出資金額は平均 622 FIM（105ユーロ）で，その幅は 100 FIM（17ユーロ）から 1,500 FIM（252ユーロ）である（Karjalainen 1996）。

　1996年初め以降，新しい協同組合が主に失業者によって設立される場合には，労働省からの自立起業支援金の適用を受けられるようになった。この補助は，設立時の費用の80％に相当する。理論的には，支援金に制限はないが，実際には6万FIM（10,090ユーロ）の制限がある。これらの協同組合では，設立費用を補塡するために使われる。すなわち，マネージャーと事務職員の雇用，コンピュータの購入，電話やファクスのレンタル，事業に直接関連しない費目に充当される。最近になって，補助金を受けるためには，協同組合は事業計画をきちんともっていなければならないという条件が導入された。この条件にいくぶん矛盾があるのは，その補助金は事業計画づくりのためのものであるからである。

　地方自治体，地域訓練機関，労働組合，教区，ライオンズクラブ，地域銀行が労働者協同組合や労働参入協同組合に対して市場価格を下回る値段か，もしくは無料で土地建物を貸している。新しい協同組合が受け取る他の金融支援としては，労働省による雇用訓練への補助金がある。協同組合をつくりたい失業者たちのグループは，協同組合の起業手法，経営学，協同組合マネジメント，協同組合法，マーケティング，サービスコンセプトおよび製品の開発，事業計画づくりといった訓練を無料で受けることができる。

　労働参入協同組合とその他の協同組合は，理論的には，会社が受ける国家支援や貸し付けを同様に受けることができる。唯一例外は，1名または2名の者が設立する株式会社に限定された「企業設立貸付金」である。労働参入協同組

合にとっての問題は，それが実際にサービスセクターや建設セクターに属する場合に，国の財政機関からの貸し付けや支援が受けられないことである。労働参入協同組合はごくわずかの自己資本と財源しかもっていない——それが，活動の発展にとっての主要な障害だとみなされる労働参入協同組合の特徴なのだが——にもかかわらず，長期失業者を雇用するための補助金や雇用のための国・自治体による支援をほとんど活用できなかったのである。

3 支援体制

　新しい協同組合やその他の社会的企業への支援体制づくりはつい最近に始まったばかりである。協同組合の設立と発展のための支援は，ヘルシンキ大学の協同組合研究所と地方協同組合開発局（CDA）が進めている。研究所は1980年代の末以降，都市部および農村部における問題解決のための新しい協同組合方式を推進している。同研究所は，労働参入協同組合と労働者協同組合の開発に大きな役割を果たしている。研究所は，労働省と国民教育協会（KSL）とフィンランド協同組合中央連合会（Finncoop Pellervo）［農協と協同組合銀行の連合体］と一緒になって，協同組合方式の自助的組織を200組織つくっている。

　協同組合は同研究所とCDAが組織したセミナー，会議，訓練コースに参加している。1997年から98年にかけて，Finncoop Pellervoは協同組合研究所や労働省と一緒に「新協同組合プロジェクト」を組織した。それは，新しい協同組合の設立のためのデータづくりや別の援助方式の提供をめざすものであった（Piippo 1997）。Finncoop Pellervoはまた，他の組織と協力するだけではなく，新しい協同組合の設立支援も独自に行っている。

　労働参入協同組合のグループは最近，政治的ロビー活動のための集団を形成した。ヘルシンキから100km北にあるハメーンリンナ地方では，労働参入協同組合とその他の新しい協同組合が第2次協同組合（連合会）を設立して，訓練，財政，ロビー活動の支援をしている。別の第2次協同組合も，北部フィンランドで1998年秋に設立された。社会サービスや医療分野の社会的協同組合もまた，全国的なあるいは地域的な団体からの専門的支援を受けている。

4　協同組合的な社会的企業と社会的資本

　フィンランドにおける新しい協同組合の活性化と普及は，社会的問題やコミュニティの問題が企業家的な方向と結びついている表れである。私的・利己的な経済の追求から協同や共通のニーズと目標の充足へと企業家活動の範囲を拡大する社会的なニーズが生まれている（Köppä 1998）。すでにみたように，新しい協同組合としての社会的企業は，とりわけ小さなコミュニティにおいてはマルチステークホルダー的性格をもつ。確かに，主として地域アソシエーション，ライオンズクラブ，その他団体，教区，地方自治体がそうした協同組合の組合員であり，財政的にまた道徳的に協同組合の活動を支援している。この支援がときには名目的に過ぎないにしても，これまでにはみられない新しい連帯を社会のなかにつくりだしている。コミュニティのニーズに取り組み，コミュニティの経済的・社会的な福祉を発展させるために，重要で対等な関係が形成されつつある。組合員間の水平的な連帯と新しい形態の経済的・社会的な自助組織が現代の資本主義社会における新しい連帯の形を示しているという点では，まさに新しい社会的資本が形成されているのである。

5　協同組合的な社会的企業の将来

　フィンランドにおいては，経済セクターと社会セクターにおけるアソシエーションは伝統的に市民グループの代理人としてみられており，自分たちの権利のためだけに活動する組織とはみられていない。したがって，アソシエーションが雇用主になるという考えは1990年代半ば以降の新規な考えである。人々を雇用するサードセクターという考えは1997年にはじめて提起されたが，いくつかの雇用のための積極的な手段も1990年代を通じて取り組まれてきた。
　社会的排除を受けている人々を再統合する手段として，高失業率の農村部や都市部で同時に社会的企業が登場してきた。最初の種類は失業対策地域アソシ

エーションで，1980年代末から取り組みが始まった。失業者に対する再統合サービス（労働能力の維持向上のための訓練，その他，労働能力の開発など）が労働市場への再参入のために実施された。これらのアソシエーションにおけるサービスと失業者が過ごすあり方が重要視されている。

労働参入協同組合とその他の新しい協同組合は，「訓練期間後」の自分たちの組合員のために組織の内外で雇用を提供している。労働参入協同組合とその他の新しい協同組合は，雇用政策と経済的生活のための新しい起業組織とみなされている。経済的生活という点でいえば，この新しい起業組織は，人々が公的セクターにも民間大企業にも依存することなくみずからの運命をみずからの手で握ることのできる新しい事業遂行の方法なのである。労働参入協同組合は2つの目的をもった過渡的な企業とみなすこともできる。第1に，従業員所有企業のための予備的段階といえる。第2に，組合員が失業者から賃金稼得者になるための転換の道具となることができる。

他方，フィンランドの福祉国家は依然として社会福祉と医療サービスの分野に主たる責任をもつとみなされている。公的セクターは，新しいサービスをアソシエーションから引き出すべきだという旧来の発想の習慣を依然として保持している。アソシエーションによる労働市場への再統合活動がしだいに重要性を増しており，今後数年間でその数も増大すると予想されている（Pättiniemi and Nylund 1997）。

労働市場への統合に携わる労働参入協同組合とその他の協同組合の数は過去4年間に急増したが，最悪の景気後退と失業危機が終わった現時点でも協同組合の数は増加している。もともと労働参入協同組合は失業者の自助的解決策であるが，しだいに，地方自治体や国やアソシエーションがこの組織に関心をもち始めたのである。

労働参入協同組合は，地域経済や地方経済の重要な開発勢力になりえる。労働参入協同組合の積極的効果は，高失業率にある農村や都市周辺部で高い。この協同組合は，組合員が自分の技術を磨き，社会の活動に積極的に参加するための有意義な環境をつくりだすことができる。同時に，労働参入協同組合は社会的コミュニティを形成することもできる。そのコミュニティでは，失業の影響による当該個々人の落胆が緩和され，新しい社会的資本が創出されうるので

ある。

　労働市場への統合を進める労働参入協同組合とその他協同組合は，公的セクターからの最小限の財源投入によって，数千の失業者に対して新しい雇用と職能の開発・向上をもたらす。公的セクターからもう少し支援があれば（財政的およびその他の支援），フィンランド社会は，労働市場への統合のための協同組合による仕事創出と財政効果からもっと大きな利益を得ることができるであろう。

　労働参入協同組合以外の協同組合的な社会的企業は依然として若い。しかし，アソシエーションやその他の協同組合がメンバーとして参加することによって協同組合的な社会的企業という実験が相対的に成功していることは，この種の起業組織がフィンランド社会に根づきつつあることを示している。これらの組織は地方自治体やアソシエーションによる従来の緊急避難型労働作業所や労働センターをより事業志向型の労働方式に転換させつつある。他方，重度の障害者の労働に取り組む場合には，これらの実験は社会的企業が完全な自己財源では運営できないことを示している。

　新しい協同組合による積極的な雇用効果に対して行政が関心をもったことが，協同組合設立のための新しい支援策（財政について述べた節を参照）と並んで，起業家とは誰か，また失業給付は誰が受けるのかに関連する諸規定の再解釈を導いた。

　労働参入協同組合は，3つの方向で発展可能なプロセスにおける過渡的な局面にあるものとみなすことができる。第1に，労働参入協同組合は普通の労働者協同組合や従業員所有企業へ転換可能である。労働参入協同組合は，徐々にみずからの製品とサービスをつくりだし，組合員を雇い，その一部をフルタイムで雇用する。第2の可能性は，活力ある組合員が他の会社に直接雇用され，組合員の再雇用という当初の目的が達成されるにつれて，労働参入協同組合の存在理由がしだいに消滅することである。第3に，労働参入協同組合が地方自治体，一般企業，アソシエーションとの地域的なつながりを発展させ，地域的パートナーシップ組織あるいはコミュニティビジネスへと徐々に発展することである。そこでは地域のステークホルダーたちもまた，地域の失業問題に責任をもつことになる。

参考文献

ANDERSSON, C. (1997) *Kolmannen sektorin työllistävää vaikutusta vahvistettava*, Press Release of Minister of Culture, Helsinki.
BORZAGA, C. (1997) 'The Emes Network – The Emergence of Social Enterprises in Europe', ISSAN, Trento.
BORZAGA, C. and MITTONE L. (1996) 'The Multi-Stakeholder Versus the Non-profit Organisation', Paper presented at the VIII Riunione Scientifica della SIEP, Pavia, 4–5 October.
ELOAHO, M. and KOIVUNIEMI, V. (1997) *Tutkimus Osuuskunta Itämeren Ansion jäsenten työllistymisestä osuuskuntansa kautta ja työsuhteiden pituudesta*, Osuuskunta Itämeren Ansio, Helsinki.
Finnish Co-operative Law (1994) Finn Coop Pellervo, Finnish Consumer Co-operative Association and Finnish Co-operative Development Centre, Helsinki.
HIETALA, K. (1997) *Kolmas sektori potentiaalisena työllistäjä*, Labour Policy Studies, no. 176, Ministry of Labour, Helsinki.
HOVI, T. (1998) 'Uusosuustoiminnan julkisuuskuva viidessä suomalaisessa sanomalehdessä – 1995–1997', manuscript for pro-graduate paper, Helsinki.
HYYRYLÄINEN, T. (1994) *Toiminnan aika*, Vammala.
KANANEN, P. (1998) 'Talous, demokratia ja kolmas sektori', in KINNUNEN, P. and LAITINEN, R. *Näkymätön kolmas sektori*, Sosiaali- ja terveysturvan Keskusliitto, Helsinki, 169–88.
KARJALAINEN, J. (1996) *Työsuustoiminta työllistämisen välineenä*, Labour Policy Studies no. 154, Ministry of Labour, Helsinki.
KARJALAINEN, J., PIIPPO, T. and PIRINEN, K. (1998) *Yhteisöyrittäjyys ja uudet kysyntäalueet Uudellamaalla*, Publications 18, Institute for Co-operative Studies, Helsinki.
KOISTINEN, Pertti (1996) 'The Lessons to Be Learned. The Labour Market Policies of Finland and Sweden in 1990–1996', Paper presented at the 18th Conference on European Employment Systems and the Welfare State, July 9–14, University of Tampere, Finland.
KÖPPÄ, T. (1998) 'Yhteisöllisyys, yrittäjyys ja arvot', in KOSKINIEMI, E. *Osuustoiminnallinen yhteisyrittäminen*, KSL julkaisut, Tampere, 11–28.
KOSKINIEMI, E. (ed.) (1998) *Osuustoiminnallinen yhteisyrittäminen*, KSL kirjat, Tampere.
KOSTILAINEN, H. and PÄTTINIEMI, P. (1997) *Haviva-ADAPT projektin väliraportti 1997*, Institute for Cooperative Studies, Helsinki.
KOTISALO, Y., (1998), 'Kainuun esiyrittäjyys kokeilun vaikutuksen arviointi', in PÄÄSKYLÄ *et al.*, *Lex Kainuu. Alueellinen työllisyyskokeilu 1999–2003*, Kainuun Liitto, Vihanti, 114–19.
MANNILA, S. (1996) *Social Firms in Europe. Some Practical Aspects*, Stakes, Saarijärvi.
NIVALA, T. (1997) *Raportti Kainuun uusosuustoiminnasta*, Kainuun Uusosuustoiminannan kehittämiskeskus, Kajaani.
PAASIVIRTA, A. (1998) 'Labour Co-operatives and Employment', Paper presented at the seminar on Development days for co-operative businesses, November, Helsinki.
PÄÄSKYLÄ, E., KARPPINEN, T., MIKKONEN, E., HEIKKINEN, K., KARJALAINEN,

S. and HÄRKÖNEN, A. (1998) *Lex Kainuu. Alueellinen työllisyyskokeilu 1999–2003*, Kainuun Liitto, Vihanti.

PARJANNE, M.-L. (1997) *Työmarkkinat murroksessa*, B 135 Series, ETLA, Helsinki.

PÄTTINIEMI, P. (1998) 'Worker Co-operatives and Self-managed Enterprises in Finland – Development Trends and Problems', Paper presented at the Swedish seminar of self-management, April 18, Marienhamn.

—— (1997) 'Suomalainen työosuustoiminta osana Eurooppalaista uusosuustoimintaa', in PUHAKKA, S. (ed.) *Sanastosta sanomaan – Osuustoiminnan ideologiasta ja arvoista*, Publications of the Institute for Co-operative Studies 16, Helsinki.

—— (ed.) (1995) *Sosiaalitalous ja paikallinen kehitys*, Publications of the Institute for Co-operative Studies 11, Helsinki.

PÄTTINIEMI, P. and NYLUND, M. (1997) 'Integrating Social Enterprises in the Finnish Society', Paper presented in the Nordic Seminar of Social Policy Researchers, November 13, Vaasa.

PFED-Foundation (1997) *Preliminary Study on Employment in the Sector of Mental Rehabilitation*, Helsinki.

PIIPPO, T. (1997) *Uusosuustoiminnan tukiorganisaatiot Isossa-Britanniassa, Ruotsissa ja Suomessa*, Publications of the Institute for Co-operative Studies 14, Helsinki.

SCHLUTER, R. (1996) 'Worker Co-operatives and Social Co-operatives in Europe', CECOP Seminar on Social Economy, March 3, Kokkola.

SUOMINEN, A. (1995) 'Uudenmaan työosuuskunta Aktio', in PÄTTINIEMI, P. *Sosiaalitalous ja paikallinen kehitys*, Osuustoimintainstituutti julkaisuja 11, Helsinki.

Uusosuustoimintaprojekti (1998), Institute for Co-operative Studies, Helsinki.

Uusosuuskuntien koulutustarpeet (1997), Institute for Co-operative Studies, Helsinki.

5　フランス：社会的企業による「近隣サービス」

ジャン-ルイ・ラビル

はじめに

　フランスでは，「社会的経済」という用語は，協同組合，共済組合，経済活動をするアソシエーション[1]を示し，約170万人の仕事を生み出している（Bidet　1997）。社会的経済のこれらの構成要素には，19世紀前半に登場した，同一の起源をもつ近代的アソシエーション主義という基本的な共通性がある。これらの組織はいずれも市民主義的であり，基本的に社会的・政治的であるが，1890年代から1920年代にかけて別々の法律が定められて，発展形態もきわめて異なったものになった。協同組合は市場経済の一部となり，2つの大戦を経て，資本主義セクターと協同組合セクターとの間の分業ができ，同一事業分野での競争があった。一方，共済組合は営利的要素がより小さく，医療保険制度を運営し，社会保障制度が国民に広く行き渡ると，その補完的な役割を果たした（Manoa, Rault and Vienney 1992）。アソシエーションは，第2次世界大戦後の福祉国家から支援を受けてサービス供給を行い，また行政と一緒に事業をしている[2]（Demoustier, Hofman and Ramisse 1996）。

---

1) フランスの法律制度で「社会的経済」という表現を用いた1981年12月15日法に基づいて，社会的経済局が設置された。Vienney (1994)を参照。

2) アソシエーションは非営利組織である。その起源は共同のボランタリーな活動であるが，アソシエーションは職員を雇用できる。事実，フランスでは100万人を超える人々がアソシエーションで雇用されている。1980年から90年でのフランスの雇用創出の13％はアソシエーションによるものであった。したがって，アソシエーション

しかし，財政的な困難が1970年代を通じて社会政策の重圧になりはじめたので，「協同企業 (associative enterprise)」(Alix and Castro 1990) という考えが広まって，行政への依存を減らす傾向を示した。フランスでは，「社会的企業」という用語は，1990年代後半になるまで登場しなかったし，現在もほとんど使われていない。しかしながら，これまで述べたように，本書でも一般的な定義として使われているように，アソシエーションの2つのグループを区別するために社会的企業という用語を使うのは合理的である。フランスでは協同企業も社会的経済もいずれも，この20年間に登場してきた。

経済活動を通じて労働市場へ人々を挿入する運動組織（挿入企業，仲介アソシエーションなど)[3]は，第1グループの協同企業を形成する。これらの組織は，労働の質が低い水準にあるために労働市場から排除されている失業者に仕事をつくりだすことを目的としている。その目的は，有償労働は社会的統合の不可欠な車輪の片方であるとして，雇用における差別と闘うことである。これらの組織は主として，製造業やサービス業においてマニュアル化された業務分野，あるいは商業やホテル，仕出しといった対人サービスの分野で発展してきた。他方では，仕事のやり方を組み替えて，対象となる人々にも適応できるようにしている。一部の議論では，経済活動を通じて労働市場へ人々を挿入しようとしている企業をフランスにおける唯一の社会的企業とみなしている (Bernier and Estivill 1997)。

しかし有償労働を含む問題だけが，排除の原因ではない。社会不平等が増大して現代社会はさまざまな排除をつくりだしている (Fitoussi and Rosanvallon 1997 ; Giddens 1994)。国民の一部だけが被害を被るようなサービスの欠如は，それらの人々の所得が低いこと，不利な都市地域や農村地域に住んでいることがその理由の1つである。したがって，いろいろな組織が地域開発の枠組みのなかで不十分な社会的ニーズを満たすサービスをつくりだすために設立されて

を「ボランタリー組織」やいわゆる「ボランタリーセクター」と呼ぶのは適切でないだろう。Archambault (1996) を参照。
3) 経済活動を通じて挿入する方式は，これまでの出版物などでも広く言及されている。とりわけ Defourny, Favreau and Laville (1998)。

きた。こうした組織が社会的企業の第2グループを形成する。これらの企業の多くが「近隣サービス」[4]分野で設立されている。この「近隣サービス」は，近隣すなわち地域エリアとして客観的に把握されうるであろう範囲内で個人やコミュニティのニーズに対応しようとするサービスとして定義されうる。しかし，提供されるサービスが個人レベルにかかわるという点では主観的なものと受け止められる可能性もある (Laville 1992 ; Nyssens and Petrella 1996)。

事実，サービスをめぐる地理的な近隣性——サービスが自宅で供給されたり，自宅からすぐ近くの場所で供給されたりという事実にもとづいたサービスの性格——は，最終的には個人のレベルに行き着くことになる。というのは，サービス供給者は顧客を自宅に訪問したり，家族関係や近隣関係に巻き込まれることになったりするからである。

「近隣サービス」を供給する社会的企業は，サービス提供が特定の「対象者たち」に限定されるのを避けようと努力してきた。こうして，社会的排除と闘う社会的企業は，サービス供給を市民の企業家精神に依拠し，同時に，供給されるサービスが地域住民誰もが利用可能であるように配慮しながら，市民の企業家精神と連帯精神とを調和させようと意識的に取り組んでいる。社会的企業は同じ分野の民間営利企業と比べて3つの違いがある。第1に，社会的企業は，資本投資による利潤を期待しない。第2に，社会的企業におけるユーザーは単なる消費者ではなく，サービスにおけるステークホルダーである。第3に，社会的企業は，社会的正義の名において支払い能力に応じた顧客の選別はしない。

ここでは，こうした社会的企業の分析を3つに分けて行う。第1に，現在の変化の前にあった拡大期，すなわち議論のテーマが社会サービスにあって近隣サービスではなかった時代に，保育と在宅援助という2つの分野でどのようにサービスが拡大したかを検討する。その時代は再分配に向けられる諸資源によって，保育サービスの公的供給の発展や在宅支援サービスの専門化の促進が可能だったのであり，また，この分野で先駆的な役割を演じていたアソシエー

---

4) フランス語の services de proximité の英訳としては「在宅サービス・コミュニティサービス (household and community services)」が近い。しかし，概念の特殊性を考慮して，文字どおり「身近な（近隣）サービス」を採用した。

ションがみずからの労苦に対する公的資金の提供を求めることもできた。第2に，近隣サービスの登場である。この問題にかかわる事柄および，この分野での社会的企業の登場をみる。第3に，公共政策との関連を検証する。

1 社会サービスの発展

これまで長い間，対人サービスは家庭や慈善組織やボランティアが供給していた。第2次世界大戦後の経済成長の時期に，この状況は変わった。いわゆる福祉国家として，全員に対する社会保障が確立すると，社会サービスの財源はこれまでにない高い水準となり，同時に，行政はこれらの資源の使用を統治するための規則をつくる力を与えられた。

保　　育

フランスの社会保障制度では，省庁レベルで，115の家族手当金庫（CAF, Caisses d'allocations familiales）が社会保障給付と生活保護の責任を直接もっている。このCAFは，地方自治体と協力して，3歳児までを対象とする保育所を供給している。保育に対する国家の関心は，通常公的セクターがつくる保育施設を取り締まる法律の展開に見て取ることができるし，該当する専門職の分類にも表れている。しかし，国家による保育分野への取り組みは，アソシエーションの優勢を揺るがすものではない。

共同保育

共同保育所の大部分は託児所であり，多くは公的セクターによるものである。地域託児所は，全国の80％以上を占めるが，地方自治体，アソシエーション，CAFが運営しており，地域住民なら誰でも利用できる。これらの託児所は，働いている両親に完全終日保育サービスを提供している。職員用託児所は，全体の20％弱であるが，病院，役所，会社など従業員を優先している。

私設保育園は，働いていない母親たちを主として対象とした部分的サービス

である。このための法律は1962年にできたが，幼児の社会化訓練に関心をもつ親が増えたので，その後の10年間で私設保育園が急速に増大した。託児所と同様に，私設保育園には地方自治体，CAF，家族から財源が出ている。地方自治体は，日常運営費の半分を平均して拠出している。この保育分野でCAFの基金が多く使われている。

「多目的」センターは託児所や私設保育園として使われ，また短期継続型の保育という，よりフレキシブルな保育に向かっている。

「子供のための看護師」は保育所で雇用されるばかりでなく，病院でも育児センターや保育機関でも雇用されており，国家看護師や助産婦や社会福祉ワーカーの資格を得た後にも1年の追加訓練が必要である。「小児科補助看護師」は託児所に必要である。行政的な仕事もこれらの看護師が行う。また託児所は就学前教育担当の職員も雇う。

在宅保育

共同保育に加えて，在宅保育が保育士によって行われる。保育士は特別の訓練は必要とされていないが，ここ数年は，医療社会福祉局によって訓練が実施されている。1977年に，保育士は，被雇用者区分で専門職として認知された。この地位によって保育士は老齢疾病保険に加入できるようになったが，その承認は遅れ気味であった。当局が改善をめざしているものの，制度としては依然として不十分なままである。保育士は，適切な医療保健機関による家庭訪問を通じて実施される認定手続きを経なければならない。保育士はこれまでのところ，最大3人までの就学前児童の面倒をみることができる。

1971年以降，「家族託児所」制度に基づいて，保育士たちによる事業組織の立ち上げが可能となった。その組織には医療訓練を受け，しかも保育士たちを監督することのできる運営責任者が配置され，保育士たちも一般家庭内で仕事を続けることができるようになった。過去においては，保育専門職は常に医療と保健の側面から位置づけられてきた。しかし，新しい形の保育が成果を上げるようになるにつれて，保育士たちによる事業の立ちあげという方法がしだいに広がってきた。それでもやはり，各種専門職間の社会的地位と賃金にはまだ大きな格差が残っており，仕事の種類と中身の真の調和が必要である。家族と

の協力についてはあまり注意が払われていないし,そのための訓練制度も未発達である。この分野の専門職は,一般に評価が低く,賃金も低く,女性が圧倒的である。

在宅支援

在宅支援の分野では,保育分野と同様に,国家の関与が依然として重要であるものの,アソシエーションが優勢であることには変わりない。もともと社会的扶助によってカバーされていた多くの活動については,高齢者政策の発展につれてその財源がずっと多様になってきた。

高齢者政策が確立するまでは,高齢者は長い間貧困者として区分され,非常に早い段階から社会福祉を受けられるようになっていた。最初の国家基金は社会福祉の傘の下に置かれ,高齢者が家庭内支援を受けられることをめざした。高齢者への社会的扶助(月額在宅支援手当)に最初に触れたのは,1953年11月29日の政令であった。1954年に現物給付制度が導入された。1962年までこうした手当給付は受給者の健康状態に基づいていた。在宅支援の起源は,したがって主として医療的なものであった。すなわち,在宅支援は病院での対応の困難性を軽減する手段とみなされていたのである (Nogues et al. 1984)。

1960年代に,高齢者政策が形をとり始め,国家の役割が増大した。1970年代に在宅支援サービスが始まり,関連する諸資源が活用され始めた。国家従業員老齢年金保険金庫(CNAVTS, Caisse nationale d'assurance vieillesse des travailleurs salariés)に基づいて在宅支援が可能になった。医療扶助と社会的扶助との間の違いによる困難も生じたが,在宅支援の概念はしだいに定着してきた。ただし財源はいくつかのルートがあった。財源の平均的なあり方としては,地方税による社会的扶助が在宅支援の費用の半分をカバーした。25%はCNAVTSによる支払い,10%が他の年金制度からの支払いであり,約15%はユーザーの支払料金による。

さらに,在宅支援サービスが増大し組織化が進むと,専門的資格の獲得をめざすようになった。1982年に,高齢者担当国務大臣は,在宅支援に社会的役割があることを認めた。同時に,1982年8月7日付の大臣回状は,在宅支援

労働が在宅労働だけに規制されるものでないという認識を示した。在宅支援は，1983年に国家共同協定によって与えられる認知を求めた。この協定では，在宅支援労働を，医師，看護師，看護助手の特定の仕事を補完するものであると定義した。在宅支援の仕事は，物的，道徳的，社会的支援を高齢者に提供するものであり，高齢者が在宅で自立し，世間とも関係を持ち続けられるようにすることである。在宅介護士は，もはや活動的な生活ができないような人々や物質的・社会的条件が悪く外部からの支援が必要な人に対しても同様のサービスを提供する。在宅介護士の任務には他の専門的技術が必要になってきている。

同時に，1980年代に，入院に代わるものとして，また非自立高齢者の社会的入院に代わる解決策として，在宅支援に対する公的な需要が高まり，在宅介護サービスと重度非自立者向けの在宅ケアの確立が図られた。

過去30年にわたって財源と専門化にはさまざまなタイプがあったにもかかわらず，在宅支援サービス制度はアソシエーションが担っており，大きな連合体を形成している。これらのアソシエーションは，「雇用アソシエーション」と定義できる。というのも，その主要な役割として，女性の雇用をずっと行ってきたからである。これらのアソシエーションは成功しており，供給するサービスの量も雇用数も増大している。しかしこれらのアソシエーションは，国家によっては認知されてこなかった社会的ニーズの存在を認識しており，再分配に向けられる基金が着実に増加するにつれて，雇用創出の分野に資金を投入してきた。

国家から要求される専門知識の水準[5]（財源組織の認知，活動報告の作成，常勤職員の資格）は，これらのアソシエーションにおける専門性の水準をいっそう引き上げた。結局，経済的繁栄の時代であった1945年から75年にかけての国家の介入によって，アソシエーションから生まれた起業組織が過度に行政に依存するようになり，他方，在宅支援サービスを提供していたアソシエーションでは，ボランティアの労働が有償雇用に道を譲るほどにしだいに減少し

---

5) この節では，「国家」とは一般的に行政区，準行政を指す。これらは在宅支援の資金調達にいろいろな程度に関与している。すなわち県，社会的扶助，疾病保険基金，年金基金など。

ていったのである。もちろん，これらの発展の効果は多様であり，一部の組織はその当初の目的と価値を十分に保持できた。にもかかわらず，資金調達はさまざまな資金源に分割されたために，計画の展開に影響を与えた。またアソシエーションにおけるボランティアの役割は，しばしば，調整，経営，代表に限定された。

2 近隣サービスと社会的企業

福祉国家への統合によって，アソシエーションには先駆的な役割が与えられたが，国家補助に強く依存するようになった。長い間，行政によるサービス供給とアソシエーションによるサービス供給は，地域的に半独占状態であった。革新する理由もなかったし，手厚い保護的状況にあったので，これらの供給組織は，他の組織同様に，個人支配や官僚主義的行動に影響され，制度的な同形化に陥って一部は準行政機関になってしまった (Di Maggio and Powell 1983)[6]。他のヨーロッパ諸国とは対照的に，フランスのアソシエーションは，アドボカシーや先駆的な機能を果たしていたばかりではなく，サービス供給そのものを行っていたが，その多くが官僚主義に染まっていたのも確かである。しかしながら，福祉多元主義 (Evers 1993) への道のりは，たとえば個々の保育士の資格調整とは別に，新しい協同的な解決策をめざす革新的で共同的な起業組織の発生を促した。

ボランタリーというあり方自体はサービスの質やユーザーの尊重を保障するものではなかったが，重要なことは，ボランティアを日常的な実践にどのように生かすかである。長期的には，アソシエーションによるサービス供給の正統性は，ユーザーとの対話をどれだけできるか，多様なボランティアの関与をどれだけ動員できるか，新しい厳しい状況のなかで財政バランスをどれだけ適正化できるかにかかっている。こうした状況に取り組めるアソシエーションの特徴は，より参加的で企業家的なアプローチにある。

---

6) 制度的画一主義については，ラビルとニッセンズによる本書第18章を参照。

事実,ずっと以前に設立されたアソシエーションや最近設立されたアソシエーションの多くは,この方向で組織化あるいは再組織化しようとしている。たとえば,就学前の保育分野は公的セクターによる供給が主流であるが,ボランタリーセクターも新しいコミュニティ保育のモデルとなりつつある。このモデルでは,児童・父母・専門家共同アソシエーション (ACEPP, Association des collectifs-enfants-parents-professionnels) が推進団体である。家族動員を中心とするような類似モデルは,在宅支援では出てきていない。その仕事を委託するのは当該家族にとっても痛みを伴うプロセスだからである (Croff 1994)。また,いろいろな既存の連合会も存在するが,そこでは仕事の専門化,ユーザーの関与やサービスの質の向上などに焦点を当てた多くの試みがなされている。これらの一部は,新しい全国ネットワーク,たとえば近隣サービス開発機関 (ADSP, Agence pour le développement des services de proximité) をつくっている。この「近隣サービス」という表現がしだいに使われるようになってきており,生活の質の向上のための新しいサービスにに関心が高まっていることの表れである。

次に,「新しい」アソシエーションと,保育分野および在宅支援における「社会的企業」の定義に合致する起業組織に焦点をあててみよう。

父母参加による保育所

1960年代以降,労働力への女性の参加が着実に増加してきたことに伴い,保育需要は急増してきた。託児所も十分でなく,従来の託児所の制限された開所時間では労働時間に対応できなくなってきた。同時に,いまや多くの親たちは幼児の発達にとって社会化が重要な要素であるとみなしている。これが,パートタイム労働の女性にとって託児所が必要なこととあわせて,1週間に数時間あるいは何日か子供を引き受けてくれる私設保育園の成功の理由である。

ルプランス (Leprince 1985) によれば,とられている方策は部分的であり,現在,就学前の保育モデルの発展によって生じた矛盾を解決するための方策はとられていない。すなわち,予防策と機会均等の推進とコミュニティの保育モデルの費用を安くしてそれを促進しようとすることとの矛盾,年齢の早いうち

から子供を社会化しようという要望と保育の責任を家庭へ転換しようとすることとの矛盾，共同託児所に教育的役割を与えようとすることと父母が相対的に富裕化していることとの矛盾などがある。父母託児所が増大している理由にはこうした背景がある。

1968年に最初につくられた無認可託児所は，父母の責任を強調し，子供を教育して社会化することを強調した。「教育学的」方法と自主管理方式とが結びついて，無認可託児所は，父母をサービス機能から排除してきた公共保健的な非参加的モデルが主流を占める分野で活動した。したがって，こうした無認可託児所は，それを信用しない行政の管轄の外側にいて，自主的な運営を続けた。無認可託児所は，子供たちにとって生活体験を織り込んだ保育をつくろうとした。この考えによれば，父母と専門家を切り離すべきではないし，子供と親を切り離すべきではない。また両親は，子供の共同保育を引き受け，子供が発達し，子供がその取り囲む外界を認知できるような，子供のための活動をとくに重視した。この新しい取り組みは，就学前保育の伝統的モデルに共通する分割的で特殊化する一般方式とは対照的なものであった。

1980年以降，社会的・経済的危機をきっかけに2つの取り組みが発展した。無認可託児所は，機能と構造の安定化，運営費用と投資費用の軽減化，賃金職員の強化を，補助金を通じて行おうとした。また行政は，無認可託児所の低費用と子供の社会化という理念に関心をもち始めた。

そして1981年2月には，児童・父母共同アソシエーション（ACEP, Association des collectifs–enfants–parents）が設立された[7]。さらに1981年8月21日に，無認可託児所は公的認可を受けるようになり，それ以後「父母託児所」として知られるようになった。父母は，託児所運営費の半分を負担している。残りの半分は次から得ている。すなわち，

- CAFの給付金と補助金は，父母の少なくとも50%がCAFによる給付金

---

7) このアソシエーションの目的は，行政に対する代表性，ネットワークの創出，新しい組織づくり，コミュニティにおける調査と実践である。ACEPPの中身については，Combes (1989) ; Passaris (1984) を参照。

を受け取っている場合に，支払われる。1989年のCAF給付金の改正によって，1日単位の児童給付金が，他の一般託児所と横並びに，父母託児所にも支払われることになったことが大きな改善である。
- 地方自治体による補助金もまた，運営費の安定に貢献している。しかし，この補助金はまた託児所への地方自治体の干渉を引き起こし，託児所を干渉に弱いものにした。地方自治体の干渉は，多くの地域行政のリーダーが依然としてこの新しい託児所の組織モデルを理解していないために，しばしば問題を生じさせている。

さらに別の困難もある。施設整備に「父母組織支援政府基金」が使われるといった一定の進歩にもかかわらず，資金調達手続きに時間がかかることや，設立手続きの複雑さが依然として多くの計画の足枷になっている。さらに，託児所の父母の当番表の作成が簡単には進まない。というのも，あまりにも多くの労働者が労働時間の短縮や再編の利益をいまだに受けていないからである。一部の職種の労働者は，託児所の活動への参加に必要な自由時間を確保するのが依然として非常に難しい。平均して，父母は毎週6～8時間の時間を割くことが期待されている。このため，パートタイム雇用になるか真に「英雄」にでもならなければ，父母としてはすでにかかっている厳しい労働負荷に加えて，こうした必要以上の時間の負担は難しい。しかし彼らにしてみれば，自分たちが参加することではじめてもたらされるであろう利益を享受するためには，自発的な時間提供もせざるをえないのである。

それにもかかわらず，総会に参加して理事を選出する父母たちによって程度の差はあれ運営管理されている父母託児所は急速に広まっている。その多くは専門家によって設立され，全国ネットワークとしてACEPPが1990年代初めに設立され，利害関係者も拡大していった。父母託児所数は1981年から84年の間，毎年倍増した。1982年1月にはわずか30ヵ所であったが，89年には566ヵ所になった。父母託児所は全体の3％を占める。この広がりは地域的でもあり社会的でもある。1989年に102の父母託児所が大都市圏にあり，138ヵ所が農村地域に，326ヵ所が中小規模都市圏にあり，父母の参加も社会的に広がった。

1994年1月には[8]，父母託児所は720ヵ所，10,800人の児童を数えた。これらのうち477託児所が7,300の「多目的」施設をもち，共同託児所と私設保育園とを結びつけており，3,000人の常勤職員がいる。過去10年間で設立されたコミュニティ保育所の約2/3は父母が参加する保育組織である。

在宅支援の起業組織

在宅支援の分野では，ACEPP型の関係を家族と専門家の間につくる動きがアソシエーションのなかにみられる。これは，規模や世代の相違にかかわらず，従業員とユーザーに対して注意が向けられている点で共通している。この全部をみるわけにはいかないので，とくに1つの事例を取り上げてその経過をたどってみよう。

エートル[9]は，高齢者と要介護者のための小さな介護センターを結びつけるネットワーク形成を支援するためのアソシエーションである[10]。もし，最期まで人生を楽しく送ることができないのならば，何のために長生きをするのか。同じ気持ちを抱く数多くの人々が集まってきたのは，この問題に解答を与えようとするエートルの試みに魅かれたがゆえである。彼らは，職業生活や個人的生活における似たような経験を共有しながら，制度や家族がつくり出してきた，社会のなかでの高齢者の地位や場所を批判的に見直そうとした。

思い切った対応策が必要とされていることにエートルの推進者たちが気づいたのは，まさに以上のような事情があったからであり，また，社会医学的な領域との日常的なやりとりのなかでその知見に十分耳を傾けてこなかったと感じていたからである。そして，エートルの設計図を描くことによって，推進者たちの考えは具体化されていった。すなわち，彼らは，「街で歳をとり，街で人生を終える」というエートルの計画を訴えながら，以下のような目的をエート

---

8) 公衆保健疾病保健省 Ministère de la Santé publique et de l'Assurance-Maladie (1995)。
9) 「聞け，労働，出会い，希望」という書簡集。エートル (etre) はフランス語で「存在する」という意味でもある。
10) 全文は Laville and Gardin (1996) を参照のこと。

ルの定款に書き込んだのである。

　　自分の家でずっと暮らし続けられるよう支援すること。家族が家で，身体的・精神的依存者の支援を継続できるようにすること，そのための教育的，心理的，物質的な支援を行うこと。障害，老齢，死を日常生活の当り前のこととして受け容れ，要介護者の世話を家族や個人ができるようにすること。

　エートル・アソシエーションは，広い範囲の人々や団体との会合を求めていた。その範囲は，地域サービス団体，自治体，この分野にかかわる行政，医師，看護師，薬剤師，聖職者などの専門家である。40回以上の会議をもって，そのなかで，エートルの考えに対する支持を広げ，計画の「哲学」に関心をもたせ，そしてこの種の起業組織が地域にはないことを立証したのである。

　エートルの幹部は，コミュニティ計画開発にも参加しており，また管理職員もそこで従業員とユーザーとの調整を行っている。高齢者支援を行っている職員は60名で，70の家族を担当して頻繁な接触を行っている。また同様の事業を行おうとする組織もつくられている。これらの組織は在宅サービスだけではなく，家族も巻き込んで，小さな障害者介護センターをつくろうとしている。介護センターのスタッフとして，フルタイムの家政婦や介護者，2人のアシスタント，その他7人がおり，このスタッフが夜と週末をカバーしている。このアソシエーションの運営組織には13人のボランティアがいる。また要介護者のための日常支援を行うボランティアもいる。

　こうした組織は，多くの障害に直面して，同じような事業を行っている他のグループとの協力が必要となった。そのため，エートルの創設者たちはADSPに加入して，近隣サービスの新しい取り組みを促進した。

　1989年以降，ADSPは，サービスマネージャー，支援者，推進者，団体やアソシエーションの専門家で選出された人々，労働組合員，研究者，学者などと幅広く連携した。このネットワークは単に1つの専門分野に特化したのではなかった。近隣サービスを発展させる共通のアプローチに基づいて，独自の取り組みを行った。それは次の2点に要約できる。

- 近隣サービスは，現実的な経済セクターを構成する可能性がある。社会人口上の多くの要因からみても，近隣サービスに対する大きな「社会的需要」が存在する。すなわち，この社会的需要は，社会的に不利な立場に置かれる人々を社会的・職業的に統合するのに好都合な領域であるに過ぎないとして，社会的にみた仕事創出の潜在的な源泉となりうる近隣サービスを限定してしまうような一時的な方策ではもはや対応できないものである。
- しかしながら，近隣サービスの特有の性格を前提としていえば，近隣サービスの供給は，新しいタイプの企業家的な組織形態によってはじめて可能となる。それは，新しい組織形態こそが財政的な資源やその他の資源を，地域的レベルや分野的レベルでの契約に基づく解決策に依拠することと連結できるからである。

　公的サービスと違って，これらの近隣サービス（Berger and Michel 1998）は，ユーザーをサービスの計画づくりや実施に巻き込もうとする。社会的な失業対策とは異なり，これらの近隣サービスは社会的弱者の労働への挿入と混同するものではない。雇用数の創出に重点を置いた手法とは違って，近隣サービスは集団グループをつくりあげることで雇用を構造化する。結局，営利的サービスセクターとは対照的に，近隣サービスは，財政的に不安のない人々を対象にするというばかりではなく，単なる消費者の立場にユーザーを限定しないで，市民としてのユーザーを巻き込もうとするものである。

3　公共政策と社会的企業

　1980年代の半ば以降，社会サービスに向けられた政府・自治体予算は，対人サービスの急速な需要拡大に対しては不十分であった。国家の影響力は福祉国家の諸資源と連動していたし，それは経済成長率に依存していた。経済成長率の鈍化は福祉国家の危機をもたらした。したがって近隣サービス促進の方向づけが，仕事の創出と社会的な支出抑制の手段の1つとされたのである。

公共政策の大きな変化

　公共政策を通じて近隣サービスを促進するという最初の取り組みは，満たされないニーズが多い一方で，失業者も多いという，単純な事実から出発している。その結果，満たされないニーズを満たすことのできる分野で新しい仕事を創出しようというのは当然といえる。失業者にとって，雇用への道は，雇用の仲介的な諸形態，すなわち，失業と社会的扶助を媒介する形態を新たに導入することによって，しだいに明るいものになってきている。それは，失業者が「橋渡し的な」仕事に就けるようにと導入された社会的措置の基礎となるものであった。すなわち，何よりも若年雇用制度（社会的共通有用労働 Travaux d'utilité collective）を通じての措置であり，次に，一時的な労働を提供する「仲介アソシエーション（Associations intermédiares）」を認知するいわゆる「雇用連帯契約（Contrats emploi–solidarité）」通じての措置であった。

　しかし，これらの社会プログラムには芳しくない点もあった。それは主として，新しいサービスと仕事の創出の間に混乱が生じたためである。創出された仕事の価値を引き下げることになったのは，高い社会サービス技術を必要とするセクターのユーザーに対してよりも，労働市場へ失業者を統合させることを目的としていたからである。失業者たちは，自分たちに選択の余地のない仕事についた。すなわち，その時々にたまたま可能だった仕事に配分されたのに過ぎない。それらの仕事は，互いにほとんど関連性のないものであった。選択肢のなかから選ぶよりも必要に応じて対人サービスが行われるようになると，長期的な仕事につくための訓練を受けられない失業者は臨時的仕事につかざるをえない。この状況は，社会サービスの高い技術が必要とされる分野でとりわけ問題となった。

　こうしたサービスの傾向は，臨時雇用制度に内在する労働移動の高さによってブレーキがかけられた。そのため1980年代末からさまざまな方策が採用されて，社会的な失業対策とリンクしないで，お金のあるユーザーがこうしたサービスを受けられるような方策がとられた。保育分野では，「在宅保育手当」（Allocation de garde d'enfant à domicile）や「公認保育士雇用家族手当」（Aide à la famille pour l'emploi d'une assistante maternelle agréée）といった手当が導入された。在宅支援の分野では，看護手当，社会保険料免除，課税免除などが，在宅支援の個人的雇用に対して導入された。私的個人にのみ適用されるこれらの措置により，同じサービスを提供するアソシエーションが冷遇されることになった。その結果，行政は「認定アソシエーション」の特別定款をつくって，私的個人に対するものと同一の特権を与えるための選別化を行った。このようなアソシエーションでは，私的個人が雇用者としての法的責任をもつからである。その結果，労働者はアソシエーションに雇用されるのではなくて，直接的に各世帯が雇用できることになった。この場合アソシエーションは，仲介的なものに過ぎない。こうしたあり方は財政面で魅力があるため，多くのアソシエーションで採用された。たとえば農村在宅支援アソシエーション全国連合会（Union nationale d'aide à domicile en milieu rural）がそうであり，その認定アソシエーションは労働時間でいえば，1992年で18%，94年で30%を占めていた。

　各家庭が個人を雇うというこうした方策は，最終目的として雇用創出を強調するものではあるが，社会的障害をもつ人々が仕事につけるようにするというこれまでの目的とはかけ離れたものになった。この新しい目標は「現実的な雇用」の創出であったが，一方「在宅仕事」プログラムが1991年につくられている。このプログラムによる主要な革新は，在宅で仕事を創出するすべての課税対象世帯に対して税の支払い猶予期間を導入したことである[11]。アソシエーション支援のために，追加的な方策がいくつか採用されたが，実際には在宅支援仕事プログラムは，私的個人とそれに雇われた人との間の契約を促進する役割を果たした。

　いくつかの重要な民間事業にとってこの制度は，サービスの供給を十分に組織するためには改善が依然として必要なものである。全国フランス経営者会議（CNPF, Conseil national du patronat français）がこの問題を取り上げて，「すでに大きな需要がある在宅サービス市場の登場の妨げとなるものは排除しなければ

11）　この税額控除は，1991年当初の17,800仏フラン（2,744ユーロ）から1995年には45,000仏フラン（6,860ユーロ）に増加した。

いけない時期だ」と述べている[12]。経営者会議によれば，この分野への営利的な投資も，需要に対応した改革がある場合にのみ見込みがあるとしている。需要サイドからみても，企業は自由市場による規制への大転換を期待しており，民間の雇い主が享受している利益を企業の一員である従業員にも拡大できるよう望んでいるようにみえる。純粋に市場を基礎にする制度を口実にしてその拡大が進むと，国家制度を批判することになる。

こうした議論によれば，既存の多様な供給形態は「社会的に共通化した」制度という単一モデルに単純化されてしまう。この活動領域における既存の組織形態に対する攻撃の背景には，近隣サービスがその信用性を高めるには，より市場に基づいた活動になる必要があるという確信が存在している。民間セクターは，近隣サービスの「能力，競争，組織的な推進能力」を促進することができるのだという。CNPFによれば，サービス会社によるサービスの質は，ひとたび消費者に選択の自由が与えられたら，サービスプロバイダーへの消費者の信頼を回復させるという。議会への強力な働きかけを通じて，対人サービス企業連合会（Syndicat des entreprises de sevices aux personnes）がCNPFによって設立され，大規模な民間会社グループも参加して，1996年の法律の条件の下で，「在宅支援労働」に適用されていた税控除を民間企業にも適用させることに成功した。

このような公共政策における変化は，公共サービスのあり方やアソシエーションにも影響を与えた。保育では，民間営利セクターの存在が非常に弱いものであるにしても，公共サービスもサービス供給を独占することはなくなっている。在宅サービスにおけるアソシエーションも同様な状況である。

全国レベルでの否定的な差別

近隣サービスに競争を導入するという国家の公共政策の動きは，実践的には社会的企業に対する差別をもたらす。ACEPPによれば，就学前保育所の場合，父母や専門家によるアソシエーションが過去10年間につくられた就学前保育

---

12) フランス全国経営者会議CNPF（1994：24-44）からの引用。

所の2/3を占めているが，需要サイドに有利なように資源を動員してきた施策は，共同保育でない保育所に主たる関心を置いており，こうした共同保育所の特性を理解していない。

就学前保育の分野では，「ブラックマーケット」と公認保育，個別保育と共同保育がそれぞれ分かれている。事実，保育の大部分は無認可である。この状況に対して，近年保育分野での仕事の創出や仕事の正規化が最優先されている。保育士の立場を優先した新しい方策や在宅支援の方策がこの分野で取り組まれており，家庭内における雇用が推進されている。いろいろな財団が，保育士の訓練を通じてこうした仕事を認知しており，またCAFによる政策がこの分野での個別保育サービスの提供を促進している。

しかしながら，国家は仕事を創出しようとして，共同保育にとって不適切な方法を生み出している。共同保育を壊し，個別保育に有利な不公平な公的扶助によって，ねじ曲げられた競争状態をつくりだしている (ACEPP 1996)。在宅支援に対する課税控除は，家庭で子供の面倒をみる人を雇用する場合，年間45,000仏フラン (6,860ユーロ) にもなるが，アソシエーションを通じて保育サービスを受ける家庭は，この税控除は受けられない。「在宅児童保育手当」もまた，この控除制度については不公正である。というのも，所得の格差を考慮に入れておらず，共同保育サービスを利用している親を対象にしていないからである。

このようなまずい状態に対して，ACEPPは次の提案をしている。すなわち，

- 保育政策の調和を図ること。高いか安いかといった基準ではなく，サービスの質を基準にして家族が保育サービスを選択できるようにすること。
- 共同保育を運営するアソシエーションの役割と性格を認識すること。すなわち，これらの父母主導型のアソシエーションに対する公的財政支援の金額を調整するために，ボランティアの労働を原価のなかに組み入れること。また，社会的排除を受けている家族や低所得家族に対して保育を提供する場合に，公的財政支援を増加すること。
- 共同保育の費用に対する課税控除は45,000仏フラン (6,860ユーロ) まで増額すること。ちなみに現在は3,750仏フラン (572ユーロ) である。

この課税控除の上限は，在宅サービスの場合も同様とすること。

ACEPPによれば，この提案は共同保育サービスに有利になるようにしたものではない。むしろ親たちが行政から平等な支援を受けつつ，さまざまな保育サービス供給のなかから自分たちが選択できるようにしたものである。現在の状況は，共同保育の形態を否定的に扱うにもかかわらず，個別保育よりも労働者の訓練や地位を保障することに重点を置いているので矛盾している。さらに，在宅サービスに対する最近の法規則の修正によって，企業を通じて在宅サービス雇用を利用する家庭にも，在宅支援労働を直接雇用する家庭と同様の税控除が与えられている。しかし，この場合，保育の協同的形態を考えていない。言い換えれば，アソシエーションによる起業組織は，私的個人や企業の活動と同じ奨励措置を受けてはいないのである。

このACEPPの意見はまた，在宅支援に適用されるが，父母に対する古い財政支援方法を新しい直接支援方式と重複させるため，手続きが複雑になる。それはプロバイダーの仕事を難しくしており，ユーザーに対するサービス供給の明確性を損なっている。4つの措置がバラバラにある。すなわち，(1)現物給付すなわち法定の選択的在宅支援，(2)現金給付すなわち補完的手当，(3)税控除，(4)社会保険料免除。これでは制度はうまくいかない。それは，新しい措置による認定アソシエーションの委託サービスの急速な発展によく表れている。すでに雇用者であり，現在新しい措置の下で稼働しているアソシエーションは，在宅支援のための共同協定と合致する契約によって従業員を雇っているが，彼らがまた在宅支援労働契約にもとづいて民間業者に直接雇われている場合がある。その結果，雇用契約と報酬の定めが1時間当りで異なる。この状況は，従業員にとって不利なばかりではなくて，サービスの質も低下させることになる。

ある意味では次のようにいうことができる。すなわち，「サービスの品質低下というおまけ」が，資源を需要サイドのために動員し出来高払いをするという最近の方式を通じて確立されつつある。品質基準を第1とするのではなくて，価格基準を優先する。共同で供給を構造化する努力をしないので，専門家とユーザーとの間での訓練や協力に時間を割かず，「生産的な」賃金労働者だけを優先する。このことは，サービスの内容が従業員の孤立化をもたらす傾向に

あるため，また，集まって一緒に問題を議論する機会がサービスの断片化を避けるうえで決定的であるため，いっそう深刻である。

最終的な結果は，在宅支援分野における最大の雇用者であるアソシエーションが困ったジレンマに直面していることである。すなわち，競争のために質を軽視するか，あるいは，質を追求して財政状況を危険にさらすかである。在宅支援分野の急速な発展が，アソシエーションの事業を大きく掘り崩してきた。そしてこのことによって，ユーザー（父母）のニーズに対応する管理上の変革や公開性が促進されなくなっているのである。

ユーザーをひとまとめに行政の区分方式に入れてしまう従来の国家法制とは対照的に，競争重視の規制は，それが市場であれ準市場であれ，近隣サービスが個人向けにつくられていることに基づいている。しかしながら，それは次の事実を無視している。すなわち，近隣サービスがその直接のユーザーのための個人的福利を生産しているだけではなく，コミュニティのための社会的共通益，言い換えれば，社会的に共通の外部性をも提供しているという事実である。さらに，近隣サービスが社会的つながりや市民権に影響を与えることができるということも考慮されていない。競争を重視した法規則は，消費と雇用支援を優先するが，重要なのは，それらが公的な活動の唯一の目的ではないことである。実際，行政はいろいろな理由によって，保育の規制に介入できる。ニッセンズとペトレラ（Nyssens and Petrella 1996）が示したように，行政は，社会が選択した公正の原則の名において干渉するのである。しかし公正の原則には，サービスを誰もが受けられるべきだということ，経済に対する積極的な外部効果，たとえば，女性の労働市場へのいっそうの参加や保育サービスの教育的役割をつくりだすこと，そして，サービスの質を評価することが難しい分野の一連の基準づくりをすることによって，ユーザー（父母）に質の高いサービスを保障することなどが含まれているのである。

結局，在宅支援と保育は，長い間共同のサービスだと考えられてきた。言い換えると，行政が国家法制を通じて資金を提供し統制するようなサービスである。しかしこのようなサービスは，消費者に選択の自由が与えられると同時に，雇用を生み出せるような民間サービスだとしだいに考えられるようになってきた。この変化は，共同のサービスと民間サービスとの間の単純化された二項対

立から生じている。実際は，近隣サービスは共同のサービスだけだとも，また民間サービスだけだとも考えられていない。確かなことは，利用できるサービスは分割可能なサービスであり，また公的規制も必要とされるサービスなのである。というのも，単に個人的福利をつくりだすだけではなく，社会的共通益をもつくりだすからであり，ユーザーだけに影響を与えるのではなく，社会的公正や平等の点でも影響を及ぼすからである。

地域政策の積極的な動き

近隣サービスに対する一定の公的介入形態が産み出されつつあるのは，個人向けサービスでもあり共同のサービスに準ずるサービスでもあるという近隣サービスの性格を考慮するためであり，その介入のあり方は，競争に基づく規制に向かう主流の傾向とは明らかに異なっている。こうした方向は，公的介入の目的や方法に変化をもたらす。このことは，社会全体を動員する社会経済的開発に変化をもたらすと同時に，公正原則や社会における生活の質を尊重させるようにするのである。

よい例として，1996年7月にノールパドカレ県により採用された政策がある。これは「専門職業のための枠組みをつくりだし，社会の現実に基づいた新しい活動を確立すること」をめざし，「すべての人々がアクセスできるような持続的な活動の発展を推進する」ものであった[13]。この政策の主要な目的は，地域の政治・行政制度を転換して，地域の主導性を真に促進することである。なぜなら，地域こそが地元に根づいた経済を強化するうえでもっとも適切なレベルだからである。このためには，政策の開発とその適用にたずさわるネットワークづくりが何よりも必要である。

この政策において，近隣サービスは次の形式をとるものと思われる。すなわち，

- 民間営利企業。十分な資産をもつ特定クライアントグループのために

---

13) G. Hascoët(1996:2) 報告からの引用。アスコエはノールパドカレ県議会副議長。

サービスを実施する。サービスへの支払いが重視され，その質についてのしっかりした情報が提供される。
- 公的サービス。公益に基づく，公的サービスは市場の資源に依拠しないので，既存または新しい公益事業の枠内で供給されなければならない。行政またはそれに準ずる機関と諸組織との間の交渉を前提としている。
- 社会的企業。これは，市民的な連帯に基づく経済をつくりだすものであり，市場資源（資金あるユーザーへの販売），非市場資源（公的パートナーと一緒になって，サービスをみんなが受けられるように調整する），非金銭的資源（地域的な諸要素により促進されるボランタリーな取り組み）などを結びつけることによって持続的な組織的バランスをつくりだすことができる。

近隣サービスを制度化するための基本的な方向がいくつかある。そのために，地域政策は3段階の新しい方策を提起している。すなわち，起業組織をつくる権利の承認，既存の一連のサービスの強化発展，資金調達方法の確立である。

起業組織をつくる権利の承認は，財源とそれなりのコネをもつ企業家にのみ制度上の支援が与えられるような状況の不平等を修正することが目的である。この目的のために，行政は，慣習法上の契約を伴う持続的な専門的仕事を創出できるような，また，社会的統合を強化できるようなプロジェクトに財源を提供しようとする。そのためには，計画の組織者たちは専門的な支援サービスを仕事の対象とし，計画を正式なものとする手助けをすることに合意する必要がある。しかし，企業家たちはときには計画づくりのために何ヵ月も無報酬になる場合もある。したがって，それがいろいろな推進者たちの事実上の選別となる。県議会は，計画の組織者に対する有給の訓練を組織することによって，こうした推進者の問題を解決しようとする。推進者たちは活動に必要な仕事を行うために特別に時間を必要とするからである。

計画の設計や訓練に対する支援に加えて，設立支援もまた必要である。設立にあたっては相も変わらぬ困難があり，その1つが最初の3年間の経営者への報酬を手当てすることである。その理由は，第1に，パートナーや顧客の信頼を得て，事業を立ち上げ軌道に乗せるまでには時間が必要なことである。また，

第2に，さまざまなパートナーとの協議を経て多様な資源を動員する必要があるという点である。一時しのぎの解決を避けるために，2つの立ち上げ資源が提供される。まず，経営者の仕事をつくり上げるための資源であり，それは3年にわたって段階的に減額されていく。次に，運転資金をつくる資源である。
　こうした既存のサービスを強化・発展させるために，仕事の位置づけをきちんとする必要がある。行政は積極的に，仕事の認定づけのための支援をする必要がある。それには，既存の事業にかかわる認識を深めるための評価の仕組みも含まれる。評価委員会の判断と確認に基づく観察記録は，関連するサービスと一緒に，発見された問題の解決にふさわしいオン・ザ・ジョブ・トレーニング措置にとっての処理と調整の新しい形態を明確にするために活用されるべきである。仕事の配分がうまくいけば，ボランタリーの取り組みも資金調達によって促進され，ユーザーの認識が高まることによってボランティアの労働も組み込まれるようになるし，計画の策定や活動の多様化に対する役割も促進される。資金の不足のために本来的仕事がボランティアの労働に置き換えられるというよりも，報酬を受ける専門的労働者と責任あるボランティアたちの間での役割分担をめざすものである。
　最後に，資金調達と需要サイドに有利な資源動員およびその規模の確定に関しては，県議会はその活動に制限を設けようとしている。行政の活動が需要サイドに立って資源を動員することの正当性は，その活動が社会のすべての成員がサービスにアクセスできることを保障する場合にのみ正当化される。したがって県議会は，需要における新たな分断を生み出しサービスへのアクセスにおける不平等をもたらすような資源動員の方法を否定する。そして，サービスへのアクセス能力を保障するための試みを支援しようとしている。
　この県の政策は，伝統的な国家による規制とも，アソシエーションのネットワークに注意を払った，競争に基づいた規制とも異なる。最初の2年間は，数百の仕事をつくりだすことに対する支援であった。しかしこの政策はまた，公共的な議論を刺激することに貢献するとともに，新しいサービス分野において，明示的なあるいは暗示的な選択肢の混在に社会が直面していることを明らかにすることにも貢献してきた。

結　　論

　社会的企業は，社会的経済における各種要素に影響を与える制度的な同型化現象に対抗するものである[14]。行政の下請け的役割を果たすことを避けるために，アソシエーションの推進者たちは，長年受けていた国家の監督を受けないように努めてきた。同時に，アソシエーションの法的位置づけが，現在のさまざまな法人形態ではいろいろな問題を引き起こしているので，フランスにおける共同的企業にとってもっと容易で柔軟な対応ができるものになることを期待した[15]。協同組合のように，社会的企業は経営の独立性を強く目的としている。しかし，協同組合と違って社会的企業は，営利的な資源を利用するだけではない。すなわち，社会的企業は，社会的正義や社会的共通益を追求して，長期的に存続しようとするならば，公的な資金援助も辞さない。営利的な資源や非営利的な資源を恒常的に結びつけることは簡単ではない。というのも，そのためには複雑なパートナーシップが必要となるからであり，設立当初から引き継がれている区画化という制度的な発想を否定する必要があるからである。社会的企業は，各種ステークホルダーの実生活上の経験を考慮に入れてサービス能力を高めなければ，直面する障害を克服することはできない。

　国からでもなく市場からでもない補完的な資源によって均衡化が進むような保育や在宅支援にこのことがあてはまる。社会的ネットワークのなかには個人別の関係があり，保育や在宅支援は各自の立場から可能となる自発的参加を引き出すからである。この特徴には政治的な意味がある。民主主義の将来が，共同的な世界に属しているという意識によって決定されるとするならば，社会的目的に重点を置いた生産ネットワークの強化によって，その取り組みは支援さ

---

14) その事例として注目されるのは協同組合生産運動における議論であり，1997 年 10 月のリール会議では，「協同組合運動は，イタリアの社会的協同組合のような，ユーザー，ボランティア，従業員の新しいパートナーシップを認める特別の法人格の制定に向けて奮闘する」という決議が採択された。

15) 自己資金調達，代表者の個人的責任，明確な税制度の不在などの問題を含む。

れ強化される。

　国家と市場のそれぞれの特徴ある取り組みのなかから新しい解決策を見出すことができる能力こそが，近隣サービスに社会的企業が登場した強みであった。社会的企業の将来の発展は公共政策をリニューアルできる交渉能力にかかっている。公共政策の押しつけが社会的企業にとっては依然不利となっているからである。そのためにフランスでは法制度の改正が何よりも必要である。協同組合やアソシエーションの法人格が適用されるべきか，あるいは新しい法人格が必要なのか。1999年には，この議論がとりわけ社会的企業に関する研究調査を通じて行われた。そのなかには，雇用連帯省による社会的目的をもった企業についての調査，社会的協同組合に関するフランス協同組合連盟のワーキンググループ，連帯生活開発財団のワーキンググループなどがある。19世紀に誕生した社会的経済は，21世紀に入った現在，適切な法人形態を探求中である。しかし，法人格の問題を超えて，社会的経済企業は将来的に開発の連帯モデルをつくろうとしている。これはリピエッツが述べているように，「連帯に基づくサードセクター経済」を建設するという，より広範な問題の一部である (Lipietz 1998 : 3)。市民連帯経済省が2000年にはじめて設置されたことは，社会的経済が現実になっていることを示すものである[16]。

参考文献

ACEPP (1996) *Manifeste de l'Association des collectifs-enfants-parents-professionnels*, ACEPP, Paris.
ALIX, N. and CASTRO, S. (1990) *L'entreprise associative: aspects juridiques de l'intervention économique des associations*, Economica, Paris.
ARCHAMBAULT, E. (1996) *Le secteur sans but lucratif – Associations et fondations en France*, Economica, Paris.
BERGER, A. and MICHEL, G. (1998) 'Des services de proximité? Oui, mais lesquels?', in *Topo-guide des services de proximité*, ADSP, Desclée de Brouwer, Paris, 15–35.
BERNIER, A. and ESTIVILL, J. (1997) *Des pratiques différentes, une volonté commune*, CNEI, Paris.
BIDET, E. (1997) *L'économie sociale*, Le Monde Éditions, Paris.
COMBES, J. (1989) *Les crèches parentales, lieux d'ancrage de réseaux de solidarité*, Département

---

[16]　ノールパドカレ県議会の政策責任者であるG. Hascoëtがフランス政府の国務大臣に指名された。

recherches-actions, *ACEPP*, Paris.
Comité de liaison des services CNPF (1994) *Les services à la personne. Services aux consommateurs et services de proximité: des marchés à développer par l'innovation dans l'offre et par le professionnalisme des intervenants*, CNPF, Paris.
CROFF, B. (1994) *Seules – Genèse des emplois familiaux*, Éditions Metailie, Paris.
DEFOURNY, J., FAVREAU, L. and LAVILLE, J.-L. (eds) (1998) *Insertion et nouvelle économie sociale*, Desclée de Brouwer, Paris.
DEMOUSTIER, D., HOFMAN, B. and RAMISSE, M.-L. (1996) 'Connaissance des associations du secteur sanitaire et social', Equipe de socio-économie associative et coopérative, Institut d'Études Politiques de Grenoble.
DI MAGGIO, P.J. and POWELL, W.W. (1983) 'The Iron Cage Revisited: Institutional Isomorphism and Collective Rationality in Organizational Fields', *American Sociological Review*, vol. 48: 147–60.
ENJOLRAS, B. (1996) 'Associations et isomorphisme institutionnel', *Revue des Études Coopératives, Mutualistes et Associatives*, vol. 75, 261: 68–76.
EVERS, A. (1993) 'The Welfare Mix Approach. Understanding the Pluralism of Welfare Systems', in EVERS, A. and SVETLIK, I. (eds) *Balancing Pluralism. New Welfare Mixes in Care for the Elderly*, Avebury, Vienna and Aldershot, 3–31.
FITOUSSI, J.-P. and ROSANVALLON, P. (1997) *Le nouvel âge des inégalités*, Le Seuil, Paris.
GIDDENS, A. (1994) *Beyond Left and Right, The Future of Radical Politics*, Polity Press, Cambridge.
HASCOËT, G. (1996) *Le développement des services de proximité*, Région Nord-Pas-de-Calais, Conseil Régional, Lille.
JEANTET, TH. (1995) 'L'économie sociale dans le contexte français', *Revue des Études Coopératives, Mutualistes et Associatives*, no. 256: 17–25.
LAVILLE, J.-L. (ed.) (1992) *Les services de proximité en Europe*, Syros-Alternatives, Paris.
LAVILLE, J.-L. and GARDIN, L. (1996) *Les services de proximité: un choix de société*, CRIDA-LSCI (CNRS-IRESCO), Paris.
LEPRINCE, F. (1985) *Accueillir les jeunes enfants*, CNAF, Espace et familles, résumé de thèse.
LIPIETZ, A. (1998) *L'opportunité d'un nouveau type de société à vocation sociale*, interim report to the Minister for Employment and Solidarity.
MANOA, J.-Y., RAULT, D. and VIENNEY, C. (1992) 'Les institutions de l'économie sociale en France. Identifications et mesures statistiques', in DEFOURNY, J. and MONZÓN CAMPOS, J.-L. (eds) *Économie sociale – The Third Sector*, De Boeck, Bruxelles, 57–106.
Ministère de la Santé publique et de l'Assurance-Maladie (1995) SES, *Info rapides*, no. 63.
NOGUES, H., BOUGET, B., TYMEN, J. and BROVELLI, G. (1984) *Politique d'aide ménagère en Loire-Atlantique*, Centre d'études des besoins sociaux, Faculté de Nantes, Nantes.
NYSSENS, M. and PETRELLA, F. (1996) 'L'organisation des services de proximité à Charleroi: vers une économie plurielle?', *Les cahiers du CERISIS*, 96/1, Charleroi.
PASSARIS, S. (1984) *La participation parentale dans les modes de garde de la petite enfance*, 4 tomes, CIRED, École des Hautes Études en Sciences Sociales, Paris.
VIENNEY, C. (1994) *L'économie sociale*, La Découverte, Paris.

6　ドイツ：社会的企業と中間労働市場

アダルベート・エバース
マチアス・シュルツェ-ボーイング

はじめに[1]

　ドイツ経済は，1990年代を通じて，雇用の面で良好な成果を上げなかったと考えられよう。東側の新連邦州において雇用が激減したが，それは中央集権型経済から市場経済への移行に伴う容赦のない構造再編によるものであった。東側での雇用は，1990年の約1,000万人から93年には600万人へと減少し，翌年以降もその水準に変化はなかった。古くからの西側の連邦州では，「再統合ブーム」の1991年と92年の急増以降，雇用者数は再び2,800万人へと減少している。この水準は1990年にすでに経験したものである。
　失業は戦後最悪となり，1997年には11.4％に達し，440万人が失業者として正規に登録された。完全雇用との差である失業者には，公的な仕事おこし計画や訓練プログラムで一時的に採用された人々の数，あるいは辞めさせられたり労働市場から引退した人々という「沈黙の予備軍」に属する人々の数が含まれているが，完全雇用との差は約700万人と見積もられている（European Commission 1998b）。
　このような好ましくない状況の原因分析になると，議論は多くの点できわめて論争的になる。原因の説明は広範囲にわたり，労働市場体制や高税率という

　1）　本稿はさらに詳細な研究に基づいている。Evers, A., Schulze-Böing, M., Weck, S. and Zühlke, W.（1998）を参照のこと。

比較的硬い話から，サービス部門で原動力が失われていること，あるいは東部側での再統合・移行の重荷が続いていることにまで及んでいる。さらには，労働需要が減退し続ける基本的な傾向を変えようと思えば変えられるという想定に疑問が出てきている。もしかすると将来，有償労働への参加やそこからの収入が過去と同じような社会参加の意義をもたなくなるかもしれない。こうした疑問が学会での議論や世論に出てきているが，これまでのところ，公共政策や公的な計画に影響を与えてはいない。公的な政策は，(1)完全雇用をめざし，(2)社会的排除の問題を失業問題と同等とみなしているのであり，経済統合の問題は雇用と経済成長とを通じて解決できると想定している。都市の近隣社会や農村でみられる光景について議論がなされ，さまざまなグループを社会的に分解し排除していると特徴づけている。しかしながら，これらの議論は他方では依然，ソーシャルワークおよび都市計画の問題とみなされるか，あるいは若者や長期失業者向けの仕事おこしへの挑戦とみなされている。

公的な雇用政策は，一方で職業訓練および再訓練措置の実施にかなり依存しているが，他方では数多くの仕事おこし計画（Arbeitsbeschaffungsmaßnahmen すなわちABM）にも頼っている。この計画は公的資金が注入される「第2次」労働市場とみなされている。こうした措置[2]により，失業による社会的排除の甚大な影響が表面に出てくるのが防止されてきた。東部ドイツでは量的にみて，一部地域で，第2次労働市場が最も重要な地域雇用の一部となっている。

しかしながら，このように集権的に実施される政策の効果は臨時の収入や仕事をつくるけれども，それを疑問視する研究者や評論家が増えてきている。中央の集権的な政策が雇用を増やすことができず，とくに持続させることに失敗するのは明らかであり，同様に，明らかに長期失業や社会的排除との戦いにも失敗するからである。それゆえに，ABMタイプの仕事おこし計画がしだいに政治の支持を失ってきている。「第1次」労働市場を再編してより多くの失業者を吸収できるようにするという最も重要な課題に関して，これらの計画は役に立たないというのが議論の主流である。ドイツではあまり聞かれないが，ヨーロッパにおいては珍しくもない別の批判がある。それは，社会的排除が複

---

2) 全体像については次を参照のこと。Schulze-Böing and Johrendt (1994).

雑な性格であるために，地域的な経済統合計画に比べてはるかに複雑な答えが求められることも多いという想定に基づいている。

多種多様な代替措置が考えられ実験的に試行される一方で，市場への転換やビジネス志向の方法も見受けられる。これらの措置は「通常の」市場経済に人々を統合し，短期的に目に見える効果を上げることに明確に焦点を定めている。したがって，不利な立場にある対象グループ向けの新たな職業紹介方法，すなわち，「ジョブ・ローテーション」方式の訓練方法がしだいに好まれるようになってきている。しかし中央政府レベルでは議論があり，市場化されたサービス分野での低賃金職務の数を増やす手段として，移転所得と稼得所得とによる新しい形の所得ミックスを導入するか否かが争われている。それにもかかわらず，1998年9月28日の選挙後の政治の左旋回の後でも，依然として，社会的排除の問題が完全雇用再達成の課題と同じものと考えられている。

1 サードセクター——隠れた雇用の可能性

ヨーロッパの数多くの国と比べると，ドイツでは，雇用政策策定にかかわるカテゴリーとしてのサードセクターが最低限の位置しか占めていない。そのことは事実である。しかしサードセクターは雇用および経済的連関という点ではきわめて重要な構成部分である (Anheier 1997; Zimmer and Priller 1997)。ドイツでは非政府系の複数の大規模な福祉連合が社会福祉サービス，教育，保健医療の大半を提供し，約130万人を雇用している。もっとも大きい2つの連合，つまりカリタス Caritas（カトリック系）とディアコニイ Diakonie（プロテスタント系）は，それぞれ40万人と33万人の職員を抱えている。営利企業最大のダイムラー・ベンツが24万人であるから，それよりも多い。ドイツでは，補完性原則［EUの原則の1つで，中央政府の政策に対して地方政府が注文をつけることができるもの。あるいは地方の補完により中央政府が成り立つ原則］が憲法に定められているが，この原則によって正統性をもつことができた上記の組織が，社会政策をコーポラティズム的に調整する場合の中心的な役割を演じている。

これらの組織はメンバー（教会，その他の独立の源泉）からの分担金によっ

て資金が提供されるのではなく，国や地方自治体あるいは国の社会保障機関からの補助金やサービス報酬によって資金が供給されている。大規模なボランタリー組織が運営するサービス供給事業者の所得の 90% が国と社会保障基金から出ており，通常は標準化の程度の高い主流のサービスに対して出されるものである。したがって，この領域で多くの雇用を生み出すことになれば，公的セクターおよび伝統的で非革新的なサービス供給を拡大する特別の方法となってしまうであろう。

だが，サードセクターには地域に密着していても目に見えにくい部分もあり，起業組織，プロジェクト，サービス供給会社などから構成されている。とはいえ，これらは必ずしも大規模なボランタリー組織の傘の下にあるものではない。サードセクターは，必ずしも公式化されているとは言い難い社会的課題の周りに形成されるのであり，たとえば都心部の衰退，新たな社会問題，弱者グループへの配慮，失業，社会的排除などといった課題である。これらはあまり安定的とはいえない地域の基金に支えられ，ときには州の時限的なプログラムに支えられることもあるが，地域の連帯や多くのボランティアおよび市民参加に頼っている。

サードセクターの正統性を支える事実とは，失業が続き既存の政策に幻滅した結果，そもそも市場と国家との間にあるはずの連携について新しいアイデアを出さなければならなくなり，その事態にしだいに気づくようになってきたことである。だがこのアイデアは，1980 年代から 90 年代にかけて主流となっていた考え方によって脇に追いやられていた。地域に根ざしたアソシエーションや起業組織が，伝統的で大規模な福祉アソシエーションと取り結ぶ関係は多様である。一方では乏しい公的資金を求める歓迎すべからざる競争相手とみなされることも多く，他方では革新的な提案が既存のサービスと直接には競合しないことも多い。大規模な福祉サービス組織のうちのあるもの——とくに，教会あるいは社会民主党と提携していない DPWV[3]——は，地域の新しい起業組織をメンバーに迎え入れている。地域経済開発の実験やパイロット事業は，公的

---

3) 他の福祉組織と同様に，DPWV も個人会員制はとっておらず，サービス供給組織を会員としている。

資金調達と私的資金調達との新たな組み合わせ、あるいは専門業務とボランティアとの組み合わせと並んで、研究や政治的議論の焦点となってきつつある。ヨーロッパの他の国々、たとえばフランスやイギリス、あるいはイタリアから輸入されるモデルが研究されるとともに、雇用促進と地域開発との連携に関する欧州委員会のガイドラインや勧告が、政策および戦略形成の方向転換を推し進める主な刺激となっている。

こうした文脈において社会的企業概念が研究され、ドイツ特有の制度的、政治的、経済的な文脈において、地域雇用、社会的統合の潜在的な可能性の調査事例となるのである。

2 社会的企業と社会的資本──概念的枠組み

社会的企業という言葉が雇用目標や雇用にかかわる組織に関する議論のなかに登場するようになっているが、公益に向け企業家的に活動を展開するすべてのサードセクター組織の1つ1つに妥当する概念として理解されるべきである。社会的企業という言葉が示すのは、この種の組織がある程度の市場志向性や企業家的態度と社会的課題や社会的目標とを掛け合わせていることである。したがって、社会的企業は特有のタイプのサードセクター組織と定義することができる。社会的企業は他の市民アソシエーションやボランタリー団体とは異なっているのである。その違いの程度は社会的企業が強力な企業家的要素、市場的要素をもっている点にあるが、それにもかかわらず一群の特定の社会的な目的がバランスをとる重石となっている。本書の他の部分（エバース分担の第17章参照）で、社会的資本を動員できる可能性──民主的な市民社会での信頼関係、連帯、相互協力意識の程度によって表される（Putnam 1995）──は、サードセクター組織としての社会的企業の中心的な特徴である。

第17章を要約すれば、社会的企業は特定のタイプのサードセクター組織として、2つの基本的な方法によって社会的資本の形成に貢献するものと特徴づけることができる。すなわち、第1に、中間団体としてであり、国、市場、市民社会、市民コミュニティなどの多種多様な出所からなる資源の混合を活用し

ながらそのバランスを図る。第2に，さまざまな経済的な目的や社会的な目的，および公益に関連する目的を1つの組織に融合させることによってである。このようにして社会的企業は，社会的な面でも経済的な面でも，既存の社会的資本に付加価値をつけ加えるのであり，また社会開発の論理（Midgley 1995）に従うのであって，単に社会政策ないし経済開発の論理に追随するのではない。

以上のことは，ここで取り上げている社会的統合や労働市場への統合，および仕事おこしにかかわる組織や企業にとってどのような意味となるのであろうか。

第1に，社会的な目的は補完的でかつ異なった特徴を表すことができる。「社会的」という言葉は，(1)雇用される個人との特別の関係を示すことができる。(2)生産される製品やサービスに適用される。そして，(3)仕事上の諸関係の内的な組織化にも当てはめることができる。社会的企業は，雇用の創出・維持という課題および労働市場への接近という課題と直接に結びついているのであり，通常は，この2つのタイプの社会的な目的を結びつけている。社会的企業は一方で，特定の対象グループの社会的統合や労働市場への統合に向け奮闘している。この対象グループには長期失業者，障害者，社会的に不利な立場にある若者などが含まれている。しかし同時に，ある特定の社会範囲のなかでの経済的・社会的構造の改善（たとえば，地域の物的・公共的インフラの整備）に焦点を定めている。この2つの側面を一緒に取り上げるならば，社会的企業は，雇用を通じた経済的統合の役割をもっているだけでなく，社会的統合や社会開発において幅広い社会的役割をももっているのである。

労働市場への統合，社会的統合および仕事おこしのための地域での起業組織の第2の基本的な特徴は，サードセクター組織がもっている強固な市民的背景や地域への定着と関係している（Granovetter 1985）。また，そうした背景や定着がサードセクター組織の資源構造の重要な一部ともなっているのである。こうした起業組織は，地域の環境や社会運動，アソシエーションの形成，連帯，自発的な参加と多くのつながりをもっている。統合のためには，市場セクターだけでなく，危機に瀕した若者の家族や近隣社会をはじめとして，さまざまな領域でパートナーが求められている。

社会的企業を創設し維持できる可能性は，多くが地域の環境によるのであり，

また市民,グループ,市民組織の態度で表現されるように,どの程度社会的資本が見出されるかにもよる。さらには営利セクターの性格や政治組織,行政組織の性格にも依存している。

しかし,社会的資本のこうした要素は検討を要するのであり,既存の条件からだけでなく,つくりだされるはずの要素としても考察する必要がある。地域開発すなわち,地域づくりには社会的資本の動員が必要であるが,同時に地域経済のために社会的資本をつくりだすのである。社会的企業は長期失業者を採用するとともに,みずからの活動を通じて,コミュニティでの社会的ネットワークや統合手段を守り回復する手助けをする。同時に他方で社会的企業は,地域の社会的資本の構成要素を活性化させること,たとえば他の組織をして積極的なパートナーシップ形成に乗り気にさせてしまう一助となるのである。言い換えれば,社会的資本概念はもともと一定の分析カテゴリーとしてもちだされ,そのカテゴリーが長期にわたって築き上げられてきたのである。こうした観点からみれば,社会的資本は意識的に開発された有用なものとみなすこともできる。したがって,社会的資本の維持と構築は社会戦略上の鍵となる問題と考えることもできる (Gittell and Vidal 1998)。

このようにして,地域開発と雇用に適したパートナーシップにみられるように,行動する人々のネットワークと社会的企業との結びつきがきわめて重要なのであり,この点はさまざまなEU文書で提起され,説明されてもいる (European Commission 1996 ; O'Conghaile 1997)。同様に,普通の企業とのパートナーシップや,地域で関わりをもつ中心的人物のインフォーマルなネットワークの構築が重要である。実際,社会的企業に共通した特徴の1つがマルチステークホルダー構造であり (Pestoff 1996 ; Borzaga and Mittone 1997),この構造が市民社会の他の組織や機関の参加を生み出し維持するために必要となる。地元で周りと積極的に結びつきを保ち,連帯資源を動員し,その恒常的な利用を守るという仕事によって,明らかに社会的企業は通常の営利組織よりも適合的にもなるが,同時に脆くもなるのである。

社会的企業がハイブリッドであって従来型の組織でないことを考えれば,ハイブリッド化に向けた社会的企業の強力な役割を正統化することが重要であり,また「パートナーシップ・アプローチ」にみられるように,社会的統合政策や

労働市場への統合政策のなかでの補完的な戦略の形成に向けた大きな役割を正統化することが大切である。さまざまな展開を一目見ても分かるように，たとえば米国では，明らかに多種多様な公私のパートナーシップが最底辺に置かれた人々にうまくサービスを提供しており，そこでは行政が営利的なサービス供給業者と排他的に請負契約を結んでいる。この役割のなかでは供給業者が実に多岐にわたる社会的任務を遂行できるのである。たとえば，刑務所のみならず職業訓練センター，職業紹介所の運営もできる。したがって，行政は社会的企業の登場を促し，強力な役割を与え，パートナーとすべきではないのか。社会的企業がまず最初にそこにあったがゆえに――少なくともドイツではそうである――，そうあるべきではないのか。これまでの議論の流れからいえる答えは，社会的資本の構築を含め，さまざまな目的を結びつけることができる社会的企業の能力によって，以下の条件のかぎりで，公的組織や営利組織に比べて特別の優位性が社会的企業に与えられるのである。

- 社会的企業は，他の社会的パートナー，経済的パートナーの参加と信頼をうまくつくりだし利用すること（ボランティアの活用，教会・労働組合・商工会議所の活性化）ができ，それによって政治的選択やプログラムの範囲を広げることができる。
- 社会的企業は，地元の文化を背景とする緊密な関係に依存するサービス（たとえばホームヘルパーや在宅介護）を築き上げる高い可能性をもっている。
- 社会的企業は，付き合いのうえでの信頼性が高いばかりでなく，受身で不信感をもっているような顧客層――顧客，職業訓練を受ける人，雇われる人――を再度社会に復帰させ，再活性化することに関して信頼性が高い。
- 社会的企業は，複合的な目的の達成，たとえば地域開発を特定グループの労働市場への統合に結びつけることに適合的である。皮肉なことに，そもそも，社会的企業の活動が拡散しているために副産物を生み出してしまい，その副産物が短期的な雇用目標と同じように重要となってしまうかもしれないのである。たとえば，インフォーマルな協同ネットワー

クの構築，さまざまな組織と社会政策セクターとの落差を埋めることなどである。

　こうした潜在的可能性が公共政策立案者の側に認識されるかどうかは，政策サイドの大局観しだいである。社会的統合や労働市場への統合が明快な職務であって，基本的に専門家の行う仕事であり，一般の人々がそこに資金を提供するものだとすれば，社会的企業を必要とする特別のニーズはない。しかし，うまくやるためには強力な市民参加が重要だと思われるならば，事態は異なってくるかもしれない。その仕事が明快かつ単純に個々人を労働市場のどこかにはめ込むことであるとするならば，社会的企業は不要であるかもしれない。だが，労働市場への個々の再統合が広範囲にわたる社会的統合戦略の一部とみなされるようになれば，社会的企業はさらに重要なものとなるかもしれない。この社会的統合の方法は，集合的な努力を通じて，（地域の）経済開発，社会開発をより包括的にすることであり，また従来の社会経済的枠組みを変え，個人が個々のチャンスを追求しなければならないようにすることである。

3　社会的統合と事業の推進との狭間で――ドイツの社会的企業

　失業危機が続いていることへの反応として，ドイツではさまざまなタイプの起業組織が生まれている。それは，おおよそ1980年代前半からの現象である。そのほとんどが，職業訓練コースや臨時雇用，および従来型労働市場への橋渡しに集中している。しかし多くは一緒になって企業をつくり，たとえば環境部門や対人社会サービス部門において追加的雇用を提供しようとしている[4]。以下の3つのタイプがドイツ風に翻訳したものである。

---

4)　全体像については次を参照のこと。Birkhölzer and Lorenz (1998).

社会的雇用の起業組織

　主として教会やコミュニティ，あるいは福祉組織や労働組合が地域において主導権を発揮し，それに基づいて特別の組織が創設された結果として，社会福祉の対象者や長期失業者，その他の対象グループ向けの雇用がつくりだされてきた。地方自治体のワークフェア［勤労福祉制度，つまり社会福祉給付金を受給しているも者に対して，その見返りに社会奉仕事業に従事したり，職業訓練を受けることを義務づけている制度］，あるいは連邦労働省の仕事おこしABM計画を通じた基金に大きく依存して提供される仕事は，ほとんどが期間限定であり，仕事の範囲も公益の（追加的な）仕事，たとえば地域インフラの整備，リサイクル，社会福祉サービスなどに限定されている。地域コミュニティや特定グループのなかで共益的な目的や個人のニーズがかなえられるが，それらのなかにあるエコロジー的な要求や経済的・社会的要求にとって有益と考えられるものを何か生み出すという目的が，明らかに影響力をもっている。さらに，こうした起業組織は，多くがさまざまな社会的支援の動員や活用なくしては創造されえないのであり，社会的資本に依存している。

　しかし，職業訓練や臨時雇用のための余地をつくりだすという目的が優先事項である。とくに次の事実からそれは明らかである。すなわち，公的な計画がこうした起業組織に与える支援は，「新社会福祉サービス計画」の一部なのではなく，雇用・訓練の名の下に連邦労働機構が与えているものなのである。ドイツでは，この種の組織はそのまま「社会的雇用のための起業組織」(Soziale Beschäftigungsinitiativen) と呼ばれている。こうした起業組織の製品やサービスが地域の社会的資本に貢献しても，その貢献は雇用という役割の面では副次的になりつつある。したがって，そのことは起業組織に対する社会的支援の源が失われている危険性を意味している。しかも，その製品およびサービスが開放市場に参入することがきわめて限られているため（ほとんどが追加的なサービス供給を強いられており，競争的な供給を求められているのではない），起業組織は社会から取り残されてしまう罠に陥る危険に常にさらされている。つまり，社会的資本を生み出し活性化する装置に発展するのではなく，統合政策の

仕組みのなかの瑣末な事業となるのである。ワルウェイおよびワーナー（Walwei and Werner 1997）は，こうした起業組織の数を3,500〜4,500と見積もり[5]，従業員は75,000〜95,000人としている。

東部ドイツでの雇用創出のためのアソシエーション

ドイツでは，「雇用創出・構造開発アソシエーション」（ABS）が再統合後に生まれた新たな州にのみ登場しているが，その多くは産業再編過程で閉鎖された国有企業の後釜である。雇用の規模は注目に値し，400のABS企業で155,000人もの人々が働いている（Walwei and Werner 1997）。ここで働く人々は，社会的に雇用を生み出す起業組織とはかなり異なって組織されているけれども（一般にABS企業は旧国有企業の従業員全員を引き継ぐのであって，対象グループには関心を向けていない），多くの点で社会的雇用のための起業組織と似た制約をもっていた。税および基金の規制により，ABSは競争市場から完全に切り離されて仕事をしており，安定的な経済基盤を確保できなかった。地元の政治的意思決定や行政の計画が基本的に中央政府の計画を採用した結果，ABSはほとんどが社会経済的環境に適応することができなかったのである。ABSは外部の通常の経営者と接触することがほとんどなく，クヌース（Knuth 1996）が述べるように，労働市場の流動性にうまく対処するためのコンセプトを膨らませることができなかった。

要約すれば，社会的企業概念に関して本章の初めにスケッチしたように，上述の雇用のための起業組織や雇用創出のためのアソシエーションが社会経済生活に欠かすことのできない部分として発展するには，大きな制約があるといえる。既存の政治の枠組みや規制の枠組みがその原因であり，また起業組織のリーダーや組織者の多くにみられる態度にも原因がある。主な理由は次のとおりである。

- 課税ルールによる規制（非営利という地位が競争市場への参入を制限す

---

5) 1994年。次を参照のこと。BAG Arbeit (1997).

- 基金計画による規制（仕事おこし計画が公益の仕事に厳しく制限されていることが多く，市場からの利益ないし収入を生み出しはしない）。
- 対象グループの（現実ないし想定の）ニーズに基づいたソーシャルワークの見通し。しかしながら，競争経済の挑戦に対抗できるほど十分な利益をもたらすので安定的になる，とはみなされなかった。
- これらの起業組織を地元の社会経済的環境と結びつけるような開発コンセプトの意義の過小評価。現実にはネットワーク化が役割を果たすことも多かったが，それが観念的に否定され，起業組織の源泉および結果としての社会的資本の潜在的な役割を無視した。

　以上の事柄すべてが寄与するため，雇用のための起業組織が「限界主義者」志向（European Commission 1996）のプロセスにはまり込んでしまうことにもなり，その志向のままでは，対象グループの弱点，欠陥に焦点をあてるだけで，対象グループを地域経済の一要素として組み込むことができない。

　したがって，これらの起業組織全体の生産性はむしろ低い。個人や公的な顧客向けに製品およびサービスを販売してコストをカバーできる比率は，楽観的評価をしてみても，15～25％を超えることがない。公的な補助金が主な財政基盤なのであり，支援のための社会的資本という観点から生み出される資金について，通常，特別の認識をもたれることはない。この資金が，政府の報告書や政府機関の文書において，資源や潜在的可能性として触れられることすら一般にない。さらにいえば，そこではこの種の社会的企業に批判的な評価をしており，社会的企業で雇用される人々が保護制度でぬるま湯につかるという汚名に甘んじてしまうという事実が強調されている。また，彼らは技能を欠き，主流の経済環境や地域の通常の労働環境，サービス環境のなかでの行動ルールに従うことができないとされてもいる。

ドイツで社会的企業と名づけられた組織

　ここまで2つのタイプの組織についてスケッチしてきたが，それらは労働市

場への統合や仕事おこしに対する特別の関心からさまざまな名称で事業を起こし，サービスを提供しようとしている組織であった。ドイツには共通して「社会的企業」という言葉が使われる第3のタイプがある。しかし，社会的企業という用語をいろいろに使うことができることを想起すべきである。一方で企業はなによりもまず企業家活動やイノベーションといった問題と結びつけて考えることができる。しかし他方では，市場で機能する民間組織の意味での「企業」と結びつけて考えることもできる。もちろん民間市場組織であるかどうかは，商品や活動スタイルにかかわらず，市場での販売から資金を得られる程度によって決まる。ドイツで主流なのは後者である。

ノルトライン-ヴェストファーレン州，ニーダーザクセン州，ザクセン-アンハルト州において明瞭に「社会的企業」と呼ばれているものは，これらの州の労働市場政策と結びついた特別の開発プログラムの産物である。基本的には，この開発プログラムすべてが社会的企業を定義し，市場志向の起業組織と州が関わる臨時的な支援策との混合物であるとしている。この支援がなされたのは，仕事おこしや経済開発を労働市場への統合機能と結びつけるためであった。州の支援策は臨時措置ではあるが，社会的企業を過渡的な制度としてつくりだしている。そして，この制度は過渡的な労働市場の一部をなしている（Schmid 1995）。このような社会的企業を生み出すには2つの方法がある。第1に，既存の企業のなかに長期失業者向けの仕事を一定数つくり，競争的な労働市場で働かせることが可能である。第2に，長期失業者向けの新たな仕事が一定割合を占める新規事業を立ち上げることも可能である。どちらの場合も，州の補助金が交付され，逆累進の考えに基づいて賃金コストその他の支出を補填している。事業は5年後には完全に自立しなければならない。手に入るデータによれば，このモデルを通じてつくりだされた仕事は比較的少なく，71の社会的企業で1,500の仕事である[6]。ごく限られた数だけが経済的に自立しているに過ぎず，州からの補助金がさらに必要となるであろう（Christe 1997）。

この種の社会的企業が2つの機能，すなわち仕事おこし・経済開発と労働市

---

[6] ニーダーザクセン州のデータについては次を参照のこと。Walwei and Werner（1997 : 14）.

場への統合とを結びつけていることには注意が必要である。しかしながら、この社会的企業は地域的な統合，コミュニティでの統合という面を無視している。市民参加，ボランティア，コミュニティのなかでの組織や起業組織への精神的支援などが，社会的企業を立ち上げる段階で一定の役割を演ずるが，公的なプログラムではそれらが重要な要素だとは認識されず，それらの資源を活性化することに対しても特別の報酬を与えはしない。社会的企業には可能なかぎり通常の事業という地位に到達することが求められるというのが事実であり，そうであるがために社会的企業には上記の資源を探し求めることを思いとどまらせるのであり，しだいに本筋から逸れたものとみられるようになる。さらにいえば，こうした社会的企業の製品をみても生産モデルをみても，社会的企業に対して社会的側面をもつよう求めることはなく，たとえば地域コミュニティでのニーズや需要に取り組むような求めはしない。地域的な特定の社会的，公共的関心を選び出してみても得るところがないのである。

　しかも，社会的な目的と経済的な目的との二元論のバランスが図られ，社会的企業概念のなかで目的の実質が保たれるかどうかを決定しなければならない。社会的企業の概念は通常企業への転換の可能性を基本的に認めているのであり，サードセクター組織の潜在的可能性を利用しようとするアプローチの一方法でもありうる。問題の中心となるのは，こうした企業がみずからを定義し，景気回復，社会的統合，コミュニティづくりに向けた社会開発戦略の一部とみなされるよう望むかどうかである。

　ドイツでの事実発見に照らし要約すれば，社会的企業は，主要には2つの変則型として存在しているとみることができる。つまり，「社会的雇用の起業組織」と「営利事業タイプ（business type）の社会的企業」である（第2類型のABSは省かれる。新州でしか見出せないからである）。概念という点からみれば，2つとも特有の強さと弱さを併せもっている。社会的雇用の起業組織は社会的資本を生み出し活用するという点ではよく機能するが，活動の背後にあるものによって，また場合によっては展望が限られていることによって，社会的企業はみずからもつ資源と課題の組み合わせという重要な面をみることができなくなってしまうのである。こうした企業は，仕事おこしを通じて得られるはずの経済統合効果という経済的な影響や成果を欠いていることが多い。さらに，

公共政策は即座の雇用創出効果という点からのみ社会的企業を理解するが、たとえば、サービスや協同の可能性、支援を通じて行う地域的統合や社会的統合の機関としての潜在的な力を制限している。

以上のようなプロジェクトや起業組織をドイツでは明瞭に「社会的企業」と呼んでおり、経済統合効果という点でうまくいくかもしれない。しかし、大いに疑問なのは、社会的企業が通常の営利事業の開発行動に比べて、それ以上に社会的排除への取り組みに貢献できるかどうかである。なぜならば、社会的企業の業務や全体的な方針が開発コンセプトをまったく欠き、コミュニティ志向もないからである。主流となっている1目的1組織アプローチは、つくりだされた仕事あるいは雇用された人という点でのみ成功の度合いを計るが、公共政策が社会的企業の特有の潜在力を真に利用しようと思うときには、おそらく、そのアプローチを克服しなければならない。社会的企業組織は雇用効果をもつことができるが、労働市場への統合とのみ関係する政策に対しては適切な道具ではない。

4 合同再開発・雇用戦略の一部をなす社会的企業
──デュイスブルグ-マルクスロウの事例

これまでの議論に照らし、この節では具体的な事例を取り上げ、社会的企業の独自の可能性に広がりを与える政策展開についてみておきたい。ここでの例は、積極的に取って代われる簡単な代替策を意味するものではなく、むしろ前に向かって進むなかで課されてくる困難を描き出している。取り上げる例は2つの社会的企業であり、この企業の展開がノルトライン-ヴェストファーレン州政府の立てた都市再開発計画の実施と関係し、さらにドイツ政府とEU双方の雇用計画とも結びついている。つけ加えておくべきは、労働市場への統合と都市部での（社会的）統合を結合させる傾向がまだ小さいとはいえ、地域的なアプローチのなかに増えてきている点である[7]。

---

7) ドイツについてはAlisch (1998)を参照のこと。EUレベルについてはEuropean

住民2万人のデュイスブルグ-マルクスロウはライン・ルール地方のデュイスブルグ市の一地区である。産業地帯としての過去から不確実な未来への劇的な変化の影響から依然抜け切れていない。マルクスロウでは住民の36%以上が移民（ほぼすべてがトルコ人）であり，失業率が約25%である。デュイスブルグでは失業率が約18%であり，雇用者のうち5人に1人が今後10年間に失業するとみられている。

　こうした状況を考慮すれば，ノルトライン-ヴェストファーレン連邦州（NRW）が再開発のとくに必要な市街地に対して取り組みを行っていて，その計画の対象となっている21市街区の1つにマルクスロウがあったこと自体は驚くにあたらない。この計画は1995年に着手され，NRWの都市政策と社会政策の資金を結びつけて，都市部での2極分解と闘う設計であった。1996年初頭以降，マルクスロウでの計画がEUのURBAN地域開発計画の支援を受けている。EUの計画は，経済志向，雇用志向をもつ地域開発の担い手を強化するのが目的である。このようにして，マルクスロウでは社会的統合および雇用の問題に対し地域開発計画を組み合わせて工夫をこらしているが，この計画は経済の面においては地域経済の刺激を強調している。社会面での目的は社会的インフラを改善し，個人やアソシエーションの参加および社会的統合を強めることにある。最後に，政治の面では市当局とともに責任をもって半自律的な2つのサブセンターを創設している。つまり，経済再活性化と都市の再生を専門とする「開発組織」と，マルクスロウでの社会福祉サービスの改善に専念する「都心部プロジェクト」とである。

　この2つの組織とも法的権限を得て，協同組合形式で働くというスタイルを発展させることに熱心であり，雇用計画と資格取得計画の統合と利用のために活動する主体であるだけでなく評価の基礎ともなっている。本節で描いた広い枠組みがこうした起業組織を定着させるだけでなく，1つ1つの起業組織やプロジェクトを間接的に支援している。その方法は，事業および社会的・文化的生活において，地域のあらゆるアソシエーションをネットワーク化し，活性化し，取り組むことであり，（春の清掃キャンペーンなどの活動によって）マル

　　Commission (1998a)を参照のこと。

クスロウとの一体感を強め，誇りと帰属意識を再生させることである。この経済開発計画は，とくに EU の URBAN 計画と連携してよい結果を出す方向にあり，たとえばショッピングモールやショッピングセンターの再活性化戦略の開発にかかわったり，小企業を興したドイツ人やトルコ人などの地域の市民との定例会を通じて地元の銀行に申し入れる行動をとることにかかわっている。

雇用にかかわるその他の起業組織に関するかぎり，「都心部プロジェクト」は上部組織であり，約 360 人の従業員がいる。彼らはほとんどが臨時的な訓練や資格を得る仕事に加わっており，州および連邦レベルでのさまざまな雇用訓練基金を利用している（大半は ABM 基金である）。ここでの仕事の大半が，都市の再生，荒廃した公共の場所や疲弊しきった社会福祉サービス（学校，地域センターなど）の改善再生という領域でみつけられるはずである。一般に，これらの雇用のための起業組織は開発戦略の枠組みのなかで活動しているが，3 つの原則に従っている。すなわち，(1)「マルクスロウのためにマルクスロウの人々は働く」，(2)移民の比率の高さが計画に反映されるべきであり，(3)「福祉問題」においては中心となる女性の役割が考慮されなければならない。

労働市場への統合と社会的統合との狭間で——社会的企業の生産性

本章で描いた 2 つのタイプの社会的企業は目を見張るような特別のものではない。企業家志向の考えのもつ意味が重要であることを示すために選んだのである。ある人々にとっては，社会福祉サービスを提供する NGO を社会的企業としてカテゴリー化することが創造的・革新的な行為だと思われるであろうし，そのカテゴリー化は市場での販売から得られる収入の程度に必ずしも厳密に依存するものではないであろう。また別の人々にとってみれば，社会的企業とその他の組織との違いを明確にするのは市場収入だということになる。この社会的企業とは異なるその他の組織は公的でもあれば私的でもありうるし，あるいは NGO であったり NPO であったりもする。その場合，市場販売による収入の確保が本質的な特徴であり，革新的な企業家志向は二次的であろう。2 つの社会的企業のジレンマについて以下に述べるが，一方で社会的企業は企業家精神に富み，主に第 1 の定義（先駆的，革新的）に従うが，他方では，社会的企

業を運営する場合の前提となる政策的な枠組みが主として第2の定義（市場活動からの資金の極大化）を支持している。

　この2つのプロジェクトは，マルクスロウでの小規模のプロジェクト集団や活動グループに組み込まれている。分析の時点では，このプロジェクトを市場と雇用とに焦点を合わせた戦略の構成要素に転換することが予定されていた。転換の目的は公的資金を大幅に減らすこと，およびプロジェクトの市場志向部分を強めることであった。したがって，どちらの場合も，一方での雇用と市場とに的を絞り込んだ政策と「企業」についての政策側の理解と，他方での社会的統合政策との間に生まれる緊張を説明することに向いている。この社会的統合政策は，さまざまなタイプの公的な活動によって規定された一種の企業家志向を求めるのであり，社会的資本の創出に焦点を合わせている。

　最初の企業は，街角のコーヒーショップであるシュベルゲインシュトラッセ Schwelgernstrasse であり，単なるパブにはとどまらない意味をもっている。そこは人々のインフォーマルな溜まり場であり，何はともあれ，集まる人々はマルクスロウの数多くの都市経済開発計画のすぐ近くにいることになる。また近くで働く人々のスナックバーとして役立っているだけでなく，周辺の2つの学校に暖かい食事を配達している。行政が軽食を注文することもでき，地元の事業家団体と一緒になり，またプロテスタント教会と協力して，困窮している人々に少額の料金で1週間の食事を提供してもいる。

　2番目の企業は，ナートゥシュテーレ Nahtstelle（インターフェイス）とよばれるお店であり，マルクスロウの中心部につくられた。この店では子供向けのおもちゃや衣類を買うことができ，商品の一部は中古品である（従業員が回収し修復する）。さらにお店では高齢者向けに洗濯のサービスをし，学校や孤児院，老人ホームなどの施設向けに衣類のありとあらゆる部分直しをしている。最後に，このお店は地域サービスの交換センターとしても機能している。

　どちらの組織も社会的企業と呼ばれているが，頼りとしているのは資源混合（州からの支援，販売収入，信頼関係・参加・ボランティアといったさまざまな社会的資本）であり，また経済的な目的と公益への関心とを混合するやり方である。しかし明らかなように，市場的な要素はかなり限定されている。この2つのセンターで働く約15人の女性はABM計画から賃金を支払われるが，中

心となる2,3人の人材は別扱いである。彼らはリーダーおよび訓練指導者として働き，別の訓練支援計画からお金が一部出ている。コーヒーショップに関しては，利益の上がる領域（たとえばコーヒーショップ）での活動と販売からの収入が中心スタッフの賃金の一部に充当され，また社会活動に伴う赤字を埋めるために使われる。ナートゥシュテーレでは販売収入の大半が設備資金ローンの返済に使われている。

　しかし現在問題となっているのは，これらの企業の将来の発展方向であり，企業の一部となっている社会的統合部門への影響である。とくに，EUのURBAN計画の枠組みのもとで市場をベースとした仕事おこしに明確に集中すべきプロジェクトとして，これらの企業を取り上げる場合の問題である。魅力的な子供服の仕立て業を広げること，洗濯のサービスを拡大することがナートゥシュテーレに対して提案されている。そうすれば，2,3人を雇える経済的基盤ができると見積もられている。都心部のカフェに関しては別のコンセプトが現在話し合われているが，開発と回復に向け，パートナー間の優先度の違いが浮き出ている。都心部プロジェクトの代表者たちは，公共施設としての性格を強め，近隣サービス向けに（おそらくかなりの程度の）補助金を得ようと望んでいる。だが経済開発機関は商業ベースのコーヒーショップに転換することを望んでおり，個人オーナーに売却すべきか，それともそこで働く女性による一種の協同組合として運営できるよう確立の手助けとすべきかを議論している。どちらの場合も，商業ベースでの仕事おこしという目標を社会的統合の目標と一致させることの難しさを看て取ることができる。たとえば，サービスの範囲を制限することもあるからである。従業員を選抜し，近隣および地元市場に定着する場合，社会的資本が頼りだったのであり，また，連帯および信頼に基づく援助やサービスを与えることによって，この選抜や定着が社会的資本維持の助けともなってきた。問題は，さまざまに社会的企業を利用できるのに，それが単なる仕事おこしに切り縮められてしまう場合，社会的資本を利用し再生産する過程をどの程度擁護できるかである。

5 結論　社会的企業の潜在的可能性——否定か実現か

　社会的企業についての議論は岐路に立っている。一方には，労働市場への統合が，雇用戦略によって，とくに地域レベルでの開発戦略と結びつけられるべきだとする議論がある。他方には，労働市場への統合と地域開発のための政策の部品や道具としてのサードセクター組織が果たす役割についての議論がある。
　本章で提示してきたのは，社会的企業がサードセクター組織であり，通常は別々になっている資源と目的とを社会的企業が組み合わせているという事実から，特別の潜在的可能性が生まれているという点である。社会的企業は他のサードセクター組織と特徴を共有しているが，異なっている部分もあり，社会的企業家として機能する程度にもよる。サードセクター組織としての役割のなかで，労働市場への再統合や仕事おこしの目的に向かって社会的企業がつくりだされるとするならば，社会的企業はこれらの仕事に関する目標をその他の目的やコミュニティへの貢献と結びつけるべきであり，またそれが可能でもある。このように活動するうえで，さまざまな支援形態，たとえば信頼関係，連帯，自発的参加，パートナーシップなどが重要な要素となり，それらを社会的資本とカテゴリー化してきたのである。
　上記のように，社会的企業は特有の形態をとり，労働市場，雇用政策・雇用計画を優先することが特徴である。これまでのところ，雇用に関する戦略は社会的資本の役割に特別の注意を払っていない。地域開発コンセプトをみても，あるいは社会的企業やサードセクター組織一般を理解し取り組むやり方をみても，社会的資本に対する注意がみられないのである。現在，統合・開発問題と社会的企業の潜在的役割とに関して，一種の還元主義が横行することも多い。

- 社会的排除に対抗するための計画が雇用・仕事おこし計画と同一視されることも多く，雇用計画は公共政策が認知する唯一の計画であることも珍しくない。こうした公共政策は短期的に計測できる目標達成に懸命である。

● このような狭い戦略的枠組みのなかで社会的企業が公共政策に支援されることも多いが,その場合でも,サードセクターのなかでの特別の仕事おこし起業組織もしくは職業訓練サービスだと受け止められるかぎりでのことである。社会的企業特有の強さが脇に追いやられ,課題に取り組むやり方の狭さゆえに,社会的企業の発展がゆがめられているのである。

公共政策が労働市場への統合や仕事おこしとのみかかわるだけで,社会的排除を生み出し,地域の社会的資本を壊してしまうような社会経済開発にまず第1に挑戦しないとすれば,公共政策はそのかぎりで,社会的企業の潜在的可能性を最大限利用することなどできはしない。しかしながら,社会的企業とサードセクター組織はどちらも,実際のところ「仕事製造機」としては有効ではない。これらの社会的企業などが活躍するためには,地域開発や都市開発に適した包括的なアプローチのためのコンセプトが必要となる。この開発の一部には雇用が重要な要素となるかもしれないのであり,開発にあたっては,社会的資本を構築することの総合的な効果,測定のむずかしい効果を正しく認識すべきである。サードセクター組織を促してネットワーク化を進め,さまざまな目的の間の調整をすべきである。たとえば,コミュニティ向けの新しいサービスの開発を新しい仕事と結びつけることなどである。公的な支援計画の策定において,社会的企業にとってよきものとして,また公益に貢献するものとして,社会的資本という資源を活性化する努力を正しく理解すべきである。

参考文献

ALISCH, M. (ed.) (1998) *Stadtteilmanagement. Voraussetzungen und Chancen für die soziale Stadt*, Leske und Budrich, Opladen.
ANHEIER, H.K. (1997) 'Der Dritte Sektor in Zahlen: Ein sozial-ökonomisches Porträt', in ANHEIER, H.K., PRILLER, E., SEIBEL, W. and ZIMMER, A. (eds) *Der Dritte Sektor in Deutschland*, Sigma, Berlin, 29–74.
BAG Arbeit e.V. (1997) *Soziale Unternehmen in Europa. Projekt zur Schaffung eines europäischen Netzwerks von Beschäftigungsgesellschaften*, Bundesarbeits-gemeinschaft Arbeit e.V., Berlin.
BIRKHÖLZER, K. and LORENZ, G. (1998) 'Allemagne. Les sociétés d'emploi et de

qualification en appui à la réunification', in DEFOURNY, J., FAVREAU, L. and LAVILLE, J.-L. (eds) *Insertion et nouvelle économie sociale*, Un bilan international, Desclée de Brouwer, Paris, 127–58.

BORZAGA, C. and MITTONE, L. (1997) 'The Multi-Stakeholders versus the Nonprofit Organisation', Università di Trento, Dipartimento di Economia, Discussion Paper no. 7.

CHRISTE, G. (1997) 'Neue Ansätze erwerbswirtschaftlicher Orientierung in der öffentlichen Beschäftigungsförderung', in Friedrich-Ebert-Stiftung (ed.) *Arbeitsplätze zwischen Markt und Staat*, Forschungsinstitut der Friedrich-Ebert-Stiftung, Bonn.

European Commission (1998a) *Building Territories for the Millennium*, Project Catalogue, Adapt, Brussels.

—— (1998b) *Employment in Europe 1997*, GDV, Amt für amtliche Publikationen der Europäischen Gemeinschaften, Luxembourg.

—— (1996) 'Erster Bericht über lokale Entwicklungs- und Beschäftigungsinitiativen. Schlußfolgerungen für territoriale und lokale Beschäftigungsbündnisse', SEK (96) 2061, Brussels.

EVERS, A., SCHULZE-BÖING, M., WECK, S. and ZÜHLKE, W. (1998) *Soziale Betriebe als Element lokaler Beschäftigungs- und Strukturpolitik*, Gutachten für die Enquetekommission 'Zukunft der Erwerbsarbeit' des Landtags von Nordrhein-Westfalen, Frankfurt and Dortmund.

GITTELL, R. and VIDAL, A. (1998) *Community Organising. Building Social Capital as a Developmental Strategy*, Sage, London.

GRANOVETTER, M. (1985) 'Economic Action and Social Structure. The Problem of Embeddedness', *American Journal of Sociology*, vol. 91, 3: 481–510.

KNUTH, M. (1996) *Drehscheiben im Strukturwandel. Agenturen für Mobilitäts-, Arbeits- und Strukturförderung*, Sigma, Berlin.

MIDGLEY, J. (1995) *Social Development. The Developmental Perspective in Social Welfare*, Sage, London.

O'CONGHAILE, W. (1997) 'Die Rolle von Partnerschaften zur Förderung des sozialen Zusammenhalts', Paper presented at the International Conference on Partnerships for Social Cohesion, Institut für Gesundheitswesen, Wien, October 1997.

PESTOFF, V.A. (1996) 'Renewing Public Services and Developing the Welfare Society through Multi-stakeholder Co-operatives', *Journal of Rural Co-operation*, vol. 23, 2: 151–67.

PUTNAM, R.D. (1995) 'Bowling Alone: America's Declining Social Capital', *Journal of Democracy*, no. 1, 65–78.

SCHMID, G. (1995) 'Is Full Employment Still Possible? Transitional Labour Markets as a New Strategy of Labour Market Policy', *Economic and Industrial Democracy*, vol. 16, 429–56.

SCHULZE-BÖING, M. and JOHRENDT, N. (1994) (eds) *Wirkungen kommunaler Beschäftigungsprogramme*, Birkhäuser, Basel.

WALWEI, U. and WERNER, H. (1997) *Beschäftigungsinitiativen in Deutschland*, IAB-Werkstattbericht, 2/1997.

ZIMMER, A. and PRILLER, E. (1997) 'Zukunft des Dritten Sektors in Deutschland', in ANHEIER, H.K., PRILLER, E., SEIBEL, W. and ZIMMER, A. (eds) *Der Dritte Sektor in Deutschland*, Sigma, Berlin, 249–84.

7 ギリシャ：福祉ニーズに応える社会的企業

ディミトリス・チオマス
マリア・ケツェツォポーロー
ニコス・ボウサス

はじめに

ギリシャの社会福祉制度はこれまでのところ新たな社会サービス需要を満たすことができず，伝統的な福祉サービス供給にほぼ完全にかぎられている。この10年間で国が多少積極的な行動に出たことはあるが，今日でさえギリシャの公的な福祉サービス，社会サービスの供給は，主に現金給付と施設でのケアであり，開かれた医療保障と社会保障のための施設やプログラムは依然としてかぎられている。しかも社会福祉供給の特徴は，貧弱な計画，あるいは無計画といってもいい。したがって，多くの分野でニーズが満たされない一方，それ以外の分野では複数の公的，準公的機関による供給が重なり合い，ひどい状態である（KEPE 1989 ; Kermalis 1990 ; Karantinos et al. 1993 ; Kavounidis 1996)。

遅まきながらこの状況が認識された結果，1998年9月には，ギリシャの社会福祉制度改革のための新法が採択された（Law no. 2646/1998）。しかしギリシャでは，法律が実際に施行され機能するようになるには長い時間を要する。さらに，とくに社会的排除が増え，失業問題が続くという状況に照らして，新法が予定する改革の程度にも疑問が出ている。

ギリシャを歴史的にみると，国家が社会福祉サービス分野のうちの残された部分の役割を引き受けること，つまり家族ではカバーしきれないギャップを埋めることを伝統的に主な目的としてきた。ギリシャでは最近の構造変化にもか

かわらず，依然，家族が福祉の供給・配分の中心を占めている。国は社会サービスの提供にあたってかぎられた役割を果たすに過ぎないが，最終的に国が認めたのは，民間の起業組織（民間営利企業，慈善団体，教会）が，準公的な全国組織と並び，社会サービス分野において，家族の他に，国を除く主たる活動主体の役割を引き受けてもかまわないということであった。法令によらないサービス提供にはさまざまな形態があり，その範囲は広く，教会による正規の施設や数多くの大規模な非営利組織（多くは半自立的な状態で国の監督下にある）から，地域を基盤とする小さなアソシエーションやボランタリー組織，自助グループおよび圧力団体にまで及ぶ。しかしながら，教会や少数の準公的な（半自立的な）組織を例外とすれば，最近までこれらの役割はきわめてかぎられていた。

だがしかし，1990年代初めから，一部社会福祉分野での公費削減により公的なサービス供給の拡大には減速があるものの，公共サービスに対する過剰な需要が次第に民間セクターによって賄われてきていることがわかる。気づくのは，公的セクターから民間セクターへの移転ないしは交替ではなく，むしろ営利，非営利を問わず，民間セクターの団体が参入していることである。以前は公的セクターによって十分満たされなかったニーズに民間セクターが応じているのである。この点は，家族によるサポートなどのインフォーマル・システムの効率性が近年低下する傾向にあることと一致している。

とくに，民間営利セクターが保育サービスや在宅老人介護などの社会サービスを提供するにあたって果たしている役割が，ギリシャでは，この10年間でかなり大きくなっている。このような進展は商法の適用される民間有限会社の設立を通じて姿を現している。また有限会社ほどではないにせよ，零細な家族企業の設立にもその進展がみられる。公的制度も民間非営利組織もいずれも能力がなく，サービス需要を満たせないでいることを，この現象が示しているのは明らかである。それにもかかわらず，この領域に潜む可能性の大きさを考えれば，民間営利セクターが社会サービス供給に参入するにあたって，量および活動範囲の両面で，まだかなり制限が多いといえる。

失業者の労働市場への統合の例では，民間営利セクターはほとんど関与していない。しかし，とくに1990年代初め以降，社会的排除が部分的に増えてい

ることに対応して，非営利組織の登場が増えていることに気づくかもしれない。これら非営利組織は，主に特定の問題に取り組み，労働能力喪失者，移民，少数民族など，社会的弱者であるグループがもっていると思われるニーズに対応して，職業訓練，職業紹介支援，心理社会的支援，リハビリ・サービスなどを提供することにかかわっている。だが，このテーマについてデータがなく，体系的調査研究が欠けているため，ギリシャでの社会福祉サービス供給における非営利組織の相対的な重さを評価するのはきわめて難しい。

1 社会的企業——法概念の欠落と起業組織の存在

「社会的企業」概念についての学問上の議論がギリシャで深く体系的になされてきたとはいえない。その理由は，社会的企業が正確に定義されたこともなければ，特定の制度的形式や法人形態も与えられていないからである。さらにいえば，以上のことは，ギリシャ経済の「サードセクター」——いわゆる「社会的経済セクター」——がこれまで雇用創出に重要な役割を果たすことができなかっただけでなく，ギリシャ国内総生産の形成にそれなりに貢献することもできなかったという事実とも符合している。

しかしながら，「社会的企業」という言葉や概念が，今ではギリシャの学界や政界での議論の際に使われる語彙になりつつあるようである。こうした最近の展開は，社会経済的変化に起因する問題に対処しなければならないことに一部原因があり，また社会政策の領域で国が現在直面している深刻な問題にもよるのである。社会的経済セクターが雇用を生み出す潜在的な源泉でありうることが，ヨーロッパ・レベルやギリシャで知られてきていることも，こうした展開の理由を説明している。このような文脈のなかで，最近ギリシャにおいて一群の非営利組織が設立されている。この非営利組織は潜在的には社会的排除と闘う目的に役立つはずであり，その方法となるのが主に職業訓練の提供と労働市場への統合活動である。

これらの非営利組織の大半が法律上，「アソシエーション」もしくは「社団」（ギリシャ民法に定められた私法上の適格団体）の形式をとり，ごく少数

だけが協同組合として設立されている。協同組合を例外とすれば，このような法律上の形状は，社会連帯と企業家活動とを結びつけるという基準，つまり社会的企業タイプの組織を特徴づけるような基準を満たしはしない。したがって，この領域で唯一の起業組織は本研究の定義にある社会的企業と考えることができ，法的には協同組合の形式をとって設立されてきた組織である。それには2つの主要なタイプがある。一方には精神的・社会的に障害のある人々によってつくられる協同組合があり，他方には農村の女性によって設立されたアグリツーリズム［農家民宿］協同組合がある。両者とも明確な社会的目的をもち，企業家的能力によって特徴づけられている。両者とも製品やサービスを生み出し，販売し，仕事おこしをしている。公式の記録もなければ関連データもないが，集めることができる直接の情報によれば，こうした協同組合は今日では約25組合とみられている。

だがしかし，1999年5月に法律（Law no. 2716/1999）が通過し，とりわけ「有限責任社会的協同組合」が認められた。この法人形態をとれるのは，もっぱら，精神的・社会的に障害をもつ人々の社会経済的（再）統合を目的とする起業組織だけである。だが，新しい法律の枠組みに期待されているのは，この分野での既存の協同組合の発展と効率的な運営をさらに促進すること，および同様の法的調整を容易にして傷つきやすい人々による社会的協同組合の設立を促すことである。

2 労働市場の状況

上記の起業組織および社会的企業のなしうる貢献すべての展開を理解するうえで，ギリシャの労働市場の状況を簡単にみておくことが有益である。

ギリシャの労働市場は，十分に組織され規制されたEU諸国の労働市場とは，未だに似ても似つかない。近年起こっている大きな変化にもかかわらず，主に以下のような特徴をもち続けているからである。すなわち，賃金労働者の割合が低く（1997年で54.9％），農業従事者が多い（1996年で20.3％）。そして「インフォーマル」経済での活動規模が比較的大きい。ギリシャでは非正規雇

用の形態が大きな比重を占め続けている。その理由は，約50万人と見積もられている不法移民の存在にある。

そのうえ，ギリシャの雇用比率は最近停滞を続けている（56%に近く，EUの平均よりも低い）ように思われる。女性の雇用比率は1992年から98年にかけて3ポイント（37.2%から40.6%へ）上昇したが，EU平均（1998年で51.3%）に比べればかなり低い状態が続いている。パートタイムに関するかぎり，ギリシャはEU諸国のなかでも最も低い状態が続いている。1997年で，パートタイム雇用の比率は約4.6%である。とはいえ，パートタイム労働に関する最近の法制度がパートタイム雇用に積極的な影響を与えているともいえる。

だがしかし，ギリシャでの労働需要に関する体系的な調査研究がないため，需要サイドに関する明快な全体像をもつことができないだけでなく，将来の「需要」の展開に関する量的な予測も公式にはない。にもかかわらず，「労働力調査」にあるデータに基づき，この15年間の雇用構造の展開をみてわかることは，伝統的なセクター（すなわち農業や伝統的な製造業）が大幅に仕事を減らし，対照的に第3次産業セクターが相当の雇用増加となっており，その傾向は続くとみられている。

サービス部門が雇用全体のなかでは最大の比率を占めており，その重要さは増え続けている。すなわち，1981年の40.4%から91年には50.2%へ，96年には56.5%へと上昇している。とくに重要なのは，金融，保険，不動産部門，および「その他のサービス」（行政，教育，医療を含む）での雇用比率の上昇であった。過去15年の増加の最大部分は，行政および国営の企業や組織で雇用される人々の数の増加にあったといえる。しかしながら，1994年以降，公的セクターでの雇用制限により増加率が最近減速している。第3次産業とは対照的に，第1次産業では雇用比率が低下しており，1981年の30.7%から91年の22.2%，96年の20.3%となっている。第2次産業の雇用比率もまた同じ時期に下がっており，81年の29.1%から91年の27.5%，96年の22.9%となっている。

以上のような最近の展開の結果，またこのところ実施されてきた金融引締め策とともに，ギリシャでの女性の労働力率の急増とあわせて考えれば，失業率はかなり上昇したことになる。最近では失業率が記録を更新する高さに達して

いる。すなわち，1992年の7.9％，96年および97年の9.6％である。さらに，近年もっとも目を引く特徴は，失業者のなかでも長期失業者の割合が相対的に大きくなっていることである。1991年から97年にかけての長期失業者の割合の増加は大幅であって，1991年の46.6％から96年には58.2％へと跳ね上がっており，97年にやや下がって57.1％となった。その結果，長期失業率は1993年の4.96％から97年には6％へと上昇した。しかも，長期失業の主要な特徴は何年も同じである。彼らは若年者であり，かつ中等普通教育卒業者であって，主に女性である。

　最近の経済引締め策はとくに公的セクターの赤字削減を目的として実施されているが，公的な支出の削減，とりわけ社会福祉サービスの削減の引き金となっている。その結果，1990年以降バルカン半島や東欧からの移民の流入が続いていることもあって，社会的排除という状態が増えるきっかけとなっている。実際，社会的排除にいたる過程には原因があり，その原因が最近のギリシャではますます増えている。そのなかで，さまざまな社会経済的グループや個人がさまざまに影響を受けている。そこに含まれる層は，失業者，肉体的・精神的に障害をもっている人々，囚人，元囚人，民族的・文化的マイノリティ，そして女性である。しかも，社会福祉支援サービスを公的に付与するという既存のあり方では，こうした領域で増え続けるニーズを満たすには十分といえない。同時に，労働市場での需給を一致させるための従来の仕組み，すなわち「ギリシャ公共職業安定所」は，伝統的な手法や手続きに依存することがほとんどであり，しかもそれらの手法は現在の状況では重要な役割を担っていないのである。

　現在の失業状態の下での就業機会が，あるグループ（若者や女性を含む），とくに肉体的・精神的障害者にとってさらにかぎられているのは明らかである。最近では，とくに障害を抱えた人々が，かつては伝統的に自分たちが引き受けていた仕事をめぐって，自由労働市場で失業者（高資格者であることも多い）と競合しなければならなくなっている。そして，その状況は現在さらに悪化してさえいる。結果的に，障害者は肉体的・精神的状態のゆえに労働市場から排除される最初の人々となる傾向があり，そのため彼らの経済的・社会的な購買力が奪われてしまうことになる。現在のようなかなり競争的な自由市場という

条件の下では，障害者が平均的な製造企業に雇用され実際の訓練や仕事おこし活動ができる見通しは大幅に減っている。

それゆえに，従来からあるギリシャの失業問題や引締めを目的とするマクロ経済政策に対処するために，仕事おこしおよび労働市場への統合を可能とする新たなアプローチが必要とされているのである。このアプローチは，社会的弱者のグループを経済的・社会的に排除するような事態と闘ううえで，経済活動や運営の構造の点から求められている。最近ギリシャに登場したいくつかの起業組織は，こうした方向に向かっての——制限されつつも——真剣な取り組みを映し出していると思われる。

3 社会的企業のタイプ

前述のように，ギリシャでは最近，主に労働市場への統合を通して社会的排除と闘うという社会的企業が設立されているが，主要な組織形態は2種類である。1つがアグリツーリズム協同組合であり，主として，ツーリストの潜在的な市場がある農村地帯の女性によって設立されている。もう1つが都市型協同組合および農業型協同組合であり，社会的に排除された特定の人々のグループ（主に精神的・社会的障害者）によって設立されている。

アグリツーリズム協同組合

女性の協同組合の設立が，ギリシャで最初に唯一組織的に編成された社会的企業モデルをつくりだしたといえる。さらに，こうした特定のタイプの協同組合が，この種の活動の「先駆者」的な起業組織を構成しているといえそうである。EU基準によってみてもそういえる。最初のアグリツーリズム協同組合の設立に使われた法的な枠組みは，従来からの時代遅れの一般的な協同組合の枠組み（つまり，法律第921/79号）であったが，この法律では社会的目的を追求するには自由の余地が少なく，国から相対的に自立して協同組合を経営する自由も少なかった。法律第1541/85号が法律第921/79号に代わったが，この

法律によってアグリツーリズム協同組合の発展に好都合な法的な枠組みが提供された。この比較的最近の法律は，従来の法律の枠組みのなかにはじめて協同組合の社会的な目的を組み込み，経済的目的と同等の重みを与えている。

1980 年代半ば以降，少数のアグリツーリズム協同組合がギリシャの農村のあちこちで設立されたが，もっとも目立って発展したのは女性の設立したアグリツーリズム協同組合であった。協同組合の設立とその後の初期の発展段階では「ジェンダー平等総局」から大幅な支援が与えられた。支援の手段として補助金，ノウハウの提供，女性メンバーへの体系的訓練コースなどが用いられた。これまでに得られたデータによれば，女性による 9 つのアグリツーリズム協同組合が約 200 名の組合員を擁し，今日も仕事を続けている。アグリツーリズム協同組合の主要な活動は，宿泊施設（朝食付，朝食なし）の提供，地域の伝統的な食事の提供，地元の農産物や手工芸品（自家製もしくは小工場での製造）の製造販売などである。

都市型協同組合，農業型協同組合

精神的・社会的に障害をもつ人々に適した仕事おこしのための新たなアプローチが主に協同組合の設立を通して生まれたが，その協同組合は精神病院の内外で活動している。この活動は EU 規則第 815/84 号による援助を通じて始まった。この規則によって，ギリシャの精神医学改革促進のための機構づくりに特別の援助が与えられた。そのなかには，大規模な精神病院の「脱施設収容化」への援助が含まれている。それ以外の EU のプログラムには，欧州社会基金（ESF）の訓練・雇用促進計画やホライズン・イニシアティブなどが含まれ，こうした展開の資金援助をしている。

この種の協同組合向けに用意された法律の枠組みは，都市型の場合は法律第 1667/86 号であり，農業型の場合は法律第 1541/85 号（アグリツーリズム協同組合と同じ）である。これら 2 つの法律は，この数年の間に設立された起業組織が利用できる唯一の法的枠組みであって，とくに精神的な病をもつ人々が介護者とともに起業組織を設立する場合や，それ以外の特定のグループ，たとえば女性囚人，元麻薬中毒者，その他特別のニーズをもつ人々のグループなどが

設立する場合に利用されてきた。こうした組織の主な目的は社会的性格，治療的性格が強く，さしあたっての経済的な成功をそれほど志向していないことに注意が必要である。

　精神的・社会的に障害をもつ人々によって設立された協同組合は依然発展段階にあって，精神病院の内外で仕事を展開している。そのなかには正規に設立されないまま仕事を展開しているものもある。しかし上述の法律のなかで定められているように，大半は特定の目的をもつ協同組合として正規に認可されている。正規に設立された数多くの協同組合は，精神医療の分野に関わるさまざまな「社団」が始めている点に留意すべきである。精神的・社会的に障害を抱えた人々のニーズに適合した職業上のリハビリおよび作業向けに代替施設をつくるうえで，もっとも適切な法的枠組みが協同組合であることがわかった。

　これまでのデータによれば，正規であろうが非正規であろうが，こうして今日も仕事を続けている協同組合の数は15にものぼり，全部で約300人の組合員がいる。特定の目的をもったこの種の都市型協同組合の中心的な活動は，種々の商品の小規模生産や製品販売，カフェテリア運営，クリーニングサービスや写真のプリントサービスの提供などである。特殊な目的をもつ農業型協同組合の場合，中心的な活動は農産物の生産である。

4　社会的企業の主要な特徴

　まず最初に強調しておくべき点は，ギリシャに登場した社会的企業タイプのあらゆる起業組織が，メンバー（いくつかの理由により伝統的な仕事の取り決めから排除されている人々）に仕事の機会を提供し，共同でさまざまな商品やサービスをつくりだし人々の手に届けるという目的に潜在的に役立っていることである。言い換えれば，これらの起業組織すべてが，主に労働市場への失業者の統合活動を通じて社会的・経済的な排除と闘うことを目的とする社会的企業というカテゴリーに入る。

　本章で考える社会的企業タイプの起業組織は協同組合用に制定された法律の枠組みに依拠しているが，ある決定的な特徴をもっている。つまり，共通の目

的や問題をもった個々人が集合することが必要だという特徴である。複合的な経済的・社会的目的の実現をめざしている。また国の管理下にあるのではなく，民主的に選ばれた（1人1票制の）機関を通じて，集団的統制や民主的経営管理の下に置かれている。企業家的活動を展開し，社会的に有用な製品やサービスの生産が強調される。最後に，運転資金は主に製品・サービスの販売から得られるが，寄付や国の助成金も受け入れる。

したがって，ここで考える2つのタイプの協同組合は，程度の違いはあっても，企業家的な能力という特徴をもっているのである。アグリツーリズム協同組合の場合は，社会的に排除された特定の人々の集団が設立した都市型協同組合や農業型協同組合に比べて，この企業家的能力が高い。また後者の方が，アグリツーリズム協同組合に比べて，補助金依存の程度が大きい。女性によるアグリツーリズム協同組合は主として市場（つまり，製品および旅行サービスの販売）から資金を調達している。それに比べれば程度は低いものの，国からの助成もときにはある。この2つの協同組合双方の経済的・社会的な目的は，組合員間の平等参加，連帯，助け合いの原則に基づいている。すなわち，組合員たちは社会的な目的にも経済的な目的にも等しく重きを置いているのである。双方の協同組合の目標や活動のなかでも目を引くのは組合員の社会的・文化的な啓発であり，また社会的ニーズの充足，組合員の専門的訓練，場合によってはソーシャル・ツーリズムの拡大などである。

とくに，精神的・社会的に障害をもつ人々が設立した協同組合の事業は，治療目的と企業家的目的の2つをもつ。これらの協同組合が組合員に機会を与え，彼らがオン・ザ・ジョブ・トレーニング（OJT）や仕事経験を通じて「使われていなかった」技能を取り戻すか，もしくは新たな技能を獲得することを可能としている。同時に，組合員は集団的に仕事を学び，協同組合活動の遂行にかかわる責任を引き受けることを学ぶ。強調する価値があるのは，これらの協同組合が障害者と健常者の双方を巻き込んでいるため，障害者を保護して仕事をさせる状態をつくらなくても済む点である。さらに，この協同組合には企業家的能力を高める方向に向かって進む特別の力強さがある。農村の女性がつくったアグリツーリズム協同組合の場合は強烈な地域特性によって特徴づけられているだけでなく，無視されてきた人的・文化的資源を取り戻し，その資源を

使って別の発展形態を高めるという目的に役立っている。そうするなかで，これらの協同組合は収入を生み出し，社会的統合を引き起こすことができるのである。

5　社会的企業が動員する資源

　社会的企業の場合，資金と人材とが起業活動の成功にとって不可欠である。ギリシャでは，数多くの公益事業や公営企業が，銀行と並んで，多くの協同組合の設立に対して資金面で貢献している。とくにアグリツーリズム協同組合の場合がそうであり，その方法は補助金や貸付金の供与である。今日，障害者が設立した協同組合は資金繰りを主に公的補助金に頼り，予算のわずかな部分だけを製品やサービスの販売から得ている。農業型協同組合はみずから生み出す収入という点での経済的な業績が比較的よく，都市型協同組合よりも良好なようである。つまり，都市型協同組合の活動をさらに市場の要求に近づける必要があることを意味している。他方，女性によるアグリツーリズム協同組合は主として市場（つまり，製品や旅行サービスの販売）から資金を調達している。ときには国からの手当てもある。
　個々の組合員には義務があり，関連法に従えば，協同組合の資本を金銭的に分担しなければならない。分担金の正確な額は定款によって決められている。だが，分担金の求めだけでは組織の発展を促すには十分ではない。現物での分担も存在しており，アグリツーリズム協同組合の例では，組合員は自宅の部屋を旅行者に貸すことが義務づけられている。これは現物での強制的な分担金の例である。原則として，アグリツーリズム協同組合の組合員1人が有給の事務職員として働いている。非組合員の有給の職員を雇うのはふつう例外である。その他の組合員は，事務以外の活動すべてに無給で従事していて，協同組合の収入からの取り分だけを受け取るのである。こうした協同組合の組合員が農村の女性であり，利用者は訪問客，旅行者である。
　障害者が設立した協同組合の組合員は精神的・社会的障害者と健常者とであり，前者は精神病院の患者および元患者（多数派），後者は医療専門家や医療

労働者である。協同組合活動の利用者（顧客）は主に地域の住人，地元の公的組織，民間組織であり，また組合員みずからも利用者である。協同組合の組合員の大多数は雇用された従業員である。加えて，この協同組合は精神的・社会的障害者を数多く雇用するだけでなく，必ずしも組合員とはならない熟練職員も雇い入れる。しかしながら，規定では有給の労働者が望めば組合員となることを認めている。

　全体的には，協同組合の経験が示しているように，適切な援助や指導がなされば，革新的な新たな活動が新たな仕事おこしの重要な源泉となりうるのである。したがってまた，多くの資本を必要とせずに新たな仕事おこしが可能なことも経験が示している。こうした文脈のなかでみれば，ギリシャにはまだ未開発の仕事おこしの可能性が多くあり，とくに旅行，芸術・文化遺産，医療，社会サービス，さまざまな地域サービスにかかわる活動に可能性がある。

6　社会的排除に反対する闘いの成果

　これまでのデータでは，現在，約25の社会的企業が設立され活動している。すなわち，女性によるアグリツーリズム協同組合9組合（約200人の組合員），精神的・社会的障害者向け特定目的の協同組合15組合（約300人の組合員），そして元女性囚人のための特定目的の協同組合1組合（約30人の組合員）である。しかし，情報が十分でないことを考えれば，この種の特定目的の協同組合が2000年あたりに設立された可能性がないとはいえない。

　アグリツーリズム協同組合の場合，はっきりといえそうなのは，このような起業組織が社会的ニーズを満たす（つまり，農村地帯で暮らす女性の社会的地位を向上させる）新たな方法を反映していることである。同時に，新たな雇用機会の源泉ともなっていて，組合員自身のための収入を生み出すことのみならず，地域コミュニティのための収入をももたらしているのである。注意すべき肝心な点は，こうした協同組合への女性の参加が一定の所得を生み出す「安定的な」仕事への参加を意味していることである。しかも彼女らの収入金額は，協同組合が市場であげる業績によるのである。女性によるアグリツーリズム協

同組合は，仕事おこしを通じて，これまで無視されてきた人材を取り戻し統合するという目的にかなっているのである。また，地域開発すなわち地域づくりのための潜在的な力，たとえば，とくに伝統的な技能や産物の保護を含むツーリズムなどを最大限利用する必要にもかなっているのである。このようにして，アグリツーリズム協同組合は強烈な地域性をもち，地域開発戦略を支援するのである。

　障害をもつ人々によって設立された協同組合に関しては，現在までの活動によって，組合員がOJTや仕事経験を通じて「未使用の」社会的技能を取り戻す機会，あるいは新たな技能を開発できる機会をすでに提供してきている。つくりだされた仕事は一般労働市場への「移行的な」仕事と「安定的な」仕事とが混じり合っており，経済活動の種別や市場の状態によって変化する。またもう1つ重要なことは，協同組合の活動が精神病院の患者でもある組合員の大半を援助し，病院を離れての自立した生活を送らせていることである。アパートで暮らそうと家族と一緒だろうとかまわない。加えて，協同組合がコミュニティのなかで活動し定期的に文化的な催しを組織しているという事実が，地域社会に敏感となるよう人々を仕向けるのであり，その結果，精神的・社会的に障害を抱えた人々をコミュニティの一員として受け入れる気にさせるのである。

　さらにいえば，これらの協同組合の大半は精神的・社会的に障害をもつ人々が医療専門家と協力してつくったものであるが，一見してわかるように，最近では，これ以外の社会的弱者のグループが社会サービスの専門家の支援を受けて特定目的の協同組合を設立することにしだいに関心をもつようになっている。このような関心は主に欧州社会基金プログラムから生まれているが，そこにはとりわけ労働市場からの排除との闘いを目的として，こうした起業組織の開発促進に資金を融通しているという事実がある。

7　発展にとっての弱点と障壁

　従来の協同組合組織がさらに発展するうえで障壁となっているものの1つが財源不足である。いま1つの問題も協同組合セクターの発展に否定的な影響を

与えている。その問題とは，政府が協同組合に関する法律を頻繁に変えているという事実である。法律第1541/85号が制定されてからの2年間で114もの修正がなされたが，そもそもこの法律に弱点があることが判明したための修正であった。

協同組合がギリシャで一般に有効に機能しようとする際に障害となる要素には，次のような点がある。

- 協同組合の独立性のなさ。主に政治的な所属関係に依拠している（経営委員会のメンバーは通常その政党との所属関係に基づいて選出される）。
- ある程度，国の関与および介入があること。とくに，官僚主義的な手続きがとられるためである。
- 専門的な管理者が不足していること。協同組合問題についての組合員の知識の低さとも結びついている。
- 募集政策の問題。スタッフ過剰になり，結果として支出総額が膨れ上がる。
- 協同組合間協同の欠如。
- 資本形成の困難。

一般に，社会サービスを提供するにあたって非営利セクター（社会的企業の形態をとる）が適切に組織されていないのは，従来の制度的，法的枠組みがこのセクターの発展を念頭に入れていないという事実に主な原因がある。それにもかかわらず，協同組合のなかには既存の法的枠組みに基づいて設立されたものもある。そうした協同組合は実際に業務や役割を果たす際に問題にぶつかってきたのであり，協同組合内外の要因がこれらの問題の原因となっている。もう少し正確にいえば，これらの協同組合の主な欠陥の1つは，ほとんどすべての組合が現実の市場の見通しに従って生産活動やサービス提供を展開してこなかったという事実である。必ずしも市場の要求とは結びつかず，その場その場で場当たり的に，こうした協同組合が登場してきた。さらにいえば，管理や事業にとくに必要となる能力訓練の改善が何ら強調されることがなかっただけでなく，能力開発の奨励・促進を支援する仕組み，すなわち，法律問題やマーケ

ティングについてのアドバイスおよび援助もまったく欠けている。社会的企業・協同組合の設立や活動にとっての障害を緩和するために適切な政策手段を将来導入しようとする場合には，上に述べた問題すべてを深刻に受け止めて考えなければならない。

結　　論

　上述の分析が示しているように，ギリシャでは数多くの社会的ニーズが満たされていないし，満たされたとしても不十分である。その一方で，驚くほどの数の民間起業組織（大半が営利）がとくにコミュニティレベルで生まれ，社会サービスの分野において新規の起業組織が発展する大きな可能性のあることを示している。これらを背景とすれば，社会的企業，すなわち社会的目的をもった共益的な民間起業組織は，価値ある貢献ができるはずである。しかし現在，そうした発展を考慮に入れた特別の法的枠組みが施行されているわけではない。最近 EU で（および EU を超えて）起こっている広範囲にわたる社会経済的変化に促されて，新たな多元主義的アプローチが追求されている。社会政策の分野では，法律によらないインフォーマルなサービス提供の役割の再評価が求められている。さらには，マーストリヒト条約後の EU での展開が社会政策に新たな役割を求めている。つまり，社会政策が今後の不平等と社会的費用とを埋め合わせるための主力となって機能することを求めているのである。そうすれば，新たな起業組織に高い価値づけがなされ，新規の起業組織が社会的な結束を促し，発展の原動力として活躍することになるのである。

　しかしながら，この点に関して，これまでギリシャで追求されてきた政策は思ったほどの進展をみせてはいない。その理由は，ギリシャでの公私双方による社会サービスの提供がまだ未発達で，調整がうまくとれていないという性格にある。それにもかかわらず，いま発生しつつある社会的排除という問題が，EU の政策上の方向とも重なって，ギリシャの有能な社会政策当局および関係者にすでに衝撃を与えているのである。これらの関係者が，新たな方法や形態，パートナーシップを探る作業をはじめているという兆候がある。こうした新し

い方法は，労働市場からの排除と闘うことを目的とするプログラムとの関連で，とくに必要とされているのである。

以上の傾向はとくに最近の法律のなかに反映され，精神的・社会的に障害をもった人々による社会的協同組合の設立を定めている。この法律は，特別のニーズをもったあらゆるカテゴリーの人々にまで適用を拡大しようとすればできるし，あるいは若干修正すればその他のグループにも拡張適用ができる。そのうえ，ギリシャでの社会的排除と闘うプログラムを実施している多くの団体が，正規，非正規を問わず，闘いの方法を探し求め，問題解決に必要な多面的アプローチの可能なパートナーシップや協同組合を開発しようとしているように思われる。地域レベルで求められる広範囲な人材インフラの必要と，法律に基づかない団体を巻き込むことができる協同的なパートナーシップの必要とが，最近の重要な開発問題となっている。

全体としての結論をいうならば，ギリシャでは適切な法的枠組みがないにもかかわらず，パイオニア的な試みがあり，社会サービスセクターでの活動を引き受ける社会的企業をつくろうとしている。こうした社会的目的をもった共益組織が最終的にどれほど精密な形式をとることになるのかはいまだ未解決の問題であり，ギリシャの社会文化的特性，政治的・経済的特性のみならず，制度の構造によっても異なってくる。だがしかし，EU諸国と共通の経験を追求し専門的知識を共有することによって，この分野での弾みがつくし，前進するための豊かさや多様さがもたらされるのである。

参考文献

DELLASOUDAS, L.G. (1992) *I Idiki Epagelmatiki Katartissi*, Parousia Publications, Athens.
EMKE-POULOPOULOS, I. (1999) *I ilikiomeni polites stin Ellada: parelthon, paron kai mellon*, Ellin Publications, Athens.
European Commission (1997) *Employment in Europe*, DGV, Brussels.
IAKOVIDOU, O. (1992) 'O Rolos ton Gynekion Agrotouristikon Sineterismon stin proothissi tou Agrotourismou stin Ellada', *Sineteristiki Poria*, no. 27, 137–45.
KAPOGIANNIS, D. and TZOURAMANIS, Ch. (1989) *Sineteristikos Kodikas*, Sakkoula Publications, Athens.
KARANTINOS, D., KAVOUNIDIS, J. and IOANNOU, C. (1993) *Observatory on Policies to Combat Social Exclusion: Agencies, Institutions and Programmes: Their Interrelationships and Co-*

ordination in the Administration of Social Exclusion, Institute of Educational and Vocational Guidance, Athens.

KARANTINOS, D., IOANNOU, C. and KAVOUNIDIS, J. (1992) Observatory on Policies to Combat Social Exclusion: Social Services and Social Policies to Combat Social Exclusion, National Centre of Social Research, Athens.

KAVOUNIDIS, J. (1996) 'Social Exclusion: Concept, Community Initiatives, the Greek Experience and Policy Dilemmas', Diastassis tou Kinonikou Apoklismou stin Ellada, National Centre for Social Research, vol. A, 47–79.

KEPE (1989) Ekthessi gia tin Kinoniki Politiki, Pentaetes Programma 1988–1992, KEPE (Centre of Planning and Economic Research), Athens.

KERMALIS, K. (1990) Kinoniki Pronia, Athens.

LAMBROPOULOU-DIMITRIADOU, B. (1995) 'Kritiki Theorissi tis Ellinikis Sineteristikis Nomothessias', Sineteristiki Poria, no. 38, 95–107.

National Statistical Service of Greece (1993–98) Annual Labour Force Surveys, Athens.

PAPAGEORGIOU, K. (1997) 'Makrochronia provlimata ton Sineterismon', Sineteristiki Poria, no. 48, 239–47.

—— (1992) 'I antagonistikotita ton Ellinikon Sineterismon', Sineteristiki Poria, no. 27, 153–60.

TSARTAS, P. and THANOPOULOU, M. (1994) Women's Agrotourist Co-operatives in Greece: A Survey Evaluating Their Function, Mediterranean Women's Studies Institute, Athens.

ZIOMAS, D., KETSETZOPOULOU, M. and BOUZAS, N. (1998) 'Greece', in BORZAGA, C. and SANTUARI, A. (eds) Social Enterprises and New Employment in Europe, Regione Trentino-Alto Adige, Trento, 283–310.

8 アイルランド:社会的企業と地域開発

パトリシア・オハラ

は じ め に

 アイルランドにおいて社会的経済や社会的企業という言葉が政策やアカデミックな議論の一部に現れてきたのは,ようやく1990年代半ば以降になってからのことである。それは主に,社会的経済など,EUでの概念に最近注意が振り向けられたからであり,とくにEU文書のなかで社会的経済を雇用の潜在的な源泉とみなしたことによっている[1]。社会的経済およびその文脈のなかで使われる社会的企業は,公的でも私的でもなく,まったく異なったセクターとみなされ,一般的にはサービスの供給に携わり,通常は市場の失敗という状態と関係していると考えられている。アイルランドの政策論議において最初に社会的経済セクターに触れたなかの1つが全国経済社会フォーラム (NESF)[2]であり,同フォーラムは社会的経済を「現実の要求を満たすことに関わっている」とみなしている。だが,「その要求とは市場のみで充足されるものではなく,公的セクターによっても供給されない。社会的経済が示しているのは,完全に営利的なサービスの供給と公的なサービスの供給との間における,連続面

---

1) Commission of the European Communities (1993, 1994, 1995).
2) NESFはアイルランドの社会的問題,経済的問題に関する国民的合意を広く達成するための機構として1993年に設立された。4つの社会的パートナーシップ組織の1つであり,アイルランドでは経済政策,社会政策について話し合い取り決めている (National Economic and Social Forum, 1997を参照のこと)。

的な供給可能性である」(NESF 1995:19)。

　NESFによれば，社会的経済は数多くの特徴をもっている。そのなかに含まれる特徴とは，市場，所有，運営の観点から地域に焦点を当てること，つまりローカル・フォーカスや，当事者にとって適切で持続可能な所得を優先するという観点から所得に焦点をあてるインカム・フォーカス，生活の質という目標の追求，多様な形態の経済組織などである。その後の議論で強調されたのはNESFのいう連続性の別の側面であり，そこには公的支援，商業収入，自発的活動，私的支援，ユーザーの連帯などのさまざまなレベルが含まれていた。

　ケネリーとオシー (Kennelly and O'Shea 1998) は社会的経済を特徴づけて，人々の社会的ニーズと，そのニーズを満たすために使える公私の資源との間にあるギャップの橋渡しだとしている。彼らは，市場が失敗している状態に対して，社会的企業がもっとも適切だとみている。すなわち，市場の失敗の下では，公的セクターや民間営利セクターよりは，むしろ，コミュニティやボランタリー組織，協同組合組織によってニーズや需要を満たすことができるからである (Kennelly and O'Shea 1998:210)。最近の解説によれば，社会的経済に3つのサブセクターがあることが確認されている。すなわち，コミュニティビジネス，市場では満たされない需要を充足する社会的企業，および公的セクターとの契約に基づく企業である[3]。最後のものはまだ十分といえるほどまでには発展していない。

　アイルランドでは，社会的経済や社会的企業という言葉が，一般に，利潤追求の営利目的ではなく，社会的目的をもって財やサービスの生産にあたる起業組織に当てはまると理解されている。おそらくは，社会的企業の多くが一般に国の支援に依存し十分に自立できていない，あるいは営利志向ではないとみられているため，需要サイドからも供給サイドからも，主に（もっぱらではないが），社会的企業がマイノリティないしは社会的排除という問題に対する反応として受け止められる傾向がある。しかし，社会的排除と地域開発との関係，あるいは社会的企業との関係を調べる前に，アイルランドにおける社会的経済

---

3) PLANET (1997); ADM (1998); Community Workers Co-operative (1998); Social Economy Working Group Report (1998).

という広い構図を説明することが重要である。社会的経済という概念自体はまったく新しいものであるが、本書において概念化されたような社会的企業は、実際には、長い間アイルランドにさまざまな形態で存在していたのである。

1 社会的企業――その広い枠組み

社会的企業を一般的な類型に仕分けるのはきわめて困難である。主な理由は、「サードセクター」ないしは非営利組織に関する情報が、よくても部分的に過ぎず、信頼性に欠けているからである。全国統計で使われている経済のサブセクター分類では社会的企業の輪郭が確定されておらず、したがってセクターの規模や意義が記録されていない。「ボランタリーセクター」や「ボランタリー・コミュニティセクター」という言葉が、社会的な目的をもつ非営利組織に触れる場合にもっとも共通して使われる概念である。ボランタリーセクターに関する最近の調査のなかの1つでは、市民社会での最近の展開に関する詳細な議論はあっても、社会的経済ないしは社会的企業という概念にはまったく触れられていない (Powell and Guerin 1997)。これらの概念が公式統計においてまだ目立つまでにはいたっていないが、社会的企業に関する本研究での試論的定義に一般に合致する組織、すなわち、企業家的側面と社会的側面とを合体させた組織が、ある分類領域でみつかる。アイルランドには協同組合活動の伝統が19世紀後半からかなりあり、とくに農業セクター、農村地域での自助活動の伝統が長い。さらには、北欧諸国とは違って、つまり社会サービスの供給が実質的に国家独占である国々とは違って、非営利セクターが医療サービスや対人社会サービスの供給にきわめて大きな役割を演じてきた。

この非営利セクターの多くが宗教組織（とくにローマ・カトリック教会）の活動と連動しているだけでなく、その活動のなかから発展してきた。これらの宗教組織が、医療、教育、福祉の領域においてかなり重要な役割を演じ、サービスを確立し提供してきた。宗教団体はまた、精神障害者、身体障害者の領域や、在宅での育児や老人介護において、主要な、あるいは唯一のサービス供給者である。同時に、これらの宗教団体は広範囲にわたって教育と関わっている

が，とくに中等教育の提供に深く関与している。

現在の非営利セクター構成のなかでは，教育における勢力が明瞭である。ジョンズ・ホプキンス大学非営利セクター比較研究プロジェクトが明らかにしたところによれば，非営利の学校での雇用がアイルランドの非営利セクターでの雇用総数の半分以上（54％）を占めている。そのため，アイルランドが示す非営利セクター構成のパターンを，本章では「教育優位」と呼ぶ。非営利セクターにおける雇用全体の4/5が教育部門と医療部門である。その他の分野のほぼすべてにおいて，アイルランドの非営利セクターの程度はヨーロッパの平均をかなり下回っている。とくに社会サービスにおいて顕著であり，この分野での雇用はヨーロッパ平均の26.4％に比べ，わずかに4.5％に過ぎない（Salamon et al. 1998）。

教会が社会サービスの供給に関わることはまた，在俗の宗教組織である聖ビンセンシオ・デ・パウロ会にも反映されている。この会は1,000を超える地域支部，会員数11,000を抱え，一種の影の福祉国家として活動し，必要としている人々に所得援助と福祉サービスを与えている。しかしながら，アイルランド社会の宗教的使命の低落と世俗化の進展とが構造的な変化をもたらしている。宗教人の数が減り，残っている人も次第に，医療，教育，福祉の分野での慈善事業への参加から身を引くようになってきている。かわって，多くの宗教団体が自己の資源をコミュニティベースのサービス供給に有効活用するようになっているが，まだ，これらの宗教団体の関与の程度がかなり大きい状態が続いている。ボランタリー組織に関するある地域研究によれば，ボランタリー組織の半分以上（57％）において，宗教団体が何らかの形で参加している（Faughnan and Kelleher 1993）。

「ボランタリーセクター」あるいは「ボランタリー・コミュニティセクター」という言葉が使われるのは，主にボランティア活動に依拠した組織を描く場合である。事例は幅広く，医療サービスを提供する比較的大きな施設から，専門家協会，アドボカシー団体，自助組織にまで及ぶ。最近の推定によれば，約500のボランタリー組織が社会サービスの供給，キャンペーンあるいはアドボカシー，支援や自助，陳情，調整，文化活動などの領域に関わっている。多くのこうした組織が，この10年間にかなり専門化するという経験をしている。

アドボカシーや陳情に関わる組織が，たとえばアイルランド社会の急速な近代化や次第に複雑さを増す包括的な政策決定過程に対応しなければならなかった。しかしながら今までのところ，これらの組織がボランタリーセクターでの雇用に与える影響の評価はなされておらず，何らの統計もデータもなく，このセクターでの雇用をとらえきれないでいる。他のヨーロッパ諸国と違って，ボランタリー組織を代表する連合体が存在しない。現在アイルランドに存在するボランタリーコミュニティ組織の半分以上が1970年代以降に形成されていて，アイルランド人口のちょうど1/3以下がいつかある時点でボランタリー組織にかかわり，1995年には約18％が積極的にかかわっていた（Ruddle and Donoghue 1995 ; Powell and Guerin 1997）。

だがしかし，多くのボランタリー組織では，ステークホルダーを組織の運営に巻き込むという参加方式は機能していない。ファーグナンとケルハー（Faughnan and Kelleher 1993）は，調査した組織の1/3以下（31％）のみが正規の民主的な代理機構をもっているに過ぎないことを明らかにした。パウエルとゲラン（Powell and Guerin 1997）によれば，顧客／ユーザー／メンバーが組織内で大きな影響力をもっていると感じているのは，ボランタリー団体の半分以下（41％）に過ぎない。民主化の概念は組織にとって重要であるが，調査対象の組織の2/3が，過去20年間ないしは組織創設以来，民主的参加の程度に変化がないと確信しているのである。

2 社会的企業のカテゴリー

アイルランドでは，社会的企業を描写しカテゴリー化しようとする試みは，それが何であれ，必然的にやや独断的にならざるをえない。社会的企業について法律上の明確な定義がないため，個々の企業はさまざまな選択肢のなかから必要な法的な身分証明を選ぶのである。法制度がある特定の組織形態を事実上奨励しているような他のヨーロッパ諸国の状況と異なって，アイルランドの法的な枠組みは一般に社会的経済にプラスの影響もマイナスの影響も及ぼしていない。社会的企業が登場したにもかかわらず，この数十年に法律に特別の変化

を引き起こしはしなかった。

　社会的企業は有限責任会社でもよいし，協同組合が採用する法人形態である産業共済組合法会社でもよい。有限会社という方式が，事業一般にとってもっとも共通する法律上の組織形態である。ほとんどの営利企業が株式に基づく有限責任であるが，有限会社が責任引受け限度保証に基づく有限責任であるため，社会的企業は責任引受け限度保証有限責任という形態をほぼ共通に利用するのである。社名から有限責任という言葉をはずす場合は，会社の利潤や所得をメンバーに分配してはならない。社会的企業がとるその他の法人形態には，協同組合やトラストなどがある。クレジットユニオンは別の法律により規定されている。

　したがって一般に，社会的企業を区別するのは，その目的や活動，業務によるのであって，組織形態ではない。本章が採用している社会的企業の定義の基準に従えば，社会的企業には大きく5つのカテゴリーがある。すなわち，

- 労働市場への統合──社会的に排除されたグループのメンバーを労働市場に統合することにかかわる社会的企業
- 住宅供給にかかわる社会的企業
- クレジットユニオン
- 対人サービス，近隣サービスを提供する社会的企業
- 地域開発すなわち地域づくりのための組織

　以上が社会的企業を分類する1つの方法であるのは明らかだが，これらのカテゴリー，とくに最後の2つは必ずしも概念的にまったく切り離されているものではなく，また相互に排除する関係でもない。それにもかかわらず，以上5つのカテゴリーを明確にしておくのが有益である。その理由は，社会的企業が登場したこと，および将来の発展方向を示しているからである。はじめの4つは，一般に非営利／ボランタリーセクターの一部であると考えられ，また従来型の社会的経済とも考えられている。地域開発組織ないしはコミュニティベースのサービス組織は，現代社会に現れたニーズに革新的に対応することが可能となっているが，それらこそが社会的経済組織の新世代の一部であると特徴づ

けられている。本章後半部で詳細に検討することになるが，それに先立って，従来型の社会的経済企業について簡単にみておこう。

労働市場への統合

社会的企業がここでは「労働市場への統合」とカテゴリー化されているが，アイルランドでは特定の名称があるわけでもなく，また，見分けがつくようなセクターを形成しているわけでもない。だが，すべての社会的企業が，社会的に排除された人々——通常は障害をもった人々——に仕事を提供し，労働市場に統合することに関わっている。そのほとんどが障害者の領域におけるボランタリーな非営利組織によって運営されており，従来は「ワークショップ」とか「緊急避難型雇用」などと呼ばれていた場所で訓練や雇用を提供している。およそ26の組織が企業を経営し，19の異なる分野において財やサービスの供給をしている。しかしながら，これらの企業には営利志向性があるとはいっても，直接間接に国の援助に相当程度依存している。その親組織が，国からの補助金，寄付，営業利益を組み合わせて資金を融通している。

1994年には，この領域で最大規模の非営利組織（レハブ（Rehab）グループ）が別会社を立ち上げ，成長しそうな事業を展開している。従来の「ワークショップ」のうち収益性のあるところがいくつかあり，その上に立って，レハブ・グループは食品，衣料，エレクトロニクス，リサイクルの分野の7つの企業を束ねている。このモデルは，長期失業者向けのオン・ザ・ジョブ・トレーニングのために設立された別の企業や，長期失業者を労働市場に統合する試みのなかで取り入れられ始めている。

住 宅 供 給

近年のアイルランドの社会的経済においてめざましく発展してきているものの1つに低家賃住宅の供給を手がけるボランタリー組織があり，その役割が大きくなってきている。相当程度の国の支援が補助金という形で公認のボランタリー／非営利住宅アソシエーションに渡り，高齢者や障害者，ホームレスなど

特別のニーズをもつ人々に適した賃貸住宅供給の援助をしている。1988年から95年の間では、高齢者や障害者向けの低家賃住宅は供給の半分以上が非営利セクターによって占められている。非営利住宅供給セクターにおける主な組織形態は、アソシエーション、トラスト、協同組合である。1996年に登録された住宅アソシエーションは350あり、そのうちの100団体はアイルランド・ソーシャルハウジング協議会に加盟している。

　クレジットユニオン

　ある点では、クレジットユニオンこそがアイルランドで活動している社会的企業のなかでもっとも分かりやすい存在である。クレジットユニオンはボランタリー組織であり、そのメンバーが集団的に貯金し、公正な利子率で相互に貸し付けあっている。クレジットユニオンは「共通の絆」という理念が特徴となっている。この理念は職域的なコミュニティであることもできれば、地域協同的なコミュニティでもありえるのであり、会員制や連帯の基礎でもある。1997年の時点で、アイルランド共和国に435の登録クレジットユニオンがあった。そのうちの約90%は、メンバーが暮らし働いている地域での組合である。個々のクレジットユニオンは自律的に営業し、クレジットユニオンとの取引量に応じてメンバーに利潤が分配されている。また、メンバーへの追加的サービス供給のために利潤が使われることもある。クレジットユニオン運動はボランティアに大きく依存しているが、次第に専門職業化しつつあり、とくに規模の大きいコミュニティにおいてその傾向がある。クレジットユニオンには2,000人以上の常雇・臨時の職員がいる。クレジットユニオンは商業ベースで経営され、国からの補助金はない。

　対人サービス・近隣サービス

　アイルランドの非営利組織は、従来、いくつものサービスを提供してきた。非営利組織の調査によれば、2/3以上がサービスの提供や自助／相互扶助にかかわっている（Faughnan and Kelleher 1993 ; Powell and Guerin 1997）。高齢者、コ

ミュニティ一般（子供を含む），失業者が共通の顧客層である。多くの非営利組織が専門家を雇い入れているとはいえ，ボランティアへの依存が大きすぎる。通常，このボランティアたちは20人にも満たない小さな団体に属している。国からの補助金や寄付に頼る程度はサービスの内容によって大きく異なる。

これらの組織が供給するサービスは，コミュニティケア，医療，育児，カウンセリング，ジプシーやホームレスのような不利な条件の下に置かれたグループに対するものであり，この他にリサイクルや食品協同組合といった環境型サービスも含んでいる。このサービス供給の企業は協同組合として組織されることがあり，極端な平等主義をとっていることも多い。その活動は本書で採用している社会的企業の定義には必ずしも合致しないこともあるが，上で述べた「新しい社会的経済」企業の登場の枠組みと合致している。

地域開発組織

上に述べた社会的企業のカテゴリーのうち最後のものは，地域開発の起業組織という文脈のなかで登場してきているものである。しかしそれは，上記の対人・近隣サービスのカテゴリーと明らかに重なり合っているといっても，別物であり，本章で焦点としているものである。その理由は，地域開発やコミュニティ開発が，1990年代になると，社会的経済のための新たな起業組織が登場する枠組みを準備し，促進したからである。

3 地域開発と社会的企業の登場

社会的パートナーシップと社会的企業

アイルランドは1980年代半ばに，全国的な経済政策や社会政策に対して社会的パートナーシップ方式を採用した。この方式には協定の締結が付随し，経済・社会開発のための戦略にかかわる主だったすべての利害関係グループないしは「社会的パートナー」の間で協定が結ばれた。1988年から99年までの間

に結ばれた一連の全国的な協定のなかに，この方式が具体的に表現された[4]。
このパートナーシップ方式は，そもそもの発端が悪化する経済状態や財政赤字の重荷への対応だったのであり，1980年代に失業や移民について関心が広がったことへの反応でもあった。公共政策を新たな方向に向けた理由の一部は，経済開発や福祉供給の制度が従来は中央集権的であり，しつこい長期失業や社会的排除に取り組むには明らかに非効率なことを知ったところにある。したがって，新しい方式の鍵となる要素は長期失業の解決策として地域開発を強調すること，地域をベースとする地域開発のための支援体制を協調して築くことを力説することであった。このようにして1990年代になると，パートナーシップ概念や地域をベースとする地域開発コンセプトが社会的排除に取り組むためのアイルランド方式の中心となった。

このように政策を新たな方向に向けたことが，近年になって社会的企業が登場しはじめた背景となったのである。この過程には基本的に2つの流れがある。1つは社会的企業の登場を促し支援した一連の政策のリードであり，いま1つが，全国レベルでのパートナーシップ方式にコミュニティや，あるいは，いまや第4の柱として知られるようになったボランタリー組織を徐々に包摂することであった。こうした流れが1つになって新たな社会的企業の設立に弾みを与えたのであり，またコミュニティやボランタリー組織がもっとも顕著に貢献する社会的経済についても，その議論に弾みを与えている。また，成長・競争力・雇用に関するEU文書（1993）や地域雇用起業組織に関するEU文書（1995）の公表，あるいはヨーロッパの政策論議のなかで，社会的経済を雇用の潜在的源泉の1つと認定したことが，以上のプロセス全体を刺激した。

地域開発活動に対するEUおよび国の支援

アイルランドには地域づくりに長い伝統があるが，1980年代までは国の支

---

4) これらの社会的パートナーシップ・プログラムには次のものがあった。全国復興プログラム（PNR）1988-90；経済社会進展プログラム（PESP）1991-93；競争力・仕事プログラム（PCW）1994-96；統合・雇用・競争力のためのパートナーシップ2000，1997-99。

援や認知を得ることはほとんどなかった。すでに指摘したように，1980年代になって，地域づくり，すなわち地域開発が地域レベルで失業と闘う戦略とみなされるようになったのである。1983年に全国のコミュニティ企業プログラムが策定され，コミュニティをベースとしたグループに対して，職業訓練プログラム資金や開発補助金，商業上の援助が与えられた。1987年までには，アイルランドで，とくに不利な地域に，300のコミュニティ企業グループがあると推定されていたが，このコミュニティ企業が不利な地域での地域開発戦略の中核となっていた (Donnison et al. 1991 : 48)。

だがしかし，1980年代になされた調査研究においてコミュニティ企業の不安定な性格や国の補助金への依存度の高さが明らかとなった (O'Cinneide and Keane 1987 ; Collins 1991)。ケルハーとウェラン (Kelleher and Whelan 1992) は，ダブリンの恵まれない4つのコミュニティにおけるコミュニティ企業を調査したが，経済的に恵まれない地域での事業を成功させるのはきわめて困難であると結論づけた。彼らによれば，プロジェクトは一般に小規模で資金も少なく，常にキャッシュフローの問題に直面しがちであり，収益も低いのである。彼らの議論によれば，このような状況のもとにあっては，経済的にみて現実にも潜在的にも存続できるための条件をプロジェクトの支援につけるのは適切でない。さらにいえば，コミュニティが資金提供機関の資金を直接使って活動したりサービスを提供する場合には，その資金提供機関はそれらの活動すべてを支援すべきである。

彼らがいう社会的に有用な活動の例には，コミュニティサービス，環境プロジェクト，自助的な保健医療が含まれる。ドニソンらも同じ文脈で議論を展開している (Donnison et al. 1991)。つまり，コミュニティ企業の促進策がうまく成功しそうなのは，地域コミュニティのすべての活動家や機関とともに協調して大規模に活動を展開する場合に，コミュニティ企業がその一部を担うときである。この点は1990年の対政府報告書のなかで強く念押しされており，「狭い地域での協調的集約的なプログラムが個々のプログラムのばらばらな効果にインパクトを与えうるのである」(National Economic and Social Council 1990)。

1991年に，2番目のパートナーシップ・プログラム (PESP) がこの勧告を受け入れ，長期失業問題に対して地域をベースとした対策を取り入れ，パイ

ロットプランとして12のパートナーシップ役員会が設置された。各役員会には18人の役員がいて，地域コミュニティ，社会的パートナー，国の出先機関それぞれから出た6人ずつの代表によって構成された。この役員会は法律的には有限会社として組織されている。EUは1992年に，構造基金のもとに置かれた「全体助成金（Global Grant）」を通して，これらのパートナーシップに資金を提供した。この基金の目的は地域開発と起業組織を支援し，地域の経済的，社会的なコミュニティづくりを促進することにあった。独立の中間組織である地域開発管理株式会社（ADM）が設立され，「全体助成金」を管理し，援助，技術的支援，資金提供をした。

この地域パートナーシップ方式は公的セクター，民間セクター，コミュニティセクターを草の根レベルで束ねるものであり，地域づくりに向けたボトムアップ方式という考えを具体的に表現するものである。OECDは，社会的排除に対する地域でのまったく新たな対策を刺激するうえで，地場のパートナーシップがきわめてうまいやり方だととらえており（Sabel 1996），アイルランド全国開発計画1994-99にも取り入れられた。地方都市・農村地域開発実施プログラムでは，地域をベースとしたパートナーシップの支援が組み込まれた。この実施プログラムは，38のパートナーシップ企業と33の「コミュニティグループ」を支援している。こうした背景のもとでの地域開発は，一体となって不利益と対抗する努力を通じて，地域の経済的社会的な条件，環境条件を改善する共同的な取り組みであると定義されている。

農村開発のためのEUのLEADERプログラムがこのパートナーシップを補完している。また，LEADERプログラムは社会的排除あるいは共同的な取り組みにとくに的を絞っているわけではないが，パートナーシップ方式を取り入れている。現在の計画では34のLEADERグループがある。加えて，INTERREG, NOW, INTEGRA, URBAN, 平和・和解プログラムといったEUのイニシアティブが，直接間接に，地域ベースでの開発に援助を与えている。このようにしてアイルランドでは，EUの政策と国の政策の具体化とその方向性によって地域開発が改めて強調され支持されている。また，全国コミュニティ開発プログラム（CDP）を設立し，地域コミュニティレベルで社会的排除や貧困に取り組んでいる。このような地域開発支援が新たな社会的企業の登場する条件を

つくりだすだけでなく，上記のようなプログラムに参加することによって活動を広げ強化する機会を従来型の企業にも与えているのである。

参加という方式を取り入れることや，その参加方式を最近の全国的な計画のなかに組み込むことにより大きな変化が生まれ，地域開発の目標や方法を取り決めるための制度的な環境に変化が生じている。そして，パートナーシップの考えを組み込んだ新たな参加協議型の機構が設立された。すでに触れたNESFがその1例であり，「パートナーシップ 2000」の協定——社会的パートナーと国との間の最新の全国協定——には，コミュニティ・ボランタリーセクターを表す「第4の柱」が加えられた（O'Donnell and Thomas 1998）。

このような状況のなかで，社会的排除にとくに関心を集中させている関係者の間で連携が図られた。その関係者には次の団体が含まれている。第1は，女性や失業者，不利な立場の若者や高齢者，障害者，環境問題にかかわる人々，あるいは学界を代表して，NESFに加わるNGOの「第3の流れ」グループである。第2は，コミュニティ・プラットフォームであり，貧困や社会的排除と闘う全国のネットワークや組織から構成され，「パートナーシップ 2000」では「第4の柱」の一部を構成した。第3がプラネット（PLANET：地域活動のためのパートナーシップ）であり，地域をベースとする共同出資企業のネットワークである。第4に，コミュニティ労働者協同組合があり，コミュニティベースでのプロジェクトや起業組織に携わる個人や組織のネットワークである。こうした関係者の連携が，ADMと並んで[5]，1990年代後半の「社会的経済」概念を広める主たる推進者となってきた。

社会的企業と地域開発

パートナーシップ集団やコミュニティグループは，何よりもまず広い意味での地域開発にかかわってきたが，その他方では社会的排除に対する地域レベル

---

5) ADMは独立した中間媒介企業であり，EC委員会との協定によりアイルランド政府が任命した。その協定はアイルランド都市農村地域開発のための実行計画のなかの地域開発サブ・プログラムを監督することが目的である。

での適切な対応策を追い求めるよう促されてもきた。その方法はといえば，社会的企業をつくり支援し，満たされない社会的ニーズに対応し，同時に地域雇用を生み出すというものであった。こうした文脈での社会的企業は種々の社会的経済の活動に従事するのが典型的な姿であり，たとえばリソースセンターの創設や，児童保育などの近隣サービス，高齢者や障害者へのコミュニティケア，さらに交通手段，低家賃住宅，職業訓練，能力育成などを開発し調和させることである。また，社会的企業が環境保護プロジェクトや文化遺産保護活動に関わることもある。こうした企業にはボランタリズムの高さという特徴があり，たとえば，「社会的資本」の大いなる利用者であり再生産者である（Evers and Schulze-Böing 1997）。

1996年にADMが委託した小規模な調査研究によって，「地域レベル，あるいはもう少し広い領域で商業活動またはサービス供給をしている」グループのリストが編集された（Mallaghan et al. 1996）。その結果，全部で489の「社会的企業」が確認されたが，著者はこれを過小評価だとしている。その理由は，少なくとも1つの地域が十分に調査されなかったからである。調査対象の社会的企業のうち，97の例は電話調査による。調査サンプルの半分以上（55％）が農村地帯にあり，そのすべてが過去5年の間に設立されている。約3/4（72％）は地域ベースの共同出資会社と連携していた。共同出資という会社形態が最も共通する法的な身分であり，回答の2/3弱が共同出資会社であった。収入源のデータを提供したもののうち，23％が全面的に公的セクターに依存し，24％がさまざまなスキームやプログラムに加わることによって収入の3/4以上を公的セクターから受け取っていた。残る31％も，程度に違いはあるが，公的資金提供に依存していたのであり，公的セクターの支援から完全に独立していたのは22％のみであった。調査サンプルのグループすべてが生み出した年間所得総額は2,090万アイルランド・ポンド（2,650万ユーロ）であった。みずからの収入の少なくとも3/4以上を商業活動から生み出すことができたのは少数（22％）に過ぎず，このグループのほぼ2/3がこれらの商業活動から生み出した所得は全体の1/4にも満たないものであった。社会的企業は女性にチャンスを与えているが，彼女らは管理職のほぼ半分（48％），労働者の85％を占めていた。社会的企業は女性を募集する場合有効であり，彼女らの73％

が以前は失業者であった。

　この他に27のサブグループが「コミュニティビジネス」に分類されているが，その基準は，オープンメンバーシップ，民主的コントロール（1人1票制），特定コミュニティの経済的繁栄／地域開発への集中，メンバー個人のためではなくコミュニティのための利益などであった。このコミュニティビジネスは都市と農村とにむらなく分散している。また長命化の傾向があり，公的セクターからの支援への依存度も低く，商業活動から収入を得ている。「コミュニティビジネス」は，総額で470万アイルランド・ポンド（600万ユーロ）の収入を生み出した。

　以上のデータを除けば，地域開発組織が行う社会的経済の活動範囲を一覧表にできるような体系的な試みは他にない。もっとも，アイルランドの地域開発に関する広範囲にわたる研究では，社会的経済の活動に触れている（O'Hara 1998 ; O'Hara and Commins 1998 ; Walsh et al. 1998）。NGOや関係団体，たとえばADMやPLANET，コミュニティ労働者協同組合は最近報告書を公表し，そのなかで，社会的経済を発展させ支援する戦略や政策を確認している[6]。しかしながら，これらの団体は社会的経済についてそれぞれに定義を与えているのであり，とくに地域経済の再生と結びつけて定義づけ，その格別の特徴を，地域経済の資源化，地域コミュニティ内での所有促進，地域資源の地域での管理の展開やその資源からの利益の開発としている[7]。

　多くの社会的企業が設立されたのはごく最近のことであり，発展の初期段階にある。社会的企業には社会的排除へのさまざまな反応に対応するような広がりがあり，そこには食品協同組合，アドバイス／インフォメーションセンター，コミュニティビジネスなどが含まれるだけでなく，カウンセリングや児童保育，健康管理などの対人サービス・近隣サービスのほかに，女性，独り暮らしの老親，長期失業者，ジプシー，ホームレスなどの恵まれないグループに対する特別のサービスも含まれている。こうした社会的企業はボランティアの投入が大

---

6)　以下を参照のこと。PLANET（1997）; Community Platform（1997）; ADM（1998）; Cmmunity Workers Co-operative（1998）.

7)　PLANET（1997）; Cmmunity Workers Co-operative（1998）.

きいが，他方では有給の労働者も雇い入れている。国やEUの補助金の水準や寄付への依存度には大きな差があり，地域開発という文脈のなかでは，民間企業に援助を与えている組織の庇護の下で社会的企業が発展することも多い。ある地域の共同出資会社が，社会的企業を促進する目的で「社会的経済ユニット」（ユニット自体が社会的企業である）を立ち上げた。

以下で2つの事例を紹介するが，その目的はアイルランドにおける地域開発を背景として登場したこの種の社会的企業の構図を描くことである。第1の事例が本質的には村をベースにした起業組織である。その起業組織のなかで女性のもっている家事能力を商品化し，地域にある社会的ニーズに対応しようとした。第2の例では，小さな町での仕事おこしの起業組織が全国的な機関とのパートナーシップを展開し，障害者を巻き込んで社会的企業を創設している。

4 事 例

ツルスク教区サービス

ツルスク（Tulsk）は570家族が暮らすアイルランド西部の小さな村である。ツルスク教区サービス（TPS）は1994年に設立され，とくに女性の持続的な雇用の開発や訓練の機会を通じて，排除や孤立という地域の問題に取り組むことを目的としていた。第2の目的は，とくに高齢者や若い家族がアクセスしやすい柔軟なサービスや施設を提供することであった。TPSは，自主参加の管理委員会をつくることによって，ADMと地区保健委員会から立ち上げ資金の提供を受けた。後には，長期失業者のための先駆的な活動を支援する特別なヨーロッパ・プログラム（B2-605）からEU資金の提供を受けた。その結果，1人のコーディネーターと，サービス供給に携わる15人の女性グループの採用ができた。TPSは責任引受け限度保証に基づく有限責任の会社として登録され，慈善団体という法的地位をもっている。

在宅介護および交通手段がTPSの最初のサービスであった。在宅支援サービスは独り住まいのお年寄り，もしくは家族が日中留守の老人，あるいは小さ

い子供のいる母親を支援することである。提供されるサービスは，食事の世話，配達，病人の着替えや夜間の面倒，髪のセット，児童を預かること，ベビーシッター，ホームヘルプと，何にでも広がっている。

サービスは「要求があり次第」提供され，初年度は75人の地元民に対して，主に在宅でのサービス供給がなされた。「顧客」からの料金はサービス提供者の賃金に充当され，間接費（コーディネーター，訓練，管理，土地建物）が補助金によって賄われている。TPSのメンバーはさまざまな職業訓練コースに臨んでスキルと専門性を高めている。このコースには，ソーシャルケア，コミュニティ開発，給食や食事つき宿泊，基本的な看護，コンピュータ操作技能，個人・コミュニティ啓発などがある。給食および事業革新コースへのメンバーの講習参加を受けて，TPSは地元での給食サービスを立ち上げ，完全な商業ベースで経営している。

1996年に，TPSはEU社会基金から資金を得ることができた。資金の対象となったのは，労働市場への参入・再参入を望んでいる40歳以上の中高年女性向けの職業訓練とリソースセンターの設立とであった。リソースセンターは，ソーシャルケア・サービスを拡大して活動するために必要な施設設備，つまりキッチン，洗濯場，集会所，事務所，託児所を1ヵ所にまとめたものである。センターではプロジェクトマネージャーを任命し，追加的に女性を募集し，職業訓練・職業経験プログラムが組まれた。

将来計画では5つのサービス供給が予定されている。つまり，洗濯，給食，介護，アドバイス，秘書サービスである。洗濯と給食は，TPSがすでに行っているサービスの合理化・拡大である。他方，アドバイスと秘書サービスは新たなベンチャーであり，TPSは地域にマーケットがあることを確認している。このサービスに従事していた従来の7人のフルタイムと9人のパートタイムの仕事は，2000年には10人のフルタイム，6人のパートタイムの仕事に改善されるであろう。

社会的排除へ直接に的を絞ったこと，および提供したサービスの性格という2つの点で，TPSは普通とは異なっている。TPSの現在のサービスによって，地元住民のなかの社会的弱者のニーズに対して，敏感に彼らが待ち望む対応をすることと，他方での，職業訓練やパート雇用，自信を植えつけることを通じ

て，農村の女性がもっている社会的に包摂されたいというニーズに戦略的に対応することとが結びつけられている。提供されるサービスは柔軟であり，顧客のニーズに合わせている。このサービスはきわめて個人的であって顧客の自宅まで届けられることも多く，効果的であるためには，ケアをする側の感受性や理解度，裁量，個人的な思い入れの程度の高さが要求される。事実，このサービスは，もはや過去ほどには効果的，自発的に機能することのない面倒見や思いやりのネットワークの一種の商業化なのである。

TPS は資金を引きつけることにとくに成功しており，その結果，比較的急速に成長することができた。コアグループのなかで鍵となる少数の女性のもつリーダーシップや管理能力，交渉技能が，この成功には決定的に重要であった。彼女らはプロジェクト開発に対するモチベーションも高く，組織化がうまくいき，開発にかかわった。しかしながら，これらの要素がまさに究極的な持続可能性に影響を与えることにもなるであろう。このプロジェクトは，少人数の女性グループが自発的にかかわっていく時間と技能とに大きく左右される。かなり技能が高くなり，事実上準商業的サービス（最低賃金ではあるが）で経験を積んだ女性たちが専門家としてのフルタイム雇用へと進んでいくことにもなる。それは望ましいことではあるが，サービス要員配置に問題を起こすことにもなる。最後に，TPS が純粋に商業ベースで活動する場合に生き残れるか否かは定かでない。とくに，このサービスは需要がリードするタイプであり，その需要が小さくなっていくかもしれないからである。こうした性格をもつ社会的企業は，需要の変化や新たなサービス機会の登場に対応して多様化し，応えていくことの必要性を知ることにもなろう。

　ミル社会的企業

　マウントメリック（Mountmellick）は人口 3,500 人の小さな町で，アイルランド中部にある。マウントメリック開発アソシエーション（MDA）は，町中の使われていない工場を購入して，仕事おこしのための企業センターを展開しようとした。1994 年，MDA のプロジェクトマネージャーと全国職業訓練・能力開発機構（NTDI）の地区マネージャーとの間で契約が交わされ，NTDI は社会

的に雇用を生み出す事業の設立を目的として企業センターの一部を貸すことに合意した。その際の条件は，MDA が工場を再稼働させることであった。MDA は無担保の銀行ローン 142,000 アイルランド・ポンド（18万ユーロ）と，再稼働の資金として県企業委員会から 47,000 アイルランド・ポンド（6万ユーロ）の補助金を得た。事業用のスペース，レストラン，事務所をひとまとめにして，10年リースが 1995 年に調印された。96 年になると，職業訓練ルーム，相談ルーム，店舗用の追加スペースが，2年9ヵ月リースで貸し出された。MDA を通じて，地域コミュニティはこの企業センターに約 394,000 アイルランド・ポンド（50万ユーロ）を投資している。

ミル社会的企業は 1996 年に NTDI と MDA の共同出資会社として設立された。会社は全部で約 130 人を雇用した。職業訓練および支援が障害をもつ約 30 人に提供され，彼らが自立した労働者に移行できるよう配慮されている。この他に，この会社は地元から 100 人を雇用し，単独では地域最大の雇用主となっている。

3つの主要事業がある。第1は「下請けサービス」である。下請けサービスベースで地元工場製品の組立て，箱詰め，ラベル貼りに携わり，経営管理，保管，在庫管理，輸送の支援を受けている。この会社は「ジャスト・イン・タイム」原則で運営されている。その意味は，外部委託の方が有利になる価格のところで労働集約的な作業ないしは周辺的な作業を製造業に提供するという組立てである。第2の事業は，規模は小さいが，スポーツバッグの製造である。注文生産によるスポーツバッグの製造をしており，その他にクラブやマーケティング会社向けにスクリーン印刷業もしている。第3の事業は「オールド・ミル・レストラン」であり，質の高い食事の提供と外部向けの給食サービスをしている。ミル社会的企業のプロジェクトは「EU 雇用イニシアティブ」の IN-TEGRA 部から支援を受けてもいるが，この INTEGRA 部は雇用される障害者への支援サービスに資金提供をしている。

ミルでの雇用は 1997 年半ばまでに 134 人となったが，拡大の可能性があるため，スペースの狭さが目下の主な問題となっている。下請けサービスとレストラン企業双方が商業的に存続できそうである。

ミル社会的企業は MDA があげた主要な成果と考えられているが，この

MDA は 15 年かけて評価の高い地域開発組織へと発展してきた。ミル社会的企業の成功は MDA のもっている戦略的パートナーシップ形成能力と結びついているのであり，そのパートナーシップがあって経済的・社会的目的が達成されるのである。またその成功は，社会的目的を支えるための EU および国の資金供給をうまく引き出すこととも結びついているのである。

5　結論および政策的な意味

　社会的排除，とくになかなか解決しない長期失業と取り組む必要があり，その必要性からアイルランドは地域開発戦略の採用に踏み切ったのである。とくにこの戦略は，地域開発のためのパートナーシップを支援することによって，地元地域の能力を強化することとなった。こうして「パートナーシップ」方式の価値が認められた。その価値の1つは，経済的な問題と社会的な問題とが混在する状態に対して，同時に効果的に取り組むことができるというパートナーシップの能力である (Sabel 1996)。以上が社会的企業の登場する背景であり，そこに現れているように，地域のグループは社会的排除に有効かつ適切に対応できる方策を捜し求めているのである。仕事の機会とサービスとを両方とも提供できるため，社会的企業は社会的排除に対するとくに有効な対策であるとみられている。社会的企業が生み出す「社会的資本」に含まれるものは，不利な条件のもとにある地域において，熟達した経営事業能力を有する働き手のプールを地元につくりだすこと，当事者たち個人の自信，自尊心，知識を向上させること，地域のニーズを有効に表現できるような地域の連帯や能力の発展を促すことなどである。

　地域開発に関わる NGO や関係団体が社会的経済を推し進め，地域の再生に大きく寄与しているが，社会的企業はその地域で市場が失敗したサービスを供給することができるのである。このようにしてアイルランドでは社会的経済の発展が刺激され，社会的企業が奨励されている。その主な担い手はさまざまなネットワークや代表団体を通じて地域開発にかかわる人々である。

　社会的経済概念が今日の地域開発の議論に組み込まれるようになってきたた

め，社会的企業に対するより大きな支援を求めて，さまざまなNGOや利害集団が国と交渉している。事実，地域開発にかかわるNGOが社会的経済に関する議論や文書の多くをリードし公表している[8]。大きくはコミュニティ・プラットフォームが圧力をかけた結果，パートナーシップ2000協定の一部として，国が社会的経済ワーキンググループを立ち上げた。このワーキンググループは，政府のさまざまな部局や使用者，労働組合，その他関係する利益団体の代表によって構成された。実際，これらの団体はワーキンググループに強く関与しており，1998年発行のワーキンググループの報告書はこれらの団体の出版物を多く引用している。

ワーキンググループの出した中心的な結論の1つが社会的経済セクターへの国の支援に関するものであり，主な支援は労働市場への統合のための各種プログラムを使った労働補助金の形をとっているという点である。国が行う支援の第2の大きな源泉は不利な立場や社会的排除と闘うプログラムにある。ワーキンググループは，不利な立場と闘いコミュニティを再生する手段として，社会的経済を発展させるための一連の勧告を行ったが，その勧告は，特定の資金的支援や制度的支援については，新たな支援や資金供給をつくりだすことよりも，従来のものを再編すべきだとするものであった。だが，この報告書には社会的経済組織におけるこれまでの雇用の評価もなければ，潜在的な雇用の可能性に対する評価も載っていない。のみならず，この報告書は社会的経済組織向けの公共サービス契約問題にも言及していなかった。

国が支援環境を整え，「コミュニティセクター」からの圧力に対応しているが，ワーキンググループの報告書の方は比較的限定的であって，コミュニティセクターでの最も基本的な問題に取り組むことを避けているところもある。最も基礎的なところで，社会的企業が社会的排除に適切にうまく対応できる環境をつくる必要がある。コミュニティのなかにはこの領域でとくに効果的にやっているところがあり，その成功の理由が社会的に認められ定着させられる必要があるだけでなく，社会的企業家活動を奨励する支援の仕組みも適したものにする必要がある。社会的企業は資金，投資資金を引きつけるうえで非常に困難

---

[8] ADM (1997, 1998); PLANET (1997); Cmmunity Workers Co-operative (1998).

な壁に直面しているのであり，国の支援もいろいろな形をとることにもなる。たとえばローン，補助金，信用の便宜，訓練，技術的支援などである。

　アイルランドでは，労働市場プログラムが社会的企業での労働に助成するうえで決定的に重要な方法であり，社会的経済セクターへの国の支援の鍵でもある。事実，アイルランドの積極的労働市場政策への国庫支出は GDP の 1.8% であり，OECD のなかでもこれを上回るのはデンマークとスウェーデンだけである。この事態は手にあまるほどの高率の失業を背景として進んできたのであり，第 2 次労働市場の創出という問題が明らかに存在している。さらに，経済成長が続き，アイルランド経済のなかでの就業機会が改善され続けた結果，労働者が社会的経済から民間セクターに移行している。そして社会的企業にとっての労働者プールが枯渇してきているという証しがある。このセクターは，専門職であろうとボランティアであろうと，女性労働に頼る程度が高い。ボランティアやパートタイムの女性労働予備軍に多くの社会的企業が依存しているが，女性の労働市場への参加というパターンが進んできているため，この予備軍が減少しそうなのである。

　社会的企業が社会的志向性をなくすことなく特定のニーズに対応するためには，どの程度国からの支援が不可欠か，という議論もまた必要である。その議論には，社会的企業の持続可能性を確保するうえで，収入を稼ぎ出すことと国からの支援との組み合わせをどのように適切に確立するかも含まれる。これまでのところ，アイルランドの社会的企業は，国との契約に基づいてサービスを提供するような深いかかわり方をしていない。この点で前進すべきだとすれば，国と社会的企業との最適な関係をつくりだすような取り組みや，地域レベルでの効果的なサービス供給を確立する必要がある。

　質の問題がまた重要である。すなわち，社会的企業が対人サービスの領域で「良質な」製品を供給できるか否か，またその供給が地域レベルで最適に組織化され届けられるか否かという問題である。需要サイドからすれば，低所得の消費者を支援する最も有効な方法を考える必要がある。そうすれば，彼らは社会的企業が供給するサービスにアクセスすることもできようし，平等の立場で連帯組織に参加するかもしれないのである。

　最後に，アイルランドが次第に繁栄した社会になりつつあることから，社会

的被排除グループにサービスを提供するうえで,社会的企業が効果的で適切な手段とみなされるようになっているようである。1990年代の地域開発の経験は,社会的被排除グループへのサービス供給が最もうまく達成されるモデルを提供しているかもしれない。

参考文献

ADM (Area Development Management Limited) (1998) *Financial Supports for Social Economy Development*, Report for the Community Enterprise Advisory Committee prepared by the Social Economy Unit Tallaght, ADM, Dublin.
―― (1997) *Partnerships: Making a Difference in People's Lives*, ADM, Dublin.
COLLINS, T. (1991) 'Community Enterprise: Participation in Local Development', unpublished Ph.D. thesis, National University of Ireland, Maynooth.
Commission of the European Communities (1995) *Local Development and Employment Initiatives*, Brussels.
―― (1994) *European Social Policy: A Way Forward for the Union*, Brussels.
―― (1993) *Growth, Competitiveness, Employment – The Challenges and Ways Forward into the 21st Century*, Brussels.
Community Platform (1997) *Achieving Social Partnership: the Strategy and Proposals of The Community Platform in the Partnership 2000 Negotiations*, Community Platform, Dublin.
Community Workers Co-operative (1998) *Strategies to Develop the Social Economy*, Strategy Guide no. 2, Community Workers Co-operative, Galway.
DONNISON, D. et al. (1991) *Urban Poverty, the Economy and Public Policy*, Combat Poverty Agency, Dublin.
EVERS, A. and SCHULZE-BÖING, M. (1997) 'Mobilising Social Capital. The Contribution of Social Enterprises to Strategies against Unemployment and Social Exclusion', paper for an EMES Seminar, Barcelona.
FAUGHNAN, P. and KELLEHER, P. (1993) *The Voluntary Sector and The State: A Study of Organisations in One Region*, CMRS, Dublin.
HART, M. and MACFARLANE, R. (1996) 'The Role of Community Enterprise in Local Economic Development in Ireland', paper presented at the ADM Conference on Community Business and the Social Economy, Dublin.
KELLEHER, P. and WHELAN, M. (1992) *Dublin Communities in Action*, Community Action Network/Combat Poverty Agency, Dublin.
KENNELLY, B. and O'SHEA, E. (1998) 'The Welfare State in Ireland: A European Perspective', in HEALY, S. and REYNOLDS, B. (eds) *Social Policy in Ireland*, Oak Tree Press, Dublin, 193–220.
MALLAGHAN, A., HART, M., MACFARLANE, R. and CONNOLLY, E. (1996) *A Study of Community Business within the Social Economy in Ireland*, Report of a Study for Area Development Management Ltd., Dublin.

National Economic and Social Council (1990) *Strategy for the Nineties: Economic Stability and Structural Change*, NESC, Dublin.

National Economic and Social Forum (1997) *A Framework for Partnership – Enriching Strategic Consensus through Participation*, Government Publications, Dublin.

—— (1995) *Jobs Potential of the Services Sector*, Government Publications, Dublin.

O'CINNEIDE, M. and KEANE, M. (1987) *Community Self-Help Economic Initiatives and Development Agency Responses in the Mid-West of Ireland*, Social Sciences Research Centre, University College Galway, Galway.

O'DONNELL, R. and THOMAS, D. (1998) 'Partnership and Policy-Making', in HEALY, S. and REYNOLDS, B. (eds) *Social Policy in Ireland*, Oak Tree Press, Dublin, 117–46.

O'HARA, P. (1998) *Action on the Ground: Models of Practice in Rural Development*, Irish Rural Link, Galway.

O'HARA, P. and COMMINS, P. (1998) 'Rural Development: Towards the New Century', in HEALY, S. and REYNOLDS, B. (eds) *Social Policy in Ireland*, Oak Tree Press, Dublin, 261–84.

PLANET (Partnership for Local Action Network) (1997) *Building the Social Economy: New Areas of Work, Enterprise and Development*, Planet, Dublin.

POWELL, F. and GUERIN, D. (1997) *Civil Society and Social Policy*, A&A Farmar, Dublin.

RUDDLE, H. and DONOGHUE, F. (1995) *The Organisation of Volunteering: A Study of Irish Voluntary Organisations in the Social Welfare Area*, Policy Research Centre, National College of Industrial Relations, Dublin.

SABEL, C. (1996) *Ireland: Local Partnerships and Social Innovation*, OECD, Paris.

SALAMON, L.M., ANHEIER, H.K. et al. (1998) *The Emerging Sector Revisited*, Johns Hopkins University Institute for Policy Studies and Center for Civil Society Studies, Baltimore.

Social Economy Working Group Report (1998) *Partnership 2000*, The Stationery Office, Dublin.

WALSH, J., CRAIG, S. and MCCAFFERTY, D. (1998) *Local Partnerships for Social Inclusion?*, Oak Tree Press in association with Combat Poverty Agency, Dublin.

9 イタリア：伝統的な協同組合から革新的な社会的企業へ

カルロ・ボルザガ
アルケステ・サントゥアリ

はじめに

　イタリアにおいては「社会的企業」は特別な法的概念も定義もない。社会的企業という用語は，社会的排除と闘うためのサービス，より一般的には対人サービスやコミュニティサービスを安定的で企業家的な方法で供給するようなサードセクター組織を定義するものとして，政策的議論や学問的議論のなかでしだいに使われている用語である。社会的企業という用語は1990年代初期から使われ始め，法律としては社会的協同組合法が制定された。社会サービスの供給と労働市場への統合を推進する，こうした新しい社会的協同組合が急速に発展することによって，社会的企業の用語も使われるようになったのである。
　イタリアの社会的企業の発展は，第2次世界大戦後のイタリアの福祉制度と非営利セクターの発展と連動している。イタリアの福祉制度は，とりわけ1970年代以降に成長したが，公的支出で比較すると1990年代にようやくEUの平均に到達した。しかし，この補償は主として現金給付であり，社会サービスの供給は貧弱であった。一方イタリアの非営利セクターは，主としてアドボカシーの役割を果たして，国家はその交渉相手であった。この意味で，社会的企業（とりわけ社会的協同組合）の発展は，増大しかつ充足されない社会サービスの需要に応える革新的な方法として理解することができる。
　本章では，社会的企業の発展をみる。イタリアの各種社会的協同組合を要約した後（第1節），われわれは社会的企業の発展する理由を分析し（第2節），

その誕生と社会的協同組合の登場と特徴について述べる（第3節と第4節）。最後に，社会的協同組合の機能を論じ（第5節），その発展の展望を予測する（第6節）。これらの分析では社会サービスを供給する社会的協同組合に限定しており，失業者の労働市場への統合事業を行う社会的協同組合は論じていない[1]。

1　社会的企業

社会的排除との闘いのための事業は，今日ではさまざまな法人形態の組織が実行している。それらの組織には次のようなものがある。すなわち，

- 社会的協同組合。1991年法第381号に基づく。1998年には社会的協同組合は約4,500あり，そのうち社会サービス供給事業をするものが70%，労働市場への統合事業が30%である。
- 1991年法第266号によるボランタリー組織10,000のうち約20%。この法律によれば，ボランタリー組織は，たとえ社会的排除を克服するための事業に従事しているにしても，安定継続的に社会サービスを提供することは認められておらず，またその職員は主としてボランティアが占めなければならない。事実，ボランティア法によれば，ボランタリー組織への規制は漠然としているので，少なくとも2,000くらいのボランタリー組織は，その供給しているサービス内容やまた安定持続的事業をしている点で，実際は社会的企業の区分に含めてもよい[2]。

---

1) イタリアの労働統合を事業とする社会的協同組合の分析についてはBorzaga（1998）を参照のこと。
2) 1998年にイタリアボランタリー財団（Fondazione Italiana per il Volontariato）の最近の調査によれば（Frisanco and Ranci 1998），10,516のボランタリー組織のうち，1,031（9.8%）のボランタリー組織が安定継続的に社会サービスを供給していると述べている。これらの組織では全体で2,083名の賃金労働者を雇用し，また労働提供している良心的徴兵忌避者が1,279名，ボランティアが53,529名いる。これらの組織のうち65%以上が，その唯一あるいは主たる財源を，事業売り上げ（サービス

- ボランタリー組織以外の数百のアソシエーション。これらのアソシエーションは 1942 年の民法の規定に基づく。これらのアソシエーションは，主としてみずからのメンバーのために活動する。この場合もまた，民法の規定では，アソシエーションは「理想」(すなわち，非営利的な) 目的を遂行しなければならないとされているので，サービス生産のための安定的な取り組みは，法律に反することになる（しかし，裁判所の判断は法律の柔軟な解釈に傾いている）。
- 1947 年法に基づく一部の伝統的な協同組合。これらの協同組合は，実際には社会的共通益（collective interest）の分野で事業を行っている。また社会的協同組合と似たことを行っている。しかし，みずからを社会的協同組合とは呼ばない。これらについてのデータは少ない。しかし，こうした協同組合の数は，約 1,000〜1,500 と推定される。
- 一部の慈善団体や公的ソーシャルケア組織（IPAB, Istituzioni Pubbliche di Assistenza e Beneficienza）。とりわけ，最近の法律に基づいて，公的組織から民間財団への改組をしているもの[3]。全国レベルでの統計をとるにはこれらの組織についての法的・行政的な位置づけに困難さがあるものの，IPAB の数はおおまかにみて 800 あり，そのうち 4 つに 1 つが民間組織に改組している。
- 数少ないが，持株会社。

以上のような組織形態のうち，社会的企業にもっとも適しており安定的・持続的事業を行っているのは，社会的協同組合である。ボランタリーアソシエーションは，安定的なサービス供給を法律によって禁止されている。アソシエーションもボランタリー組織も非登記団体であり，そのメンバーに対する有限責

供給）に頼っている。

3) これらの組織のなかには中世までさかのぼれるものもある。多くは民間財団の形態をとって設立された。19 世紀になって，1890 年に法律ができると，これらの団体は公的行政に吸収された。こうして公的団体となって行政の法，権限，責任の下に置かれることになった。1988 年に，IPAB は民間非営利組織に戻ることが認められたので，元々の法人形態・組織形態を取り戻したことになる。

任が認められていない。アソシエーションと普通の協同組合は，必ずしも社会的目的を追求していない。すなわち，これらの組織は，相互扶助的な目的を追求するものである。結局，IPABの多くは依然として公的セクターに属している。したがってその理事会や決定の大部分は，行政が直接コントロールしている。本章では，社会的協同組合とりわけ社会サービスと教育サービスを供給する社会的協同組合に限定して議論する[4]。

2 社会的協同組合の内容

最初の社会的協同組合は，1970年代末に設立された。イタリアの非営利セクターにおいて，社会的協同組合はボランタリー組織とともに，もっとも革新的な法律的な組織形態であった。これらの新しい組織の誕生とその性格を理解するためには，非営利セクターと福祉制度の発展が，この時期にどうして起きたのかをみておく必要がある。

イタリアでは，（現代の非営利組織の歴史的先行形態である）慈善団体とボランタリー組織は，18世紀末まで自由に発展していた。ソーシャルワーク，医療，老人介護，教育はこうした民間慈善活動の分野であった。このような活動は，社会的にはカトリック教会の貧民階層への福利活動によって大きく支えられていた。18世紀末のフランス革命以降，イタリアにおける慈善は，他のヨーロッパ諸国と同様に，疑いと敵対の目が向けられた。慈善団体は本筋とはいえない勢力に属しており，弱められるべきものとみなされていた。それというのも，この慈善団体は政府と個人との第3の組織を代表すると考えられていたからである。すなわち，国家と個人である。国家は人々の意志の最高理解者であり，また国以外のそうした団体は存在してはならなかった。というのも市民は，国家の権威を強化しなければならないのであり，それによって個人の諸権利を拡大し防御することができるからである。フランス革命で確立された国

---

[4] これらは法律ではA型社会的協同組合となる。B型社会的協同組合は失業者の労働市場への統合事業をするタイプである（Borzaga 1998）。

家の自由主義的な形態は，国家からの個人の分離を含んでいた。したがって，中間的な団体は合法的でないとされた。というのも，自由とは個別の諸個人のみに属するものであり，団体，財団，アソシエーションといった社会集団には属するものではないとされたからである。したがって，イタリアでは，慈善団体やボランタリー組織の活動は，たとえばIPABの場合のように，行政の直接的干渉へと積極的に置き換えられた。非営利組織に対するこうした姿勢は，第1次世界大戦後のファシズムと第2次世界大戦後の公的福祉制度によって強化された。

イタリアではヨーロッパ各国の福祉制度の展開と同じく，主として公的セクターが再分配（社会保障，ソーシャルケアなど）とサービス供給を行った。これによって，それまで民間で運営していた多くの社会サービス機関が行政となり，それまで自律的に活動していた非営利組織が，公的基金や行政の決定に依存するようになった（とりわけカトリック教会に属していた団体）。

こうした動きは1970年代の初めに，なぜ非営利組織が比較的数が少なく，またアドボカシー機能に集中して，またメンバーの福利に限定していたかを説明する。非営利組織が公的領域と同じサービス生産の活動をする余地はなかった。利潤を目的としない組織（Not-for-profit organisation）は，公的領域のなかで，また行政にきわめて依存した形で，サービス生産を余儀なくされている。社会的目的をもった民間企業は唯一，協同組合だけである。しかし，協同組合はその組織的な成果を組合員たちだけに提供するよう制限されてきた。

イタリアの福祉制度は第2次世界大戦後に確立したが，サービス供給よりも金銭的な再分配を重視した[5]。イタリア福祉制度によって供給された最大の社会サービスは，教育と医療であった。このいずれもが主として行政によって供給された[6]。後に，サービスへの要求が高まるにつれて，イタリアの福祉制度は，とりわけ公的年金制度において，所得移転費用によって新しいニーズに対応しようとした。1997年には，イタリアの社会保障費はヨーロッパ各国の

---

5) 社会サービスは主として家族によって供給された。
6) イタリアの福祉制度の特徴を示す数字がいくつかある。1970年に，公的移転支出と公的最終消費支出の比率は，それぞれ15.4％と12.9％であった。スウェーデンはそれぞれ15.8％と21.5％，イギリスは13.9％と17.9％であった。

GDP 対比の平均よりも低かったが，公的年金支出は，GDP の 15.8% であり，ヨーロッパ各国平均の 12% を上回っていた。

したがって，公的介入とニーズとの間のギャップがあるために，1970 年代以降，サードセクターの発展が重視されたのである。その後数年して，サードセクター組織に次のような動きが現れた。

- 相互扶助的なあり方を克服。新しく設立された非営利組織は，そのメンバーたちよりも一般個人の需要を満たすために設立された。
- サービス供給内容の増加。ただし，一時ではあれ，行政に従属しているという認識はある。実際，多くのこれらの新しい組織は，福祉制度では取り扱いづらいような一時的な新しいニーズを取り扱っている。そのために，行政を臨時に代替する役割という位置づけしかされない。これらの組織は主としてアソシエーション形態で設立され，ボランティアの労働を基盤にしている。しかし，1970 年代以降，ボランティアも賃金労働者も組合員であるような社会的協同組合がつくられ始めた。

3　社会的企業の誕生と発展

社会的協同組合の登場

これまで社会サービスの生産にアソシエーション形態を採用することや，協同組合形態を主として非組合員の利益のために活用することは，イタリアの法律制度に抵触した。また民法の第 1 部と第 2 部では，その区分に明確な違いがあった。民法第 1 部では，アソシエーションと財団は，民法に定められた唯一の 2 つの非営利組織であり，その目的追求のなかには経済活動は含まれておらず，あるにしてもきわめて例外的であった。逆に，会社や事業体は，それには協同組合も含まれるが，民法第 1 部では商業活動や産業活動を行うものとして規定され，所有者のために利潤あるいは利益の追求を目的とするとされる。民法は，非営利組織・利潤を目的とはしない組織を使って社会サービスを供給す

ることを想定していない。

　アソシエーション形態を適用する事例がたくさんあるにもかかわらず，アソシエーションやときには財団が，社会サービス供給のための安定的な企業とはされなかった。その結果，社会サービスを生産する新しい組織は，その活動のレベルが上がったので，協同組合の一形態とすることがよいと考えられるようになった。こうして協同組合形態が採用されると，協同組合は相互扶助であるとの一般の常識とは異なって，次のような現実が現れてきた。すなわち，

- イタリア憲法（ついで民法）は，協同組織に社会的機能を認めている。しかし，この概念は明確に説明されていない。そのために，相互扶助原則をより広く適用して，ボランティアの間での「相互扶助」として，初期の社会的協同組合が障害者の福利のための活動をすることが可能になった。そのために「拡大相互扶助」という言葉が一般に使われるようになった。
- 協同組合に必要な資本は，アソシエーションの設立に必要な資本よりもずっと少なくて済んだこと。

　さらに，協同組合は，独立した法人として組合員の有限責任が認められており，1人1票制原則に基づき，組合員による民主的な管理が必要とされていること。これは，理論的には協同組合をアソシエーションよりも民主的なものとするものである。

　このように多くの難点を抱えつつ[7]，また協同組合運動のなかで特別視されているにもかかわらず，少しずつではあるが社会サービスの供給に協同組合形態が採用されるようになった。一部のボランタリー組織やアドボカシー組織は，協同組合に組織転換するか，新たに協同組合をつくった。こうした協同組合に対する最初の調査は，496の協同組合を対象として1986年に行われた（Bor-

---

7) イタリアの各地の裁判所は，これらの新しい協同組合の法人化を認めなかった。その理由は，協同組合が組合員だけに利益を限定しているという，伝統的な相互扶助原則をもつとみなされたからである。

zaga 1988 ; Borzaga and Failoni 1990)。そのうち 22.6% はボランタリー組織からつくられたものであり，15.9% の協同組合はアソシエーションからつくられたものであった。協同組合の 50% が，最初から協同組合として設立されたものであった。組合員に関しては，わずかに 27% が賃金労働者であり，残りは直接活動に参加するボランティアであり，また単なる支援のボランティアであった。組合員としてのボランティアがいない協同組合は，調査のうちわずかに 21% であった（北部地域ではこの比率は 10%）。

したがって，さまざまな形態はあるにしても，それらは「社会的連帯協同組合」とみずからを規定していた。地域レベルでの事業連合（consortia）と全国レベルでの事業連合（consortium）を形成するという組織戦略がとられた。さらにまた，協同組合運動への働きかけも始められ，また議会に対して独自の観点から法律的認知を得る活動も始まった。

法的認知——1991 年社会的協同組合法

イタリアの社会的協同組合は 1991 年に特別法が通過して法的に認知された。国内的にも国際的にも非常に革新的な役割を示すようになった。社会的協同組合の特徴には次の点があげられる。すなわち，

- 受益者は何よりもコミュニティ全体であり，コミュニティにおいて不利な立場にある人々の集団である。彼らが組合員でなくてもよい。1991 年法では，社会的協同組合は，その活動を「コミュニティの公益のために，また市民の社会的統合のために」行うことと規定している。
- 組合員はさまざまなステークホルダーによって構成される。すなわち，
  - 協同組合で活動を行い，その代償として金銭的報酬を得る組合員（労働者，マネージャー）
  - 協同組合が供給するサービスを直接享受する組合員（高齢者，障害者）
  - 「個人的に，自由意志的に，利潤目的でなく」協同組合でボランタリーに働く組合員。1991 年法では，彼らは協同組合における全労働力の

50％を超えてはならないとしている[8]。
・資金提供組合員と公的機関

社会的協同組合法は，社会的協同組合を活動の種類に基づいて，2つのカテゴリーに分けている。すなわち，

- 医療，社会サービス，教育サービスの分野で活動する協同組合（Aタイプ協同組合）
- 労働市場へ社会的に不利な人々を統合するための機関として活動する協同組合（Bタイプ協同組合）

社会的協同組合のイタリアモデルのもう1つの特徴は，地方自治体や政府機関との特別な優遇関係である。これはしばしば特別協定の形をとっている。

最後に，非営利組織一般に適用されている規則とは反対に，1991年社会的協同組合法は，利潤分配を禁止していないが，この分配についていくつかの規制を課している。同法では，分配される利潤は全利潤の80％を超えてはならないとしている。また分配の利益率は，イタリア郵政省の発行している債券利子率の2％を超えてはならない。また社会的協同組合が解散する場合にはいかなる資産も分配してはならない。もちろん社会的協同組合は，その設立の趣旨に基づいて，組合員の間で利潤分配するかしないかを決めるのは自由である。

1991年社会的協同組合法は，10年にわたる政党と協同組合運動を巻き込んだ議会での議論の後に成立した[9]。当初この法案に賛成した協同組合は，主としてカトリック系とキリスト教民主主義系であった。社会党と共産党とそれに近い協同組合はこの法案に反対した。とりわけ反対した理由は，ボランティアを協同組合の組合員に入れることにあった。この点について，最終法案で妥協が成立し，ボランティア組合員を認めるが，その存在は必須ではないとし，制

---

[8] この制限規定は，1991年法制定以前に設立された社会的協同組合については適用されない。この制限規定は，ボランティア組合員が過半数を超えると社会的協同組合から「企業家的性格」を奪うことになるという懸念から導入されたものである。

[9] 最初の社会的協同組合法案は1981年に議会に提出された。

限も加えるとした。また協同組合の名称も「社会的連帯協同組合」ではなく「社会的協同組合」となった。

整理統合

こうした法的認知を受けて，社会的協同組合はイタリア全国に広がりはじめた。1991年法は，社会的協同組合モデルへの大きな関心を呼びおこし，全国における登記受け入れを促進した。社会的協同組合運動は，すでに構造化され組織化されていたが，法律に基づく実践は改めてその性格をわかりやすいものにした。地方政府による法律制定は，国の法律ができた結果であったが，これもまた社会的協同組合の育成を促進した。

社会的協同組合の発展はまた，行政とりわけ地方自治体による社会サービスのあり方に影響を与え，外部契約化政策をもたらした。社会サービス供給への要求が高まるにつれて，地方自治体はしだいにそのサービスの契約化を始めた。とくに，新しいニーズについての外部契約を社会的企業との間で増やしはじめた。この傾向は，行政が，公務員数を増員することなしに，社会サービスの供給を増加させることを可能にして，行政がサービス生産をするというこれまでの福祉モデルと対照的なものになった。

最終的には，協同組合運動が社会的協同の考えを積極的に受け入れ，それが協同組合全体を活性化するよい機会だと考えたことによって，社会的協同組合の普及のための支持はいっそう拡大した。

経済的側面と雇用問題[10]

1991年に社会的協同組合法が施行されたときには，社会的協同組合は2,000

---

10) 社会的協同組合全体調査にもとづいてなされた社会的協同組合全体もしくはAタイプ協同組合に関する研究は現在のところ存在しない。しかしながら，サンプルにもとづく研究はいくつかある。その1つは，なかでも最大の数の社会的協同組合をサンプルとしているが，会計監督報告書を調べた研究である。サンプル数は少なくなるが，別の研究は直接の実態調査によるものである。本章ではこれらの研究データを利用し

以下に過ぎなかった。1997年末にはイタリアの社会的協同組合の数は4,500となった。現在,社会的協同組合は協同組合の4%,協同組合の雇用の10%を占めている。社会的協同組合の70%はAタイプであり,30%の社会的協同組合が不利な人々の労働市場への統合を目的としたBタイプである[11]。このことは,対人サービスを供給する社会的協同組合が少なくとも2,800から3,000ほど存在することを意味している。

別の統計によれば,社会的協同組合の10万人弱の組合員のうち,9,000人がボランティアであり,75,000人が賃金労働者だとされる。社会サービスを提供する社会的協同組合は,75,000人の組合員がおり,そのうち6,000人がボランティアであり,60,000人が賃金労働者である。賃金労働者にもボランティアにも区分されないその他の組合員は,サービス供給のための労働はしないので支援組合員と呼ばれる。彼らは地域コミュニティとの結びつきを保証することも多い。また,彼らは理事会に参加したり,特別の課題を抱えた仕事に加わって協同組合を支援することも多い。社会的協同組合のサービスを利用する利用者は40万人と推定される(CGM 1994, 1997)。

社会的協同組合の平均的な規模は40〜50人の組合員の規模で,賃金労働者は平均25人である(通常の社会的協同組合において労働者は組合員である)。約90%の社会的協同組合は組合員数100人以下である。そのうち70%の協同組合が組合員数50人以下である。数百名の労働者組合員という大規模なものはごくわずかに過ぎない。1995年の年間平均事業高は,9億リラ(464,811ユーロ)であった。

圧倒的に小規模な社会的協同組合の活動はしたがって,限られた地域に制限されるに違いないとみなされる。1986年に調査した社会的協同組合の35%が,市町村の範囲内で稼働していたに過ぎない。それに対して49%は州や地方レベルで稼働していた(CGM 1997)。その後の年度についての調査はないが,状況は大きく変わっていないはずである。協同組合の規模が大きくなっているい

ている。また対象とする協同組合の数も特定できる。

11) 所管の国家社会保障局のデータによれば,1996年末のBタイプの社会的協同組合の数は754である。11,165人の労働者を雇用しているが,そのうち5,414人は社会的に不利な人々である。

くつかの特例はある。1992年から94年にかけて,年間平均雇用増加数は1.8〜2人である。規模を大きくしないという傾向は,主として,その戦略と組合員間やコミュニティとの信頼の水準が高いことの結果である。

1980年代に行われた調査結果とは対照的に,今日の社会的協同組合の組合員は,主として労働者が占めている。1996年には,調査した社会的協同組合の半分以上にボランティア組合員はいなかった（CGM 1997）。ボランティア組合員が存在していた社会的協同組合でも,その数は10人以上というのはめったになかった。1993年と96年のデータがある協同組合では,ボランティア組合員の数はその3年間で半減し,新しい組合員増加（平均52人から54人に増加）は,労働者組合員であった。

組合員構成のこうした変化は,1991年法によってもたらされたものである。それは,1990年代の社会的協同運動が著しく発展した結果でもある[12]。行政からのサービス需要の増加が新しい協同組合の設立を急がせた。すなわち,ボランティアに頼るよりも賃金労働により依存するようになった。というのもボランティアの動員は通常,社会的資本の長期的な蓄積の結果であり,短期的に行えないものであるからである。このことは,社会的協同組合の企業家的な側面が強化されてきたということであり,地域コミュニティとの社会的機能や関係は消滅しつつあることを示している。協同組合から利益を得る消費者を組合員制度に含めている社会的協同組合は今のところ少ない。わずか100程度の社会的協同組合が組合員制度のなかに消費者を含めているに過ぎない。

社会的協同組合は当初イタリアの北部諸州で発展した。そこでは社会的資本が豊富であり企業文化も広がっていた[13]。後にイタリア南部でも社会的協同組合は普及し始めたが,内容に限界があった。南部では,多くの協同組合は失業対策の方法としてつくられた。したがって,ボランティアを組合員として含めることはほとんどない。1996年では,社会的協同組合の約60％が北部に集中し,残りの40％が南部や中部諸州を本拠としていた。

---

12) しかし,組合員でないボランティアをもつ協同組合の数は非常に増えている。
13) 北部諸州に社会的協同組合が集中したのは,イタリア協同組合運動の実勢を反映したものである。

中南部の社会的協同組合の多くは，社会サービスや医療サービスを提供するものであった。南部での社会的協同組合の発展が遅れているのは，社会サービスの需要が少ないことと（依然として家族によるサービス提供が強い），行政による社会問題への関心が狭いことによる。近年南部諸州の社会的協同組合は，地方自治体によるソーシャルケアの支援のためだけの手段としてしばしば誤用されることがある。しかし，つい最近では，社会的協同組合の全国組織（とりわけ Federsolidarietà と CGM, Consorzio 'Gino Mattarelli'）が南部において，1991年法と協同組合の伝統と矛盾しない新しい社会的協同組合の設立に非常に力を尽くしている。南部での社会的協同組合づくりの成功は，全国におけるバランスのとれた社会的協同組合の普及のよいきっかけとなっている。

4 社会的協同組合の特徴

供給されるサービス

CGMの調査数字によれば[14]，1994年において，社会的協同組合のほぼ半分は，1種類以上のユーザーに対してサービスを提供しており，そのサービスの種類もユーザーに比例して多様である（たとえば，在宅ケア，施設介護など）。この調査数字は，社会的協同組合において生産されるサービスが複雑であることを示す。ユーザーは，主として高齢者(47.1%)，問題を抱えた若者(44.1%)，障害者(39.8%)，麻薬中毒者(9.9%)，精神障害者(9.6%)，社会的に不利な成人(14.7%)などである。1986年の調査と比較してみると，社会的協同組合が奉仕するクライアントの種類も変化していることがわかる。1986年には，社会的協同組合の32%が障害者向けのサービスを提供していた。わずかに18.8%の社会的協同組合が高齢者をユーザーとしていた。15.9%の協同組合が若者をユーザーとし，11.5%が麻薬患者をそのユーザーとしていた。これが変化していったのは，ニーズと行政の補助金政策の両方が変化した結果であ

---

14) CGM (1997). 調査は726協同組合について実施された。

り，高齢者支援の政策が優先されていくことになったからである。CGMの調査では，サービス供給の主要形態は施設介護であり，そのサービスは協同組合の施設内で実施されている。

　人材とその構成

　すでに述べたように，社会的協同組合は混合型組合員制度をもつ。しかしこのことは法律的に強制されているわけではない。したがって，消費者（あるいはユーザー）によってつくられた社会的協同組合や，労働者組合員だけによってつくられた社会的協同組合，また労働者とボランティアによってつくられた社会的協同組合，または消費者とボランティアによってつくられた社会的協同組合などがある。唯一の法的義務は，すでに述べたように，ボランティアが全労働力の50％を超過しないことである。法人とりわけ役所（この可能性はほとんどないものの）と財政支援組合員（個人や法人）もまた社会的協同組合の組合員となることができる。多くの協同組合では，（労働者でもなくボランティアでもない）活動をしない組合員を抱えている。彼らはまた意思決定にも参加しない。

　こうした状況のなかで，社会的協同組合に関与する諸個人の特徴については，調査では，各統計が定める「ボランティア組合員」の定義の違いによって異なると述べている（たとえば，ボランティアは積極的・継続的に活動に参加すべきかどうかなど）。1994年にイタリア労働省が1,134の協同組合に対して行った監査調査によれば，66,363人の組合員（平均50人の組合員）がおり，そのうち45.2％は活動に参加しない組合員であった。活動に加わる組合員のうち91％は労働者組合員であり，8.4％がボランティア組合員，0.4％が金融支援組合員であり，0.3％が法人（一部は役所）であった。しかしながら，この数字はボランティア組合員の厳格な定義にもとづいている。1996年のCGMの統計数字では，社会的協同組合のサンプル数も種類も少ないけれども，活発には活動しない組合員が組合員の24％を占め，ボランティア組合員が組合員の26％を占めている。

　しかし，データによれば，ボランティア組合員の比率は低下する傾向にある。

表9-1 260協同組合の組合員の構成の変化

組合員の種類	平均組合員数			
	設立時	1990	1992	1995
労働者組合員	2.7	15.6	18.2	24.8
ボランティア組合員	9.4	14.1	14.3	12.3
その他の組合員	6.8	30.9	34.4	35.8
組合員総数	18.9	60.6	66.9	72.9

出所：CGM (1997).

そのため，活動的な組合員の総数が労働者組合員によってほとんど占められる結果になる。このようにボランティア組合員比率の低下が，きわめて少数の協同組合のなかにしか存在しないユーザー組合員の数の増加によって埋め合わされることはなかった。結局，かなりの協同組合(42.8％)が，組合員でない労働者やボランティアを雇用している。1995年に行った260の協同組合の調査(CGM 1997)によって，この変化を表9-1で示した。

財源とその構成

1994年におけるイタリアの社会的協同組合の全事業高は2兆5,000億リラ(1,291,142,248ユーロ)であり，1社会的協同組合当り9億リラ(464,811ユーロ)である。そのうち8億8,000万リラ(454,482ユーロ)は行政や民間個人に対するサービス供給から，そして2,000万リラ(10,329ユーロ)は公的資金からの収入である(CGM 1997)。Aタイプの社会的協同組合の主要なクライアントは行政である(77％)。つづいて民間個人(4.7％)，非営利組織(5.9％)，民間営利企業(3.1％)である。もちろんユーザーの構成は，社会的協同組合が供給するサービスの種類によって異なる。

行政による基金のほとんどは，競争入札への参加から得ることができるか，もしくは，提供されるサービスの量に従って割り当てられる。社会的協同組合が行政から得た基金は75.6％を占める。そのうちの61％はこの方法で受け取るが，公的補助金の形態では14.4％である。社会的協同組合とサービスの外部契約化を望む地方自治体は，しばしば，いくつかの協同組合(あるいは非営利組織や営利企業)の相見積りをとる。その後で地方自治体は単純に費用をパラメーターとして選択するか，もしくは事業の質やサービスの質，協同組合におけるボランティアの活用などのもっと複雑な基準に基づいて選択する。それ

から地方自治体は協同組合や組織と契約を結ぶ。この契約にはサービスのつくられ方，料金に関する諸規則が並べられる。この場合，バウチャー制度（サービス利用券制度）はイタリアではほとんど活用されない。

社会的協同組合は，活動に必要な財政をほとんど民間の財源から引き出している。財源は，主として組合員の出資金とかなりの程度で多額の積立金によって構成されている。自己資金調達能力をみると，財源と負債資産の比率は平均して40％以上である。

組　　織

社会的協同組合はその初期から，戦略として，個別の協同組合の規模をサービス需要に合わせて大きくすることを避けてきた。むしろ新しい協同組合を別途つくり専門化を図る戦略をとった[15]。また，グループ化して地域事業連合をつくることによって有利化を図った。この統合的な企業体制は近年活発となり，3つの段階的構造によって特徴づけられる。すなわち，

- 第1レベルとしての単一協同組合。
- 第2レベルとしての地域事業連合，主に州単位の連合。これらの事業連合は協同組合と行政との間の契約関係を支援し，しばしば総合契約者の役割を果たす。事業連合はまた，市場開発，管理上の相談，人材教育訓練開発，パートナーや新しく設立された組織の組織上および経営上の相談を行う。社会的協同組合の最初の地方事業連合は1983年にブレッシャ（イタリア北部の都市）で設立された。1997年6月30日時点で，少なくとも70の地域事業連合が存在する。イタリア北部のとくにロンバルジア地方に多い（17事業連合）[16]。
- 第3レベルとしての全国的事業連合であるCGM。長期的戦略，研究活動，

---

15) この戦略は，「イチゴ畑戦略」と呼ばれた。
16) 地域事業連合とは別に，特別な活動（訓練，EUの財源に基づく計画運営，高齢者サービス管理など）に特化した事業連合やまた非営利組織（Solaris-Acli Consortium, Compagnia delle Opere, Apicolf）と密接な関係をもった事業連合が設立されている。

9 イタリア：伝統的な協同組合から革新的な社会的企業へ　　239

表9-2　CGMの構成と構造

545社会的企業のうち
　　339（62％）　　Aタイプ社会的協同組合
　　201（37％）　　Bタイプ社会的協同組合
　　　5（ 1％）　　社会的協同組合でないもの
....
19,833人の組合員のうち
　　10,064人が労働者組合員
　　 2,997人がボランティア組合員
　　 2,607人がユーザー組合員
　　 1,343人が社会的弱者労働者
　　 2,822人が支援組合員

出所：CGM（1997）．

マネージャーや地方事業連合の担当者の訓練，活動の相談および開発事業。さらに，CGMはまた全国レベルでの総括契約者としての役割も必要に応じて果たしている。CGMは1986年に設立され，1997年10月1日時点では，42地方事業連合が加入し，700協同組合が入っている。このうち450協同組合が社会サービスを供給している。

　CGMに入っている社会的協同組合と事業連合の構成について表9-2でまとめている。
　CGMはわずか15人の常勤職員と協力者からなる小さな上部団体である。訓練者，相談員，研究者，社会的企業家は地域事業連合の組合員のなかからやってきてCGMの特別計画のなかで活動する。全体として，事業連合制度は，企業ネットワークとして意識的に活動して，計画に基づき，それぞれの組織の独立性を確保しつつ，その統合性を追求している。この統合については，各単位組織に対する特別な規則によって義務づけが強化されている。

5　社会的協同組合の機能の評価

社会的排除の克服への貢献

　社会的排除との闘いにおける社会的協同組合の貢献については，社会的統合をめざした民間サービスの供給の実施があげられる。これがなければ，社会的企業という枠のなかで，そうした人々が直接働くことや，彼らのための財源を

確保することが困難である。特別なニーズが金銭によるのではなく，それに見合ったサービスの供給によって満たすことが社会的協同組合ができることであり，それによって社会的協同組合はイタリアの福祉制度の転換を助けることになる。社会的協同組合は社会的統合を支援する。さらに，窮乏状態にある特定の人々（麻薬患者，前科者など）に対してサービスを提供している。これらのサービスは，ボランティア主義と同様に，社会的排除に伴う問題についての政治的な自覚を促してきた。さらに，社会的協同組合が社会サービス分野での革新に貢献していることも大きい。サービス供給を通じて社会的排除と闘うという新しい方法は，社会的協同組合とボランティア組織によってはじめてつくられたのである。

　社会的協同組合はまた，行政に対するサービス供給の効率性も高めている。社会的協同組合の特徴となっている信頼関係によって柔軟性が高まり資源の合理的利用が可能となれば，効率も高まる。公的費用と同額で，社会的協同組合は他の組織に比べてより多くの人々へのサービス供給が可能である。

長　　所

　社会的協同組合の長所とは次のようなものである。すなわち，

- 第1に，社会的協同組合は企業である。社会的協同組合は有限責任を組合員がもつ法人であり，金融市場において他の企業と同様の取り扱いを受けることができる。
- 第2に，社会的協同組合はたいてい小規模であり，地域に根ざして活動し，地域住民のニーズに密接につながっている。したがって，社会的協同組合は社会的資本をつくりだすのに都合がよい。さらに，地域事業連合や全国事業連合としてグループ化して，小規模企業と大規模企業としての両方の優位性をもつことができる。
- 第3に，社会的協同組合は，ボランティアの参加と他者の役に立とうとする人々を利用できる能力のおかげで，有能な人材を糾合することができる。

- 第4に，社会的協同組合は新しい革新的なサービスを提供する能力を発揮できる。これは，行政から独立して独自の企業家的戦略を立てられるよい立場にいるからである。この点で，イタリアにおいては社会的協同組合が始めた新しい社会サービスの比重が高まりつつあることが注目される。

短　　所

社会的協同組合の弱点として次のようなものがある。すなわち，

- 社会的協同組合は，あまりにも急速に発展したために，サービス需要に追いつかず，すべての社会的協同組合が必要な組織形態をとるようにはなっていない。
- 社会的協同組合は行政への依存が深まりつつあり，個人のニーズよりも行政のニーズに合わせるようになっている。
- 社会的協同組合の多くが，ボランティアをもっていない。したがって，もっている人材，企業能力，地域コミュニティとの関係などが弱く，他の種類の協同組合がボランティア労働を動員しているのに比べて動員力が小さい。労働者組合員だけで構成されている協同組合に社会的協同組合が向かいつつある傾向は，それ自体いけないわけではない。すなわち，社会的協同組合は，モチベーションの高い労働者を選んでユーザーのニーズに関心をもたせ，質と効率を追求することもできる。しかし，ボランティアがいないことは，社会的企業モデルを脆弱なものにしており，協同組合を外部（とりわけ公的）資金に依存させることになり，その供給するサービスの質を監視するというボランティアの重要な役割を弱める。

現在，社会的協同組合については，どのような種類の組合員がいるか，ユーザーもしくはボランティアが意思決定過程にどの程度かかわっているか，行政との関係の程度，その他の弱点の程度などによって，いくつかのモデルがみら

れる。

6 発展の可能性

　社会的な協同が，近い将来確実に大きくなり続けることを示す要素として次のようなものがある。

- 地方自治体が社会サービスを行う社会的協同組合をますます信頼するようになり，保育におけるような新しいサービスが増大している。
- 民間のサービス需要にかかわる新しい免税政策とバウチャー（サービス利用券）の交付が促進されつつある。こうした政策は，サービス需要をいっそう促進するはずである。
- 非営利組織や社会的協同組合への民間寄付に対する免税が最近法制化されたこと，また非営利活動を財政支援するために発行された「連帯債券」を個人が購入した場合に税の恩恵を受けられるようになったこと。
- 社会的協同組合に対する政策的関心は非常に高く，増大しつつある。
- 社会的協同組合と競合する営利会社は非常に少ない。確かに競争は存在するが，それは労働者協同組合や互いの社会的協同組合との間で起きている。

　このような発展の見通しにより，社会的協同組合はますます他の協同組合と同一視されるようにもなる。しかし，この発展は次のような問題も抱えている。

- 組織形態に関するより厳密な定義（定款と倫理綱領）が必要である。そのことで，社会的協同組合が長年うまくできなかった積極的な外部性をつくりだすことができる。このことは労働者組合員だけで構成される社会的協同組合が少なくなることを意味する。
- 社会的協同組合との行政の契約に別のあり方がある。競争入札とりわけ入札価格がもっぱら重視される場合は，主な方法として労働コストの削

減ができるような，労働者組合員だけで構成される社会的協同組合（あるいは営利会社）が有利である。この点で，EU がつくった競争政策は，すべての市場が競争原則に従うべきだという考えに基づいているので，一般の社会的企業にとっては不利な要素となる。
- 社会的企業文化の発展のためには，社会的協同組合の間でみずからの特殊性についての自覚を高め，この特殊性を効率性と有用性に結びつける認識が必要である。この点では社会的協同組合の全国連合会（Federsolidarietà）が3つの協同組合全国連合会の1つであるカトリック系のイタリア協同組合総連合会（Confcooperative）に所属しており，倫理綱領を最近作成して，協同組合を特化し，小規模化し，ボランタリー主義を強調し，労働者に対する公正をめざしている。
- 行政にとって関心がある社会的協同組合ばかりではなく，より革新的な社会的協同組合が新しい分野で一層活動できるような奨励策を推進する必要がある。

結 論

イタリアの社会的協同組合の経験は，純粋に経済的目的を追求するだけではなく社会的目的をも追求する企業をつくりだすことを可能にし，また，こうした社会的企業を認知してその発展を促すような法律をつくることを可能にする。同時に，イタリアの経験は，社会的企業という企業家モデルは脆弱で，すぐに普通の営利企業に立ち戻ってしまうことも起きうることを示している。こうした企業家モデルを強化するための特別の政策が必要である。とりわけ重要な政策は，首尾一貫した法人形態を整備することであり，また社会サービスのための準市場をよりよく組織することである。さらにはこうしたニーズに見合う企業家的な経営文化を発展させることである。

参 考 文 献

BORZAGA, C. (1998) 'Italie: L'impressionnant développement des coopératives sociales', in DEFOURNY, J., FAVREAU, L. and LAVILLE, J.-L. (eds) *Insertion et nouvelle économie sociale. Un bilan international*, Desclée de Brouwer, Paris, 99–126.

―― (1988) 'La cooperazione di solidarietà sociale: prime riflessioni su un settore emergente', in CARBONARO, A. and GHERARDI, S. (eds) *I nuovi scenari della cooperazione in Italia: problemi di efficacia, efficienza e legittimazione sociale*, Sociologia del Lavoro, no. 30–31, Angeli, Milano, 266–301.

BORZAGA, C. and FAILONI, G. (1990) 'La cooperazione di solidarietà sociale in Italia', *Cooperazione e Credito*, no. 128, 273–97.

BORZAGA, C. and SANTUARI, A. (eds) (1998) *Social Enterprises and New Employment in Europe*, Regione Trentino-Alto Adige, Trento.

CGM (1997) *Imprenditori sociali. Secondo rapporto sulla cooperazione sociale in Italia*, Fondazione Giovanni Agnelli, Torino.

―― (1994) *Primo Rapporto sulla cooperazione sociale in Italia*, CGM ed., Milano.

FRISANCO, R. and RANCI, C. (eds) (1998) *Le dimensioni della solidarietà. Secondo rapporto sul volontariato sociale italiano*, Fivol, Roma.

SANTUARI, A. (1997) 'Uno sguardo di insieme sulle esperienze straniere', in VITTADINI, G. (ed.) *Il Non Profit Dimezzato*, Etas Libri, Milan, 71–95.

―― (1997) 'Evoluzione storica, aspetti giuridici e comparatistici delle organizzazioni non profit', in GUI, B. (ed.) *Il Terzo Settore tra economicità e valori*, Gregoriana Libreria Editrice, Padua, 169–211.

10 ルクセンブルグ：サードセクターと労働市場への統合型社会的企業

ポール・ドゥラノワ
エウゲネ・ベッカー

はじめに

　EU 加盟では最後の国となったルクセンブルグの労働市場の状態やその特徴について描くことから始めることにする。その際，ルクセンブルグでは完全雇用がまだふつうの姿であるという特別な雇用の状態を考慮する必要があるとともに，完全雇用状態がサードセクターの仕組みや組織の発展，とりわけ労働市場への統合に及ぼすマイナスの影響を考える必要がある。次に，ルクセンブルグでのサードセクターの出現について説明し，その後に労働市場への統合のためのサードセクターの仕組みや意義，役割，活動の仕方，結果について説明することにする。

1　ヨーロッパではユニークな雇用状態

　他の EU 諸国とは違って，ルクセンブルグ大公国はこれまで大量失業の経験はなかった。だが，1990 年代半ば以降，求職者の数が増え，労働人口の 3% を超えている。しかも，国内雇用の持続的拡大にもかかわらず，求職者の数が増え続けている。
　ルクセンブルグの労働市場は数多くのユニークな特徴をもっている。というのも，国内における雇用の供給が 20 年以上にもわたって絶え間なく増大する

という期間を経験しているからであり，しかもルクセンブルグで得られる仕事の数が，過去5年間に年率で平均6%増えている。その結果，44,000の新しい仕事が加わり，今日ではその数が238,000にまで達している[1]。ルクセンブルグの労働市場は国境周辺の労働者には魅力的である。それは周辺地域の失業率が高いからである。たとえば，ベルギーのルクセンブルグ州では失業率が7%，［フランスの］ロレーヌでは10%，［ドイツの］ラインラント-プファルツでは5.7%，ザールでは9.1%である（Gengler 1998）。また近隣諸国に比べ，ルクセンブルグの賃金はかなり高い。これらの理由により，ルクセンブルグでの仕事の32%が国境沿いの労働者によって担われている（Hausman 1999）。

とくにルクセンブルグでは，教育制度が多くの好ましくない影響を労働市場に及ぼしている。ルクセンブルグの教育制度は，2つの外国語，つまりフランス語とドイツ語を徹底して学ぶことの上に成り立っている。そのうえ，きわめて選別的である。完全な大学制度も，あるいはまた高等職業訓練コースもないなかで，教育省がたいへん過重な教育プログラムを課している。その理由は，学生が近隣諸国の大学に入学できるレベルに確実に到達できるよう望んでいるところにある。しかしながら，ルクセンブルグにおいてこうした行政の望みが学校の大きな失敗につながっている。直近のデータをみると，生徒の半分以上（52%）が卒業資格を得ないで中退している（Kollwelter 1998）。その比率は移民労働者の子弟について急増しており，とくにポルトガルからの移民がそうである。ルクセンブルグではポルトガルからの移民が最大グループである。ルクセンブルグでの中等教育以上の入学率はEU平均に比べて2～3%低い(Kollwelter 1998)。

今日のルクセンブルグの教育制度では，資格をもった人々をつくりだすという点で十分な成果を確保できず，国の経済的繁栄を維持し発展させることができない。競争的な労働市場において，若者たちは国境周辺の地域からやってくる同輩と比べてとくに不利である。

26歳以下（17～26歳）の若者の間の失業は約10%[2]で推移しており，失業

---

1) *Bulletin Luxembourgeois de l'Emploi* 09/98, 11/98 and 04/99.
2) *Bulletin Luxembourgeois de l'Emploi* 09/98, 11/98 and 04/99.

者全体の1/4を占めている。だがそうではあっても，これらの若者のたいへん多くの部分が労働市場への積極的な統合対策の受益者であり，比較的簡単に仕事をみつけられるようになっているという事実がある。若者はいつかは仕事をみつけるというかぎりでは，状況は絶望的でない。それは失業率がまだ受容可能な水準にあるからである。しかし，この状態は深刻な経済危機があれば急速に悪化するに違いない。ルクセンブルグで暮らす求職者は主に資格のない人々である。あるいは資格があっても，労働市場が求める側面とは一致しない人々である。

これらの特徴に加えて，社会経済の根本的な変化を挙げなければならない。なぜなら，その変化は1970年代半ば以降起こっているものであり，当時の経済では2本の大黒柱となっていた鉄鋼業（鉄鉱石採掘業を含む）と農業の衰退によるものだったからである。1974年の時点で，この2つの産業が労働者の4人に1人を雇用していたが[3]，今日では総雇用の4％のみを占めるに過ぎない[4]。雇用はサービス部門にシフトしており，サービス部門では1970年代半ば以降300％の伸びである。この部門が現在，全労働者の70％を雇用している。

政権の座を明け渡すことのなかった政府は，このような状況に対応して，1960年代以降，経済を多様化し単一部門への依存を避けようと率先して努力してきた。1973年危機の当時，鉄鋼業がこの国最大の雇用主であったが，鉄鋼製品に対する国際的な需要の落ち込みの影響を感じ始めたのが1973年であり，それ以降になってはじめて大量失業が現れた。大量失業は徐々にゆっくりと増えたが，抑制できるはずのものではなかった。政府は1975年に対応策をとり，同年7月26日法を上程可決した。それによって政府は，「経済条件による解雇を防ぎ，完全雇用の保証を目的とした対策をとる」権限を政府自らに与えることになった。この法律は，法的な枠組みを変え，政令による部門別対策や個別対策を認めることに道を開いた。1年後，最初の法律を補強し，雇用基金を創設し，失業手当給付規則を制定するとともに，これによって失業対策運

---

3) STATEC (1990).
4) *Bulletin Luxembourgeois de l'Emploi* 09/98, 11/98 and 04/99.

用の枠組みがつくりあげられた。だが，これらの「消極的な対策」はかろうじて従来の失業に対処することには役立ったが，失業を減らすことには役立たなかったといわざるをえない。

1978年以降，政府の政策では分析と取組み方法の双方が変化し，若年者の雇用を促進する対策が数多く導入された。1978年7月26日法は臨時労働者のプールを設立し（臨時・補助労働局），国や地方自治体が提起し実施する公益事業や文化的に価値のある仕事に振り当てることとした。同法はまた，企業ベースの仕事経験制度をつくることによって，若年求職者に対して実践経験を保障し，学校から職業生活開始への移行をスムーズにしたのである。この2つの措置は，1983年にそれを上回る仕事経験制度によって補強されることになった。この新たな制度は実践経験の期間と理論的な訓練の期間とを交互に与えることを目的としていた。

議会の経済社会審議会と労働雇用委員会とが見解を表明し，失業への取り組みのなかでとくに若者と長期失業者とに焦点を当てる必要を強調したが，その見解を受けて1987年5月12日法は登録求職者の援助を目的とする対策を講じた。その主な方法は職業訓練，職業指導であった。

1992年以降，失業の増大はいっそう懸念すべきものとなり，年間約1,000人の増加となった（Borsenberger 1996）。すなわち，失業率は1992年から98年の間に，1.2%（1,800人）から3.2%（6,400人）へと上昇した。その結果，政府はさらに多様な対策をとらなければならなくなり，大学を卒業した若者への対策（1995年の中等教育「補助教員プール」の創設）や，女性，長期失業者への対策がとられた。1996年までには，若年失業者のほぼ半数が従来の措置のうちの1つないしはそれ以上の適用を受けていた（Kollwelter 1998）。

最後に，1997年11月にルクセンブルグで開催された初のヨーロッパ雇用サミットを組織するにあたって，国が積極的な役割を演じたことから，政府は雇用対策「全国実施計画」の策定を余儀なくされた。この計画は，独創的とはいえないまでも，きわめて意欲的なものであった。新法が当初の提案を刷新して，既存の一群の対策を再編，調整し，増やしたのである。しかしながら，これで済まなかった。30歳以上の求職者が労働世界への再就職に向けて訓練生の地位を与えられると同時に，学校が成人に開放され[5]，教育制度からこぼれた若

者向けに「第2のチャンス」のための学校が用意されたのである[6]。

　数多くの政治家やエコノミストが指摘しているように，全国で失業が引き起こされているのは需給のミスマッチによるもので，他の先進国のように求人不足によるものではない。ルクセンブルグ政府がとった雇用政策は経済の多様化では成功した。鉄鋼業を含む既存の産業に新たな専門分野を導入し，たとえば金融部門の役割を高めた。また大量失業を阻むさまざまな対策がとられた。

2　サードセクターの誕生

　ルクセンブルグの貧困者保護と医療は1960年代末まで多くを宗教団体に依存し，宗教団体が貧困者や障害者の面倒をみていた。教会が医療と社会的支援のためのすべての計画に責任を負っていた。国の行う社会保障を別とすれば，あらゆるソーシャルワークは，児童収容施設や老人病院，老人介護も含め，ほぼすべてが民間の起業組織に委ねられ，宗教団体によって運営されていた (Als 1991)。しかしながら，財政基盤がなく，国からの財政支援がほぼまったくないことを考えれば，ソーシャルワークのインフラが時代遅れな場合も多かったのであり，介護という概念はもっぱら修道士・修道女の自発的な奉仕に依拠するばかりで，現実認識が欠け，もはや社会の真のニーズに合致するものではなかった。

　女性雇用の増大や伝統的家族の分解にみられるような1960年代末の社会の変化があり，国家財源の膨張ともからんで，政府は国民のニーズをいっそう考慮に入れざるをえなくなった。1968年以降，国はいくつかの宗教団体の活動費とスタッフ費用の責任を負う契約を結び，従来の支援組織内の専門職の水準を高めるとともに，古びた建物やインフラの近代化を図った (Als 1991)。これ

5）「二重の制度」となっていて，専門家組織のなかには，見習いに特定の労働契約を結ばせて企業で働くことを認めているものもあり，他方では技術専門学校で年間200時間（週1日）の補完的な理論研修を引き受けている。

6）*Loi du 12 février 1999 concernant la mise en oeuvre du plan d'action national en faveur de l'emploi* 1998 Mémorial A no. 13 du 23 février 1999, p. 190.

らの取り決め方が柔軟であったため,1975年以降,その契約が最大公約数的な方式となり,各省庁がその方式を取り入れ,新たな社会サービス,家族サービス,医療サービスをつくりだした。それ以来,政府と契約を結んだボランタリーセクターは仕事遂行の責任を負う行為主体としての意義を高めることになったが,それらの仕事は福祉国家が宗教組織から引き継いだために発生したものであった。

現在,社会的支援,家族支援,医療の分野で働く有給の従業員が約5,000人いるが,そのうちの約半数は公務員と同等の条件(すなわち賃金表の承認や社会的にみて相対的には良好なことなど)で国から賃金が支払われている。その費用は国家予算の2.6%に相当し,1998年で44億4,000万ルクセンブルグ・フラン(1億1,000万ユーロ)となり,1980年代初頭の数字の10倍である[7]。ルクセンブルグのサードセクターは,こうした国の支援と関与を基礎として成り立ってきた。

厚生,労働,社会保障各省,家族・連帯省,女性問題,文化,青少年各省との契約を通じて,数多くの計画がこの30年間に導入され,多くが非営利アソシエーション(Associations Sans But Lucratif)という形態をとった。その結果,連帯的なセクターへの市民参加の程度が大いに高められた。1997年時点では,成人6人に1人以上が連帯的な活動のなかで何らかのボランティア活動を求めて実行しようとしていたし,多くの人が週に2回から3回,あるいは4回までもボランティア活動に参加している。ボランティアが引き付けられるのは,文化活動,スポーツ,社会的・人道的活動である。彼らは平均して週5時間を無報酬の仕事に充てている(Le Jealle 1998)。しかしながら注意しなければならないのは,こうした自発的行為のほとんどが必要な経費のすべてを補助されていて,金銭面でのリスクがまったくない点である。このようにルクセンブルグでの規範といえば,行政だけがほぼすべての社会的な施設設備を支援することであり,また文化的活動やスポーツ,その他のボランティアの仕事の提供に大き

---

7) *Rapport de la Commission de la Famille at de la Solidarité Sociale sur le projet de la loi dite 'ASFT'*, 2 juillet 1998—document no. 3571 de la Chambre des Députés, session ordinaire 1997–1998, Luxembourg.

く貢献することなのである。

　ボランタリーセクターが広まってはいるが，ルクセンブルグでは他のヨーロッパ諸国に比べサードセクターの考えが未発達である。ただし，失業者や無資格者を労働市場に参入させる活動に携わる組織は例外である。したがって，EUの諸国とは違って，ルクセンブルグにはサードセクターに適用できる法的な枠組みがなく，あるとしても「社会経済的に有用な雇用への援助」という概念のみである。その考えは公式には1983年法に登場している。不利な失業者のために仕事をつくりだす新たなプロジェクトを支援することが1983年法によって可能となり，とくに，社会教育的な指導を通じてのみ通常の雇用に移行できるような人々向けのプロジェクト支援が可能となった。

3　労働市場への参入を支える社会的コミュニティ方式

　1970年代末から80年代の初めが，労働市場への統合を促す積極的対策が展開された最初である。この期間に多くのアソシエーションの誕生を経験したのであり，その誕生が社会的支援のための新たな展望，すなわち社会的コミュニティ方式をもたらした。伝統的なソーシャルワークがさまざまな社会支援サービス全般に適用され続けただけでなく，一定の基準に従って利用可能な援助をするという仕組みでもあったが，この伝統的なソーシャルワークとは異なって，社会的コミュニティ方式は，構造再編を通じて，問題の根源に取り組むことを優先している。

　もちろん，ルクセンブルグでは失業率が人口の3〜4％にはりついたままであり，社会的排除と闘うという問題が近隣諸国と同じ条件で提起されているのではない。しかしながら，構造的失業は経済条件に起因するものではないとはいっても，確かに一部の人々に影響を与えている。最低賃金制度（RMG）の導入以前は，全世帯の8％がきわめて不安定な条件のもとで生活し，さらに18％が貧困の瀬戸際にいた[8]。1986年7月26日法は最低賃金を享受する権利

---

8)　注7の報告書を参照のこと。この数字を説明する主な要因の1つ——失業率が特に

を確立し，貧困に抵抗することを可能としたが，決して貧困を排除できたわけではなかった。

ルクセンブルグの町の2つの地域，つまり当時危険に瀕していると考えられていたグルントおよびプァフェンタルでの住民調査によると，関係するソーシャルワーカーたちが，仕事を通して労働市場へ統合するという計画に参加し，非行犯罪との闘いに加わるという決定をした。1980年代末までに，次の3つのアソシエーションがほぼ同時に登場した。

- インターアクション・ファウブルグ・アソシエーション。このアソシエーションは他にもいくつかの組織を設立した。インターアクション非営利アソシエーション（Asbl），ポリゴン有限会社[9]，B4建築有限会社，エコテック有限会社である。
- コ・レイバー農業アソシエーション。後に協同組合の地位を獲得する。
- ナイ・アーベクト・アソシエーション。司法省直属の全国社会防衛委員会の求めに直接応じたもの。

(Georges and Borsenberger 1997)

この3つの起業組織がその他のアソシエーションを奮い立たせる源泉となった。今日では約40の起業組織が存在し，労働市場への統合分野で活動している。そのうちの半分は営利活動を展開している。経済活動を通して再統合を進める起業組織が積極的であるのは，環境，農業，森林，建設，ごみ問題，リサイクルの領域である。

この領域の規模が小さく，組織の数が少ないにもかかわらず，再統合に積極的なルクセンブルグの組織はきわめて多様である。すべての組織が活動，対象

低い国にとっては驚くほど高いと思われるかもしれない——が，貧困線の定義である。家計収入がルクセンブルグでの平均値の半分以下の家庭が貧困線以下にあると考えられる。サービス部門の急速な発展の結果，特に金融部門が賃金を引き上げる政策（その後政府やその他の公的部門が後に従った政策）を実施したため，ルクセンブルグの平均所得がかなり高くなった。

9) Sarl, Société à responsabilité limitée，つまり有限責任会社のこと。

グループ，活動目的やスタイルという点で，独自の特徴をもっている。こうした多様性は国の補助金の個々の方法によって説明がつく。その補助金は特定の先駆的プロジェクトを支援することを目的としてきた。

4　労働市場への統合活動——いくつかの事例

　以上の起業組織の多くが非営利アソシエーション（Asbl）の法的地位を選び，一元的な構造のもとで業務すべてを担っている。その業務には社会的支援，職業訓練，ワークショップ，生産などが含まれ，必要があれば宿泊施設も含まれる。
　とくにインターアクション・アソシエーションの方式が創意に富むものであり，この方式によって通常と異なる措置がとられ，社会／教育組織の他に社会経済的支援組織が設立され，有限会社3社がこの支援組織を構成した。このようにして，インターアクション・アソシエーションは，職に就くことの難しい若年失業者が通常の労働市場において利用できる勤め口となっている（Nottrot 1999）。

　　ターゲット・グループ

　さまざまな組織の提供する援助が，ある特定の層に向けられるというのが普通である。対象とされる層のなかでもとりわけ次がそうである。すなわち，肉体的，精神的，心理的な障害をもった人々や保障最低所得のみの人々，女性，元囚人である。しかしながら注意すべきことは，失業と闘うために国が取り入れた積極的な対策の多くが若く弱体な30歳以下の失業者を対象としているとはいえ，営利活動を展開する組織もまたこのグループを対象としている点である。その理由は，一部，契約の取り決めにかかわって国や省庁がそれを期待したためであり，一部は補助の対象となる2つの契約上の形態，すなわち「初級研修生」と「臨時助手」とで利益を得るためである。この契約は雇用省が生み出したため，雇用省は支給する手当ての50％（最低賃金の80％もしくは

100%，つまり月額46,270ルクセンブルグ・フラン（1,147ユーロ)），および使用者側の経費全額を雇用基金から支出する責任を負っている。

このような労働市場への統合計画は，以上の契約のもとで，熱心に計画の受益者を雇い入れている。またこの契約の目的は，特別の支援を必要とする障害者雇用に伴う利益の減少を補填すると同時に，職業訓練や社会に適応するうえで必要な技能を用意するための努力に報いることでもある。

こうした財政的な面を別として，この契約を利用する場合には契約期間の長さという当然の結果がついて回る。期間は18ヵ月であり，ときには12ヵ月の場合もある。すなわち，与える援助はこの期間に集中しなければならないという意味である。このように契約期間を制限することによって，これらの組織が若者にとって雇用の入り口になっているという役割をもっていることが強調されるのである。完全雇用が規範である国においては，社会的なフォローアップや労働市場への統合に責任を負っている人々が若者向けの研修生の勤め口やその他の職を見出し行政との契約を終了することは，まだかなり容易である。しかし，若者は準備がよくできておらず，提供された機会を十分に利用することができない。

コ・レイバー協同組合だけは，この領域において他の組織と違う位置にいるように思える。この協同組合は園芸や環境保護の領域で活動し，社会的に排除された経験をもつ約30人（従業員総数70名中）に定職を提供している。従業員の転職率が年間15〜30%であるが，この協同組合は，他の制度に比べて（他の制度のもとでは労働市場への統合のために用意される期間は時間的に制限されている），人々を労働市場に統合するにあたって持続的な成果を挙げている。その理由は，従業員が期限というプレッシャーなしに新しい職に移っているからである（*Co-labor* 1998）。

経済的側面

監督官庁との間で結ぶ契約を通じて労働市場への統合を進める団体は，経済的，財政的な安定を得ており，少なくとも社会経済的支援や職業訓練を提供する活動について経済的安定がある。Objective 3，およびその他，EUが実施する

共同財政措置用の実質的な補助金から利益を得る団体もある。1995年から2000年の間に，少なくとも1億200万ユーロがさまざまな組織に配分された (Calmes, Hartman-Hirsh and Pals 1997)。

　営利活動を展開する組織という観点から強調しておくべき点は，一般にルクセンブルグでは事業を開始した起業組織がこれまで問題に遭遇することがなかったこと，またいろいろあるが，普通は事業開始後，売上げが増えることである。それゆえに，予想できるように，ほとんどの社会サービスで状態が安定している。営利活動によって労働市場への統合を進める組織の創設者は，ほとんどすべてがソーシャルワークを出自としており，したがってビジネスという世界，すなわち経済に対する訓練，準備が十分でなく，ときにはビジネスの世界に徹底して反感をもつことさえある。彼らは経営管理において難しいスタートを切ることも多く，国の支援がなければ，おそらく，ほとんどの起業組織が困難に陥ることになろう。

　労働市場への統合をめざす組織の発展がますます市場資源に依存する方向に向かって進み，それに伴って技術的な要請も大きくなってきているが，それは常に複雑なルールを受容させようとする経済的強制力によるものである。その結果，とくに先端をゆく企業から生まれてくる一定程度の競争圧力によって，これらの企業の経営陣は，営利事業の管理者を含め，資格の高いスタッフを採用せざるをえなくなってきている。この現象からみれば，事業に雇用される有資格労働者に対するターゲット層（労働市場へ統合されるはずの人々）の割合が変化していることは明らかである。どの場合でも，この割合が過去10年間に下がっており，80%から75%，そして50%以下となっている。

　アソシエーションにつきものの伝統的なボランティアによる管理から，しだいに，プラスの効果をもつ，より専門職的な管理方式へと移行している。今日では，生き長らえることのできた企業は当初の問題を克服しており，新参者もその経験から利益を得ることができるようになっている。狭い地域ではつき合いや議論がとくに活発だからである。

結　　果

　今日では，おおむね1,500人をやや上回る人々がこの国のさまざまな計画の受益者となっている。約1/3（1997年で550人）が認定を受けた肉体的，精神的，心理的障害者である（Calmes, Hartman-Hirsh and Pals 1997）。障害者向けのサービスを別として，6つの組織があってやや大規模に活動をしており，30人以上の人々に仕事を提供している。その他のアソシエーションは規模がもう少し小さい。
　これらの組織すべてが広範囲にわたって国からの支援を享受しており，支援は経費の100%にまでのぼることもある。ただし，営利活動を展開する組織の場合は除く。営利組織の場合，国からの援助は契約のもとで行われる社会的活動，教育的活動に限られ，援助の割合は営利事業の大きさが増すにつれ減らされる。
　若者と一緒になって働く社会サービスは，全般的に，50～70%という幅で若者を労働市場に再統合するという割合を記録している。ルクセンブルグの社会経済的状態では，失業した若者がとくに職を得るのが難しく，その事実を考慮すれば[10]，こうした起業組織はきわめて多くが成功しているとみることもできる。

5　次なる道は？

　ルクセンブルグの失業が増え続けているため，これから数年の間，サードセクターが広がると思われる。社会的経済に対する法律の枠組みのないことが依然として残念であるが，家族大臣が定期刊行物『フォーラム』のなかで言明し

---

[10] 一般に，若者はかなり簡単に仕事をみつけるが，それができない者は何らかの深刻な問題を抱え，仕事をみつけることが困難である場合が普通である。言い換えれば，失業率がかなり低くても，失業者のなかでも雇用適応力が低い人々の失業率は一般に高い。

たように,国が財政的に社会的経済に介入できるような法的な枠組みが必要なことについての議論が,現在繰り広げられている。数多くの分野,たとえば,環境や地域づくり,近隣サービスなどで新たなニーズが確認されてきている。こうした新しい状況に法律が適応できるはずであり,現在および将来のニーズに応えることができるようにするはずである。もちろん,どのような公的介入も透明でなければならない。プロジェクトやその成果についての質的量的評価が,公金の使用の正当化には最も重要であると思われる。こうした議論においては,ルクセンブルグの特別の状態を考える必要があるだけでなく,社会的経済がターゲットとするさまざまな人々についても考慮すべきである(Jacobs 1999)。

それゆえに,関係省庁と従来の組織の代表との間で協調した動きがとれるとすれば,官庁間に新たに大臣ポストを創設して社会的経済に責任をもつこともできるように思える。そうすれば確かに,すべてのセクターのニーズや特殊な事情を考慮に入れることも可能になるであろう。

最近,全国的な2つの大きな労働組合が地域づくりと労働市場への統合につながる活動に加わってきたことにより明らかに道が開け,もっとも雇用から遠ざけられている人々のニーズをより正しく理解することができるようになるであろう。だがしかし,この2つの組合が全国レベルでの社会的交渉(3者間交渉)にかかわり,従来の組織が出した損失のつけをすべて引き受けることになるかもしれない危険がある。Object 3のもとでEUの補助金が配分された際に,そのことが起こった。政府の調停が政治から離れてより厳格に行われれば,従来のバランスが保持され,セクター全体としての発展も保護されるであろう。

最後になるが,特にプロジェクト開発者の訓練がなされるべきである。彼らこそが新たな組織と新たな活動領域を生み出す際に不可欠な環だからである。

参考文献

ALS, G. (1991) 'Histoire quantitative du Luxembourg 1839–1990', *Cahiers économiques*, no. 79, STATEC, Luxembourg.
BORSENBERGER, M. (1996) *Mesures sur l'Emploi*, CEPS/Instead, Luxembourg.
Bulletin Luxembourgeois de l'Emploi (1998–1999) nos. 09/98, 11/98 and 04/99, Administra-

tion de l'Emploi, Luxembourg.
CALMES, A., HARTMAN-HIRSCH, C. and PALS, M. (1997) *Rapport d'évaluation pour le Grand-Duché de Luxembourg*, Rapport au Fonds Social Européen, Ministère du Travail et de l'Emploi, Luxembourg.
Co-labor (1998) 'Rapport d'activité sociale 1997', *Co-labor*, Luxembourg.
GENGLER, C. (1998) 'Grande région Saar-Lor-Lux: un exemple pour l'Europe', *Le Jeudi*, supplément du no. 46/98.
GEORGES, N. and BORSENBERGER, M. (1997) *Répertoires des associations actives dans le domaine de l'emploi*, CEPS/Instead, Luxembourg.
HAUSMAN, P. (1999) 'La situation des résidents sur le marché du travail', *Population et Emploi*, no. 1/99, CEPS/Instead, Luxembourg.
JACOBS, M.-J. (1999) 'La législation devra s'adapter', *Forum*, no. 190, mars 1999.
KOLLWELTER, R. (1998) *Pour une école de la deuxième chance au Luxembourg*, Rapport de la Mission parlementaire – Chambre des Députés, Luxembourg.
LE JEALLE, B. (1998) 'Le travail bénévole au Luxembourg', *Population et Emploi*, no. 01/98, CEPS/Instead, Luxembourg.
Loi du 12 février 1999 concernant la mise en œuvre du plan d'action national en faveur de l'emploi, Mémorial A no. 13 du 23 février 1999, p. 190.
NOTTROT, J. (1999) 'Wirtschaftlichkeit und soziale Eingliederung: Ergänzung statt Gegensatz', *Forum*, no. 190, Luxembourg.
Rapport de la Commission de la Famille et de la Solidarité Sociale sur le projet de la loi dite 'ASFT', 2 juillet 1998, document no. 3571 de la Chambre des Députés, session ordinaire 1997–98, Luxembourg.
STATEC (1990) *Statistiques historiques 1839–1989*, STATEC, Luxembourg.

11 ポルトガル：障害者のためのリハビリテーション協同組合

ヘロイサ・ペリスタ

はじめに[1]

貧困はポルトガル社会の社会的・経済的構造に深く根を張っている。最近の数字ではポルトガルは EU 加盟国のなかで貧困比率は依然としてトップクラスである。EC の 1994 年世帯調査によれば，約 4 世帯に 1 世帯以上（約 27％ の個人）が貧困線以下の暮らしをしている。

このなかで特定の集団が貧困にあえぎ社会的排除を受けている（または傷つきやすい）。これらの集団とは，老齢年金者，低所得農民，低所得労働者，不安定労働者，インフォーマルセクターで働く労働者，少数民族（必ずしも外国

---

[1] 著者としてスサーナ・ノゲイラの協力に感謝する。本テーマに関する研究と文献が少ないために，CERCI（障害児教育リハビリテーション協同組合）に関する詳細な分析と同様に，サードセクターにおける社会的企業の最新の実態については多くの人々と組織の協力なしには明らかにすることができなかった。とりわけ，アカシオ・カタリノ（雇用職業訓練監督所），ヘルトルーデス・ホルヘとヘリア・リスボア（社会的雇用市場全国委員会），ホセ・マルチンス・マリア（IPSS 連合会－民間社会的連帯組織），フリエタ・サンチェス（CERCI），マルドナード・ゴネルハ，パウラ・ギマラエス，オデーテ・ドアルテ（ポルトガル共済組合連合会），マニュエル・カナベイラ・デ・カンポス（INSCOOP－アントニオ・セルジオ協同組合セクター研究所），マニュエル・デ・レモス（ポルトガル慈善団体連合会－教会福祉組織），ロヘリオ・カシャオ，アナ・リタ・マルチンス・ペラータ（FENACERCI－CERCI 全国連合会）に感謝する。

籍ではない),片親家庭,ホームレス,失業者,最初の仕事をみつけられない低資格の若者などである。

　貧困と社会的排除が多く発生するのは,ポルトガルにおいては福祉国家が遅れてゆっくりと発展したことによる。ポルトガルの社会保障制度が法的・制度的に十分に理解されるのは,1974年のポルトガル革命以後に,社会的権利の拡大と福祉政策の改善が行われてからに過ぎない。国内外の経済後退と福祉国家の危機という枠組みのなかで,市民に社会的保護を与えるという点での国家の役割を重視する社会的圧力が強まった。

　したがって,ポルトガルの社会保障制度は多元的モデルに基づいており,国家および市民社会,すなわち非政府セクターと非営利セクターの2つが責任を分かち合っている。憲法では,社会保障を目的とする国家の活動,とりわけ社会的措置を目的とする国家の活動について,民間の社会的連帯組織がそれを代替したり補完したりすることによって発展する権利が認められている。こうした代替や補完は,協力協定を通じて,国家によって規制され,また,国家から財政的にコントロールされたり資金援助を受けたりするものである。社会的連帯を目的とする社会的セクターの組織と中央政府や地方自治体との間で,共同の協力戦略のために,1996年12月19日に「社会的連帯のための協力契約(Pacto de Cooperação para a Solidariedade Social)」が調印された。法律的な枠組みとしては,「社会的雇用市場」[2])における仕事創出をめざし,社会的経済の促進,とりわけ貧困と社会的排除にさらされる弱者グループが雇用に参入できる手段をつくりだすための全国雇用行動計画がある。

　法的な面での民間の社会的連帯組織の責任と,組織自体がその責任と能力をどう考えているのかを比較するのは興味深い。いくつかの研究(Baptista et al., 1995 ; Capucha et al., 1995 ; Pereirinha, 1999)によれば,これらの社会的連帯組織は,貧困や社会問題に対する対策の責任の大部分が国家にあると考える傾向が強い。しかしながら,さまざまな組織の実践を評価してみて明らかになってき

---

2) 「Mercado social de emprego」すなわち,「多様な解決策によって失業者を,社会的にも雇用上でも,市場の通常の活動では実現できない社会的ニーズに合致した活動を通じて,労働市場に参入あるいは再統合させることである」(Instituto do Emprego e Formação Profissional, 'The Social Employment Market')。

ているように，社会的連帯組織は国家の役割を否定的にみて，みずからの活動を肯定的にみている。実際に，いわゆる社会的セクターは多くの分野で社会的保護の手をさしのべる責任を大きく負うようになっており，社会的セクターの組織は成長を続け，多様化し，新しい分野に進出して新たな対応をしている。しかし，依然として伝統的なニーズと新しい種類のニーズがほぼすべての分野で満たされる必要があり，また，近隣サービスではその供給が発展する余地があることもが明らかである。

1 社会的経済の概要

ポルトガルのサードセクターには多様な組織が含まれる。すなわち，慈善団体，共済組合，民間社会的連帯組織（IPSS），協同組合，労働市場への統合型企業などである。

慈善団体

慈善団体は昔から存在している。ポルトガルの慈善団体は15世紀にポルトガル女王レオノルによって設立された。伝統的に，慈善団体は医療支援を行ったが，近年ではその社会的活動も多様化している。慈善団体は児童，高齢者，障害者を支援している。また職業訓練も行っており，失業および社会的排除と闘っている。これらの組織は，ほとんどがかつてカトリック教会と関係があり，自主財源で運営されていたが，その財源のほとんどが個人からの寄付と遺産の寄贈であった。今日では，社会サービスの供給者の役割を果たしている慈善団体の多くが，協力協定に基づく国家による資金補助を受けている[3]。1998年に，326の慈善団体が571の社会的活動のためのサービス実施機関を運営して

---

3) ポルトガル慈善団体連合会のメリシャス会長によれば（Barros and Santos 1997：335），国家補助金は組織の活動に対してであり，組織そのものに対して行われているのではない。

おり，約 65,000 人のユーザーがいる（RSESS/98）。

共済組合

ポルトガルの共済組合もまた中世から存在している。しかしながら，経済活動を伴う最初の共済組合は，信用組織としてのモンテピオ・ゲラル経済金庫が設立された 1840 年にまで遡ることができる。この金庫は今日ポルトガル最大の銀行の 1 つとなっている。共済組合は歴史的には，とりわけ 1930 年以降減少しているが，その理由は，強制的な公的保険制度がつくられ，またファシズム体制による共済組合への迫害があったからである。1921 年には 865 の共済組合があったが 1930 年には 527 に，1964 年には 133 に，1998 年には 88 に減少した。818,000 人の組合員と 2,454,000 人の間接的ユーザー，965 人の常勤職員，599 人のパートタイム職員がいる。共済組合は組合員を通じて自主財源を確保している。その経済活動としては，医療（4 つの診療所），社会的薬局（7 ヵ所），信用組合（5），児童と高齢者の社会的支援（24 のサービス施設と 1,000 人以上のユーザー）がある[4]。

IPSS セクター

慈善団体も共済組織も法律的な枠組みとしては IPSS（民間社会的連帯組織）に含まれる。これは社会的連帯を目的としたアソシエーションや社会的活動をするボランタリー組織や社会的連帯のための財団も含む。IPSS セクターは，全体としてポルトガルの社会的活動の（総費用からみて）70% にあたる。IPSS の活動は，国家との協力協定に基づいて財源補助を受ける。このことは IPSS と国家の間に，財政依存と強力な関係を生み出す（Hespanha 1999）。しかしながら，最近の研究では，IPSS は国家諸組織に比べて，需要すなわち社会的ニーズへの対応が機敏になりつつある（Variz 1998）。

ここ数年で 800 の新規組織が，それぞれ恣意的なやり方で登録している

---

4) ポルトガル共済組合連合会の 1998 年の資料による。

(Hespanha 1999)。IPSS に関わっているボランティアの数は約53,000人である（そのうち32,000人は運営に参加している）[5]。1998年には，2,539のIPSSが社会的活動を行っており（これには慈善団体は含まない），約265,000人のユーザーがいる（RSESS/98）。このセクターは成長していると思われる。1997年度社会保障統計によれば，この年だけで，34の施設（うち30施設は青少年関連）の運営が国家からIPSSに移管している。このことは，社会的活動の分野でサードセクターの役割が増加していることを示している。

協同組合

ポルトガルの協同組合は19世紀から存在しているが，1974年以降に活発になったに過ぎない。また協同組合は社会的活動を展開している。とりわけCERCI（障害児教育リハビリテーション協同組合）の発展が顕著であり，最初のものは1975年にリスボンで設立された。さらに1996年には，第2次協同組合法のなかで社会的連帯協同組合（主としてCERCIに含まれるが協同組合としては別組織）が規定された。この法律は多部門協同組合も規定している。1999年に，特別計画（PRODESCOOP，協同組合振興計画）がつくられ，国家補助金がはじめて協同組合運動に与えられた。以下では，こうした部門について詳しく触れる。

労働市場への参入支援企業

ポルトガルのサードセクターについて論じる場合，労働市場への参入支援企業も重要である。これは「社会的雇用市場」に含まれるもので，1996年以降の政府の貧困・社会的排除克服政策に基づくものである。最初の労働参入支援企業は1998年6月に設立された。これらの組織は長期失業者や雇用市場で不利な人々の社会的再統合や雇用への再統合をめざす。労働市場への参入支援企業の地位は，申請に基づき社会的雇用市場審議会が認定する。この1年半

---

5) IPSS連合会会長の推定に基づく。

で，375 の労働市場への参入支援企業が設立され，約 3,500 の雇用がつくりだされている。この労働市場への参入支援企業についての評価は，調査や数字が不十分なのでまだ時期尚早である。

2　社会的企業——CERCI の場合

　社会的企業という概念はポルトガルではまだ確立していない。この概念の意味内容についての議論がサードセクター組織の代表たちによって進められている。現在の EMES の研究で適用されている社会的企業の定義に該当するものとしては，「社会的企業」と呼べるようなサードセクターに属する組織のいくつかの型をあげることができる。1 つの例は，CERCI である。

CERCI の発展

　CERCI は 1974 年 4 月 25 日のポルトガル革命の後の社会的・政治的運動のなかで生まれた。当時人々はアソシエーションや協同組合の理念に触発されて，それまでないがしろにされていた多くのニーズを重視した。知的障害児についてもそうであった。彼らは，普通学校でも私立学校でも教育を受けられなかった。普通学校からは排除され，私立学校も受け入れ先が少なく，学費もきわめて高かったからである。これらの児童の父母グループが，一部の専門家と一緒になって，1975 年にリスボンで最初の CERCI を設立した。この運動はその年のうちに全国的に広がって，さらに 3 つの CERCI がつくられ，翌年にはさらに 10 の組織が設立された。ほとんどの CERCI は 1980 年代初期につくられた。CERCI の全国連合会である FENACERCI は 1985 年に設立された。
　CERCI の推進者たちは，財政困難と活動を制度化すべき法的整備の欠如に直面した。ボランティアの労働，企業や組織からの寄付，さらには公的基金の獲得は CERCI の設立にあたって重要な役割を果たした。CERCI はまた，これらの学校の支援と人件費を財政支援する教育省とも協力した。さらに，社会保障省は特殊教育に対する手当を新設した。また，地域コミュニティにおいても，

知的障害児に対する排除や偏見を打ち壊すための積極的な取り組みが行われた。

　CERCI は特殊教育のための学校として出発し，主として軽度の知的障害あるいは学習障害をもつ児童を対象にした。しかし，これらの児童が成長し CERCI のユーザーの年齢が上がったが，学校に残るのは主として重度あるいは複合的障害をもつ者たちであった。さらに年長になったユーザー（就学年齢を超えた者）は，新たに認可を受けなければならない対象になった。したがって，CERCI はその活動を多様化しなければならなくなった。そこで彼らは若者のための職業訓練センターをつくって職業訓練を実施した。CERCI は新しい施設をつくるために新たに資金づくりが必要になった。問題は結局，1993年から94年にかけて法律が改正されたことで解決した。これにより CERCI は特別資金を得るために社会保障省との協定を結ぶことになった（それまでは IPSS だけにしか認められていなかった）。それ以後，CERCI は一斉に新しい活動と施設を展開することになった。

　CERCI は知的障害者に対して，一生涯にわたって次のような活動を提供している。すなわち，作業療法（47のうち43の CERCI），職業訓練（39），「初期支援教育」[6]（19），施設（13），緊急避難型雇用（8），在宅介護（5）。一方，特殊教育の需要は，普通学校での統合教育という新しい方向性によって減る傾向にあるが，46の CERCI は依然として特殊教育に従事している[7]。CERCI はまた，社会的雇用市場においても役割を増しており，小企業の設立を通して障害者の雇用創出を支援している。CERCI の多くは，その出自と発展を通じて，現在では「障害者市民のための教育とリハビリテーションの協同組合(Cooperativas para a Educação e Reabilitação de Cidadãos Inadaptados)」となっている。

　新しい協同組合法[8]が1996年につくられたが，ここで新しい協同組合区分

---

6) 「初期支援教育」とは，出生前に知的障害を指摘された新生児や発達障害をもった児童に対する CERCI の活動をいう。

7) 最近まで，この傾向は CERCI 運動から否定的な受け止め方をされていた。しかし一部の普通学校と協力しているところでは，CERCI からの支援を新たに受けている。

8) 法51/96（1996年9月7日）。この新しい協同組合法はまた，多部門協同組合の設立も認めている。これが CERCI にとって有利であるのは，これまで文化，工芸，サービスなどに区分されていた協同組合センターでの活動を CERCI の長年の活動と

すなわち社会的連帯協同組合[9]が設置された。法律的にはCERCIはこのなかに含まれる。これまでの協同組合法（1980年）では教育協同組合に含まれていた。社会的連帯協同組合はCERCIばかりでなく，困窮児童や高齢者などの弱者グループを社会的に支援するその他の種類の協同組合や近隣サービスを実施する協同的な活動を行う組織も含む。60ある社会的連帯協同組合のうち47がCERCIである。

CERCIの内部組織

CERCIでは役員会の専門化が進んでおり，その結果，より社会的企業としての発展が進んでいる。意思決定は，形式的には民主的経営の原則により行われている。通常，役員会は，専門家と父母によって構成されるが[10]，教育専門審議会とも密接な関係があり，また各現場の調整担当者の監督を行う。CERCIについての最近の調査によれば，組織のリーダーシップのスタイルは権威主義的なスタイルと民主的なスタイルが共存している。リーダーは実質的に目的を定め決定する。リーダーたちは，技術的な権限を現場の調整担当者に委任する。もっとも，専門的・教育的見地からよりふさわしい解決策を犠牲にしたとしても，管理上，財政上の最善の基準に関する決定については譲らず，みずから保持するのである。しかしながら，政策全体は，リーダーたちが決定するけれども，現場における教育的な組織活動は，調整担当者とその他のメンバーとの合意に基づいて自由に決定される（Veiga 1999）。

賃金労働者の一部は，大多数の父母と同様に，協同組合のメンバーである。

　結びつけて社会的連帯協同組合として設立することができるからである。
9)　この法律的枠組みは法令7/98（1998年1月15日）で規定されている。IPSSの財政的な権利，義務，利益が，法101/97（1997年9月13日）により社会的連帯協同組合にも拡張された。
10)　CERCIの運営に対しての父母の参加と関与は，社会的・文化的に不利な集団の父母の場合は，とくに弱いものになっている。彼らを理事会に入るよう説得するのが困難である一方，専門家たちからすると，父母の存在は対立や内部問題の源とみなされがちである（Veiga 1999）。

数は多くないが,一部のユーザーもまたメンバーである。現在 CERCI 運動において知的障害者の自己表現 (self-representation) の推進をめざした計画 (FENACERCI が先頭にたって進めている) がある。サービスとユーザーの多様化は CERCI で働く人の増加を伴っている。有給の従業員はほとんどが長期契約であるが,CERCI は彼らに加えて,特別の雇用計画をも利用している。たとえば,障害者向けの仕事づくり計画や補助金を受ける仕事などである。教育スタッフの一部は教育省から派遣されるが,これは既存の協定に基づくものである。

CERCI の諸資源

CERCI は,市場でその生産物の一部を販売する。専門訓練センターが販売する生産物は,主として個人向けに,低価格で販売される。また知的障害者向けに仕事おこしをする小企業の生産物は,市場価格で他の企業に販売される (たとえば,食事配達部門)。CERCI はまた,行政とも契約する。たとえば,CERCI リスボンは,外務省との協定に基づき,ポルトガルが EU 議長国であった時期に職業訓練センターでの公用車の洗車業務を請け負った。

非市場的な公的財源として,CERCI は教育省と労働連帯省との正式協定に基づき,補助金を活動に対してもらっている。労働連帯省の正規の機関である雇用職業訓練局を通じて,職業訓練補助金をもらっている[11]。このような国家の補助金が CERCI の主要な財源である。地方自治体からの補助金もあるが,ほとんどが特別の目的をもった活動に対するものである。公的諸資源のなかの1つとして,特殊教育学校において,16〜18歳のユーザーに対して補助金が支給されるが,この補助金は CERCI に対して支払われて学校運営費に使われる。これは CERCI の活動に対する間接的な補助金とみなすことができる。

いくつかのケースでは,CERCI は民間の寄付やスポンサーを受けている。

---

11) 強調されるべきは,CERCI と地方自治体との関係は,地方自治体によって多様である。地方自治体が CERCI の活動の主要な支持者である場合もあれば,マイナスの関係になっている場合もある (Veiga 1999)。

これには現物資源もある。たとえば，企業からのコンピュータ提供や原材料提供，個人や財団からの寄付や遺贈などがある。毎年 CERCI は「ピリランポ・マヒコ（魔法のホタル）」という広く知られた大規模な基金獲得キャンペーンを実施している[12]。ほとんどの CERCI が特別計画を実施している（たとえば職業訓練分野）。これは国内と EU の両者またはどちらか一方のプログラムによる財源補助をうけているもので，たとえば「セル・クリアンシャ（子供育成）」は労働連帯省が実施しており，「インテグラル（統合）」は EU の共同基金を受けて全国的に実施しており，「雇用推進活動」は EU 社会基金により実施されている。ボランティア労働は運営においてとりわけ重要である。また，資金集めなど，時折の仕事へのボランティアの参加もある。

　CERCI はまた，協同組合推進のための最近の2つの政府施策からも利益を受けている。すなわち，1998 年に承認された協同組合の財政上の特別の地位[13]によって仕事の創出がやりやすくなったことと，1999 年1月に施行された協同組合設立振興のための特別プログラムとしての PRODESCOOP（協同組合振興計画）である[14]。このプログラムは全国雇用活動計画[15]に組み込まれ，社会的経済とりわけ協同組合セクターでの仕事の創出をめざす措置の一環であった[16]。PRODESCOOP は雇用政策の道具でもあり，協同組合推進の道具でもある。雇用政策の道具としては，このプログラムははじめての仕事を探している若者や長期失業者，最低賃金所得者，障害者，有能な若いスタッフの募集を支援する積極策を含んでいる。また，機会均等に対して報償金を与えている。これは男女に新しい仕事を提供する協同組合にとっても有益である（すなわち，創出された仕事の 60％ は男女どちらでも就ける仕事である）。協同推進の道具としてこのプログラムは，協同組合の設立や確立のための，とりわけ仕事創出

---

12)　CERCI の組合員から支払われた組合員割当金とユーザーの月額料金は，資金源としてはシンボリックなものであるけれども，予算における比重は小さくなっている。
13)　法 85/98（1998 年 12 月 16 日）。政令 393/99（1999 年 10 月 1 日）により改正。
14)　法令文書 52-A/99（1999 年 1 月 22 日）。
15)　内閣決議 59/98（1998 年 5 月 6 日）。
16)　全国雇用活動計画の中間報告によれば 1999 年末までに，178 の協同組合から PRODESCOOP への申請があり審査中である。

のための財政支援や技術的支援を補完する役割を果たしている。

社会的排除に対するCERCIの貢献

　CERCIは多くの仕事をつくりだしてきている。たとえば，CERCIリスボンは10人の労働者から始まったが，現在は150人となっている。国内レベルでは，CERCIは約3,000人分の仕事をつくりだし，7,239人のユーザーがおり，さらには1,030人が利用待ちである。CERCI設立以降，支援を受けた若者たちのなかから，911人が労働市場に参入した。これらの協同組合はまた，職員のサービス能力を高める専門的訓練のためにも費用を使っている。

　こうしたサービスは，もしCERCIがなければ，一般的にユーザーの大部分にとっては費用が高いために利用しづらい。しかし，CERCIは，こうした分野で働くすべての人々の強力な社会的関与がなければつくられることはなかったものである。CERCIの特殊性と比較優位性は，したがって，地方のコミュニティレベルで利用され，再生産され多様化されるこうした社会的資本に基づくものである。CERCIのユーザーの一部は，仕事創出や求職政策に基づいて，供給されるサービスの共同生産者にもなっている。より一般的には，人々のエンパワーメントが協同組合の主要目的である。社会的に共通の外部性（collective externalities）という面においては，CERCIは地域におけるパートナーシップを公式的にあるいは非公式的にも推進して，コミュニティ開発に貢献する。これが「コミュニティのなかで働き，コミュニティの人々のために働く」（CERCIリスボン）という協同組合の永続的な関心なのである。

CERCIの弱点

　CERCIの弱点の1つは，企業家的なリーダーシップが欠けていることからくる。多くの当事者はCERCIが支援組織ではなく，企業家的なリーダーシップと経営が要求される社会的企業であることをまだ理解していない[17]。十分

17）　CERCIリスボンのフリエタ・サンチェスの話による。

な施設が不足していることもまた、多くの CERCI の抱えている問題である。場所面積が不足していること、十分な居住施設や通勤に不便なことも弱点になっている (Veiga 1999)。

財政的な弱さや政治的な動向に影響されやすいことも CERCI の力を削いでいる。INSCOOP (Paiva 1997) が実施した 1994 年 3 月の CERCI 調査によれば、CERCI のもっとも深刻な問題は、国家の援助が不十分であるということであった。次に、基金や補助金の引き渡しが遅れるということであった。このことは、国家に大きく財政依存している現れである[18]。

CERCI と行政との関係

CERCI と行政との関係は、補助金を要請する立場からパートナーシップ（たとえば普通学校との協力）や協働に変わりつつある。しかしながら、その道のりは先行き長い。CERCI と行政との相互作用がもっともうまくいっている領域の 1 つとして、社会的雇用市場があげられる。そこでは、この問題についての CERCI の説明が聞き入れられ、その提案が全国雇用活動計画に一部取り入れられることもある。

3 将来の展望と結論

知的障害者の分野では、他の社会保護の分野と同様に、依然としてそのニーズの多くに満足のいく対応ができていない。したがって、CERCI はいっそうそのサービスの複合化と多様化を進めなければならない。しかし、現在、軽度と中度の知的障害児と若者を普通学校で吸収するという傾向が増加している。

---

[18] 平均して、国家と EU の補助金は CERCI の年間費用の 75～85% を占めている (Veiga 1999)。しかし、この平均値は、CERCI の実態が多様であることとは別問題である。たとえば、5 大 CERCI での財政的に自立性している割合には 12～75% と幅がある (INSCOOP 1999a)。

その結果，将来的に CERCI の主要なユーザーは，主として重度の多重障害児もしくは成人障害者などになるであろう。

ほとんどの CERCI は地域的には沿岸地域や都市部およびその周辺に集中しているので，地域開発や雇用創出のための協同組合の拡大は，ポルトガルの内陸地域や後進的な地域にとって望ましいものである。

組織モデルとしては，CERCI 運動のもっとも活動的なリーダーたちの有力な見解によれば，社会的企業家活動という考えに立って，協同組合原則と諸資源の戦略的・専門的なマネジメントとの調整が必要である (Veiga 1999)。公共政策との関係も近年改善されてきているし，CERCI が積極的役割を果たせる条件もある。社会的連帯協同組合が法的に認知されたように，近年，国家も協同組合による，主として障害者のための雇用創出の役割に好意的である。社会的経済国家評議会が，省庁間レベルで設立準備中である。これが設立されると，とりわけ社会的排除に対応する分野において，社会的企業と公共政策とのよりよい相互関係がつくられるに違いない。

参考文献

AZEVEDO, M. (1992) 'Respostas Institucionais, Limites e Virtualidades. As Misericórdias', 1ª Jornadas Nacionais de Acção Social, 6–8 November, Centro Regional de Segurança Social, Braga.

BAPTISTA, I., PERISTA, H. and REIS, A.L. (1995) *A Pobreza no Porto: Representações Sociais e Práticas Institucionais*, Cadernos REAPN no. 1, REAPN, Porto.

BARÃO, M.G. (1992) 'Economia Social', 1ª Jornadas Nacionais de Acção Social, 6–8 November, Centro Regional de Segurança Social, Braga.

BARROS, C.P. and SANTOS, J.C.G. (1998) *O Mutualismo Português: Solidariedade e Progresso Social*, Editora Vulgata, Lisboa.

―――(1997) *As Instituições Não – Lucrativas e a Acção Social em Portugal – Estudos e Pesquisas Multidisciplinares Sobre o Sector Não-Lucrativo – I*, Editora Vulgata, Lisboa.

CAPUCHA, L. and CORDEIRO, O.L. (1998) 'Les Entreprises d'Insertion au Portugal', in *Les Politiques Sociales – Entreprendre Autrement*, vol. 57: 53–9.

CAPUCHA, L., AIRES, S., QUINTELA, J., REIS, A.L. and SANTOS, P.C. (1995) *ONG's de Solidariedade Social: Práticas e Disposições*, Cadernos REAPN no. 2, REAPN, Porto.

CATARINO, A. (1998) 'Mercado Social de Emprego: Esboço de Introdução Conceptual', *Sociedade e Trabalho*, no. 2, 6–13.

——(1992) '*IPSS* – Limitações e Virtualidades', 1ª Jornadas Nacionais de Acção Social, 6–8 November, Centro Regional de Segurança Social, Braga.

HESPANHA, P. (1999) 'Em Torno do Papel Providencial da Sociedade Civil Portuguesa', *Cadernos de Política Social*, no. 1, 15–42.

INSCOOP – Instituto António Sérgio do Sector Cooperativo (1999a) *As 100 Maiores Empresas Cooperativas*, INSCOOP, Lisboa.

—— Instituto António Sérgio do Sector Cooperativo (1999b) *Anuário Comercial do Sector Cooperativo*, INSCOOP, Lisboa.

Instituto de Gestão Financeira da Segurança Social/MTS (1997) *Estatísticas da Segurança Social – Acção Social*, Lisboa.

Instituto do Emprego e Formação Profissional, 'The Social Employment Market – Combined Action and Shared Responsibilities', mimeo.

ISCTE/SAE (1996) *Proximity Services in Portugal. Main Trends and Characteristics (a First Evaluation)*, ISCTE, Lisboa.

Ministério do Trabalho e da Solidariedade / Secretaria de Estado da Inserção Social (1998) *Pacto de Cooperação para a Solidariedade Social*, União das Mutualidades Portuguesas, Lisboa.

Ministério do Trabalho e da Solidariedade/DEPP – Departamento de Estudos, Prospectiva e Planeamento (1999) *Plano Nacional de Emprego 99 – Portugal e a Estratégia Europeia para o Emprego*, Lisboa.

PAIVA, F. (1997) 'CERCIS – Cooperativas de solidariedade social', in BARROS, C.P. and SANTOS, J.C.G., *As Instituições Não – Lucrativas e a Acção Social em Portugal*, Estudos e Pesquisas Multidisciplinares Sobre o Sector Não-Lucrativo – I, Editora Vulgata, Lisboa, 139–57.

PEREIRINHA, J. (ed.) (1999) *Exclusão Social em Portugal: Estudo de Situações e Processos e Avaliação das Políticas Sociais*, CISEP/CESIS, Lisboa.

PERISTA, H., BAPTISTA, I. and PERISTA, P. (1999) *Collection of Information on Local Initiatives to Combat Social Exclusion – Final Report*, CESIS, Lisboa.

ROSENDO, V. (1996) *O Mutualismo em Portugal. Dois Séculos de História e suas Origens*, Multinova, Lisboa.

RSESS/98, Ministério do Trabalho e da Solidariedade/Secretaria de Estado da Inserção Social/Direcção-Geral da Acção Social, Lisboa.

União das Mutualidades Portuguesas (1999) *VIII Congresso Nacional de Mutualismo – 1998 – Conclusões*, União das Mutualidades Portuguesas, Lisboa.

VARIZ, P.E. (1998) *Fundamentos Económicos e Sociológicos das Instituições Particulares de Solidariedade Social*, Editora Vulgata, Lisboa.

VEIGA, C.V. (1999) *Cooperativas de Educação e Reabilitação de Crianças Inadaptadas: Uma Visão Global*, Secretariado Nacional para a Reabilitação e Integração das Pessoas com Deficiência, Lisboa.

12 スペイン：雇用政策の失敗と社会的企業

イサベル・ビダル

はじめに[1]

　社会的企業の登場を理解するには，歴史を振り返る必要がある。というのも，社会的企業の動きはしばしば，古い組織形態の変化・発展の産物だからである。本章の目的は，市民社会における，つい最近の社会的企業の歩みを確認することであるが，20世紀における社会的企業のいくつかの形態は，従来は家族のなかに限定されていた事柄を取り扱うために登場してきたことも確かである。いろいろな事例のなかには，障害者のためのサービス，最近では麻薬患者やエイズ患者といった新しい社会的問題に陥っている人々のためのサービスなどがある。歴史的に，教会は貧困の軽減を伝統的活動として熱心に取り組んできた。現在でも「カリタス Caritas」という国際的な慈善団体がある。さらに最近の例では，信徒団体が宗教活動の延長として障害者支援で活動している。障害児の父母アソシエーションが，1960年代から70年代において，初期の作業所や住宅施設を組織化した。その後，1980年代になって，スペインに福祉国家が登場したのに伴い，民間の事業組織が公的セクター組織の支援を受けて強化された。

　しかし，歴史的な図式からいうと，第1段階は，民間主導それも宗教団体および信徒団体によるものが圧倒的であった。次の段階になって，公的組織によ

---

1) この研究は，スペイン政府の技術科学研究開発計画の補助研究である（SEC 97-1309）。

る責任で実施され，次いで，より専門的な民間の社会的セクターの活動が活発となり，それらに対する公的財政支援が定着していったのである。

この過程は1975年から97年にかけての福祉予算の増大と連結している。1975年に，スペインの公共支出はGDPの25%であった。一方，EU加盟国の平均は40%を超えていた。スペインの公的資金のこうした不足が，医療，社会サービス，教育，文化，余暇などの分野における社会的企業の発展を促した。法律的にはアソシエーション（非営利組織）や財団の形態をとったものが多い。1997年までに公共支出はGDPの43%となった。公共支出が大幅に増大したこの時期に，スペイン政府は，公共サービスの経営の外部契約化を促進するようになった。これによってスペインではサードセクターが，アソシエーションや財団の形態をとって，公的対人サービスの供給を当局に代わって経営する手段として，急速に増大することになった。1995年には226,658団体のアソシエーションや財団が活動している。これらの組織は50万人を雇用（雇用人口の4.5%）している。さらに400万人のボランティアを動員し，予算総額は168億2,830万ユーロ（GDPの4.5%）となっている[2]。過去20年間に発展したこれらの新しい組織のうち，失業者の労働市場への統合型社会的企業はきわめて革新的で企業家的な活動を，とりわけ社会サービス供給の分野で行っている。

1 労働市場の概況

はじめに，スペインの経済システムの一般的な特徴，とくに労働市場の特徴について触れたい。1970年代の産業危機とその結果である国家の財政危機は，当時優勢であった企業家的な開発モデルや国家の諸問題を深刻化させていた。その結果，2つの否定的な結果が生じた。すなわち，従来の企業における労働需要の不足であり，これは市場の失敗といえる。また，コミュニティにとって

---

2) ビルバオ・ビスカヤ銀行財団「スペインの非営利セクターの比較研究」『エルパイス』紙，1998年11月4日。

必要な,対人サービスの増大する需要への対応能力が国家としては低下していることであり,これは国家の失敗といえる。この2つの失敗によって,市民社会は新しい回答を迫られた。そのなかで社会的企業は,満たされなかった社会的需要を満たそうとするものである。

スペインでは,1970年代初頭の産業危機は,民主主義への移行という政治過程と同時であった。GDPは1960年代を通じ累積で年間7%の成長を示した。この数字は1970年代半ばから80年代半ばを通じては1.6%に落ち込んだ。経済成長の大幅な低迷は,天井知らずのインフレーションを伴っていた。インフレ率は1977年には24.5%にまで上昇した。1975年から85年の時期の平均インフレ率は15.6%であった。

雇用はとりわけ打撃を受けた。1975年から85年にかけてスペインでは,213万人,すなわち雇用人口の16.5%が失業者として記録された。1997年には,スペインにおける有職率は77年水準に戻ったが,活動人口もこの20年間で300万人増加したので,98年の失業率は18%であった。99年には,失業率は15.4%に下がった。今日,スペインにおける雇用は,急速に増大している。

1970年代に,失業者または会社の閉鎖によって職を失う恐れのあった従業員が,共同で会社を所有し始めた。これには2つの法人形態がある。すなわち,伝統的な法人形態である労働者協同組合と従業員所有企業である。このいずれもが雇用を創出して維持することを目的としている。両者の主要な違いは,法律上の定義の違いである。協同組合が人の協同体であるに対して,従業員所有企業は資本事業体(equity business)であり,株式の過半数を労働者がもっている。1986年まで,従業員所有企業の法人形態は,協同組合形態よりも労働者のニーズによく合致していた。というのも,協同組合が解散する場合に,そこで働く労働者は失業手当をうける資格がなかったからである。このため,多くの失業者と職を失う恐れのある労働者は,従業員所有企業の形態を好んだのである。協同組合法が1986年になってようやく改正されたときに,従業員所有企業はすでに強力な運動を形成しており,同年,はじめて従業員所有企業法(労働株式会社法 SAL)が通過して公的認知を受けた。これにより,労働者管理企業の2つの法人形態が共存することとなり,両者はともにスペインにおけ

る社会的経済の一部とみなされた。

　1999年の最後の四半期の時点で，労働者協同組合は22,331あり，241,719人の労働者が働いている。また労働株式会社は9,080社で73,526人に仕事を提供している[3]。全体で，31,411の従業員共同所有企業が315,245人分の仕事をつくりだしている。民間企業が雇用を減少させている一方で，これらの企業は自分たちのメンバーに対して雇用を提供する役割を担っている。これらは概して零細企業であり，メンバーたちの相互信頼関係を基盤にして，水平的な組織構造をもっており，経済民主主義の実践を可能にしている。事業の決定は，雇用維持を最優先にして決めている。

　失業者のための労働市場への統合型企業は，労働者協同組合や労働株式会社とほとんど同時期に登場してきたが，これらと違って，相互扶助組織の形態をとっておらず，失業者や失業の危機にある労働者が運営するものである。労働市場への統合型企業は，労働市場から制度的に排除されている人々の雇用をめざしている。これらの人々とは，身体障害者，精神障害者，社会的排除を受けている人などである。労働市場への統合型企業の推進者たちは，利用者自身ではない。彼らは，障害者の雇用をめざす企業の場合には利用者の親戚であったり，社会的排除を受けた人々のための企業の場合には教区コミュニティであったり近隣住民であったりする。通常，労働市場への統合型企業は，協同組合や労働株式会社という法人形態よりもアソシエーションや財団の法人形態を採用している。

2　分析の焦点

　本節では，通常の労働市場から制度的に排除された人々の雇用を確保するという，社会的統合のために活動する社会的企業を取り上げる。言い換えれば，この種の社会的企業は，国家がその官僚主義的な方法と標準化された方法に基づくやり方でうまくいかなった労働市場の失敗を減らそうと試みている。

---

[3]　労働社会保障省「1999年第3四半期，社会保障登録会社」。

通常の労働市場から制度的に排除された人々の集団は2つの主要なカテゴリーに区分される。すなわち，障害者と社会的に排除された者である。障害者には身体障害者と精神障害者がいる。社会的に排除された人々には，学校中退の若者，犯罪歴のある若者，シングルマザー，移民など，個人としてのエンプロイアビリティ（employability）の水準がほとんどないかゼロであるような長期失業者たちが含まれる。

　何らかの障害を抱えている個人を社会的に統合するために活動している社会的企業は，1983年の王令第145号が定めた，障害をもつ労働者のために仕事をつくりだす措置から利益を得ることができる。この王令は，障害者の選抜雇用と雇用促進措置を定めている。さらには，障害者雇用を奨励している。その方法は，契約毎に補助金を出すことや，社会保障拠出金の大幅な割り戻し，職場の改造への補助金，個々人の安全・職業訓練費への助成などである。1983年王令第145号ではまた，これらの困難をもった人々のすべてを労働市場へ統合することを目的とする雇用作業所（employment workshops）について定めている。雇用作業所は，平均150人の労働者を対象にした作業所である。いくつかの地域では，雇用作業所は大きな企業であり，過去20年間で多くの仕事をつくりだしてきている。

　それに対して，障害をもつ労働者を雇用するような伝統的企業はごく僅かである。経済社会局（CES）の「障害者の状況報告および彼らを労働に戻すための提案」という報告書によれば，「雇用創出のための契約登録の数をみると，企業は雇用促進策としてのこのインセンティブ方式を採用していない」という（CES 1995：96）。これは，障害をもつ人々を雇用主導型で統合することに取り組んでいる社会的企業が実際には障害者の唯一の雇い主であり，障害者の雇用の促進をめざした政策手段の唯一の利用者であったということを示している。これらの社会的企業の発展における興味深い特徴は，後に言及する「企業グループ」の設立である。

　一方，社会的に排除された人々の労働市場への統合に取り組んでいる社会的企業は最近設立されたものが多く，また規模も小さい。生産能力も専門性も低く，ボランティアがたくさんいる。これらの社会的企業は，2000年までは，社会的に排除された人々に対する仕事を供給するための特別財源はほとんど受

け取っていない。1999年法第55号により，会社と非営利団体は，社会的に排除された状況にある失業者と契約すると，労働契約後の24ヵ月は社会保険料の60%の補助を受け取ることになった。

　こうした企業は，1980年代の初めに登場した。その主要な推進者はカトリック教会であり，カリタス（慈善団体）を通じて行われた。しかし徐々にではあるが，カリタスとは関係なく独立的に，教区コミュニティや近隣アソシエーションの手を通じて小さなプロジェクトが取り組まれた。運動全体はまだ強い宗教的影響力の下にあるものの，近年宗教色を脱して一般化しつつあり，企業として社会的困難をもつ人々の労働市場への統合分野で活躍しており，1999年法第55号の登場により，企業家活動的な運動（entrepreneurship movement）が大きく発展した。CIES（社会的経済研究所）の調査によれば，社会的排除の分野では22の社会的企業が稼働している（*CIES* 1998, 1999）。何らの制度的な支援も受けず，また社会保障料の引き下げもないなかで，これらの組織は，1997年と98年に，就職の機会のほとんどなかったそれぞれ401人と540人を仕事につけた。

　社会的企業には2種類あるが，2つの理由により比較検討することになった。第1には，障害のある人々を雇用する社会的企業が社会的排除の分野で稼働する社会的企業の企業家的な活動からみた将来性の評価の基準になると思われているからである。第2に，スペイン政府による社会的排除の理解が深まることで，現在その分野で活動する社会的企業は，利用者の層を拡大できる可能性があるからである。言い換えれば，それらの社会的企業の目的は雇用を通じて人々の統合を図ることであり，それは，個人の履歴や抱える障害の法的な認知とは無関係である。

3　方法と事例

　雇用をみつけるのが困難な人々に対する活動をしている社会的企業についての統計や公式情報はない。そのため，次の2つの方法がとられた。

- 障害者や社会的に排除された人々を雇用している10の企業の経営幹部に対するインタビュー。
- スペイン社会的連帯経済復興者協会（AERESS)[4]の会員である22の企業について，1997年と98年に調査が実施された。従業員，所得，資金源，支出，投資，生産能力の経済的価値，生産活動などの項目について情報が集められた。

インタビューを受けた経営責任者のうち6人は，障害者の労働市場への統合のために働いていた。彼らの出身の企業のなかに，「アソシエーション・アツェギ（父母団体）—グループ・グレアク（我らのグループ）」がある。この企業は，ギプスコア県（バスク自治州）における，障害者雇用のもっとも重要な組織である。労働市場への統合のために，「アソシエーション・アツェギ」（1972年設立）は，グレアク共同作業所を1982年に設立した。この共同作業所は14ヵ所の作業センターをもっていた。さらに，法律的に自己所有の8つの企業が設立された。グレアク共同作業所は，持株会社であり，8つの企業は有限会社である。アツェギ父母アソシエーションがこれらの企業の主たるステークホルダーである。1997年に，グレアク共同作業所は2,008人の仕事をつくりだした。そのうち健常者はわずか174人である。もう1つの例は，アミカ・アソシエーション（設立は1984年）である。アミカは1990年に全額自己資本によるSOEMA有限会社を設立した。この会社は，カンタブリア地方における障害者の雇用を通じて社会参入させる企業の代表である。業務用洗濯事業として出発した。その顧客は，病院，ホテル，レストランなどである。1997年にAMICAのメンバー数は571人で，SOEMCAには163人が雇用契約に基づいて働いている。

インタビューに応じたさらに別の4人の経営責任者たちは，社会的に排除さ

---

[4] AERESSには，エンプロイアビリティがほとんどないかゼロである人々の雇用を通じて労働市場への統合を進める22の企業が加盟している。AERESSに所属する企業の主要な事業活動は，都市のゴミ廃棄物（紙，ガラス，衣類，金物，粗大ゴミ，乾電池）の分別回収，再生，販売である。1998年には，この22の企業で540人の雇用と，15億ペセタ余（9,015,182ユーロ）の売上高であった。

れた人々のための労働市場への統合型企業の者たちである。「エングルネス財団－ミケス協同組合」(1982年設立) は，カタルーニア地域で，都市ゴミの分別回収，建設，建物営繕，中古品販売の事業を行っている。「ディシャレス財団」(1986年設立) は，バレアレス諸島において，都市資源ゴミの分別回収販売を行っている。「トゥラペロス・デ・エマウス・サンセバスチャン」(1980年設立) は，バスク地方において，中古物品の販売と，社会的に排除された人々に対する住宅，保健医療，衣服，労働ガイダンス，就職訓練と順応化，職務ガイダンス，職場への統合などのサービスを提供している。「トゥラペロス・デ・エマウス・ナファロア」はナバラ州にあり，都市資源ゴミの分別回収を行っている。

これら4つの企業は2000年までは制度的な優遇措置はなかった。これらの企業は AERESS の会員である。1997年と98年実施の調査の対象となった22の労働市場への統合型企業グループに属している。この調査により，インタビューとは別に，ここで使用している第2次資料を得ることができた。調査は，労働市場への統合型企業に新しいエネルギーを注入できるような革新的な行動に焦点をあてた。したがって，ここでは，今日のスペインにおける主要な労働市場への統合型企業の特徴とその直面している困難についてみていくことにする。

4　社会的統合を行う企業の特徴

推進者たち

調査を行ったすべての社会的企業は，下から上への運営方式をもっている。労働市場への統合型組織を推進している社会的グループは，誰を労働市場に統合すべきなのかという対象グループによって異なる。もし対象グループが障害者であるならば，推進者は父母や親戚のアソシエーションである。もし社会的に排除された人々を対象グループとするならば，推進者は，たいていはキリスト教団体であり近隣住民アソシエーションである。

主要な法人形態はアソシエーションである。障害者の分野では父母のアソシエーションが1970年代以降著しく発展した。社会的排除の分野のアソシエーションは，スペイン社会が構造的失業の社会的影響に気がつきはじめた1980年代になって登場した。アソシエーション形態を選択する理由は，それが非営利であるとか民主的構造をもっているという理由よりも，正規の設立費用と運営費がもっとも低く抑えられるという理由からであった。

　強調すべきは，効率志向や市場志向の企業家的な事業に飛躍させるプロジェクトの鍵となったのがリーダーの存在であった。リーダーたちは企業家的な文化を組織にもち込む。これらのアソシエーション企業が達成する経済的成果や社会的成果は，こうした社会的企業家が果たす役割抜きには語れない。彼らの大部分は，民間セクターにおけるふつうの企業で仕事をした経験をもつ。彼らは企業経営手法と民間会社の戦略を社会的企業の使命に適用し適合させることができる。

　　業務における違い

　社会的企業は，制度的に排除された人々を通常の労働市場へ統合しようという明確な目的をもって設立された。この目的を実現するために，社会的企業は，営利組織とは根本的に異なった企業文化を開発しなければならない。社会的企業は，営利組織と同じ活動をし，また同じ市場のなかで競争するかもしれないが，その活動と市場を選択した理由は違うものである。社会的企業家が決定する場合には，障害者であるユーザーの利益を優先する。一方，従来の営利企業のリーダーたちの決定は，投資された資本からの利益が第1の基準となる。

　これと同じ分析が，社会的企業それぞれが選択する生産過程についてもあてはまる。障害者と一緒に仕事をしている社会的企業は，労働集約型の生産過程を利用してみずからの役割を果たす。他方，従来の企業は，より資本集約型の生産過程を利用してみずからの役割を果たす。その結果，その企業の労働者当りの生産性はずっと高いものになる。しかしながら，全生産費用は，一般企業よりも社会的企業の方が必ずしも高いとはかぎらない。というのも，賃金構造と資本費用がまったく違うからである。さらに社会的企業は，積極的な外部性

をつくりだし，みずからが活動している場において市民的な結びつきを強めることによって，社会的資本を増加させる。

組織形態——企業グループ

企業グループは，スペインにおいて，訓練や雇用や住宅などの総合サービスを実施するために，労働市場への統合型社会的企業が採用するもっとも一般的な形態である。企業グループのなかでは，実施される業務内容によってそれぞれの企業の法人形態が異なる。公共サービスの分野（たとえば医療，障害者の施設介護）で活動しているグループ参加企業は，たいていは非営利団体すなわちアソシエーションか財団という法人形態を採用する。他方，一般企業と同列に一般市場で活動をしているようなグループ参加企業は資本主義企業と同様，株式会社や有限会社，従業員所有企業（労働会社）という法人形態を採用することが多い。一部では協同組合形態を選ぶ場合もある。アソシエーションは，みずから推進する企業の主要で唯一の株主である。グループ企業のうち，いくつかの場合では，アソシエーションは財団になるものがある一方，協同的な形態をとどめている場合もある。

企業グループがサービス供給組織として採用する法人形態は，財源に応じて決定されるところもある。法人形態はまた，人々に情報を伝達する方法とも考えられる。したがって，ある組織が選択する法人形態は，その主要な顧客によっても，また外部の諸団体に伝えるべきメッセージによっても異なる。もしサービス対象である顧客が公的機関であるならば，組織の法人形態は，非営利組織になることが多い。もし財源を主として市場から得るならば，たとえば仕事の創出や労働市場への統合事業を行う場合は，法人形態は，営利セクターで採用されている形態を選ぶことが多い。なぜならば，これらの組織は営利企業と競争できる能力があるとみなされたいからである。調査した労働市場への統合型社会的企業の特徴は，単一の企業または企業グループがいろいろなユーザーが必要とするサービスを提供する全般的な調整の責任を負っていることにある。したがって，異なる企業文化をもったそれぞれの供給業者がさまざまなサービスを個別に提供する場合に比べて，社会的企業における効率性や有用性

の程度は高くなる。

長期的企業から「橋渡し企業」への進展

現在スペインで問題になっているのは，個人としてのエンプロイアビリティが低い人々へのつなぎ的な仕事の提供に適した企業，すなわち「橋渡し企業」と，障害者に永続的な雇用を提供する従来型の企業のどちらがよいかということである。さらに複雑なことは，障害者のための労働市場への統合型社会的企業と，社会的に排除された人々のための労働市場への統合型社会的企業とは，対応が異なることである。

障害をもった労働者を雇用する企業

つい最近まで，雇用作業所（RD 145/1983）は，「長期的」企業とみずからを呼んでいた。この考えにより，雇用契約も無期限のものとなった。しかしながら，これは風変わりな考えであった。いくつかの緊急避難型雇用作業所では，マネージャーたちはしだいにこの企業を職業訓練の道具とみなし，そこで訓練を受けた受講者たちが通常の労働市場へ参入できるようにする中間的な段階に過ぎないと考えるようになった。マネージャーたちは，通常の労働市場へ障害者たちを挿入することは，各人にとってさらに上の段階へ進むことを確かにするものだと考えた。そうした考えの企業では，短期雇用契約が好まれることとなった。受講者は自分たちの仕事が短期であり，通常の労働市場に自分たちが吸収されるときにはその経過的な期間が終了すると考えた。

マネージャーたちが障害者に対する橋渡し的な企業だと自認するこれらの雇用作業所は，職業紹介所として機能する部局をもっている。ここで働く専門家は，2つの相互補完的な役割を満たしている。第1の役割は，ふつうの企業と障害者が契約することである。その際，障害者を雇い入れると税制優遇があることを説明すること，労働市場への統合の最初の段階で障害者が支援を得られるようにすること，対象となる個人が新しい仕事に満足しないときには，またこの特別作業所に戻ることができるようにすることを重視する。第2の役割は，障害者に職業訓練を施し，専門技術，心理的な対応技術を提供して，より広い

労働市場に個人として統合しやすいようにすることである。これらのアソシエーションや雇用作業所によれば，職業紹介所としての機能が提供する物質的支援によって，もしそれがなければ不可能であった，よりよい契約を多くの障害者たちにもたらすことが可能となった。

社会的に排除された人々を雇用する企業

社会的に排除された人々を対象にした社会的企業は，過渡的な企業として出発しており，「長期的」企業を当初からめざしたものではない。これらの社会的企業は，自分たちが，エンプロイアビリティの低い人々の受け皿になるべきではないと考えている。これらの社会的企業は，自分たちがゲットーのようになってはいけないと考えており，社会的に排除された人々たちを社会に真に統合できるのは，開かれた市場において彼らが仕事をみつけ安定したときであると理解している。しかしながら，このような社会的企業はいまだに，一部の特定の雇用作業所のようには職業紹介所としての機能をもっていない。

これには2つの理由がある。第1の理由は，このような社会的企業にはこうした部門を立ち上げる財源が不足している。社会的に排除された人々の統合に取り組む企業活動が制度的に承認されたのは2000年1月になってからに過ぎない。近い将来，こうした制度的な承認が広がれば，この分野でも，すでに障害者の社会的統合に取り組んでいる社会的企業が得ているのと同様の組織構造とサービスを実現することが可能となるであろう。第2の理由は，革新的という点でより重要であるが，通常の労働市場に統合することが生産活動を行うということを基礎にしており，社会的障害をもつ個人に，ふつうの企業と労働契約を結ぶ機会を与えるからである。社会的に排除された人々を雇用する企業は，一般の企業と協力して，彼らの労働を実現させる。そしてこの協力によって，ふつうの企業が労働者を雇いたいときに，いつでも労働市場への統合型企業である社会的企業がその企業に労働者を「貸し出し」することを容易にする。犯罪歴のある者の場合，問題となるのは履歴書であり，その人の生産性ではない。労働市場への統合型企業は，その人物に雇用契約書をつくって，通常の会社と契約できる機会を提供する。以上2つの要素は，社会的障害をもつ個人が通常の労働市場での雇用を確保しやすくする。

動員された資源

社会的企業が動員できる資源については，次のように区分することができる。

- 金銭的資源
  - 行政より
  - 市場より（サービス販売により）
  - 個人的寄付（金銭もしくは物納により）
- ボランティア

公的資源と市場資源の役割

行政と市場からくる資源に関しては，1997年においては，障害者の労働市場への統合型企業は平均で3億ペセタ（1,803,036ユーロ）の事業高であった。もっとも成功した企業は10億ペセタ（6,010,121ユーロ）であった。調査によれば，市場での売り上げは，事業高全体の70%であり，補助金の事業高全体に対する比率は，過去3年間で徐々に下がっている。

社会的に排除された人々の労働市場への統合活動をする企業の平均事業高は1億5,000万ペセタ（901,518ユーロ）であり，この倍の事業をする企業もいくつかある。社会的経済研究所（*CIES* 1999）の1997年度と98年度に行った22企業を対象にした調査では，民間市場は収入の45%を占めており，そのうち小売りで35%，卸部門で10%となっている。公共市場からの収入は32%である。この民間市場と公共市場を合わせると収入の77%が市場での活動における収入となる。残りのうち，補助金が収入の18%であり，民間からの寄付が5%である。これらの企業の職員費用は，1983年王令第145号[5]では，総生産費の35%程度と定められている。社会的に排除された人々を雇用する企業のこの数字は，1999年法律第55号ができるまでは74%であった。

---

5) すでに述べたように，この王令は，障害者の雇用推進のために特定の雇用と方策を定めている。

1997年から98年にかけて，調査の対象となった AERESS グループに属する22の企業は，働いている労働者の社会保険料として4億4,800万ペセタ（2,692,534ユーロ）を支払った。これらの企業は，その労働市場への統合事業に対する補助金として4億ペセタ（2,404,048ユーロ）を受け取った。差額の4,800万ペセタ（288,486ユーロ）は，公的セクターにとっての純収入である。結果として，社会的に排除された人々のための労働市場への統合型企業は，行政にとって純益を生み出すといえる。

　こうした企業は，ユーザーのために社会保険料の減免を要求している。それを正当化する理由としては，健康上に問題のある不熟練労働力による労働集約型事業であり生産性が低いからだとしている。さらに，市場志向型であることは，これらの労働者たちにセラピー的な効果を与えていると労働市場への統合型企業のリーダーたちは考えている。制度的に認知して欲しいというリーダーたちの要求は，もっとたくさんの補助金が欲しいということからではない。リーダーたちが免税を願う理由は，自分たちの企業行動を通じて，障害者のために有効な外部性をつくりだしているという事実に基づく。スペインでは1999年法第55号によって，社会的に排除された人々向けの事業をする労働市場への統合型企業を制度的に認知する第1段階が始まったのである。

寄付とボランティアの役割および組織に対する影響

　寄付には3つの種類がある。すなわち，現金，物品，時間である。現金の寄付はとくに多いわけではない。1998年において，社会的に排除された人々のための企業の収入の約5％が寄付であった（*CIES* 1999）。寄付は障害者分野での企業の収入ではほとんど目立たない。物品の寄付はずっと重要である。とりわけ古着や中古品は，廃品回収事業をしている社会的に排除された人々のための企業にとっては大きな経済事業となっている。

　時間の寄付は特色となるものを潜在的に数多くもっており，たとえばボランティアの活用や無給での残業，低賃金などである。時間の寄付の主要な形は，マネージャーたちが時間を割いていろいろな団体に出向き，その組織の政策的・行政的機構をつくりあげるというものである。企業経営責任者たちは無料でそれを行っている。これらの社会的企業が動員しているボランタリーな諸資

源に関して注意すべきは,企業の経済状況が不安定になればなるほど,使われるボランタリー資源も増大することである。企業が苦労しながら市場に進出し,専門化していくにつれて,これらのボランタリー資源の重要性は減少していき,当然ながら,企業の意思決定機構における事業主やパートナーの力が強くなる。

この労働のもう1つのボランタリーな特性は,この活動企業のリーダーやマネージャーたちへの給与が低いことである。ボランタリーな労働のこうしたあり方は,社会的に排除された人々のための企業では共通している。その結果,賃金格差も小さい。これらの企業調査によれば,総責任者と一般労働者の賃金格差は1997年で1対1.5である。トップは,最近雇い入れた社会的に排除された人々に比べて50％多く稼ぐに過ぎない。社会的障害をもった人々の労働市場への統合を行う企業は,リーダーやマネージャーたちのボランタリーな取り組みがあってこそ事業ができるのである。

特定の雇用作業所(RD 145/1983)では,専門的生産的機構のなかにボランティアはいない。さらに専門労働の賃金水準は,社会的に排除された人々のための社会的企業よりも高い。

要するに,ボランタリー資源は,労働市場への統合に従事するすべての企業において動員されている。これらのボランタリー資源は,一般に時間の寄付の形をとっている。しかし,注目すべきは,制度的な認知が高まれば高まるほど,ボランティアの提供は減少することである。社会的企業を最初に立ち上げるときには,企業家的に労働市場への統合を企てるプロジェクトすべてにおいてボランタリーな労働が高いレベルを示す。制度的な認知により社会的企業が目的を達成できるようになるにしたがって,ボランタリーな資源は減少する。その場合には,一般の取引市場から入手できる生産諸資源を利用し,非営利のボランタリーな資源を補助金に置きかえるのである。この置き換えは肯定的なものとみなされ,市民社会全体による責任の引き受けとみなされる。

社会的企業の代表性の構造

理論的には,社会的企業は企業組織であり,サードセクターすなわち社会的経済の構成部分になろうとしている。実際は,スペインの障害者分野のアソシ

エーション，財団，企業は，スペイン盲人協会（ONCE）を例外として，社会的経済の代表団体に加入していない。社会的経済に属しているとも考えていないし，利害集団にサービスを提供するすべての団体や組織と共同戦線をつくりあげるという関心もない。

　1970年代半ば以降，スペインの福祉国家の発展によって，また社会サービスの供給と管理に対する公的契約の必要性のために，行政がそれぞれの対象分野での縦割りの組織づくりを促進してきた。その結果，各分野グループすなわち身体障害者，精神障害者，聴覚障害者，麻薬中毒者，暴力被害女性などのさまざまな分野で，程度のちがいはあるが，それぞれの代表機構を組織した。それらの代表機構の日常業務は主として公的補助金に依存しており，会費に依存していない。したがって，会員は，組織が下から上への伝達チャンネルをもつものであるというよりも，トップダウンの上位下達の運営がされていると考えている。

　このような代表機構のリーダーたちは，水平的な連携をつくる必要性を感じていない。その結果，ふつうの企業の代表機関とは違って，水平的な調整のない代表グループとして別々にロビー活動をすることになる。また強調すべきは，障害者，麻薬中毒者，貧困などに取り組んでいるさまざまなグループ組織が，自分たちをサードセクターや社会的経済の一部であるとみなしていないことで，そうした関連づけを役に立つことだとは思っていないことである。もちろん，代表機構への公的補助金が減少すれば状況は変わるだろう。

　さらに，有力な社会的企業のなかには一般企業団体の会員である例もみられる。これは，こうした社会的企業がみずからをそうした団体企業の一形態だとみなしているからであり，とりわけ，会社のイメージや外部との関係のあり方がその理由になっているのである。これらの社会的企業はふつうの企業であろうとし，日常の業務では一般の会社とのつきあいがあり，それによってこそ，通常の労働市場に障害のある人々をもっとも効果的に統合できるのだと考えている。別の社会的企業は，地域に根づいた友好企業と小規模な関係をつくっている。それによって，地方自治体と意見交換や共同の交渉を行うことができる。これらの社会的企業の大多数は，真の民間企業グループをつくりたいとしている。それにより十分な規模になって，所管の行政と直接的な対話ができる力量

をつけようとしている。

　社会的に排除された人々のための労働市場への統合型企業は、みずからを社会的経済であると積極的に位置づけている。しかし、社会的経済のリーダーたちは現在、この労働市場への統合型企業を自分たちの代表機構の一員として受け入れてはいない。「古い」社会的経済の代表者たちは、後ろ向きの姿勢をとっている。その結果、1998年に、社会的排除の分野で活動する労働市場への統合型企業は、地域連合会（第2種連合会）を集めて第3種の代表機関すなわち連合会を設立した。この組織は、「統合型企業連合会（FEDEI）」と呼ばれる。この設立メンバーには、カリタス、AERESS、スペイン・エマウス廃品回収協同組合、マドリッド統合型企業協会、カタルーニア再建企業社会的連帯協会（ACERESS）などが含まれる。FEDEIは、社会的に排除された人々を労働市場へ統合する活動を展開する主要な有力団体を1つにまとめあげている。

　すなわち、スペインにおいては、社会的目的をもった企業が大同団結する代表組織は存在せず、社会的企業を代表する単一団体もない。いろいろな団体があって、起業組織やその管理者の利害を結びつけて支援しているが、団体同士の調整手段に欠けている。

5　社会的企業のリスク

　労働を通じて社会的統合をすすめる企業は、労働の一時的な橋渡し企業としての役割をやめて、長期的な雇用を内包する企業になってしまう危険がある。この危険は、リーダーや推進者たちが、自分たちの組織はユーザーにとって過渡的な橋渡し企業でなければならないと認識している企業においても存在する。その要因はいろいろあり、その1つは、企業の外にある。それは、通常の労働市場で職探しをする場合に、労働市場への総合型企業のユーザーたちがその社会的な履歴ゆえに直面する現在の困難である。企業内部での要因としてはとりわけ、労働市場への統合型企業がユーザーたちのいっそうの社会的認知をめざして雇用契約を準備しようとするときに、契約が一時的にもかかわらず、何となくずっと続くような漠然とした期待をもたせてしまうという事実がある。だ

からユーザーのために長期に存続しようとする企業の危険性は，もしユーザーたちが企業の意思決定機構に参加するようになればそれだけ増加する。皮肉なことに，企業の内部民主主義が発展すればするほど，この企業がユーザーにとって長期的な職場になる危険も増大する。

こうしたことが起きるもう1つの理由は，人材の内部的管理に関連する。事実，企業の役割と作業現場のマネージャーたちの実際の生産ニーズとの間に矛盾が存在する。社会的企業の役割は，労働力の質を改善して労働市場へ統合することである。その結果，生産性に悪影響が出る——社会的企業の生産活動が通常の市場における競争力に左右される場合にはとくに——がゆえに現場マネージャーが避けたいと思う人材の流出が継続的に起こることになる。

労働市場への統合型企業の大きなリスクの1つはみずからのリーダーのなかにある。労働市場への統合型企業の目的は，社会的排除の問題の解決，少なくとも軽減である。しかし，多くのリーダーにとって，この目的と企業という概念を連結することが難しい。事実，この種の社会的企業を，適切に活用すれば自分たちの社会的な目的の達成に役立つような1つの道具と考えるマネージャーはほんのごく一部しかいない。リーダーが育った社会的環境や宗教的環境のなかには，企業に対するスペインにおける根強い否定的イメージと結びついて，企業概念に対する嫌悪感がある。したがって矛盾しているが，彼らは自分たちの組織が企業とみなされることを嫌がっている。なぜならならば，企業とは搾取と結びついているからである。

同時に彼らは，労働市場から排除された人々に制度的に契約をもたらすには，市場で販売できる生産活動を発展させなければならない。したがって，企業のもつ積極的な側面を促進しうるような論議を展開すること，そして，社会的な目的を達成するためにも企業は活用可能であるという理解を広めていくことが緊急に必要とされている。しかし，企業概念は近年，肯定されるようになってきている。1970年代を知らない若い世代のリーダーたちがしだいにこの方向を選ぶようになってきており，専門性と訓練の必要を認めている。労働市場への統合型企業では依然として若いリーダーが求められている。若い世代は，社会的企業がきちんとマネジメントされれば，有効な外部性を生み出して社会的統合を強化できることにすでに気づいているに違いない。

6 公共政策との相互関係

　障害者の分野での社会的起業組織は，スペインでは福祉国家に先立って設立されてきた。福祉国家ができあがったときに，家族アソシエーションは，すでに自分たちの学校，雇用センター，住宅施設などを障害をもった家族のためにつくっていた。福祉国家の発展に伴って，家族アソシエーションは家族の障害について制度的に承認させて，それまでのサービスを公的サービスに転換しようとした。結果，民間セクターから公的セクターへと管理も移転し，特殊教育学校も公立学校のネットワークへ統合された。雇用や住宅サービスについては，中間的な方式が採用された。そこでは国家は雇用や住宅に財政支出をするが，父母アソシエーションはそれらの施設の所有者であり経営者であり続けた。福祉国家の初期には，行政が新しい住宅施設に財源支出をしたが，その多くでは，運営については公的セクターと市民団体との協力方式が採用された。

　社会的に排除された人々の労働市場への統合型起業組織の場合，公的セクターとサードセクターのパートナーシップは始まったばかりであり，行政と社会的企業の協働の水準が公的な認知を得るだけの水準になっているのかどうかを即断すべきではない。協働ができなかった例としては，大都市での固形廃棄物の選別回収事業の行政との契約の場合にみられた。これは経済活動であり，社会的企業が労働市場への統合手段として1980年代に開拓したもので，社会的問題を抱えた人々の能力や技術にぴったりした経済活動であった。当時，この経済事業は市場では重視されなかった。大きな民間の廃棄物処理会社は，この潜在的な市場を軽視していたため，労働市場への統合型企業が発展できたのである。

　しかし，1990年代を通じて，社会的・文化的発展により環境問題への意識が高まってくると，廃棄物の選別回収は，地方自治体や民間企業にとっても大きな魅力的な市場となった。そして，回収作業を機械化するという民間企業との契約を地方自治体が好んだために，労働市場への統合型企業は市場を大きく失うことになった。その結果，廃棄物の選別回収処理は現在では機械化されて

いる。要するに,契約を裁定する場合,地方自治体の役人たちは,こうした分野で活動する社会的企業が新しい付加価値,すなわち,他に仕事先がないような人々の労働市場への統合という価値を考慮に入れなかったのである。

7　将来展望と結論

　労働市場への統合分野の社会的企業は,社会的目的をもった事業組織である。すなわち,伝統的な労働市場から制度的に排除されている人々の集団の労働による統合を目的としている。スペインでは,最善の実績を残している労働市場への統合型企業のリーダーたちは,労働年齢にある人々の社会的統合は通常の労働市場においてこそ実現されるべきだと考えている。これらのリーダーたちは,こうした排除された人々のために企業が構想され設立されるべきだと考えている。社会的企業とそのユーザーである人々との労働契約の実行による治療的な効果にリーダーたちは注目している。また,自分たちがたとえふつうの企業のように社会的企業を運営して市場競争に門戸を開いたとしても,労働市場への統合事業はうまくいくと強調している。事実,これらのリーダーたちは,いっそうの効率性をもってその社会的目的を追求するために企業家となっているのである。

　しかし,この種の社会的リーダーは,依然として少数派である。それは,企業と社会的活動とは両立しないとの考えが根強いからである。サードセクターにおいてでさえ,慈善という考え方が時代がかわっても依然支配的である。本章では,労働市場への統合型企業の革新的な行動に焦点をあてているが,保守的な行動がこの分野でも依然支配的であることを忘れてはならない。

　セイクとザデック (Thake and Zadek 1997) が示したように,創造的で活気のあるリーダーたちは社会において仕事の創出に重要な役割を果たす。しかし,われわれの社会はその役割をしばしば理解しないし,リーダーたちがつくりあげた物事の質と貢献の内容も理解しないことがある。また彼らが支援を受けることも稀である。反対に,制度が彼らの仕事の邪魔をすることさえある。スペインの社会的企業とそのリーダーたちはこうした状況にいる。彼らは無位無冠

である。彼らの成功を裏づける経済統計もない。彼らは単一の集団を構成していないし，既存の社会的経済からも認知されていない。孤立しながら仕事をしており，社会の修繕人として活動している。社会的企業は，国内よりも国際的な仲間と親密な関係をもっている。実際，ヨーロッパの起業組織は，こうした企業やそのリーダーたちにとって鍵となるような役割を果たしてきたのであり，国境を越えた会議も開催してきた。この会議を通じて，起業組織における組織形態や作業方法論についての鍵となる考え方も変わりうることが確認された。ヨーロッパの起業組織は，スペインにおけるこうした実験についての理解を高めることに貢献してきたのである。

スペインは，「民主的に若い」国であり，社会サービスセクターはつい最近発展した小規模なものに過ぎない。このセクターは，スペインの富の増加とともに，社会でしだいに存在感を増してきている。しかしながら，その発展は新しい枠組みと調和するものでなければならない。ふつうの企業と国家との間の責任の分担を再定義しなければならないし，企業も国家も転換しなければならない。企業としては，競争的で富と雇用を生産するばかりでなく，いっそうの社会的統合をつくりだす新しい企業家的方法をも広く受け入れなければならない。他方，国家は，不均衡な経済発展の悪影響に有効に対応できない状況に直面しているので，サービスの直接管理という役割を考え直すべきである。

行政と社会一般は，社会的企業を推進してしっかりしたものにして，国家の失敗と市場の失敗を解決する道具にすることが大事だとわかるべきである。もちろん，社会的企業に対する市民の支援が得られるかどうかは社会的企業の正統性しだいであることは確かである。この点で，社会的企業の法人形態がもっとも重要な要素だというわけではない。大事なことは社会的企業に対する市民の信頼である。この信頼を獲得するためには，社会的企業にマルチステークホルダー構造を採用することがとりわけ重要である。企業が制度的な支援と優遇税制を要請することは重視されるべきである。同時に，その企業はみずからの活動にさまざまに関与する人々すべてを考慮に入れることができなければならない。さらに重要なことは，社会的企業が容易に評価されるようにして，会計制度を明確にすること，社会的監査制度を採用することである。最後に強調すべきは，このように可能性のある社会的企業が完全に認知されるにはまだ道の

りは長いことである。そして，社会的企業が広く認知されなければ，社会が豊かな暮らしに向かう機会は失われることになるだろう。

参考文献

BALLET, J. (1997) *Les entreprises d'insertion*, Presses Universitaires de France, Coll. 'Que sais-je?', Paris.

BORZAGA, C. and MITTONE, L. (1997) 'The Multi-Stakeholder versus the Non-Profit Organisation', Discussion Paper no. 7, Dipartimento di Economia, Università degli Studi di Trento.

CES (Consejo Económico y Social) (1995) *Informe 5 sobre la situación del empleo de las personas con discapacidad y propuestas para su reactivación*, Madrid.

CIES (1999) 'Informe Socio-Económico de las empresas miembros de la Asociación Española de Recuperadores de la Economía Social y Solidaria 1997–98', Barcelona, (mimeo).

――(1998) 'AERESS Report', Barcelona, (mimeo).

DEFOURNY, J., FAVREAU, L. and LAVILLE, J.-L. (eds) (1998) *Insertion et nouvelle économie sociale. Un bilan international*, Desclée de Brouwer, Paris.

GAGLIARDI, P. (ed.) (1991) *Le imprese come culture. Nuove prospettive di analisi organizzativa*, ISEDI-ISTUD, Turin.

HIRSCHMAN, A.O. (1970) *Exit, Voice and Loyalty*, Harvard University Press, Cambridge, MA.

LEVI, Y. (1997) 'Rethinking the For-Profit vs. Non-Profit Argument: a Social Enterprise Perspective', International Research Centre on Rural Co-operative Communities, CIRCOM, Israel.

PESTOFF, V.A. (1998) *Beyond the Market and State – Social Entrepises and Civil Democracy in a Welfare Society*, Ashgate, Aldershot. →❶

――(1997) *Social Enterprises and Civil Democracy in Sweden. Enriching Work Environment and Empowering Citizens as Co-Producers*, School of Business, Stockholm.

THAKE, S. and ZADEK, S. (1997) *Practical People, Noble Causes. How To Support Community-based Social Entrepreneurs*, New Economic Foundation, London.

VIDAL, I. (1998) 'Espagne: Une nouvelle économie sociale encore mal connue et reconnue', in DEFOURNY, J., FAVREAU, L. and LAVILLE, J.-L. (eds) *Insertion et nouvelle économie sociale. Un bilan international*, Desclée de Brouwer, Paris, 229–44.

――(ed.) (1996) *Inserción social por el trabajo. Una visión internacional*, CIES, Barcelona.

❶藤田曉男他訳『福祉社会と市民民主主義―協同組合と社会的企業の役割―』（日本経済評論社，2000 年）

13 スウェーデン：労働市場への統合型社会的企業の登場

ヨハンナン・ストルイヤン

は じ め に

　スウェーデンでは総合的な福祉国家が存在しているのでサードセクターはあまり発展していないと一般に思われているが，実際はこうした通念とは異なっている。事実，スウェーデンのサードセクターには約20万の組織があり，そこには年間40万人分の有償およびボランティアの労働も含まれており，他のヨーロッパ諸国と同様の規模をもっている (Lundström and Wijkström 1998)。しかしながら，このセクターの活動の特徴とアソシエーションの性格は他のヨーロッパ諸国のそれとは異なる。伝統的にスウェーデンのサードセクター組織は主として，文化，余暇，成人教育，利益代表の分野を対象にしてきた。わずかな組織が財や福祉サービスといった実際的な生産に取り組んできた (Stryjan and Wijkström 1996)。こうした制度的な歴史は，本章のはじめで触れる。

　1980年代以降の「スウェーデンモデル」の危機と転換によって，新しい組織の増大を促し，また従来組織の緩やかな再方向づけも促した。サードセクター組織の登場は，保育サービスの供給 (Pestoff 1998) および重度障害者介護の供給分野で著しかった。本章では，主としてエンプロイアビリティ (employability) を付与する分野で活動する組織に焦点をあてる。これは，サードセクターで拡大しているもっとも新しい分野である。そこでは，社会的協同組合がたくさんできて急速に発展しているばかりでなく，それに対する行政の姿勢や特徴も変わりつつある。この分野は社会的企業家活動と組織的革新の進んでいることが特徴であるが，法律的にも概念的にも曖昧さの程度が高い分野で

もある。

1 この分野の定義——国家，福祉，慈善

スウェーデン特有のサードセクターの構成とその社会的な位置は，福祉国家内部での国家や福祉および慈善の（再）位置づけと関連した制度的な展開過程のなかで生まれた。改革（1809年）以前のスウェーデンでは，慈善は他のヨーロッパ諸国と同様に，教会が一番関与していた。教会と国家が一緒になって行ったスウェーデンの改革では，福祉を公的に運営するという考えが結果として導入された。貧困救済とその後の公的医療と教育は教区協議会に責任を任されていた（Gullstrand 1930）。このことは将来的に公的セクターという概念と法的根拠をもたらすことになった[1]。18世紀初頭には都市の職人や中産階級が共済保険を導入した。1810年以降，慈善団体が貧困救済分野に取り組んだ。それはまもなく別の主体でも取り組まれるようになった。つまり，教区協議会はしだいに地方政府機関に姿をかえて初歩的な福祉プログラムを実施するようになった。また，相互扶助を強調する社会運動もその1つであった。このような最初の社会運動が1830年代初期の禁酒運動であった。この傾向は，1870年代以降の大衆運動や，自由教会，労働運動，消費者協同組合，スポーツ運動，成人教育機関といった新しいアソシエーションの形成をもたらした[2]。これらすべての組織が強力なサードセクターの基盤となった。さまざまな福祉サービスも当初は，こうした組織によって実施・運営され，この種の組織こそ，福祉

---

1) 教区（socken）が地方自治体の基本単位として，また福祉/慈善の管理として登場したのは，この点で非常に興味のあるところである（Gullstrand 1930）。19世紀半ばにおける地方自治体の再編は1837年に設立された救貧委員会（Fattigvårdkommitéen）の主導で行われた。地方自治体と教区委員会との区別は1862年にはじめて実施された。

2) 労働運動は，消費者協同組合と同様に1900年以前にはすでにつくられていた。社会民主党は1889年に創立されており，スウェーデン労働組合連合会はその10年後に創立された。

国家の発展に中心的な役割を果たしたのである。

　国家と大衆の運動，そしてボランタリー／慈善組織の境界線は20世紀に線引きし直したものである。それまでのフィランソロピー的な組織による多くの社会福祉活動は重要性を失い，相互扶助的な組織や公的福祉プログラムがそれに取って代わって登場した。中心的な福祉活動はしだいに国家が行うようになったが，民間組織自体が主導的に行うものや民間組織の認可によるものも少なからずあった。とくに福祉国家の登場のなかで，相互扶助原則をすぐれて実践した協同組合の場合がそうであった。国家と民間組織のこうした関係は比較的スムーズに再調整された[3]。

　スウェーデンの成熟した社会モデルの一般的特徴は，普遍主義的かつ包括的な福祉国家であり，広範な福祉サービスが公的セクターによって管理され提供されるというものである（Stryjan 1994）。このモデルは，組織された社会セクターの間で行われる，基本的にコーポラティズム的な分業によって支えられている。すなわち，国家，ビジネスコミュニティ，大衆運動である。この分業において，ビジネスコミュニティ（ネーリングスリベート näringslivet）は生産と蓄積を代表する（Erixon 1996）。国家は（再）分配を管理する（Abrahamsson and Broström 1980）が，しだいに福祉生産を拡大するようになる。そして大衆運動は，利害の表明と消費の中心部分について取り組むよう期待されている。

　福祉サービスの供給におけるこれら3者の直接的な役割は，公的セクターが持続的に拡大していくときに，それに影響を与えるようないわば制度的な役割へと変更されることになったのである。すでに確認され是認されたニーズは，ほとんどが公的セクターによって取り扱われる。暗黙の想定となっているのは，いまだ満たされていない社会的ニーズが何であれ，サードセクター組織が自発的にそれを確認し，結集してそれを充足すること，そして開拓者として，また矯正者として活動すること，さらには，本来細部にわたって規制することの難しい活動をなんとかやっていくことであった。戦後になって起こってきた新し

---

[3] Stryjan and Wijkström (1996). しかし，例外も存在した。非営利組織が経営するサービスもあったが，一部は破綻を余儀なくされた（Qvarsell 1993）。中央政府の方針にもかかわらず，残ったものもある（Stenius 1995）。

い運動は，移民組織（Bäck 1983），患者組織や障害者組織であり（Holgersson 1992），これらは既成の枠内にみずからを位置づけてきた。

2　組織形態と法人形態

キーワード——公的給付対慈善・非営利

「慈善」という言葉がスウェーデンにはあるものの，社会福祉を表現するときだけに使われる（Blennberger 1993 ; James 1989 ; Kuhnle and Selle 1992 ; Qvarsell 1993）。スウェーデン的用法では，慈善はマイナスのイメージがある（Qvarsell 1993 ; Stryjan 1994）。慈善に対して冷たい態度をとるのは，何よりも労働運動の姿勢がそうであり，あからさまにいえば障害者運動も同様な態度をとる。しかし，もともと慈善組織の性格に由来するものである。ボランタリー組織についての最近の調査によれば（Lundström and Wijkström 1994），回答者の8%は，みずからを（国際基準でいうところの）慈善組織かもしれないとしているが，ほとんどがそうではないと回答している。国際派の慈善組織でさえ，慈善のラベルを貼られるのを嫌がっており，社会運動の一部とみなされる方を好む。「慈善」組織というカテゴリーがスウェーデンの統計に通常ないのは，したがって驚くにあたらない（Boli 1991, 1992）。

　「非営利」という言葉も，スウェーデンでは直接該当する言葉はない。いかなる優遇税も優先契約権もないので，スウェーデンにおいて非営利の境界線を特定する必要は生じない。その代わり，公益（almännytta）の概念は，準公企業（すなわち公益企業の分野）のことを指し，スウェーデンの法制に組み込まれている。みずからの構成員のために便益を提供する組織は，この考えからいえば，公開制の規則をもっているならば公益を供給するものとみなすことができる。「大衆運動」（folkrörelse）という用語は，比較的大きなサードセクター組織が使うことも多いが，上記の考えと暗黙のうちにつながっている。

法人形態――アソシエーションと財団

スウェーデンのサードセクターについては一般的に3つの法人形態に区分される。すなわち，(1)財団 (stiftelse)[4]，(2) ideell（非営利）アソシエーション，(3)経済アソシエーションである (Stryjan and Wijkström 1996)。協同組合には，明確な法人区分がない。一般的に，協同組合は2つのアソシエーション形態の1つとして法人化され，普通は経済アソシエーションとみなされる。協同組合を持株会社として法人化することもできるであろう (Stryjan 1989)。理論的には財団でもよいが，この区分を採用する協同組合はほとんどない。

アソシエーションは，たくさんの諸個人（あるいは法人）が組織されて一定の時期において共同の目的に向けて協働するために設立される (Hemström 1992)。アソシエーションに関するスウェーデンの法律によれば，伝統的な法的考えよりもアソシエーションについては集団性（共同性）が強調される (Boli 1991, 1992)。スウェーデンにはアソシエーションの法律的な共通定義は存在しない (Mallmén 1989)。したがって，さらに2つのカテゴリーを区別する必要がある。すなわち，経済アソシエーションと ideell（ボランタリーという意味に近い）アソシエーションである。

経済アソシエーション法[5]では，自然人もしくは法人が結合してメンバーの経済的利益を経済活動を通じて追求する組織であり，参加するメンバーは消費者，供給者，自己労働の提供者，サービスの享受者その他である[6]。オープン・メンバーシップ，1人1票制の民主主義，出資資本に対する制限利子，利用高に応じた配当などのロッチデール原則が法律に取り入れられた (Rodhe 1988)。ほとんどの協同組合は経済アソシエーションの法人形態を採用してお

---

4) Norin and Wessman (1993)をみよ。スウェーデンの財団の数は約5万と推定される。財団は一般に大変な資産をもっている。全体で年間約50兆クローナ（約5兆9,500億ユーロ）の資産を管理しているといわれる (Lundström and Wijkström 1998)。

5) 経済アソシエーション法 (Lag 1987 : 667 om ekonomiska föreningar)。

6) 金融部門で活動する経済アソシエーションは特別法に基づく。なお非営利セクターの概念とは合致しない (Hemström 1992 ; Mallmén 1989 ; Rodhe 1988)。

り,経済アソシエーションと協同組合という言葉は協同組合人や政治家などによってほぼ同義に使われている。

「イデール・フォルニング（ideell förening）」という言葉は,民間非営利アソシエーションという言葉に概ね訳すことができる（Hemström 1972）。一般的にいえば,(1)事業活動,(2)メンバーへの経済的利益の提供,という2つの基準に合致しないアソシエーションは自動的に非営利アソシエーションとみなされる。スウェーデンの法制度では労働組合と経営者団体も非営利アソシエーションである（Bäck 1980）。このアソシエーション形態は,既存の法律のなかでは規制を受けない。しかし,現行法では経済アソシエーションにかかわる法規が初期値としてすべてのアソシエーションに適用されている。たとえば,1人1票制原則は,定款で反対が明示されていないかぎり,非営利アソシエーションに適用されるものとみなされる。

アソシエーションのこの2つの形態が協同組合に原則的に当てはまる。しかしながら,経済アソシエーション形態だけが有限責任規定を守ることができる[7]。その結果,協同組合が大規模に経済活動をするのは自然の成り行きである。経済アソシエーションという形態は,非営利性を強制するものでもないし,営利活動そのものをしてはいけないというものでもない。事実,経済アソシエーションは明白に営利活動を是認している。そのかぎりでは,あげるはずの経済的な利益を明記できない場合に,アソシエーションは登録を拒否されるかもしれない。これら3つの組織形態の特徴は表13-1に示してある。

表に示すように,法制度では社会的目的と（リスクのある）経済的目的を明確に区分している。協同組合は十分に成長した事業主体とみなされているものの,公益（一般利益）に奉仕するものとはみなされていない。非営利アソシエーションはそれに対して,企業家的な活動を自粛すべきものとみなされている。

税控除がある場合は常に特定活動とみなされる。したがって,アソシエー

---

7) 非営利アソシエーションは,一定の条件つきである。もしこの非営利アソシエーションが純粋に商業活動に従事しているならば,理事会役員は個人的にアソシエーションの負債に責任をもつことになる。

表 13-1 財団とアソシエーションの性格

性　格	法人形態		
	財団	経済アソシエーション	非営利アソシエーション
法的定義	あり	あり	なし
出資金（資本）	あり	なし	なし
メンバー制度	なし	必要	必要
定款・内規	あり	あり	あり
民主的統治	なし	必須	推奨
登記	必要	必要	選択
事業への有限責任	なし	あり	なし*
利潤目的	なし	あり	なし
社会的慈善的目的の優先	あり	なし	あり

注：＊実際には，事業失敗による破産のときに，理事会メンバーが個人的な責任を負うこともある。

ションの中心的な活動にとって重要だと判断される活動については優遇課税を受けられるが（会社所得税と資産税），純粋に経済活動をしていると判断されれば課税される。10年前までは，この規則は社会的企業形成の妨げとなったので，社会的セクターにおける組織の資源を（大きな組織は例外だが），経済的に低リスクの分野すなわち政治活動に向けさせ，グループとしての要求や利害を表明させることとなった。

3　サードセクターと雇用

　数年前に，サードセクター組織は約10万人を雇用していた。これはスウェーデンの労働力人口の2.3％弱である[8]。サードセクターにおける雇用は，83,000人分（フルタイム換算）である[9]。社会的に排除された者のこうし

---

8) この数字は超短期のパートタイム契約の数字の一部が入っている。おそらく，このセクターが占める労働者数は過大視されている。
9) Lundström and Wijkström (1998). これらの数字は消費者協同組合と農民協同組合の商業活動を含まない。

た既存組織における直接雇用と彼らの労働市場への挿入は，もちろん，低い数字ではある。サードセクター組織における雇用の大部分はむしろ専門的な訓練を受けた人々であり，高い技能を必要としない仕事はボランティアによって行われることが多い。ボランティアの労働の規模はフルタイム換算で30万人分であり，これは雇用されて働く人々の3倍の規模である（Wijkström 1994）。この状況は，ボランタリー組織の労働市場への関与はできるだけ小さい方がよいという考え方を反映している。

スウェーデンの雇用分野における責任の伝統的な分担は，唯一2つのアクターがその役割を担っている。すなわち政府は雇用創出の促進者であり，実業界（näringslivet）が実際の雇用の創出者である（Stryjan and Wijkström 1998a）。この分業によって，事実上，通常の意味での雇用創出からボランタリー組織を切り離し，雇用創出を目的とする非営利セクターにおける起業組織が国家支援を受けられなくなってしまう。一方，産業界の危機への国家の介入は，直接支援，補助金，地方自治体の産業界に対する優遇政策などを通じて行われ，通常は雇用創出の掛け声とともに実施されるけれども，サードセクター組織に対する支援は，雇用を創出しないという条件つきのものがほとんどである。原則として，補助金を受け取る労働者は，営利組織の仕事には採用されない。補助金受給労働者を使用する組織は，競争を歪めると考えられている。言い換えれば，サードセクターにおける仕事で公的に財政補助（全額または部分的に）を受けられるのは，（労働市場で）必要とされていないことが本当に証明されるときに限られる。1970年代と80年代を通じて，社会的企業が雇用創出に与えた影響は部分的でありまた非市場的な仕事であって，ほとんどは，たとえばALU（労働生活開発）就職斡旋といった長期失業者に対する臨時的な職業紹介プログラムによるものであった。キューシュン（Küchen 1994）は，アソシエーションは他の組織に比べてこうした人材プログラムに頼り過ぎると述べている。こうした組織では，通常の被雇用者に対するALU斡旋職の割合がもっとも高く，1.1倍であった。言い換えれば，営利企業は，補助金があるにもかかわらずこうした人材を利用するモチベーションが低い。政府調査（Statskontoret 1994）は，就職斡旋率が高いことを，それ以外には雇用のしようのない人々を雇用することへの社会的な責任や意志の表れというよりは，非効率や国の援助

への依存の象徴と考えている。

以上のような任務や領域の明確な社会的区分けは過去20年間のうちにいくぶん崩れはじめてきたのは確かである。1980年代初期から草の根運動が登場してきたし，最初の社会的企業が地域開発分野で登場した。1980年代半ばに，協同組合振興機関の全国ネットワークがつくられ，既存の大衆運動がそれに大いにかかわった (Stryjan and Wijkström 1998a)。1990年代半ば以降，このような社会的基盤は新しい——あるいは新しく認識されるようになった——問題を抱える集団，すなわち問題地域の住民，若年失業者，移民などに対する起業組織の発展の道具となった (SOU 1996)。従来の狭い意味での雇用創出や労働市場への統合ではなくて，こうした起業組織は，小さいビジネス組織を立ち上げて，ボランティアの労働と通常の労働との混合形式を推進する。スウェーデンの組織的な伝統に従って，相互扶助と自立が強調される。成長の方式は，一般的には拡大よりも多元分化である (Stryjan 1996)。すなわち，既存の分野での拡大と多様化よりも，新しい分野での新しい組織の形成である。

4 社会的協同組合

協同組合の関心の高い新しい分野は，以下に述べるように，心身障害や機能障害のために労働市場から排除された人々のリハビリテーションと雇用である。スウェーデンモデルにおける排除と失業の間の関係を詳しく調べるならば，この分野の特徴の一部が明らかになるし，また他の組織がこれまで主張することのなかった事実も明らかになる。完全雇用は，スウェーデンモデルの規範的な中心要素であった（多くの点で今もそうである）(Stryjan and Wijkström 1998a)。これがいわば，普遍的福祉の規範と雇用を基盤にした福祉の権利とを結びつけている。恒常的な潜在失業グループの存在はこのモデルとは簡単に結びつかない (Stryjan and Wijkström 1996)。また，失業はプログラム的には摩擦的現象とみなされるし，あるいは個人的レベルでは，労働市場政策を進める機関が是正するはずの一時的な苦痛とみなされる。

したがって，福祉国家は雇用の分野では二重の役割を果たすものとみなされ

る。第1には，(潜在的に) 雇用可能だとみなされる人々の労働市場へ (再) 統合を容易にする責任である。また，障害者に対して緊急避難型 (保護的) 作業所や賃金補助的な職場を斡旋する機能を果たす責任である。社会的に排除された人々に対する入院から長期治療・早期退職にまで及ぶいろいろな方策は，雇用される能力がないとみなされた人々に対する排除を知らず知らずのうちに制度化している。これらの方策は最低生活を保障はするけれども，障害者がみずから所得を得ること，あるいは労働市場に参入することを禁止したり罰則の対象としたりする。したがって，この制度が，仕事をもつことを個人のアイデンティティ確立の要石に祭り上げ，同時にその他一部の種類の人々をその就業から排除しているといわれても仕方ないということができる。

1980年代半ばになって問題がしだいに顕在化してきたのは，公的セクターが大規模精神病院の段階的な廃止も含めた精神医療改革に抜本的な政策を打ち出してきたからである。患者組織側の解放を求める声と闘争心の高まりがあったが，抗精神病薬の進歩と入院費の高騰への関心の高まりと密接に連動していた。こうした立派な意図にもかかわらず，患者解放のための代案の枠組みづくりに向けた努力と諸資源はきわめて不十分なものであった。同時にSAMHALL (緊急避難型公的労働作業所) の受け入れはしだいに選択的になり，精神病患者にとって役立つ選択肢ではますますなくなってきた。最低限の生計を維持させながら，行政当局は，こうした人々を社会的に受け入れる環境の用意に概して失敗したといえる。ともかくも，スウェーデンモデルの歴史上はじめて，きわめて目に見えやすい問題グループが (再) 発見されて，社会のなかに解放されたのである。

精神障害のある患者を支援するための労働者協同組合づくりが1989年にはじめて，精神医療従事者たちによって，介護職員，患者，元患者も一緒になって開始された。5人から15人のユーザーと1名か2名のインストラクターによって協同組合がつくられるのが典型である[10]。シク・エーデル (Pysk-Ädel)

---

10) 最高時，25の協同組合がグループのメンバーであった。しかしこれらの多くは，企業性よりもセラピー機能を重視しており，8つの協同組合だけが1990年代の精神医療のシク・エーデル改革において生き残った。これらの協同組合の最初のものがSam

精神医療改革は，精神医療の責任を国から地方自治体に移転するもので，新しい状況をつくりだした。地方自治体は外来精神医療と元患者のリハビリテーションを行っているが，伝統的な治療方法との結びつきはほとんどないし，予算配分規則にも従っていない。したがって，地方自治体には新しい解決策への扉が開かれている。この時期に，社会的再統合とエンパワーメントのための手段として協同組合形態を促進しようという考えが，サードセクターにおける制度化された従来からのアクターたちによって引き継がれていった。そのアクターとは，協同組合振興機関（全国協会として組織された LKU）や FKU (Stryjan and wijkstrom, 1998 a)（将来のユーザー／メンバーの間に協同組合モデルを普及する活動に従事している精神医療組織)，民衆高校運動であった。後者の運動は LKU と協力して，将来組合員となるかもしれない人々のために学習講座をはじめた。社会的協同組合モデルもまた，地方自治体や労働市場担当行政との組織間協力によってかなり成功裡に促進された。

現在，スウェーデンでは約 70 の社会的労働者協同組合が元精神病患者と機能的障害者のために活動している。組合員数は約 900 人である[11]。正確な組織的詳細と地方自治体との結びつきについては，その財政構造とともに多様でありケースバイケースである。これらの組織の基本的特徴として論じられているのは次のようなものである。

組織とガバナンス

障害者分野で活動するすべての協同組合は，経済アソシエーションあるいは非営利アソシエーションの形態で法人化されている[12]。新しい組織はプロジェクト方式で設立されることも多いが，はじめは法人格を欠く場合がある（プロジェクトの方向性と限界については第 5 節で論じる)。

---

verkarna である。その概略については，Stryjan and Wijkström (1996)を参照のこと。
11) Eva Eva Laurelii, Kooperativ Konsult, Gothenburg, 1999 年 2 月。
12) Laurelii, Kooperativ Konsult, Gothenburg, Eva Johansson, KIC Stockholm, Bosse Blideman, KUR による情報。

ふつう協同組合は1人または2人の指導員（handledare）がおり，彼ら1人当り5〜6人のユーザーを担当する。著しい例外もある。最高12人，最低3人を担当する場合もある。これは活動の方針や種類による。ある協同組合（VäxjöにあるVildrosen）は指導員なしで運営している。

　組合員のかなりの数が元精神障害者である。しかしながら，医療診断上というより生活状況に基づいて組合員を募集する傾向が強まっている。最初の募集形態が多様であり，協同組合が自然発生的にできるのか，あるいは外部の主導でできるのかによってケースバイケースである。ひとたび協同組合が設立されると，組合員の加入は投票によって決められ，通常一定の試用期間が設けられる。多くの場合，指導員も組合員であることが期待される。

　スウェーデンの経済アソシエーション法に基づいて，協同組合の財政，組合員募集，内部運営は理事会が行う。「1人1票制」原則が適用される。指導員は理事にはなれないこともあるが，運営責任者に選出されることも多い。あるケースでは，二重の統治構造がつくりだされ，ユーザーの協同組合が，指導員による労働者協同組合のサービスを利用するという方式を採用している。

企業家的特徴

　障害者分野の協同組合はいろいろな財やサービスをつくりだしている。中規模企業の社員食堂の経営，窓の改装，清掃，製品組み立てなどである。協同組合のほとんどは工芸分野には意識的に参入していない[13]。仕事は，通常，指導員に指導される作業グループのなかで組織される。企業としての営業活動の売り上げはさまざまであり，もっとも企業性に富むものの最高126万クローナ（15万ユーロ）から，企業の社会性が強調されるものの数千クローナまで多様である。

　連続的に契約し取引を行うものとして企業をみるかぎり，その企業の経済上の業績を定義し比較する場合に，多くの技術的な問題にぶつかることになる。

---

[13] これらの動機のなかでは，付加価値への動機は小さく，従来の典型的な職業セラピー活動から距離を置きたいという動機が大きい。

継続性をもって行われる取引がなされるならば，その取引は企業のなかに含まれるものといえる。この連続性を迂回する取引（たとえば，企業に対してではなく，当事者に対して直接支払われる移転所得）は企業の収支表には記載されない。社会的協同組合における販売収入や原材料費は普通の取引方法によって行われる。その他の費目についても企業の資産の一部とみなされるが，組合員の所得／賃金，指導員の賃金，剰余処分権，家屋の賃貸料などである。協同組合によっては，これらの費目は含まれたり，外されたりする[14]。社会的協同組合に関する経済統計の集計や比較が困難なのはこうした費目の基準が地域によってさまざまなためである。

 ほとんどの社会的協同組合は組合員に対して標準的な賃金を支払おうとしている。しかしながら，そのように支払っている協同組合は少ない。現行の法律では，（疾病手当，退職金などの）個人の移転所得を企業経由で支払う付加給付に直接転換することを禁じている。したがって多くの場合，組合員の所得は，協同組合とは無関係の最低報酬制によって定められなければならない。現行法では，パートタイム賃金支払いについても除外しているが，組合員の個人所得は，柔軟性に欠ける規則が生みだす壁の影響によって減っているのが実情である[15]。このような規制の体系が生み出す経済的な壁は業績のよい企業を除けば乗り越えることが難しい。

 多くの場合，指導員は自治体職員であり，自治体が給料を支払う。指導員はまた，労働者協同組合を通じて地方自治体と直接契約を結ぶ自己雇用の場合もある。指導員が協同組合に雇用されている場合は，地方自治体が50〜100％の費用を支払っている。費用の残りは，協同組合の剰余金やその他公的機関からの資金によって補填される。

 施設の賃貸料は通常は無料である。これは，地方自治体が地主に対して直接賃貸料を支払っているからである。調査した1つの事例では，民間会社が施設

---

14) 生産施設への投資についての情報はない。
15) 現行の早期年金規則によれば，収入がある最低金額を超える場合，年金は25％引き下げられる。この最低額は年金額の25％以下に設定されている。

を提供している場合があった[16]。

別の事例では（Vildrosen, Växjö），地方自治体は地代の一部を補塡するだけであり，残りは協同組合の収入から補塡する。別のコスト負担方式（恒常的方式，プロジェクト方式）もある。

これまで述べたように，協同組合の経済実績と財政支援のいずれについてもいろいろな定義づけがある。現在のところ，事業財政と費目の定義に関する明確な制度的なモデルは用意されていない。既存の協同組合は特別制度に基づいて運営され，いろいろな財源をいろいろな形態で受け取る支援体制がある。協同組合への支援は，費用の補塡などのような明示的な場合もあれば，明示的ではない形態のものもある。

明示的な支援は，協同組合が直接負担する費用への補助となることが多い。したがって，賃金支払いをする協同組合は，労働市場所管当局からの賃金補塡基金の対象となりえる。同時に，施設賃貸料を支払っている協同組合もまた補助金を受け取れる場合がある。主に地方自治体から全額または一部支払われる。指導員の賃金についても同様である。所得補助金（あるいは同額のリハビリテーションサービス費）は当然企業の売上高に組み入れられる。

明示的ではない支援は，総じて協同組合を迂回して別のアクターが直接費用を負担する場合におこる（たとえば，地方自治体の支払いに基づく指導員の配置，無料の施設供与など）。明示的でない支援費は協同組合の貸借対照表には記載されないし，間接的には目に見える経済活動の範囲を狭めることにもなる。どのような支援費を提供するかについての提供者の選択肢は，課税方法の選択に左右されるかもしれない[17]。

当然ながら，経済実績の定義は，協同組合の支出と所得源の定義をどうする

---

[16] この会社は，Boråsにある Marks Pelle Vävare であり，その食堂は Gryningen 協同組合が運営している。

[17] たとえば，現物寄付は企業にとっては事実上免税である。しかし，個人にとっては課税対象である。金銭寄付は税控除されないが，スポンサー行為は免税される，などである。計算は非常に複雑になっており，付加価値税や所得税も含めて計算される。行政当局にとっては賃金向けの予算的配分は年金向けよりも33％高い，などである。

かによる。既存の規則では、組合員が賃金を受け取っていない場合、抵抗の少ない道が選ばれることが多い。また剰余は共通の事業に使われるか、もしくは投資に向けられる。あるいはまた、厳格な制限のもとで賃金補塡に使われる。ここで論じられている企業は一般に労働集約型であり、闇賃金（行政が直接支払う生活手当補助金の形式）は経済実績の情報をわかりにくくしており、他の一般企業との比較を困難にしている。

地域コミュニティとの関係

社会的協同組合の地域コミュニティに対する貢献と社会的資本の形成の仕方はさまざまである。しかし、得られる情報からわかるのは、ほとんどの協同組合が地域住民や中間領域にある中小企業へのサービスに集中していることである[18]。たとえば、協同組合は工業団地で社員食堂やカフェテリアを運営している。消費者との関係では、個人サービス化され、協同組合と社会的環境を結びつけた関係を創出している。

全体として経済活動は大規模ビジネスをめざしておらず、公的セクターでの経済活動もめざしていない。協同組合の戦略は、慎重であろうが怠慢であろうが、協同組合と組合員との社会的ネットワークを緊密にすることに集中している。ノーターエ（Norrtalje）の協同組合プロジェクト（Projektet arbetskooperativ）（最近いくつかの協同組合がまとまったものである）は、こうした戦略を採用しているもっとも興味深い事例である[19]。このグループの1つであるセービスポーレン（servicepoolen）は、補助的サービスを近隣の農民、家主、小企業に提供している（清掃、修繕、ビル管理など）。セービスポーレンはもともと3つのチームから成り立っており、各チームには（雇用された）チームリーダーがいる。この3つのチーム指導員は元会社員であったり小企業の元経営者であったりして、健康上の理由で仕事を辞めた経験をもつ。

---

18) たとえば、古本屋、洗車、ペット犬ホテル。
19) この情報は、個別インタビュー、当時KUR所属のBosse Blidemanからの情報、および、Biometri Analys Ek. För. による文書にもとづいている。

顧客調査[20]では，ほとんどの顧客はセービスポーレンをもともと個人的接触で知った。回答者（22名）のうち2人を除く全員がサービスの質のよさを知って，再度セービスポーレンと接触した。顧客の1/3ほどは，セービスポーレンを利用できないとすれば該当の仕事がまったくなされないことになったであろう。この調査結果が協同組合の競争優位を示しているのか，またはコミュニティの支援の程度を示しているのかどうかははっきりしない。注意すべきは，スウェーデン社会における慈善への留保の態度を考えると，この曖昧さが意図的であるのはもっともであり，当事者たちによって意識的に共有されたものであろう。

5　問題と展望

社会的協同組合は比較的最近に登場したもので，サードセクター組織の新参者であり，スウェーデンの公的セクターの周辺で活動しているに過ぎない。社会的協同組合の発展の道筋と問題点は，前節で触れたように，その先駆者である父母による協同組合保育所や独立生活のための協同組合などが出会ったのと同じようなものであった。したがって，以下に論ずる問題はすべての人々にとって重要である。

将来の拡大の展望

社会的協同組合という組織形態が制度化への道へ第一歩を踏み出したのは，最初の社会的協同組合を生み出したばらばらの地域起業組織が次第にネットワークを組むようになったからである。本質的に同じような戦略が，1980年代以降登場した別のグループによっても推進されている。社会的協同組合の全国連合会が現在つくられつつあり，経験の交流といっそうの拡大の基盤づくりを行っている。同時に，全国的教育プロジェクトがFKU（LKUの全国連合

---

[20]　Biometri Ek. Analys För. による資料（草稿）。

会）と RIFS（精神障害者の 2 大組織による財団）によって 1998 年以降実施されている[21]。この計画はまた，地方自治体の全国連合会の支援も受け，30 以上の自治体が参加している。プロジェクトは成人教育運動の支部と契約して，一方で協同組合の将来の組合員やユーザー向けに，他方では医療福祉分野での公務員向けにスクーリングプログラムを開発・実施している。プロジェクトはユーザーや公務員の間にこのモデルを普及する重要な一歩となっており，従来の法制度の改革について議論し実験する場ともなっている。

社会的協同組合の規則制度

社会的協同組合は市場と公的セクターと交わる地点で活動しており，この 2 つの領域の間の資源の移転を調整する諸規則の影響を非常に受けている。福祉分野の協同組合は福祉受給資格（スウェーデンの福祉制度では，公的機関が供給するサービスとして，現物給付が行われるのが普通である）を，ユーザーがプールすることのできる金銭の受給資格へと転換する権利を得た[22]。社会保障の受給資格は（金銭的な場合でさえ）厳しく，個人や個別事情に基づくものとして制限され，譲渡性やニーズにもとづかないため，社会的協同組合がこうした転換を認められることはめったにない。そして，既存の規則の下では，給付金を資本転用したりプールすることはできない。その結果，変則的ではあるが，多くの社会的協同組合では，ユーザーは唯一の参加者としてボランティア労働を行い，一方，指導員は賃金を受け取り，他のステークホルダーたちは契約的／市場的同意を通じて協同組合と関係することになる。

言い換えれば，協同組合がもたらした資源の象徴的な転換――ニーズから資格へ，資格からより受け入れられやすい社会的法人格の資金づくりへ[23]――は，まだ十分なものにはなっていない。協同組合の組合員は，労働と企業家的

---

21) RSMH（社会的精神医療全国アソシエーション）と IFS (Intresseförbundet för Schizofreni) 精神分裂対策団体による。
22) 協同組合型保育所に適用する手続きについては Stryjan (1994) が論じている。
23) 扶助の必要がある障害者クライアントから事業者へ転換する事例については，Stryjan (1994) を参照のこと。

活動を行う権利を獲得するが,ごく少数の者だけが,その労働に対する賃金を受け取る権利を獲得する。福祉サービスの協同組合,たとえば父母保育協同組合や重度障害者のための協同組合は,1980年代に同様の制限を克服しなければならなかった。社会的協同組合がその制限された資源でもって,この問題に対して影響力をもつことができるか否かは依然未解決の問題である。現在進められている実験は,地方自治体や労働市場所管当局の内部で現行法を実施する新しい方式であり,上記の論点が楽観的になる余地を与えている。

プロジェクト組織

多くの社会的協同組合はもともと行政のプロジェクトとして出発した。その一部は依然としてプロジェクト組織である。社会サービスの分野で,こうしたプロジェクトは例外的なものとみなされ,成功した場合に恒常的組織に移管することになっていた。たとえば,STIL協同組合は諸個人のサービス受給資格に基づいて運営する新しい方式のプロジェクトとして登場したが,2年間の実験的経過を経て恒常的組織の資格を得た(Stryjan 1994)。同じ方式は先に述べた最近のノーターエ(Norrtälje)計画でも実施された。しかしながら一般的な傾向として,プロジェクトには暫定的な地位しか与えられないことが増えている。つまり,厳しい期間限定のプロジェクト集団が増えているのである。また,恒常的組織の側もプロジェクト方式に頼りがちになっている。このように臨時的な組織が増えたことが(Lundin 1998;March 1995)おそらくこの分野の現在の特徴である。プロジェクト方式を採用する傾向はある程度増加している。臨時的組織が次第に持続するようになっているからである。それは,情報技術やこの領域での制度が進んだ結果,組織の立ち上げや解散の取引費用を少なくすることに貢献したからでもある(Stryjan 1996)。また,こうした発展を促すように重量感のある制度的な力が働いている。その場合,行政が現在もっとも好んで資金提供をする組織活動となっているため,こうしたプロジェクトが花盛りとなっているのである。

プロジェクト方式が,行政の限界を克服するための便利な道具であるのは,行政のあり方を公式に変更する必要がないからである。その結果,目新しい行

政上の手続きをテストするメカニズムとしてしばしば採用されることになる。プロジェクト方式は，予算をめぐる従来の時間的制約や（社会的協同組合の場合には）年金・社会保障の厳しい規則から免れる一種の制度的な避難場所をつくり出し，また，より柔軟な職務区分――革新的な起業にとては，それが重要な優位性にもつながる――を可能にもさせるのである。従来の組織とは異なり，プロジェクトは期間限定を織り込みずみである。これによりリスクを分散して，組織によるサービス生産物に対するコントロールの程度を高め，また，行政からは，望ましくないプロジェクトをやめるようにとの明確な（政治的にはやっかいな）働きかけがなされることはない。プロジェクト組織は，行政的な時間感覚（稟議と予算支配）や受給資格（普遍主義と規則主義），リスクや社会的に発生する事柄との間の妥協を図る。したがってプロジェクト方式は，社会的起業組織が公共財政制度の限界の一部を乗り越えることを可能とし，社会的協同組合の発展に新たな展望を開くものである。

　しかしながら，こうした利点は社会的起業組織にとってもまた制度全体にとっても，かなり手間ひまかけて達成されるものである。プロジェクト方式への転換が意味するのは，定期的な予算交渉に内在し繰り返し出てくる不確実さが，厳しい時間の制約があるものの，明確な関係性に取って代わられることである。不確実性が取り除かれるわけではないが，不連続性，すなわち非常に高い割合での不確実性は取り除かれる。プロジェクトにおけるこのトレードオフの関係は，広範囲で適用されるであろう。社会的企業の比較優位性は通常，コミュニティに根づく能力に依存する。この場合，コミュニティに根づく能力によって信頼を生み出し，提供したサービスが将来は戻ってくるという信念の継続性と信頼性を前提にしている。プロジェクトの暫定的で非継続的な性格は，こうした側面を無効にしがちである。

　現在，一連のプロジェクトと実験的組織は，プロジェクトの終わりを迎えており，恒常的組織に移行することが認可されるであろう。この解決策により，既存の行政手続きに部分的な修正がなされるかもしれない。逆に，プロジェクトが段階的に廃止され，一連の新しいプロジェクトに置換されるかもしれない。どのシナリオにするかによって，現在のプロジェクトの発展が新しい社会的協同組合の発展をもたらすかどうかにつながる。したがって，これらの社会的起

業組織が（準）市場の領域に転換すれば，行政と企業アクターがプロジェクト基金をめぐって競争することになり，その独自の優位性を失うことになるかもしれない。準市場におけるプロジェクトの重要な比較優位性は，信頼やコミュニティに根づく能力というよりも行政の資源と制度的なつながりであろう。このようなシナリオは，仕事の創出や雇用の再挿入の分野での商品化に導くであろうし，労働市場サービスに対する準市場をつくりだし，公的機関と営利企業がバーゲン品あさりに乗り出し，利益のあがるプロジェクトともっとも前途有望な参加者を求めて競争することになる。このような市場では，将来の社会的企業家たちの中心的活動はプロジェクトの創出と管理になるであろう。

6　結論と含意

　社会的協同組合は急速に発展しており，現在設立されている組織はその前身に応じてさまざまな制度的枠組みのなかに存在しているが，前身の組織とはかなり異なるものになっている。既存組織の調査に基づくかぎり，社会的協同組合の将来性は確かなものではない。ケーススタディは将来の傾向をみるうえで重要な手段である。

　現在この分野をつくりあげている主要な諸力は，社会的協同組合の急速な成長と行政機関の姿勢の変化である。このことはセクター内部で活動家を教育する重要性ばかりでなく，公務員を教育する必要性を示している。プロジェクトと市場メカニズムをこの分野に導入することによって，よりフレキシブルで革新的な解決を生みだすことができる。しかしまた，この開発が推進対象にしているアクターたちの利害を（再）周辺化する恐れもある。現在進んでいるプロセスの結果は，成功した実験が安定的な諸組織として結晶するかどうかに大いにかかっている。これらのプロセスで監視者の役割を果たそうとしている公的機関は，監査と評価のための新しいより包括的な手段や基準，実践を必要とするであろう。

参 考 文 献

ABRAHAMSSON, B. and BROSTRÖM, A. (1980) *The Rights of Labour*, Sage, Beverly Hills, London.
BÄCK, H. (1983) *Invandrarnas riksorganisationer*, Liber, Stockholm.
——(1980) *Partier och organisationer i Sverige*, Liber Förlag, Stockholm.
BLENNBERGER, E. (1993) 'Begrepp och modeller', in *SOU* (*Statens Offentliga Utredningar*; Public State Reports), no. 1993: 82, Allmänna Förlaget, Stockholm.
BOLI, J. (1992) 'The Ties That Bind: The Non-profit Sector and the State in Sweden', in MC CARTHY, K.D. *et al.* (eds) *The Non-profit Sector in the Global Community*, Jossey Bass, San Francisco, 240–54.
——(1991) 'Sweden: Is There a Viable Third Sector?', in WUTHNOW, R. (ed.) *Between States and Markets. The Voluntary Sector in Comparative Perspective*, Princeton University Press, Princeton.
BRUNSSON, N. and BENGT J. (eds) (1982) *Lokal mobilisering. Om industriers kommunalpolitik och kommuners industripolitik*, Doxa, Lund.
ERIXON, L. (1996) 'The Golden Age of the Swedish Model. The Coherence Between Capital Accumulation and Economic Policy in Sweden in the Early Post-war Period', Department of Economics, University of Stockholm.
GOUGH, R., BJUHR, M. and PALM, P. (1991) *Inget självständigt liv utan personlig assistans*, Arbetslivscentrum, Stockholm.
GULLSTRAND, R. (1930) 'Svensk kommunalkunskap', in *Kunskap*, Bonniers, Stockholm, 380–415.
HEMSTRÖM, C. (1992) *Organisationernas rättsliga ställning. Om ekonomiska och ideella föreningar*, Norstedts juridik, Lund.
——(1972) *Uteslutning ur ideell förening*, PA Norstedt and Söners Förlag, Stockholm.
HOLGERSSON, L. (1992) *Socialtjänst – Lagtexter med kommentarer i historisk belysning*, Tiden, Stockholm.
JAMES, E. (1989) 'The Private Provision of Public Services: A Comparison of Sweden and Holland', in JAMES, E. (ed.) *The Non-Profit Sector in International Perspective. Studies in Comparative Culture and Policy*, Oxford University Press, New York, 30–61.
KÜCHEN, T. (1994) 'Ny kooperation och den offentliga sektorn', in ALÉX *et al.* (eds) *Kooperation och välfärd*, Kooperativa Studier, Stockholm, 53–68.
KUHNLE, S. and SELLE, P. (1992) *Government and Voluntary Organisations*, Avebury, Aldershot.
LUNDIN, R.A. (1998) 'Temporära organisationer', in CZARNIAWSKA, B. (ed.) *Organisationsteori på svenska*, Liber Ekonomi, Malmö.
LUNDSTRÖM, T. and WIJKSTRÖM, F. (1998) *The Swedish Non-profit Sector*, Manchester University Press, Manchester.
——(1994) 'The Swedish Non-profit Sector', EFI Research Report, Ekonomiska Forskningsinstitutet, Stockholm.
MALLMÉN, A. (1989) *Lagen om ekonomiska föreningar*, Norstedts Förlag, Stockholm.
MARCH, G. (1995) 'The Future, Disposable Organizations and the Rigidities of Imagination', *Organization*, vol. 2 (3/4): 427–40.

NORIN, M. and WESSMAN, L. (1993) *Stiftelser – den nya lagstiftningen, redovisning, beskattning*, Ernest and Young, Stockholm.
PESTOFF, V.A. (1998) *Beyond the Market and State. Social Enterprises and Civil Democracy in a Welfare Society*, Ashgate, Aldershot.
QVARSELL, R. (1993) 'Välgörenhet, filantropi och frivilligt socialt arbete i en historisk översikt', in *SOU (Statens Offentliga Utredningar)*, 1993: 82, Allmänna Förlaget, Stockholm.
RODHE, K. (1988) *Föreningslagen – 1987 års lag om föreninga*, 8th revised edition, LTs Förlag, Stockholm.
SOU (Statens Offentliga Utredningar) (1996) *Kooperativa möjligheter i storstadsområden. Underlagsrapport från storstadskommittén*, 1996: 54, Allmänna Förlaget, Stockholm.
—— (1988) *Mål och resultat – nya principer för det statliga stödet till föreningslivet*, 1988: 39, Allmänna Förlaget, Stockholm.
Statskontoret (1994) *Utblick mot frivillig verksamhet*, Rapport 1994: 19.
STENIUS, K. (1995) 'From Common to Anonymous. State, Local Government, Third Sector and Market in Swedish Alcohol and Drug Treatment', mimeo, Stockholm School of Business.
STRYJAN, Y. (1996) 'Competing with Concepts. A Note on Co-operators, Corporate Strategy and Computer Fads', *Review of International Co-operation*, vol. 89, 2: 75–81.
—— (1994) 'Co-operatives in the Welfare Market', in PERRI, 6 and VIDAL, I. (eds) *Delivering Welfare*, CIES, Barcelona, 305–41.
—— (1989) *Impossible Organisations*, Greenwood Press, New York, Westport CT, London.
STRYJAN, Y. and WIJKSTRÖM, F. (1998a) 'Des agences de développement coopératif pour pallier les failles récentes du système', in DEFOURNY, J., FAVREAU, L. and LAVILLE, J.-L. (eds*) Insertion et nouvelle économie sociale. Un bilan international*, Desclée de Brouwer, Paris, 183–206.
——(1998b) 'Sweden', in BORZAGA, C. and SANTUARI, A. (eds) *Social Enterprises and New Employment in Europe*, Regione Autonoma Trentino-Alto Adige and DG V, Trento, 461–90.
——(1996) 'Co-operatives and Non-profit Organisations in Swedish Social Welfare', *Annals of Public and Co-operative Economics*, vol. 67, 1: 5–27.
WIJKSTRÖM, F. (1994) 'Den ideella sektorns roll', in ALÉX, P., NORMARK, P., SCHÖRLING, I., STRYJAN, Y. and WIJKSTRÖM, B. (eds) *Kooperation and välfärd*, Föreningen Kooperativa Studier, Stockholm.

14 オランダ：近隣開発企業

ピエト・H.ルノイ

はじめに

　オランダにおいては，社会的経済セクターと他のセクターとの境界線は漠然としているが，またダイナミックなものである。なぜ社会的企業なのかは，その性格（法人形態，雇用組織など）と同様に，フォーマルな制度的な枠組みからみるべきである。制度が変化した結果，これまで社会的経済におけるさまざまな活動は民間営利企業や公共事業体によって実行されてきたが，一方では，もともとインフォーマルセクターが主導してきた諸活動も社会的経済に移動してきている。

　オランダにおける社会的企業の登場の意味を理解するために，まず第1節では，オランダの非営利セクターの発展の概要をスケッチすることにする。そこで2つの主要なトピックス，すなわちオランダ社会における非営利セクターの歴史と発展，およびオランダの労働市場政策に焦点をあてる。第2節では，社会的企業の登場をめぐるオランダの事情を分析する。第3節では，社会的企業の特殊型すなわちこの研究に関係深いいわゆる「BBB」（近隣開発プログラム）に焦点をあてる。

1　非営利セクター[1]

　雇用という点からみれば，オランダには世界で最大の非営利セクターが存在

する。1995年にオランダの労働力の12%以上が非営利セクターである。とりわけ、教育、医療、福祉の分野が目立つ（Burger and Dekker 1998）。同じ年の先進諸国における非営利セクターの平均的な雇用は約7%である。だからといって、オランダの非営利組織の自律性が高いというわけではないのは、ジョンズ・ホプキンス大学による非営利セクターの比較研究が採用した基準に照らしても明らかである。非営利セクターの規模が大きいこと、政府資金への依存性は、オランダの非営利セクターの歴史的特殊性とみることができる。

オランダ非営利セクターの発展

「社会の系柱化」の過程

オランダの非営利セクターの発展はいわゆる「社会の系柱化（pillarisation）」としてのみ説明できる。系柱化とは宗教や政治的な傾向に基づいて市民集団がみずから系柱組織化することである。カトリック、プロテスタント、自由主義派、社会主義者はそれぞれの政党、労働組合、住宅アソシエーション、新聞、学校、放送局、スポーツクラブ、病院などを設立した。系注化は非営利セクターにのみに限定されるわけではなく、どの町でもどの近隣でも、カトリック系とプロテスタント系の店舗がある。

系柱化はさまざまな社会集団の解放に大きな影響を与えてきたと考えられる[2]。カトリック、カルビニスト、少数派の社会主義者などが完全な市民権を達成する方法でもあった。学者たちは、系柱諸組織を通じて社会的統制の効果があるのだと指摘することが多い。柱となる諸組織を通じて、宗教的なコミュニティとしての規範や価値が再生産され、長期にわたって、諸組織の差異がさらに鮮明化された。しかしながら同時に、こうした系柱組織のエリート（指導者）たちは、その体制維持（また地位保全）のためにしばしば協力してきた。彼らは互いに一目置いて、どこも多数派となってはならないことを了解し合っ

---

1) このパラグラフは「非営利セクターの定義：オランダ」、ジョンズ・ホプキンス大学比較非営利セクタープロジェクト所収（Burger et al. 1997）に基づく。
2) 近年、オランダ社会におけるイスラムたちの社会統合をスピードアップするためにイスラム系柱組織が必要だという意見がある。

ていた。したがって，政府においても彼らは連立内閣として協力しなければならなかった。それゆえ，エリートたちは，各系柱組織を満足させることに最大の関心を払い，政府による系柱諸組織への資金提供が拡大してきたのである。系柱化が非常に浸透したので，オランダ社会の垂直的区分化をもたらした。

20世紀に入って，とりわけ第2次世界大戦後，あらゆる種類のサービス供給組織はこうした系柱組織の傘下で設立された。教育，医療，福祉と住宅の分野で，民間非営利の系柱組織が急速に発展した。これらの組織の大部分は財団，アソシエーションであり，その賃金は社会の集団的な合意によって確保されていた。この発展は，エリートたちの政治の世界での2つの主要な原則が分かれば理解できる。すなわち，制限された補完的な政府およびすべての系柱組織の平等待遇である。

制限された政府という原則は，カトリック，プロテスタント，自由主義派によって同意された原則である。プロテスタント社会においては，自分たちの主権が第1原則である。この原則によれば，家族，教育，宗教さらにはビジネスといった社会の重要領域では，政府の役割は最小化されるべきである。補完性というカトリック的原則にも同じような趣きがあり，家族，コミュニティや教会がみずから対応できない事柄についてのみ，政府は日常生活に干渉すべきであるとみなされる。もちろん自由主義派もまた，政府の干渉について反対であった。このように系柱諸組織はみずからの学校，医療機関，福祉組織などを始めたのであった。

平等処遇の原則によって，政府の補助金をそれぞれの系列に所属する同等類似の組織に与えることができる。この原則は，教育の分野でもっともはっきりみられる。公教育と私教育への財政平等処遇は，オランダ憲法で明記されている[3]。施設や給付金を各系柱区分に対して比例配分することによって，非営利セクターは確実に成長した。

第2次世界大戦後，オランダの福祉社会の基盤はエリートたちによって築かれた。いくつかのコーポラティズム的な構造が経済的繁栄をスムーズにする道

[3) その結果，ばかげた状態が生まれることも多い。たとえば，公立学校の窓が壊れていると，すべての学校に新しい窓が支給される。これは改められた。]

を開いた。農業生産の分野でよく知られているのは,公的機関としてつくられた生産産業会議である。もっとも重要なコーポラティズム的機関は「社会経済会議 (SER, Sociaal Economische Raad)」であり,これは労働組合,経営者団体,政府(と独立専門家)で構成され,それぞれが額を 1/3 ずつ出している。SER は社会経済問題について政府に勧告する権利をもつ。SER や労使が集まる「労働財団 (Stichting van de Arbeid)」における協定は,オランダの持続的経済成長にとって重要な役割を果たすものといわれている(オランダの社会経済制度は「ポルダー・モデル」として知られる)。新しいコーポラティズム的構造は依然として形成中である。10 年ほど前,雇用サービスは「3 分割化」された。すなわち,社会事業省の総局が民営化されて経営者と従業員,政府の 3 者による管理下に置かれた。また最近では,雇用政策と社会保障政策が再編され,3 分割されてそれぞれの団体ができた。

　新しい世紀になっても,オランダには広大な非営利セクターが存在しており,医療,教育,住宅などの社会に重要な領域で重要な機能を果たしている。民間非営利組織はほとんど公的財源支援を受けており,公的任務を実施している。しかし,その事業方法は単に政府の政策を実施しているだけではない。ジョンズ・ホプキンス大学の調査が指摘しているように,しばしば 2 方向の関係がある。政府の規制はさまざまな分野の代表者たちの協議を経て策定されることが多い (Burger et al. 1997)。にもかかわらず,これらの非営利組織は政府の規制や規則に従属している。たとえば,学校は自分たちの給与やカリキュラムを独自につくれないし,住宅協会は全国的な賃貸料金基準と合わせることが必要である。非営利組織はその満たすべき条件のために専門化しなくてはならず,ボランタリー活動への余地がほとんどない。

オランダの非営利セクターの未来

　これまで述べたように,オランダ社会は依然としてコーポラティズム的性格をもっている。しかし,さまざまなコーポラティズム的団体は厳しい批判にさらされてきている。これらの組織は経済を軽視していると非難されており,また,彼らの社会的パートナーたちは公的資金に限界があることについて十分に認識していないようにみえる。このことは非営利組織が活動しているさまざま

な分野で市場志向が強まっていることとつながっている。たとえば，財源調達の別の方法をもたらし，多かれ少なかれ誰にでも利用可能な活動補助金に代わって経済重視の契約締結を伴うことにもなる。

　系柱組織の影響は，その世俗化の結果，減少しつつある。事実，各系柱組織はより世俗化しつつあり，その事業も自由化しつつある。同時に，彼らの世話を受ける人々のグループも消滅しつつある。カトリック教徒はもはや自動的にカトリック系放送局の聴取者となるわけではないし，プロテスタント系の学校には社会主義者や自由主義者の子弟も通っている。

　このことは，非営利セクターが消滅しつつあることを意味するわけではない。注目すべきは，多くの古い非営利組織が再編されつつあり，より市場志向的になっていることである。彼らはより限定された製品の需要に応えつつあり，また予算づけをより厳密にして，人事（人材マネジメント）についてもより専門化の政策をとっている。一部の古い系柱組織はメンバーを失いつつある。たとえば，たくさんのボランティアが働いている宗教系の福祉組織についてそれが当てはまる。そして，一方でボランティアを使っている一部の大組織が急成長している。とりわけ，環境保護，人権，国際連帯などの分野で活動している財団やアソシエーションが成長しつつある。

　さらに，新しいタイプの非営利組織が参入しつつある。たとえば，長期失業者や障害者の労働市場への再統合の分野で多くの民間財団が設立され，地方自治体向けのサービス提供を開始している。たとえばアムステルダム市は，非営利組織事業体（有限会社）を設立して，市による失業者の再統合政策を実施している。「ワーク会社」は外国にもその活動を拡大している。

　要するに，市民社会をどう強化するのかの議論が起きている。規範や価値の再生産や社会的規制において果たしてきた系柱諸組織の影響が低下しつつあり，また，市場や個人主義化が進行するなかで，諸組織も統合する必要があると思われる。新しい非営利組織はこの需要に反応しているのである。たとえば近隣開発プログラムは，近隣地域に社会的統合を呼び戻し，地域経済の活性化，近隣の清潔と安全とを確保すると同時に失業者のための仕事創出をめざすものである。しかし，第3節でこれらの組織に触れる前に，オランダ社会における社会的企業の発展の特徴，すなわちオランダの積極的労働市場政策について触れ

る。

オランダの積極的労働市場政策

　すでに述べたように，オランダの福祉制度は独自モデルとみなされるに十分であり，失業対策に大きな効果を挙げている。社会保障と緊密に結びついたフレキシビリティがある。積極的労働市場政策はこのモデルの枠の中で実施された政策の１つであり，とりわけオランダ独自の社会的企業の登場を理解するうえでも重要である。以下，その点を論ずる。

　オランダ政府はいわゆる「積極的労働市場政策および社会保障政策」を近年実行してきた。この政策によれば，社会保障は失業者の労働市場への再参入にしだいに焦点をあてつつあり，これがうまくいかない部分については社会的排除を阻止する活動に力を入れてきている。地方自治体の社会サービス局は雇用センターと一緒にこの分野を強化している。

　この政策を実行するために，中央政府はいくつかの施策を実施している。もっとも最近の法律は「求職者挿入法（WIW, Wet Inschakeling Werkzoekenden）」である。求職者挿入法は1998年に施行されたが，長期失業者と23歳以下の若年失業者を対象にしている。この措置により，地方自治体はこうした人々の雇用問題への取り組みを広げることができた。労働市場からもっとも遠ざけられてしまっている人々（エンプロイアビリティの低い人々）向けに「社会的活性化」の手段が講じられ，それによって，通常の労働市場で就労できない人々は短期の一連の活動（準労働）ができると同時に社会保障給付を受けることもできる。ボランティアや再社会化プログラムでの労働などもこの活動に含まれる。これらのプログラムの主な目的は長期失業者の社会的排除と闘うことにある。

　労働市場での位置が多少よい人々は，補助金つきの仕事を地方自治体で得ることができる。彼らは法定最低賃金の120％までを稼ぐことができるし，また，民間会社や公的機関に派遣されることもできる。これらの仕事は当初２年の期限であるが，さらに常雇いの指名を受けることもできる。労働市場に近い人々（就業能力は高いが長期失業者である人）は，WIWの下で，いわゆる「職業体験のための仕事」に雇用されることができる。地方自治体は，長期失業者のた

めの職業体験のための仕事を創出しようとする企業に対して賃金補助金により実費に近い保障をする[4]。失業者は最大1年間この仕事に就くことができる。その後，彼らには補助金は減るものの，定期的な仕事に就くことが期待される。1998年においては，約55,000人の失業者が派遣労働や職業体験のための仕事に再雇用された。これらの55,000人は6ヵ月以上失業状態にあった23歳以下の若者である。

　WIWは失業者向けに2つのプログラムを引き継いだ。すなわち，長期失業者向けの「仕事プールプログラム」(Regeling Banenpools) と，23歳までの失業者を対象にした「若者雇用保障法」(Jeugd Werkgarantiewet) である。1999年にWIWはまた，それまでいわゆる「Melkert-2プログラム」として実行されていた計画も組み込んだ[5]。このプログラムは公式には「給付金活性化実験」(Experimenten Activering Uitkeringsgelden) と呼ばれるもので，社会給付金を仕事創出のために使うためのさまざまな実験を含んだものである。社会事業雇用省によって承認された諸プロジェクトでは，1つの仕事創出につき8,000ユーロの補助金が出る。この金額は中央政府が失業手当に充当する金額と同一である（手当の90％）。2万以上の仕事がこの方法でつくりだされた。Melkert-2プロジェクトの大部分はWIWの職業体験のための仕事プログラムに転換した。

　WIW以外で重要な仕事創出プランは，1995年から稼働している「Melkert-1プログラム」である。この計画は公式には「長期失業者向け追加雇用プログラム」と呼ばれる[6]。この計画の目的は，公的セクターにおいて最低賃金の120％までの賃金でもって4万人の仕事を創出することである。このプログラムは，一部は，従来失業手当として支払われる社会的支出から財源を得ている。長期失業者は介護セクター（病院，高齢者在宅），デイケア，公共安全／監視業務，学校，スポーツ分野などでの就業をめざす。政府の意図は，通常の仕事を創出すること，すなわち失業者が常勤の労働契約を結ぶことである。こうし

---

4) 与えられた仕事保障手当に基づいて，年間9,780ギルダーから12,000ギルダー（4,400〜5,400ユーロ）まで。

5) Ad Melkertは1994年から98年までオランダの社会事業雇用大臣であった。彼はいくつかの雇用プログラムを策定した。

6) 同国語でRegeling Extra Werkgelegenheid voor Langdurig Werklozen.

た仕事の「特殊性」はその財源調達方法である。1998年の半ばまでに約3万の仕事がつくりだされた。Melkert-1プログラムの数を拡大できるかどうかの調査の結果[7]，政府はこのプログラムでつくりだされた仕事にさらに補助金を出すことを決めた。こうしてつくられた新しい仕事に対して，最低賃金の150%の賃金が支払われる場合もある。

また，通常の形態では就業できない心身障害者に対しては，1967年に「社会的労働準備法（WSW, Wet Sociale Werkvoorziening）」が制定された。これによって地方自治体は仕事を組織化する責任を負う。現在，地方自治体レベルで102の事業所（いわゆる緊急避難型作業所あるいは社会的作業所）が設置され，WSW法に基づいて労働が実施されている。これら事業所の多数は公社であり一部は財団である。これらのWSW企業は，次のような5つの活動グループに区分できる。すなわち，

- 重工業（金属，電機，印刷）
- 軽工業（組み立て，包装）
- 野外活動（園芸）
- 派遣業
- その他の活動

WSW企業の合計85,000人の半数以上は製造業で働いている。基本的にこうした仕事はいわゆる「最後のよりどころ的な仕事」と呼ばれており，障害者が社会的排除を受けないで済むようにするためのものである。WSW企業が支払う費用は，基本的にそのほとんどを政府が充当するものである。しかし，1989年に新しい予算財政化制度が導入されて，それ以後WSW企業はしだいに市場志向型の活動をするようになった。

---

7) Homburg and Renooy（1998）をみよ。

2 社会的企業の登場

以上述べてきた方式は，全包括的なアプローチのそれぞれである。長期失業者は1人も取り残されてはならないということから，計画を地方自治体が策定し，報酬労働であれボランタリー活動であれ，また教育訓練であれ，何らかの活動に失業者を従事させる。1998年半ばに，オランダでは50万人の失業者（障害者を除く）がいたが，そのうち約50%が長期失業者であった。上記のプログラムによってこれまでに10万人分以上の仕事が創出された。すなわち，Melkert-1で3万人，Melkert-2で21,000人，WIWプログラムで55,000人である。

オランダ政府のこの全包括的アプローチでは，地域の独立型起業組織が関与する余地はほとんどない。1970年代や80年代はそうではなかった。当時多くの小企業やプロジェクトがイデオロギーに基づいて，あるいは非営利の考えに基づいて稼働しており，しかも市場志向的で従業員に賃金を支払っていた。1984年から89年にかけてのこうした起業組織は「地域起業組織一覧」に記載されていた。3種類の活動があったが，いずれもEMESによる社会的企業の定義に多少なりと一致していた。すなわち，いわゆる「サービスと支援のためのプラン」，緊急避難型作業所，仕事おこし計画である。1988年に，オランダには541のこうした起業組織があり，25,000人以上が雇用されていた。

近年，こうした起業組織や企業の多くが公的セクターや民間セクターに吸収されてしまっている。銀行，公的な支援組織，中規模企業などが小規模なイデオロギーベースの企業の可能性を認めて，支援や合併を行った。政府の失業者対策措置のなかに吸収された起業組織もある。この場合，これらの組織は形式のうえでは依然として独立のアソシエーションまたは財団である。しかし，これらの組織の存在は，財政的にも規制や規則においても政府と強く結びついている。既存のプロジェクトや新しいプロジェクトの多くにとって，政府主導型のプログラムに参加することは，労働への補助金を得ることや組織の費用を補填する補助金を得るために当然の成り行きである。これは失業者にとって，比

較的良い賃金で労働経験を獲得する手段である。また，上述したように，オランダ非営利組織の歴史の歩みにも合致している。

しかし結果として，ほとんどのプロジェクトには企業家性がなく，社会的企業としての社会的基準も満たさないものになった。経済リスクは減ったが政府への依存度が高くなった。さらにこれらの組織の自律性は十分ではない。それは政府の定めた多くの基準に従わなければならないし，市場行動に関するいくつかの規則（たとえば「不公平」な競争であってはならない等）に適合しなければならないからである。実際に，これらの労働は報酬を受けるが，労働報酬のほとんどは政府の補助金からである。さらに，組織の設立者の多くは，その開始資金を出している地方自治体の職員であり，また，組織形態はマルチステークホルダーが参加する民主的組織であるとはかぎらない。

失業や社会的排除と闘っているオランダの新しい起業組織の多くは，異なる財源から資金を調達するのが特徴である。先に述べたように，多くの起業組織は市場志向であるが，同時に国家補助金を受けている。多くの起業組織が注目している第3の資源は社会的資本である[8]。信頼，市民精神，連帯などは起業組織が広範に利用できるものである。これらはまた逆に活動によって再生産されて資源となる。これらの活動は民間消費だけではなく，社会的に共通の外部性を生み出し強化する[9]。

こうしたさまざまな資源が起業組織のなかでどのように混合されるのかは，地域や国の枠組みによって違う。国によっても国家資源へのアクセスが異なるだろうし，また地域（近隣）によっても，社会的資本の利用方法は異なるであろう。ランボイとレノイ（Lambooy 1981, Renooy 1990）に従って社会的企業の生産環境を論ずることができる。

次に，オランダ型の独特な社会的企業，すなわち近隣開発プログラムについて議論する。

---

8) 本書第17章のエバースの指摘をみよ。
9) 本書第18章のラビルとニッセンズの指摘をみよ。

3 近隣開発プログラム

新しい起業組織で注目すべき事例はいわゆる近隣開発プログラムである。オランダ語では BuurtBeheer Bedrijven である。以下，BBB と呼ぶ。

歴　史

BBB はフランスの地域協働協議会（Régies de Quartier）に触発されたものである。これは独立企業であり，簡単な住宅修理，生活環境の保全，住民への社会サービスの提供などに従事することで地域住民にパートタイムの賃金労働の機会を与えるものである。1992 年にロッテルダム，ハーグ，アルメール，マーストリヒトの 4 市で BBB について可能性調査を実施して，1 年後に BBB が実際にスタートすることになった。これらの起業組織の目標は，彼らによれば次のようなものである。すなわち，

- 近隣地区のマネジメントへの住民参加の拡大。
- 最低賃金にある人々の収入の改善。
- 特定グループ（長期失業者，移民，高齢者）の社会的孤立の解消。
- 近隣地区の日常的な維持の改善。

全国レベルでの BBB の主な主導者は「オランダ実験住宅財団」（SEV, Stuurgroep Experimenten Volkshuisvesting）である。SEV はフランスの地域協働協議会の概念を多少なりとも輸入したものである。都市レベルでは，主導者は主として専門家（ソーシャルワーク）で近隣住民動員のための理念をもっている人々である。これらの最初の社会的企業家たちは 150 人以上の住人を動かそうと奮闘したが，設立当初起きる問題にぶつかった。もっとも深刻なのは次のようなものである。すなわち，

- 顧客になりそうな者（住宅協会）がBBBの提供するサービスの利用を躊躇した。
- 地方自治体（営繕部）は仕事を失うことを恐れた。
- 地方自治体はすでに他の失業対策事業を始めていた。
- 社会保障法がBBBに失業者が入ることを妨げていた。
- 補助金つき労働（たとえば「仕事プール」）についての規則は，失業者が従事する仕事の種類を制限し，パートタイム労働を禁止している。
- 企業家的スキルを重視すべきこと。

オランダのBBBが直面する問題は，フランスの地域協働協議会が登場してきた状況とはかなり異なるものであった。フランスの社会保障給付はオランダよりも低いが，受給者は給付を受けつつパートタイム労働が認められている（6ヵ月）。フランスの失業者は，地域協働協議会がつくりだす仕事にパートタイムで就業することがオランダよりも簡単だということである。もちろん，これだけが両国の相違ではない。たとえばフランスの都市では，地域協働協議会が登場したときには，オランダに比べて，生活条件を改善するための仕事が多くあった。オランダでは多くの場合，公的な住宅計画によって住宅の維持管理が良好に保たれていたからである。この意味で，一部の人は，フランスの起業組織にとって「目前に旨みのある仕事の山があった」のだといっている（SEV 1998a）。BBBはまた法律的枠組みでもフランスの地域協働協議会とは異なる。地域協働協議会が民主主義的なアソシエーションであるのに対して，BBBは財団または有限会社であり，より企業家的な法人形態をとっている。

その発足から1年後，最初の4つのBBBは78人を雇用して（そのうち42人は先の政府プログラムによるものである），8万ギルダー（36,000ユーロ）から251,000ギルダー（113,000ユーロ）までの事業高を達成した。1998年には，これら4つのBBBは，いろいろな雇用形態で約200人を雇用した。

多 様 性

1998年には24のBBBがあったが，多かれ少なかれ先の事例や目的に合致

したものであった。しかしこの定義と目的が一緒でも、その事業内容は多様である。以下において、これらのBBBのさまざまな特徴について論ずる。できるだけ全体像を示し、事例で多様性をみていく。

法人形態と組織

BBBはすべて、財団という法人形態である。もっとも単純な組織のあり方としては近隣地区、地方自治体、福祉財団からの代表による理事会と、日常業務を統括する専務、そして、1つまたはそれ以上の生産グループや活動分野をもつ。これらについては、場合によってはコーディネーターがいる。2つのBBBが有限会社の法人形態を採用している。たとえばハーグにあるシルダースウィクBBBは、4つの有限会社をもって営利活動を行い、財団を通じて非営利活動をしている。

法律的に財団と有限会社を法人形態として採用したことによって、近隣住民がBBBの政策に影響を与えることは少なくなってしまった。BBBへの住民参加を強化するためには、近隣住民出資制度の概念をより明らかにする必要があった。その考えは、住民が10ギルダー（4.5ユーロ）を毎月コミュニティ基金へ支払うことによって株を購入するというものである。この基金は、株主たちが望む修繕、建設、保全などの財源に使われる。カペーレ・アンデン・イエセル市にある住宅協会（すなわち住宅供給借家企業）はこの方式の導入を検討中である。

諸活動

BBBはより広範な活動を行っている。その中心は集合住宅の維持管理、公共空間の清掃、簡単な修理などである。これらのBBBとは別に、他の分野に広がっているBBBもある。すでに述べたようにシルダースウィクBBBは4つの有限会社により営利活動をしている。これらの活動はスイミングプールやスポーツ施設の管理、ハーグの高等専門学校での試験監督、ハーグ市のイベント事業組織（Urban Fun Ltd.）などである。このBBBは、たとえ非営利活動での赤字を補填するためであるに過ぎないとしても、営利事業をするといっている。BBBにとって拡大している市場は、清掃、ベビーシッターなどの対人サービ

ス分野である。

　BBBの活動は3つの種類に区分できる。第1区分は，営利活動であり，それを通じて社会的目標を達成する。第2区分はいわゆる「追加労働」と呼ばれる。追加とは，諸活動が普通の企業によって行われるのではないこと，したがって，不公正な競争の問題は生じないが，政府からの補助金によって労働者に賃金支払いが行われる形態をさす。たとえば，不要紙の回収，リサイクルセンター，自転車店の経営，（薬物用）注射針の処理，庭の手入れ，落書き落としなどである。しかし，これらの活動の主たる目的は，近隣住民へのサービス提供である。活動の第3区分は，サービス供給そのものというよりも労働経験が必要な者や社会的孤立にある人々への支援である。これらの活動はWIWのような政府プログラムを使って実施されるが，ボランタリーレベルでも行われる。

財政と顧客

　活動が多様なのに加え，BBBの間では顧客も多様である。地方自治体と住宅協会はどこでもBBBの重要な消費者である。次いで，一般家庭，学校，店

表14-1　BBB（近隣開発プログラム）の都市別所得（1996年）

(単位：上段オランダギルダー，下段ユーロ，%)

所得源	ロッテルダム	ハーグ	マーストリヒト	アルメール	グラナーブルグ	ミーン
委託労働	160,000	2,347,950	329,819	540,000	92,600	694,074
	72,605	1,065,453	149,665	245,041	42,020	314,957
	(15)	(94)	(58)	(90)	(20.5)	(67)
補助金	900,000	150,000	234,473	60,000	350,000	338,895
	408,402	68,067	106,399	27,227	158,823	153,784
	(85)	(6)	(42)	(10)	(77.4)	(33)
その他	(0)	(0)	(0)	(0)	10,000	(0)
					4,538	
					(2.1)	
合　計	1,060,000	2,497,950	564,292	600,000	452,600	1,034,968
	481,007	1,133,520	256,065	272,268	205,381	469,648
	(100)	(100)	(100)	(100)	(100)	(100)

出所：*SEV*（1997）.

舗,一般企業などもユーザーである。BBBのサービス事業高は地方自治体や政府の補助金への依存の程度で決まる。1998年の5つのBBBは委託の仕事と補助金から収入を得ている。これは表14-1に示す。

強調すべきは,BBBはきちんとした事業高をもっていることである。1994年から96年にかけて,売上高平均値は,312,000ギルダー(141,579ユーロ)から1,034,968ギルダー(469,565ユーロ)へと3倍になっている。

委託の仕事と補助金との割合はBBBによって異なる。この違いは活動の種類によるものである。たとえば,ロッテルダムではBBBの収入の85%は補助金であり,長期失業者に対する労働経験の提供がその主たる活動である。一方ハーグでは,収入の94%が委託の労働によるものであり,ほとんどが営利活動による営利的アプローチといえる。

収入の反対は,もちろん支出である。表14-2はこれらのBBBの収支比較である。マーストリヒトのBBBを除いて,BBBは事業収益性を追求している。また補助金依存度が低くても黒字のBBBもある。事業高を労働者数で割ってみると,成熟したBBBは,フルタイム労働者1人当り年間20,000ギルダー(9,000ユーロ)の売上高である。

契　　約

BBBは,しだいに営利化と専門化の圧力にさらされている。委託はしだいに寛大さがなくなり,他の市場参加者との間で価格と製品の競争を強いられている。R.スピアが指摘しているように「ハードな契約」[金銭面重視]が「ソ

表14-2　BBBの所得と支出 (1996年)

(単位:上段オランダギルダー,下段ユーロ)

	ロッテルダム	マーストリヒト	アルメール	グラナーブルグ
所得	1,060,000	564,292	600,000	452,600
	481,007	256,065	272,268	250,381
支出	980,000	629,085	429,000	438,800
	444,705	285,466	194,672	199,119
残高	80,000	−64,793	171,000	13,800
	36,302	−29,401	77,596	6,262

出所:SEV (1997).

フトな契約」［非金銭面重視］に取って代わりつつある (Spear 1998)。これは大きな変化である。厳格な業務遂行への関心が高まるほど生産性に対する要求も高まることになるが，これはまた「よりましな」失業者しか雇用しないことにもつながる。言い換えれば，オランダでいう「スキミング」（すくい取りまたは精選）をもたらす。現実的には，金銭重視の契約は明確に特化された財やサービスを意味するため，生活条件を改善するとか社会的安全といったより不確かな目標がBBBの任務の背景に追いやられることになる。

金銭重視の契約の重要性が増すにもかかわらず，明らかなことはBBBにおいて，真の市場とは何かということを誰も説明できないということである。労働費用を補助金に大きく依存している一方で，BBBは社会的共通益（社会的に共通の外部性）をつくりだすものとされている。これは，金銭重視の契約を強調する単純な費用便益分析では考慮外である。これらの社会的共通益を計測するのは困難であるが，それを無視することは社会的企業としてのBBBの特殊性を否定することにつながる。

労 働 者

表14-3では，1997年のBBBにおける総労働者数が示されている[10]。正確な数字のわからなかった5つのBBBを考慮に入れれば，約600人がこれらで働いているといえそうである。明らかなことは，BBBの経営にとっては補助金つきの労働が重要であることである。ハーグの営利的なBBBでも50％以上が補助金つき労働者である。BBBがほとんど男性を雇用しているのも注目される。BBBではパートタイムの仕事がほとんどないという事実は，女性が少

表14-3　BBBにおける労働者数（1997年）

	正規労働者	補助金受給者	ボランティア	合計
フルタイム	56	53		109
パートタイム	74	311		385
合　計	130 (24.1%)	364 (67.4%)	46 (8.5%)	540

出所：SEV (1998a)；Prantl (1998).

10) 数字は，24のBBBのうち19について示している。他の5つのBBBについては数字を得られなかった。

ないことの理由の1つであろう (Prantl 1998)。

もともとの考えではBBBの労働者は近隣住民であるべきであったが,それに固執する必要はなくなった。BBBが近隣地区から人材を募集しようとしても,別の地区から人材を探す必要に迫られることも多い。BBBがこだわる唯一の選択基準は,その人材の動機とオランダ語の基礎能力である。もちろん,これが労働の質にはね返るのである。

補助金つき労働者の種類は多様であり,各種政府プログラムに従事する労働者をBBBのなかで見出すことができる。すなわち,WIW仕事,Melkert‐1仕事,Melkert‐2仕事,WSW(障害者労働者),執行猶予者(若年犯罪者)向け仕事などのプログラムである。さらに,いくつかのBBBではボランティアが働いている。補助金つき労働を活用してBBBは比較的低料金でサービス提供をしている。BBBの直面している大きな困難は,調和が困難な2つの目標を同時に達成しなければならないことである。一方で,質のよい専門的なサービスを供給しなけばならないし,他方で,補助金つき労働の目標は失業者を通常の仕事に就業させることであり,その結果,優秀な補助金つき労働者はいつも真っ先にBBBを去ってしまうことになる。労働市場への再統合を達成すると,BBBにとってはその経済目標を達成することが困難ということになる。言い換えれば,失業者の再統合によい成績を出したBBBは結果として労働者が常に離職してしまい,経済目標の達成がしだいに困難になるということである。こうした困難は失敗の兆候とみなされるべきではないが,BBBの社会的目標の論理的帰結ではある。

参　加

BBBの主要な目的の1つは,近隣地区の維持に住民の参加を促進することである。しかし全体として,これについて積極的な成果が上がったとは思われない。すでに述べたように,法律的に財団であるという枠組みはそれ自体で民主性を保障するわけではないし,BBBの経営に住民が関与する可能性にも限界がある。実際上,BBBで働いている人々を除いて,参加は小さな常設的グループの人々に限定される。参加率が低いことにはいくつかの理由がある。第1には,オランダの雇用プログラムの結果として,パートタイム労働がほとん

ど不可能なことである。したがって，多くの人々が積極的に参加することが困難である。もう1つの理由は，BBBが労働に集中していることである。近隣地区祭りやその他の社会的イベントにBBBが取り組むことは滅多にない（そこがフランスの地域協働協議会とは異なる点である）。第3の理由は，BBBが専門化しつつあることである。一部のBBBは，その対象地域を拡大しつつあり，強力に市場志向である。このことは，BBBが近隣住民の立場に立つという存在理由を減じている。最後に，社会的統合，信頼，連帯が低調であるために参加もしばしば低調である。たとえば，ロッテルダムとハーグの近隣地区では文化的異質性が高いために，人々は個人主義的になり，原子化された生活になり，しばしば運命論者となる。コミュニティにいるのだという感覚が欠如している[11]。BBBは社会的資本をつくりだす必要があるけれども，社会的資本をこうした地域での特別な資源として利用することはきわめて限定的でしかない。

4　結論と将来の道すじ

　BBBはおそらくオランダにおける社会的企業の典型であろう。その特徴をみると，BBBのほとんどが参加や公的資源以外の資源を動員することにおいてそれほど成果を上げていなくても，町をきれいにし，家を営繕するなどによって近隣地区の生活条件や生活水準を改良することに効果を上げていることは間違いない。しかし，もっとも積極的な成果は，長期失業者に対する事業である。BBBは，長期失業者たちに対して職業機会を獲得するための手段，あるいはまた，社会的孤立から脱出するための手段を与えている。全体として，BBBは広い意味での地域開発に貢献しているのである。
　端的にいえば，BBBに対する住民参加が低いことにはいくつかの要因がある。その要因としては，既存の法制度が不適合であること，オランダの各種社会法が革新的な解決方策に対してほとんど背中を向けていること，たとえば，

---

11)　たとえばKroft et al. (1989) をみよ。

失業者がパートタイム労働に就業できないこと[12]，労働や生産活動にBBBが役に立つとみなすが，近隣地区を社会化する役割についてはほとんど関心がないこと，などがあげられる[13]。

結局，より根本的には，BBBにとって高い参加率の達成は必要ないということであろう。というのも，低参加率でも失業者の再統合という目標を損なうことはないからである。すでに述べたように，低参加率のBBBが成功していることの当然の結果である。つまり「古典的」労働市場に失業者を再統合すると，労働者の急速な労働移動があり，参加が低くなる。

その資源に関するかぎり，一部のBBBは労働に対する政府補助金への依存を減らすために市場へ意識的に転換しようとしている。そうすることによって，金銭重視の契約が増加して，結果として社会的目的とコミュニティとの一体化は後退する。こうした開発を行っているBBBが困難な選択に直面しているのは明らかである。すなわち，もし市場に向かうならば，資源としての社会的資本への依存の可能性は減少する。しかし，依然として雇用プログラムはうまくいくに違いない。他方，もし，一方での政府補助金と市場からの収入に加えて，BBBが社会的資本を重要な資源として追求するならば，BBBは住民を動員する必要があるが，これはしばしば市場志向型政策とは両立しない。ボランティアの労働のための組織との協働を追求し，積極的労働市場政策を利用することは，BBBが第2番目のオルタナティブを選択することに道を開く。全国的な支援組織もまたBBBにとって大きな助けになるに違いない。フランスでは，地域協働協議会はその全国組織である地域協働協議会全国委員会（Comité National de Liaison de Régies de Quartier）をもっている。この組織は，オランダにはまだないけれども，全国的ネットワークの計画がつくられつつある。

BBBの発展について，現状からの展望の評価は難しい。一般的には，社会的資本を動員し再生産する手段としての社会的企業は，オランダで非常に有用

---

[12] いえることは，つい最近まで，失業者による一部の起業組織は社会法によって安楽死させられた。新しい法律であるWIWによってより柔軟な対応が可能になった。

[13] オランダでは，社会的活動目的の組織化は伝統的に専門的なソーシャルワーカーの責任であった。しかし近年，ソーシャルワークセクターは，深刻な予算カットに直面している。これによって活動が停滞しつつある。

な役割を果たすといえる。事実,協同セクターにおける予算がカットされ,市場セクターの合理化がなされてから何年か経ったいま,オランダ社会はいわゆる「社会的赤字」[14]になりつつあるのだという意識が高まっている。非営利セクターにおける新しいタイプの組織として社会的企業を活性化することは,これと闘う方法であることは間違いない。

参 考 文 献

ABRAHAMSON, P. (1991) 'Welfare for the Elderly in Denmark: From Institutionalization to Self-reliance?', in EVERS, A. and SVETLIK, I. (eds) *New Welfare Mixes and Care for the Elderly*, Eurosocial Report 40/2, European Centre, Vienna, 35–63.

BORZAGA, C. (1997) 'The EMES Network: the Emergence of Social Enterprises in Europe', ISSAN, University of Trento.

BURGER, A. and DEKKER, P. (1998) 'De grootste non-profit sector ter wereld', in *ESB*, 11 December 1998, no. 4, 181: 945–6.

BURGER, A., DEKKER, P., VAN DER PLOEG, T. and VAN VEEN, W. (1997) 'Defining the Non-profit Sector: The Netherlands', Working Papers of the Johns Hopkins Comparative Non-profit Sector Project, no. 23, The Johns Hopkins Institute for Policy Studies, Baltimore.

HOMBURG, G. and RENOOY, P. (1998) *Nieuwe banen in de collectieve sector*, Ministerie van Sociale Zaken en Werkgelegenheid, Den Haag.

KROFT, H., ENGBERSEN, G., SCHUYT, K. and VAN WAARDEN, F. (1989) *Een tijd zonder werk*, Leiden, Antwerpen.

LAMBOOY, J.G. (1981) *Economie en ruimte*, Van Gorcum, Assen.

PRANTL, S. (1998) 'Buurtbeheerbedrijven', Master's thesis, University of Wageningen.

RENOOY, P. (1993) 'Een nieuwe welzijnsmix in Europa', *Facta*, no. 3, 10–14.

—— (1990) 'The Informal Economy – Meaning, Measurement and Social Significance', Netherlands Geographical Studies, 115, Amsterdam.

SEV (Stuurgroep Experimenten Volkshuisvesting) (1998a) 'Eindadvies inzake het experimententhema Buurtbeheerbedrijven 1992–97', Rotterdam.

—— (1998b) 'Kerngegevens Buurtbeheerbedrijven', paper for Congress on Buurtbeheerbedrijven, April, Den Haag.

—— (1997) 'Nieuwsbrief BuurtBeheerBerichten', Juli, SEV, Rotterdam.

SPEAR, R. (1998) 'Contracting for Welfare Services', Draft for an EMES Seminar.

---

14) この言葉は,オランダ緑の党の P. Rosenmöller によって,1998年の選挙キャンペーンのなかで赤字予算の継続に反対するために政府の政策に対する議論として使われた。

15 イギリス：広範囲にわたる社会的企業

ロジャー・スピア

はじめに

　サードセクター全体がどのように展開してきたのかの歴史的な把握がなければ，イギリスの社会的企業については検討が難しい。そのため本章では，まず社会的経済の伝統的な主要部分についてみておく必要があり，この作業が最近登場してきた社会的企業を検討するための基礎となる。次に，社会的企業（このカテゴリーは実は大きい）と呼ばれるイギリスの組織を検討する。法人形態としては実に多様な形態をとっており，それぞれの法人カテゴリーのなかでさえ実にさまざまである。その次には，社会的企業を見出すことのできるセクターの範囲について検討を加える。ついで，福祉セクターでの社会的企業について検討し，とくにケーススタディをいくつか行い，市町村との請負契約における役割についてみることとする。最後に，社会的企業特有の特性について多少分析を加える。

1　歴史からみたサードセクター組織

　サードセクター組織の登場については，これまで主として，政府の失敗，市場の失敗を強調する非営利セクターの理論（需要サイドの理論）や，企業家の役割・プロフィールの理論，あるいは制度選択ダイナミクス（歴史的要素，背景的要素，埋め込み型など）の理論が主に分析してきた。

限界はあるが、これらのアプローチを利用すれば伝統的なサードセクター企業と新しい社会的企業とを区別することができる。区別のポイントは、これらの企業が対応している政府の失敗／市場の失敗の性格が変化しつつあること、企業家活動のパターンが変化していること、新しい社会的企業が登場したコンテクストがまったく異なっていることである。

伝統的にみれば、社会的経済とも呼ばれるサードセクターは、協同組合、共済組織、ボランタリー組織（慈善団体、財団を含む）から成り立っていると考えられるかもしれない。このカテゴリーには古くからの組織も含まれ、そのなかには19世紀に形成されたものもいくつかあり、大企業となっているものも少なくない。同様に、新しい組織も含まれ、これらは多くが中小規模で、強固な価値意識に基づいていることもある。雇用全体からみると、サードセクター組織は経済分野において重要な役割を演じている[1]。協同組合は131,971人を雇用しており、共済組織は約27,500人に仕事を提供している。また、ボランタリー組織は1,473,000人に仕事を提供している。つまり、社会的経済は合計で約1,684,500の仕事を占めているのである。

はじめに協同組合セクターをみると、その起源が、一方では良質な製品の供給に対する市場の失敗にあり、他方では小売部門での国家の規制の欠如にあり、それらがロッチデール先駆者組合の出現を招いたのである。しかし、その後新たな小売協同組合が激増したのは、その激増に見合うダイナミックな企業家的活動によるのであり、その活動は労働者階級と下層中産階級の利害を結ぶ活気ある社会運動と一体になっていた。協同組合セクターでは依然として消費協同組合が支配的であり、920万人の組合員、104,000人の職員がいる。そのなかでも生協事業協同組合連合会（CWS）（これまででは最大の小売協同組合であり、とくに、第2の規模の協同組合との合併後）は、事業がきわめて順調な協同組合的金融サービスをもっている。そもそもは小売の消費者／組合員に対す

---

[1] Eurostat（1997）からのデータ、個々のセクターでの協同組合および協同組合連合からの報告書、およびジョンズ・ホプキンス大学非営利セクター比較プロジェクト the Johns Hopkins Comparative Non-profit Sector Project（Kendall and Knapp, 1996）による。

るサービスの幅が広げられたものであったが，現在ではそれを超えて成長している。同じ傾向のもとで共済組合による金融サービスの成長もみられるが，この成長は19世紀の民間供給業者の市場での過大な力と利益に対する反発であったともいえる。

農業協同組合セクターは30万人の組合員と12,243人の従業員を抱えており，都市部の市場を拡大しながら，自助の精神に基づいて組織されているが，増えつつあった卸売業者の経済力と小売業者層の拡大に対抗する必要があって組織されたものである。しかし，ある程度，より民営化された所有形態をとる方向に向かっている。

こうした伝統的な社会的企業の多くが，少なからず指導理念の変質に見舞われているのは明らかである。政府の失敗／市場の失敗に対抗するために社会的企業が登場してきたにもかかわらず，これらの失敗の多くがそれ以降変質し，市場のダイナミクスを変えていることもまた事実である。これらの社会的企業は古く，より伝統的なセクターであり，マーケットシェアの低下，脱非営利の脅威に直面している。だがしかし，こうした低落に対して，その他の部門，たとえば葬式，旅行，保険では，引き続き市場のリーダーシップを握っているのであり，また協同組合銀行は倫理的取引では一貫して市場のリーダーである。

この多岐にわたる業務には社会的に2つの影響がある。一方で，小売協同組合は経済的に力を低下させつつも，販路を保持するうえで各地に良好な結果を残していることである。もう1つは，地域コミュニティを基盤として同様の職務をこなしている代理人たちのネットワークを保険協同組合（CIS）がもっている点である。他方，協同組合銀行は強固な倫理的・環境保護的政策をもち，マイノリティグループを支援するための倫理的プロジェクトに対して幾多の資金援助をしている。また，最近まで生協事業協同組合（CWS）やその他の小売協同組合が価値意識の後退に見舞われてきたが，このセクターでの再生が現在進行中である。つまり，コミュニティ・ショッピング戦略の開発や，コミュニティをベースとする活動の強化，社会的資本の構築を展開している。

ボランタリー組織は，雇用人員（有給およびボランティア）からみれば，サードセクターで最大である。エスピン-アンデルセンによる福祉国家類型化の説明，つまり自由主義的福祉国家，コーポラティズム的福祉国家，社会民主

主義的福祉国家という説明にしたがえば，背景にあるイギリス的な要素の検討ができる。イギリスについて通常いわれるのは，「自由主義的」であり，公的支出が相対的に低く，資産審査の利用や資格付与の厳格なルールを伴っているという点である。福祉国家が比較的早く形成されたため，プロテスタント教会が福祉で果たす役割はコーポラティズム・モデルでのカトリック教会に比べて小さい。しかしながら，第2次大戦後に創設された国民保健サービス（NHS）は，普遍主義，非市場的給付という社会民主主義的な考え方から非常に多くを吸収した。その結果，保健医療セクターにおけるボランタリーセクターの影響力がきわめて小さい。ただし，社会サービス，教育研究，文化・レクリエーション部門でのボランタリーセクターの関与は大きい。

新しい協同組合や共済組織は活動の共通性という点でボランタリーセクターとの関係が緊密であり，その活動は種々の失敗に対応する領域に及んでいる。たとえば，国の住宅供給の失敗，労働市場の失敗（社会的排除につながる），高失業を引き起こすマクロ経済政策の失敗，自治体による地域開発すなわち地域づくりへの取り組みの失敗（多人種／多民族地域，都心部の貧民街，農村地域）などである。しかし新しい協同組合や共済組織にとっての最大の領域は，福祉の失敗およびその再編――福祉国家についての国民的合意の崩壊から生まれた――から生じている。

新しいセクターの社会的企業はまた，19世紀に市場の失敗と闘った小売業（とくに有機の自然食品やラディカルな書籍などの新しい商品）での先駆者組合と似ている。そして同様に，新しい企業の形成は1960年代の社会運動と密接に関係している。同じように，個人向け金融サービスでの市場の失敗や政府の規制の失敗（きわめて収奪的な個人ローンの高利貸し的運用と結びついて多くの人々を排除すること）が，クレジットユニオンの登場する大きな要因であった。

2 社会的企業の概観

社会的企業という言葉がイギリスで使われるのはまれであるが，その意味が

不鮮明なわけではない。一般的な意味があり，通常，社会的目的をもって商取引に携わる企業という理解と結びつけて考えられており，たとえば，社会的排除の危険がある人々のために尽力する企業であって，株主のために尽力する企業ではない。

　イギリスの法律が社会的企業の構想に対して特注仕立てとなっているわけではない。協同組合のための法律もないし，とくに共済組織やボランタリー組織のための法律もない。多くの国では，これらの組織こそが社会的企業の採用する普通の形態であるにもかかわらず，である。他方，イギリスの法律はこれらの企業に関してきわめて柔軟でもある。2つの関連する法律があり，会社法と産業共済組合法［従来，産業節約組合法と訳されてきた。しかし本書ではこの訳語を当てる］とである。社会的企業は（協同組合であろうがボランタリー組織であろうが），通常，会社法のもとでは定款に定められた責任引き受け限度保証［ギャランティ］に基づく有限会社として設立されるし，産業共済組合法のもとでは産業共済組合として設立されることになる。産業共済組合に対応するのは共済組合登記署であるが，会社法に従って登記される会社に対するよりも大きな保護を真正の協同組合に与えている。

　産業共済組合は組合員の持株を認めているけれども，1人1票制であるため民主的にコントロールされている。会社法のもとでの通常の登記形式は責任引き受け限度保証に基づく有限会社であり，そこでは（通常）名目的に株を所有するメンバー（1人1票制）によって会社がコントロールされ，会社が解散した場合，メンバーの責任は最初に合意した責任引き受け限度額に限定されている。会社法の枝法に従って社会的企業を登記することも可能である。その場合は株式に基づく有限責任会社となる。社会的企業（ボランタリー組織）はまた，1992/93年慈善事業法に基づく政府慈善事業監査委員会による慈善団体として登録することも可能である。慈善事業という法的地位によって組織は法人税を免除されるが，その免除は返還請求の認められない付加価値税との相殺でなければならない。この1,2年の間，協同組合法制の改正にかなりの関心が集まったものの，草案の段階であり，まだ議会上程の予定はない。

　特別の法的地位が与えられていないにもかかわらず，社会的企業と認定されるタイプの組織が複数存在しているようである。

新しい協同組合と共済組織

労働者協同組合

労働者協同組合はイギリスの協同組合セクターの一部分に過ぎないが，影響力が大きいのが常である。1980年代以降，労働者協同組合は大きく成長し，1980年の279から92年には1,100を超えている。この協同組合は多くの分野で事業の展開をしており，とくにサービス部門で顕著である。一般的にいえば，小企業であって，平均して労働者10人の規模である。労働者協同組合が成功しているのは，大きくは地域に根づいた小規模な協同組合振興機関（CDA）のネットワークによるものである。このCDAは協同組合設立の援助を目的としており，失業者やマイノリティグループと一緒に仕事をすることも多い。こうしたカテゴリーからどの程度協同組合が生まれているかを判断するのは難しいが，労働者協同組合の大半は失業者のための仕事おこしや倒産事業での仕事確保のための起業組織から生まれている。長期失業者，復職する女性，少数民族グループ，障害者などを援助するための起業組織から発生するものはかなり少ない。

社会的協同組合

2種類の社会的協同組合に区分することが重要である。すなわち，1つが在宅介護などのサービスを提供するソーシャルケア協同組合であり，もう1つが社会的雇用のための協同組合であり，マイノリティグループに雇用を提供している。これらのカテゴリーは互いに重なり合っており，そのためソーシャルケア協同組合は障害者やマイノリティを雇用することもある。社会的協同組合は労働者協同組合とよく似ているが，違いもいくつかある。第1に，対人サービスという社会的協同組合の性格のため，利用者が何らかのレベルで協同組合の運営上の事柄に参加することがある。もっとも，この参加が正規にというのではなく，話し合いを通してという場合が多い。第2に，社会的雇用協同組合の場合，障害者の雇用上の地位，期間，条件が問題となり，それらが他のメンバーと異なるという傾向がある。その理由は国から支給される障害者給付金を

失う危険があるからである。障害者がボランティアで他の人々が被雇用者である場合もあるが、ボランティアであっても被雇用者であっても障害者が通常の賃金を支払われることはない。彼らには経費だけが支払われることが普通である。経費以外の支払いを受けると、失業に伴う障害者給付金を失いかねないからである。協同組合によっては明らかに異なるタイプのステークホルダー、たとえば、ボランティア、準会員の労働提供者、雇用労働者などが存在し、またときには組合員として参加する支援スタッフがいる。だが、消費者＝利用者協同組合をつくっているという形跡はまだない。

　在宅介護および保育の協同組合の数は1993年以降増え続けているが、正確な数を確定するのが困難である（在宅介護協同組合は約50、保育協同組合は30である）。医師の協同組合もいくつかあり、地域の開業医に救急医療サービスを提供している。イギリスには、製造部門、小売部門において、社会的雇用のための協同組合が約30〜40ある。協同組合は障害者の雇用主としては良好な前歴をもっている。次がもっともよく知られた成功事例である。デイリー・ブレッドは自然食品の小売・卸売業者であり、精神的な病気から復帰した人々を雇用している。ペドラーズ・サンドウィッチは給食サービス協同組合であり、精神的な病を抱える人々を雇っている。アデプト・プレスは印刷業者であり、聴覚障害をもつ人々を雇用している。ローワンウッドは学習障害のある人々を雇い、木製パネル製品の製造をしている。テディントン自然食品協同組合はロンドンにあるデイケア・センターが大きくなったものであり、学習障害のある人々を雇用している。

障害者派遣ボランタリー会社[2]

　障害者派遣ボランタリー会社（ソーシャルファーム）とは、社会的目的をもって障害者に真の仕事を提供しようとしている企業である。この会社は市場志向であり、主に対象となるグループは精神的な病を抱える人々である。イギ

---

2) ソーシャルファームは新しい協同組合に関する分野に含まれる。その理由は、この企業の活動が社会的な雇用のための協同組合ときわめて似ているからであるが、商取引のボランタリー組織と考えるのがよりふさわしい。

リスには約30〜40のソーシャルファームがあり，公的セクター，ボランタリーセクターとのパートナーシップに支えられて発展してきており，EUの基金を得ることも多い。

共済組織

新しい共済組織の事例もいくつかあり，伝統的な既存共済組織に比べてかなりラディカルであることも多く，倫理的投資や社会的責任投資がその例である。この新しい共済組織は新たに雇用を生み出しており，金銭上の社会的排除への取り組みを援助する方策を開発するうえで重要なものとなる可能性がある。

商取引に携わるボランタリー組織

商取引に携わるボランタリー組織は契約文化に順応しており，福祉，職業訓練，事業開発などの領域においてサービス提供者としての役割を拡大している。この分野では仕事のプロ化と経営能力の獲得とが大きな流れとなっている。ボランタリー組織は数多くの分野で活動しており，とくに文化／レクリエーション，教育，職業訓練，福祉においてだけでなく，住宅，資金づくりのために行う衣服のリサイクルなどのような社会的／環境的な分野でも活動している。売買をせずにアドボカシー活動や再分配活動を展開するボランタリー組織は，社会的企業とは考えられていない。

ボランタリー組織は慈善事業トラストの場合もあり，そのときには基金の募集に頼ったり，あるいは寄付された資産——金銭や建物——に頼ることになる。ボランタリー組織は地域再開発活動の道具となる場合もある。たとえば地域開発トラストなどがそうであり，数も多く，コミュニティビジネスの中核となることもある。主だった慈善団体は福祉サービスの供給においてしだいに重要な役割を演ずるようになってきている。すでに，要介護者ケア施設やデイケアセンター，給食サービスのような家庭訪問サービスなどを運営している。慈善事業やその他のボランタリー組織は特定の対象グループを支援することに特化していることも多く，その点がボランタリーセクターの伝統的な強さとみなされることにもなる。

中間労働市場組織

イギリスでは最近，中間労働市場にかなり関心が集まっている。中間労働市場とは，「職業訓練を受けながらの有給のフルタイムもしくはパートタイムの仕事であり，失業者に対してのみ期間を限って利用するものである。そこでは製品が直接的な社会的目的をもっているか，もしくは社会的な目的のために売買されるが，通常の場合こうした仕事や取引への取り組みはなされない」(Simmonds and Emmerich 1996)。有名な例がグラスゴー製作所であり，1999年には20のプロジェクトをコーディネートし，400～500人を雇用していた。

中間労働市場（ILM）組織の主な特徴は次の点である。中間的であること，つまり，通常の労働市場につながっていること。臨時の仕事を提供すること。社会的目的のために売買し付加価値をつけること，つまり，代替効果，置換効果を避けることである。これらの中間的組織は，「コミュニティプログラム」[3][1年以上長期失業者雇用計画]の発展であるとの議論もできるが，職業訓練が地域社会の経済とリンクしている点や，これらの中間的組織が地域経済と密接かつ明確に結びついている点，あるいはコミュニティからのコントロールを受ける点が，コミュニティプログラムと違っている。

コミュニティビジネス

コミュニティビジネスは協同組合原則の多くと共通しているが，普通は非営利である。はじめに農村地方で始まり，もっとも顕著だったのがハイランド地方およびスコットランドの諸島地方であった。大きな成功を収めたが，そのやり方は地域社会を動員して交通手段や店舗などのサービスを提供するものであった。地域の人々がコミュニティビジネスの株を引き受け，それを通じてコミュニティビジネスを所有し管理している。コミュニティビジネスは全体とし

---

[3] コミュニティプログラムとは政府最大の雇用創出プログラムであり，サッチャー政権時代にイギリスで活用された。臨時雇用と職業訓練とを支援した。

てさまざまなプロジェクトを生み出しているが，それらのプロジェクトはコミュニティビジネスに責任を負っている。

このアイデアははじめに農村地方で広がったが，その後，都心部にもうまく受け継がれた。とくにグラスゴーではもっとも広範囲に移殖された。イギリスのその他の地域にもある程度引き継がれ，もっとも厳しく恵まれない都心部での問題に取り組む方式としてだけでなく，コミュニティの組織やサービスをつくりあげ強化する方式としても使われた。その他の地域では，コミュニティ所有という感覚によって利益がもたらされるような起業組織の間で，コミュニティビジネスが利用されている。コミュニティビジネスが徐々に数を増やすなか，多くの人々はコミュニティビジネスを福祉セクターにおける起業組織にとって魅力的な仕組みとみなしている。

新しい社会的企業の主な特徴

イギリスでは社会的企業が社会的な側面を備えた独立の商取引組織として登場しているのであり，市場において私的にユーザー志向のサービスを提供し，あるいは国との契約に基づいてサービスを提供している。主だった新顔の社会的企業は，ボランタリー組織や，協同組合／共済，中間労働市場組織，コミュニティ組織などである。

協同組合や伝統的共済組合がボランティアを利用する傾向はないが，ボランタリー組織（在宅介護は除く）やコミュニティビジネス，トラストでは比較的簡単にボランティアを利用する傾向がある。経済的・社会的なスペクトル上に企業を映し出すことができるとすれば，ボランティアは経済的目的に比べ社会的目的のために利用されることの方が多いであろう。また，公的な契約の場合，法的な責任の点からボランティアの利用には制限がある。多くの社会的企業ではメンバーが明確に特定されるが，そうはいっても，普通の場合，利用者が法的に特定されることはない。

社会的企業にはさまざまな資金源がある。多くは寄付に頼らないが，ボランタリー組織や，（トラストを通じた）セツルメント（社会福祉事業組織），若干のコミュニティビジネスは寄付を受け取る。たとえばセツルメントのように資

産の寄贈を受けたものは，その運営がより安定的である。これらの組織の多くは，当然にも，市場での取引を行うのがほとんどであるが，在宅介護などのように国との契約という準市場の場合もある。かつては公的補助が普通であったが，現在では，「公共」サービスの提供に金を出す行政との契約関係という形態をとる傾向となっている。また，「サービス協定」という言葉が使われることも多い。

3 新しい社会的企業セクターの概観

新しい社会的企業が活動するセクターについて考える場合，重要なことはこのセクターを新たな市場や政府の失敗と結びつけることであり，またいろいろな動きに反映させることである。社会的企業は国の住宅供給の失敗に対応しているのみならず，(排除を招く) 労働市場の失敗，マクロ経済政策の失敗 (とくに高失業率)，地域づくり (多民族地域，都心部，農村) の取り扱いに対する地方自治体の失敗，そしてもちろんのこと，広い範囲での福祉の失敗にも対応している。市場，国家，コミュニティにかかわる社会的企業の活動に関していえば，明らかに準市場セクターがあると同時に，他方には消費者＝ユーザーが料金を支払うサービスを提供する従来型の市場もある (もっとも，バウチャー〈サービス利用券〉制度や福祉給付金制度が構図を複雑にすることもある)。加えて，結合的な関係 (相互依存関係) があり，多くの場合，さまざまなタイプの交換が交錯する組み合わせとなっている。

以下では，社会的企業が現れたセクターと，そのなかで見出されるさまざまな社会的企業について検証する。

労働市場への統合と雇用サービス

労働市場への統合を推し進める起業組織には以下のタイプを確認できよう。

- 障害を抱える人々のための労働市場への統合型起業組織 (職業訓練も含

む)。障害者へのサービスを提供する慈善団体によって運営されることが多い。
- 精神的な病気から回復する人々のための労働市場への統合型起業組織（職業訓練も含む）。これらの人々にサービスを提供する慈善団体によって運営されることが多い。
- 仕事（フルタイムおよびパートタイム）をつくりだすコミュニティ再生プロジェクト。地域開発トラストが運営する場合が多い。
- コミュニティをベースとした（セツルメントのような）多様なプロジェクト組織が行う仕事プロジェクト。
- 住宅アソシエーションが行う雇用や職業訓練，アドバイス・プロジェクト。

現在のイギリスにおける労働市場政策の趨勢は，市場をうまく機能させることによって，労働市場への統合措置の役割を小さくすることである。民間の職業紹介がイギリスではとくに強調されているが，その理由は，この職業紹介サービスが低コストで数多くの人々に対する援助を提供できる方法だからである。しかしながら，仕事をしていない人々や排除された人々がもっている潜在的に好ましくない影響（つまり，彼らの排除が労働市場で雇用できる人々の数を減らすこと）の結果，労働市場への統合に対する支援，とりわけ若者や長期失業者への支援をある程度続けさせることになりそうである。さらには，大規模なボランタリー組織が障害者や精神障害から回復した人々向けの「本物の」仕事をおこすという領域にしだいに移行しているために，これらの起業組織の全体像や有効性が話題となるであろう。国家は，契約に準じた協定やパートナーシップを通じて，数多くの計画に資金を提供している。

協同組合が引き続き，これらの起業組織にとって経済的に実行可能性のもっとも高いモデルとなっているとはいえ，協同組合以外の起業組織にはいろいろな強さがある。たとえば，コミュニティビジネスは取り残されたコミュニティを対象とするには最善であり，またボランタリー組織は特化して支援すべきグループを援助するのに向いている。他方では，中間労働市場組織が，明快な哲学をもって，コミュニティとマイノリティグループの双方に過渡的な支援を与

えている。

　イギリスの労働市場政策には職業紹介と就職情報に力点を置くという特徴があるが，労働市場への統合型起業組織は，ここで描くように，ある程度の支援を受けている。その理由は，社会のなかでより不利な立場に置かれた人々に対して，この起業組織が有効なことが認められているからである。政策の枠組みの複雑さやこれらの起業組織にとって必要な支援を考慮するならば，支援の仕組みを通じて地域開発の機能を確立する必要があることも多い。なぜなら，この仕組みが障壁を乗り越えるうえで重要な役割を果たすであろうし，（コミュニティビジネスのように）所有の仕組みによってプロジェクトの管理もまたなされるだろうからである。

　労働市場の機能を改善するためのプロジェクトは3つのカテゴリーに分類され，そのすべてが仕事および求人に対する人々のマッチングを高めることを目的としている。その3つとは，①職業紹介，②就職情報，③女性や若者，マイノリティの民族などに対する機会均等の向上である。一般的には，履歴書の書き方や面接の訓練をしたり，募集広告に応募する際の無料電話の使い方などを教えるクラブが，こうした起業組織に含まれるであろう。これらのクラブはまた孤立の減少や，制度外での学習を促進する場合の役に立っている。ここではボランタリーセクターが国に次ぐ大きな運営主体なのである。ボランタリーセクターはうまく配置され特定グループの役に立っており，それは，このセクターがある対象グループを支援することに特化しがちなことによる。このように，すべてのグループを対象とした最初の2つの領域（職業紹介と就職情報）を扱う国の制度はあるが，ボランタリーな起業組織が1つの対象グループのニーズに特化して手を貸すことも多い。

　　住 宅 供 給

　地方自治体による低家賃住宅の提供よりも，住宅アソシエーションによるものがしだいに増えている。500を超える住宅協同組合が供給している住宅はそのなかでもまだ少ない。住宅アソシエーションの大半がマイノリティグループ向けの安価な住宅市場で活動している。このセクターは規模においても，サー

ビスの点でも成長し続けている。特別のニーズをもつ人々向けの保護支援住宅［シェルター］が1980年代から90年代にはかなり増加している。もっとも不利益を被っている人々に対する住宅アソシエーションのなかでのサービス提供について関心が高まり，そこに的を絞ったプロジェクトが増えているうえ，そこでの雇用プロジェクトもますます住宅アソシエーション活動の重要な役割となってきている。公的な計画のほとんどは，単身のホームレスや若者，障害者や精神的な病気をもつ人々向けである。

　地域開発すなわち地域づくり

　地域開発，すなわち地域づくりのなかには実にさまざまな社会的企業が加わっている。地域開発は基本的にコミュニティの経済的・社会的な開発にかかわるだけでなく，そのほかの領域にもわたり，コミュニティサービスや環境改善／開発，文化的啓発（メディアや娯楽），地域に適した交通サービス，特別の教育サービス（民族的マイノリティ向け）も含んでいる。地域開発にはあらゆるタイプの起業組織を見出すことができ，とくに労働者協同組合，商取引ボランタリー組織，コミュニティビジネスがそうである。

　地域開発トラスト，いいかえれば「社会的目的をもった企業」が160以上あり，「それらは，ある地域——谷あいの町，住宅地，タウンセンター，荒廃した地区——の再開発に積極的に専念する一方で，利益が確実にコミュニティに還元されるような保証ともなっている」。こうした企業はパートナー組織であり，公的パートナー，民間パートナー，コミュニティパートナーを基金の提供や企業統治に巻き込んでいる。また，多様なタイプのプロジェクトを促進し管理しているが，そのなかに含まれるのは小企業向けの管理の行き届いた仕事用スペース，環境改善，コミュニティ交通，スモールビジネス向けの訓練やアドバイス，住宅改良，都市農場などである。

　地域開発活動のもう1つの面白い領域をセツルメントの仕事のなかに見出すことができる。この事業は多目的の組織であり，都会や都心部での貧困や不正義と取り組むことにかかわっている。また管財人が管理するトラストでもあり，多くが100年以上にわたって定着している。この事業は大きな資産の寄贈を受

け，その資産によってプロジェクトを庇護するとともに，いくばくかの所得も生み出している。この事業は多様なプロジェクトを展開しているが，そのなかには職業訓練や労働市場への統合にかかわっているものもある。多くが貧困な都心部で活動し，とくにマイノリティな民族の支援をしている。

信用および地域通貨

企業向けの信用制度はもちろんのことながら，個人向けの小口信用制度にも大きな関心が寄せられている。マイノリティグループやコミュニティを援助する小口信用制度にある程度の展開がみられるだけでなく，クレジットユニオンも増えている。イギリスでは，クレジットユニオンは歴史的にみればまだ日が浅いが，現在急速に成長している。もっとも，従業員制度はコミュニティベースの制度に比べればはるかに強力ではある。

また，中小企業のなかにあって共済組合には革新的ともいえる展開があり，資金調達の援助をしている。このような起業組織の多くが雇用を生み出すうえでの基礎を提供している。この起業組織は社会的企業の持続可能性にとってまさに欠かすことができないであろうが，現在のところ，重大な雇い主であるというわけではない。

最後に，数百にも及ぶ地域通貨制度 LETS が発展してきており，マイノリティグループの支援をしている。地域通貨制度は，数多くの人々が交換できるように物々交換を通じて機能している（財の売買，通常はサービスの売買である）。この制度は低いベースからの経済的開発を促し，コミュニティ内にお金をとどめ，コミュニティ内での交換を可能にしている。

倫理的取引

数多くの倫理的な商取引を行っている組織は社会的企業である。この社会的企業は倫理的取引に関する強固な主張をもっている。トレイドクラフトがまさにそうである。このキリスト教の非営利企業は発展途上国から商品を輸入し，みずからのボランティアネットワークやチャリティショップを通じて販売して

いる。このトレイドクラフトは第3世界や発展途上の国々と連携した開発目的をもっている。このサブセクターの規模を推定するのは難しいが、この社会的企業のなかには、きわめて規模が大きく成功しているものもある。

福祉サービスおよび対人サービス

イギリス福祉国家には1990年代初期以降、大きな変化が起こっている。1993年に施行された「コミュニティ公共医療サービス介護法」(Health Services and Care in the Community Act) によって、福祉サービスに関する政策が大転換した。この法律が政策に及ぼした大きな影響は、大規模な医療機関での介護（高齢者、精神病、身体障害者、学習障害者向け）から、コミュニティベースでの介護への移行であり、たとえば、自宅、あるいはより小さな地域単位、デイケアセンターでの介護である。その結果、脱施設収容となり、たとえば大規模な精神病院の閉鎖であったり、コミュニティベースでのサービスや自宅でのサービスの提供となっている。この法律の2番目に重要な特徴は、福祉サービス基金運営の直接の責任を中央の社会保障省から地方自治体社会保障局へ移管したことであり、しかも求められているサービスの多くを外部委託したことである。

国の社会保障給付が福祉サービスを提供する社会的企業の成長に重要な役割を演じてきた。1980年代を通して、社会保障給付金での購入比率が大幅に増えた。1979年から92年にかけて、国民保険傷病給付金の請求数が60万件から1,585,000件に増加し、また介護給付金は265,000件から83万件に増え、身体障害者交通手当ては95,000件から109万件に増えた。給付金には重要な役割があり、在宅介護などの福祉サービスの支払いをする人々を援助しているが、就職をめざす個人（たとえば障害をもつ人々）の可能性に対して否定的な影響を与えることもありえる。たとえば、貧困の罠をつくりだして、かなりの給付金をもらっている人々の求職を妨げることにもなりうるのである。

あるいはまた、給付金と関連する諸条件が就職への移行を難しくさせ、危うくさせているかもしれない。ブレア政権がこうした給付金制度全体の見直しをしているが、これまでのところ小さな変更にとどまっている。

政策の大転換の結果，民間の組織やボランタリー組織，協同組合による福祉セクターでのサービス提供が増えてきた。民間セクターによる供給の増加がとくに施設介護の領域で目立つようになってきているうえ，最近では高まる影響力を在宅介護分野でさらに広げている。ボランタリー組織もこの政策転換に反応し，専門化と市場志向に向かって，みずからがここ数年大きく変貌している。大規模なボランタリー組織という形態をとった社会的企業と小規模な協同組合がサービス供給活動を拡大し，サービス契約を引き受けている。かつては直接公的セクターが供給していたサービスを提供するのが普通である。しかしながら，民間セクターの割には対応がきわめて遅く，全般的に市場でのシェアを失ってきている。協同組合による供給は期待ほどには速くは拡大していない。これに対し，ボランタリーセクターによる供給は特定対象グループへの供給力の強化に力が割かれ，宅配弁当（ボランティアを多く使って食事を家庭に配達するサービス）などのような，補足的な家庭訪問サービスを強化している。これらのサービスには，社会的経済での別の機関，たとえばボランタリーセクターによる輸送サービス，つまりコミュニティ交通などを利用する場合もある。

4 福祉サービスにおける社会的企業

イギリスで社会的企業が活動する主なセクターの検討を終え，以下では福祉サービス分野において活動する社会的企業にとくに論点を絞ることにする。とりわけ興味深い分野となるのは，社会的企業の展開を市場の失敗／政府の失敗の進行への反応として分析する場合である。本節では，イギリスの福祉サービスにおいて混合型の介護福祉が発展した背景について若干検討し，とくに市場契約が社会的企業にどのように影響を及ぼすのかについて考察する。一般的な福祉サービスカテゴリーのなかの特定分野である在宅介護サービスについて分析するが，そこで明らかにされる原則の多くが，準市場的な条件下で活動するその他の福祉サービスにも共通している。

公的セクターの外部委託

　公的セクターによるサービスの購入がますます広まっているが，社会サービスの部局だけがサービスを外部委託する組織ではない。その他に契約を結ぶものとして，保健担当部局，地方自治体（たとえば管理人業務，シェルター［緊急避難型保護施設］），保護観察業務（アルコール中毒相談，薬物中毒相談，結婚相談，コミュニティプログラム），刑務所内教育業務などである。民間セクター企業のなかには，ボランタリーセクターや協同組合の諸組織向けの助言サービスや託児所の請負契約を結ぶものもある。

　外部委託は通常，外部契約ないしは業務協定を審査することになり，そのことによって新しい関係を推し進め，購入者（たとえば地方自治体）と供給者との契約，やりとりに関心を集めるのである。それは，関連するプロセスの1つ1つをより明快にし，公然性を高めることを意味する。契約ないしは業務協定を確実にするということは必然的にさまざまな段取りを踏むであろうし，またその段取りは一部，サービス供給業者選定過程によって左右され，個々の自治体の購入計画によっても違ってくる。

　契約条件は社会的企業に対する圧力を左右するきわめて重要な問題であり，これまでにも，不確かさを表面化させた明らかな事例がある。この例では，行政が動くことのできる契約上の限界を具体的に挙げることによって，多様なニーズへの対応を社会的企業に委ねてしまうのである。これが「コール・オフ」契約である。この契約のなかで，自治体の社会サービス部局が12ヵ月間の時間賃金や1週当りの最大時間数を具体的に明記するのである。自治体からの要求は週替りでもあり，1ヵ月の予告通告があれば自治体はいつでも契約を破棄することができる。

　国の政策が市場規模を決める核であり，公的セクターの供給に対する自主独立的な供給の割合を決めるポイントである。行政は必ずしも価格に基づいて供給業者を決めてきたわけではないが，価格がもっとも重要な基準の1つであったことは明らかである。供給業者選定の基準が不透明である場合もあり，年1回の入札の結果，供給業者が突然取引契約の削減にあったり，契約を結べない

こともありうる。他方,自治体は社会的企業の設立援助に一定の役割を演じてきている。その方法は,土地建物の提供援助や初期の経営管理支援である。

　福祉セクターでの社会的企業が個人としての依頼者から収入を得ることも多いが,上に概略述べたように,これらの依頼者は国から給付金を得てサービスの支払いにあてているのが普通である。このようにして,給付金制度やその変更が福祉セクターの規模や活動に影響を与えているのである。さらに,地方自治体による福祉サービス供給契約がある。1つの例がウォルソール在宅介護協同組合との契約であり,1997年には週2,800時間の契約労働があった。協同組合に所属する150人の介護担当者の多くがその仕事を担い,なかには協同組合から個人の依頼者を紹介してもらった人もいた。

国による福祉サービス外部委託の例

　福祉サービス領域における公的セクターの外部委託を描くために,2つの地方自治体を調べることにする。1つが中規模の町で,もう1つが都心部の地区である。

　研究対象となった人口20万人のある地域には,国からの請負業者を対象として福祉サービスを分類する公式の制度がなかった。とはいえ通常は,ユーザーのニーズによる予算上の分類(精神衛生,障害者,高齢者などの例)はあった。しかしながら,外部委託の実態に関する調査によれば,数千時間の在宅介護などのような規模の大きなサービス向けのブロック契約が約30あり,また通常個人向けとなる「スポット」契約が200あった。ブロック契約は標準化されたサービス向けに利用されていた。ここで契約されたサービスを次のように分類できるであろう。すなわち,施設介護——民間営利セクターが主であるが,ボランタリー組織も小さいながら役割を果たしている——,在宅介護,介護をする人のためのサービス(たとえば短期休業),デイケアサービス,食事(ランチクラブや宅配),相互支援,専門家によるリハビリ(たとえば視力を損なった人向け),アドバイス,カウンセリングである。

　供給業者選択の大部分を市場が決定した。したがって,施設介護セクターでは,影響力の強さのゆえに民間セクターが契約の大半を獲得していた。それを

表 15-1　商業的な可能性と供給業者のタイプ

事業の集中度	供給業者のタイプ
高い―商業的可能性あり	私的（営利的）対大規模な全国的ボランタリー組織
低い―商業的可能性低く，相互扶助的性格が濃い	ボランタリー／自助的組織のみ

除くサービス領域には強力な全国組織が存在し，エイジ・コンサーンやマインドなどのように高い評価とサービスを誇っていたため，それらが契約を引き受けることができていた。これ以外の領域では，民間企業が設立されるには十分な量の仕事がなく，ボランタリー組織（薬物中毒者・アルコール中毒者支援組織など）が唯一頼りにできる選択肢となっていた。ボランタリー組織がユーザーのニーズにしっかり反応できる能力を示していたからである。食事の宅配などのように，たとえば民間企業が調理し，ボランタリー組織が宅配するという具合に，民間企業によるサービス供給とボランタリー組織による供給には活動毎の区分けがあって，両者の組み合わせとなる場合もあった。このようにして，表 15-1 にあるような区分を確認することができる。

　供給業者選定に関わるもう 1 つの重要な要素が地方自治体の政策である。研究対象となった地域では，可能であれば自治体が施設内サービスを促進したが，現在は，中央政府が施設内サービスに厳しい制約を課している。さらに，専門家としてのパートナー（つまり，社会的企業）の貢献が，営利を求める人々（介護から利益を得るかもしれない人々）よりも高く評価されている。

　もう 1 つの研究対象地域となった民族的にも宗教的にも雑多な都心部において，福祉セクター組織のもっとも目立つ特徴となっているのが，同様に，ユーザーのニーズに対するボランタリー組織側の強い反応力である。ただし，ユーザーニーズとはいっても，この場合は，宗教，民族を基本線としている。この種の比較的小規模なボランタリー組織が数多くあり，コミュニティがもっている民族的／宗教的なつながりという特徴に即して組織が形成されている。

在宅介護——セクターと事例

イギリスには現在約50の在宅介護協同組合がある。平均的な規模で約30人の介護要員が在籍し，平均して週600時間以上の介護を提供している。スタッフ＝組合員の多くが女性であり，家族があり，パートで働いていることも多い。この市場では公的セクターが依然主たる役割を演じているが，民間セクターがもっとも高い成長率を示しており，大規模なボランタリー組織も活動的である。介護（在宅介護）のための社会的企業は，中央の行政に比べ，初期の資源が比較的少なくて済むという利点がある。事務所のスペースとしてコミュニティの資産を利用したり，あるいは自治体が用意した施設を利用することも多い。一度取引をすると，国との契約から収入を得るだけでなく，国の給付金を使って支払いをする人々からも収入を得る。以下はその事例である。

ウォルソール在宅介護協同組合

西ミッドランド地方のウォルソール在宅介護協同組合は，社会サービス局のコミュニティケア担当職員に触発されてスタートした。この職員はそのとき，何人かの女性に対して，地域のお年寄りを訪問し介護するつもりがないかを尋ねている。仕事の拡大とともに，12人の介護要員が28人に増え，1989年2月に協同組合を設立した。はじめは経営委員会に6人がいて，彼女らはパートで介護するだけでなく，管理業務すべてを担当していた。事業の成長とともに，管理担当者はみずからの介護労働を断念しなければならなくなった。今日では，管理の仕事は5人の事務職員が担い，そのうちの2人はパートタイムの介護者でもある。1992年に250人の介護要員を擁したが，競争が激しくなり——初期の競争相手であった民間企業2社から現在では約20社——，それ以降，150人の介護要員に減っている。介護担当者全員が協同組合の組合員である。全員がアドバイスや支援を受け，1週間の訓練課程を受講しなければならない。

この協同組合は良質のサービスを届けることに心を砕いている。介護をする人とクライアントとの間の良好なマッチングが重要と考えられている。この協同組合は可能なかぎり，同一の介護者が同じクライアントの面倒を確実に見続

けられるようにしようとしている。介護を担当する人は，どのような年齢層の人に対しても，それぞれの自宅で介護している。また，精神的，肉体的障害者，高齢者，児童のために力を尽くしている。さらには末期患者の介護もしているが，その場合には終末医療専門のマクミラン・ナースと連携をとるのが普通である。また，掃除，洗濯，食器洗いといった家事サービスのみならず，着衣，食事，起床や就寝などの手助けといった個人介護サービスもしている。しかし，看護はしない。介護の支払いをするうえで必要な給付金を得るための援助もしている。クライアントの多くが給付金から介護の支払いをしているが，個人資産のある人もいる。

　協同組合による仕事（週当り約2,800時間）の大部分は自治体との契約である。契約の仕事に対して，自治体の社会サービス部局は，介護要員を雇うよう協同組合に強く求めている。自治体から発注される仕事以外では，介護を担当する人はほとんどが自己雇用であり，協同組合が仲介業者として機能している。依頼人が介護をする人に支払い，介護をする人が協同組合に手数料として17.5%を支払っている。ウォルソール在宅介護協同組合の組合員は進取の気概に富んでいて，正式な職業訓練制度を設けようとしたり，介護サービスの多様化を図って，たとえばデイケアセンターでの仕事や，障害について学ぶ人々向けの社会人職業教育カレッジでの仕事を引き受けようとしている。

レキン在宅介護協同組合

　レキン協同組合はレキンの行政の主導の下で1991/92年度に設立され，ウォルソール在宅介護協同組合モデルとよく似ている。はじめの組合員＝介護者10人が急増し1992年に51人となり，99年には週約20時間労働の介護要員が81人となった。今後介護者になるには2人の身元引受人が求められることになり，また警察のチェックも必要となる。適任と考えられた人は訓練コースを受講しなければならない。このコースでは，組合員であることも含め，彼ら彼女らに必要とされる事柄のほとんどが講義の対象となっている。

　自治体との契約を除けば，介護担当者全員が自己雇用である。一律の時間賃金が依頼者から介護担当者に直接支払われ，介護をする人はその後で，1時間につき1ポンド（1.6ユーロ）の賦課金を協同組合に払うのである。マネー

ジャーとコーディネーターの2人のフルタイム・スタッフは，この賦課金のなかから給料を支払われ，ほとんどの管理職務をこなしている。経営委員会のメンバーは年次総会で選ばれる。委員は月1回集まる。非公式の会議もまた月1回開かれているが，そこでは委員は誰でも参加して意見を述べ，不平不満を訴えることができる。介護担当者のための親睦会が月単位で定期的に開かれている。意思決定も合意によってなされるのがほとんどである。

介護をする側は1週間毎日，1日24時間体制で在宅介護サービスを提供し，テルフォード市内外の都市部で活動するのがほとんどである。あらゆる要求すべてを満たすことは無理であり，仕事を断ることが続いている。顧客層は，ほとんどが給付金を受ける高齢者と障害者である。サービスの宣伝をしていないため，仕事のほとんどが口コミと法定に基づくサービスの委託である。協同組合を立ち上げたとき，1万ポンド（15,900ユーロ）の設立補助金を受けたが，現在では自立できており，存続可能なのは明らかである。

いうまでもなく，みずからが繰り広げる介護の質が，個人的な評価およびクライアントと介護担当者との調和に基づくことになる。協同組合の組合員たちは，その質を維持するために有効な規模には限界があることを承知している。組合員たちは革新的に広範囲にわたる介護サービスを展開しているのであり，デイケアセンターを開設し，そこで主に自治体と契約した仕事をこなしている。ウォルソール在宅介護協同組合の場合と同様に，自治体との契約仕事のためには，介護担当者は協同組合によって雇用されなければならないのである。

福祉セクターにおける社会的企業に特有の特徴

社会的利益と社会的資本

いくつかの分野での契約の実態や社会的企業のタイプを分析して明らかとなったのは，利用者のニーズに対する反応力の強さと民族的／宗教的多様性に対する反応力の強さであった。この反応力の強さは，一方ではコミュニティによる公益へのアクセスを保証するものとみなされるかもしれないし，他方では，標準化され官僚化されることの多いサービスを個別専門化し，コミュニティの部分部分の特定ニーズへの合致を促すものとみなされるかもしれない。この点

において，これらの強い反応力があれば，社会的排除と闘い，社会的利益を生み出すことができると考えられるであろう。ボランタリー組織がこのように反応することができる強さと能力は，この組織がさまざまなコミュニティグループのもっている連帯的な面と合っているためである。言い換えれば，ボランタリー組織はユーザーグループの間で社会的資本を動員し再生産しているのである[4]。こうした社会的資本は，民族グループのなかや民族グループと自治体との間で，同様の連帯的活動をつくりだす際にも有益であろう。

在宅介護協同組合の場合，参加の構造を通して介護担当者を事業に統合し，一体となって技能を高めることができる。また，この協同組合は，みずから組織する定期的な親睦会を通じて，介護担当者を社会的に統合することに大きく関わってもいる。このように，介護協同組合は良好な雇用に戻ることができる道であるかもしれない。

ユーザーが参加することは，在宅介護協同組合の場合，問題ともなる。その理由はユーザーを動員することができないからである。しかし場合によっては，より活動的なユーザーを参加させることによってこの事態を克服することもできる。その方法は，ユーザーとの接触を良好に保ち，確実に品質管理することや，代表的な団体（たとえばエイジ・コンサーン）を利用し，統治機構に参加してもらったり，重要な問題について相談に乗ってもらうことである。在宅介護協同組合はこの問題へのアプローチではさまざまであるが，一般には大きな歩みをみせている。そのため，ユーザーを社会的に排除する事態と闘う方法の象徴となっている。

外部性

人為的であるという準市場の性質のため，社会的企業がまったく異なる価値観に基づいて福祉サービスに寄与し社会的排除に取り組むことに重大な制限が生じる。一般的にいえば，金銭重視の契約の場合，つまり，主に競争市場での価格に依拠して差別化がなされ，サービスの質や多様性にほとんど規制が加えられない場合，サービスの価値を高める可能性や社会的資本の創出，外部性の

---

4) 本書第17章のエバース論文を参照されたい。

包含などが圧迫を受けることになる。他方，金銭重視ではない契約の場合，つまり，サービスのレベルに関して合意することで付加価値的なサービスの評価が可能となる場合，上記の可能性はより大きなものとなる。しかしながら，こうした考えは，相当規模の市場が存在するサービスに対して主に当てはまるのであって，営利企業にとって十分な仕事量のないサービス（準市場的サービス）分野では，社会的企業が明確な役割，主要な役割を担っている。

結　　論

　本書の序章において説明されているように，社会的企業家活動はイノベーションと大いに関係がある。イギリスの社会的企業に関する調査によって，社会的企業家活動の特徴がとくに福祉セクターで確認されている。実際，福祉セクター全体で大きなイノベーションがあった。

　第1に，経済的なイノベーションがあり，そこでは営利，非営利双方の民間セクターによるサービス提供が，国による硬直的で官僚的なサービス供給にとって代わることも多い。その結果，現在ではサービスも多様化し，対象が広く，価格が安いことも多い。また，サービスの垂直的，水平的統合を図ろうとする試みもある。

　他方，社会的なイノベーションもある。もっとも，それは必ずしも意図されたものであるとはかぎらない。たとえば，近隣サービスへの移行はサービスの規模の小ささと地域的な性格によるものかもしれない。社会的なイノベーションのなかには，インフォーマルセクターに対するよりよいサポートやボランティアのいっそうの活用などが含まれるかもしれない。社会的なイノベーションが，起業組織に社会的なパートナーを参加させ，ある地域での社会的統合の程度を高める手助けとなっていることを意味する場合も多い。必ずしも認知されているとはいえない1つの社会的機能が，介護の点だけでなく，介護の支払いをするためのお金（たとえば給付金）を確保する援助の点でも，クライアントをサポートできる能力である。

　本章では社会的企業の起源に関する理論について簡単に考察したが，市場の

失敗,政府の失敗に触れるならば,この考察によって社会的企業の活動領域の説明が容易になる。このアプローチはまた,社会的企業のメリットについてよく考えているだけでなく,起業家的,開発的な機能のサポートという点から社会的企業が必要としているものについてもよく考えている。社会的企業が社会的排除との闘いに貢献しているのは明らかであり,この点は社会的資本が生み出され再生産される過程の検討によって解明されている。あるいはまた,どのように外部性が生み出されるのかについての検討や,イノベーションの程度についての検討によっても明らかにされている。しかしながら以上の点に対しては,市場契約を結ぶ過程の性格,つまり,結果について交渉できる余地があるかないかが,大きく影響している。

参考文献

BATSLEER, J., CORNFORTH, C. and PATON, R. (eds) (1991) *Issues in Voluntary and Non-profit Management*, Addison-Wesley, Wokingham.

BORNAT, J., PEREIRA, C., PILGRIM, D. and WILLIAMS, F. (1993) *Community Care: A Reader*, Macmillan with Open University, Basingstoke.

BUTLER, R.J. and WILSON, D.C. (1990) *Managing Voluntary and Non-profit Organisations: Strategy and Structure*, Routledge, London.

Co-operative Working 1, 2 and 3, Learning Packs from LMSO, Open University, Milton Keynes.

CORNFORTH, C., THOMAS, A., LEWIS, J. and SPEAR, R. (1988) *Developing Successful Worker Co-ops*, Sage, London.

Directory of Co-operatives (1993) Co-ops Research Unit, Open University, Milton Keynes.

Does Employee Ownership Improve the Quality of Service, A Case of Home Care for The Elderly in New York (1989), Job Ownership Ltd, London.

EUROSTAT (1997) *The Co-operative, Mutual and Non-Profit Sector in the European Union*, DG 23, European Commission.

GRIFFITH, Sir Roy (1988) 'Community Care: Agenda for Action. A Report to the Secretary of State for Social Services', HMSO, London.

HOYES, L. *et al.* (1993) *User Empowerment and the Reform of Community Care*, School of Advanced Urban Studies, Bristol University.

KENDALL, J. and ALMOND, S. (1998) *The UK Voluntary (Third) Sector in Comparative Perspective*, PSSRU, University of Kent.

KENDALL, J. and KNAPP, M. (1996) *The Voluntary Sector in the UK*, Manchester University Press, Manchester.

KENDALL, J., FORDER, J. and KNAPP, M. (1998) 'The Voluntary Sector in the Mixed Economy: Care for Elderly People', CIRIEC Study on Associations and Services to

Elderly People, Liège.
National Health Service and Community Care Act (1990), HMSO.
PHARAOH, C. and SMERDON, M. (eds) (1998) *Dimensions of the Voluntary Sector*, Charities Aid Foundation, West Malling.
RAMON, S. (1991) *Beyond Community Care – Normalisation and Integration Work*, Macmillan with Mind Publications, Basingstoke.
SIMMONDS, D. and EMMERICH, M. (1996) *Regeneration through Work*, CLES, Manchester.
Social Firms (1997) Echo Project, European Commission, Garant, Leuven.
SPEAR, R. and VOETS, H. (1995) *Success and Enterprise*, Avebury, Hants.
SPEAR, R., LEONETTI, A. and THOMAS, A. (1994) *Third Sector Care*, CRU, Open University, Milton Keynes.
Strategic Management in the Social Economy – Learning and Training Pack, CRU, Open University, Milton Keynes.
THOMAS, A. and CORNFORTH, C. (1994) 'The Changing Structure of the Worker Co-operative Sector in the UK: Interpretation of Recent Trends', *Annals of Public and Co-operative Economy*, vol. 65, 4: 641–56.

第Ⅱ部

社会的企業——理論的視点

16 社会的企業のインセンティブ構造

アルベルト・バッキエガ
カルロ・ボルザガ

はじめに

　近年,サードセクターあるいは非営利セクター(民間営利セクターと公的セクターと対抗するものとして)が,政策立案者や公共の議論のなかで関心を高めつつある。この理由は2つある。第1に,サードセクターを構成する組織は,医療,文化,余暇,福祉産業の分野で成功しながら,近年急成長している[1]。第2に,これらの組織形態は,発展・変化を続けており,社会サービス・コミュニティケアサービス・社会的共通サービス (social, community care and collective services)[2]への増大する需要に応えるものになりつつある。1980年代以

---

1) 結局,サードセクターの相対的な重要性は,過去20年間に西洋経済において確実に増大してきた。サラモンとアンハイヤー (1994) によれば,サードセクターは1980年から90年のアメリカにおける雇用創出の12.8%(1990年のアメリカ経済における相対的な比重は6.8%),ドイツでは11%(3.7%),フランスで15.8%(4.2%)の比重がある。ボルザガ (1991) の推定では,イタリアでの非営利セクターにおける雇用創出の成長率は1980年代においては39%であり,他セクターを含む全体としての雇用成長率はわずか7.4%である。雇用成長は1990〜95年 (Salamon and Anheier 1997) の時期に引き続き伸びた。本書の各国篇では伝統的なサードセクター組織と新しいサードセクターの多くの発展事例に触れている。

2) 本書の各章が示すように,サードセクター組織は,事実上,特定の産業分野でしかみられない。サードセクター組織は,広い意味で「社会的共通サービス collective service」(Ben-Ner and van Hoomissen 1991) や「公共サービス communal services」

降,サードセクター組織は,しだいに生産的な企業家的役割を担いつつある。生産的なサードセクター組織は,とりわけヨーロッパにおいて,それまでは政府や慈善団体が関与していた分野,すなわち社会サービス,社会的弱者の労働市場への統合などに積極的役割を果たしつつある。これらの社会サービスにあまり取り組んでおらず,行政がそれを担っているような国(たとえばイタリアとスペイン)では,サードセクターの企業家的組織が登場することはまったく新しい現象であった。民間サードセクター組織がすでに福祉サービスの供給に関与しているフランスやベルギーのような国では,この傾向は政府・自治体からのいっそうの自律として現れた。

「社会的企業」という用語は,新しい企業家的形態として,伝統的なサードセクターや非営利組織とは区別されて使用されている。その違いは,サービスを生産する新しい組織ということであり,その点で従来の慈善団体とは異なる。また,多くの文献では,サードセクター組織の特徴として利潤非分配制約を強調しているが,社会的企業と民間営利企業との違いをこの点で明確に強調しているようにはみえない。実際,社会的企業は利潤極大化以外の諸目的を追求するが,すべての社会的企業が利潤非分配制約に従うわけではない[3]。

社会的企業の特徴は,組織内外の信頼関係として強調することができ,個人と地域コミュニティからの諸資源(社会的資本)を動員できるという点にある。社会的企業がそうできるのは,制度的・組織的メカニズムを利用して,とりわけステークホルダーの利益を強力に幅広く代表していること,また参加的・民主的なガバナンス制度をもち,ボランティアの労働にも依存することなどによる。その結果,経済分析で広く使われている営利と非営利との単純な二分法は,サードセクター内部で現れた社会的企業の組織的違いを十分に説明できない。われわれの見解では,この二分法は,特有の組織形態(財団)論に起因しており,制度派アプローチによる組織研究の成果を十分には活用していない。した

(OECDの定義)の生産に集中している。本章では,われわれはときどき「社会サービス」という言葉を使っている。サードセクター組織が農業セクターや製造業セクターで活動している場合には,その中心的な活動は,ほとんどサービス部門すなわち,社会的弱者となっている労働者に対する雇用機会の創出活動である。

3) たとえば,一部の社会的企業は,協同組合であるので,利潤の分配を認めている。

がって，サードセクター組織の定義の再検討が必要である。サードセクターは利潤非分配制約という単一性格だけでは括れない，多様で複雑な組織によって構成されているのである。

社会的企業は多くの制度的なあり方を含んでおり，(コミュニティや特定グループへのサービス，地域における社会的責任の推進といった) 組織目的は，寄付者，消費者，自治体・行政，ボランティア，従業員を含んだ，独自の利益導入的で関係的な制度をつくりだす。地域コミュニティ，ユーザー，ボランティア，勤労者との信頼関係はさまざまなステークホルダーの参加と民主的経営によって保障される。

われわれは，最初に社会的企業の分析の枠組みを制度派アプローチから展開した。それから，これまでの議論では無視されていた観点，すなわち，組織における労働者の地位という観点に注目する。社会的企業における労働者にとってのインセティブは，金銭的な報酬だけではないということ，むしろ，インセンティブは組織の目的・使命の形成とその共有に労働者が参加することに基づいていることが論じられる。その結果として，功利的な行動は少なくなり，組織の機能は改善される。

本章では，次の順序で議論する。まずはじめに第1節では，組織に対する制度派アプローチの検討を手短に行い，併せて，諸制度の理論的要素を総括する。第2節では，サードセクターの最近の発展を分析する既存理論の欠点を検討する。第3節では，社会的企業が展開する市場の特殊性をみる。第4節では，社会的企業の制度的特徴を分析する。第5節では，独特のインセンティブシステムとしての社会的企業という視点を提起し，その社会的強さと弱点を検討する。

1 企業——生産機能と調整メカニズムの対立

新古典派アプローチと制度派アプローチ

ここでは，企業に対する新古典派アプローチと (新) 制度派アプローチを簡単に比較する。新古典派理論では，価格が決定する過程として資源配分を説明

する (Demsetz 1997)。新古典派の経済の理解では，企業の役割は周辺的である。すなわち，利用可能な技術とインプットおよびアウトプットの価格がいったん与えられると，生産過程には何らの決定権もない。完全競争の下，企業家はただ決まった選択肢のなかから最適技術を選択して，（価格がわかっている）機械を市場に買いに行き，（労働市場で定められた労賃で）労働者を雇用し，つくった製品を（市場で決定された価格で）売ればよいだけである。技術はまた，企業の規模を決定する。

企業の内部で何が起ころうと関係ない。というのも企業では何ら特別な決定は行われないからであり，いかなる合理的なエージェントも企業内部では同じようにしか活動しないからである。企業は「ブラックボックス」であり，資源が入り，製品が出ていく生産機能がブラックボックスということである。このブラックボックスを開ける必要はまったくない。というのも，内部には何の興味もないからである。関心のすべては市場にある。実際，市場のなかでこそ，契約が明記され，取引が行われるのである。

この新古典派的見解は，企業を単なる生産機能以上のものとみなす理論家たち[4]から異議申し立てを受けている。企業はインプットからアウトプットへの変換以上のことを行うものである。企業は制度であり，費用のかかる取引を調整・管理するものである。企業は，価格指標と契約には部分的にしか依存しないのであり，その内部関係は他の調整メカニズム（ヒエラルキー，コミュニケーション，所有その他）を基礎とする。したがって，経済活動を行うにあたっては，企業は，市場よりも効率的な制度を構成するものなのである。

さらに，価格メカニズムが製品とインプットの実勢価格を形成できないとき（すなわち市場の失敗のとき）にも，企業は諸取引を実施できるとされる。市場制度というものは，取引の相手をみつけるために，あるいは契約の実施，関連条項を特定するために費用がかかるものである[5]。価格制度を使う費用は，情報が非対称的なときや将来が不確実なときに非常に増加する。後者の場合，あらゆる可能性を予測した契約を行うことはきわめて困難であり，それに対し

---

4) コース (Coase 1937) から始まっている。
5) さらに，市場契約は繰り返される取引費用を含む。

て企業内部での取引調整は比較的安価になる。

　企業は市場を利用する費用，すなわち契約にかかわる費用を低減できるとされる。これは，企業内部の諸関係がすべての可能性を予見する必要は必ずしもないからである。各エージェント間での調整範囲を決めればいいに過ぎない。たとえば労働契約についていえば，そこでは1日の最大労働時間や賃金，おおよその職務が規定され，仕事の内容については，企業家の自由な決定に任せればよい。

　しかしながら，企業内部の諸関係にも費用が含まれる。立ち上げ費用，組織運営費用，代表費用，子会社管理費用，集団決定費用（1種類のエージェントだけで管理しない場合），リスク費用などがある。これらの費用は「調整費用」や「所有費用」と呼ばれる。ハンスマン（Hansmann 1996）が指摘するように，取引にかかわる市場と企業との間の制度的選択は，「契約費用」対「所有費用」の相対的規模に依存する。

　調整メカニズムとしての企業という考えは，生産機能としての企業という考えより柔軟である。生産機能としての企業という考えには幅がないが（価格と技術は所与とされ，すべての企業は同様のものとされる），調整機能の考えには幅がある。企業家が契約範囲で決定を行うのは，調整取引の1つの方法であるが，それで選択肢の全部を使い果たすわけではない。

　したがって，制度派理論は，新古典派理論よりも，現実に存在する多様な組織形態を説明するのに都合がよいといえる。事実，「企業一般」というものは存在しない。むしろ多くの取引を管理する価格システムに取って代わる多くの制度的調整が存在するのである（すなわち，投資家所有企業，消費者所有企業，労働者所有企業，非営利企業)[6]。従来の取引を特定の環境においてもっと効率的に実行する組織形態とは，取引費用すなわち契約と所有費用を最小限にできる組織である（Hansmann 1996）。この観点からすれば，それぞれの組織形態は，市場が費用面と利益面で解決策を保障できない事態に対する特定の制度的な回答である。アロウ（Arrow 1963 : 947）によれば，「市場が最適状態を達成することに失敗した場合は，社会は一定の範囲でそのギャップを認識するもの

---

[6]　逆に，それぞれに一層の組織的な選択肢が可能である。

であり，非市場的な社会制度はそれに橋渡しをしようとする」。

市場に対する制度的代案としての企業という考えは，市場の失敗の主要な理由は情報の分配の不完全性と非対称性にあるという考えに基づく。この考えは，技術知識と価格制度，および企業内の分業の両方に当てはめられている。かくして，企業家のものとされる調整役割は，不完全な情報をあやつる能力ということになる。アルシャンとデムゼッツ（Alchian and Demsetz 1972）は，企業家の役割とは，最終生産物に対する他の契約当事者たち各人の貢献を明確にできないときに，彼らの行動を統制することであると述べている。企業家がそのように行動する動機は企業を所有していることであり，他のエージェントたちとの契約関係を調整する権利を，またすべての契約が終了したあとに残った利益を貰う権利をもっていることである。

契約の連結体としての企業

企業内部における調整は，それ自体，市場契約の代わりにはならない。企業は契約の連結体とみることもでき，そこではエージェントたちは所有者の調整役割を自主的に受け入れるが，契約に明示された以外の所有者の権利をも認めているわけではない（Demsetz 1997）。この考えによれば（新制度派理論と呼ばれることもあるが），企業の存在理由は，価格制度に基づいた内部調整が優先されることではなくて，複雑な生産過程におけるさまざまなエージェントの行動を監視する誰かを必要としていることである。この考えの前提になっているのは，すべてのエージェントが契約に基づき，すべての可能な情報（非対称的に分配されている）を最適に処理できることである。このようにして，有効な情報が与えられるならば次善の（セカンドベストの）成果が得られるという意味で，契約は最適となる。

この新制度派理論では，企業は価格制度に対立するものではなくて，価格制度を契約にしっかり組み込む組織である。そこでは，エージェント同士の情報の非対称性が背景にある。この観点からすれば，新制度派理論は，新古典派理論とのギャップの橋渡しをする。しかしながら，企業家は，契約調整に依然として重要な役割を果たす。この見解によれば，組織形態の多様性は，企業内部

の契約調整制度の多様性として説明される。所有者は，みずからの権利を行使して個人的に契約の調整をする。あるいは，所有者は自分に代理奉仕するためのエージェント（マネージャー）を指名する。組織とは，さまざまな目的を追求し，さまざまな契約を行ってエージェントたちが生産に参加するよう仕向けるものである。

市場に対する調整メカニズムとしての企業

前節のように企業を契約の観点からみることは，契約の連続を，市場システムの生産過程への再導入以上のものではないと考える経済学者たちから批判された。制度派アプローチからすれば，企業組織というものは，価格と契約の連結網に単純化できるものではない。すなわち，組織は市場に対する代案として成長する。組織は，さまざまなエージェントの調整や，生産への参加から得られる報酬（価格メカニズム）によって定義づけられるばかりではない。組織は，エージェント間の権威や信頼関係のみならず，組織や組織目標に対するエージェントたちの一体感（調整メカニズム）をも伴っている。

単なる契約の連続体としての組織という考え方に対して，2つの連関する反対意見がある。第1は限定合理性（bounded rationality）の理論であり，第2は契約不完全性の理論である。この2つを検討したい。

限定合理性という考えは，企業のエージェントは最適契約を行うという考えに異議を唱える。経験的観察によれば，企業内部における実際の契約は，最適選択理論が示すものよりずっと単純である。限定合理性アプローチによれば，これは当然である。というのも，実際にエージェントたちは，新制度派理論が最適契約に必要だとしている計算能力も合理的能力も実際にはもっていないからである。その結果，企業内部での関係は，完全に合理的なエージェントたちの間における自己利益型の相互関係にだけに依存することはできない。とりわけ，組織への労働者の参加と動機づけは，通常のプリンシパル・エージェンシー理論の枠組みでは理解できない。関係は一連の変数に基づいており，サイモン（Simon 1991）によれば，その変数とは権威，報酬，アイデンティティ，調整である。権威，報酬，調整は，最適契約理論により説明可能であるが，一

方，組織目的との一致は，個人の自己利益の極大化仮説とは折り合わない。

　組織目的との一致は，サイモンによれば，エージェントたちが個人利益の極大化のために行動するのではなくて，限定合理性によって行動するという考えと密接に関連している。合理的エージェントたちは組織の目的や価値を内部化することを完全にできない。サイモン（Simon 1993）によれば，限定合理性をもつエージェントたちは一定の「従順性」に限界づけられ（すなわち，彼らは組織の価値をみずからの価値として受け入れるつもりがある。たとえ，それらの価値が彼らに役に立つ機能をもっていないにしても，である），進化的な見方からすれば，純粋に利己利益追求の諸個人よりもずっと抵抗力がある。

　組織研究における契約の不完全性という考えは，比較的最近のものである[7]。その考えは，限定合理性アプローチのように，実際の契約は，最適契約理論が述べているよりも，きわめてシンプルであるという経験的観察に基づいている。不完全契約理論では，その訳は，最適契約を行う費用が非常に高いからである。将来起こる事柄を予測可能だとしても，正確な契約内容をすべてにわたって用意するためには費用がかかる。たとえ，これらの費用が特別高いものでないにしても，第三者（たとえば，裁判所が契約の実行内容を決定する場合）が，契約にかかわる当事者たちの考えている事柄の重要性を評価することができないこともある。このため，内容を特定することが難しくなるので，契約はしばしば不完全になり，契約でカバーできない状況については権威ある者が（すなわち，「統制」力をもつ者）が決定するようになる。不完全契約という考えは，したがって，企業を市場制度との調整メカニズムの真の代案とみなす。同時に，組織的形態の多様性を認めて，権限が組織内部で分配されるべきだとする。

　以上に示すように，特別な組織形態を選択するための合理性は，取引費用を削減する能力に基づく。限定合理性も契約の不完全性も組織の比較研究の理論的基礎となるものであり，組織は，契約費用（すなわち，市場における取引実行費用）と所有費用（企業内部における取引費用）の最小化を求める制度なのである。次節では，不完全契約理論の概念を主として利用して（労働者は，完

7）　すぐれた研究はグロスマンとハート（Grossman and Hart 1986）および，ハートとムーア（Hart and Moore 1990）によって行われている。

全に利己的ではないにしても,合理的であるとみなす),サードセクター組織の現状と発展,およびその多様性を分析する。しかし,注意すべきは,不完全契約と限定合理性は,ある程度組織理論を補完するものでもある[8]。限定合理性アプローチからも,われわれのこの結論ときわめて類似した結論に到達することが可能である。

2 制度派アプローチとサードセクター組織——既存理論とその限界

　経済学者は,主として制度派理論によりサードセクター組織の存在を説明しようとしている。より一般的には,投資家とは異なるステークホルダーたちによって所有される組織や企業の存在を説明しようとしている。サードセクター関連の経済学文献はこの点を強調している[9]。これらは,サードセクター組織の存在について4つの説明を与えている。すなわち,

- ハンスマン (Hansmann 1980) は,主として非営利組織を想定して,生産者が生産物の質について情報上の優位性をもっている場合でも,営利組織に比べて非営利組織は消費者を搾取することが少ない,と考える。
- ベンナー (Ben-Ner 1986) は,その他のサードセクター組織も分析の対象に含めて,情報の非対称性問題を克服するためには,生産の産出に対する消費者統制の役割を強調する[10]。

---

8) 契約の不完全性理論にとって限定合理性が必要かどうかは議論のあるところである。一定の限定合理性は,第三者が契約の条文のいくつかを承認できないという事実を前提にしている (Hart 1990)。しかしながら,不完全契約の考えは,一般的には契約エージェントにとっては限定合理性を前提にしていない。不完全契約における限定合理性という解釈は最近批判されている。もっとも厳しい批判はマスキンとチロル (Maskin and Tirole 1999) である。

9) さらに包括的な文献は,アンハイアーとベンナー (Anheier and Ben-Ner 1997) を参照のこと。

10) Ben-Ner and van Hoomissen (1991) を参照のこと。

- ワイズブロッド（Weisbrod 1977）は，サードセクターにおける生産を，公共財の多種多様な要求を満足させることのできない公的セクターの失敗に応えた民間からの回答と考える。これは，ハンスマンの理論と一緒にできる（Weisbrod 1988）。
- サードセクター組織の目的を形成する場合の企業家とマネージャーの役割はヤング（Young 1983, 1997）が強調している。企業家的選好についてはジェームス（James 1989）が宗教的信念や政治的信念を考えており，ローズ-アッカーマン（Rose-Ackerman 1987）は，市場生産における非営利活動の選好的補完性を分析している。グレーザーとシュライファー（Glaeser, Shleifer 1998）は，企業家のソフト［非金銭的］インセンティブに対する合理的な関与としての非営利組織の選択があると考えている。

サードセクター組織の経済的役割についての解釈はだいたいにおいて，似たり寄ったりであるし（Anheier and Ben-Ner 1997；Krashinsky 1997），しばしば一緒に利用される。たとえば，ハンスマンとワイズブロッドは，なぜ消費者が非営利組織から買い物をするのかを説明する。一方，ベンナーと「企業家的アプローチ」は，人々がサードセクターをなぜ設立したがるかを説明する。こうしたすべての理論は，利潤非分配制約が非営利組織の理解に不可欠な条件だと考えているわけではない。しかしながら，もっとも説得力のある説明は，ハンスマンの説明である。したがって「利潤非分配制約」は，組織分類にとってもっとも重要な意味づけをなすものとなっている。

ハンスマンの理論では，利潤非分配制約は，組織の「所有者」として形式的に認められているエージェントたちが不在であるということとつながっている。この意味づけの特徴は，所有権に2つの形式的権利があると考えれば理解しやすい。すなわち，第1に，投入資源の供給者としてまたは財やサービスの購入者として，組織と関係するエージェントたちを選び，契約をし，調整する権利である。第2に，契約関係がいったん終了した場合，組織の残余所得を自分のものにする権利である[11]。

---

11) 同様の概念は，Alchian and Demsetz（1972），Fama and Jensen（1983），Ben-Ner and

これらが形式的諸権利であるという事実は，明らかに，所有者によって直接実行される必要がないということを意味する。いくつかの組織形態においては，所有権はその他のエージェントに委ねられる。とりわけ，契約の決定権はしばしばマネージャーに委ねられる。マネージャーはしたがって，組織を「実効統制」する。所有者はマネージャーの行動に対して「統制権」[12]を保持する[13]。

ハンスマンは初期の著作において（Hansmann 1980），組織の残余所得に対する権利に注目し，統制権の分配にはあまり関心がなかった。利潤非分配制約は，事実上は，だれも組織の残余所得に権利がないという形式的認識である。この考えをハンスマンは次のように説明している。すなわち，非営利組織は本質的に，組織を管理している個人に対する純益の分配を禁止している（Hansmann 1980：838）。組織は利潤を分配できないので，所有者は，利潤極大化のための生産を行う上での情報優位から何の利益を得ない。したがって，消費者は契約の失敗から守られる。

この見解では，サードセクター組織は，残余所得のきわめて特殊な分配を行うものとして特定されることが多い。その結果，サードセクターの複雑性は，非営利という組織性格に単純化される。サードセクター組織のその他の特徴の多くは無視されて，利潤非分配制約だけで定義される[14]。ヨーロッパでは，利潤非分配制約は，サードセクター組織の主要な性格を定義するものとはみなされていない。それは，本書が示すとおりである。

最近，ハンスマンは（Hansmann 1996），非営利組織は，契約費用と所有費用

Jones（1995）にみられる。

12)「統制権」と「効率的統制」という用語は，Burkart, Gromb and Panunzi（1997）から取っている。同様の考えを，Aghion and Tirole（1997）が，「フォーマル」な権威と「リアル」な権威とを区別して展開している。

13) たとえば，この場合，公正を主張する組織のほとんどに当てはまり，所有者がマネージャーを支配するための統制は，マネージャーの活動全体の実績について，フォーマルな監査が特定の日にちに実施されるだけである。一般的に，所有者は日常的な決定には参加しない。

14) たとえば，Salamon and Anheier（1994）が実施した実証的調査では，「非営利」の定義は，何よりも利潤非分配制約の原則に基づいている。

の両方が事業主にとって高過ぎるときに発生すると論じている。この場合，組織の所有者の定義には意味がなく，統制役割はマネージャーとの信託関係に取って代わられる。マネージャーは組織を効率的に統制する。したがって「非営利企業は，所有権からの利益というものをすべて廃止して，マネージャーに対する厳密な信託に代える」(Hansmann 1996 : 228)。

しかしながら，信託関係の起源が何かは明確でないし，また，どのように実行するのか，どんな要素がそれを保障するのかも明確でない。おそらく，大事なことは，利潤非分配制約が与えられるならば，それはマネージャーによるご都合主義的な行動を阻止することができるメカニズムであるということである。この理論は2つの仮説に依拠している。第1は，残余所得に正当な権利をもつエージェントたちが不在であることは，ご都合主義的な行動から消費者を効果的に守る。第2に，営利企業は，消費者を搾取しないという評判を得る必要は何もない。しかしながら，いずれの仮説も説得性があるとはいえない(Ortmann 1996)。事実，利潤非分配制約は，ご都合主義的な行動や消費者の搾取に対して効率よく対抗できない。もし信託関係が実施されず，また残余所得に対する明確な統制権がなければ，組織は，効率の統制を行うエージェントによる資源搾取を阻止することはできなくなり，効率的運営に失敗する。

さらに，経済学文献では，組織と寄付者や消費者との二項的関係を非常に重視している。組織内部におけるエージェントたちの関係は，十分に分析されなかった。たとえば，サードセクター組織において，労働供給を行い組織設立者たちの目的に従って行動する労働者やマネージャーの動機づけの解釈は，ほとんど行われなかった。言い換えれば，もっぱら関心はサードセクターが市場の失敗にどのように対応できるかの能力に注がれ，サードセクター組織のマネージャーや労働者の統制（エージェンシー費用）の失敗を修復する能力については無視されてきた。

この理論的な弱さがますますはっきりするのは，行政あるいは人々に対して直接に社会サービスを供給するようなサードセクター組織の最近の形態を説明する場合である。多くの場合，これらの社会サービスにおいて，実際には，消費者と政府機関の両方がその質の管理を行うことができる。一方，営利的供給業者も評判に投資することによって情報の不均衡問題を克服することができる

(Ortmann 1996)。なるほど，ハンスマン自身は，彼の理論は主として寄付型非営利の理論であるとしている。ハンスマンは，非営利組織が民間財や民間サービスを生産するときに「企業を所有する投資家がなぜ，それまで以上にこの分野で市場拡大を望まないのかを情報の非対称性ではうまく説明できないし，非営利形態は，消費者保護としてはたいへん粗雑な手段である」としている(Hansmann 1996:234-5)。ハンスマンの結論によれば，財とサービを生産する非営利組織の強さは，市場におけるその安定性にある。というのも，非営利組織には契約費用を安くできるという相対的優位性はないからである。この結論は，サードセクター組織が利潤非分配制約に基づいていると考えるのを難しくしており，サードセクター組織の現れ方の複雑さと最近の変化を説明するのが難しいとしている。

より一般的な理論では，サードセクター組織はさまざまな役割の多元性があるといわれている。その役割とは市民グループや市民権に対するアドボカシー，資源を個人やグループや活動に再分配すること，社会サービス・社会的共通サービスの安定的・継続的供給などである。一定時期において，組織はこれらの活動の1つを選びつつ積極的に実施できるかもしれないが，多くの場合は，組織が活動を特化するようになる。本書では，サードセクター組織は，しだいに市場での企業家性を増加させつつ，サービスの生産を行う傾向が強まっていることを強調している。社会的企業は，すでに存在している消費者組織やボランティア組織から発展してきている場合が多いし，その活動がアドボカシーに集中している。イタリアの社会的協同組合がそうである。これらがアドボカシーから直接生産に向かうことによって，社会サービス供給における行政の役割は減少してきている[15]。

サードセクター組織の多様な役割によって，その組織形態と法人形態は多様なかたちで並存している。社会的，法的，経済的枠組み，ニーズの変化，サービス需要の変化，サービス供給形態の発展（公益と営利）といったもので，サードセクター組織の役割の多様性を説明できるかもしれない。社会的企業は，

---

15) 米国の非営利セクターのなかには商業化に向かう傾向もある。Weisbrod (1998) を参照のこと。

この変化の一部である。とりわけ社会的企業は，サードセクター組織の企業家的発展を代表する。この発展を理解するには，まず，社会的企業の特徴とそれが展開する業界における市場の失敗をみる必要がある。社会的企業にはその他の組織に比べてどのような相対的優位性があるのか，その制度的特徴をみる必要がある。

3 対人サービス・社会的共通サービスの特殊性

対人サービス・社会的共通サービスのこの20年間の発展の特徴は，質的にも量的にも，急速に発展する需要にふさわしい財が供給できていないことである[16]。言い換えれば，これらのサービスの伝統的生産者は，社会で発生する新しいニーズをしだいに充足できなくなっている。この傾向には2つの理由がある。第1に，サービス生産の社会的効率性が達成されていない。というのは，消費者の支払い能力が伝統的供給者の示した価格よりも低いからである。この場合，もし供給者が民間資源や公的資源を動員できて，消費者に対して料金引き下げをできるならば，効率的レベルを達成できる。言い換えれば，組織はサービスの受益者のために資源動員と再分配する能力がなければならない。すなわち，受益者の需要を効率的レベルに移すことである。第2に，生産の社会的な効率的レベルは達成されないだろう。というのは，金はいくらでも払うという既存の需要に対して安定供給することは不可能であり，コストも過度にかかるからである。このことは，市場の失敗あるいは組織の失敗の結果である。そこでは伝統的な供給者は社会から発生するニーズを満たすことができない。もし，新しい組織的対応によって，失敗の原因を取り除くことができるならば，

---

16) 本書各国篇は，いずれも対人サービス・社会的共通サービスへのニーズと，ニーズに見合った供給能力の間にギャップがあることを強調している。満たされない需要をどのように計測するかについては，Laville and Gardin (1997) を参照のこと。ヨーロッパの対人サービス・社会的共通サービスセクターにおける雇用比率が低いことは，サービスの生産が不十分であることの直接的な証明にもなる (European Commission 1999 をみよ)。

サービス供給における効率性が出てくる。いずれの要素も社会的企業による，所得再分配と生産組織の革新を通じての，社会サービスや社会的共通サービスの提供を説明できるだろう。

再分配に関しては，はじめに与えられた所得と能力が不公正だと考えられるときに，そのニーズが現れる。このニーズが社会の諸グループによって認識されるときでも，政府の政策は，資源の望ましい再分配を保障することはない。この場合，諸個人やグループは，この失敗を克服するために，寄付やボランティアの労働に部分的に依拠した組織を通じて活動しようとする。これらの組織の活動は，次のようなさまざまな形態をとる。すなわち，政府政策の効率化のためのアドボカシー，富の直接的分配，特別な社会サービスの生産を社会的弱者グループのニーズに合わせて行うことなどである。サードセクター組織がこうしたすべての分野で活動的であるのに対して，社会的企業は最後の分野において，費用に見合う価格を支払えない社会的弱者グループにサービスを提供することや行政が関与できないあるいはしたがらない分野にかかわる。これは多くの新しい社会サービスにあてはまる。というのも，民間組織は，ステークホルダーたちが価格差別を受け入れる場合（彼らが消費者の場合），あるいは必要な財源供給に同意する場合（彼らが寄付者の場合），あるいは生産要素が無料あるいは市場価格よりも低い場合（彼らが労働者またはボランティアの場合）にのみ機能するからである。

社会サービスに影響を与える市場の失敗と組織の失敗は，サービスそのものとその供給の多面的な性格による。典型的には，社会サービスは質が重要であり，ユーザーもさまざまで，その評価もさまざまである。サービスの多面性はそれ自体，市場の失敗の理由にはならないし，伝統的な企業形態によるサービス供給と両立しないわけではない。契約の形態を工夫して，利潤極大化の制約となるサービスの必要な程度を決定すればよい。しかるのち，組織に利潤極大化を任せればよい。しかしこのメカニズムは，組織目的が明確でなく計測できない場合は機能しない。この場合，組織の多面性は利潤極大化の抑制要素としては組み込めないので，組織を効率的に統制するエージェントたちによって無視されるか過大評価されるかになる（Holmström and Milgrom 1991）。

非評価性の問題は，密接に関連する要素をもつサービスと結びついてい

る[17]。そこでは一部の側面は簡単に評価できるが（たとえば，単位当りの費用あるいは顧客の人数），しかし他の側面の評価は簡単ではない（たとえば，サービスの質，顧客の満足度，労働者の貢献度など）。この場合，当事者（生産者や消費者）や第三者が容易にモニターできないし，評価できない側面は，サービスの質の評価も困難である。実際，サービスの質は供給者と消費者の（インフォーマルな）関係に依存する。したがって計測が難しい。これは，さまざまな種類の情報の非対称性による関係と結びついている。以下に，それを検討してみよう。

　情報の失敗の第1の種類と，非営利組織の理論がしばしば触れる失敗は，サービス供給における生産者の消費者に対する情報優位性である。消費者に支払い能力があるとしても，かなりの費用を負担することができず生産者の行動を効果的に統制できないとすれば，情報優位にあり利潤極大化をめざす生産者によって消費者はつけ込まれ搾取されてしまう傾向がある。一方，サードセクター組織は，消費者を搾取することが少ないとされる。というのも，サードセクター組織は利潤を分配できないし，また社会的企業の場合たいていは，消費者やボランティアを組織の経営と管理に参加させるからである。これらの制度的な性格は，消費者を搾取することを軽減する。したがって，サードセクターは消費者が弱い立場の場合に契約費用を下げることができる。この考えは第2節ですでに検討している。

　社会サービスセクターの情報の失敗の第2の特徴は，消費者が必要なサービスに喜んで支払うための情報優位性をもつことである。これはよく知られた「フリーライダー（ただ乗り）」問題をもたらす。サードセクター組織と社会的企業は，消費者にみずからの真の選好を明らかにさせ，価格差別を認めさせれば，この「フリーライダー問題」を緩和することができるという。一部の論者は協同組合とサードセクター組織は，フリーライダー論を克服できるとしている（Grillo 1989 ; Bilodeau and Slivinski 1994）。ベンナー（Ben-Ner 1986）は，組織

---

17) もし生産者と消費者との直接的な関係が供給されるサービスの質に影響を与えるならば，そのサービスは相関的な内容をもつ。この点については，Gui（1994, 1996），Uhlaner（1989），Zamagni（1997）を参照のこと。

の統制を消費者が行う場合，少なくとも部分的にはただ乗りの動機を除去することができるという。この場合，(生産者・消費者間の情報の非対称性による) 契約費用の高さは，市場制度に代わり消費者が何らかの統制を行う組織となることによって軽減できる。

社会サービスの生産における第3の情報の失敗は労働契約の不完全性から起こるものであり，所有費用と関連している。マネージャーと労働者は，統制者よりも情報をもっている。このことは，いずれの生産形式にも当てはまり，組織内部で熟慮されたエージェンシー関係を生み出す。しかし対人サービス・コミュニティサービスの場合は，その努力を測定するという問題はとくに難しく，うまく機能する労使関係を組織するのが困難である[18]。このことは，組織がこの問題に対応できるならばサービス供給に成功するということである。

しかしながら，この問題は非営利セクター組織に関する経済学書ではあまり言及されておらず，組織とマネージャーとの関係だけが議論されているに過ぎない[19]。社会的企業は労働者と組織の関係の重要性を強調しており，それは，社会的企業で生産されるサービスの費用と質の決定要因となる。したがって，以下でその点を論じて，社会的企業の制度的特徴が労働者の努力をチェックする問題をいかに軽減できるかをみていく。

4　サードセクターと社会的企業の制度的特性

ヨーロッパのほとんどの国では，過去20年間，サードセクター組織と社会的企業は，より生産的でより企業家的なスタンスに向かってきた。実際，これらは，きわめてはっきり定義できるような一定のサービスを，安定的・継続的に，そしてかなりの程度自律的に生産している。そのサービス分野は次のような特徴をもつ。すなわち，労働集約型技術が必要であり，努力をチェックするのが難しく，消費者が生産費用のすべてを支払えないような分野である。これ

---

18) たとえば Young (1999) をみよ。
19) たとえば，Handy and Katz (1998), Preston (1989) をみよ。

らのサービスとその提供方式は，既存の民間サービスや公的サービスの生産に比べると，しばしば革新的である。これらのサービスのいくつかの特徴が他の組織と比較して重視されており，それが協同組合や非営利組織などのさまざまな組織形態や法人形態をとらせるのであり，社会的企業もそうした形態をとることがある。

サービスが複雑になると，それを提供する社会的企業も多様になってくる。このような現象の分析には，制度派理論による道具を十分に発展させることが必要である。そこでは，組織内部の統制権の分配の仕方に特別の関心が払われる。社会的企業においては，統制権の分配は，残余所得の分配と同じくらい重要である。各エージェントに割り当てられた統制権は，組織の諸目的が決定される重要な権利である。この統制権は，契約的な関係性のすべてを最終的に統制するということであり，組織内部における動機づけのシステム，すなわち，組織の内部構造に影響を与える。

多くのサードセクター組織と同様に，社会的企業は，統制権をもつ者をどのように定義するかという明確なメカニズムをもっていない。したがって，組織目的を明確に定義できない（リスク資本の負担をどこでするのかが組織の問題となる営利組織とは違って）[20]。しかしながら，あらかじめ決まった統制権がない場合でも，統制権の割り当ては，何らかの統制構造があることを前提にしている（Alchian and Demsetz 1972; Hansmann 1996）。統制構造は，別の，したがってより可変的な特徴づけができる。統制権を分配するシステムの多様性が，サードセクターと社会的企業との違いを生み出す。すでにこの点は注目されている。たとえば，一部の論者は，寄付型の非営利組織における財源提供者としての寄付者の役割を強調する。したがって残余的統制権を寄付者がもつことを正当化する（Fama and Jensen 1983）。他の論者は，誰が統制権をもっているのかを明確にすることはできないし，統制権の分配はインフォーマルな形をとる，

---

20) 投資家所有の組織において，事業への金銭的貢献に基づく統制権，すなわち，所有者の統制権は組織の目的を限定する（企業の期待価値の極大化）。それによって，インセンティブ構造は通常，金銭的可変性に基づくが，この目的の達成の極大化をめざす。

と述べている (Ben-Ner, Montias and Neuberger 1993)。ベンナーとファン・フーミセン (Ben-Ner and van Hoomissen 1991) は，主として消費者協同組合と非営利組織について議論しており，単純に消費者に最終的な統制権を委ねている。本書の多くの執筆者が論じているように，統制権は，複数のカテゴリーのステークホルダーに委ねられている (Borzaga and Mittone 1997)。組織に対する統制と組織目的の定義に対する統制は，特定の目的追求のために組織を効率的に運営させるような動機をステークホルダーたちに与える。

　社会的企業においては，統制権をもつステークホルダーが誰かということは，再分配的なニーズの種類を選ぶ結果としてでてくるし，市場の失敗が特殊な財とサービスの生産を決めることからでてくる。しかしながら，残余的な所得を要求する者たちが完全にかつ正式に確定される場合でも，社会的企業が同一種類の統制権をもつとはかぎらない。これは，組織がもつ制度的メカニズムが異なるからというだけではない。それはまた，次のような事実に関係している。すなわち，組織目的が，営利企業ほどに明確に確定しているわけではないことである。一方，統制権を残余所得の分配の権利から分離できるのは，営利動機が組織の公式の諸目的のなかでとくに強調されているわけではないからである[21]。他方，その他の主要な目的も，組織が活動している市場を性格づける諸条件とは無関係ではありえない。

　政府諸制度に対する一連の説明を社会的企業の説明に拡張するならば (Tirole 1994)，利潤極大化目的は，組織にとって単一の別の目的によってではなく，潜在的には対立しあうさまざまな多元的な目的によって取って代わられることになる。多元的目的の存在は，明らかに，統制権が異なるカテゴリーのステークホルダーたちによって分有されていることを示している。これらの目的は，しばしば，量的にも定義的にも，もともと非常に確定しづらいものである。というのも，活動や一般原則の質的な違いがこうした目的に深くかかわってい

---

[21] しかし，利潤分配がフォーマルな目的でない場合でさえ，エージェンシー問題の結果として利潤分配が発生する点を銘記すべきである。この見地からすれば，非営利組織における利潤分配は「内部」統制活動の失敗を反映している。従来の理論では逆に，「外部」統制の非効率性に起因する組織の隠れた目的の実現として利潤分配をむしろ考慮に入れている。

るからである (たとえば, 組織における民主主義, 顧客の福利, 資源再分配の程度など)。それらの目的を正確なガイドラインとして提示するのは非常に困難である。それに伴う問題は, たとえ諸目的を確定できたとしても, それらの目的を比較考量し, 安定的で明確な客観性のある極大化関数を手に入れることは困難なことである[22]。

このように, 社会的企業は非常に複雑で多様な組織であり, 本書の各国篇では, その複雑性と多様性が示されている。つまり単純すぎる組織モデルを当てはめようとすることには無理がある。統制権の程度と組織を統制する者の区分は, 組織の種類に応じて別々のものになる。目標と目的は, 組織内部でも必ずしも整合性がないし, 組織の歴史やステークホルダーたちが共通してもっている価値観によってつくられる。しかしながら, 社会的企業の特徴的要素は, 利潤非分配制約だけで確定できるわけではない。統制権の分配のあり方の種類は, 整合的な統治構造とともに, 社会的企業のような生産的・企業家的なサードセクター組織にとってはとりわけ重要である。というのも, 生産過程と利潤の分配とにかかわる諸目的の間に矛盾が発生するからである。同時に, 統制権の分配は制度的な道具であり, それにより社会的企業は, 組織目的と一致するインセンティブ構造を組織の内部につくることができる。

5　インセンティブ構造としての社会的企業

社会的企業における統制権の実際的な分配は, 再分配のために資源を動員する必要性と市場および組織の失敗という, 社会サービス・社会的共通サービスの生産において発生する2つの困難に基づいて説明できる。再分配的な側面が非常に濃厚であり, また社会的企業が寄付者やボランティアの労働による支援に強く依存している場合には, 統制権は, 主としてボランティア, 管財人, 地域コミュニティ代表に分配される。他方, 組織活動の再分配的な側面の圧力が

---

[22]　以前の事例に続いて, 組織内の民主主義のレベルと消費者の福利のレベルに対する受益者に有利な再分配との間の正しいバランスとは何かが問われる。

小さい場合，たとえば，行政がその再分配機能を生産的な社会的企業に下請けに出す場合には，統制権は，主として，市場の失敗と組織の失敗に見合った形で分配される。後者の場合，組織の統制は，クライアント，労働者，マネージャーに委ねられる。さらに，労働者とマネージャーはしばしば金銭的な対価を受け入れるが，それは他の民間組織で彼らが同一職務で得るよりは低い金額であるものの，労働供給者から消費者へと資源を部分的に再分配することを受け入れた格好になるのである。

　これらの全体の図式は非常に複雑で変化に富むものであり，社会的企業の歴史と経験がそれを証明している。しかしながら，利潤再分配問題が非営利組織をめぐる議論で広く分析されるようになって以来，とりわけこの点は，社会的企業が労働者の契約的諸関係における失敗の否定的な結果を緩和するという議論に貢献している。

　社会サービス・社会的共通サービスがもっている標準化できない性格は，その努力を測定する難しさを生み出すとともに，伝統的な契約制度を利用する難しさも生み出す。組織におけるエージェンシー問題は，労働者の賃金問題を，測定可能な労働実績に結びつけても解決しない。言い換えれば，この種のサービスを生産する組織におけるインセンティブは非金銭的なものになりがちである。このことによって，サービス生産にかかわる諸側面のうち，より測定しやすく確証しやすい側面には相対的に小さなウエイトしか置かないというインセンティブ構造が生み出される。それは，組織が有する確証しづらい目標の追求を妨げないようにするためである。

　非金銭的なインセンティブの結果として，エージェントたちは効率的に行動するための動機づけがしづらくなる。報酬が業績と緩くしか連動していないため，金銭的動機のない労働者の取り組みを低調にすると思われる。同時に，ご都合主義的な行動が生産活動に影響を与え，生産が続かないかもしれない。このことがとくにいえるのは，サービスに対する公的な需要や民間の需要によって決定された価格では費用の一部しか賄えず，再分配において，クライアントが有利となるようなかかわり方を組織に求めるときである。この場合，組織は人的資源や財政資源を動員し，金銭報酬だけで努力をするのではない労働者を選ばなければならない。

社会的企業の組織構造は，営利企業や公的機関ばかりでなく伝統的サードセクター組織（たとえば財団）と比べても，ご都合主義的行動の危険を首尾よく回避することができる。これは，組織の構造が，組織の目的にふさわしいインセンティブシステムを生み出せるからである。とりわけ，組織の性格は，労働者やマネージャーを規定するインセンティブシステムのあり方に影響を与える。それゆえ，特定の制度的形態を選択することによって，社会的企業は，組織として追求すべき目的をステークホルダーに知らせ，結果としてステークホルダーにインセンティブを提供することになる。

　社会的企業の性格は，そのインセンティブ構造の定義にとってきわめて重要であり，社会的な側面に密接に関係している。とりわけ関係しているのは，コミュニティ全体あるいは一部への奉仕という明確な社会的目的の存在，コミュニティに属し共通ニーズを分かち合うグループの直接的関与，制限された利潤分配，民主的・開放的マネジメントである。これらの特徴は，密接に関連している。その共通の特徴を次にみていくことにしよう。

　社会的企業に明確な社会的目的があることは，労働者にとってもその他ステークホルダーにとっても，また世間にとっても，組織の性格に関する重要なシグナルとなる。その結果，いまいる労働者やこれから働こうという労働者にとってもボランティアにとっても，彼らに要請されている組織目的と対比して，自分たちの能力や期待を測ることができる。たとえば，労働市場への統合サービスでみられるが，そこでは，活動的で展望をもっている労働者は，自分たちがつくり出す付加価値の一部が不利な労働者たちの人的資本に貢献してそれを改善するために使われるだろうと考えている。また，社会サービスの生産でも明らかであるが，組織は，新しい活動の開発のため，あるいは受益者を増やすためにその利潤を使うことができる。さらにいえば，明確な社会的目的と金銭的な目的は，相互に排除しあう。非金銭的な目的の追求という明確なシグナルは，測定や評価が困難な次元のサービス生産についていわれることである。先に示したように，このようなサービスの生産のための契約は非金銭的なものになりがちであり，報酬は目に見える成果とは無関係になりがちである。

　事実，社会的企業は，金銭的な部分と非金銭的な部分とを混合しながら報酬をみる傾向にある。そこでは賃金部分は，同じ業界の営利企業と比べるとかな

り低い[23]。金銭は,エージェント(実行者)たちにとって,プリンシパル(統治者)と同じように,交換の唯一主要な側面ではない。言い換えれば,社会的企業は,賃金以外のインセンティブによって労働者を動機づけできるようにみえる。もちろん,社会的企業が示す労働需要は,外因的な(賃金)報酬を内因的な動機と労働者が喜んで交換する場合にしか有効なものとはならない。これについては,経験的(Frey 1997)かつ実証的な証拠もある。イタリアの社会サービスセクターにおける最近の雇用条件についての実証的研究によれば,社会的企業の労働者の大部分が,どうしてその組織で活動することを選んだのかについては,仕事の内容を重視したからであり,他によい仕事や金になる仕事がなかったわけではなかった(Borzaga 2000)。同時に,内因的な動機を重視する社会的企業で働く労働者にとって,仕事への満足度は高かった。

実際,社会的企業の特徴は,営利企業や公営組織に比較すると賃金が相対的に低く,また賃金格差も小さいことである。さらに,社会的企業では,働く労働者は仕事に満足しており,辞めてしまうことも少ない[24]。その結果,関係的サービスの生産に決定的な影響を与える労働者の満足度と仕事上の努力がコストを抑制しながら達成されることになる。この点が重要なのは,社会的企業における賃金が割安であることが特有の報酬体系の1つの側面とみなされるのではなくて,ときには労働搾取の指標と誤解されるからである。社会的企業を設立し運営するエージェントたちには,活動により信頼関係をつくり,社会的企業の目的を強化しその目的への信頼性を生み出す責任がある。実際,非金銭的なインセンティブと結びついて生ずるご都合主義的な行動のリスクは,もし組織の目的と統制権のあり方とがある程度一致すれば,部分的に回避できるかもしれない。

一般的に,労働者が自由度の高さを利用して非金銭的なインセンティブの仕事の内容を決定できるならば,金銭的な利益とは異なる個人的な目標を達成で

---

23) Handy and Katz(1998)は,非営利組織のマネージャーたちの低賃金は,組織の自己選択の目標としての非営利の仕事に従事する諸個人のゲームの結果だと説明している。

24) たとえばBorzaga(2000)をみよ。同様の結果は,Mirvis(1992)とPreston(1990)にもみられる。

きる（組織の制度上の諸目的と必ずしも一致しないとしても）[25]。しかしながら，組織の社会的な目的を達成することに高い関心をもっているステークホルダーの直接的関与があれば，ご都合主義的な行動のリスクを大きく減らすこともできる。この活動を行うグループ内部の結束力もまた，仲間の労働者による努力に対する意識と統制を増大させる。とりわけ目標が多面的であれば重要である。

　さらに利潤分配の制限については，これまで議論してきた諸要素との関係で解釈されるべきである。すでに指摘したように，社会的な目的の存在は，利潤極大化とはほとんど両立しない。利潤分配制約の役割は，脇役を果たすに過ぎない[26]。社会的企業においては，利潤分配の制限は，（法律などによって）外から与えられた性格というよりも，組織内部での制度的選択として発生した。明らかに，金銭的な要素はたとえば，財政力の保障，（こうした組織は経済リスクが高いので）市場での生存能力などのために，組織運営にとって依然として重要である。しかしながらこの場合，金銭的な側面は，それ自体が原則となるのではなくて，選ばれた目的の追求にとって足枷(かせ)となる（たとえば，投資への報酬のために一定の利益が必要となる）。にもかかわらず，利潤分配制約という原則は社会的企業にとって重要である。それには2つの理由がある。第1に，それはステークホルダーと世間に対する，組織の真の目標についての，部分的ではあるが力強いシグナルである。第2にそれは，他の利潤極大化型組織が自分たちを社会的企業だと称して，担保なしの財政優遇とか評判をとろうとかする可能性を押さえる。明らかに，社会的企業でも，非金銭的な目的を当初

---

25) 奇妙なことに，サードセクター組織への批判の多くは，プリンシパルとエージェンシーとの間の紛争をモデル化して，（金銭報酬の極大化という）最初の側面に集中している。しかし，サードセクター組織におけるエージェントが実際に，たとえば組織の規模の極大化や人数の拡大とか生産レベルの質量の向上といったような非金銭的な目標を追求するということの根拠もない。

26) 厳密にいって，社会的企業は反対の限界に直面している。すなわち，その非金銭的な目標に充てる財源確保のために，金銭的損失が大きくならないようにしなければならない。実際には，社会的企業の金銭借り入れ能力が厳しく制限されている市場ではこうした制限は必要ない。

は追求するが，その後，営利をめざす普通の行動になってしまう場合がある[27]。

結局，民主的で開かれた経営は，社会的企業の大きな性格の1つであり，これまで述べてきたような特徴に基づく。とりわけ，組織目標の確定について労働者がいつも関与する必要性，クライアントや消費者といったステークホルダーの代表による参加の必要性がある。さらに，民主的経営は，しばしば賃金体系とも関連しており，相対的に営利組織よりは賃金体系は均一的である。民主的構造は，金銭報酬決定に関するかぎりは階層による差についてはそれほど違いはない。このことは，社会的企業における金銭面での重要性の低さに合致しているようにみえるし，また非金銭的な側面を前提とした労働の契約とも一致している。もし，契約諸関係が緩やかに定義されるものならば，民主的で開かれた経営は，組織目標を追求する戦略の再方向づけのために重要な役割を果たす。

これまでの分析では，われわれの当初の見解，すなわち，社会的企業の性格とそれが生み出すものとの間には関連があることを示している。社会的企業は制度的な調整物として登場しており，組織の諸目標と，生産に参加するエージェントたちの間の不一致点をなくそうとするものである。ご都合主義的な行動を自粛するかぎり，社会的企業は他の組織形態とは違って所有権にかかわる費用をうまく削減することができる。

明らかに，エージェシー問題とご都合主義的な行動が社会的企業においては減るとはいえ，完全になくなるわけではない。さらに，社会的企業は1つの組織モデルを提供するが，それはいまのところ，脆弱で非常に不安定なものである。社会的企業が直面している主要な困難は，組織の諸目標の安定したバランスを維持することであり，統制権の分配であり，インセンティブ構造であり，その市場の性格づけである。組織にとってこの困難な任務は，経営理論や経営実践において評価の基礎が欠けているためであり，既存の企業形態が，社会的企業のガバナンス構造の安定化を著しく制約するからである。

---

27) しかしながら，社会的企業が想定する法人形態が完全な営利企業への転換を許容しているわけではない（イタリアの社会的協同組合の例）。

さらに，社会的企業は非常に公共政策に左右されやすい。とくに，公的扶助による選別的サービスにおいては顕著である。当然のことながら，社会的企業は，社会サービスに対する公的支援が減少するとマイナスの影響を受ける。しかし，このことは脆弱性の唯一の例ではない。これまで民間の資源で行っていた社会サービスに対して行政が財源を出すためには，制度的な微妙な変化が前提となる。したがってこのことが，リスクをつくりだす。もし，行政がこれまでの社会サービスの再分配的な側面を引き継ぐならば，社会的企業に対する契約のあり方の変更ばかりでなく，組織的制度のあり方，統制権の分配，インセンティブ構造の根本的な転換が必要である。

　これらの弱点は，社会的企業による生産モデルの発展にとって主要な障害ではあるものの，本書の諸論文が示すところによれば，社会的企業は，営利企業，公共機関，従来型の非営利組織に比べると，特定の財の生産を効率的に組織できるのである。

結　　論

　本章では，社会的企業を，独特のインセンティブシステムとして制度主義的に解釈すべきだとした。社会的企業は，営利企業や公共機関が効率的にできない対人サービス・社会的共通サービスの生産をうまく実施することができるような組織形態である。それには2つの理由がある。第1に，これらのサービスは市場の失敗と契約の失敗（しばしばサービスの関係的な構成に関連している）にかかわっている。第2に，資金提供者または生産者から消費者への再分配の程度は，そのサービスの生産がどのくらい必要かによるのである。

　社会的企業の制度的な性格は，対人サービス・社会的共通サービスを生産する際の問題点を克服しやすい独特のインセンティブシステムをつくりだす。この観点からいえば，とりわけ関連していることは，明確な社会的目的であり，一方での生産者と他方での消費者・地域コミュニティとの近隣性であり，組織内部としては，労働者の努力への金銭的な報酬に対する開かれた民主的なマネジメントである。

社会的企業は,組織目標,統制権の分配,インセンティブ構造,みずから事業を行う市場の特質などの間の困難なバランスを追求する。これらの要素によって社会的企業はその内部組織を調整して対人サービス・社会的共通サービスの生産にかかわる諸問題に対応することができるが,一方で,これらの要素は社会的企業を脆弱なモデルにして,市場の条件と公共政策の変化に左右されやすいものにもする。

参考文献

AGHION, P. and TIROLE, J. (1997) 'Formal and Real Authority in Organizations', *Journal of Political Economy*, vol. 105, 11: 1–29.

ALCHIAN, A. and DEMSETZ, M. (1972) 'Production, Information Costs and Organisation', *American Economic Review*, vol. 72, 5: 777–95.

ANHEIER, A.K. and BEN-NER, A. (1997) 'Economic Theories of Non-profit Organisations: A *Voluntas* Symposium', *Voluntas*, vol. 8, 2: 93–6.

ARROW, K.J. (1963) 'Uncertainty and the Welfare Economics of Medical Care', *American Economic Review*, vol. 53, 5: 941–73.

BEN-NER, A. (1986) 'Non-profit Organisations: Why Do They Exist in Market Economies?', in ROSE-ACKERMAN, S. (ed.) *The Economics of Non-profit Institutions*, Oxford University Press, New York, 94–113.

BEN-NER, A. and JONES, D. (1995) 'Employee Participation, Ownership and Productivity: a Theoretical Framework', *Industrial Relations*, vol. 34, 4: 532–54.

BEN-NER, A. and VAN HOOMISSEN, T. (1991) 'Non-profit Organisations in the Mixed Economy', *Annals of Public and Co-operative Economics*, vol. 62, 4: 519–50.

BEN-NER, A., MONTIAS, J.M. and NEUBERGER, E. (1993) 'Basic Issues in Organisations: a Comparative Perspective', *Journal of Comparative Economics*, vol. 17: 207–42.

BILODEAU, M. and SLIVINSKI, A. (1994) 'Rational Non-profit Entrepreneurship', EconWPA Working Paper IO 9405001.

BORZAGA, C. (ed.) (2000) *Capitale umano e qualità del lavoro nei servizi sociali. Un'analisi comparata tra modelli di gestione*, FIVOL, Roma.

—— (1991) 'The Italian Non-profit Sector. An Overview of an Undervalued Reality', *Annals of Public and Co-operative Economies*, vol. 62, 4: 695–710.

BORZAGA, C. and MITTONE, L. (1997) 'The Multi-Stakeholders versus the Non-Profit Organization', Università degli Studi di Trento, Dipartimento di Economia, Discussion Paper no. 7.

BURKART, M., GROMB, D. and PANUNZI, F. (1997) 'Large Shareholders, Monitoring and the Value of the Firm', *Quarterly Journal of Economics*, vol. 112, 3: 693–728.

CLOTFELDER, C.T. (1992) *Who Benefits from the Non-Profit Sector?*, University of Chicago Press, Chicago.

COASE, R. (1937) 'The Nature of the Firm', *Economica*, vol. 4, 16: 386–405.

DEMSETZ, H. (1997) 'The Firm in Economic Theory: A Quiet Revolution', *American Economic Review*, vol. 87, 2: 426–9.
European Commission (1999) *Employment Performance in the Member States*, Employment Rates Report, Luxembourg.
FAMA, E.F. and JENSEN, M.C. (1983) 'Separation of Ownership and Control', *Journal of Law and Economics*, vol. 26: 301–25.
FREY, B.S. (1997) *Not Just for the Money. An Economic Theory of Personal Motivation*, Edward Elgar, Cheltenham.
GLAESER, E.L. and SHLEIFER, A. (1998) 'Not-for-Profit Enterpreneurs', NBER Working Paper 8610, November.
GRILLO, M. (1989) 'Cooperative di consumatori e produzione di beni sociali', Working Paper POLITEIA no. 39.
GROSSMAN, S.J. and HART, O.D. (1986) 'The Costs and Benefits of Ownership: A Theory of Vertical and Lateral Integration', *Journal of Political Economy*, vol. 94, 4: 691–719.
GUI, B. (1996) 'On Relational Goods: Strategic Implications of Investment in Relationship', *International Journal of Social Economics*, 10–11: 260–78.
—— (1994) 'Interpersonal Relations: A Disregarded Theme in the Debate on Ethics and Economics', in LEWIS, A. and WARNERYD, K.E. (eds) *Ethics and Economic Affairs*, Routledge, London, 251–63.
HANDY, F. and KATZ, E. (1998) 'The Wage Differential between Non-profit Institutions and Corporations: Getting More by Paying Less?', *Journal of Comparative Economics*, vol. 26, 2: 246–61.
HANSMANN, H.B. (1996) *The Ownership of Enterprise*, The Belknap Press of Harvard University Press, Cambridge, MA.
—— (1980) 'The Role of Non-Profit Enterprise', *The Yale Law Journal*, vol. 89, 5: 835–901.
HART, O. (1990) 'Is "Bounded Rationality" an Important Element of a Theory of Institutions?', *Journal for Institutional and Theoretical Economics*, vol. 146: 696–702.
HART, O. and MOORE, J. (1990) 'Property Rights and the Nature of the Firm', *Journal of Political Economy*, vol. 98, 6: 1,119–58.
HOLMSTRÖM, B. and MILGROM, P. (1991) 'Multitask Principal–Agent Analyses: Incentive Contracts, Asset Ownership, and Job Design', *Journal of Law, Economics and Organisation*, vol.7: 26–52.
JAMES, E. (1989) *The Nonprofit Sector in International Perspective*, Oxford University Press, New York.
KRASHINSKY, M. (1997) 'Stakeholder Theories of the Non-profit Sector: One Cut at the Economic Literature', *Voluntas*, vol. 8, 2: 149–61.
LAVILLE, J.-L. and GARDIN, L. (1997) *Local Initiatives in Europe*, CRIDA, Paris.
MASKIN, E. and TIROLE, J. (1999) 'Unforeseen Contingencies and Incomplete Contracts', *Review of Economic Studies*, vol. 66,1: 83–114.
MIRVIS, P.H. (1992) 'The Quality of Employment in the Non-profit Sector: an Update on Employee Attitudes in Non-profits versus Business and Government', *Non-profit Management and Leadership*, vol. 3, 1: 23–41.

ORTMANN, A. (1996) 'Modern Economic Theory and the Study of Non-profit Organizations: Why the Twain Shall Meet', *Non-profit and Voluntary Sector Quarterly*, vol. 25, 4: 470–84.
PRESTON, A.E. (1990) 'Changing Labour Market Patterns in the Non-Profit and For-Profit Sectors: Implications for Non-Profit Management', *Non-Profit Management and Leadership*, vol. 1, 1: 15–28.
—— (1989) 'The Non-Profit Worker in a For-Profit World', *Journal of Labour Economics*, vol. 7, 1: 438–63.
ROSE-ACKERMAN, S. (1987) 'Ideals Versus Dollars: Donors, Charity Managers, and Government Grants', *Journal of Political Economy*, vol. 95, 4: 810–23.
SALAMON, L.M. and ANHEIER, H.K. (1997) *Defining the Nonprofit Sector: A Cross-National Analysis*, Johns Hopkins Nonprofit Sector Series, vol. 4, Manchester University Press, Manchester.
—— (1994) *The Emerging Sector: An Overview*, The Johns Hopkins University Institute for Policy Studies, Baltimore. →❶
SIMON, H.A. (1993) 'The Role of Organizations in an Economy', Lezioni Raffaele Mattioli, 15 February, mimeo.
—— (1991) 'Organizations and Markets', *Journal of Economic Perspectives*, vol. 5, 2: 25–44.
TIROLE, J. (1994) 'The Internal Organisation of Governments', *Oxford Economic Papers*, vol. 46: 1–29.
UHLANER, C.J. (1989) 'Relational Goods and Participation: Incorporating Sociability into a Theory of Radical Action', *Public Choice*, vol. 62: 253–85.
WEISBROD, B.A. (1998) *To Profit or Not to Profit. The Commercial Transformation of the Non-profit Sector*, Cambridge University Press, Cambridge.
—— (1988) *The Non-profit Economy*, Harvard University Press, Cambridge.
—— (1977) *The Voluntary Non-profit Sector*, Lexington Books, Lexington, MA.
YOUNG, D. (1997) 'Non-Profit Enterpreneurship', to be published in *International Encyclopedia of Public Administration*.
—— (1986) 'Entrepreneurship and the Behavior of Non-Profit Organizations: Elements of a Theory', in ROSE-ACKERMAN, S. (ed.) *The Economics of Non-Profit Institutions*, Oxford University Press, New York, 161–84.
—— (1983) *If Not for Profit, for What?*, Lexington Books, Lexington, MA.
YOUNG, R. (1999) 'Prospecting for New Jobs to Combat Social Exclusion: The Example of Home-Care Services', *European Urban and Regional Studies*, vol.6, 2: 99–113.
ZAMAGNI, S. (1997) 'Social Paradoxes of Growth and Civil Society', University of Bologna, Department of Economics, mimeo.

❶今田忠監訳『台頭する非営利セクター―12ヵ国の規模・構成・制度・資金源の現状と展望―』(ダイヤモンド社, 1996年)

17 社会的企業と社会的資本

アダルベート・エバース

はじめに

　新しいタイプの社会的活動や経済活動を概念化しなければならないこと，あるいはまた，その当事者がみずからを表現する言葉を探し求めるなどということはよくあることである。同じことは，「社会的目的をもった事業」，「市民企業」，「コミュニティビジネス」，「コミュニティ福祉企業」[1]あるいは「社会的企業」と呼ばれてきた組織的な活動の展開についてもあてはまる。分析を深めるための議論がぶつかる難問は，公益のための活動と私的な活動との間に慎重に築き上げられてきた境界線，あるいはまた非営利としての社会的活動と市場で機能する民間組織としての企業との間の境界線を，「社会的企業」という用語が，まさに曖昧にしてしまうと思われる点である。

　本章が理論的・概念的なスケッチをしたうえで提起したいのは，社会的企業を理解するうえで，この企業をさまざまな目的と資源とを混合する組織とみなさなければならないという点である。このような理論上の方向づけがこの領域ではかなり共有されており，多くの人々が寄付やボランティアなどの非市場・非国家の資源の役割をあげている。またここでは，サードセクターの組織が貧困者のニーズの充足から公共財の供給にいたる多様な社会的目的を統合できる，という事実も強調されている。

---

1) これらの名称の概観は，BAG Arbeit e.V. (1997) を参照。

本章では，社会的資本の動員を念頭に置いて，社会的企業がもっている資源と目的との明確な組み合わせについて研究すれば，この研究はなかなかに興味深いという議論を打ち出している。社会的資本を構成する市民参加のさまざまな側面など，社会的・政治的要素が果たす中心的な役割を検討するならば，上記のアプローチによって，社会的企業の多種多様な資源とさまざまな目的の双方について，社会経済的な概念を選別的に狭く，かつ単純に構成してしまうという危険の克服が容易になる。

本章では，はじめに社会的資本の概念について明らかにするが，そのポイントは社会的資本が公共政策の前提ではなく，むしろ公共政策と一体となって生み出されるところにある（第1節）。次いで議論するのは，社会的資本概念を参考にすれば，社会的企業にとってもきわめて重要な意味をもつ非市場・非国家の資源をより広くとらえることができ，さらにこの資源のなかに非物質的資源，たとえば市民の参加のしやすさやパートナーシップ構築の容易さなどを含めることができるという点である（第2節）。社会的企業の意図する効果や多様な目的の多くが，社会的資本概念によってうまく理解できることを明らかにする予定である。そうすれば権力や市民参加の問題を考慮に入れることができるだけでなく，「社会的有用性」とはサービス向上だけにはとどまらないことも明らかにできるのである（第3節）。最後は，どのようにすれば，社会的企業の発展と社会的資本の育成・活用との間の特別のつながりを良好に保つことができるのか，そして公共政策が両者の関係に高い評価を下すにはどうすればいいのかという議論である（第4節）。しかしながら，これらの議論をはじめる前に，あらかじめ3点について留意する必要がある。

第1に，サードセクターの起業組織が活動するある特定の領域となっている社会的統合や労働市場への統合，ならびに仕事おこしの領域から例を引くが[2]，社会的企業がサードセクター組織のある特定の企業家的形態であるとはいえ，この社会的企業を多くの分野においてさまざまに形成できるというのが，本章での考えである。OECDの研究が示すように，社会的企業は労働市場への統合

---

2) この選択をした主な理由は，国際プロジェクトおよび関連研究の一環としてこの領域について深く調査する機会をもったことにある。Evers et al. (2000) を参照のこと。

という事柄にのみ関わるものではない3)。

　第2に,このように社会的企業について深く考えてみるならば,うまくいけば「中間的」な社会的な領域の一部を構成する社会的企業の役割についての理解を助けることにもなるであろう。しかしよく考えても企業という言葉の意味についてほとんど何も語られることはないであろう4)。おそらくこの言葉は,ここ10年ほどの一般的な傾向を大きく反映している。つまり,この10年ほどは,「企業家的」という言葉を創造的かつ革新的な活動の同義語としてとらえるのみならず,「社会的企業家活動」という点から責任とリスクを引き受ける覚悟の同義語としてもとらえるようになってきている。したがって,一定程度の企業家的な方向性は今日の組織では避けられないのであり,分野・立地にかかわりなく,また慈善団体,生活保護局,文化アソシエーション,新コンピュータ店にかかわりなく,どこも避けられない。そうであれば,単に社会的目的を追求するのみならず,企業家的にも社会的目的を追求するサードセクター組織のみが,社会的企業として認知される資格があることになる。企業家志向と営利志向とが結びついている場合が多いのも明白であり,「非営利の事業化」(Dees 1998)というテーマは数多くの論争を広く引き起こしているが,本章ではこの論争には立ち入らない5)。

　留意して欲しい第3の点は,本章が社会的企業のもつサードセクター組織としての特性を分析し明らかにすることに専念していることである。したがって,この組織形態の起源と要因を歴史的に議論することはしない。しかしながら,社会的資本と市民参加のインパクトに注目することにより,制度選択に関する経済分析が行っている以上に,社会的企業の発展が政治的で不安定な事柄であることを暗黙のうちに明らかにすることができる。

---

3) OECD (1999:57).
4) 本書の緒論(ドゥフルニ)およびBadelt (1997)を参照のこと。
5) これらの傾向と問題の分析については,Dees (1998) およびWeisbrod (1998a) を参照。

1 社会的資本

「社会的資本」という言葉は，信頼関係，市民精神，連帯，アソシエーションなどの要素や，協同しコミュニティをつくり維持しようとする心構えなどの要素と関係している（Coleman 1988 ; Putnam 1993, 1995）。パトナムによれば，これらの要素は地方レベルでも全国レベルでも全体としてうまく機能してきた社会の歴史的産物であり，地域限定的な文脈を背景としつつ，ある程度，経済制度，社会制度，政治制度が，「市民化されて」積極的に相互に影響しあっていることを示している。社会的資本がイタリアのいくつかの地方での社会発展の鍵となる要素であったことが，パトナムの研究で明らかにされている。だが，決定的な役割を果たしたトラストやアソシエーションという組織形態が公共領域志向であるとはいっても，2次的アソシエーションの「弱い結びつき」を示してもいる。しかしながら，この2次的アソシエーションは社会的な分裂を防止し，パトナムがいう「市民参加」の強化に役立つのである（Putnam 1993 : 175）。

パトナムの概念には，あらゆる形態のトラストやアソシエーションが含まれるわけではない[6]。とくに，市民社会の公共領域に何ら関係しないアソシエーションは除かれている。たとえば，利害関係で結ばれる仲間集団の形成や個人的なネットワーク，あるいは閉じた家族のネットワークなどがそれである[7]。パトナムは研究対象のイタリアの南北格差について，著書の最後で次のように述べている。「南部の民主主義と開発とにかかわっている人々は，より市民主義的なコミュニティの建設をしているはずである。社会的資本の形成は，簡単ではないだろうが，民主主義を機能させるうえでの鍵である」（Putnam 1993 : 185）。

---

6) 例えば，Coleman（1988）と対照的である。
7) ドイツの議論のなかにある同じ方向性については，Offe（1998）を参照のこと。また，トラストに関しての国際的な違いについては，Fukuyama（1995）を参照のこと。

社会的資本の発展とサードセクターの諸組織の発展とが密接な関係にあることは容易に想像できる。実際，サードセクターの諸組織が「市民社会組織」と呼ばれることも多い (Salamon and Anheier 1997)。市民主義に立つアソシエーションが人々と協同し信頼関係を築くのみならず，市民主義的なコミュニティの助けとなるよう，人々の態度を固めるうえでの典型的，中心的な形態とみなされるのも当然である。この点がとくにはっきりしているのはサードセクターの次の部分である。すなわち，さまざまな組織が広く社会的関心を集めるために声を上げ，特定のニーズをもったグループに対して明瞭にサービスを提供するといった領域である。しかしながら，必ずしもはっきりしない部分もある。それは，かなり力の強いグループがみずからの個別部分的な関心事に声を上げ，みずからに関係する商品やサービスを組織する結果，周囲の政治コミュニティから切り離されてしまう場合である[8]。

「善良な政府」と社会的資本の形成との関係についてのパットナムの描写には不明瞭な点もある。彼は一方で，国の政策と統治形態が社会的資本の形成に一定の役割を現実に演じていると認めているようである。だが他方で彼の議論は，社会的資本を経済発展と善良な統治の一種の前提条件とみなし，社会のなかで社会によって創出されるともいっているようである。ある歴史観をもって批評する者もいて，彼らが指摘しているように，現実には，「善良な政府と市民社会との因果関係は一方的というだけではない」のである (Tendler 1997 : 156)。政治および政府の行動は，市民社会の諸組織が活動する方法に現実に影響を及ぼすのであり，社会的資本の育成・活用の程度にも影響を与える。政府がみずからのスタイルで慎重に政策を推進する場合は必ずといってよいほど，ある種の信頼関係の構築を支持している。そのような信頼関係とは，それぞれの構成がしっかりしていても社会的にみればばらばらなネットワークを乗り越えるようなタイプのものである。国の政策によっては，社会的組織が単なるロビイストから脱して公益にかなう存在となるほどの大きな影響がでる。他方で，国の政策は，近隣住民組織の政治への敏感さを高め，自己利益という狭い考えを単

---

[8] Reich (1991) にあるアメリカの豊かな近隣社会に関するわかりやすい事例を参照のこと。

に守ることに代わって，他のグループのニーズにも敏感になるような動きを推し進めることもできる。

したがって，これまで以上に社会的資本が市民社会に貢献するならば，社会的資本を国の政策の前提条件としてではなく，政策との共同の産物として理解することもできる[9]。民主主義の発展や国家政策の介入，市民コミュニティや社会的資本の発展などの相互の強い結びつきを考えるならば，「市民資本」について述べることの方が的確かもしれない (Evers 1998)。そうであれば，必ずしもすべてのトラストやアソシエーションがその対象となるわけではないことも，さらに明らかとなろう。それは，歴史的展開をみればわかることである。歴史的にみれば，独裁政治と社会的組織の単なる自己防衛とが交錯し分断されてしまった社会にあって，社会的，文化的，民族的なコミュニティのなかに信頼関係が形成されたのである。しかし，社会の亀裂に橋をかけるために必要とされる全体的な信頼関係は，それに見合う全体的な政策の進展なしには発生しないであろう。それにもかかわらず，ここでは社会的資本という用語にこだわるつもりである。なぜなら，この名称は広く浸透してきているからである。

パトナムによれば，「市民コミュニティ」が発展するところではどこでも，民間の経済活動だけでなく，行政も市民コミュニティを「利用すること」によって効率的になれる。しかし，市場の諸主体が，どの程度，どのようにして，社会的資本の再生産に対して同じように貢献するのであろうか。これらの諸主体が社会的資本を「消費する」のは確かであるが，その利用方法が社会的資本の再生産に寄与するかどうかははなはだ疑わしい。企業が従業員を広く関与させることもできるが，同時にその方法では，従業員が市民として行動するには時間もエネルギーもほとんど残されていないことの方が多い。だが，民間企業と同様に，善良で信頼のおける行政が世間並みの仕事と収入を市民に保障することは，より「市民的な」社会と社会的資本の再生産を推し進めるうえで，たとえ不十分でも必要不可欠である。

要約すれば，ここまでいくつかの理由を挙げて，「社会的資本」という言葉

---

[9] 議論を深めるために次を参照のこと。Levi (1996), Skocpol (1996), Haug (1997), Harriss and de Renzio (1997).

を「市民資本」という意味に理解することを正当化してきた。このように社会的資本概念を使うならば,範囲の広い政治的なファクターの役割が照らしだされることになる。つまり,信頼関係や協同する能力をつくりだしていく際の役割という点だけでなく,世の中のさまざまなグループやアソシエーションの方向性や行動を形成する役割という点でも,政治的ファクターの役割が強調されるのである。したがって社会的資本は,社会的活動および政治的活動によって構築される市民社会の成熟の程度を表す指標としてだけでなく,経済開発および統治の観点から市民参加を議論する方法としても理解できる。

2　社会的企業の混合資源構造と社会的資本

　サードセクター組織について議論が交わされるなかで,資源混合という考えがしだいに受け入れられるようになってきている。「独立セクター」とは,市場世界のいかなる要素も,あるいは国家機関からのいかなる資源流入も何ら役割を果たさないセクターであるが,しかしながらこの独立セクター概念では不十分であることもはっきりしている。

　現実には,社会的な目的のためにサービスを提供することと料金を取ることとは別物であるとしても,相互に相容れない関係でもない。商品やサービスを生産しているサードセクター組織の圧倒的多数は,「顧客への販売から得られる収入」に部分的に頼っている。この収入は民間組織,公的組織,個人ユーザー,消費者から得られるだけでなく,国家機関からも得られるが,この場合,国家機関はサービスに対し（少なくとも一部の）金を払い戻すのである。社会的企業は社会的統合や労働市場への統合に向けたサービスの提供や仕事おこしに関わるが,ある程度販売から収入が得られるため,この販売収入がみずからを「企業」と称する理由の1つとなっていることも多い。

　社会的企業のもう1つの資源は国および地方自治体からの補助金であり,その名目は「公益に対するサードセクター組織の貢献への感謝」である。この資源は通常,補助金もしくは特別減税という形態をとる。こうした資源は,困難な場合が多いとはいえ,特定の限定的なサービス提供契約を通じて得られる収

入とは切り離されるべきである。補助金，立ち上げ資金助成，免税，その他同種の公的資金を通じて，行政はサードセクター組織のもつ社会的な目的や社会志向を認める。それゆえに，慈善団体もしくは公益組織の地位を取得するための特別の手続きが定められるのである。社会的企業は労働市場に統合するためのサービスを提供したり，あるいは仕事おこしを試みるが，上記のような国の援助を受けることも多い。それは，社会的企業というものが，もっとも簡単な仕事や御しやすい人を選びがちな民間サービス供給会社に比べ，それ以上のことをなしたり，別の行動をとると考えられるからである。しかしながら，留意すべきは，社会的企業に「公益」という特別の地位を認めることがジレンマでもあるという点である。事実，ある並外れて大きなアソシエーションの特定の目的は，一般大衆や政策立案者の公益イメージと必ずしも一致していない。それゆえに，「公益の性格について議論も多い」(Mansbridge 1998)。そこでは，アソシエーションと行政との間で意見をすり合わせることが決定的に重要である。

上述したような2つのタイプの資源は，周知のように，サードセクター組織の資源混合の構成要素である。普通と違うのは，上記の線引きである。ここでは国からの資源と市場からの資源との区別はしない。しかし，一方での特定のサービス販売に対する報酬として得られる資源（公的パートナーおよび民間パートナー双方から得られる一種の市場収入）と，他方での国を橋渡し役とした相補的枠組みのなかで公益に対するサードセクター組織の貢献への見返りとして得られる資源との区別はしている。

社会的企業の資源混合の第3の要素をここまでは「社会的資本」と呼んできたが，この要素は過小評価されることがきわめて多い。サードセクター組織の資源のなかで仮に市民のサポートに触れられることがあったとしても，きわめて技術論的，組織論的な観点からだけの注目であることが普通である。たとえば寄付収入やボランティアによるサポートなどは，有償労働時間に換算して計算されることも多い[10]。混同してはならないが，現実には，寄付や自発的参加の水準は動員される社会的・政治的資源の重要な指標でもありうる。社会的

---

10) たとえば，OECDの社会的企業に関するリポート (1999) を参照のこと。

統合,労働市場への統合,仕事おこしに社会的企業が成功するか否かは,たとえば多くの非政府・非市場の資源次第にかかっている。その社会的企業の成否には次のものが含まれる。すなわち,成功には政界や実業界との良好な非公式の関係が必要であること。また,こととともに高まり,例をみないほどの水準に達する信頼関係の上に立つものであること。社会的企業が地域社会にしっかり根をおろし定着したときに,成功するチャンスがもっとも高くなるであろうこと。人々を再投入するためには,さまざまな経済的パートナー,社会的パートナーとのパートナーシップ,および共同計画をつくりあげることが重要な鍵となるであろうこと。ただし,以上をリストアップすることで,社会的資本という資源の形態や側面について,すべてが網羅されたということでは決してない。

このような資源を社会的資本として概念化するならば,そこには2つのメリットがある。第1に,この概念は,販売収入や国からの支援に加えて,幅広い一群の資源を考慮に入れるための有効な手段であり,また寄付やボランティアといった個々の項目をただ列挙するだけでは見逃してしまう社会的資本のインパクトや意義を明らかにするうえでも有効な手段である。第2に,社会的資本概念は数多くの非物質的な社会的・政治要素がもつ基軸的役割を示している。これらの要素は非物質的ではあるが,社会的企業にとっては経済的・財務的な優位性となって姿を現す。したがって社会的資本の概念は,サードセクターおよび社会的企業に対して,社会政治的展望および社会経済的展望を与えることができるのである。

注意すべき重要な点は,サードセクター組織は販売収入がなくても最低限の公的支援があれば生存可能かもしれないが,社会的な市民組織として生存するには一定水準の社会的資本という資源が絶対不可欠だという事実である。基金があれば組織的な基礎を維持できるとはいえ,最終的には社会からの共鳴と支援が,組織の真の性格,つまり社会的企業か否かを決める。同様の議論はドイツの社会福祉組織に対しても可能である。ドイツの社会福祉組織は,依然サードセクター組織として分類されているが,市民的支援をすべて失っているというかぎりでは準国家的組織になっている。もっとも,市民的資源が永久に失われてしまったことを意味するものではないことも明白である。

国の助成金にも，地域の社会的パートナーシップによる信頼関係や支援という形態をとった社会的資本にもみられる特徴は，民間企業の資源集合のなかにも見出せるという議論は可能である。したがってその場合には，資源混合も社会的資本という要素もサードセクター組織一般の特徴と考えることはできないであろうし，とくに社会的企業の特徴とは考えられないであろう。本章の枠組みのもとでは，この点について3つの見解を示すにとどめておこう。

第1に，公的資源に関するかぎり，本章では，（公式化の過程で確認される）ある組織の広義の社会的有用性を認めることに注目してきたが，特別目的への個別的な助成金は，産業ないしは公共サービスのための一般的な補助金とは異なるのであり，民間企業の資源構造のなかには見出しえないはずのものである。雇用拡大や地域安定化支援のための補助金を民間企業に与えることは別問題である。すなわち，営利企業がもっている社会的効果はこの種の公的支援を通じて認知されるが，それは単に暗示的なものに過ぎず，公然と認められてはいない副次的効果であるに過ぎない。

第2に，民間の事業が一般に社会的資本を通じて利益を上げることができるとしても，ボランティアや寄付などのように，社会的資本のうちのあるものは民間セクターが利用できない。

最後に確認しておかなければならないのは，社会的資本の動員がもっぱらサードセクターにかぎった現象ではないという点である。すでに強調したように，民間セクター，公的セクター，サードセクターの間に明瞭な境界線を引くのは難しい。地元にしっかり根を下ろした（Granovetter 1985）タイプの事業や商売，あるいはいろいろな形態の少数民族地域経済があり，そこでは暗黙のうちに地域の社会的・文化的な規範や絆から恩恵を受けているため，営利志向が大幅に制約されることになる。なぜなら，これらの規範や絆が，地域コミュニティの目的や関心を表現しているからである（Barber 1995）。地元の人々が零細な個人事業を地域経済の一部として自発的に支援することもある。事実，従来の民間セクターにおける数多くの中小企業は，地域に根を張るという特徴をサードセクター組織と共有するであろう。その特徴は同時に，選択と流動性に対する特別な制約ともみなされるし（Weisbrod 1998b），また特別な（社会的資本という）資源ともみなされる。1企業が民間セクターかサードセクターかは，

ここではさほど問題ではない[11]。

要約すれば，サードセクター組織は多様な資源の特有の混合の上に成り立つのであり，公的な助成金に加えて，かなりの非市場的な収入とサポートを伴っている。この議論に加わっている人の多くはこの点を認めているけれども，それにもかかわらず，彼らはたいてい，非国家＝非市場の構成要素を狭くとらえ，寄付やボランティアといった物質的に目立った特徴に議論を切り縮めてしまうのである。社会的資本という概念を導入することによって，サードセクター組織および社会的企業の資源構造の役割をよりよく把握できるようになる。というのも，この資源構造は，貨幣的要素だけではなく，信頼関係や人と人との結びつき，対話や協力への心構えなどといった非貨幣的要素からも構成されているからである。

3 社会的企業の多様な目的と社会的資本

サードセクター組織の特性といえば，伝統的に非営利と狭くとらえられている。しかしながら，ある組織が営利目的で仕事をしない場合，非営利といってもまずは，誰もが認める明確な評価の基礎がないことを意味している。明確な評価の基礎があれば，ある行動の有益さを判断する助けとなりうる。営利企業では容易に活動領域の範囲を決めることができるのであり，たとえば，コミュニティに無料でサービスを提供するか否かは1つの明快な目的に照らして議論されるであろう。このようにして，営利志向が優位であれば，営利をますます助長させるような活動や方針へと連なっていきかねない。非営利志向は比較的目的化されにくく，「表明」だけに終わりがちである。そのため，非営利志向の結果も公然度が高く多様な組み立てとなるのであり，株主の価値観に集約される組織とは異なるレトリックが生まれる。このような意図と結果は，大部分が表明されている目標の一部である。だが，たとえ公式に目標や意図として表

---

[11] Kramer（1998）を参照のこと。また，本書のラビルとニッセンズ論文（第18章）も参照のこと。

明されていなくても,これらの意図や結果はコミュニティに関係するいろいろな影響を生み出す余地を与えるかもしれない。社会的な目的をもった組織が遭遇するチャンスと困難は,潜在的な2次的な目的が数多く存在しているという事実のせいであるだけでなく,そこにはこれらの2次的な目的を階層順に並べるための単一の基準がないという事実のためでもある。したがって,おそらくこの問題はコミュニティ志向という目的に行き着くことになるであろうが,コミュニティ志向という目的こそは,社会的企業が表明する一群の目的に容易に統合されてしまうものなのである。

ワイズブロッドは,エコノミストとして,営利組織と非営利組織との違いを示す明確な方法を見出し,「2つの組織行動モデル」があると述べている。彼は「利潤極大者」と「恩恵者」との区別を紹介し,後者をサードセクター組織の別名として使っている。「利潤極大者」と比べて,後者は「最大利潤を生み出そうとはせず,社会的に望ましいが利益は上がらない活動に従事している」(Weisbrod 1998b)。サードセクター組織は,行政単位よりも小さいコミュニティの公益のニーズに対してや,あるいは「中位の有権者」[12]が代表できない特定の文化グループや民族グループとして分けて描かれるようなコミュニティの公益のニーズに取り組む1つの方法である。どちらの場合も,剰余を生み出すという目的を排除する必要はないが,他者への責任や社会的な目的によってバランスがとられている。

社会的資本という問題にまだ言及してこなかったが,サードセクター組織と社会的企業の特質である多様な目的の構成が何を意味するのかについてここで明らかにしなければならない。したがって,社会的資本概念を登場させるとすれば,そこで得られる分析上のメリットが何であるのかが問題となろう。この疑問に答えるうえで,経済学的アプローチがどれほど洗練されたとしても限界があることを想起するのが有益である。ワイズブロッドのアプローチが「社会的有用性を伴う活動」あるいは「公益」という広義の概念をもちだすならば,彼のアプローチには欠点があることになり,これらの概念は財とサービスの供

---

[12] Weisbrod (1974) を参照のこと。また議論の全体像については Hansmann (1987) を参照のこと。

給という問題にほとんどすり替えられている。その結果，公益に役立つその他の活動，すなわち経済的な性格は希薄だとしても，社会的，政治的，民主的な関心をもってなされる活動などが無視されることになる。より民主的な意思決定過程を求める闘いが，多くのサードセクター組織の（明示的な）目的の1つである場合がきわめて多い。サードセクター組織がみずからを築き上げるやり方や他者との協力関係を求める方法は，一種の「民主主義の学校」ともなりうる（Cohen and Rogers 1994）。サードセクター組織の活動が個々の顧客に提供される個別サービスの総計以上のものであることも多く，サードセクターの活動はグループやコミュニティ，社会問題の領域に集中している。活動的な市民やボランティアを参加者および共同生産者として取り込むことによって，組織にとっての費用が比較的低くなるだけでなく，信頼関係や市民参加が強まることにもなる。

　こうした類の目的や組織運営方法が社会的資本の形成にきわめて重要なのは明らかである。社会的資本は他の資本と同様，再生産され，維持されるうえ，他の資本と一緒に機能する場合には拡大さえする。したがって，社会的資本の利用と形成とを明確に分けることができない場合もある。たとえば，快く寄付してくれることや，何らかの形で特定プロジェクトを応援してくれることを，地域住民に申し入れる場合がそうである。地域の起業組織のなかでは，さまざまな目的が複雑に絡み合っている。ある場合には，組織の道義的，民主的な目的が沈黙させられ，水面下に押しやられるかもしれない。別の場合には，パートナーシップや地域ネットワーク，地域の連携の形成がそれ自体目的とみなされ，単に組織の社会的・経済的な目的を追求する手段とはみなされないこともある。

　社会的資本の形成を関係性という点から理解するならば，組織の社会的・経済的な目的のみならず，社会的企業特有の活動のその他の側面や効果についても考慮できるというメリットがある。

　またそうした受け止め方をすれば，サードセクター組織の課題に敏感となることも容易であろう。なぜならば，この課題が，経済的，社会的，市民的な側面をもつ多様な目的と参加のバランスを図るという目標と連動しているからである。社会的資本の形成は，一見して明瞭な単一の「非分配制約」とはやや異

なり，それ以上のものである。多種多様な目標への参加を保護する方法の1つは，さまざまなステークホルダーがかかわるという組織の仕組みである。そのステークホルダーには，社会的集団，行政，特定のイデオロギー的な背景をもつグループ，あるいは社会運動と連携するグループなどが含まれる。

　このマルチステークホルダー構造が社会的企業に頻繁にみられる特徴であり（Pestoff 1996 ; Krashinsky 1997 ; Borzaga and Mittone 1997），さまざまな組織や機関を市民コミュニティに参加させ続ける助けにもなっている。たとえば代表者会議には，労働組合，商工会議所，教会，ボランタリー組織，市町村当局からの代表者が参加する。社会的監査や同様の制度的特徴をもつ民主的統制は，サードセクター組織や社会的企業が「単一使命の組織」になってしまわないようにするうえで役に立ち，あるいはまた経済的・社会的な面にみずからを切り縮めてしまわないように防ぐのである（Pestoff 1998）。

　社会的企業が行う仕事おこしや社会的統合，労働市場への統合の例は，本章での議論の好例である[13]。普通，社会的企業の主な目的は，人々が通常の労働市場に戻る道をみつけられるようにすることであろう。その方法はアドバイスや訓練などである。しかし，この他にも主目的を補完するような目的もありうる。たとえば，地域の特定のニーズに取り組む活動領域において新たに追加的な仕事の場をつくりだすことなどである。このように仕事の場をつくりだすことが，世の中のさまざまな要素を取り込みつつ，労働集約的に社会経済の発展を促すという展望のなかに組み込まれることも多い。また，地域の環境や社会的インフラを質的に高める試みと関係していることも多い。その場合には，活動している人々が特定のコミュニティに存在する個人的ニーズや社会的ニーズを理解していることが前提となっている。最後に，社会的企業は一定水準の自己金融を達成し，販売収入を通して独立性を確保しようとするであろう。

　上に述べた社会的・経済的な活動やサービスは，場合によっては社会的資本の蓄積に影響を与えるような副作用をもつかもしれない。しかしそれ以上に，社会的資本の形成に直接結びつくような市民的な問題や民主主義の問題がある

---

[13] さらに議論を深め，説明を加えるためには次を参照のこと。Evers & Schulze-Böing (1999) および本書第16章。

かもしれない。たとえば，起業組織のなかでの仕事の条件が個人の発展を促そうとしているかもしれないし，この起業組織が地域の民主主義に参加し，社会，文化，政治のレベルに関する議論や協同を強化することもできる。あるいは社会的企業が，社会的なパートナーや行政との間で仕事と統合に関する地域協定を結び，共通の労働条件を改善することに加わることもできる。ここで重要な点は，通常，社会的企業のなかでは，すべての関連事項が営利活動の副産物でもなければ，国の法律や規制によって外部から制限が課せられた結果の単なる産物でもないという事実である。反対に，これらの側面は，社会的企業がその周りとのやりとりのなかで設定する目標の1つである。

しかし忘れてならないのは，さまざまな活動や目的の数および相対的な影響力が対立的となりうる，あるいは時間とともに変化することもあるという点である。経済的な目的，社会的な目的を例にとれば，最善のコミュニティサービスを立ち上げるという目的が労働市場に統合するという目的よりも優先され，互いに対立することもありうる。起業組織自身の経済的な潜在力を持続させ強化するという一方での目的と，他方でのコミュニティのなかでの弱者であるメンバーのために引き受けられる責任との間には，痛みを伴う対立が起こることが多い。起業組織のなかには，市民文化や市民の参加に関する問題が副次的に過ぎない場合がある。他方では，それ以外の起業組織が正統性や信頼性を高めるために地域における意思決定の民主化への参加を公然と宣言し，公益に対する責任を回避する政治家や実業界の代表者を批判しようとするであろう。

社会的企業と，限定的でかつ明確に表現できる産出物によって特徴づけられる営利組織との違いについては本章の冒頭で明らかにしているが，社会的企業が社会的資本を形成する場合の強い社会的影響力が，国家ないしは公的な組織や活動にもまた当てはまるとの議論はありうる。基本的にはその議論を否定すべきではない。したがってまたこの議論は，いわゆる「公的セクター」と「サードセクター」との間に重なり合う移行ゾーンが存在していることを示している。しかしながら，この2つのセクターの間には違いがある。目的の組み立てや社会的資本の影響に関するかぎり，両者の違いはさまざまな要素によって影響を受けることもある。

第1に，組織や組織の提供するサービスが国全体の規範や価値基準を表現す

ればするほど,また社会が細分化されればされるほど,市民に提供される公共サービスが中央政府の願望をいっそう表現し,地域のニーズや選好,意見と対立するようになる。市民が全体的に信頼を寄せるなかで,この公共サービスが具体的に実施される場合には,社会的資本に立脚することになるかもしれない。だが,地域での信頼や支援を得るためには困難にも直面しよう。分権化や地方自治の強化がこの問題の解決策でもある。こうした解決の方法はスカンジナビア諸国がもっとも顕著である。これらの国々では,サードセクター組織に頼って多様性に対処しようとするやり方ではなく,分権化がある程度まで機能上の肩代わりとなっている。同様に,公立学校はコミュニティによる運営も可能であり,地域の都市計画局が新たな法的権限をもつという方式をとることもできる。しかしそれが可能なのも程度問題であり,社会への再適応や地域に根づくことを学ぶと同時に,その学習を通じて,コミュニティのなかでコミュニティによって運営されるサードセクターの諸組織にとっての差別や障害を低くすることができる程度による。

　第2に,サードセクターによるサービスとは対照的に,公共サービスは目的や資源を限定することにより,さらにはまたそれに伴う制約を抑えることにより,いっそうの効率化の追求も可能である。そうであれば,ボランティアの排除や公的資金などの単一資源への完全な依存,あるいは少数の明確な目的への集中などは積極的な基準だと考えられる。したがってこれらの基準によって,公共の社会サービスセクターと「ボランティアによるアマチュアリズム」とを区別することができるのである。このような方向への志向性がもっている優位性を簡単には否定できない。したがって,標準化された一面的な構造の方がとくに強固である場合が多い。しかしながら,このようにして公益を満たすことがコストや浪費を引き起こす。つまり,入手可能な社会的資源の動員を多くし,地域のニーズや選好への理解を高めて広範囲にわたる目的を追求する場合,とくにサードセクター組織がみずからの多様な目的や参加にこだわりつつ達成するものと比べると,費用や負担が大きくなる。

　要約すれば,サードセクターの起業組織一般,とくに社会的企業には,多様な目的と参加とが誰の目にも明らかな組み合わせとなっているという特徴がある。しかしながら,社会的企業について普通に論ずる場合いくつかの面につい

てのみ注目することになり，狭い枠での経済的・社会的な目的と，社会的有用性や公益を一貫して追求する活動にみられる幅広い目的との間の緊張関係に着目することが普通である。サードセクター組織の目標の1つとして社会的資本の形成を考えれば，市民に対するサードセクター組織の数多くの関心や影響力が明らかとなる。そしてこれらの関心事や影響力こそが，民主的な側面も含めた広義の公益概念と一致しているのである。社会的資本の形成は社会に根づくという側面であるかもしれないし，また社会に根づく活動がもっている多面的な（副次的）効果という側面であるかもしれない。あるいはまた，社会的資本の形成はサードセクター組織の明示的な目的ともなりうる。

4 サードセクターの社会的資本と公共政策

すでに第1節で議論したように，社会的資本を形成できるサードセクターの能力は，政治制度がつくる枠組みや政治の介入に大きく依存している。どの程度積極的にサードセクター組織や社会的企業の発展に適した環境がつくられるかは，現行の公共政策や統治に強く依存している。こうした政治や統治の重要性を考慮すれば，特有の意味で社会的資本は建設的だといえる。このように最近のアプローチは，社会的資本が社会や地域コミュニティの財産であり，意識的に展開することができる財産ととらえているのであり，このアプローチ自体は正しいといえる。したがって，社会的資本の形成と維持は社会およびコミュニティの開発戦略にとって鍵となる事柄だと考えることもできよう（Gittell and Vidal 1998）。

こうした観点で考えると，社会的企業の形成と維持は，潜在的には，周りの地域環境いかんにかかっているのであり，また，市民組織や営利セクター，政治行政組織を含め，関係するグループや市民の態度にも大きく依存しているのである。現実には，組織やグループなどが誰も気にとめないような環境のなかにあって，社会的企業はまれにみる現象であり，この企業を構成する直接のメンバーと，行政のサポートや補助金というわずかな支援ルートによってのみ生存していることは周知のことである。しかし，反応が豊かであり多様であるだ

けでなく，多彩な交流がある環境の下でこそ，社会的企業がはるかに良好に活動できることは明らかである。その場合，避けるべきこと，行政がなすべきことは何か。これまでの議論から直ちに出てくるのは2つの一般的な責務である。

　第1に，公的なパートナーは広範囲にわたる信頼関係の基礎を築くこともさることながら，それを超えて，社会的企業や社会的組織による社会的資本の動員を認知し報いるような政策立案や計画を発展させる必要がある。行政は，たとえ社会的企業の提供する特定のサービス（たとえば長期失業者に対する職業訓練のための措置）にのみ興味をもつとしても，社会的企業などの組織を維持し，その運営を容易にするうえで必要となる条件にも敏感であるべきである。このような観点から，社会的企業におけるさまざまな参加に特別の注意を払う必要がある。なぜなら，社会的企業は有償労働よりも，ボランティアに多くを依存しているからである。ボランティアは義務を負わない参加を意味しているのであり，所得を得る必要を意味していない。同様に，ネットワークの構築やパートナーシップの形成に集中することが重要なのであり，競争市場において最高値のオファーを追求することに的を絞るのが主眼ではない。

　さらにいえば，社会的企業が社会的資本という資源を自由に使えるがゆえに，どのような仕事なら営利組織よりもうまくこなせるのかについて，行政は考えるべきである。たとえば，社会的企業が他の社会的パートナーや経済的パートナーの参加と信頼をつくりだし利用することにとくに成功し，たとえば，ボランティアを活用し，教会や労働組合，商工会議所を活性化させることによってよい結果を得ることができるならば，おそらく社会的企業の信頼性も増すであろう。そうなれば，社会的企業は対象となる被差別グループ，民族的なコミュニティや地域コミュニティ，あるいは社会の最底辺に置かれた人々を理解し，彼らを社会に再適応させ，再活性化させることができるようにもなる。しかしこれらの人々は，最初のうちは信用せず懐疑的である。このように，たとえば，社会的統合，労働市場への統合に向けた政策の領域では，地域開発や雇用のための公的なパートナーシップの重要な役割（Midgley 1995）を認めるべきである。この役割はEUのさまざまな公文書で提案，説明されており[14]，最近では

---

14) European Commission (1996), O'Conghaile (1997) を参照のこと。

OECDの研究でもいわれている[15]。同じことは普通の企業とのパートナーシップについてもいえることであり、明確な社会的意識をもち地域で中核となる人々のインフォーマルなネットワークの形成についても同様である。

　第2に、行政は、社会的企業から何を得ようとしているのかみずから見極めるべきであり、パートナーの選択や契約の設計という話になったとき、測定の容易な短期的な結果が唯一の基準であるべきか否かについても判断を下す必要がある。現在、ヨーロッパ全体に「社会的市場」をつくろうとする大きな傾向がある。この社会的市場においては、行政が、購買者および規制者として、営利、非営利にかかわりなく、民間のサービスを吸収している。またこの市場では、サービス供給組織は、出自をまったく異にしつつも同じ社会的使命をもつ競争相手同士とみなされている。これらの条件のもとでは、あらゆる組織を同等に扱うことが妥当である。

　したがってこの場合、非営利に対する補助金は明らかに不公平な競争を構成する1要素である。こうした準市場の枠組みのなかでは[16]、目的の多様性と、輪郭のはっきりした製品のマーケティングのみには専念しないというサードセクター組織の傾向とが、真の弱点とみなされるであろう。それゆえに、範囲を限定したごくわずかの目標や仕事の課題、および測定の容易な短期的な結果に注意を集中する組織との間のパートナーシップや契約を強める傾向が全般的にある。たとえば、社会的企業が社会的統合や労働市場への統合、および仕事おこしを進める領域においては、社会的扶助の対象外となって労働市場に戻った個人の数が焦点となる。事実、こうした形で社会問題を解決するやり方にとって、専門性の高い営利組織の方が適切な場合もある。

　行政の要求する成果が複雑で、市民的、政治的な要素を伴っている場合は、社会的企業がよりすぐれた代替案である。都市再開発や地域経済の再活性化、またコミュニティづくりなどにかかわる仕事がその例である。ここで鍵となる問題は、街の地区毎にあるさまざまな活動領域や活動家、グループの間に、一定程度の信頼関係や率直さを再構築する必要があるかないかである。この再構

---

15) OECD (1998, 1999) を参照のこと。
16) 批判的な検討のためには、Evers (2000) を参照のこと。

築は，民間営利組織の事業活動によってはほとんどなしえないものである。すなわち，民間の営利組織はすでに本来あるべきところにあるはずであり，もしそうでないとすれば有効な事業活動を展開する場合に困難に直面するであろう。対照的に，サードセクター組織および社会的企業は，これらの仕事をみずからの計画のなかに組み入れることができる。

　だがしかし，ある組織とその政治的なパートナーや行政上のパートナーが複雑な目的を追求し活動するあまり，明確な目標をたて，責任をとることがおろそかになってはならない。公益やコミュニティ，社会的資本の形成にもたらす副産物を明確に定義し，可能なかぎり数量化することが重要である。というのも，これらの副産物はサードセクター組織によって生み出され，サードセクター組織にとって一種の「競争優位」として働くからである。これらの副産物のなかには，たとえば近隣地域での社会的統合や地域の活動グループの刺激，役員会や計画作成のための公開討論などへの参加が含まれる。こうした活動には社会サービスや施設の拡充を伴うが，その活動を計測できないのは当然だと考えられてきたことも多い。これらの活動が有効と認められ，報酬が支払われるはずのものであるとすれば，可能なかぎり明確に定義されなければならないし，ときには「高い評価」さえ必要である。

　したがって，社会的企業がいろいろな目標達成に対しさまざまなパートナーから収入を得ようとすれば，それも可能である。特定のサービスに対して，民間の組織や行政，消費者から資金が提供される場合もあれば，他方では社会的・民主的な目的やニーズの観点からみて好業績を上げているならば，それに対して行政や一般大衆それ自体から資金が提供されることもある。もちろん，世の中の関心事を選び出し，測定し値をつけるというやり方には限界があり，とくに関心事のなかに重々しくて扱いに困る政治的・民主的要素がある場合はなおさらそうである。社会的企業は，民主主義を動かすことには貢献できるが，そのことは，それ以外の値づけのできる測定可能な仕事とは別物であって，混同してはならない。おそらく，このような事実を認識しているからこそ紐付きではない助成金を与え，公益に対するサードセクター組織の貢献に報いたのであり，その長年の慣行のなかに，この認識が反映されている。公益とは，選別し，契約のうえで値づけできるようなものではない。

要するに，社会的企業およびサードセクター組織一般の将来は，おおむね公共政策の進展いかんにかかっている。この点で，2つの問題がとくに重要である。第1の問題は，公共政策を進展させる場合にパートナーとなりうるような市民社会の建設という目標が過小評価されたり，あるいは断念されることさえあるという現在の傾向である。したがって，公共政策の立案者がアソシエーションの設立や市民参加，パートナーシップによる市民社会との協力を忘れる場合も多い。これらが社会的企業のまさに基礎であり強さでもあるにもかかわらず，忘れられてしまうのである。社会的組織や社会的企業が，社会的な目的という，契約や法規制によって課せられる制約をもつ追加的サービス供給業者と考えられることもある。だが，これらの組織や企業は，社会的資本の形成とのつながりのゆえに特有の強さと弱さをもつ組織であるとは評価されないであろう。

　社会的企業の将来にとって重要な第2のポイントは，公共政策が狭く限定し単一化した目標のやりくりという点にどの程度自己を抑え込んでしまうかであり，測定の難しい長期にわたる関与を求めるアジェンダの作成という観点から自己を限定するかではない。この点が，政治がサードセクター組織を受け入れるためには決定的に重要である。それというのも，サードセクター組織は実に多様な，経済的，社会的，市民的，民主的な目的を追求するからであり，本章ではこれらの目的を社会的資本という用語のもとで明確に述べてきた。

　しかしながら，こうした重大な問題はサードセクター組織自体に対しても突きつけられる必要がある。サードセクター組織の多くにとって，行政の優位点や活動スタイルを真似すること，あるいは逆に営利化することが，唯一可能な選択と思えるかもしれない。だが，別の展開の可能性もある。すなわち，市場における彼らの競争相手が頼ることのできない資源，たとえば，ボランティアの参加やさまざまな形態のコミュニティからのサポートを的確に動員し，強調することによって，サードセクター組織は競争に耐えることができるばかりでなく，公共政策のパートナーとして高い位置に立つこともできるのである。

参考文献

BADELT, C. (1997) 'Entrepreneurship Theories of the Non-profit Sector', *Voluntas*, vol. 8, 2: 162–78.
BAG Arbeit e. V. (1997) *Soziale Unternehmen in Europa. Projekt zur Schaffung eines europäischen Netzwerks von Beschäftigungsgesellschaften*, Bundesarbeits-gemeinschaft Arbeit e.V., Berlin.
BARBER, B. (1995) 'All Economics are Embedded: The Career of a Concept and Beyond', *Social Research*, vol. 62, 2.
BORZAGA, C. and MITTONE, L. (1997) 'The Multi-Stakeholder versus the Nonprofit Organisation', Università di Trento, Dipartimento di Economia, Discussion Paper no. 7.
BORZAGA, C. and SANTUARI, A. (eds) (1998) *Social Enterprises and New Employment in Europe*, Regione Trentino-Alto Adige, Trento.
COHEN, J. and ROGERS, J. (1994) 'Solidarity, Democracy, Association', in STREECK, W. (ed.) *Staat und Verbände. Politische Vierteljahresschrift (PVS)*, Sonderheft 25, 136–60.
COLEMAN, J.S. (1988) 'Social Capital in the Creation of Human Capital', *American Journal of Sociology*, vol. 94 suppl., 95–120.
DEES, J.G. (1998) 'Enterprising Nonprofits', *Harvard Business Review*, vol. 76, 1: 55–68.
DEFOURNY, J. and MONZÓN CAMPOS, J.-L. (eds) (1992) *Économie sociale. The Third Sector*, De Boeck-Wesmael, Brussels. →❶
European Commission (1996) *Erster Bericht über lokale Entwicklungs- und Beschäftigungs-initiativen. Schlußfolgerungen für territoriale und lokale Beschäftigungsbündnisse*, SEK (96) 2061, Brussels.
EVERS, A. (2000) 'Will Sector Matter? Welfare Dynamics, the Third Sector and Social Quality', in BECK, W., VAN DER MAESEN, L., THOMÈSE, F. and WALKER, A. (eds) *Questioning the Social Quality of Europe*, Kluwer, The Hague.
—— (1998) 'Soziales Engagement. Zwischen Selbstverwirklichung und Bürgerpflicht', *TRANSIT*, 15: 186–200.
—— (1994) 'Part of the Welfare Mix: The Third Sector as an Intermediate Area', *Voluntas*, 6, 2: 159–82.
EVERS, A. and SCHULZE-BÖING, M. (1999) 'Öffnung und Eingrenzung. Wandel und Herausforderungen lokaler Beschäftigungspolitik', *Zeitschrift für Sozialreform*, 45. Jahrgang, Heft 11/12, 940–60.
EVERS, A., SCHULZE-BÖING, M., WECK, M. and ZÜHLKE, W. (2000) *Soziales Kapital mobilisieren. Gemeinwesenorientierung als Defizit und Chance lokaler Beschäftigungspolitik*, Schriftenreihe des Instituts für Landes- und Stadtentwicklungsforschung des Landes Nordrhein-Westfalen, Dortmund.
FUKUYAMA, F. (1995) *Trust: The Social Virtues and the Creation of Prosperity*, The Free Press, New York.
GITTELL, R. and VIDAL, A. (1998) *Community Organizing. Building Social Capital as a Developmental Strategy*, Sage, London.
GRANOVETTER, M. (1985) 'Economic Action and Social Structure. The Problem of Embeddedness', *American Journal of Sociology*, vol. 91, 3: 481–510.
HANSMANN, H. (1987) 'Economic Theories of Nonprofit Organization', in POWELL, W.W. (ed.) *The Nonprofit Sector. A Research Handbook*, Yale University Press, New Haven,

27–42.
HARRISS, J. and DE RENZIO, P. (1997) 'Missing Link or Analytically Missing? The Concept of Social Capital. An Introductory Bibliographic Essay', *Journal of International Development*, vol. 9, 7: 919–37.
HAUG, J. (1997) 'Soziales Kapital. Ein kritischer Überblick über den aktuellen Forschungsstand', Mannheimer Zentrum für Europäische Sozialforschung AB II / no. 15.
KRAMER, R.W. (1998) 'Nonprofit Organizations in the 21st Century: Will Sector Matter?', Nonprofit Sector Research Fund, Working Paper Series, The Aspen Institute, Washington.
KRASHINSKY, M. (1997) 'Stakeholder Theories of the Non-profit Sector: One Cut at the Economic Literature', *Voluntas*, vol. 8: 149–61.
LAVILLE, J.-L. and SAINSAULIEU, R. (1997) *Sociologie de l'association*, Desclée de Brouwer, Paris.
LEVI, M. (1996) 'Social and Unsocial Capital: A Review Essay of Robert Putnam's "Making Democracy Work"', *Politics and Society*, vol. 24, 1: 45–55.
MANSBRIDGE, J. (1998) 'On the Contested Nature of the Public Good', in POWELL, W. and CLEMENS, E.S. (eds) *Private Action and the Public Good*, Yale University Press, New Haven / London, 3–19.
MIDGLEY, J. (1995) *Social Development. The Developmental Perspective in Social Welfare*, Sage, London.
NOVY, K. (1985) '"Vorwärts immer – rückwärts nimmer". Historische Anmerkungen zu einem aktuellen Problem', in BIERBAUM, H. and RIEGE, M. (eds) *Die neue Genossenschaftsbewegung. Initiativen in der BRD und in Westeuropa*, VSA-Verlag, Hamburg, 124–41.
O'CONGHAILE, W. (1997) 'Die Rolle von Partnerschaften zur Förderung des sozialen Zusammenhalts', paper presented at the International Conference on Partnerships for Social Cohesion, Institut für Gesundheitswesen, Wien, October 1997.
OECD (1999) *Social Enterprises*, OECD, Paris.
—— (1998) *Local Management for More Effective Employment Policies*, OECD, Paris.
OFFE, C. (1998) '"Sozialkapital". Begriffliche Probleme und Wirkungsweise', in KISTLER, E., NOLL, H.H. and PRILLER, E. (eds) *Perspektiven gesellschaftlichen Zusammenhalts*, Sigma, Berlin.
PESTOFF, V.A. (1998) *Beyond the Market and State. Social Enterprises and Civil Democracy in a Welfare Society*, Ashgate, Aldershot. →❷
—— (1996) 'Renewing Public Services and Developing the Welfare Society Through Multi-stakeholder Cooperatives', *Journal of Rural Cooperation*, vol. 23, 2: 151–67.
POWELL, W.W. (ed.) (1987) *The Nonprofit Sector: A Research Handbook*, Yale University Press, New Haven.
PUTNAM, R.D. (1995) 'Bowling Alone: America's Declining Social Capital', *Journal of Democracy*, no. 1: 65–78.
—— (1993) *Making Democracy Work. Civic Traditions in Modern Italy*, Princeton University Press, Princeton. →❸
REICH, R. (1991) *The Work of Nations*, A. Knopf, New York.

SALAMON, L.M. and ANHEIER, H.K. (1997) 'The Civil Society Sector', *Society*, vol. 34, 2: 60–5.
SKOCPOL, T. (1996) 'Unravelling From Above', *The American Prospect*, 25, 20–5.
TENDLER, J. (1997) *Good Government in the Tropics*, The Johns Hopkins University Press, Baltimore.
WEISBROD, B.A. (ed.) (1998a) *To Profit or Not to Profit: The Commercial Transformation of the Nonprofit Sector*, Cambridge University Press, Cambridge.
―― (1998b) 'Institutional Form and Organizational Behavior', in POWELL, W. and CLEMENS, E.S. (eds) *Private Action and the Public Good*, Yale University Press, New Haven, 69–84.
―― (1974) 'Toward a Theory of the Voluntary Non-Profit Sector in a Three-Sector-Economy', in PHELPS, E.S. (ed.) *Altruism, Morality, and Economic Theory*, Russell Sage, New York, 23–41.

❶富沢賢治他訳『社会的経済―近未来の社会経済システム―』(日本経済評論社, 1995年)
❷藤田暁男他訳『福祉社会と市民民主主義―協同組合と社会的企業の役割―』(日本経済評論社, 2000年)
❸河田潤一訳『哲学する民主主義―伝統と改革の市民的構造―』(NTT出版, 2001年)

18 社会的企業と社会経済理論

ジャン-ルイ・ラビル
マース・ニッセンズ

はじめに

　社会的企業の登場は，19世紀に始まった社会的経済すなわち協同組合，共済組合，アソシエーションといった法人組織を含むセクターの最新の展開である。ヨーロッパでは，「社会的経済」という用語は，いわゆるサードセクターと呼ばれるものと同一視されているが，サードセクターの方が国際的にはよく使われる用語である。しかし，サードセクターは非営利組織だけで構成されているのではない。サードセクターは，資本投資家の物質的利益を制限し，共通資産の生産が個人投資家に対する利益還元よりも優先するすべての組織を含んでいる。しかし，社会的企業は伝統的なサードセクター組織と比較するとやはり違うところがある。たとえば，伝統的な協同組合と比較すると，社会的企業は，地域コミュニティに対して，より開かれた広範なサービスの実施をめざす市民団体によって運営されている。相互扶助組織や伝統的アソシエーションと比較しても，社会的企業は，独立性と継続的活動に関する経済的リスクの引き受けをより重視している。

　要するに，「社会的企業」という総称的な用語は，社会的経済諸組織との概念的な断絶を意味するのではなくて，むしろサードセクター[1]における新しい活力とそのあるべき諸形態の再編拡大を意味する。さらに，社会的企業の登場

---

1)　本書の緒論をみよ。

は，われわれの社会の社会的・経済的発展についての課題を提起するものであり，現代の民主主義制度[2]における経済的連帯の可能性に光を当てるものである。社会的企業は十字路に立っている。すなわち，社会的企業は民間営利企業や公営企業とは異なる企業形態である。伝統的な民間企業とは違って，社会的企業の権力は資本の所有権に基づかないにもかかわらず，市場で活動するのである。社会的企業は独立型企業という点で公営企業とは異なる。しかし，実際には公的補助金などで利益を得ることも多い。

さまざまな社会経済的原則と組織的論理が実際に存在していることは多くの論者が指摘するところである。一部の研究者は3極モデル[3]を使って経済組織の分析を行っている。本章でもわれわれは社会的企業の活力を明らかにするために，社会経済的な諸活動を3極モデルの分析枠組みで分析する。しかし，この3極モデルについての文献が今日たくさんあるにもかかわらず，その特性となるとはっきり定義されておらず，論者によってまちまちである。より正確に定義するために，われわれとしては社会経済的組織の3つの側面の分析から始める。

第1に，われわれは所有の構造を分析する。所有構造は企業の目的を決定づける。投資家だけが握っているのではない社会的企業は，所有のさまざまな形態が可能である（第1節）。第2に，第17章を執筆したエバースに従って，社会的企業と連動した社会的資本の諸形態を確定する。もし社会的資本というものがあらゆる種類の企業に妥当するものであるとしても，社会的資本動員のタイプと形態は，社会的企業においては特殊である（第2節）。次に，われわれは内部関係に焦点を当てた2つの節に続いて，社会的企業とそれを取り巻く外部環境との間の経済的諸関係を検討する（第3節）。われわれは経済的な財と

---

2) ラビル（Laville 1994）をみよ。連帯経済論。
3) たとえば，モースやペルー，ポランニーが若干触れている。この3極分析は近年再び，市民連帯経済論で取り上げられている。また社会経済的原則の諸形態もある（Laville 1994）。「福祉多元主義」と「多元的経済」についてはLaville et al.（2000）。Pestoff（1998）もまた3極分析を社会保障に関連して行っている。世界銀行でさえ，3極組織形態に触れている。1997年度年次報告（World Bank 1997：116, French version）。

サービスのさまざまな供給分配方式，すなわち交換，再分配，互酬的関係などを検討して，社会的企業がどのようにそれらを組み合わせているかを分析する。すでに前章などでみてきたように，社会的企業の特性は，その資源の一部が公共空間で展開される互酬的関係に基づく社会的資本に由来するという点にある。本章では社会的企業の領域の広がりについても分析する。しかし，ここでは，それらの長所や欠点を個別にはみないで，社会的企業の合理性を理解するためにいくつかの重要な側面を検討する。

　方法論的には，本書に集約された各国事例研究から出発して，社会的企業の「理念型」を提起した先行2章における理論に基づいて総合的に分析する。「理念型」的な社会的企業は，多元的なステークホルダーと多元的な目標をもち，多様なタイプの経済的諸関係を連結するものとして描かれていた。マックス・ウェーバーが述べているように，「理念型とは，思想の単一の枠組みを形成するために，1つまたはそれ以上の視点を強調することによって，あるいは，あらかじめ選択された特定の視点にしたがって多くの孤立した現象を結びつけることによって獲得されるものである」(Weber, 1918：719)。この思想の枠組みは，現実を正確に反映したものではない。しかし，研究目的の特定の特徴を強調するものではある。理念型とは現実と同一のものではない。すなわち，仮説をより正確に規定し，また現象を特性づけることによって認識を獲得する手段である。

1　社会的企業──所有，生産の諸機能と諸目的

　本節では，われわれは企業の所有構造が企業目的にどのような影響を与えるのかをみる。所有権をもつ人々の集団が企業目的を決定するといわれる。確かに，ラゼト(Razeto 1988)が指摘するように，会社の資産を所有する者たちは，自分たちの利害のために企業目的を調整する力をもっている。ラゼトは「主要な要素」という言葉をこれらの集団に当てはめて，生産のすべての要素がこれら集団の目的に従属することを強調している。すなわち，企業の最終目的は，所有の形式に何よりも左右される。

投資家よりもステークホルダーに属するサードセクター組織

　新古典派経済学では，企業の標準モデルとは，所有権を投資家たちがもっている企業である。このモデルでは，企業目的は利潤の最大化である。すなわち，金融資本の蓄積である。労働という生産要素はこの蓄積論理に従属する。サードセクター企業は営利企業とも公営企業とも違うものであり，その分析は，所有についてのいくぶん単線的な見方や，経済理論に大きな影響をもっているこの標準モデルを特徴づける企業家的な論理に疑問を呈している。

　実際,「所有形態の多様性」の問題，すなわち，所有権があり企業目的を決定する人々のあり方の多様性の問題である。たとえば，自主管理企業とは労働者が組織する企業であり，協同組合は消費者や財・サービスの生産者が組織する企業といわれている。企業目的は所有構造に左右される。すなわち，所有権にかかわるステークホルダー[4]は誰かということである。資本主義的企業の場合と違って，サードセクター企業の所有者は投資家ではない。したがって，彼らの目的は資本蓄積とは違ったものに向く。サードセクター組織では，たとえ投資家がいるにしても，唯一の所有者ではない。所有権にはさまざまな形態が考えられる。すなわち，さまざまなステークホルダーがいる。たとえば，労働者，消費者，後援者，投資家などである（Hansmann 1996 ; Gui 1991）。

社会的企業の目的の1つはコミュニティへの貢献[5]

　資本主義企業と違って，サードセクター組織は，利潤が第1の動機ではない。その利潤は企業活動のために投資にまず振り向けられるべきものである。また公的セクターの企業と違って，サードセクター組織は，代表民主主義制度に

---

4) 　ステークホルダーについては,「企業が利益活動や存続活動を行うことに直接利害をもっている諸個人またはグループ」という意味としている（Milgrom and Roberts 1992 : 790）。
5) 　社会的企業の多元的目標に関わるエバースの本書論文を参照のこと（第17章）。

よってその基準が決定されてしまうようなタイプの社会的共通益に依拠しているわけではない。労働者協同組合や農業協同組合のように，メンバーだけの利益を追求する一部のサードセクター組織とも違って，社会的企業はコミュニティへの貢献という目的をもっている。

コミュニティに貢献するとは，社会的に共通の外部性 (collective externalities) とその衡平性を明示的に向上させることと定義できるだろう。外部性とは，特定の活動集団 (agents) が価格制度とは関係ない他の集団の福利に，肯定的であれ否定的であれ影響を与えるといった場合に起きる問題である。外部性は，たとえば社会的弱者の社会的統合，公共医療，地域開発などに関与するといったコミュニティ全体にかかわる場合には，本質的に共通のものとして現れる。社会的共通益は，単に経済活動によって生ずるものではなくて，むしろ活動を推進し実際に引き受ける人々によって要求されるものである。財とサービスの提供を伴った社会的共通益の追求はインセンティブの1つになるとともに，社会的企業を設立する各個人の取り組みの理由にもなる。カロン (Callon 1999) がいうように，営利企業においては「外部経済性を積極的に追求すると，利益が社会化されて，民間投資が損なわれる」。社会的企業が外部性を肯定するのは，社会的に共通の外部性こそ，経済活動を行うためにステークホルダーたちが共同行動をとる理由だからである。

失業した労働者たちの労働市場への復帰を支援する社会的企業を例にとるならば，社会的企業の第1の目的が利潤の蓄積や配当でないことは確かである。社会的企業のステークホルダーたちには，長期失業に反対して，共通の目的のために地域で活動すること，すなわち，社会的統合という共通の動機がある。対人サービスセクターにおける社会的企業を例にとれば，提供されるサービスを受けるために必要な社会的正義，コミュニティ全体の共通益の増進とりわけ社会的弱者の社会的統合や教育について，社会的企業が関心をもっていることが看て取れる。

コミュニティサービスの目的のために特有の所有形態は必要か

明らかに，社会的企業は所有の単一モデルではない。いうまでもなく，社会

的企業の構造的な特徴はコミュニティサービスの要素をもっている。

　第1に、すでに述べたように、サードセクター企業すなわち社会的企業は、投資家を含む多様なステークホルダーによって運営され、社会的共通益を追求する。投資家が資本利得に関心があるのに対して、サードセクター企業の所有者たちは、労働への報酬、製品の質、サービスの受けやすさといった目的を追求する。だからといって、サードセクター企業が常にコミュニティへのサービスを目的にしているというのではない。強調したいのは、社会的企業が伝統的な企業とは違った側面を重視していることである。コミュニティへのサービスを目的とするのが非営利組織の特徴であると、一部の研究者も指摘している。たとえば、プレストン（Preston 1993）は、社会的に共通の外部性に関心をもつか否かが、非営利組織（NPO）と営利企業との違いであると強調している。

　第2に、多くの文献において、社会的企業の非営利的性格、すなわち、「残余統制請求権（residual control rights）」と「残余所得請求権（residual income rights）」が異なる諸グループに保有されるという事実が指摘されている。なるほど、ミクロ経済分析において、とりわけ新制度派経済学（Milgrom and Roberts 1992）の人々は所有権を2つの形態に区分している。すなわち、第1に「残余統制請求権（rights of residual control）」であり、これは最終的な意思決定権力[6]を意味する。第2に、「残余所得請求権（rights of residual income）」であり、これは「残余所得請求者（residual claimant）」が得ることのできる所得である。すなわち、企業の経費差し引き後の純所得の分配を受ける権利である。

　この2つの権利はほとんど連動している。サードセクターのなかでもアソシエーションに関しては、この2つの権利はそれぞれ違うものとみなせる。この2つの所有の権利の違いを基にして、ギイ（Gui 1991）は、「主要なカテゴリー」すなわち最終統制力をもっている人々と、「利益享受カテゴリー」すなわち残余の利益を受ける人々という概念を立てた。この2つのカテゴリーが合体した組織は、「相互利益」の組織といわれる。この2つの権利が異なる諸グループに振り分けられるならば、その組織は「公益（general interest）」の組織

---

6) 個人を企業の経営者として選ぶことになる。

といわれる。新制度派経済学は，残余統制請求権と残余所得請求権という2つの権利の連結がいかに強力なインセンティブになるかを示した。しかしながら，アソシエーションにおいては，この2つの権利は2つの異なったグループがもつかもしれない。社会的企業におけるこの2つの権利の分離は，メンバーの金銭的利益よりもコミュニティへのサービスを優先していることを示すものである。一定の制限付きの利潤分配は，この考えを薄めた結果である。

　第3に，最近の研究によれば，「マルチステークホルダー企業」という概念に基づいて，企業を所有しているグループ自体が異種混合的なものでありえる[7]。たとえば，イタリアの社会的協同組合は，ユーザー，ボランティア，賃金労働者が所有者となる。マルチステークホルダー企業は，社会的共通益とは何かを考えさせる。いろいろな種類の集団構成員（エージェント），すなわち，労働者，ユーザー，ボランティアなどが活動して，利益の共通の側面をそれぞれ示す。しかし，こうした側面は目に見えない場合が多い。ボランティアがマルチステークホルダー企業に参加すると，ボランティアは個人的な金銭的利益は得ないで社会的共通益を追求するだろう[8]。社会的企業のこの特殊性に対して，投資家経営企業が社会的に共通の外部性を決して認めないということではない。実際，投資家経営企業でも社会的に共通の外部性を認知することはできる。しかしまた，資本利子を受け取るという目的がこれらの外部性を認識するインセンティブとはならないことは明らかである。仮に他の要因（たとえば，一般の監視，消費者や政府からの圧力）があれば，こうした外部性への認識も促進されるだろう。

　サーベル（Sabel　1996）によれば，地域における多くのパートナーシップは緊張を引き起こす。というのも，計画を成功させるために必要な諸資源を動員することと，企業を所有している少数の個人やそこに雇用される機会をもつ人々にこの動員による成果を分配することとの間には矛盾があるからである。

---

[7]　Borzaga and Mittone（1997），Pestoff（1998）. より正確には，マルチステークホルダー所有企業を論じるべきである。

[8]　この議論はBen-Ner and Van Hoomissen（1991）によって展開された。この論文では，非ライバル商品を生産する組織におけるステークホルダー利益の重要性の強調，したがってまた社会的共通益に関わるものである。

社会的企業は，この緊張を緩和する優れた力をもっている。すなわち，社会的企業では各種のステークホルダーが所有権を分かち合っており，定款によって剰余金の分配を制限することで共通の財産をつくり，少なくとも部分的には，企業の成果を個人的な利益だけに矮小化しないからである。したがって，社会的企業を設立するには信頼が重要である。逆に，マルチステークホルダー企業においては，その所有のあり方が異種混合的であるため，立場や利害が錯綜するという点でのガバナンス問題が発生する。こうしたマルチステークホルダーの多様性が不安定性を生み出すという意味では，社会的企業の革新的な行動にもその反対面があるということである。この反対面のゆえにしばしば，カリスマ的リーダーシップが発生したり，もともとある異質性を排除するような単一ステークホルダー所有が生み出されたりするのである。

2 社会的企業と社会的資本

コールマンとパトナムは，社会学の文献ではじめて「社会的資本」という用語を使用した。コールマンは社会的資本を「一連の資源であり，家族関係やコミュニティの社会的組織のなかに含まれているものであり，子供や若者の認識的あるいは社会的発達にとって有用なものである」と規定している（Coleman 1990 : 300）。それによって，社会的資本は個人的発展の領域のなかに入れられる。パトナムによれば（Putnam 1993a），社会的資本は組織的活動と連結される。社会的資本のなかには社会的組織の特徴，すなわち，ネットワーク，規範，信頼などが含まれ，相互利益の調整と協同を容易にする。

社会的資本の概念はいまでは多くの文献にみられる。いくぶん漠然としているものの，社会的資本という概念は，資源の経済的役割を示してくれるし，資源というものが単に財政的な資源や物質的資本とか人的資本にとどまらないことを示してくれる。ラゼトが経済資源と生産要素とを区別しているのは，この意味においてである。経済資源とは，経済活動に帰結するだろうすべての資源をさす。資源は生産要素に転化して，生産過程の具体的な一部となる。たとえば，仕事を探している諸個人は，何よりも経済資源である。彼らが企業に雇わ

れれば生産要素となる。社会的資本はまた，生産過程のなかで，その達成を促進するための資源にもなる。しかしまた，社会的資本それ自体が目的でもある。というのは，エバースもいうように，それは社会の民主化過程に貢献する「市民的」資本だからである。社会的資本はグループ，ネットワーク，地域の社会的枠組みのなかに存在する。社会的資本は，少なくとも部分的には分割できないものであり，何らかの単一の個人が所有することのできないものであるため，地域的な（準）公共財となりえるのである。

社会的資本は取引費用を引き下げる

社会的資本についてのパトナムの定義は，取引費用の概念と関連する。社会的資本は新制度派経済学においては，ステークホルダー同士の取引費用（調整費用と動機づけ費用）を最小化する組織形態において重要な役割を果たす。動機づけ費用は採用されるインセンティブによって異なる。不完全な情報という文脈において，ステークホルダー同士の協同を促進し，ご都合主義的な行動を避けるためには，インセンティブにかかわる動機づけにも費用がかかる。実際，社会経済的組織は数多くの不確実性に直面するのであり，したがってまた，動機づけ費用も問題となるのである。利用者は知らない供給者から質の高いサービスをどのように得るのか。寄付をする人は寄付金の使い道についてどのように信頼を置くのか。国家は補助金を提供して委託したサービスをどのように統制できるのか。対人サービス企業のマネージャーは従業員の勝手な行動に対してどのように対応できるのか[9]。

あれこれの不確定性に直面したときに，社会的資本を動員すると，外部のステークホルダー（消費者，寄付者，役所）と営利企業との取引費用が減少できる。社会的資本はまた，協同的な行動を通じて労働力の生産性を向上させる。ラゼトは，資本および労働と共存する生産の新しい要素として社会的資本をとらえている。そして，その新しい要素である「C」要素［Cとはコミュニティやコーポレーションなどを指す］を「経済組織の効率を改善するために調整と協同

---

9) バッキエガとボルザガの中心論点である。第16章。

を促進できるグループの形成」であると定義した (Razeto 1988 : 46)。ラゼトの定式は，程度の差こそあれ社会的資本という要素が存在し，それがどんな企業においても取引費用を削減できることを示している。

　社会的資本を動員することによって，社会的企業はその取引費用を削減できる。とくに信頼関係がない場合の取引の費用を削減できる。実際に，外部当事者でさえも非営利原則を信頼の印だとみなしている (Hansmann 1996)。しかしこの原則だけで信頼関係を勝ち取るのは不十分なことがしだいに明らかになってきている (Ortmann and Schlesinger 1997)。利潤動機がないからといっても，アソシエーションのマネージャーたちが受益者の利害とは必ずしも一致しないような利潤以外の目的を追求することもありうる。たとえば，アソシエーションのなかには過大な報酬をマネージャーに支払うこと，あるいは，本来の目的からアソシエーションを逸脱させてしまうほどの権力を小グループが握ることによってアソシエーションの共同の目的がないがしろにされることを許容するようなものもあった。しかし，社会的資本の持続可能な形態——社会的企業にしばしば存在している——をつくりだすことができれば，信頼を生み出すことによって，したがってまた，ご都合主義的に行動するインセンティブを抑えることによってこうした現象を防ぐことは可能である。

社会的資本は生産費用を引き下げる

　社会的企業においてユーザーとボランティアを統合すること，そして贈与と寄付を活用することは，社会的資本の動員・開発と連動する。社会的企業は，コミュニティに貢献することによってボランティアとユーザーの統合を容易にするし，さらにいろいろな寄付を受けることができる。社会的企業にコミュニティに貢献するという側面があれば，社会的支援ネットワークをつくることも可能になる。その構成はさまざまだが，そのメンバーは，必要とされる行動と問題は何かという感覚を共有する。経済活動に推進力を与えるインセンティブは，多様なステークホルダー同士の共通認識から生まれる。すなわち，自分たちがこれまで取り組んできた問題に対する適切な対応が欠如していたという認識である。かくして，計画のリスクを負う企業家は単独では行動しない。むし

ろ，ボランタリー的に関与する諸個人からなる集団に依拠する触媒として行動する（Laville and Gardin 1996）。

　賃金労働者でさえボランタリーな労働を生み出すことに貢献できる。それは，彼らが他の組織で受け取るだろうよりも少ない報酬を受け取ることを選んで，その代わりに生産労働から非金銭的な利益を得る場合である[10]。社会的資本なしには，こうした資源の動員はできないであろう。とはいえ，この利益でもリスクをなくすことはできない。ボランタリーな労働は単なる苦労で終わるかもしない。たとえば，資金不足により，賃金労働者が当然得られると考える社会的に保障された慣習法上の地位や団体権が得られないこともある。

社会的資本はそれ自体が目的である

　社会的資本の動員はすべての生産過程で大事であるが，強調すべきその目的は，状況によってずいぶんと異なる。株主が統制している企業では，社会的資本は生産諸要素の生産性を向上させるので，金銭的資本への報酬がある。この場合，所有者は社会的資本を使って自分たちの金銭的な利益を増加させようとする。社会的企業の場合は，社会的資本はコミュニティサービスを組み入れるプロジェクトをめぐって形成される。

　このような文脈において，ギイ（Gui　1995）が社会的資本の内在的な利点と道具的な利点を明確に区別している。ギイは社会的資本概念を関係財の概念と結びつけて，「諸個人間の関係性を維持する際に付随する漠然とした資本」と定義する。そして，関係財は互いに道具としてあるいはそれ自体目的として価値づけられると強調する。ギイは，社会的資本の発展が，「内在的」利益を人々が価値づける度合いにいかに積極的に依存しているかを示している。社会的企業における仮説として，社会的資本の蓄積は共同的なプロジェクトの一部であり，それ自体が目的であるといえる。エバースが指摘したように，これが，社会的企業がなぜ社会的資本を動員するだけでなく，それを再生産するかの理由である。

10）　この点についてはバッキエガとボルザガを参照のこと。第16章。

実際，共同的なプロジェクトの開発は社会的資本の動員と密接に結びついている。ボランタリーな関わりを通じて，参加者たちはコミュニティへの帰属意識をつくりだす。それは仲間意識によりつくられ（家族やエスニック集団として），あるいは他の諸個人とともに「市民的なアイデンティティに動機づけられて行動する」プロジェクトの開発によってつくられる（Evers 1997：54）。個人間の出会いは，道具性や戦略を超えるものであり，「各人が共通の運命を分け合っているのだと意識するグループに属している」ことを通じて，いっそうの相互理解の機会を生み出す（Defourny, Favreau and Laville 1998：31）。それはトクビルやトゥレーヌが考察したとおりである[11]。このような見解は，社会的企業の内部に協同的な諸力があることを強調する。社会的経済組織を対象とする調査によれば，社会的経済組織は私的な利益を超えた過程を通じてしばしば生み出され，他方では，経済的成果に積極的な影響を与える相互理解から力を引き出している。

　歴史的に，サードセクターあるいは社会的経済における社会的資本は，同じ種類の人々を統合する社会的絆があるときに動員される。この歴史的な傾向は，しかしながら，現代の社会的企業のすべてに当てはまるわけではない。最近の調査では，たとえばマルチステークホルダー企業における「各構成グループの同質性は非常に小さい」（Defourny, Favreau and Laville 1998：330）。こうした場合，プロジェクトは共通のアイデンティティに基づいているというよりも，特定の問題は既存の制度では解決できないという信念を共有していることに基づいている。

社会的企業は社会的資本を民主化の要素とする

　諸個人が特定の問題に一緒に取り組むことによって経済活動の枠組みを成功させる過程とは，社会的企業の経済的側面と政治的側面をつなげることである。経済分析と政治社会学は別個のものではあるが，社会的企業における社会的資本の特殊性を明確にするためには結合しなければならない。社会的企業は特別

---

11) De Tocquevill (1991), Touraine (1973).

な社会的資本を活用する。なぜなら，社会的企業は市民の日常生活の問題にかかわるからである。したがって，社会的企業の存在を理解するためには，ハバーマスやギデンズが定義した「公共空間」すなわち「公共領域」という政治的概念を導入する必要がある。

社会的企業が「媒介的領域」(Evers 1995) を構成してその経済的な革新能力を示すのは，社会的資本を私的領域から公共領域に移動させることによって社会的資本を活用するからである。公共領域はハバーマスによれば次のように定義される。

> われわれの社会的生活の領域とは，そのなかで世論が形成されうる場である。すべての市民が関与することを保障されている。……市民は公共団体 (public body) のように行動する。そのとき市民は制限されずにかかわることが保障されねばならない。すなわち，集会の自由，結社の自由が保障され，公益にかかわる意見の表明と出版の自由が保障されねばならない。
> (Habermas 1974：49)

したがって，公共領域は私的領域とは異なるものである。公共領域において，同一の政治的コミュニティのメンバーたちは，協力して世論を形成するために合理的議論を行う。公共領域のこの規範的次元は，経験的な現実に関連する。とりわけ自由な討論や反対の表明といった場を提供する自律的な公共領域に関する場合がそうである (Habermas 1992)。この公的領域は，さまざまなステークホルダーの個別の議論が行われる場であるが，自律的な公共空間として機能するし (Calhoun 1992)，人々が直接表現することを認め，それによって共通の公共財に関する共通の理解を促進するのである。公共領域は，市民社会において，これまで少数の専門家によってしか議論されなかった社会的関係の諸側面の問題を提起することによって議論の展開の場とみなされる (Giddens 1994)。公共領域が登場すると，社会的企業やそれに類似したアソシエーションは，「市民社会における公共空間」となる (Evers 1995：159)。そして，近隣性を基盤として，社会的企業は市民社会のなかに自律的で公的な領域をつくりだす。

市民を消費者や扶助の受給者とみなすような状況とは違う状況に置くことに

よって，これらの公共領域は，市民が直面している問題を自分たちで判断する活動を組織することを許す。この公共領域は，人間同士の関係を基盤にして組織されるし，はじめから特定の文化的慣習に基づく「相互主観性の具体的な領域」[12)]の一部を形成している。また，共同活動による財とサービスの生産を生み出す。家計，インフォーマル経済，地下経済との違いは，まずもってこうした「公共的な近隣領域」が開かれることによって生ずる。公共領域は私的領域の役割を問題にするだけではなく，「社会的対話のための空間を開き，これまで議論されることもなく伝統的な慣例によって『決着ずみ』になっている社会的な行為のさまざまな面を広範囲に押し出していくのである」(Giddens 1994:120)。

対人サービス分野における社会的企業はとくにこれに当てはまる。サービスセクターの社会的企業は，参加の平等を促進してユーザーの需要に対応する。たとえば，在宅サービスを行う組織の第1の任務は，家族の均衡を維持することである。ここでは，専門家の介入によって，在宅介護をどうしようかと思っている高齢者とその家族に生ずるある種の緊張を軽減する。3つ巴の関係は協同をもたらし，ユーザー（高齢者）とそれに雇われた労働者は，家族に積極的な役割を与えるだけでなく家族同士が距離をおいて考えることができるようにし，また状況を共同で評価できるようにする。これはユーザーか，もしくはユーザーに代わって活動するステークホルダーが果たす役割である。それがはっきりしているのは，社会的企業の設立提案をまとめあげる場合である。その設立がユーザー自身のイニシアティブによるものであろうと，企業家との連携であろうと構わない。また，サービスの提供に常時かかわっているため満たされないニーズをよく知っている専門家の介入を通した設立であっても構わない (Ben-Ner and Van Hoomissen 1991)。制度的な枠組みを超えた個人の関与が重要である。というのは，問題の焦点を動かし別の角度から迫り，隠れた可能性を明るみに出せるのは，通常別々になっている制度とさまざまな論理の間でつくられる連想だからである。

公共的な近隣領域の自律的な性格が重要である。それはまた，制度間のパー

---

12) Godbout and Caillé (1992)による。

トナーシップよりも重要である。本質的な目標は，機能本位の論理を超えて，ユーザーの「実際の経験」という立場からサービスに取り組むことである。ハバーマスの用語を再度引用するならば，社会的資本の動員によって助けられるのである。社会的企業には3つの基礎がある。すなわち，人々の日常的実践，コミュニティ生活の日常的な枠組みを象徴する交換および諸関係，そしてそれらを利用する人々の気持ち・価値・願望である。公共領域におけるこの多面的な現実を考慮することによってこそ需要と供給は調整できる。ユーザーの目からみたこれらのサービスの特殊性とは，ユーザーがサービスの設計に積極的にかかわる傾向にある点である。したがって，サービスは，「トップダウン」式の市場調査や公共計画的な技術を単に反映することではない。なぜ，プロジェクトが大きな障害を乗り越えて，ユーザーの個人的生活に関わる関係的サービスのなかで成長していくかの理由がここにある。ここでの障害は，示された情報の不完全性である。それは単にユーザーを不安にさせるという情報の非対称性ということではない。地域的な公共領域をつくりだすことによって信頼関係をつくることができる。情報伝達方式を重視すれば，プロジェクトは，介護提供者が個人の生活を侵害するのではないかというユーザーの不安を解消できる。したがって，このプロジェクトによって，サービス供給の開発をしつつきわめて異質なニーズを公けのものとすることができる（Laville and Nyssens 2000）。

　社会的企業が登場するときに社会的資本を動員すれば外部的にも内部的にも影響が出るというように，社会は影響を受ける。対人サービスの分野やその他の分野でもそうしたことが起きる。第1節で述べたように，社会的企業による社会的共通益の追求は，企業活動の一部である。社会学的見地は，どの過程によってそれが可能になるのかをうまく説明している。すなわち，社会的共通益は公共的な近隣領域において社会的に生みだされる。この領域は，「社会への諸個人の統合をめざす社会化の領域と個人化の領域」から成り立っている（Eme 1994 : 217）。これらの活動を通じて，社会的企業は民主主義的な社会的絆を促進する。社会的企業は，ボランタリーな参加原則と法的な自律性とメンバーの平等を基礎にした社会的ネットワークを拡大することによって，そうした絆がないために疎外されているグループを惹きつけることができる。

社会的企業は特有の形態の社会的資本を動員し再生産する

　社会的資本の概念の難しさの1つは，多義的なことである。先に述べたように，コールマンの定義は，家族によって実行される社会的技能にかかわる困難さであり，また個人が所属する社会的ネットワークにかかわるものである。一方，パトナムの定義は組織とネットワークの機能にかかわる。この2つの一般的定義は異なるスタイルではあるが，時折あらわれる支配と依存の関係を覆い隠してしまうことでコミュニティを理想化して，定義の基盤そのものに共通の限界がみられる。両者にはまた共通点がある。それは社会的資本の開発を社会的共通益とすることであるが，社会的資本がさらに私的な利益のためにも使われるかもしれないことには目を向けていない (Paci 1999 ; Bianco and Eve 1999)。
　このような特徴から，社会的企業における社会的資本の特殊性を定義できる。公共的な近隣領域をつくりだすことによる社会的資本の動員を具体的に示すことによって，社会的企業における社会的資本がどのような種類の社会的資本かを明確にすることができる。ここでは，社会的資本のうち家族中心のものや私的領域における個人間関係に基づいたものは取り扱わない。ここでの社会的資本は公共領域にあるものである。それは，地域主義や縁故主義，秘密性や不透明性によって強制される社会的資本の使用とも異なるものである。社会的企業における社会的資本とは，市民資本 (civic capital) というべきものである。
　もし社会的企業がこのような社会的資本を生み出すことができるとするならば，自由な関与とメンバー間の平等を含んだ正式な規則に依拠しているからである。その結果また，資本依存型の企業と区別するために，社会的企業は，権力が投資に比例し，労働という貢献が財政的な貢献に従属するような不平等な関係を受け入れない。
　社会的資本概念のもう1つの曖昧さは，その発生の出自に起因する。おおかたの意見は，社会的資本の存在を所与のものとして認め，焦点をその動員に移している。その結果，社会的資本のある地域では自動的に地域の社会経済的な能力が構築される。しかし他方それを欠く地域は，後進のままで無規範的な社会状態に固定されてしまうという決定論的な発展観に帰着する。この議論は

堂々巡りである。というのも，社会的資本の増加は，すでにそれが存在している場所でのみ可能だからである。しかしながら，われわれはこの単純化された図式を乗り越えて，いかに市民資本が動員され実践に組み込まれるかを示すことができる。

社会的資本が豊かですでに公共生活の構造に影響を与えている領域では，社会的企業は社会的資本を生産要素に転換する位置を占めている。このように，社会的企業は市民資本の増大を促進する。しかし，社会的資本が未発達な領域でも，社会的企業をつくることができる。その障害がたくさんあるにしても，コミュニティに貢献するという社会的企業の考えは，活動の主体を生み出す。コミュニティの日常生活を改善することは，経済的な共同活動とこれまで私的セクターに限定されていた社会的資本の公共領域への移転を決定づける共通の考えとなるのである。このような過程を通じて，社会的企業は「社会的資本を環境に合わせて——社会的資本が歴史的に形成されてこなかったイタリア南部のように——構築する」(Harris and De Renzio 1997 : 923)。この種の移転はどうしようもない環境のもとでは困難だとしても，内発的発展における役割をそれなりに果たすだろう。そのためには，地域の諸力を注意深くモニターし，長期的に支援する適切な公的干渉が必要である。社会的企業への支援政策はこうして，主要な社会的基盤の整備におけるオルタナティブな投資戦略を提供するであろうし，障碍があるにしても，これまで社会的資本がなかったような地域でのより民主的な開発も可能にするであろう。

要約すれば，社会的企業の経済的側面と政治的側面は切り離せない。経済的にいえば，社会的企業における共同的関与の裏にある推進力は，生産された財とサービスと結びついた社会的共通益の追求である。確かに，社会的企業の分析では，所有の単一モデルを示すことはできない。すなわち，その一般的特徴は，所有に関するかぎり，投資家よりもステークホルダーによって管理されるということである。しかしながら，構造的な特徴のいくつかは，コミュニティサービスの側面を反映している。すなわち，これらの特徴は，非営利制約あるいは剰余分配制約，マルチステークホルダーによる所有形態を含んでいる。社会的共通益の追求は，ボランティアの関与，寄付，地域パートナーシップの発展といった社会的資本の特別な動員形態を可能にするのである。政治的には，

共通の参加によって人々を共同的活動へと刺激し，政治的コミュニティにともに帰属しているのだという気分にさせる。これは，社会的共通財の周辺に現れる自律的な公共領域への人々の関与ということの説明となる。

3 社会的企業と経済的諸関係

企業はさまざまな経済的資源を動員できるし，所有の諸形態をとることもできる。それと同時に，財とサービスの分配のさまざまな手段も活用できる。少なくともこれは，実体的アプローチをとる経済学の理論家による仮説である。彼らは，人々が人間性に基づいて活動するという経済学の拡張解釈を提案している。実体的アプローチは，形式的でより限定的なアプローチとは対照的である。そこでは，経済学は希少性という条件のもとでの最大化の合理的選択に基づいている。実体的アプローチに立つポランニーの定式化によれば，経済とは，さまざまな社会的・経済的枠組みのなかで，互酬，市場，再分配という3つの経済原則を混合する多元的な経済[13]とみなされる (Polanyi 1997)。

市場の原則は，交換に基づき，価格設定メカニズムによって推進される財とサービスの需給調整にかかわる。買い手と売り手の関係は，契約に基づく。市場原則では，エージェントが社会的関係のなかに組み込まれることを想定していない。というのも，これらの社会的関係が「今日，西洋文化では通常の厳密な経済的使命をもつ制度とは別個なものとみなされているからである」(Maucourant, Servet and Tiran 1998 : 15)。かくして，以下に述べるような2つの経済原則とは対照的に，市場原則は必ずしも社会システムに根づいているわけではない。

再分配は，生産を中央権力に委ねるという原則である。その際，中央政府の責任はそれをいくつかに分けることである。これは，課税と再分配のためのルールの設定を前提としている。現実的な関係が，課税する中央政府とそれに従うその他のエージェントとの間で時間をかけてつくられる。再分配は，現金

---

13) OECD (1996).

給付や現物給付といった形態をとりうる。再分配は私的組織が始める場合は私的なことである。すなわち，会社が寄付やスポンサー目的のために剰余の一部を使うような場合である。この剰余金の使い道は，民間財団を通じて行う場合もある。しかし，再分配は本来的に公的なものである。公的な再分配の現代的形態は福祉国家のなかで組織され，強制的な控除によって維持され，社会権を証明する手当の源泉でもある。

互酬の原則は，集団や諸個人の間で財とサービスを循環させる特定の形である。互酬はステークホルダー間の特殊な社会的連関を示すときによく使われる。互酬は，贈与や寄付が基本的な社会的事実であるという理解にもとづく，信頼に足る経済活動の原則である。しかし，互酬には矛盾した側面もある。すなわち，贈り物を受け取る集団や諸個人は，そのお返しをすることによって「自由意思」を示すよう期待されている。実際に，贈り物を受けた人はお返しをしようとするが，それは外部圧力のためではなくて，自分だけの判断でそうするのである。その結果，贈り物をすることは，利他主義とも違うし，むしろ，ただで何かをあげるということは，無欲さと利己心との複雑な混合である。この互酬のサイクルは人間関係を含んでおり，認知願望や権力願望を含んでいるので市場での交換とは異なるし，政府から強制されているわけではないので再分配的交換とも違う。互酬の一形態は家族単位のものであり，これはポランニーが家政管理と呼ぶものである。

歴史のなかでは，これらの3つの基本原則のさまざまな組み合わせがみられた。現代の経済を反映する特殊な組み合わせとして，3つの極がある。

- **市場経済** ここでは，市場は財とサービスの循環に主要な責任をもつ。これは，市場経済が市場だけの産物であることを意味するものではない。市場に優先権が与えられ，非市場および非貨幣分野の諸関係が市場に従属することを意味するに過ぎない。
- **非市場経済** これは，財とサービスの循環の主要な責任が福祉国家の管轄内にある経済である。ここでは，公的セクターは行政の規則に従うものであり，行政は民主的統制に従って資源を再分配する。
- **非貨幣経済** 財とサービスの循環が主要には互酬に基づく経済である。

互酬関係が貨幣形態をとることがあるにしても（寄付など），非貨幣経済の内部では，自己生産と家政経済という形態で互酬効果がみられる。

社会的企業と3つの極

これまで述べてきたように，社会的企業は，社会的資本の動員能力があればコミュニティへのサービス供給事業の周りに形成される。社会的資本の動員は公共領域において発展した互酬関係に基づく。したがって，社会的企業の起源は「互酬の諸規範と市民参画のネットワーク」により支えられる（Putnam 1993b：171）。これを出発点とすると，社会的企業は，経済の3つの極のそれぞれの組織に依拠しながら，さまざまな方法でこれらを連結しようとする長期的な能力によって強化される。経済の多元化という考えと理念型という方法論によれば，最初の論理に従って社会的企業を存続させる能力とは，目的達成のために経済の3つのセクターをハイブリッド化する能力だといえる。社会的企業は，これら3つの極からのさまざまな資源を結びつける。社会的企業は寄付やボランティアを動員するが，市場関係やサービス販売，政府が行う社会的企業へのサービスへの補助による再分配関係も利用できる。

このことは，社会的企業が，市場資源と非市場の非貨幣資源を均等量で混合するということではない。それは，ハイブリッド化がすでにそのアイデンティティを確立している社会的企業に対して市場および非市場の諸資源を統合する戦略を提供することを意味するに過ぎない。社会的企業の貨幣的・非貨幣的関係が補完しあうことで，多元的な結びつきに基づくサービスの自律性と，その経済的な存続可能性が保障される。ハイブリッド化は，長期にわたって動員される経済諸関係の3つの極の相互依存を意味するばかりでなく，計画目的にあった方法に基づく各パートナーによる交渉を通じて，経済諸関係のバランスをとることを意味する。このように，主として再分配を通じて社会的有用性という目的への財政的な支援が可能になる場合には，ハイブリッド化は既存のアプローチとはまったく対照的なアプローチとなるのである。

ハイブリッド化はまた，この3つの経済セクターが互いに孤立するのではなく協働することを意味する。これにより，社会的共通益の創出を説明できる。

たとえば，再分配と互酬の諸関係が演じる役割は，コミュニティサービスの次元で説明可能である。言い換えれば，社会的共通益の存在は，市場に随伴する財政的非効率を明らかにする。市場メカニズムは決して社会的に共通の外部性とその衡平性を内部化しない。国家による介入もその場合は適切とされる。しかし政府の活動には，ニーズの変化を認識して新しい方法でそれに対応するという能力の点で限界がある。というのは，政府の活動が本質的に標準化された性質をもち，政治的に制度化されたプロセスに依存しているからである。非営利組織論によれば，非営利組織は新しい社会的需要に密着しているし，より自律的なので，そのような需要にいち早く対応することができ，社会革新に大きな役割を果たすことができる（Salamon 1987）。社会的企業におけるボランティアと寄付はしたがって，社会的革新に貢献できるものである。それにもかかわらず，アソシエーションはたとえば，ボランティアを基盤として資源を動員しなければならないといった本質的な限界を抱えており，その克服のためには国家補助金のようなものに頼らねばならない。この限界を，サラモンは「フィランソロピー的不足」と呼んでいる。さらに，特定のグループや特定の目的を支援する傾向（「フィランソロピー的セクト主義」），そして，みずからが資金源であるという理由で，どのようなサービスが提供されるべきかをある特定の個人が決定するという事実（「フィランソロピー的温情主義」）もまた，アソシエーションの限界としてあげられる。したがって，社会的企業の存続可能性と将来の成長可能性も，政府資金の提供があれば，他の企業形態では供給できないサービスを提供することで社会的企業はコミュニティへの明確な貢献をなしうるという認識がどこまで広がるかにかかっているのである。

　ここで問題になるのは，社会的企業を他の企業形態と区別する方法である。その区別の方法を特徴づけるのは，民間資金と公的な資金の新しい結合の仕方だけではない。設立時の社会的企業の特徴は，コミュニティへのサービスという側面の統合をめざす取り組みにかかわって，互酬関係を通じて社会的資本を動員することにある。社会的企業は，コミュニティへのサービスという側面によって，互酬関係（自発的な関与という形態での）という支援関係を創出したり，サービス提供のコストを削減したりできるようになる。3つの経済セクターのさまざまな方法によるハイブリッド化という観点からいえば，社会的企

業はコミュニティへのサービスという論理に基づいて3つの経済セクターのそれぞれを活用する。さらに，このハイブリッド化は公共領域においても行われる。それは，社会的資本を動員したり生み出したりするためには，ハイブリッド化が何よりも重要だからである。

制度的同形化に対抗するものとしてのハイブリッド化

最後に，社会的企業の信用性と永続性についていえば，それは，市民的な連帯に基盤をもった経済という文脈につねに根ざすことができる社会的企業の能力から生まれてくる。言い換えれば，実際，社会的企業の経済活動は連帯と公正・平等の原理に埋め込まれていなければならない。主体性と連帯とは，経済活動と仕事を創出する共同行動のために諸個人が自発的に連帯し，同時に他方で，新しい社会的連帯を築きながら社会的統合を強化するがゆえに，調和するのである。

社会的経済における起業組織の経験がそのことを示している。しかし時間がたつにつれて「第3の力」という勢力は軽視されて，制度的に同形化してしまう傾向を示している[14]。一部の協同組合は市場経済においてしだいに一般企業に似たものになっている[15]。また一部の共済組合は社会福祉制度との統合を進めて，公的行政組織と実際変わらない組織となりつつある。こうした動きは，かなりの程度まで，当初の使命からずれていることを示すものである。

一方，社会的企業の役割は，社会的ニーズの発見と新しい革新的な実践の導入だとみなされている。政府資金の導入によって，社会的資本の動員に基づく互酬関係が時間とともに失われていくかもしれない。こうならないために，特定のサービス供給に連結した社会的に共通の外部性を創出して，すべての企業

---

14) 制度的同形化については以下をみよ。Di Maggio and Powell (1993), Enjolras (1996), Kramer (2000).

15) すなわち，生産協同組合運動の議論では，次の1997年10月のリール大会の文書を参照のこと。「協同組合運動はイタリア社会的協同組合の線に沿って進んでいる。これはユーザー，ボランティア，賃金労働者の新しいパートナーシップの精神を示している」。

がより競争的な枠組みで利益を得ることができるような再分配の新しい諸形態の導入が重視されねばならない。こうした積極的な政策を通じて，すべての企業は労働市場から外された労働者を再統合することができるのである。

しかしながら，政府が社会的共通益の創出のために資金を提供するときでさえ，経験によれば，市民参画と互酬的資源の動員は一定の社会的共通益をつくり出すための中心的な要素である。社会的企業は，ボランティアと社会的ネットワークを動員することによって社会的資本を強化する。同時に，もしステークホルダー（ボランティア，ユーザー，労働者）が参加するならば，しっかりした信頼という資本をつくりだすことができる。これは，特定のサービスにとって非常に重要である。社会的企業の経営方法が市場経済の不確定性に対して脆弱であることによって，また，公共政策との関係で社会的企業が再分配による資金に依存するようになることによって発生するかもしれないご都合主義的な行動を抑制するためには，この信頼という資源こそが重要なのである。

結論

理論的方法としては，われわれも新制度派経済学[16]と似たようなものになった。出発点として既存の経済制度の分析を行ったからである。同時に，取引費用の削減に関わる効率という基準に基づいて，既存の諸制度しか認めない機能主義を超えるような分析を行った。既存の諸制度を当然視したり「絶対視」したりしないように[17]，われわれの分析では諸制度の起源の理解に努めた。そのためには，社会学的，歴史的，法的分析が必要である[18]。

明らかに，社会的企業の分析は所有の単一モデルを示すものではない。しかし，社会的企業が投資家ではなくて，ステークホルダーたちによって経営され

---

16) Williamson (1975) の分類による。これらの理論は NPO の議論でみられる。本書のバッキエガとボルサガ［第16章］を参照のこと。
17) Barber (1995) の用語に基づく。
18) この議論を進めている新制度派経済学の批判的見解については Granovetter (1985) をみよ。

管理されていることは明らかである。社会的企業は，コミュニティサービスの提供を目的に含んだプロジェクトをめぐって，社会的資本の動員をその出発点にすえている。コミュニティサービスの側面は，社会的企業の構造的な特徴として，非営利制約すなわち剰余分配制約およびマルチステークホルダー型の所有形態に反映されていく。社会的共通益の追求によってもまた，ボランティアの参加，寄付，地域パートナーシップの発展といった社会的資本を動員する特有の形態が可能となる。言い換えれば，社会的企業の経済事業は公共的な領域における互酬関係から発生するのである。そして，プロジェクトにおけるステークホルダーたちは，他の参加者や社会全体のために社会的共通益をつくりだすことによって民主的な経済関係の創出に自分たちが役に立つと信じるがゆえにプロジェクトに参加する。共同して関与したいというステークホルダーたちのこのような気持ちの背後にある規定的な動機は，社会的共通益への強い願望である。したがって，社会的企業に内在する社会的企業家活動あるいは市民的企業家活動は，政府や株主から距離を置いて経営上の独立性を保ちたいという要求と同様に，上述した社会的共通益への願望によっても特徴づけられるのである。

　消費者への補助金や，一部の社会的企業やその他の企業が資金を調達する準市場以上に，社会的企業の行く末は，社会的共通益の生産を確保するために再分配からの資金を調達する能力にかかっている。この方法は公共政策と相互依存関係にある。そのため，社会的企業の将来はまだ確かなものではない。社会的企業が制度に組み入れられる過程で1つの資源だけに依存することを避け，当初の目的を実現することによって，社会的企業はみずからの自律性を確保しようと努める。しかし，そのためには，社会的企業は社会的資本の維持という問題に直面するし，再分配に基づく収入と市場からの経常的な収入とを通じて得られる資金動員を社会的資本の維持と整合させなければならない。要するに，制度的な同形化と経済セクターの3極ハイブリッド化に基づいた自律性との間の緊張関係こそ，社会的企業の特徴なのである。

参考文献

AGLIETTA, M. (1976) *Régulation et crises du capitalisme. L'expérience des États-Unis*, Calmann-Lévy, Paris.
BARBER, B. (1995) 'All Economies Are Embedded: The Career of a Concept, and Beyond', *Social Research*, vol. 62, 2: 387–413.
BEN-NER, A. and VAN HOOMISSEN, T. (1991) 'Non Profit Organisations in the Mixed Economy', *Annals of Public and Co-operative Economics*, vol. 4, 519–50.
BIANCO, M.L. and EVE, M. (1999) 'I due volti del capitale sociale. Il capitale sociale individuale nello studio delle diseguaglianze', in LAVILLE, J.-L. and MINGIONE, E. (eds) 'Nuova sociologica-economica. Prospettiva europea', *Sociologia del Lavoro*, 73.
BORZAGA, C. and MITTONE, L. (1997) 'The Multistakeholder versus the Nonprofit Organisation', Università degli Studi di Trento, Draft Paper no. 7.
BOYER, R. (1995) 'Vers une théorie originale des institutions économiques', in BOYER, R. and SAILLARD, Y. (eds) *Théorie de la régulation, l'état des savoirs*, La Découverte, Paris.
CAILLÉ, A. (1993) *La démission des clercs*, La Découverte, Paris.
CALHOUN, C. (ed.) (1992) *Habermas and the Public Sphere*, MIT Press.
CALLON, M. (1999) 'La sociologie peut-elle enrichir l'analyse économique des externalités? Essai sur la notion de débordement', in FORAY, D. and MAIRESSE, J. (eds) *Innovations et performances. Approches interdisciplinaires*, Editions de l'Ecole des hautes Etudes en Sciences sociales, Paris.
COLEMAN, J.S. (1990) *Foundations of Social Theory*, Harvard University Press, Cambridge, MA.
Co-operative Union of Canada (1985) *Social Auditing: A Manual for Co-operative Organisations*, CUC, Social Audit Task Force, Toronto.
DEFOURNY, J., FAVREAU, L. and LAVILLE, J.-L. (eds) (1998) *Insertion et nouvelle économie sociale. Un bilan international*, Desclée de Brouwer, Paris.
DE TOCQUEVILLE, A. (1991) *De la démocratie en Amérique*, Gallimard, Paris.
DI MAGGIO, P. and POWELL, W.W. (1993) 'The Iron Cage Revisited: Institutional Isomorphism and Collective Rationality in Organizational Fields', *American Sociological Review*, vol. 48, 147–60.
EME, B. (1994) 'Insertion et économie solidaire', in EME, B. and LAVILLE, J.-L. (eds) *Cohésion sociale et emploi*, Desclée de Brouwer, Paris.
—— (1993) 'Lecture d'Habermas et éléments provisoires d'une problématique du social solidariste d'intervention', miméograph, CRIDA-LSCI, IRESCO-CNRS, Paris.
ENJOLRAS, B. (1996) 'Associations et isomorphisme institutionnel', *Revue des études coopératives, mutualistes et associatives*, vol. 75, 261: 68–76.
EVERS, A. (1997) 'Le tiers-secteur au regard d'une conception pluraliste de la protection sociale', in *Produire les solidarités. La part des associations*, MIRE – Rencontres et Recherches, Paris.
——(1995) 'Part of the Welfare Mix: The Third Sector as an Intermediate Area', *Voluntas*, vol. 6, 2: 159–82.
EVERS, A. and SCHULZE-BÖING, M. (1998) 'Mobilising Social Capital – The Contribution of Social Enterprises to Strategies against Unemployment and Social

18 社会的企業と社会経済理論   445

Exclusion', paper for an EMES Seminar, Brussels.
FOURASTIÉ, J., Préface à GASPARD, M. (1998) *Les services contre le chômage*, Syros, Paris.
GIDDENS, A. (1994) *Beyond Left and Right, The Future of Radical Politics*, Polity Press, Cambridge.
GODBOUT, J. and CAILLÉ, A. (1992) *L'esprit du don*, La Découverte, Paris.
GRANOVETTER, M. (1992) 'Economic Institutions as Social Constructions: a Framework for Analysis', *Acta Sociologica*, 35.
―――(1985) 'Economic Action and Social Structure: The Problem of Embeddedness', *American Journal of Sociology*, vol. 91, 3: 481–510.
GUI, B. (1995) 'On 'Relational Goods': Strategic Implications of Investment in Relationships', Dipartimento di Scienze Economiche, Universitá di Venezia.
――― (1991) 'The Economic Rationale for the Third Sector', *Annals of Public and Co-operative Economics*, vol. 62, 4: 551–72.
HABERMAS, J. (1992) *L'espace public, 30 ans après* (French translation), *Quaderni*, no. 18, autumn, 161–88.
―――(1988) 'Vingt ans après: la culture politique et les institutions en RFA', *Le Débat*, September-October, Gallimard, Paris.
―――(1986) *L'espace public*, Payot, Paris.
――― (1974) 'The Public Sphere', in *New German Critique*, no. 3.
HANSMANN, H. (1996) *The Ownership of Enterprise*, Harvard University Press, Cambridge.
――― (1987) 'Economic Theories of Nonprofit Organisations', in POWELL, W. (ed.) *The Nonprofit Sector, A Research Handbook*, Yale University Press, New Haven, 27–42.
HARRIS, J. and DE RENZIO, P. (1997) 'Missing Link or Analytically Missing?: The Concept of Social Capital', *Journal of International Developement*, vol. 9, 7: 919–37.
JAMES, E. and ROSE-ACKERMAN, S. (1986) *The Non-profit Enterprise in Market Economies: Fundamentals of Pure and Applied Economics*, Harwood Academic Publishers, London.
KRAMER, R.-M. (2000) 'A Third Sector in the Third Millennium?', *Voluntas*, vol. 11, 1: 1–24.
LAVILLE, J.-L.(1992) *Les services de proximité en Europe*, Syros Alternatives, Paris.
LAVILLE, J.-L. (ed.) (1994) *L'économie solidaire*, Desclée de Brouwer, Paris.
LAVILLE, J.-L. and GARDIN, L. (eds) (1996) *Les initiatives locales en Europe. Bilan économique et social*, Commission européenne, CRIDA-LSCI, CNRS, Paris.
LAVILLE, J.-L. and NYSSENS, M. (2000) 'Solidarity-Based Third Sector Organizations in the 'Proximity Services' Field: A European Francophone Perspective', *Voluntas*, vol. 11, 1: 67–84.
LAVILLE, J.-L. and SAINSAULIEU, R. (eds) (1998) *Sociologie de l'association*, Desclée de Brouwer, Paris.
LAVILLE, J.-L., BORZAGA, C., DEFOURNY, J., EVERS, A., LEWIS, J., NYSSENS, M. and PESTOFF, V. (2000) 'Tiers système: une définition européenne', in *Les entreprises et organisations du troisième système. Un enjeu stratégique pour l'emploi*, Action pilote 'Troisième système et emploi' de la Commission européenne, CIRIEC, Liège, 107–30.

LEVESQUE, B. (1997) 'Démocratisation de l'économie et économie sociale', in LAFLAMME, G., LAPOINTE, P. A. et al. (eds) *La crise de l'emploi. De nouveaux partages s'imposent !*, Presses de l'Université Laval, Québec.

LEVESQUE, B. and VAILLANCOURT, Y. (1998) 'L'institutionnalisation de la nouvelle économie sociale au Québec: une diversité de scénarios dans un contexte institutionnel relativement favorable', Université du Québec à Montréal.

LIPIETZ, A. (1996) *La société en sablier*, La Découverte, Paris.

MAHEU, L. (1991) 'Identité et enjeux du politique', in MAHEU, L. and SALES, A. (eds) *La recomposition du politique*, L'Harmattan, Paris; Les Presses universitaires de Montréal, Montréal.

MAPPA, S. (ed.) (1995) *Développer par la démocratie?*, Karthala, Paris.

MAUCOURANT, J., SERVET, J.-M. and TIRAN, A. (1998) *La modernité de Karl Polanyi, introduction générale*, L'Harmattan, Paris.

MAURICE, M., SELLIER, F. and SILVESTRE, J.-J. (1982) *Politique d'éducation et organisation industrielle en France et en Allemagne*, PUF, Paris.

MAUSS, M. (1923) 'Essai sur le don. Forme et raison de l'échange dans les sociétés archaïques', *L'Année sociologique*, Paris.

MERRIEN, F.- X. (1990) 'État et politiques sociales: contribution à une théorie néo-institutionnaliste', *Sociologie du travail*, vol. 32: 3.

MILGROM, P. and ROBERTS, J. (1992) *Economics, Organisation and Management*, Prentice Hall International, Englewood Cliffs.

MINGIONE, E. (1991) *Fragmented Societies, a Sociology of Economic Life Beyond the Market Paradigm*, Basil Blackwell, Oxford.

OECD (1996) *Reconciling Economy and Society. Towards a Plural Economy*, OECD, Paris.

ORTMANN, A. and SCHLESINGER, A.M. (1997) 'Trust, Repute and the Role of Non-Profit Enterprise', *Voluntas*, vol. 8, 97–119.

PACI, M. (1999) 'Alle origini della imprenditorialita e della fiducia interpersonale nelle aree ad economia diffusa', in LAVILLE, J.-L. and MINGIONE, E. (eds) 'Nuova sociologica-economica. Prospettiva europea', *Sociologia del Lavoro*, 73.

PERROUX, F. (1960) *Économie et société, contrainte-échange-don*, PUF, Paris.

PESTOFF, V.A. (1998) *Beyond Market and State, Social Enterprises and Civil Democracy in a Welfare Society*, Ashgate, Aldershot. →❶

POLANYI, K. (1977) *The Livelihood of Man*, Academic Press, New York. →❷

—— (1983) *La grande transformation. Aux origines politiques et économiques de notre temps* (French translation), Gallimard, Paris.

PRESTON, A. (1993) 'Efficiency, Quality and Social Externalities in the Provision of Day Care: Comparisons of Nonprofit and and For-Profit Firms', *The Journal of Productivity Analysis*, 4: 164–82.

PUTNAM, R.D. (1993a) 'The Prosperous Community: Social Capital and Public Life', *The American Prospect*, vol. 13: 35–42.

—— (1993b) *Making Democracy Work. Civic Traditions in Modern Italy*, Princeton University Press, New Jersey. →❸

RAZETO, L. (1988) *Economía de solidaridad y mercado democrático*, Libro tercero, Funda-

mentos de una teoría económica comprensiva, PET, Santiago de Chile.
ROSE-ACKERMAN, S. (ed.) (1986) *The Economics of Non-profit Institutions. Structure and Policy*, Oxford University Press, New York.
SABEL, C. and the LEED Programme, Ireland (1996) 'Partenariats locaux et innovation sociale', OECD, Paris.
SALAMON, L. (1987) 'Of Market Failure, Voluntary Failure, and Third Party of Government Relations in the Modern Welfare State', *Journal of Voluntary Action Research*, vol. 16, 2: 29–49.
STROBEL, P. (1995) 'Service public, fin de siècle', in GREMION, C. (ed.) *Modernisation des services publics*, Commissariat général du plan, Ministère de la recherche, La Documentation Française, Paris.
TOURAINE, A. (1973) *Production de la société*, Le Seuil, Paris.
VIVIANI, M. (1995) 'Tools of Co-operative Identity – Fixing Values in Turbulent Conditions: the Case of Lega della Co-operative', ICA Conference paper, Manchester.
WEBER, M. (1991) *Histoire économique. Esquisse d'une histoire universelle de l'économie et de la société* (French translation), Gallimard.
—— (1918) *Essai sur la théorie de la science* (French translation 1959), Plon, Paris.
WILLIAMSON, O.E. (1975) *Markets and Hierarchies*, Free Press, New York.
World Bank (1997) *Annual Report*, Oxford University Press, Oxford.
ZUKIN, S. and DI MAGGIO, P. (1990) *Structures of Capital: The Social Organisation of the Economy*, Cambridge University Press, Cambridge.

❶藤田暁男他訳『福祉社会と市民民主主義―協同組合と社会的企業の役割―』(日本経済評論社, 2000 年)
❷玉野井芳郎・栗本慎一郎訳『人間の経済―市場社会の虚構性―(Ⅰ・Ⅱ)』(岩波書店, 1980 年)
❸河田潤一訳『哲学する民主主義―伝統と改革の市民的構造―』(NTT 出版, 2001 年)

19 社会的企業と経営管理者

カルロ・ボルザガ
ルッカ・ソラーリ

はじめに

　社会的企業がヨーロッパで数を増やすにつれ，その経営者たちはしだいに困難な課題に直面するようになっている。彼らは組織をつくり法的な正統性を承知させなければならないだけでなく，適切な方法を見出して中心となる資産の管理をしなければならない。この資産に含まれるのは，社会的企業の社会的使命や効率という制約，かかわってくれるボランティアや従業員，拡大統治構造などである。前章までに示してきたように，社会的企業は営利組織とも公的セクターの組織とも異なっているだけでなく，伝統的な非営利組織とも異なっている (Steinberg 1997)。伝統的な非営利組織は，依然として，それぞれがもつ多面的なアイデンティティと関係のある諸問題と取り組んでいるが (Young 2000)，社会的企業はさらに困難な課題に直面している。

　社会的企業は制度的で競争的な事業領域に登場してきた新しい形態であるが，この領域は急速に変化しており，社会的企業がその領域で公的セクターの組織や営利組織，あるいは伝統的な非営利組織と競争しなければならないことも多い。社会的企業は伝統的な非営利組織と同様に，そのアイデンティティを外的にも内的にも分かりやすく確定しなければならないという問題を抱えている (Young 2000)。しかし，社会的企業の性格がハイブリッドであり，また十分定義されていないため，そのアイデンティティを明確にするのは難しい。このハイブリッドな性格はさまざまな要素によって強められているが，なかでも次の

諸点は突出している。

- 社会的企業は「本質的に社会益の達成に専念する（民間）組織」(Young 2000 : 18)であり、さらにいえば、非営利組織の伝統的な資源（寄付と自発的参加）に加えて、商取引収入（公私双方の顧客および基金寄付者から）と事業活動をなかに組み込んでいなければならない。プレストン(Preston 1989a)が示すように、営利組織と非営利組織の行動をモデル化する場合、非営利組織は最終的には外部経済性をもつ財の生産に特化する。この点は本書の理論篇で示された見解と一致している。とはいっても、社会的企業が私的商品に外部経済性を付与したり、あるいは再分配部分を付与するかぎりにおいて、その特化が起こるのである。したがってまた、民間セクター企業が市場で同じ商品を売って競争してくることを、社会的企業が徐々に容認するかぎりにおいてこの特化が起こるともいえる (Kingma 1997 : 140)。実際にも、営利組織は社会的役割を何ら引き受けることもなく、外部経済性を内部化することによって同じ商品を供給するかもしれない。たとえば、営利組織が社会的企業と競争できるのは地方自治体から財政的支援を受けて在宅介護サービスを提供する場合であるが、その場合に契約上の合意事項は履行するが、介護時間の延長や人と人とのさまざまな触れ合いといったサービスの充実を求める顧客の幸せについては面倒をみないということもありうる。社会的企業が公的セクターから部分的であれ少なくとも支援を受け、社会的企業の活動の積極的成果とみなされる外部経済性に取り組むべきだとする議論がいくつもあるのも、このためである。
- 社会益概念がそもそも曖昧だと考えるとすれば、以上の問題はさらに難しくなる。社会的企業はほとんどの伝統的非営利組織とは異なる。というのは、普通、社会的企業は公共財（消費における非排除と非競争）をつくらず、共同財（消費における排除と非競争）をつくることもほとんどないが、個人的なニーズを特徴とする社会的有用性と結びついた財を主につくっているからである。この特定の観点から注意しておくべきは、外部経済性の性格が、一方では生産コストの上昇を引き起こし、他方で

は行政や地域コミュニティなど外部の行為者の選好に依存し，ときとともに変化するという点である。したがってその意味は，社会益の普遍的な定義はできず，もしできるとすれば，社会益が時間的にも空間的にも特定の制度的文脈に限定される場合だということである。
- 社会的企業は多面的な社会的使命をもっているため，どのようにみずからの営利活動を管理できるのかを考えなければならない。寄付やボランティアの頑張りや時間提供というコストのかからない資源があるけれども，まさに営利活動の性格ゆえに，典型的には有効性と効率性を方針化した適切な管理実践が求められているのである (Herman and Renz 1998)。社会的企業が，寄付や資金提供への依存（米国で登場した形態では，少なくとも，ほとんどの伝統的非営利組織の特徴である）から，商品やサービスの引き渡しへと移行しているため，アドボカシーや資金集めから品質管理や顧客満足管理へと比重が移っており，その結果，業務上の効率性を高めることが求められるようになっているのである。
- 最後に，ほとんどの社会的企業はそもそもマルチステークホルダーであり，労働者，ボランティア，顧客の幅広い参加にかなり依存している。そのため，さまざまな利害を結びつけ，バランスをとりながら活動の管理を継続する必要があることから，社会的企業の目的がいっそう混乱してしまうかもしれないのである。

多様な要素から成り立つという結果から生まれる社会的企業のハイブリッドな性格は，社会的企業およびその経営者の従来の正統性に対する障害となる。しかも社会的企業のアイデンティティはまだ完全に法的な正統化がなされておらず，社会的企業が挑戦しているシナリオそれ自体が立ちはだかってもいるのである。経済的，社会的，政治的な外部環境が消極的にではあれ社会的企業の登場を受け入れる一方で，すでに登場している社会的企業はみずからの戦略や経営を明確に見据えなければならなくなっている。しかしながら，公的セクターの経営管理や営利セクターの経営，および非営利の経営に関する文献はどれも，社会的企業がもつ特有の性格について説明できるモデルやアプローチを提供していない。公的セクターモデルはあまりにも官僚制や単純化に頼りすぎ

ているし,営利モデルでは社会的使命や価値意識を説明しない。また伝統的な非営利モデルでは社会的企業に課せられた効率という制約に対処できず,募金や社会的ネットワークに関心を集中してしまうことが多い。

社会的企業に特有の新たな管理モデルをつくる場合に取り組むべき中心的な課題について本章で検討するが,それは社会的企業の経営管理者に規範的なガイダンスをするためである。まず第1に,外的,内的課題を確認し,社会的企業の経営管理者がとりうる方法について分析する。伝統的な非営利経営管理に関する文献を検討した後に結論を出し,この文献が社会的企業の直面する課題に対しては適切なモデルでないことを明らかにする。経営管理者が活動することを求められる主要な領域を検討するために,外部での挑戦やロビー活動を必要とする問題群に対して,社会的企業の管理者が積極的に関与してきたことについても議論する。それにもかかわらず,さらに注意が必要なのは内部的な課題である。なぜならば,社会的企業の競争優位の中核を構成するのが内部的な課題だからである。

1 ヨーロッパにおける社会的企業の課題

ヨーロッパにおける社会的企業のアイデンティティは,従来から社会福祉サービスを提供している業者の多くと重なり合う。社会的企業は新興の組織形態であり,制度上の正統性を欠くために生まれる制約すべてを条件としてきたし,今も制約を受け続けている (Scott 1995 ; Suchman 1995)。また,先行する既存の競争相手が社会的企業の正統化を妨げようとする攻撃にもさらされてきた。最近の研究 (European Commission 1999) と同様に,本書でもこれまで明らかにしてきたように,社会的企業は認知を得て成長と伝播のための資源を確保しようと共同で努力しているが,いくつもの課題に直面しなければならない。もっとも顕著な課題は以下のとおりである。

支援のための法環境の形成に関する課題

社会的企業のもつ社会的性格が当り前のものとは,まだ受け止められていな

い。非営利組織という地位を根拠として，社会的企業が免税を受けたり入札で優遇される国もあるが，現行の法律が，社会的企業を支援するための明確な枠組みを定めているとはまだ到底いえない。近年の経験によれば，全面的であれ部分的であれ，社会的企業の特有の性格が認められると，その認知が社会的企業の発展成長に相当に貢献することは明らかである。対照的に，社会的企業の特有性が考慮されない場合には失望する結果となる。したがって，まだ道は遠い。

商品およびサービスの質を確保することに関する課題

社会サービスがもつ特有の性格から，顧客サービスの質を維持するために絶えず投資することが社会的企業に求められている。高水準の安定した質が社会的企業には欠かすことのできない必要条件であり，そのことによって公的セクターや営利組織および伝統的非営利組織と効果的に競争できるのである。社会的企業は顧客や地域コミュニティと近接していることから利益を得ることができるが，高品質のサービスを絶えず提供するためには適切な投資を必要としていることを自覚すべきである。

スキルとジョブの向上に関する課題

質を確保するための主な投資分野の1つがスキルおよび人材である（とくに成長にかかわって）。サービス組織は従業員の専門的知識，スキル，モチベーションに依存する程度が高い。社会的企業には，労働者やボランティアの訓練を上手に組織し，働き手のスキル向上プログラムに工夫を凝らす必要がある。社会的企業は，一方で能力開発のために資源を多く割かなければならないし，他方では学部生および大学院生用の特別のプログラム開発のスポンサーとなるかもしれない。

管理の専門的知識および支援の確保に関する課題

どの組織も，はじめのうちは，必要な能力とスキルをもった人材をひきつける努力をする。社会的企業は新しい組織形態であり，新しいがゆえに専門的知識や専門的支援を確保して生存能力を高める必要がある。社会的企業のリー

ダーおよび設立者の役割が鍵である。彼らはみずからの管理能力を高める必要があり，あるいは専門的で熟達した個人に管理を委ねる必要がある。

財務に関する課題

社会的企業の資本需要は大きくはなく，ひとたび設立段階が終われば資本需要は容易に満たされることを示す研究もいくつか出てきてはいるが，資金調達は重要であろう。とくに，伝統的な協同組合でそうであったように，自己資金調達が困難で，財務構造が資本不足傾向にある場合に，資金調達は重要である。社会的企業が新しい形態であるため，従来型の銀行や金融機関にはその分析や解釈が難しいのである。設立や成長に向けて集団的に資金繰りができる構造を開発すれば，社会的企業セクターは大いに伸びるであろう。

ネットワークおよび協力関係の進展に関する課題

合同で資金を融通する構造をつくるための条件は，社会的企業群のなかにおいて，ネットワークを基礎とする支援関係を地域的にも国際的にも発展させることである。小さな規模であるがゆえに顧客は社会的企業に近づきやすいのであるが，小規模であることが規模の経済性を利用して新たなベンチャー事業を起こす能力を制限するのであり，戦略形成のための革新的なアプローチを妨げることもありうる。2次，3次の連合組織をつくることが，規模の経済性を含む規模の利点を得るのみならず，遊休の資源や知識の共有を得る道であり，また小規模の利点を失うことなく革新や発展を維持するための追加的資源の入手を可能にする方法でもある。

適切な統治構造の確立に関する課題

社会的企業はその構造に工夫をこらしてさまざまな利害をもつ多種多様なステークホルダーの存在を反映する一方，民主的で地域と結びついた組織構造を保つようにしなければならない。地域の制度的な環境が障害となる場合もあり，ときには法人形態の利用に制約を加えてしまうかもしれない。

よく調べてみると，社会的企業が直面する課題を外因性と内因性とに分ける

ことができる。外因性の課題とは，資金調達や法律制定運動などのように，社会的企業が十分に統制や管理ができるものではなく，せいぜい影響を与えたり，ロビー活動ができるくらいである。内因性の課題は逆に，社会的企業の活動に影響を受け，とくにリーダーや経営者からの影響を受ける。したがって内因性の課題は，どの程度社会的企業形態の正統性を高め，業務のうえでの有効性を強めることができるかにも依存している。しかしながら，この目的を達成するには，社会的企業の経営管理者は[1]，介入すべき中心領域を確認するとともに，みずから管理する組織のかなり特有な性格を認めなければならない。これに失敗すれば痛みを伴う誤りを引き起こすことにもなりかねず[2]，広く認知されるようになった社会的企業の正統性を蝕むことにもなりかねない。結局，それが主要な課題なのである。したがって，対処すべき骨の折れる問題がずらりと並んでいるのである。社会的企業の経営管理者はこれらの課題に対処できる解答を探し求めており，非営利組織の管理に関するこれまでの文献を調べるかもしれない。しかし，以下の節で示すように，これらの文献をみても満足できる解決にはならない。

2 伝統的な非営利組織の経営管理

　非営利組織の経営管理に関する現在の文献は，社会的企業にとっての主要な課題に対する焦点の当て方が不十分でしかない。主な理由は，文献が主として伝統的な非営利組織の問題に関心をもち，しかも主要には北米に関心をもって

---

1) 現在，リーダーや創設者が社会的企業を管理しているのがほとんどであることに注意が必要である。「経営管理者」という言葉を使うのは，政策決定や意思決定における経営者の役割，要するに使命や将来図を決める場合の経営者の役割を強調するためである。
2) 1例が，社会的企業の使命や価値と対立するような従業員との関係モデルの採用である。たとえば営利組織が採用しているモデルである。社会的企業の役割を単なる公共の福祉制度の延長ととらえたり，あるいは行政が直接介入することによって簡単に取って代わられるものと考えることは誤りである。

いるところにある。伝統的な非営利組織は平均して大規模であり，伝統的な管理技法に依拠する程度もかなり大きい。そして，この管理技法を補完しているのが募金集めやボランティアの管理である。有力な見方は非営利組織が寄付による形態だという点であり，企業家的形態をとるようになると，利点よりもリスクの方が多くなるというのが共通の見解となる（Hansmann 1980）。たとえばパパス（Pappas 1996）は非営利における組織的な変化という問題を描き，その変化は信頼性と責任に対する要請が強まった結果であるとした。彼女は，この組織的変化を詳細に分析したうえで非営利組織の姿を描き，階層秩序的な組織運営であり内向きになり過ぎているとした。そして，市場によって意識的に動かされる程度の大きいサービス志向のモデルに転換すべきであるとした（Pappas 1996 : 50）。

アリソンとケイ（Allison and Kaye 1997）は，非営利組織のための戦略的計画の問題を議論している。彼らの研究は，損益分析を行い正規の戦略的計画の開発をするような規模の大きい組織に関心を集中している。ジェボンズ（Jeavons 1994）は，非営利組織の倫理感あふれる管理者が追求する価値意識のなかの「慈悲心」を強調する[3]。ジェボンズ曰く，「非営利組織の多くは存続するにあたって支援者の寛大さによるところが大きいのであり，みずからも寛大さを示すべきである」（Jeavons 1994 : 199）。そして，「非営利組織を大きく支持する基盤は，非営利組織が面倒見のいいより公正な社会を築く手段であるだろうという期待である」（Jeavons 1994 : 200）。さらにいえば，伝統的な非営利経営管理のアプローチは，非営利組織を「上位に役員会をもち必然的に階層的」とみなし（Herman and Heimovics 1994 : 138），また役員会の雇い入れる最高経営執行者が管理する組織とみている。通常，役員会はボランティアのリーダーたちから構成され，非営利組織が使命を達成できるようにする責任を負っている。結果として，こうした管理アプローチを社会的企業の管理に適用するのはきわめて難しい。企業統治構造，使命，目標，役割，組織モデルが違うからである。

---

3) その他の価値とは誠実，偏見のなさ，説明責任，奉仕である（Jeavons 1994）。

3 社会的企業における人材管理

　明確に定義されたアイデンティティが重要になるのは，社会的企業が公共の福祉制度と接したり顧客に触れ合うときである。その点は疑いようもないが，社会的企業が賃金労働者予備軍やボランティア予備軍と触れ合うときも，同様にアイデンティティが重要である。顧客が正統と認めることが社会的企業の発展に必要であり，認められるかどうかは社会的企業の能力による。つまり，伝統的な非営利組織や営利組織，あるいは公的セクター組織よりも有効なサービスを供給できるか，また少なくとも同等に効率的な供給ができるかどうかにかかっている。同時に，社会的企業は社会的性格を保持しなければならないのであり，この社会的性格は外部経済性のなかや，あるいはまた顧客のためにつくりだされる追加的価値の配分のなかに埋め込まれている。社会的企業の価値意識や営業規模，コミュニティや顧客，従業員との関係，さらには社会的企業の歴史など，すべてが厳しい制約となっているのであり，社会的企業はその制約の上に立ってはじめて，伝統的な非営利組織，営利組織，公的セクター組織で広く行われているリーダーシップと管理スタイルを真似できるのである。

　他方，新しい公共経営論の提唱する管理の考え方が広がると問題が生じる。好むと好まざるとにかかわらず，効率は争いようのない選択基準であり，公的資源の配分に影響を及ぼす[4]。主要な福祉制度を民営化すれば，営利組織が引きつけられてくるであろう。その顕著な例は米国での保健医療の進展である (Scott, et. al 2000)。そして新しいサービス供給業者からの挑戦を受けて，社会的企業は内部の効率を高めることを余儀なくされるであろう。同じような圧力がすでに社会的企業にかかっているが，その理由は顧客からの収入に多くを頼っているためである。他方，社会的企業は人材管理を通じて競争優位を高めなければならない。労働者の参加に依拠して競争優位を維持するためには，別

---

[4]　効率と「社会性」(Arendt 1958) という唯一の善に盲目的に頼ることに関する"警告"については Alexander et al. (1999) を参照のこと。

の管理スタイルが必要である。なぜならば，公的セクター組織や営利組織が参加や使命への共鳴を重視するリーダーシップスタイルに変わってきているからである。すべての社会的企業に共通する特徴は，価値観，使命，組織の密接な関係を必ず維持しなければならない点である。価値意識に突き動かされる従業員は，社会的企業が価値観，規範意識，組織実践の一貫性を明らかにするよう望んでいる。新しい企業統治や組織形態が必要であり，働き手はそのなかで以下の諸点を知ることになる。

- 自律性の拡大
- 意思決定および前進する経営への参加の機会
- 人および彼らの期待の尊重
- 効率と社会的使命とのバランス
- 顧客および社会問題への細心の注意
- 自分自身で（経済的にも心理的にも）組織を所有しているという感覚
- 感情面と技術面でのリーダーシップ
- 広範囲にわたる一連の個人のニーズや願望の達成

4 社会的企業の経営管理上の課題

　前述の議論に照らせば，社会的企業の現在の発展段階での経営管理者の役割は，外的にも内的にもみずからの正統性を確立することにあるようである。ヨーロッパの福祉制度のなかで起こっている根本的な変化によって，外部向けに社会的企業が一部正統化されるし，またその変化が正統化の助けとなっているかもしれない。だが，内部での正統化のためには新たな組織形態の鍵となる特徴を確認する努力が必要である。社会的企業の使命に埋め込まれた価値観のなかの自発的な性格にのみ依存して主要な資産を管理するならば，それは危険なやり方となるかもしれない。しかしながら，指摘しておくべきは，本書が示しているように，社会的企業が制度的枠組みに順応し，そのなかで活動している点である。その結果，社会的企業の組織形態の中心的な特徴が地域ごとに

特定のさまざまな組織形態のなかに埋め込まれてきている。この多様性が管理スタイルや行動に変化をもたらすのである。

以下の3つの節で社会的企業の経営管理者が直面する主要な課題について検討するとともに，経営管理者が3つのレベルにおいて，すなわち，「入り口で」，「内部において」，「内部から」対応できるやり方についても検討する。

入り口で——経営管理者の企業外での役割への挑戦

社会的企業の経営管理者は，社会的企業への熱意がほとんどない外部環境にはじめから対応しなければならなかった。ヨーロッパの数ヵ国では，社会的企業の登場が福祉における公的セクターの伝統的な役割を蝕むものとみなされ，また古くからの非営利組織にとっての脅威と考えられている。労働組合のような社会的勢力は繰り返し社会的企業を非難し，公的セクターから仕事や活動を奪い取るものだといっているし，また積極的ではないにしても，少なくとも消極的には，社会的企業の成長に反対している。このため，社会的企業の経営管理者はこうした外部領域に専念し，政治家や規制を加える者へのロビー活動を展開するとともに，世の中における社会的企業のアイデンティティに対する積極的な共通認識を生み出してきた。多くの経営者たちがこの議論に積極的に加わってきたのは，みずからが社会的企業の経営者であるのみならず，創設者でありボランティアでもあったからである。したがって，彼らは社会問題にきわめて敏感である。

社会的企業がヨーロッパ中で意義を高めてはいるが，法的な正統化の過程がまだ不十分であることを考えれば，経営管理者の外部的な役割は依然重要である。社会的企業を支持する明確な政策がないこと，また類似しているが必ずしも適切ではない経路を通じて資金を調達する必要があること（たとえば，社会サービスの供給を組織するための雇用補助金の利用）などが，社会的企業の発展にとって，依然，鍵となる要素である。ヨーロッパのレベルでは大きな障害が1つある。ヨーロッパでは社会的企業があまりにも多様であるため，単一のアイデンティティをもった新しい合法的形態としてみずからを確立できないでいる。社会的企業は共通のアイデンティティをつくり守らせる必要があり，そ

のためには共通の統治構造を取り入れ，社会的企業に特有の特徴を共同で定義する努力をしなければならない。ネットワーク構築はこの共通問題への最初の回答であったし，また効果があったこともわかっているが，さらなる努力が求められている。

現在のヨーロッパは 10～15 年前の状況とまったく異なっている。社会運動を通じて，社会的企業は大きく成長し，社会経済的に実在するものとなっている。ほとんどの政策立案者の見解のなかでさえ大きな存在となっている。その実在性が雇用や社会の利益を生み出す資源に影響を及ぼし，社会的企業の力や正統性を高めているのである。そのため，給付を請求するという立場から，交渉，パートナーシップ，合意への移行が求められており，また市民，公的セクター，社会的勢力，社会運動などを含む主要な社会的主体に対しても，これまでとは異なる態度が求められている。社会的企業の経営管理者の役割に関して 3 つのレベルの介入を確認できる。すなわち，社会全体，公的セクター，社会的勢力ないし社会運動である。これら 3 つのレベルでの中心的な活動は変化に富み，目下，かなり詳細に検証されている。

社会全体に対する経営管理者

社会的企業の経営管理者は，継続してみずからの時間とエネルギーを注ぎ込み，組織を認知させる正統性を確立しなければならない。そうすることによって，社会的企業は広く認知された組織形態となるのである。したがって，地域においてもヨーロッパ・レベルにおいても，外部とのコミュニケーション努力が求められる。社会的企業のアイデンティティと目的を知らせる意図での研究やイベントを組織すれば，大きな成果を得ることができるであろう。地域レベルでは，社会的企業はサービス供給の改革に投資すべきであり，また社会的ニーズの展開をモニターすべきである。さらには，サービス協定ないしは社会事業報告書を使って社会的企業の特徴を強調すべきである。普通であれば，社会的企業の経営管理者の説明責任を強めてご都合主義の危険を緩和することになるが，この必要性が変わるのは，主に寄付ないし公的資金に依存する社会的企業から，引換券や現金払いによって最終消費者に直接サービスを販売し運営される社会的企業へと変貌するときである。実情がどうであれ広く承認を求め

る場合，地域コミュニティとの密接な連携が社会的企業の利点となるのは明らかであろう。

公的セクターに対する経営管理者

社会的企業の経営管理者は，公的セクターの経営管理者とは異なるやり方や態度でなければならない。社会的使命をもった民間組織を経営しているからである。もっとも，公的セクターは社会サービス供給の主たる主体であることにかわりはないであろうし，少なくとも資金供給の主体であり続けるであろうが，しかし唯一の，あるいは主要なステークホルダーであるとは考えられない。社会的企業の経営管理者は，公的セクターに対して，革新的なプロジェクトの提示や，社会的ニーズの進展に対する視野の広い意見の提起を続けなければならない。自律性や新市場，新戦略を編み出す能力は，社会的企業が公的セクターにおける組織という点でみずからを正当化するためには不可欠である。社会的企業が公的セクターからの反発の危機に直面したり，公的セクターが社会的企業に対して直接統制しようとすることもある。そうなれば，革新が妨げられ，社会的企業が2次的労働市場の組織に押し込められてしまうであろう。

社会的勢力および社会運動に対する経営管理者

社会的企業の経営管理者が忘れてならないのは，その組織の社会的使命こそがみずからのアイデンティティを確立する過程の鍵となる特徴だということである。この社会的使命がなくなってしまえば，社会的企業は伝統的な労働者協同組合，消費協同組合，あるいは営利組織のアイデンティティと完全に重なり合ってしまう状態になるであろうし，そうなれば社会的企業のアイデンティティが明らかに崩れ去ってしまうであろう。アイデンティティ確立の過程が困難をきわめる国がヨーロッパにはいくつかある。その理由は，社会的企業が文化運動に根ざしているとはいっても，その文化運動が共通して経営学や経済学を軽蔑的にみているからである。社会的な目的を達成する方法として収入やビジネスを利用するという考えそのものが，よくても，異端と考えられている。それにもかかわらず，社会的企業の経営管理者は社会的勢力や社会運動を視野に収めておく必要があり，また社会的使命を強める必要がある。

内部において——経営管理者の内部的な役割への挑戦

　社会的企業の経営管理者にとっての内的課題に話を移すと，現状では2つの問題が重要であろう。すなわち，企業統治構造と人材管理とである。外部に対する正統化が一部可能となるのは，この構造と管理の内的な有効性を改善することに加えて，社会的企業に特有であってしかも他の組織形態とは異なる統治構造および人材モデルを定めることができる能力によってである。統治構造の問題はステークホルダーの多様性や彼らの目的の多様性という性格と絡み合っている。統治構造について留意すべきことは，関係するステークホルダーが従業員や顧客，公的セクターなど多彩であること，そして社会的企業への期待を経営目標に組み込みバランスを図るべきことである[5]。たとえば，ボランティアに求められているのは，はっきりしているように，社会的企業がしだいに生産主義的になるという性格を相殺し，遊休資源を準備活用することによって革新を促進し，社会的使命や価値意識の放棄を防止することである。

　統治問題を満足に処理しようとするなら，経営管理者は社会的企業の特有の性格を認識しなければならない。利潤非分配制約を課すことで統制問題を解決するという素朴な考えは制度的な環境と相容れない。というのは，組織の統制が米国での支配的な論理とは根本的に違う論理に従っているからである[6]。ヨーロッパにおいて社会的企業の統治形式が多様なのは，地域での正統性を確保できるような原型を捜し求めていることの証しなのである。この多様性はヨーロッパ各国の社会的企業が採用するさまざまな形態のなかに示されており，本書の各国篇でみたとおりである。こうした多様性にもかかわらず，利益配分を受ける株主がいないというかぎりにおいて，社会的企業はきわだった1つの

---

[5]　これらのステークホルダーは営利組織にもいるが，社会的企業との関係の性格は特有である。すなわち，社会的企業のまさに存在と発展は，すべてのステークホルダーを社会的企業の使命に巻き込む能力に依存している。

[6]　しかしながら指摘しておくべきは，米国においてでさえ，ステークホルダーによる統制を擁護する人々が数を増やしていることである（Ben-Ner 1986）。

特徴を共通してもっている。したがって，代理人（エージェンシー）という枠組みのなかで統治を単線的に捉えるアプローチには，支配者（プリンシパル）としての株主という鍵となる要素が欠けている。しかし，それは社会的企業に支配者がいないという意味ではない。統合構造を正しく定めるならば，顧客や資金提供会員および従業員が支配者の役割を果たしえるのである。

何人もの研究者がこの問題提起をしており（Hansmann 1996；Ben-Ner 1986），彼らは代替的な解決策を提案している。理論的な観点から実践的観点に転ずるとき，1つの大きな問題が残る。すなわち，誰が社会的企業の所有者なのかという問題である。もっとも明快な回答は社会的企業の経験から出てくるのであり，本書の数章で描かれている。社会的企業はその性格からマルチステークホルダーである。仮に単一のステークホルダーのみが支配するとすれば，伝統的な協同組合や営利組織との違いが色あせ，社会的企業の社会的機能も曖昧になる。

社会的企業に対するマルチステークホルダー・アプローチ（Borzaga and Mittone 1997）には統治構造に対する議論が数多くある。この観点からみると，社会事業団体に送り込まれる代表者の多彩さが，さまざまなステークホルダーグループへの統制を可能としているだけでなく，社会的企業の経営管理者がステークホルダーの外から任命された場合には彼らに対する統制も可能とするのであり，他方では，社会的使命への背信を防止したり不調和を減じている。問題は，現在，ヨーロッパの社会的企業が国ごとにやや異なる特有の形式をとって，地域の制度的環境，経済的環境に順応していることである。

統治問題の解決策があるとすれば，特定の社会的企業によくみられる性格に対応して変化させるような構造を築くことであろう。商品やサービスの生産が優先する場合，サービス購入および統治機関への参加に関して強い力をもつ顧客が業務を統制できるようにすべきであろう。後者の解決策，すなわち顧客参加が取り入れられる場合は，サービスや商品の質を事後的に決めるのはむずかしい。仮に寄付や公的資金のもつ意味が大きい場合には拡大統治構造を選ぶべきであろう。そうすれば関係するすべてのステークホルダーが意思決定過程に参加できるからである。現地の法律が混合型統治構造や正規の参加を認めていない場合には，スウェーデンのように，社会的企業が混成方式をみずからの意

思決定過程のなかに組み込む方途をみつけなければならない。しかもボランティアの役割や地域コミュニティ代表の役割を忘れ去ってはならない。それは，社会的企業に社会的役割を保持させる刺激を与えるからであり，さもなければ社会的企業は伝統的な労働者協同組合，消費者協同組合あるいは営利組織とほとんど変わらないものとなってしまう危険に身をさらすことになるであろう (Alexander et al. 1999)。ボランティアはコストのかからない資源であり，外部性を生み出し，再分配機能を確立するために使うことができる。統治構造のなかにボランティアが存在することは，社会的企業のサービスにとって不可欠の戦略的に重要なことであり，そのサービスのなかでは2つの構成要素（外部性および再分配機能）が重要である。

経営管理者にとっての第2の課題は，従業員と社会的企業との関係がかなり独特であって，そのことにどのように対処すべきかという問題である。社会的企業はほとんどが労働集約型の組織である。サービス組織であるという性格ゆえに，人材管理に関する課題が数多く浮かび上がってくる。従業員モラールがサービスの質に影響を与え，それを顧客が受け止めるのであるから，従業員の福利厚生が経営管理者の重要な関心事となるはずである。したがって，管理者が認識すべきは，よく教育されたモチベーションの高い労働者の強みが適切に維持され強化されなければ，その強みが蝕まれてしまうかもしれない点である。

社会的企業の従業員と組織との間のやりとりの性格は，社会に向かって仕事をするという内在的な価値意識によってさらに豊かなものとなる。サードセクターの従業員の態度および満足に関する理論的分析 (Akerlof 1982 ; Preston 1989 b ; Handy and Katz 1998) によれば，社会的企業の従業員と組織との間の心理的な契約が通常と異なっていることが立証され，説得的である。

社会的企業で働く労働者は入り混じった複雑な動機をもっていて，営利組織や公的セクター組織の従業員の動機とは異なっている。内在的な報酬が主要な動機づけの役割を演じており，これに対して外在的な報酬（すなわち賃金）はあまり重要ではないらしい。これまでの研究報告では，社会的企業で働く労働者は，公的セクターや営利企業で働く人々に比べ平均賃金が低くても，仕事満足度が高いといえそうである (Mirvis and Hackett 1983 ; Mirvis 1992 ; Preston 1990, 1994, 1996 ; Onyx and Maclean 1996 ; Borzaga 2000)。従業員の参加や満足の根拠が，

一貫性の高い複合的なインセンティブだけでなく，そのインセンティブの一部となっている組織とのつながり感をも従業員に与えることができる社会的企業の能力にあることは明らかである。この複合的なインセンティブが従業員を引きつけるのであり，なかでもボランティアに関する研究の対象となった内在的報酬がより大きな価値をもっている。したがって，従業員が好むのは，労働時間の柔軟性や賃金という外在的な刺激と，内在的な動機，たとえば自律性，参加の程度の高さ，道徳的な目的の達成，訓練や開発といった刺激とがバランスよく混じり合っている状態である。

　社会的企業がこうした類の複合的な動機を与えることができるからこそ，一般に社会的企業といえば分配的正義といわれる理由があるのであり，また努力と刺激とが適度にバランスしていると個々人が受け止める理由となっている(Greenberg 1990, 1993 ; Solari 2000)。分配的正義に加えて，社会的企業には手続き上の公正さもあると受け止められていることが特徴となっているようである。この公正さが開かれた透明な組織を表現しているのであり，労働者はそのなかでさまざまな選択や選択の理由に関する情報を受け取るのである。このようにして，社会的企業で働く労働者は，伝統的な非営利組織，営利組織，公的セクターで働く労働者に比べて，分配的正義，手続きの公正さの程度の高さを認識するのである。内容豊かな複合的な動機や参加，あるいは水平化の程度の高い階層構造や柔軟性が，周知の認識をさらに強めることになる。分配の公正さ，手続きの公正さが従業員の満足と参加に大きな影響を与えることがわかってきている (Alexander and Ruderman 1987 ; Li-Ping and Sarsfield-Baldwin 1996)。経営管理者はこれらの違いの意味をそのまま把握しなければならないし，管理スタイルを適合させ，組織の使命および価値に対する労働者の共鳴を助長しなければならない。また管理者は，従業員が好む管理スタイルや組織モデル，たとえば自律性の高さ，階層性の低さ，柔軟性の高さなどに，みずからを適合させる必要がある。

　社会的企業で働く労働者が複合的な動機をもっているという特有の特徴にもかかわらず，2つの問題を見過ごしてはならない。第1に，賃金は有力な動機ではなさそうだが，それにもかかわらず依然一定の役割をもっているのであり，ハーズバーグ（Herzberg 1996）の衛生要因仮説と矛盾することなく理解でき

る[7]。第2に,社会的企業での平等性の高い賃金構造は,目下のところ分配の公正さと受け止められる根拠であるが,この構造が進化するにつれ,また働く人々の高齢化に伴って自然に起こってくる動機の変化によって,危険にもなりかねない。時間が経てば,業績のいい労働者が営利組織や公的セクター組織での高い賃金の仕事に誘惑されてしまうかもしれない。

ヨーロッパの多くの社会的企業では労働者参加が重要な特徴と思われ,この参加がより厳格な統治構造をもつ組織形態に対しての潜在的な競争優位を生み出している。労働者参加に関する文献が所有の潜在的な利益を強調している(Defourny and Spear 1995; Kandel and Lazear 1992; Defourny 1990; Katz et al. 1985)。だが,注意する必要がある。研究者によれば,この優位性が長期にわたっては安定しないことが示されているからである。ミルビス(Mirvis 1992)によれば,非営利企業と営利企業との違いが消えたのは営利組織での管理の改善の結果であり,また非営利組織の環境がさらに競争的になったからである。

人材管理への投資にかかわって行動がとられるべきであるが,それには以下の事項が含まれる。

- **報酬混合** 経営管理者は社会的企業の複合的なインセンティブをより強固にすべきである。そのためには労働者の訓練や啓発に投資する必要があり,また社会的使命を強めることや,労働者が顧客および顧客のニーズに触れ合う機会を増やすことなどが必要である。より分権的な構造を受け入れ,個々の労働者の自律性を高め権限委譲する必要がある。
- **キャリア計画および心理的契約の進展** 経営管理者はキャリア・パスや従業員のスキルの典型的な発達を確認すべきである。ピアス(Pearce 1993)の考えでは,さまざまな動機が時間とともに変化するという力学がボランティアの移動の多さの1つの原因である。高齢化が1つの役割を演ずるのは,人々のニーズや望みが変化するからである。社会的企業

---

[7] ハーズバーグ(Herzberg 1966)は,労働者の満足,不満足に影響する2つの要素を確認している。衛生要因が不満足でないものを決定し,動機づけ要因が参加の強化を促す。

の管理者にとって重要な問題は，これらの変化に遅れずに組織を適合させることができるかどうかの可能性と方法とである。社会的企業の組織形態についての最近の歴史を考えると，変化の瞬間ははるかに遠いことではなく，従業員が社会的企業に寄せるみずからの期待を少なくとも若干は変え，賃金に多くの注意を払うようになるときである。熟年の労働者はかつてとは違うニーズをもち，内在的報酬と外在的報酬との組み合わせをこれまでとは別に評価するのである。

- **コミュニケーション，展望・使命の強化** 経営管理者は常にコミュニケーションを促し，社会的企業の未来図や長期展望，使命，短期的目標について共有しなければならない。そのために必要となるのがコミュニケーション政策（計画）の見直しであり，そのなかには日常のコミュニケーション，試用訓練コース，催し物，集会などが入る。社内報も豊かな内容にする必要があり，そうすれば，社会的企業全体に影響を与えるような広範囲の問題に関する情報が共有される。
- **募集・採用** 経営管理者は従業員となってくれる者の特徴を注意深く確認する必要があり，また内部的な条件と合致する採用手続きを工夫しなければならない。しかしそれは難しい問題である。知識，スキル，能力に注意を払わなければならないだけでなく，文化的適合性，集団への適合性にも配慮しなければならないことをも含意しているからである。労働需要が高まるという文脈のなかでは，熟練労働者を確保できないとなれば社会的企業の成長にとって深刻な脅威となるし，従業員となる可能性のある人々を引きつける能力も重要な資産である。
- **訓練・能力開発** 経営管理者は，社会的企業が専門的能力および個人のスキルの開発のための理想郷であることを知らなければならない。成功を収めた経営管理者が営利組織を離れ，大規模な非営利組織，主にNGOで働くことは珍しいことではない。その理由は，非営利組織が経営管理者の視野を広げる機会を与えているからである。経営管理者はこの魅力的な文脈，すなわち視野の拡大を評価すべきであり，その機会は慎重に設計された訓練プログラムを通じてさらに豊かにされるべきでもある。そしてこのプログラムは報酬ミックスの一部にさえなるかもしれない。

従業員が重要であるから，社会的企業は人材管理に投資を求められているのである。従業員の募集，採用，評価，能力開発，報酬が，上記の諸原則に照らして設計されるべきである。概してこれらの方法はどちらかといえばまだ洗練度が低い。社会的企業の経営管理者は組織の成功に大きく貢献するよう心すべきである。貢献の方法は人材管理戦略を開発すること，しかも遅くならないうちに開発に時間と努力を傾注することである。

内部から——リーダーシップ，管理スタイルへの挑戦

　最後に，社会的企業の経営管理者は，意思決定し組織する必要と，参加を認め批判を受け入れているとわかってもらう必要との狭間に置かれている。リーダーシップ研究の大半が「部下」との開かれた直接の関係を提唱するが，現実には，まだ組織内部での権力と階層構造の影響が想像以上に大きい。もっとも，階層構造は社会的企業の価値規範とは必ずしも一致しない。経営管理者は階層構造なしでどのようにリードできるのであろうか。

　社会的企業の理想的な経営管理者とはおそらくY理論タイプであろう。このタイプこそ働く人々に肯定的な態度をとり，参加や学習を奨励し，提案や批判を受け入れ，従業員の試みを認めるからである。それにもかかわらず，社会的企業は制度的に時間のかかる意思決定過程を管理し，迅速に行動できる能力を管理者に求めている。いうまでもなく，リーダーシップスタイルに工夫が必要であると同時に，有効性が求められていることを意味している。社会的企業の管理者が上記の2つの必要を満たさなければならないというかぎりでは，なんら近道はないのであり，そのためには参加と自律性とを促さなければならず，組織の目的から必要となる場合には諸行動を調整しなければならない。

結　　論

　新しいタイプの管理が登場するならば，ヨーロッパの社会的企業の成功にとってはこのうえもない。社会的企業における経営管理者の役割の特徴は，伝

統的な非営利組織，公的組織，営利組織のものとは異なっている。社会的企業の経営管理者が未来の課題をうまく処理できるとしても，まずは現在直面している課題に対処しなければならない。そのためには，より積極的な努力をして社会的企業を設立し，外的にも内的にも組織形態を正統化する必要がある。この努力がこれまで過小評価されてきたがゆえに，社会的企業の経営管理者にはみずからの能力開発への投資が求められることになるであろう。こうした努力が大学や研究センターから寄せられる政策と一致すべきである。それは，この政策が社会的企業の特有性についての理論的・実践的な知識総体を発展させることを目的としているからである。

参考文献

AKERLOF, G.A. (1982) 'Labour Contracts as Partial Gift Exchange', *Quarterly Journal of Economics*, vol. 97, 4: 543–69.

ALEXANDER, J., NANK, R. and STIVERS, C. (1999) 'Implications of Welfare Reform: Do Nonprofit Survival Strategies Threaten Civil Society?', *Nonprofit and Voluntary Sector Quarterly*, vol. 28, 4: 452–75.

ALEXANDER, S. and RUDERMAN, M. (1987) 'The Role of Procedural and Distributive Justice in Organisational Behaviour', *Social Justice Research*, no. 1: 177–98.

ALLISON, M. and KAYE, J. (1997) *Strategic Planning for Nonprofit Organisations*, John Wiley & Sons, New York.

ARENDT, H. (1958) *The Human Condition*, University of Chicago Press, Chicago.

BEN-NER, A. (1986) 'Non-profit Organisations: Why Do They Exist in Market Economies?', in ROSE-ACKERMAN, S., *The Economics of Non-profit Institutions*, Oxford University Press, New York, 94–113.

BORZAGA, C. (ed.) (2000) *Capitale umano e qualità del lavoro nei servizi sociali. Un'analisi comparata tra modelli di gestione*, FIVOL, Roma.

BORZAGA, C. and MITTONE, L. (1997) *The Multi-stakeholders Versus the Non-profit Organisations*, Università degli Studi di Trento, Dipartimento di Economia, Discussion Paper no. 7.

DEFOURNY, J. (1990) *Démocratie économique et efficacité économique*, De Boeck, Brussels.

DEFOURNY, J. and SPEAR, R. (1995) 'Economics of Cooperation', in SPEAR, R. and VOETS, H. (eds) *Success and Enterprise. The Significance of Employee Ownership and Participation*, Avebury, Aldershot, 8–39.

European Commission (1999) *The Third System, Employment and Local Development*, mimeo, Bruxelles.

GREENBERG, J. (1993) 'The Intellectual Adolescence of Organisational Justice: You've Come A Long Way, Maybe', *Social Justice Research*, vol. 1, 135–48.

—— (1990) 'Organisational Justice: Yesterday, Today, and Tomorrow', *Journal of Manage-*

ment, vol. 16, 2: 399–432.
HANDY, F. and KATZ, E. (1998) 'The Wage Differential between Nonprofit Institutions and Corporations: Getting More by Paying Less?', *Journal of Comparative Economics*, 26: 246–61.
HANNAN, M.T. and CARROLL, G.R. (2000) *The Demography of Corporations and Industries*, Princeton University Press, Princeton, NJ.
HANSMANN, H.B. (1996) *The Ownership of Enterprise*, The Belknap Press of Harvard University Press, Cambridge, MA.
—— (1980) 'The Role of Nonprofit Enterprise', *The Yale Law Journal*, vol. 89, 5: 835–901.
HERMAN, R.D. and RENZ, D.O. (1998) 'Nonprofit Organisational Effectiveness: Contrasts between Especially Effective and Less Effective Organisations', *Nonprofit Management and Leadership*, vol. 9, 1: 23–38.
HERMAN, R.D. and HEIMOVICS, D. (1994) 'Executive Leadership', in HERMAN, R.D. and Associates, *The Jossey-Bass Handbook of Nonprofit Leadership and Management*, Jossey-Bass Publishers, San Francisco, 137–53.
HERZBERG, F. (1966) *Work and The Nature of Man*, The World Publishing Company.
JEAVONS, T.H. (1994) 'Ethics in Nonprofit Management: Creating a Culture of Integrity', in HERMAN, R.D. and Associates, *The Jossey-Bass Handbook of Nonprofit Leadership and Management*, Jossey-Bass Publishers, San Francisco, 184–207.
KANDEL, E. and LAZEAR, E. (1992) 'Peer Pressure and Partnerships', *Journal of Political Economy*, vol. 100, 4: 801–17.
KATZ, H., KOCHAN, T. and WEBER, M. (1985) 'Assessing the Effects of Industrial Relations Systems and Efforts to Improve the Quality of Working Life on Organisational Effectiveness', *Academy of Management Journal*, vol. 28.
KINGMA, B.R. (1997) 'Public Good Theories of the Non-profit Sector: Weisbrod Revisited', *Voluntas*, vol. 8, 2: 135–48.
LI-PING TANG, T. and SARSFIELD-BALDWIN, L.J. (1996) 'Distributive and Procedural Justice as Related to Satisfaction and Commitment, SAM', *Advanced Management Journal*, summer, 25–31.
MIRVIS, P.H. (1992) 'The Quality of Employment in the Nonprofit Sector: An Update on Employee Attitudes in Nonprofit Versus Business and Government', *Nonprofit Management and Leadership*, vol. 3, 1: 23–41.
MIRVIS, P.H. and HACKETT, E.J. (1983) 'Work and Workforce Characteristics in the Nonprofit Sector', *Monthly Labour Review*, vol. 106, 4.
ONYX, J. and MACLEAN, M. (1996) 'Careers in the Third Sector', *Nonprofit Management and Leadership*, vol. 6, 4.
PAPPAS, A.T. (1996) *Reengineering Your Nonprofit Organisation*, John Wiley & Sons, New York.
PEARCE, J.L. (1993) *Volunteers. The Organisational Behaviour of Unpaid Workers*, Routledge, London.
PRESTON, A.E. (1996) 'Women in the White-Collar Nonprofit Sector: the Best Option or the Only Option?', in *The Review of Economics and Statistics*, vol. 72, 4.
—— (1994) 'Women in the Nonprofit Labour Market', in ODENDAHL, T. and O'NEIL, M. *Women and Power in the Nonprofit Sector*, Jossey-Bass Publisher, San Francisco.

—— (1990) 'Changing Labour Market Patterns in the Nonprofit and For-profit Sectors: Implications for Nonprofit Management', in *Nonprofit Management and Leadership*, 1, vol. 1.
—— (1989a) 'The Nonprofit Firm: A Potential Solution to Inherent Market Failures', *Economic Inquiry*, vol. 26, 3: 493–506.
—— (1989b) 'The Nonprofit Worker in a For-profit World', *Journal of Labour Economics*, vol. 7, 4: 438–63.
SCOTT, W.R. (1995) *Institutions and Organisations*, Sage, New York.
SCOTT, W.R., RUEF, M., MENDEL, P.J. and CARONNA, C.R. (2000) *Institutional Change and Healthcare Organisations. From Professional Dominance to Managed Care*, The University of Chicago Press, Chicago, IL.
SOLARI, L. (2000) 'I lavoratori: l'equità percepita nella relazione con l'organizzazione', in BORZAGA, C. *Capitale umano e qualità del lavoro nei servizi sociali. Un'analisi comparata tra modelli di gestione*, Fondazione Italiana per il Volontariato, 179–208.
STEINBERG, R. (1997) 'Overall Evaluation of Economic Theories', *Voluntas*, vol. 8, 2: 179–204.
STINCHCOMBE, A.L. (1965) 'Social Structure and Organisations', in MARCH, J.G. *Handbook of Organisations*, Rand McNally, Chicago, 153–93.
SUCHMAN, M.C. (1995) 'Managing Legitimacy: Strategic and Institutional Approaches', *Academy of Management Review*, vol. 20, 3: 571–610.
WEISBROD, B.A. (1977) *The Voluntary Nonprofit Sector*, Lexington Books, Lexington, MA.
YOUNG, D. R. (2000) 'Organisational Identity in Nonprofit Organisations: Strategic and Structural Implications', working paper presented at the biennial conference of the International Association for Third Sector Research, Dublin.

結論 ヨーロッパの社会的企業——起業組織の多様性とその展望

カルロ・ボルザガ
ジャック・ドゥフルニ

はじめに

　EMESネットワークが結成されたとき,サードセクター組織や一部の研究者は「社会的企業」という概念をすでに使用していた。「社会的」という形容詞や「社会的な目的をもった」という質を表現する言葉も,「企業」という用語や協同組合のような特有の法人形態に付随して,一部の国の法律に散見されるようになっていた。しかしながら,いわゆる社会的企業がある種共通の特徴を備えた,一般化できる明確な現象であるかどうかは未解決の問題であった[1]。

　このような背景のもと,EMESネットワークでは,次の4つの主要な目的を設定した。すなわち,①各国それぞれの経験を包括できる社会的企業の定義を明らかにすること,②ヨーロッパ各国で,企業家精神に富んだ新しい組織形態の存在を確認すること,③暫定的であっても,社会的企業の発展をさしあたり説明すること,④ヨーロッパの社会・経済への社会的企業の貢献を検討すること,である。

　EMESネットワークが提起した社会的企業の共通の定義は,本書緒論で示したとおりである。本書の各国分析篇では,EMESの定義に合致する組織がEU諸国すべてにおいて存在することを明らかにし,社会的企業は,ヨーロッパの

---

1) EMESネットワークの研究が進行中にも,他の研究グループが「社会的企業」という用語を使用していた。OECD (1999) を参照。

社会的・経済的状況に共通する1つの特徴を表現するものだと主張している。ほとんどの国ではまだ,「社会的企業」という表現が法律文書や公式文書で使用されているわけではない。しかし,「社会的企業」という表現は,各国レベルで使用される複数の表現——オーストリアの「社会的経済企業」(social economic enterprises), ベルギーの「社会的目的をもった会社」(companies with a social purpose), スペインの「社会的目的をもった協同組合」(co-operatives with social aims), イタリアとポルトガルの「社会的協同組合」(social co-operatives)等——を統合するのに役立つ。本書理論篇では,非営利組織の存在に関する幅広い理論的説明を考慮しながら,社会的企業の登場に関する諸説を紹介・検討している。

この結論の章では,研究の主要な結果について,以下の諸点を中心に総括する。すなわち,社会的企業が従事する活動分野（第1節）,社会的企業の登場についての説明（第2節）,各国間の主要な違い（第3節）,ヨーロッパの社会と経済への社会的企業の貢献（第4節）,社会的企業の発展にとっての弱点と障壁（第5節）,である。そして最後に,社会的企業の発展の展望とその政策的な含意を振り返りつつ,結論を提示する（第6節）。以上の諸点は,ヨーロッパ委員会の政策的アジェンダとしても高く位置づけられる問題である。

1 社会的企業の主要な活動分野

各国の個別ケースを考え合わせてみると,社会的企業は実に多様な活動に従事している。しかしながら,その多様な活動も,以下の2つの主要分野に分類できる。すなわち,労働市場への統合という分野と社会サービス・コミュニティケアサービスの供給という分野である。

第1に,労働市場への統合型社会的企業（work-integration social enterprises）は,ヨーロッパ諸国すべてで基本的に存在する。このタイプの社会的企業は緊急避難型雇用のための作業所という初期の経験から発展してきた。しかし,初期の経験と社会的企業という新しい経験には,少なくとも2つの重要な違いがある。第1に,社会的企業は一般的に,公的資金にあまり依存せず,あるいは

そうなるよう努力して，市場力学に注意を向ける。第2に，社会的企業は，労働者として雇用される社会的弱者が他の労働者と比肩しうる所得を得られるよう保障することを目的とする。さらに，いくつかの社会的企業は，労働者として雇用される社会的弱者への職業訓練の提供という明確な目標をもち，また，そのような労働者の通常の労働市場への統合を支援することを最終的な目的として，その活動をますます組織するようになっている。一部の国では，労働市場への統合型社会的企業は，労働者のきわめて特殊な集団——主として，たとえばスペインでの，既存の公的雇用政策が支援しない労働者——を雇用している。他の国，たとえばイタリアのように，より広範囲の人々を包括し，社会的企業全体で数千人もの労働者を雇用する例もある[2]。伝統的な緊急避難型雇用のための作業所が消極的労働市場政策という文脈で生まれてきたのに対し，新しい労働市場への統合型社会的企業は，同種の労働者集団のための積極的労働市場政策を革新する手段である。

　社会的企業の第2の活動領域は，社会サービス・コミュニティケアサービス (social and community care services) の供給である。この社会サービス・コミュニティケアサービスの供給型社会的企業も，ヨーロッパのほとんどすべての国に存在するものの，労働市場への統合型社会的企業とは，数の点でも供給するサービスの点でも大きな違いがある。新しいサービス供給を目的として，あるいは，行政では充足できないニーズをもった人々や公的給付から排除される人々への対応を目的として，かなりの数の社会的企業が設立されてきた。その活動の多くは，公的支援がほとんどないかまったくないまま，市民グループが自立的に始めたものである。しかしながら，社会的企業が供給するサービスが公益と認識されて，数年後には，政府や地方自治体が資金の一部あるいは全部をこの分野の社会的企業の活動に提供するようになってきた。結果として公的資金への依存は強まったものの，それにもかかわらず，社会的企業の自律性が大きく損なわれることはなかった。実際，公的資金と利用者が直接支払う料金とで資金を賄ったり，公的資金と寄付やボランティアといった非営利資源を結

---

2) 労働市場への統合型起業組織に関する幅広い紹介とその理論的分析について，Defourny, Favreau and Laville (1998) を参照。

びつけて資金を賄う社会的企業も数多く存在する。さらに，社会的企業によるサービス供給がしだいに増加していくため，必要な公的資金は，入札参加——それゆえ，他の社会的企業，サードセクター組織，営利企業との競争——を通じて確保することになる。

とはいえ，社会的企業の多様な活動領域を区分することは，いささか恣意的である。実際，社会的企業の多くは，社会サービスの生産と労働市場への統合活動とを結合させている。領域のこうした重複については，以下のように説明できる。領域が重複するのは，一方で，労働集約的で技能習得に適したある種の社会サービスが，労働者として雇用される社会的弱者を労働市場に統合するのに適しているという事実による。他方で，社会的企業は，領域の重複によって，麻薬中毒者のような弱者グループを社会的・経済的に十分に統合するための機会を提供する方法にもなる。社会的・経済的な統合のためには，サービス供給活動と労働市場への統合活動は分離できない。しかしながら，いくつかのケースでは，新しい社会サービス・コミュニティケアサービスに対する公的資金提供の明確な政策がないため，社会的企業はこの種のサービス開発にあたって雇用助成金の対象となるような失業者しか募集できず，そのような事実からも活動領域の重複が生まれる。したがって社会的企業は，とりわけフランスでは，公共社会政策と労働政策の統合によってはじめて，革新的な社会サービス・コミュニティケアサービスを創造することができた。とはいえ，この種の社会的企業も中期的にみれば，確実に生き残ることができるわけではない。というのは，雇用助成金は期間限定でしか交付されないからである。反対に，イタリアの法律では，社会サービスの生産を目的とするか労働市場への統合を目的とするか，そのどちらかを社会的企業が選択するよう法的に強制しており，それゆえ，社会的企業の活動領域の重複は禁じられている。

社会的企業は，労働市場への統合志向の活動や社会サービス・コミュニティケアサービス志向の活動により，その活動の直接的な受益者を超えて，地域経済システムの発展にも大きく貢献する。フィンランドのビレッジ協同組合やイギリスのビジネスコミュニティのケースでは，地域開発への貢献が社会的企業の目的として明確に位置づけられている。

最後に，各国の経験を分析してみると，社会的企業が活力ある事業体である

ことがよくわかる。ほとんどの国ではすでに,社会的企業は他のサービスへとその活動領域を広げている。すなわち,社会政策とはあまり結びつかないとしても地域コミュニティの関心がより高い,環境や文化にかかわるサービス領域である。

2 社会的企業の登場についての説明

　社会的企業の登場とその後の発展は,いくつかの要因が複合して起こった事象である。諸要因のうちいくつかは,その関連性が多様だとしても,ほとんどすべての国に共通している。他方,他の要因は,ある国あるいは数ヵ国に特有のものである。

　1970年代末期における社会的企業の最初の経験と,同時期の10年間における経済成長率低下・失業増大との間には,明らかに全般的な一致がみられる。経済的パフォーマンスの変化は,ヨーロッパ福祉制度の危機の起点であった。当初,福祉制度の危機は主として財政問題の様相を呈し,増大する財政赤字に行き着いた。歳入の伸び率が以前より鈍化したのに対し,公共支出はそれ以上に肥大化した。とりわけ,失業者,退職者,早期退職者に手厚い補助金を支出する諸国ではそうであった。第1段階では,ほとんどのヨーロッパ諸国が,雇用助成金改革や社会サービスの制限あるいは削減によって財政危機に立ち向かった。伝統的なマクロ経済政策と雇用政策——とりわけ,社会的弱者,低技能者の長期失業を減らす政策,また,ますます差別化され質が重視される社会サービスの需要膨張への対応策の総体——の有効性がしだいに失われていくにつれて,ヨーロッパ福祉制度の正統性が危機に瀕するようになった。

　ヨーロッパの政策当局者は,経済成長の鈍化が持続的な現象であることを認識し,社会サービス供給の見直しを中心とする福祉制度の改革に着手した。改革は,一部のサービス供給が予算に与える影響を徐々に削減することを目的として,さらに,利用者ニーズに対応するサービス供給を仕立て直すことを目的として実行された。その際の手段として用いられたのは,社会政策の決定・実施権限の地方自治体への委譲,価格設定と料金制の導入,一部のサービスの民

営化，消極的な労働・雇用政策から積極的なそれへの転換，である。しかしながら，価格・料金制はしばしば，フィンランドの緊急避難型雇用のための作業所やベルギーの低家賃住宅の供給サービスが打撃を受けたように，困窮者を直撃するものであった。

社会サービス供給の民営化政策は，行政が維持していた財政責任をサービス供給から分離——分離されたサービス供給は民間企業へ外部委託する——すること，そして，一部のサービス供給を中止することを通じて実施されてきた。この一連の変更によって，社会サービス供給の民間事業者に対する地方自治体からの需要の伸びは大きくなり，充足されないニーズ——サードセクター組織，とりわけ社会的企業が充足しようと努力してきたニーズ——の範囲も広がった。さらに，地方分権およびサービス供給者と購入者の分離政策によって，民間事業者による社会サービス供給がいっそう精力的に進められてきた。地方分権，すなわち，市民ニーズにより近い地方自治体への責任委譲によって，市民社会の起業組織が社会サービス供給をより受託しやすくなり，また，地方自治体による公的資金の提供もより実施しやすくなった。購入者と供給者の分離によって，社会サービス供給のあり方が刺激され，営利企業がこれまでほとんど関心をもたなかったセクターにおいて，とりわけ新しい起業組織の設立が促進されてきた。

社会的企業の発展を民営化政策との関連で以上のように説明することに加えて，もう1つの説明がある。それは，伝統的な労働政策の失敗，そして，規制的な，きわめて消極的な政策から積極的な政策への転換の難しさが社会的企業の発展をもたらしたとする説明である。この難しさは，労働市場への参入・再参入が困難な労働者の存在と結びついており，その種の労働者の数と失業期間は，とりわけフランス，ドイツ，イタリアにおいて，年々しだいに深刻化してきた。これは，労働市場への統合型社会的企業が発展する理由でもある。

3　社会的企業の各国ごとの多様性

ヨーロッパの社会的企業には共通点も多々あるものの，本書各国篇では，社

会的企業の数,活動分野,組織形態をめぐる国ごとの大きな違いにも焦点を合わせている。分析対象とした組織がEMESネットワークの試論的定義に合致する国もいくつかあるのに対し,EUの多くの諸国では,既存の組織がEMES定義のすべての基準に一致するわけではなかった。多くの社会的企業,とりわけ社会サービスを供給する社会的企業は,公的資金に大きく依存しており,自律性と経済的なリスクテイキングの点で低いレベルにある。同時に,そのような社会的企業はしばしば,コミュニティの利益もしくは受益者たちの参加よりも,従業員により多くの注意を向けがちである。

さらに,社会的企業がもつ経済的な比重は,ヨーロッパ全体でみれば,国によって不均等である。たとえばイタリアでは,先の試論的定義に合致する組織が何千と存在する。イタリアの社会的企業は,社会サービスの供給量の点でも,社会的弱者の労働市場への統合の点でも,発展を遂げており,数千人の組合員や従業員が参加している。また,たとえばスウェーデンやフィンランドでは,社会的企業の数は相当数にのぼる。しかし社会的企業は,その大部分が保育所や職業訓練サービスのような特定領域で活動している。逆に,ギリシャやデンマークのように,社会的企業の数がごく少数しか存在しない国もある。社会的企業の数が少ない国のうち,ドイツやオランダのように,社会的企業が公的セクター組織や伝統的なサードセクター組織と必ずしも明確に区分されない国もある。それにもかかわらず,社会的企業は,供給するサービスか,あるいはサービス生産に取り込む諸資源の組織化か,そのどちらかの点で,またはその両方で,革新的な特徴を示している。さらに,イタリアとイギリスでは,社会的企業は高い成長率を経験してきた。そして,とりわけフィンランドの労働参入協同組合といくつかの国の労働市場への統合型社会的企業のように,その目的追求に首尾よく成功してきた社会的企業もある。各国ごとの社会的企業の違いをもたらす他の要素としては,法制度で認知される程度,地域コミュニティや行政との関係で達成される評判,行政や営利企業とのパートナーシップの程度があげられる。

以上のような各国ごとの多様性は,よく取り上げられる次の諸要因によって説明できる。すなわち,①経済・社会システムの発展レベル,②福祉制度と伝統的なサードセクターの特徴,③法制度の発展程度,である。以下では,

それぞれの要因について考察しよう。

経済的・社会的発展レベルの相違

　経済発展のレベルは社会サービスへの需要に影響を与える。経済発展のレベルが比較的低位にある諸国——ギリシャ，ポルトガルのみならず，1990年代初頭までのアイルランド——では，社会サービスの新しいあり方を意識する必要はあまりなく，インフォーマルに主として家族がサービスを大部分供給する。制度的に組織された社会サービスへの需要が生まれるのは，家族によってもコミュニティによってもうまくいかない場合に限られる。このような場合には，伝統的な慈善組織がしばしばサービスを供給する。したがって，福祉制度の発達が低位の諸国では，社会サービスの供給型社会的企業はあまり広がらない。しかし，これらの諸国で社会的企業が存在するということは，その国がまさに，主要な問題の１つ——労働市場から排除される人々，たとえば地方の女性や身体障害者のための雇用創出の必要性——に直面していることを示している。その社会的企業は大部分が労働市場への統合型社会的企業であり，場合によっては，ワーカーズコープあるいは生産者協同組合という伝統的な形態をとっている。

　反対に，経済発展のレベルが高く社会サービス・コミュニティケアサービスへの需要がますます大きくなっている諸国では，社会的企業が大きく広がっており，その発展もはるかに活発である。これら諸国間にみられる社会的企業の発展の相違は，他の要因とも絡み合っている。

福祉国家および伝統的サードセクターの相違

　社会的企業は，供給するサービスのタイプとその質の点でしばしば革新的でありながら，特定領域のみならず，行政や他のサードセクター組織と同様，幅広い領域で活動する。社会的企業は「遅れてきた存在」であるため，その拡大は明らかに，他のサービス供給者の強さ，資源や福祉国家の特徴，伝統的なサードセクターの発展状況といったものに大きく影響される。この側面につい

ては，EU のメンバー諸国を3つのサブグループに分類できる。メンバー諸国のすべてが3つのグループのどれか1つにぴったり合致するわけではないとしても，この分類は，社会的企業の広がりをめぐる各国ごとの違いを説明するのに役立つだろう。

　第1のグループは，よく発達した福祉普遍主義国家であり，GDP に対する公共支出の割合が高く，社会サービス・コミュニティケアサービスでの雇用率も高い。また，公共サービスの供給や現金給付——年金，失業手当等々——も保障している。スウェーデン，デンマーク，そしてやや限定的だがフィンランドがこのグループに入る。準市場化改革までのイギリスもここに入る。これらの諸国では，社会的企業が活発なのは特定の領域だけである。すなわち，スウェーデンの保育所のように，政府や地方自治体が資金提供者としての役割は維持しながらも，社会サービス供給者としての役割を進んで縮小してきた領域，あるいは，失業者が設立するフィンランドの労働参入協同組合のように，制度的に組織化された公的なサービス供給が存在しなかった領域である。これらの諸国では，社会的企業の発展が伝統的なサードセクター組織によって阻止されることはなかった。後者は，大部分がアドボカシー活動に従事しており，新たに登場する組織を脅威とは感じてこなかった。

　第2のグループは，第1グループと同様，発達した福祉普遍主義国家である。しかし，社会サービスの直接的な供給については政府の役割を限定し，現金給付が中心の諸国である。ここでは，家族と伝統的なサードセクターが，行政からの資金提供に大きく依存しながら，社会サービス・コミュニティケアサービスの供給に重要な役割を果たしている。ドイツ，オーストリア，フランス，ベルギー，ルクセンブルグ，オランダ，アイルランドがこのグループに入る。これらの諸国での社会的企業の発展も，かなり複雑で決して一様ではなかった。まず最初に，伝統的なサードセクターが社会サービス供給に幅広く関与しており，また，社会サービス供給への資金提供ルールが十分に確立しているため，民間によるサービス供給構造をより企業家的なアプローチへと変更する必要性はあまり高くはなかった。さらに，ドイツに代表される一部の国では，伝統的なサードセクター組織が多かれ少なかれ社会的企業の登場に抵抗してきた。その結果，社会的企業は，伝統的な非営利組織の活動が活発ではない隙間——労

働市場への統合のような主に新しい活動領域——で，社会サービスの生産には
あまり適合的とはいえない資源——たとえば，フランスやベルギーでは，社会
的企業の発展に雇用手当を活用している——を活用しながら発展している。

　第3のグループは，あまり発達していない福祉国家——とりわけ，1980年
代初頭まで——であり，現金給付に大きく依存する諸国である。そこでは，社
会サービス・コミュニティケアサービスの供給は，たとえば，教育や健康の部
門に限定されてきた。社会サービス・コミュニティケアサービスの供給が家族
とインフォーマルネットワークに主に委ねられていたので，サードセクターも
発展しなかった。イタリア，スペイン，ギリシャ，ポルトガルがこのグループ
に入る。これらの諸国では，福祉制度の財政危機のため，サービスへの需要が
増大していたまさにその時期，公的なサービス供給を増加させることができな
かった。社会的企業は，政府や地方自治体および伝統的な非営利セクターとの
競合もほとんどなく，サービスをめぐるニーズと供給のギャップを埋めるため
に設立された。一部の国では，社会的企業が既存のサードセクターや協同組合
運動から支援を受けることさえあった。社会的企業が行政の支援で発展したこ
ともあり，行政は，社会的企業のような新しい組織のサービス供給が新しい
サービス需要を実質的に充足することを積極的に認知して，サービスの公的供
給を増加させるかわりに，新しい組織への資金提供の役割を重視するように
なった。

法制度上の相違

　社会的企業の法人形態が国によって相違することに注意を向けてみると，そ
の主要な相違は，生産的な活動を実行する際の自律性と力量のレベルにある，
と指摘できる。その自律性と力量のレベルの相違は，異なる法制度に依拠した
2つの法人形態——社会的企業がよく活用する，協同組合とアソシエーション
という2つの形態——の違いによるものである。フランスやベルギーのように，
アソシエーションが準企業に匹敵する国，あるいは，アソシエーションがみず
からの社会的目的を達成する手段として，市場における財やサービスの生産・
販売を少なくとも許容している国では，社会的企業は主としてアソシエーショ

ンとして設立される。反対に，スウェーデン，フィンランド，イタリア，スペインのように，アソシエーションの特徴が主に営利を目的とせず，しかも協同組合の設立が容易な国では，社会的企業は主として協同組合という法人形態を選択してきた。その際，協同組合の特徴の一部が変容したかもしれない。このように，2つのグループ国間には協同組合とアソシエーションをめぐって異なる事情があり，そのもとで社会的企業が登場してきたとしても，アソシエーションがより企業家的な性格をもつことで協同組合の形態に近づいてくるかぎり，逆に，協同組合がその社会的側面を発展させながら非組合員にも利益を及ぼすことでアソシエーションの形態に近づいてくるかぎり，協同組合とアソシエーションは組織形態上，収斂する可能性がある[3]。

こうした収斂傾向は，ある国では導入され，他の国では検討中の法律的な変更によって，実際に起こっている。その法律上の変更が新しい組織の企業家的な行動を強調する傾向にあるため，アソシエーションの形態よりも協同組合の形態を促進するものとなっている。これは，社会的企業に関するイタリアやポルトガルの法律に妥当し，また，フランスでの「公益（general interest）のための協同組合」創設の提案〔その後2002年2月に「社会的共通益のための協同組合（La Sociêtê Coopêrative d'Intêrêt Collectif）」法が成立した〕にも妥当する[4]。

4　社会的企業の主要な貢献

EU各国で多様な形態をとるとはいえ，社会的企業が現に存在することをこれまで確認してきた。次に，社会的企業のもつ経済的・社会的役割とその貢献

---

3) この点は，本書緒論の後半で，すでに指摘した（図1を参照）。
4) いくつかの制約――利潤分配，マネジメントルールの点で――が課された株式会社という，別の法人形態を社会的企業のために規定する試みもある。もっとも有力なのは，ベルギーの「社会的な目的をもった会社」に関する法律，イタリアで検討中の「社会的企業」に関する(法)案である。しかし，こうした試みの結果はいまのところ明らかではない。

——① 現在進行中である福祉制度の転換への貢献，② 雇用創出への貢献，③ 社会的統合への貢献，④ 地域開発への貢献，⑤ サードセクターの全般的な発展への貢献——に注意を向けてみよう。社会的企業の貢献をそれぞれ分析してみる前に，1つ指摘しておかねばならない。それは，社会的企業が活力をもった存在だとしても，社会的企業は，社会サービス・コミュニティケアサービス供給のわずかな部分しかまだカバーしておらず，また，社会的弱者のごく一部分しか労働者として雇用していない，という点である。したがって，ここで分析される社会的企業による貢献のすべてが，目に見える量としての影響力をもっているわけでは必ずしもない。社会的企業の貢献は，実際に起こった変化というよりむしろ，起こりうる一般的な傾向を示すものなのである。

　福祉制度の転換

　ヨーロッパの福祉制度が抱える課題の克服をめざして実施されてきた政策の帰結，とりわけ社会サービス・コミュニティケアサービス供給の民営化の帰結については，まだはっきりしない。実際，取引コストおよび契約コストは，コスト抑制努力の挫折で，予想以上に増大してきた。さらに，少なくとも若干のケースで，サービスと仕事の質が劣化した。このような否定的な結果は主として，政府が市場的擬制と営利企業を偏重する諸国で生まれてきた[5]。イギリスを取り上げた章が強調するとおり，サービス供給者の差別化のために価格システムを主要な基準として活用する準市場化は，その性格上，しばしば金銭重視の契約志向を強くもつ。しかし同時に，期待されるサービスの質を保証するためには，とくに営利企業が関与する場合には，既存の諸規制の規定ではしばしば不十分である。

　このような文脈で，社会的企業は，ヨーロッパの福祉制度改革にいくつかの方法——たとえば，所得分配をコミュニティが望むかたちに近づけること，コスト抑制に役立つこと，サービス供給量を大きく増やすこと，そして多くの場

---

[5]　これは，イギリスでの在宅介護サービスのような社会サービスのケースである。Young（1999）を参照。

合，サービスと仕事の質の維持・改善に役立つこと——で貢献できるだろう。

各国分析篇でみたように，社会的企業は，民間組織として所有され管理されるとしても，再分配機能を果たすことができる。それゆえ，社会的企業は，市場と政府が共同行動をとってきた資源配分と所得分配のあり方の再編に貢献することができる。社会的企業はしばしば，① 公共政策が認知しないニーズをもった人々に対してニーズに適したサービスを供給すること，さらに，② コストのかからない資源——寄付やボランティア——と，低コストの資源——目的意識的な労働者——を混合しながら再分配活動を行うこと，この2つを目的として創設される。そのような資源のある部分については，サービスの営利的な供給者にも公的な供給者にも活用できない。社会的企業による再分配活動がコミュニティにとって明らかに利益をもたらす場合には，社会的企業はみずからの評判を高め，コミュニティとの信頼関係を生み出す。

本書では，再分配機能にかかわるいくつかの事例を取り上げた。一部の国では，社会的企業が行政の再分配機能を代位している。たとえばベルギーでは，高騰する賃借料が支払えず，低家賃の公共住宅の入居必要条件さえ満たせない周辺化された人々のために，社会的企業が住宅サービスを供給している。別の国では，行政が認知しないニーズをもった人々——たとえば，スペインの社会的に排除された人々——のために，社会的企業が再分配活動に自律的に取り組んできた。公共政策が組織的に供給するサービスによって需要を十分に充足できない国では，社会的企業は追加的なサービス供給の創出に貢献する。これは，政府が進んで資金——一部の資金でしかないけれども——を提供しようとする社会サービスのケースである。この文脈では，社会的企業は，公的な資源，市場的な資源，ボランタリーな資源を多様に混合することで，社会サービスの供給を増加させることができる。こうした現象は，労働市場への統合型社会的企業の経験にもみられるし，また，利用者がサービス供給に貢献する意思と能力をもつことで成り立つサービス供給——スウェーデンの保育所——の経験にもみられる。

しかしながら，社会的企業はサードセクターの他の組織と同様，再分配に関わる公共政策に影響を与えることもある。公共政策が十分には認知しないニーズをもった新しいグループの人々へのサービス供給によって，社会的企業は，

公的な資源をこうしたサービスに向けて移転できる[6]。さらに，社会的企業は，同じグループの利用者や別のグループの利用者のために，サービス生産機能と伝統的なアドボカシー活動とをしばしば組み合わせる。

　新しいサービスを創出する際，社会的企業は再分配機能を単に発展させるだけではない。すなわち，社会的企業はサービス供給に関して，イノベーションを起こすこともできる。社会的企業はなるほど，まったく新しいサービスを創出する。しかし社会的企業は，伝統的なサービスも生産できる。それは，主として，共同生産者としての消費者，ボランティアとしての地域コミュニティ，社会的企業で働く労働者たちによるサービス供給への参加という革新的な形態に基づいた新しい生産方法を通じて，である。社会的企業がヨーロッパ中につくりだした新しい組織のあり方とアソシエーションおよび協同組合に生じた形態的な変化は，こうしたイノベーション行動の好例である。

　再分配機能の再編，新しいサービスの供給および伝統的なサービスの革新と並んで，ヨーロッパ福祉制度の改善に対する社会的企業の第3のありうる重要な貢献は，サービス供給の民営化という文脈で生まれている。民営化政策の有効性は社会サービスの競争的な供給しだいであり，行政とサービス供給者の契約関係を確立するには若干の課題がある。社会的企業はその特有の性格ゆえに，競争的環境の確立，しかも信頼を基礎とする契約関係に貢献できる。それゆえ，社会的企業が都合よく使い捨てられる可能性は小さい。社会的企業の目的がしばしば行政の目的とかなり重なり合うため，効率的な準市場が確立しえない領域のサービス供給について，交渉が容易になる。社会的企業は，生産コストの削減にも貢献できる。というのは，社会的企業は利潤追求を目的としないため，行政および消費者とそこで働く労働者との間にある利害の不一致を調停して，消費者の満足と労働者の報酬の適正なる混合様式を他の形態の組織よりもうま

---

6) これは，公的な社会サービス供給に限界がある国のケースである。たとえばイタリアでは，障害者あるいは若年者のためのデイセンター，薬物中毒者のリハビリテーションサービス等のサービスは，制度的な公的支援なしに，社会的企業がはじめて創出したものである。数年後になってやっと，こうしたサービスとその供給組織に対して，中央政府と地方政府が資金提供の面でフルサポートを行うようになった。

く引き出せるからである[7]。

雇用創出

社会的企業は，追加的雇用の創出にも貢献できる。労働市場への統合型社会的企業がその典型である。この社会的企業は通常，伝統的な企業で仕事にありつく可能性がきわめて低い労働者たちを雇用する。しかし，社会サービス・コミュニティケアサービスの供給型社会的企業も，新しい雇用を創出できる。というのは，この種の社会的企業は，高い雇用潜在力をもつケアサービス部門をより活力あるものにできるからである。とりわけ，この部門での雇用比率がいまだ低い国ではそうである。

ほとんどのヨーロッパ諸国では，緩慢な雇用増加と高い失業率を解釈するにあたり，近年，労働市場の硬直性から財やサービスの生産物市場の硬直性へとその強調点のシフトがみられた。後者については，とりわけサービス部門——主として，アメリカ合衆国と比較すれば未発達である広告・旅行サービスやビジネス関連サービス，および「公共（communal）」サービスすなわち社会サービス・コミュニティケアサービスの部門——での緩慢な雇用増加にその原因があると考えられている[8]。公共サービスでの雇用比率は，イタリア，フランス，ドイツのように現金給付が中心で，社会サービスの公的供給や公的資金提供があまりなされていないヨーロッパの福祉国家ではとくに低い。さらに，このような公共支出構成が1980年代以降に起こった公共支出削減ととりわけ結びついていたのだとすれば，サービス部門での雇用増加が低位である実質的な原因もそこにある。こうした公共支出構成のあり方は，対人サービス・コミュニティサービスをめぐる需給ギャップを拡大するそもそもの原因でもある。そし

---

7) 社会サービス供給の雇用関係に関する比較研究はほとんどない。イタリアについてBorzaga（2000）を参照。イギリスについての本書第15章によれば，社会的企業は，公的なサービス供給者よりも低い水準で，営利企業よりも高い水準で賃金を支払っている。

8) ヨーロッパ委員会が提出したいくつかの文書に示されているとおりである。そのうち，European Commission（1998）を参照。

てまた，この需給ギャップの拡大こそ，いくつかのヨーロッパ諸国がまさに現在経験しているものに他ならない。

しかしながら，社会サービス・コミュニティケアサービス部門がもっている雇用増加への現在の潜在的可能性は，単なる公共支出の増大だけでは実現できない。一方で，財政赤字の削減という制約があり，他方で，国際競争の激化に対応できるように，財政危機の緩和と間接的な労働コストの削減のために貯蓄を公共支出へと振り向ける必要があるため，公共支出拡大策の推進は期待できない。しかし，公共支出構成を現金給付からサービス供給やそのための公的資金提供へと転換し，さらに民間需要の拡大を刺激することで，別の政策を推進することは可能である。とはいえ，伝統的なサードセクター組織や営利組織がこの政策を十分に実現することはできないだろう。それは，一方で，伝統的なサードセクター組織のほとんどが今では戦略構築の点でも資源動員の点でもあまりに公的セクターに依存しているからであり，他方で，営利企業にはいくつかの欠点があるからである。営利企業は少なくともさしあたり，この種のサービスの生産にはほとんど関心をもっていない。その原因は，収益率の低さと，消費者や地方自治体との市場的な関係に影響する情報の非対称性である。

社会的企業は反対に，公共支出の再構成に貢献するのと同様，サービスの需要と供給の双方を発展させることにも貢献するだろう。社会的企業には，いくつか優位性がある。社会的企業は，利潤極大化を目的としないことによって収益率の低い生産領域にも容易に参入でき，また，寄付やボランティアに依拠すれば，とりわけ事業の立ち上げ段階の生産コストも削減できる[9]。同じ活動をする他のセクターより低い賃金であっても，社会的企業で働くことに関心を寄せる労働者やマネージャーを惹きつける場合には，全般的なコスト削減も可能である[10]。さらに，消費者を参加させ，地域コミュニティにも根づくことに

---

[9] 新しい社会サービス供給をめざす組織が直面する特殊なカテゴリーの立ち上げコストとは，企業家的なコスト（Hansmann 1996），すなわち，安定的で効率的な生産を維持するために，十分な需要量を確保するコストである。社会的企業は多くの場合，利用者やその代表者を参加させることで，潜在需要を低コストで見積もることができる。

[10] この特別の優位性は，誤用されたり，従業員の賃金水準に不本意な影響をもたらし

よって，社会的企業は，供給を需要にいち早く適合させることができ，また，消費者がサービスの質を監視する難しさを解消してくれるような，消費者との信頼関係に依拠することもできる。社会的企業はこうして，地方自治体や民間利用者に対して，同時にサービスを生産できるのである。

全面的であれ，部分的であれ，社会的企業に公的資金が提供されるときにも，社会的企業は雇用増加に貢献できる。公的資金の提供を受けることによって，社会的企業の供給するサービスが社会的共通財（common goods）とみなされるからである。通常，再分配効果が高まれば高まるほど，それだけますます公的資金の提供は大きくなる。とはいえ，社会的企業を，行政の単なる補完物とみるべきではない。社会的企業の多くはまったく補助金なしで，あるいは補助金を無視して活動を始め，しばらくたってやっと，行政がその活動を認知したに過ぎないからである。その結果，社会的企業は，社会サービス供給に向ける公共支出と，それに伴う雇用の増加に貢献してきた。さらに，主に民間組織としてサービスを供給する一部の社会的企業——保育所，多くの文化サービスのケース——は，民間の利用者にも直接，サービス供給を行う。こうして，雇用の純増にも貢献する。各国篇で言及したイタリアとイギリスに関するデータによれば，社会的企業の収入の相当部分は世帯に対するサービス供給によって得られることがすでに明らかである。もし，所得税率がアメリカ合衆国のように低くなれば，この収入部分はもっと大きくなる可能性がある。しかし明らかに，ヨーロッパの緩慢な雇用増加という問題は社会的企業だけでは解決できない。また，社会的企業がこうした包括的な課題への主要な回答にもなりえない。とはいえ，社会的企業は，かなりの程度でその解決に貢献できる能力があることを示してきた。

社会的統合と社会的資本の創造

社会的企業は，特定グループの問題の解決や緩和に貢献し，また，緊急避難型雇用のための作業所よりも，ときには営利企業よりも高い賃金をもって社会

たりすることもありえる。しかし正しく活用すれば，その優位性は重要な意味をもつ。

的弱者の労働市場への統合を促進して，生活条件，暮らしやすいコミュニティ，社会統合のレベルの改善にも貢献する。さらに社会的企業は，利用者保護，とりわけもっとも深刻な社会的弱者の保護を推進する。そして，サービス供給を改善したり，場合によっては，社会的企業への利用者参加を促進する。

　しだいに複雑化していく社会にあって，社会的排除の原因がますます増え，しかもいっそう差別的になっている。社会的排除と闘うためにはもはや，失業・貧困と社会的排除の単なる共犯関係を想定するだけでは有効ではない。したがって，現金給付と平準化されたサービスを武器に，社会的排除と闘うことはいっそう困難である。むしろ，比較的小さな特定グループの人々のニーズを察知して，それに対応できる力量を，それぞれのコミュニティのなかに創出することが必要である。こうして社会的排除の原因がこれまで以上に増えてきたため，ヨーロッパの福祉制度，とりわけ中央集権化された福祉制度が試されてきた。1980年代以降，多くの諸国で実施されてきた分権化政策は確かに，社会的・経済的問題を部分的に解決してきた。しかし，問題のすべてを解決したわけではなかった。社会的企業は，新しい多様なニーズを掘り起こしながらそれに対応するために，コミュニティやより危険にさらされる人々に対して，相当のサポートを提供できる。より一般的にいえば，社会的企業は，社会連帯と相互扶助を発展させ，信頼関係を広げて，社会問題解決のための市民参加――ボランティア活動の促進と利用者参加を通じて――を推進することで，社会的資本の創造に貢献できるのである。

　　地 域 開 発

　社会的企業は大部分，地域に根ざした組織である。したがって，小規模な企業であることが多い。しかし同時に，社会的企業は，地域開発に参加するアクターの1つである。社会的企業にとって，みずからが活動する地域コミュニティと密接につながることは，その発展性と効率性を高める条件となる。というのは，社会的企業は，地域ニーズへの理解，社会的資本の創出と開発，資源――行政，寄付，利用者，ボランティアから提供される諸資源――の最適混合から生まれる効果等々を促進するからである。

グローバリゼーションの過程と新しいテクノロジーの普及は，最先端製造業部門の生産性の伸張をもたらしただけでなく，雇用の不安定化をも増大させてきた。グローバリゼーションと新しいテクノロジーはまた，企業と地域の結びつきを希薄化させてきた。財の需要増加はもはや，生産と雇用の増加をいたるところで生み出すというものではない。新しい雇用は一般的に，需要が最初に発生する地域とは別の地域で生み出されようになっている。この過程は，開発の進んでいない地域や崩壊しつつある地域に対してきわめて差別的に進行する。それゆえ，悪循環も生み出す。

このような地域の問題に取り組むためには，ローカリゼーションに対する伝統的なインセンティブだけでは，しばしば効果が上がらない。反対に，需要と供給の近接性を必要とし，地域に根ざした小さな社会的企業が供給する新しい社会サービス・コミュニティケアサービスは，地域に根ざした労働需要のための源泉を安定化させるのに役立つ。地域コミュニティのなかで人々のために新しい雇用を創出し，それを通じて地域開発に貢献する社会的企業は，もし，社会サービスだけでなく，他のサービス——たとえば，環境改善，文化サービス，交通等——にまでその活動を拡大すれば，将来的にはさらに発展する可能性がある。とりわけ，労働市場への統合型社会的企業が活発に活動している一部の国では，社会的企業のこうした発展過程がすでに進行中である。

サードセクターの活性化

社会的企業は，社会的経済や非営利セクター，あるいはサードセクターという発想だけでは，簡単に説明することができない。事実，サードセクターの一部分をなすとしても，社会的企業には，伝統的な非営利組織とも，協同組合のようにすでに確立した地位にある社会的経済組織とも，多くの点で違いがある。これは以下の点に要約できる。すなわち，① 新しい組織形態や新しいサービスを創出したり，新しいニーズを掘り起こしたりする際のイノベーション行動，② 資源を混合する際のより多様なあり方に依拠する能力，③ とくに，新しい活動を立ち上げる際のリスクを背負う強い構え，である。

さらに，社会的企業は，ヨーロッパの伝統的なサードセクターを革新する。

というのは，社会的企業は，生産的で「企業家的な」非営利組織という側面を力説し，再分配機能を含む福祉サービスの経済的機能を強調するからである。これは，社会的企業が新しい法人形態と新しい組織形態をなぜ要求するかを説明するのに役立つ。また，伝統的な非営利組織や社会的経済組織が，場合によっては営利企業やある部門の労働組合とともに，社会的企業の発展になぜ抵抗するかを説明する。しかしながら，こうした抵抗も，ヨーロッパすべての国であるわけではない。ヨーロッパの多くの国では，イタリアの協同組合運動のように，社会的企業を発展させることが伝統的なサードセクターの戦略となってきたし，あるいは現在，戦略の一部となっている。他の国では，社会的企業が機能する活動領域への参入に，営利企業も関心をもっていない。さらに社会的企業は，サードセクターのリニューアルや福祉サービス産業のリニューアルにも貢献しており，これによって，社会的企業への関心も高まっている。

経済的・社会的領域に社会的企業がもち込んだ主要なイノベーションは，公的組織や伝統的な非営利組織のほとんどが市場の外部で存在し，営利企業が公的システムの外部で存在するのに対し，社会的企業は，市場の外部で存在するのでもなく，資源配分の公的システムの外部で存在するのでもないという点にある。社会的企業は，市場か政府かどちらか一方だけでみずからを説明することはない。むしろ，市場と政府という双方の領域における存在理由とルールに基づいてみずからを説明する。このような特性によって，社会的企業は伝統的な非営利組織とは区別される。すなわち，伝統的な非営利組織は，市場との関係でも政府との関係でも，「第三者」の立場——伝統的な非営利組織が寄付かボランティアを通じて資金提供を受けるケース——に立つか，公的セクターの下請け活動にもっぱら依存するか，どちらかの傾向にある。実際，社会的企業は，コミュニティが抱えるある共通の問題に，公的資金に必ずしも依存することなく，市民社会と民間組織がどのようにして直接的かつ自律的に取り組むか，その具体的な成功事例となっている。社会的企業家活動の展開形態としての社会的企業は，EMESの研究が明らかにしたように，社会政策や社会運動による計画的な活動の所産というより，むしろ市民社会の自発的な活力の結果である。

最後に，一部の国では，社会的企業の発展によって，サードセクターの多様な構成要素——しばしば，ばらばらのままである——間のギャップも縮小して

いる。アソシエーションと財団は，より生産的で企業家精神に富んだ行動へと移行し始めている。財団がより民主的な統治へと少しずつ転換を始め，いくつかの国では，協同組合が社会的目的の第一義性を再発見している。こうした変化のすべてを通じて，サードセクターや社会的経済への関心が高まりつつある。

5 社会的企業における内部の弱点と外部の障壁

適合的な法制上の枠組みを欠き，明確に定義された管理上・組織上のモデルが存在しないにもかかわらず，きわめて数多くの多様な社会的企業が自生的に登場している。その結果，社会的企業家たち——彼ら自身が最初はしばしばボランティアである——は，資源混合を組織する適切な方法を案出しなければならなかった。それは，ボランティアと有償労働者が一緒に働き，ボランティア，労働者，利用者間の異なる利害を調停し，地域コミュニティと行政からの評判を獲得するためである。

その成功にもかかわらず，ほとんどの社会的企業の組織モデルは，相変わらず脆弱なままである。それは，メンバー間で共通の社会的目的や再分配の目的を共有しながらも，明確なルールがほとんどなく，相互の高い信頼度に依拠せざるをえないためである。その結果，モデルを維持・再生産するのが難しい。しかしながら，社会的企業に内在する脆弱性は，向き合わねばならない唯一の問題ではない。その他いくつかの外部的な要因が，社会的企業という新しい組織の発展の足かせとなってきた。あるいは少なくとも，その発展を減速させてきた。したがって，共通するもっとも重要な弱点と障壁を提示し，それを検討しておくことが必要である。社会的企業の主要な弱点は，以下の4点に集約できる。

第1の弱点は，社会的企業とそのマネージャーおよび全体としての社会的企業運動がヨーロッパの社会・経済システムで果たしている役割，公的・営利・非営利という組織形態との関連で社会的企業がもっている固有の特性，それらがまだ十分に認識されていないことである。とくに，社会的企業はみずからを規定する多元的な目的——目的の多元性こそ，社会的目的と経済的制約とを同

時にもたらすものである——を適切にマネージする十分な能力をもっているにもかかわらず，それがよく認識されていない。しかしながら認識の欠如は，場合によっては，社会的企業の適切なマネジメントと発展戦略の採用を妨げ，社会的企業の組織上の脆弱性を生み出す。

第2の弱点は，既存の組織形態への同形化（isomorphism）傾向である。すなわち，適合的な法人形態がなく既存の法人形態に準ずるため，法制的には強固で，社会的にも受け入れられやすい明確に定義された既存の組織形態に，社会的企業が同形化してしまう可能性である。その場合，新しい組織形態が秘めているもっとも革新的な特徴を維持・発展させることは難しい。さらに，今日もっとも広範にみられる危険性は，社会的企業が労働者共同企業に転換して，雇用される労働者の利害をもっぱら追求したり，コミュニティとのつながりを失って，社会的資本を十分に活用する能力を喪失したりする点にある。この危険性は，公的資金の利用可能性が増大して，社会的企業が演じてきた自律的な再分配の役割が低下するという点にかかわって生まれてくる。

第3の弱点は，社会的企業の統治には大きなコストがかかることである。この統治コストは，明確な所有者がいない組織という社会的企業の特性から生まれる。社会的企業の明らかな優位性——サービスの生産過程と意思決定過程への，顧客，ボランティア，地域コミュニティの代表者からなる多様なカテゴリーのステークホルダーによる参加——も，環境変化に迅速に対応する能力をステークホルダー間の利害対立が阻害する場合には，逆に不効率要因の1つに転化する。

第4に最後の弱点は，社会的企業の規模にはしばしば限界があることである。それは，地域コミュニティとの強い結びつきが原因であったり，高い統治コストが原因であったりする。しかし，社会的企業には，出発時の規模以上には成長できない傾向もしばしばある。規模の限界によって，社会的企業は，取り巻く環境が余儀なくする大きな課題に首尾よく対応する能力を妨げられるかもしれないし，地域コミュニティの外部に対して評判を高めることも妨げられるかもしれない。さらに，もし，かなりの成長を何とか達成するにしても，社会的企業は，上述のような同形化過程を進行させてしまうかもしれない。しかしながら，小規模であることは，避けられない弱点であるというわけではない。す

なわち，社会的企業が比較的発展している国では，社会的企業は，他の社会的企業と一緒にグループを形成する能力や，情報とイノベーションが相互に交換でき，セクター特有の規模の経済を生み出せるような企業グループを立ち上げる能力を示してきた。

　以上のような内部的な弱点に加えて，社会的企業の発展を阻む，少なくとも4つの主要な外部の障壁を指摘できる。第1のもっとも大きな一般的な障壁は，ヨーロッパ諸国のほとんどで流布しているある信念である。それは，積極的な公共政策と手を携えた営利組織こそ，すべての社会問題を効率的に解決でき，社会サービス・コミュニティケアサービスの全般的な需要も効率的に充足できるという信念である。この信念が原因となって，サードセクターのもっている潜在的な役割が過小評価されてきた。そして，社会的企業の潜在的な役割については，おそらくさらに過小評価されてきたであろう。サードセクターや社会的企業は必要なものとはしばしば考えられておらず，公共政策に依存する事業体として，あるいは，公共政策が解決できない問題でしか有効ではない組織として，役に立つとしてもせいぜい一時的な解決策だと考えられている[11]。

　社会的企業に対するこのような否定的な姿勢は，企業に対する伝統的な見方がいまだ規範とされているドイツのような国ではより強い。この見方によれば，収入を商業活動から引き出し，所有者の利益をひたすら追求する組織しか企業とは定義できない。したがって，収入が市場取引に基づかず，所有者の利益も追求しないとなれば，新しい方法で生産過程を革新する起業組織であっても，それは企業という概念には含まれない。この文脈では，社会的企業に参加する労働者は完全には雇用されていない労働者とみなされ，その点で，社会的企業は信用できない疑わしいものとみられる。こうした姿勢は，競争過程を強調する諸国に共通しており，それゆえ，社会サービス・コミュニティケアサービスのように競争の制限が必要な活動はおのずと周辺化されてしまう。営利企業は，競争的環境がもっている経済的な重要性を強調する議論にますます乗ずるようになり，また業界団体は，非営利組織や社会的企業に与えられているとされる

---

11) 非営利組織を「解決者不在の組織」とする説明が示唆しているとおりである（Seibel 1990）。

財政的・競争的な優位性の組み替えを狙っている。たとえ，非営利組織や社会的企業によるサービス供給が公益的性格のゆえにその優位性が正当化されうるとしても，である。

　第2に重要な障壁は，社会的企業と社会・労働政策との間の混乱した，しばしば首尾一貫しない関係にある。社会サービス・コミュニティケアサービスの直接的な公的供給がサービス供給と財政責任の分離へと転換され，それによって民間非営利の起業組織の自律的な発展がみられたものの，自立的な発展を促す契約関係と資金提供ルールが全般的に首尾一貫して変化してきたわけではない。一方で，非営利組織に対する資金提供の旧来の方法が一般的には維持されてきたと同時に，他方では，とりわけ新しいサービスを対象とする新しい外部契約ルール（contracting-out rules）もつくられてきた。また，イギリスでの準市場化の導入や外部契約・公共入札に関する新しいヨーロッパルールが刺激を与え，新しいサービスをめぐってより競争的な方式もとられるようになった。その結果，直接的な補助金と契約化──契約のあり方は多かれ少なかれ，国によってもサービスの種類によってもまちまちである──の混合のあり方も不明瞭になった。外部契約方式が採用されるようになると，社会的企業に特有の性格はしばしば考慮されなくなる。外部契約方式は，地域やコミュニティとのつながりを欠いた大規模企業──営利企業や伝統的なワーカーズコープ──を有利にする傾向がある。これらの企業は場合によっては，契約の明文化・実施・監視の難しさを悪用したり，あるいは単に，その契約協定の一部を無視したりすることで，賃金を削減したり，労働条件を悪化させたり，供給サービスの質を落としたりする。その結果，社会的企業はしばしば，短期間契約に依存するがゆえに発展計画をもつ可能性を閉ざされたまま，不安定な環境のなかで活動せざるをえなくなる。

　労働政策のある種の硬直性により，労働市場への統合型社会的企業にとっては，その障壁が強められてきた。労働政策の硬直性の例として，障害者に交付される補助金を，彼らを雇用する社会的企業のための雇用助成金へと転換する難しさ，あるいは，社会的企業でOTJ訓練に従事する失業者に交付される雇用助成金を，彼らが通常の労働市場で仕事をみつけるまで，社会的企業が十分に活用できるよう柔軟化する難しさがあげられる。

ヨーロッパ諸国のほとんどに共通する第3の障壁は，社会的企業に適合的な法人形態の欠如あるいは不備である。一部の国では，協同組合形態によって社会的企業の特徴を規定できるとみなして，しかし同時に，社会的企業が別の法人形態に依拠することを妨げるというリスクを冒して，社会的企業に協同組合形態を適用するか，その適用を計画している。他の国では，社会的企業がアソシエーション形態を活用することを許容してきた。ただしその際，社会的企業に企業家的な地位を十分に付与することはしなかった。ベルギーだけは，多様な種類の企業法人形態のなかから社会的企業が選択することを許容する，特有の法律——しかし完全ではない——がある。適合的な法律が欠如しているため，社会的企業を再生産する実現性と可能性にも限界がある。同時に，社会的企業のような新しい種類の企業がもっている特徴のすべてを考慮するわけではない法的枠組みでは，既存の法人形態への同形化傾向を助長してしまう。さらに，社会的企業を規定する法律が不完全であるため，社会的企業の入札への参入可能性，契約に基づくパートナーシップ関係の可能性，人的・財政的資源の発展可能性のみならず，社会的企業の活動自体も妨げられる。

　第4に，新しい企業活動の促進を意図する産業政策[12]，また，社会的企業が多くの国ですでにその供給に重要な役割を果たしている革新的な社会サービスのための公的資金提供，こうした点への十分なアクセスを欠いていることも，社会的企業の発展を阻害する障壁となる。

6　社会的企業の発展の展望

　EMESネットワークの研究成果をすべて考慮に入れるならば，社会的企業は，その程度はさまざまとはいえ，EU諸国全体に広がっている新しい組織形態であると結論づけることができる。まだ実験段階で，現実的な存在として十分に確立されているとは言い難いものの，社会的企業の発展は，ヨーロッパの経済

---

[12]　多くの国では，社会的企業がすべての点で企業とみなされるわけではないため，社会的企業は，他のすべての企業に交付される補助金を活用することができない。

と社会の領域における活力に富んだ革新的な傾向である。本書理論篇と各国分析篇を通じて示唆したのは，社会的企業には，さらに発展する潜在力，そして，失業と社会的排除との闘いに有効な新たな力となり，また，社会サービス・コミュニティケアサービスの供給増加と多様化のための新たな力となる潜在力が秘められていることであった。

　しかしながら，現在の状況からすれば，社会的企業の潜在力が十分に実現されるだろうとは断言できない。社会的企業の発展と強化はいくつかの条件しだいである。その条件のうち，決定的に重要なのは，1つには，社会的排除との闘いで発揮する社会的企業の機能と特有の役割をよく認識することであり，もう1つは，公共社会政策との結びつきをもっと明確にすることである。すでに述べたとおり，ヨーロッパの社会政策は重大な転換を現在経験している。しかしいまのところ，着手された改革が社会的企業のもつ潜在力を十分に評価しているわけではない。最近になってやっと，社会的企業のいくつかの側面が考慮されるようになってきたに過ぎない。

　社会的企業を支援する公共政策は，現在までのところ最低限主義アプローチに依拠しており，それは，特殊な問題の解決だけを主要な目的とする部分的な関与政策でしかない。反対に，普遍化アプローチが必要である。それは，社会的企業が果たす役割を考慮して，社会的企業がいっそう自律的に発展するための方法を整えるものである。このアプローチは，社会的企業が完全に企業家的アクターとして，行政や民間企業と並んで活動することを許容するような戦略の実行を要求する。このことは，社会的企業のための特殊な，しばしば周辺的な支援策から，社会的企業をもっと普遍化する支援策へと，公共政策を転換すべきことを意味している。すなわち，以下のような，3つのさらなる新しい政策が必要である。

　社会的企業の発展を促進する第1の政策は，社会的企業を完全なかたちで法的に認知し，そのための規則をつくることである。社会的企業の法的認知とその規則は，①もっとも革新的で組織的な解決策としての社会的企業を強固にするため，②社会的企業の設立と普及を支援するため，③消費者の権利を保護するため，④既存の法人形態への社会的企業の同形化を回避するため，といった理由から，ともに重要である。社会的企業の脆弱性も，法律が明確に社

会的企業を規定できるような固有の統治モデルがあれば，縮小できる。

　社会的企業の発展のための第2の支援策は，現在の支配的な財政政策——利潤非分配制約のような一定の組織上の要件を満たす組織に対して免税する政策——から，新しい政策——公的サービスに対する，さらに中期的には民間サービスに対する新しい需要の発生と展開を支援する政策——への転換であろう。この政策の実施には，多様な施策が活用できる。公共需要に関していえば，財政上の制約が現在の主要な問題である。しかしながら，対象となるグループの人々に対する公共支出の一部を，現金給付からサービス供給へと転換することは可能である。社会サービス・コミュニティケアサービスへの需要を個人や家族が個人支払い方式で充足するという傾向が生まれたこと，また，現在のインフォーマルなサービス供給のあり方に変化が生まれたことにしても，消費者に有利な税控除やコストを部分的に賄うバウチャー支給を通じてサービスコストが削減されれば，もっと促進されるだろう。バウチャーの総額は，再分配の構成要素となるサービスや受益者が真に求めるニーズしだいで違ってくる。

　第3にもう1つ重要な政策は，明確な外部契約規定と準市場化戦略である。もし，社会的企業の特性を認識し，社会的企業が生産するサービスが再分配の構成要素となることを認識すれば，外部契約方式や準市場化もより効果的になる。これは，特有の資源混合に依拠しながら，地域で活動するという社会的企業がもっている側面を認識することを含意している。強固な信頼とコミュニティとの関係性が存在するところでは，その維持が外部契約方式と準市場化に必要である。もし，それが存在しなければ，それを創造する努力も必要である。また，効率性の達成のためには，競争が重要である。しかし競争は，既存のネットワーク関係の維持・発展を保障するものでなければならない。また，このネットワーク関係があればこそ，信頼と社会的資本が創造され，柔軟性と低生産コストの維持に役立つ人的な資源混合も創造される。社会サービス・コミュニティケアサービスの供給をめぐって，競争の程度を小さくするためには，地域で活動するという側面を外部契約手続きに適用することができるだろう。さらに，寄付とボランティアを惹きつけることができ，みずからの組織に利用者を参加させることもできる社会的企業には，特別の信用も付与されるだろう。したがって，このような競争ルールの変更提案は，社会サービス・コミュニ

ティケアサービス生産における市場の失敗——行政が需要管理を完全に行っていたとはいえ——や，直接的，自律的にコミュニティ福祉に貢献する社会的企業およびサードセクター組織の力量によって生まれてくるものである。

ところで，社会政策のある種特別の変更も，労働市場への統合型社会的企業の発展を支援するにあたって重要である。最初の政策変更は，社会的弱者の長期失業に対する雇用政策と，社会サービス・コミュニティケアサービス供給の増加政策とを明確に区別したことである。長期失業者への雇用助成金は，生産される財やサービスに関係なく，低生産性を埋め合わせるための労働コスト削減として設計されるならば，より効果的に機能するだろう。雇用助成金の交付期間をいくらか柔軟化することも，それがより多くの社会的弱者に適用されるならば，この種の失業者のより完全な統合を促進するのに役立つだろう。

労働市場への統合型社会的企業は，それが生産する財やサービスに対する十分な安定的需要が存在すれば，失業者のためにさらに大きく貢献できる。少なくともこの需要の一部は，いわゆる「社会条項」[13]を通じて，地方自治体が保証すべきだろう。社会的企業による長期失業者の雇用は，特別の契約協定を通じても促進できる。一部の公共入札への参加を労働市場への統合型社会的企業に限定する社会条項の可能性については，それが競争を減殺したり，不公正な競争を生み出したりするという理由で批判がある。しかし，その批判は適切ではない。労働市場への統合型社会的企業に用意される需要のシェアは，傾向としては公共需要のごく一部でしかないし，その活動領域についてはたいていの場合，伝統的な企業がほとんど関心をもっていない。同時に，契約協定は，営利企業がご都合主義的な行動によって参入するのを阻止するほど十分なものにはなっていない[14]。もちろん，契約協定は公式には社会条項を遵守するもの

---

13) 社会条項とは，一定割合で社会的弱者を雇用する努力を地方自治体が企業に要請する，特別の契約要件である。

14) 社会的企業はしばしば，行政にとってコストのかからない契約者とみなされる。スタインバーグが次のように述べている。「非営利組織には，入札で一定の優先権を受け取る資格がある。というのは，非営利組織は，営利企業との契約を強制されるわけではない行政に対して，ご都合主義的な行動を減らし，契約をめぐる交渉・監視・実施という取引費用を減らすことによって，利益を提供するからである」(Steinberg

である。しかし入札に勝ったあとで，雇用された社会的弱者の解雇も可能である。

　最後に，社会的企業の発展は，以下のような目的をもつ，一連の供給サイド政策によっても促進される。その目的とは，① 社会的企業の企業家的行動を強化すること，② 社会的企業の人的資源の管理技術を高めること，③ 第2次・第3次レベルの連合組織をすすんで創出し，さらに，新しい自律的組織を分離新設する性向を拡大すること，である。社会的企業への立ち上げ支援策は，民間資源と地域資源の統合を目的として設立される新しい社会的企業の発展に対する資金提供という形態をとるべきである。それは，営利企業についてすでに試されてきた成功モデルでもある。

　将来，社会サービス，対人サービス，文化サービス，環境サービス，コミュニティケアサービス等々からなる一大サービスセクターがどう発展するか，それは，これまで以上に公共支出に，さらには民間の需要と供給の相互作用にかかってくるだろう。それでもやはり，社会サービス・コミュニティケアサービスセクターに含まれる活動のほとんどについては，市場ルールだけに依拠して取引ができるわけではない。準市場化が実行されたところでは，公共支出の目に見える削減がなかったにもかかわらず，サービスの質の低下をしばしば引き起こしてきた。

　このセクターの発展を促進する別の方法として，新しい組織の強化がある。新しい組織は，民間の活動と社会的共通財 (collective goods) の生産を結合させ，さらに，生産的活動と再分配機能を組み合わせることができる。したがって，ヨーロッパの経済には，サードセクターを構成する諸組織と類似しつつも，同時に，より企業家的であるような新しい組織形態が必要である。社会的企業こそ，そのような新しい組織形態の1例である。本書に集約された研究が示すとおり，社会的企業は，現に存在し，実際に発展できるのである。社会的企業がさらに発展できるかどうかは，かなりの程度で，ヨーロッパ諸国の政府の決断にかかっている。すなわち，多かれ少なかれ準市場化政策にもっぱら依拠するのか，準市場化政策と新しい組織形態拡大の促進戦略とを結合させようと決

1997 : 176)。

断するのか，というヨーロッパ諸国の政府による選択である[15]。後者の方向性は実際に可能であり，おそらくより有望な政策である——本書が提示したのは，まさにこの点である。

参考文献

BORZAGA, C. (ed.) (2000) *Capitale umano e qualità del lavoro nei servizi sociali. Un'analisi comparata tra modelli di gestione*, Fondazione Italiana per il Volontariato, Roma.

DEFOURNY, J., FAVREAU, L. and LAVILLE, J.-L. (eds) (1998) *Insertion et nouvelle économie sociale. Un bilan international*, Desclée de Brouwer, Paris.

European Commission (1998) *Employment Performance in the Member States*, Employment Rates Report 1998, Office for Official Publications of the European Communities, Luxembourg.

HANSMANN, H.B. (1996) *The Ownership of Enterprise*, The Belknap Press of Harvard University Press, Cambridge, MA.

OECD (1999) *Social Enterprises*, OECD, Paris.

—— (1996) *Reconciling Economy and Society: Toward a Plural Economy*, OECD, Paris.

SEIBEL, W. (1990) 'Organizational Behavior and Organizational Function: Toward a Micro-Macro Theory of the Third Sector', in ANHEIER, H.K. and SEIBEL, W. (eds) *The Third Sector: Comparative Studies of Nonprofit Organizations*, de Gruyter, Berlin, 107–21.

STEINBERG, R. (1997) 'Competition in Contracted Markets', in PERRI, 6 and KENDALL, J. (eds) *The Contract Culture in Public Services*, Ashgate, London, 161–80.

YOUNG, R. (1999) 'Prospecting for New Jobs to Combat Social Exclusion: the Example of Home-Care Services', *European Urban and Regional Studies*, 6, 2: 99–113.

---

15) こうした多元的な文脈を分析するために，OECD（1996）を参照。

| **解題** | サードセクターの動態と社会的企業(ソーシャルエンタープライズ) |

内山　哲朗

1　タイトルをめぐって

　本邦訳書『社会的企業(ソーシャルエンタープライズ)―雇用・福祉のEUサードセクター―』は，Carlo Borzaga, Jacques Defourny (eds.) *The Emergence of Social Enterprise*, Routledge, 2001. の全訳である。「雇用・福祉のEUサードセクター」というサブタイトルは，本書の内容をより的確に表現するために訳者が独自に付け加えたものである。

　はじめに，「社会的企業(ソーシャルエンタープライズ)」という邦訳書のタイトルについて，その選択の経過概略をあらかじめ述べておく必要があるだろう。というのも，翻訳を進めるにあたって social enterprise に「社会的企業」という訳語を当てながら，邦訳書タイトルとしては「ソーシャルエンタープライズ」と「社会的企業」を併記する表記にしているからである。「サードセクター」[1]を背景とするヨーロッパにおける「ソーシャルエンタープライズ」に関する議論は，わが国でもすでに部分的に紹介されており，「社会的企業」という訳語をもって「ソーシャルエンタープライズ」との対応がある程度定着しているといっていいのかもしれない。本書についても，近年の研究のなかで「社会的企業」という訳語ととも

---

1) 日本型「第3セクター」と区別するため，the third sector は「サードセクター」とカタカナ表記のままにした。日本型「第3セクター」概念の用法上の特異性については，富沢 [1999] 23-24 頁を参照。

にすでにしばしば言及されている[2]。しかしながら,「ソーシャルエンタープライズ」が従来のサードセクター組織（社会的経済組織,非営利組織）のあり方を超える新しいあり方としての起業組織 (initiatives) であり,同時に,本書が,ヨーロッパの「ソーシャルエンタープライズ」に関する包括的研究の嚆矢として位置づけられるとすれば,その翻訳出版にあたって「社会的企業」という訳語にもさらに再検討の余地があるのではないかと私たち訳者3人は考えたのである。

ところで私たちは数年前, J. Defourny and L. Monzon Campos (eds.) *Économie sociale : Entre économie capitaliste et économie publique ; The Third Sector : Cooperative, Mutual and Nonprofit Organizations*, De Boeck, 1992.（富沢賢治他訳『社会的経済—近未来の社会経済システム—』日本経済評論社,1995年）の翻訳出版に参加した。その際にも, économie sociale, social economy の sociale あるいは social を日本語にどう表現するかをめぐって議論を重ねた経験がある[3]。そこでの議論の焦点もまた「社会」あるいは「社会的」をめぐってであった。そもそも,日本語でいう「社会的」という言葉には多義的な意味が含まれ,使われる文脈しだいで多様な意味をもたされる。私たち日本人にとってはどうやら,ヨーロッパでいうところの「社会」「社会的」という語が鬼門の1つなのかもしれない[4]。そうだとすれば,はたして「社会的企業」という言葉によって本書の内容を一般的な共通イメージとして伝えきれるのか,

---

2) 管見のかぎりでは,本書への言及を含む著作・論文・報告等に以下のものがある。生協総合研究所編 [2002], 田畑他編 [2003], 宮本 [2003]。そこでは,訳語として「社会的企業」を使用する点で共通している。

3) 『社会的経済』の刊行以降,「社会的経済」という語が一定の了解を得られるものとして使用されるようになっていると思われる。とはいえ,『社会的経済』の翻訳時に翻訳者グループのなかでも検討された訳語候補——「社会的経済」「社会経済」「エコノミーソシアル」「ソーシャルエコノミー」——が「社会的経済」に一本化されているわけではなく,使用者によっては「社会経済」が使われるケースも散見される（たとえば, 神野 [2002], 佐藤慶幸 [2003]）。

4) social, sozial に関して,たとえば,田中 [1996] 258頁,今村 [2000] 12-48頁,を参照。

という疑問がやはりぬぐい切れなかったのである。

とはいえ，ある言葉の意味が特定の専門領域を超えて，一般読者をも含む共通のものとして了解されるためには，辞書的な用例にあらためて立ち戻ってみることも必要であろう。本書のように，「サードセクター」「ソーシャルエンタープライズ」というきわめて実践的なテーマを扱う場合，当該の実践に携わる人々と研究対象としてそれを取り上げる研究者との間に共通の理解と了解を創り出すことは殊のほか重要な手続きである。こうした観点から辞書的な用例を確認してみると，「社会的」とは「社会に密接な関係をもつさま。また，社会性があるさま」を意味する。その「社会性」とは「① 集団をつくり，他人とかかわりながら生活しようとする人間の本来的な性質。また，他人とのかかわりなど，社会生活を重視する傾向。② 社会生活・社会問題などと密接な関係をもっている傾向」をさす[5]。だとすれば，「社会のなかから生起し，社会性（社会生活・社会問題と密接な関係を結ぶ傾向）をもった新しい企業のあり方」を表現するものとして，「ソーシャルエンタープライズ」を「社会性企業」と表記するのも1つの方法かもしれない，との議論に行き着いた。本書が分析の対象とした「社会的目的をもった企業・会社・協同組合・アソシエーション」すなわち「ソーシャルエンタープライズ」に掲げられる社会的な目的が現下のもっとも重要な社会問題（雇用と福祉）の解決をさし，非営利経済事業を手段として社会問題の解決を試みる事業組織であるがゆえに，「ソーシャルエンタープライズ」を「社会性企業」と表記することにそれほど大きな違和感が生じることもないかもしれない。

このように考えてみると，「エコノミーソシアル」「ソーシャルエコノミー」も同様に，「社会のなかから生起し，社会性（社会生活・社会問題と密接な関係を結ぶ傾向）をもった新しい経済領域のあり方」という意味で「社会性経済」と表現するのもあながち誤りだとはいえないであろう。ただし，「エコノミーソシアル」「ソーシャルエコノミー」が「社会的経済」という用語・概念としてある程度定着していると判断するならば，「ソーシャルエンタープライズ」を「社会性企業」と邦訳することは，「エコノミーソシアル」「ソーシャル

---

5) 北原保雄編『明鏡国語辞典』（大修館書店，2002年）731頁。

エコノミー」と「ソーシャルエンタープライズ」との実態的な相関関係——「ソーシャルエンタープライズ」が従来型の「社会的経済」を超える存在としての起業組織だとしても——を考慮するとき，日本語表記としては齟齬をきたすことになるのは避けられない。したがって，「ソーシャルエンタープライズ」に対して「社会性企業」という表記を採用するとしても，それは，「社会的経済」という訳語をも含めた「サードセクター」論の基本的な理解にかかわる基軸概念の適切な表現・用語を求めて，「サードセクター」をめぐる総体的な表記検討という枠組みのなかで試みることが不可欠である。

以上に述べたような事情から，本書の翻訳にあたっては，「社会的経済・社会的企業」という訳語にさしあたりは依拠しつつ，同時に，今後の検討しだいでは，「社会的経済」および「社会的企業」の表記変更もありうるであろうことに配慮して，邦訳書タイトルを「ソーシャルエンタープライズ」と「社会的企業」を併記する表記にすることでその可能性を残したのである[6]。

ところで，「社会のなかから生起し，社会性（社会生活・社会問題と密接な関係を結ぶ傾向）をもった新しい企業のあり方」，「社会のなかから生起し，社会性（社会生活・社会問題と密接な関係を結ぶ傾向）をもった新しい経済領域のあり方」という際，あらためていうまでもなく，ここでの「社会」とは「市民社会」[7]に他ならない。その「社会」という領域が「世間」[8]という性格に枠づけられてきたわが国にも，NPOという言葉が日常的に使用されるような状況が生まれ，漸くにして「市民社会」が育ち始めたといわれるようになった。ヨーロッパでいう「社会的なもの・社会的なこと le social, the social」がわが国では必ずしも明確に意識され醸成されてはこなかったのがこれまでであったと

---

[6] ソーシャルエンタープライズを「社会企業」と訳したものに，田畑他編［2003］がある。

[7] 蛇足ながら，この「市民社会」がヘーゲルに起源をもった「市民社会」概念とは異なることはいうまでもない。

[8] 阿部［1995］［2001］を参照。今後の課題としていえば，一方での「市民社会」の台頭と，他方での伝統的な「世間」という社会意識・感覚・規範としての根強さがどのように接点をもちうるのか，日本社会の行く末をどう描くかにあたって不可欠の論点として浮上してくるであろう。

しても，昨今の非営利・協同セクターの動向をみれば，そこに宿っている「社会」発展の芽を摑み取ることは決して不可能ではない。"（総体としての）社会のなかに（市民）社会のない社会"というあり方を超えて，「社会的なもの・社会的なこととしての市民社会」の形成を手がかりとして〈総体としての社会〉のあり方を変更していこうとする市民的な発意（initiatives）は，いまだ脆弱とはいえ，創り出される条件しだいでいっそう多様なかたちで生まれてくるはずである。ヨーロッパにおける「社会的企業：ソーシャルエンタープライズ」の登場を実証的・理論的に提示した本書は，「社会的なもの」を体現しうる経済領域の現代的な重要性を説得的に喚起し，それを将来社会のあり方を探る議論のなかに正当に位置づけようとするものだといってよい[9]。これは，企業の社会的なあり方，総体としての社会の健全なあり方に関心を抱く日本の読者に対して，本書が投げかけている連帯のメッセージでもある。

いささか前置きが長くなってしまった。以下では，サードセクターの現在と未来を規定づけるであろう社会的企業の登場について，それを現時点ではじめて体系的に検討した本書の基本的な論点を可能なかぎり仔細にトレースしておきたい。というのも，著者たちの「同僚」[10]という立場からサードセクターの新しい動向に関心を寄せる私たちにとっても，本書の議論は，サードセクター論の理論的・実証的研究を展開するための共有すべき出発点と位置づけられるからに他ならない。

2　サードセクターの新しい駆動力

本書刊行に先立ち，C. ボルザガとJ. ドゥフルニを中心とする本書の著者たちは，数年間にわたる共同研究プロジェクト（ヨーロッパ社会的企業研究ネットワーク：EMES ネットワーク，1996～99 年）を組織し，その過程において中間報

---

9)　関連して，市場経済を the social を媒辞として分析する必要性を説く佐藤良一編［2003］を参照されたい。
10)　本書「日本語版への序文」。

告と呼びうる研究成果もいくつか提出してきた[11]。「社会的企業」をめぐるこうした共同研究の推進という経過を経て，その研究成果を現時点で集大成したのが本書である。本書は，① 全体にかかわる問題設定と分析のための基礎概念を提示した「緒論」，② EU全15ヵ国における社会的企業の動向を事例分析として提示した「各国篇」，③ 社会的企業の固有の理論を構築するための「理論篇」，④ 以上を全体として踏まえ，社会的企業の生成過程・各国別の相違・今後の発展の展望等々を総括する「結論」という4つの構成部分から成っている。

さて，本書に結実した共同研究プロジェクトにおける問題意識は何であったか。端的にいえば，ヨーロッパ福祉国家体制の衰退のもとで，ポスト福祉国家において重要な役割を果たすと目されるサードセクターのなかから新しい駆動力——「社会的企業家活動（social entrepreneurship）」[12]とその担い手としての

---

[11] EMESによる研究の初発段階で，CECOP (European Commiteee of Workers' Co-operatives)・ISSAN (Istituto Studi Sviluppo Aziende non Profit)・CGM (National Consortium of Social Co-operatives) という3つの研究機関の共催による「第1回社会的協同組合ヨーロッパ集会」に提出された論文集『社会的企業という機会：社会的排除および失業と闘うヨーロッパ (Social enterprises: on opportunity for Europe, Combatting exclusion and unemployment, 1996)』が生協総合研究所編 [1998] として翻訳・紹介されている。また，EMESによる研究の進行過程で提出された研究成果の1つに，Borzaga, C. and Santuari, A. [1998] がある。協同総合研究所 [1999a] [1999b] がそれを取り上げて検討している。

[12] entrepreneurshipという言葉にはわが国では「企業家精神」という訳語が一般的に当てられてきた。とはいえ，entrepreneurshipはもともと「企業家であること」「企業家としての活動」を意味するものであり，the entrepreneurial spirit「企業家精神」とは区別される。この点についてはすでに先行の研究でも指摘されているところである。たとえば，J. A. シュンペーター [1998]（清成忠男編訳）によれば，「entrepreneurshipはしばしば『企業家精神』と訳されているが，正確には精神をも含めた企業家の全体的な行動を指しているので，本書では『企業家活動』と訳した。企業家精神に相当する言葉は，entrepreneurial spirit である。欧米の多くの研究者は，entrepreneurshipとentrepreneurial spiritを使い分けている」(ii-iii 頁)。そこで，本邦訳書でもentrepreneurshipには「企業家活動」という訳語を採用した。したがって，social en-

「社会経済的な起業組織（socio-economic initiatives）」——が生起・勃興していること，そして，新しい駆動力・起業組織を「社会的企業」と規定するとすれば，従来のサードセクター研究との関連においてそれをどう把握するか，また，現在から未来に向けての経済・社会の総体的なあり方との関連におけるサードセクターの将来像，それを条件づけるであろう新しい駆動力としての社会的企業発展の展望をどう見出すか，こうした問題意識が共通の基盤となっていた。そして，「社会的企業家活動」とその担い手としての「社会経済的な起業組織」というサードセクターの新しい駆動力を，体系的な視野をもって把握するために，それゆえに共同研究ネットワークの形成というEU各国からの研究資源の集積という方法に基づいて，実証的・理論的に把握する試みであった。

換言すれば，本書は，サードセクターの新しい駆動力である「社会的企業」という認識枠組みを基軸として「サードセクターの再発見」および「サードセクターの再構成」を現実感応的に提示しようとした点で，サードセクター再編論の嚆矢としての位置に立つものだといってよい。すなわち，1970年代になってやっと明確にセクター論として意識されるようになった「第一義的には利潤を追求せず，公的セクターを構成することもない企業と組織のほとんどを包含する」サードセクターを，社会的企業という新しいコンセプトを駆使しながらいま一度再定義し，もって現在から将来への経済と社会の転換プロセスにおける不可欠の構成部分として位置づけようと挑戦する清新で意欲的な研究であった。

3 サードセクターへの既存アプローチ

著者たちも述べているように，また，サードセクター研究においてはすでに周知のように，サードセクターの分析枠組みとして非営利セクターアプローチと社会的経済アプローチという2つがある。この2つのアプローチは，それぞれに特有の歴史的な事情から生まれてきたものであった。著者たちはみずから

---

trepreneurshipは「社会的企業家活動」ということになる。

の立脚点であった社会的経済アプローチを継承しながら，2つのアプローチの特徴・類似点・相違点を確認しつつ両者に共通の限界を指摘している。それを整理したのが図表1である。この限界の認識を明確にしたうえで，サードセクター組織をめぐる近年の動向を動態的に把握するための新しい視角として社会的企業アプローチを位置づけようというのが著者たちの基本的な立場である。

　ここでとくに重要な点が2つある。第1は，2つのアプローチの違いにことさらこだわってサードセクターを総体として把握することを妨げるのではなく，類似点・共通点に依拠しながら両アプローチを統合する必要性である。これまでのサードセクター研究においては，〈ヨーロッパ型の理解：サードセクター＝社会的経済〉〈アメリカ型の理解：サードセクター＝非営利セクター〉という区分が支配的であった。そのような理解を相対化するために，両者を統合する努力が両アプローチを交差させつつ十分意識的になされてきたかといえば，残念ながらそうとは言い難い。両者の相違点としてあげられる，(1)目的規定，(2)組織の統制，(3)利潤の処分法のうち，両アプローチを最終的に分岐させるのは利潤の処分法という最後の点にある。とくに，「利潤の非分配制約」に基づいて，さしあたり共益組織とみなされている協同組合等をサードセクターの分類から排除する非営利セクターアプローチに対して，著者たちが，「共益組織へのメンバーとしての加入が『門戸解放』原則に基づくときには，共益組織と公的組織の相違も小さくなる」[13]し，また，「剰余分配に関する第3の概念上の相違点も，過大評価されるべきではない。というのは，協同組合や共済団体では何らかの利潤分配がなされるとしても，対内的にも対外的にも一定の規

[13) これまでの研究では，共益組織を公益の担い手としては位置づけない，という理解が主流を占めてきたと考えられる。しかしながら，「門戸開放」原則の問題に加えて，たとえば共益組織とされる協同組合が世界各地でなぜ発生してきたのかについての歴史的生成過程に目を向けてみるならば，公益として満たされるべきニーズが公益のかたちでは満たされてこなかったことに協同組合発生のそもそもの原点があったことを確認する必要がある。後にまた触れることになるけれども，他ならぬ社会的企業も公益的性格をもったニーズを充足する担い手として，ある意味では協同組合と同様の経過をたどって徐々に社会的な認知を得るようになったのである。その意味では，共益組織を公益の担い手から除外する論理構成には検討の余地が残されていると思われる。

図表1　サードセクター組織への既存アプローチ

論点	概　要	
	社会的経済アプローチ	非営利セクターアプローチ
特徴	(1)法制度アプローチ：サードセクターを構成する主要な組織の規定 　①協同組合 　②共済団体 　③アソシエーション（非営利組織） (2)規範的アプローチ：組織の原則規定 　①利潤よりメンバーおよびコミュニティへの貢献を目的とする 　②管理の自律性 　③意思決定過程の民主性 　④所得分配における，資本に対する人間と労働の優越性	(1)基軸規定：税法上の利潤非分配制約 (2)組織の特質規定 　①ある程度制度化された公式の組織――一般的には，法人であることが前提となる――であること 　②政府とも，行政が運営する組織とも別個の，民間組織であること 　③みずからの規則と意思決定機関をもった，自己統治する組織であること 　④組織の会員や理事にも，組織の「所有者」にも利潤を分配できない組織であること 　⑤時間の点でも（ボランティア），資金の点でも（寄付），ある程度自発的な貢献に基づく組織でなければならない。そして，会員による自由で自発的な加入によって設立される組織でなければならない
類似点	(1)2つのアプローチはともに，①公式の組織，②民間組織，③自己統治あるいは自立的管理，④自発的な組織という諸規定をもってサードセクター組織を把握する。 (2)2つのアプローチはともに，収入の源泉よりもむしろ，組織のあり方・基本的構造およびそのための規則によってサードセクター組織を規定する。	
相違点	(1)目的規定：社会的経済アプローチにおける利潤目的の否定，非営利セクターアプローチにおける非分配を条件とするかぎりでの利潤極大化の可能性 (2)組織の統制：社会的経済アプローチにおけるメンバーによる民主的意思決定の規定，非営利セクターアプローチにおける会計および管理業務のあり方とメンバーによる民主的統治（社会的経済にいう1人1票制）との関係の不分明性 (3)利潤の処分法：社会的経済アプローチにおける制限つきの利潤分配，非営利セクターアプローチにおける利潤非分配制約	
共通の限界	(1)2つのアプローチはともに，広い領域における多様な組織を包含するための最広義の一般的な規定にとどまり，部分的にしか当てはまらない境界領域にある組織の性格等を概略的にしか説明できない。 (2)最広義の一般的な規定にとどまるがゆえに，2つのアプローチはともに静態的な方法にとどまる。とくに，企業家的活動に従事する新しい社会的起業組織の動向をサードセクター論として動態的に把握することができない。	

(注)　邦訳7-18頁他を参照して作成。

則によって制限されるからである」，さらに「可能な剰余を生み出すことは……サービス供給あるいはサービスの質的向上の結果であるに過ぎず，活動の背景をなす主要なモチベーションではない」と述べて，協同組合等を排除しないことを強調する点は，サードセクターを統合的に理解する必要性からみて十分に首肯しうるところである。

　第2に重要な点は，いずれにせよ既存の2つのアプローチには非営利に基づく起業組織たる社会的企業の登場という新しい活力をとらえきれないという決定的な共通の限界があり，「サードセクターの再発見」という視角からその限界を超えるような動態的なアプローチが要請されるという点である。ここで共通の限界とは，①「非営利セクターと社会的経済はともに，広い領域に存在する多様な役割をもった諸組織を包含する，非常に一般的な概念であ」り，②したがって，「その描写能力を超えるところでは，サードセクターに関連する要因がもっている根底的な活力の把握にはあまり有効ではな」く，社会的なニーズを「企業家活動」を通じて充足しようと試みる新しい活力としての社会的企業をサードセクターに内在的に位置づけることができない，という弱点である。その弱点を克服するためには，サードセクターの現代的な動態，すなわち社会的企業に焦点を当て，「起こったことの分析」より「起こるかもしれない発展の研究」という視角に立って，伝統的なサードセクターアプローチを超えて企業家的視点からサードセクターを再発見する作業が不可欠だというわけである。

　したがって，「多くの社会的企業は，協同組合の要素と非営利組織の要素とを結合させている」ことからすれば，「伝統的なNPOアプローチは社会的企業研究の最良の出発点ではない」。それに対して，「社会的経済という概念は，社会的企業を包含することが可能である」。といって，サードセクターにおける新しい駆動力たる社会的企業を説明するのに伝統的な社会的経済の継承だけで十分であるというわけでもない。それゆえにこそ，「社会的企業にアプローチする適切な概念的枠組みを研究するにあたり，非営利セクターと社会的経済という2つの概念の枠内に」拘束されることのない新しいアプローチが必要なのである。そこから，サードセクターの新しい駆動力を表現するものと位置づけられる「社会的企業は，非営利セクターあるいは社会的経済のまったく新しい

展開であり」，したがって「非営利セクターと社会的経済という2つの概念を超える分析がふさわしい」という点がとりわけ強調されることになる。

以上のように，① 社会的経済アプローチおよび非営利セクターアプローチを統合していく必要性，② 社会的企業アプローチによってサードセクターを動態的に把握する必要性という2点を踏まえていえば，社会的企業という新しい事象が登場してきたこと，そして，それを捕捉できない2つの既存アプローチにおける共通の限界はむしろ，サードセクター論の新たな方法的展開を図るための決定的な契機になると予測することができる。一方で，社会的経済に組合員の範囲を越える機能への展開が求められ，もう一方で事業型NPOの展開に目が向けられるようになっている現在の状況であってみれば，両者の新たな発展を最終的に収斂させていくようなサードセクター論の再構成はなおのこと重要な意味をもっているのである。

4 「社会的」「企業家活動」としての社会的企業

上述のような方法にかかわる基本的な考察を前提として，非営利セクターおよび社会的経済のまったく新しい展開として位置づけられる社会的企業の基本規定が導かれる。それは，「社会的」「企業家活動」の内容（図表2）およびその担い手としての「社会経済的な起業組織」すなわち社会的企業であるための基本要素（図表3）で構成される。

以上は，社会的企業の試論的定義である。要約的にいえば，社会的企業とは，社会的目的と経済的目的の統合，あるいは，社会的目的を実現するための経済事業を担う企業家活動（社会的企業家活動）[14]であると整理できる。ここで注意する必要があるのは，「企業家活動」といえば営利活動と短絡する傾向があることである。これは，「経済」といえば貨殖経済と短絡するのと同質の問題

---

14) これは，「非営利の企業家活動 (non-profit entrepreneurship)」あるいは「共同の企業家活動，コミュニティのための企業家活動 (collective or community entrepreneurship)」（OECD [1999] p. 7）と言い換えることもできる。

図表2　社会的企業家活動

「社会的」「企業家活動」の基本要素		
「社会的」という属性	①目的規定	「利潤を生み出すことより，メンバーやコミュニティに貢献する」ことを活動基準として重視する。生み出された剰余は「社会化」されるべきである。
	②非営利資源	公的資金，ボランタリー資源を積極的に活用する。
	③組織方法	自律的・自立的な意思決定過程へのマルチステークホルダーの参加型活力を引き出す。
「社会的」属性を有する「企業家活動」	①新しい生産物の提供	伝統的民間セクターや政府セクターでは提供できないニーズへ対応する（労働市場への統合型社会的企業と社会サービスの供給型社会的企業）。
	②組織と生産の新しい方法	異質なパートナー・マルチステークホルダー構造（従業員，ボランティア，サービス利用者，支援組織，地方自治体等）に依拠する。
	③新しい生産要素	ボランティア・寄付・社会関係資源等の非営利資源を活用する。有償労働者とボランティアを混合する。
	④新しい市場関係	公的セクターとサードセクターとの「契約」関係に立つ。
	⑤新しい企業形態	社会的企業のための多様な法人形態 「社会的協同組合法」（イタリア，1991年） 「社会的目的をもった会社法」（ベルギー，1995年） 「社会的連帯協同組合法」（ポルトガル，1998年） 「有限責任社会的協同組合法」（ギリシャ，1999年） 「社会的共通益のための協同組合法」（フランス，2002年） 「コミュニティのための企業法（案）」（イギリス） 「社会的な起業組織法（案）」（フィンランド）

（注）邦訳18-26頁他を参照して作成。

である。そうではなく，〈非営利経済活動〉〈非営利の企業家活動〉の固有の役割を社会的企業というコンセプトで位置づける——その点にこそ，本書の主張の先駆性があるというべきであろう。

　著者たちはこの定義に依拠して，「① 社会的企業の特徴，② 社会的企業の貢献，③ 社会的企業の将来展望」という3つの中心問題を立て，それに沿うかたちでEU各国における社会的企業の広がりを分析した。その結果，各国の社会経済事情，サードセクターの発達事情等々の違いにも規定されて，社会的企業の試論的定義における「基準の達成程度」については国ごとにさまざまな

図表3　社会的企業の定義

	指標・基準	概　要
社会的指標	①コミュニティへの貢献	コミュニティ・地域レベルでの社会的責任を積極的に果たす。
	②市民による設立	コミュニティ・市民の共同の活力に依拠する。
	③資本所有に依存しない意思決定	資本所有者の重要性は否定しない。しかし，「1株1票」制ではなく，「1人1票」制によって意思決定を行う。
	④影響を受ける人々の参加	顧客代表・ステークホルダーの参加を促進する。経済活動を通じて地域レベルの民主主義を促進する。
	⑤利益分配の制限	部分的なあるいは全面的な利潤への分配制約を置き，利潤極大化行動を抑制する。
経済的基準	①財・サービスの継続性	財の生産・サービスの継続的な供給こそ，社会的企業の第1の存在理由である。
	②高度の自律性	行政からの補助金を活用することもある。しかし，市民による自律的創設に依拠して，他の組織から管理されることはない。
	③経済的リスク	リスクを負うことを想定する。生存可能性はメンバーや労働者たちの努力しだいだと考える。
	④有償労働	貨幣的資源と非貨幣的資源の混合に依拠するとともに，有償労働の一定量を活動継続のために位置づける。

(注) 邦訳26-29頁他を参照して作成。

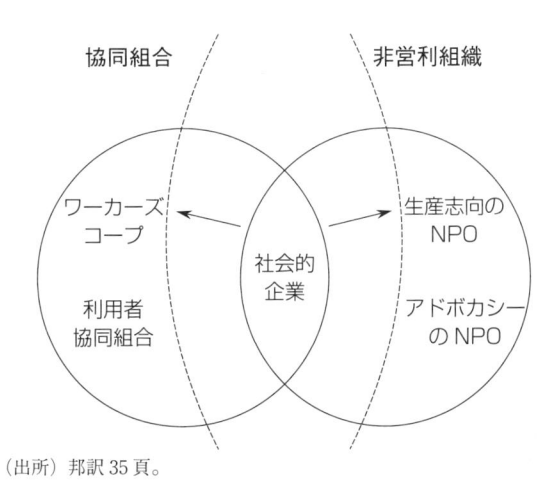

(出所) 邦訳35頁。

図表4　協同組合と非営利組織の交差空間に存在する社会的企業

違いがあるものの，概して，社会的企業と呼びうる起業組織が広い範囲で活動していることが少なくとも確認されることになった。

以上のような試論的定義とそれに基づく各国調査を踏まえ，社会的企業の動向を把握するための動態的な分析視角を提示したのが図表4である。ここには，① サードセクターに関する伝統的な視点をどう活かすか（社会的経済アプローチと非営利セクターアプローチとの統合），② その伝統的な視点を超える視点をどう設定するか（サードセクターの動態的把握），という著者たちの積極的な意図が込められている。そして，この図表の意味するところを整理すれば，次の3点が重要である。第1に，社会的企業が「協同組合と非営利組織という両タイプの組織的特徴を併せもつようになる」にしたがって，両者の交差部分に位置づく社会的企業の社会的な性格もしだいに鮮明になっていくこと，しかし第2に，「真の協同組合であり同時に純粋な非営利組織でもあるような社会的企業はほんのわずかに過ぎない」というように静態的に理解してはならないこと，第3に，社会的企業たりえる組織は，「明らかに新たに創出された組織」のみならず，既存サードセクター組織からの転換をも加えて構成されるようになるのであり，したがって，社会的企業の展開過程は「既存のサードセクター組織を変形していく動態的な過程を示すもの」となっていること，である。

社会的企業の非営利活動性と企業家活動性とを併せて表現することの可能な十分に適切な法人形態が未整備であるという現段階でのヨーロッパの事情を反映して，各国の社会的企業は協同組合とアソシエーション（非営利組織）という2つの法人格を活用するケースがしばしば見受けられる。しかし，上に述べた社会的企業の動態的把握という視点に立つことによって，「アソシエーションがより企業家的な性格をもつことで協同組合の形態に近づいてくるかぎり，逆に，協同組合がその社会的側面を発展させながら非組合員にも利益を及ぼすことでアソシエーションの形態に近づいてくるかぎり，協同組合とアソシエーションは組織形態上，収斂する可能性がある」という点を明確にとらえることができる。その意味で，サードセクターに対する社会的企業アプローチは，理論的には既存サードセクター論のイノベーションであり，実践的にはサードセクターの実在的な姿態転換を促す大きな可能性を与えるものだと考えてよい。

5 EU 社会的企業の動向

　社会的企業についての試論的定義の確認，それに基づいた概括的な調査によるEU各国での社会的企業の存在の確認を経て，各国における典型タイプと考えられる事例を分析したのが本書第Ⅰ部各国分析篇であった。その際，各国それぞれの事例について，「① 社会的企業はどのようなプロセスを通じて創設されたか，② 社会的企業はどのような資源混合に依拠しているか，③ 社会的企業はどのような種類のサービスを供給しているか，④ 社会的企業はどのようなカテゴリーの利用者にそのサービスを供給するか，⑤ 社会的排除と闘う社会的企業はどのような革新的な特徴をもっているか」に中心的な焦点が当てられた。そして，総括的にいえば，「社会的企業は，その程度はさまざまとはいえ，EU諸国全体に広がっている新しい組織形態であ」り，「まだ実験段階で，現実的な存在として十分に確立されているとはいいがたいものの，社会的企業の発展は，ヨーロッパの経済と社会の領域における活力に富んだ革新的な傾向」を示すものと基本的に評価されることになった。

　また，EU15ヵ国での実態調査を通じて，「経済的・社会的発展レベルの相違」「福祉国家および伝統的サードセクターの相違」「法制度上の相違」にかかわって，社会的企業はきわめて多様で不均質な存在であることも確認された（図表5）。しかしながら各国どこでも社会的企業と呼びうる組織が存在しており，その主要な場面としておおよそ2つの社会領域が指摘できるという。第1に，「労働市場から排除された人々を訓練したり，雇用に再統合したりする活動」領域，第2に，「急速に発展している対人サービス」の領域である。この2つの主要領域における社会的企業は，「労働市場への統合型社会的企業」と「社会サービス・コミュニティケアサービスの供給型社会的企業」とそれぞれ呼ばれる。ただし，この2つの領域，すなわち「福祉サービスの供給と，労働市場から排除された人々を雇用に再統合する活動との間に，はっきりとした境界」があるわけではない。というのは，「社会的企業の多様な活動領域を区分することは，いささか恣意的である。実際，社会的企業の多くは，社会サービ

図表5　EU各国における社会的企業の多様性

多様性の要因		多様性の概要
経済的・社会的発展レベルの相違	発展レベル低位国	＊ギリシャ・ポルトガル・90年代初頭までのアイルランド ＊社会サービスがインフォーマルに家族等によって供給される。 ＊例外的に制度化・組織化されたサービスは伝統的慈善組織によって供給される。 ＊社会サービス供給型社会的企業は広がらない。 ＊労働市場への統合型社会的企業は存在する。
	発展レベル高位国	＊社会サービス・コミュニティケアサービスへの需要が大きい。 ＊社会的企業の活動は活発で広がりをもっている。
福祉国家および伝統的サードセクターの相違	福祉普遍主義国 社会サービスの供給・現金給付の保障	＊スウェーデン・デンマーク・フィンランド・準市場化改革前のイギリス ＊社会的企業は，特定領域（サービスの直接供給からの公的セクターの撤退，資金提供者としての役割は残した領域：スウェーデンの保育所，公的なサービス供給が存在しない領域：フィンランドの労働参入協同組合）で発達している。 ＊伝統的サードセクターはアドボカシー活動に従事し，上述の領域には関与しない。
	福祉普遍主義国 現金給付中心の保障	＊ドイツ・オーストリア・フランス・ベルギー・ルクセンブルグ・オランダ・アイルランド ＊公的セクターによる社会サービスの直接供給は限定的である。 ＊家族および伝統的サードセクターが行政からの資金提供に依拠しながら社会サービス・コミュニティケアサービスの供給で大きな役割を果たす。 ＊社会的企業の登場への伝統的サードセクターからの抵抗がみられる（ドイツ）。 ＊社会的企業の発展は複雑で，伝統的サードセクターの存在しない隙間あるいは労働市場への統合のような新しい領域で社会的企業が活動している（フランス・ベルギー）。
	発達していない福祉国家 現金給付に依存	＊イタリア・スペイン・ギリシャ・ポルトガル ＊社会サービス・コミュニティケアサービスは家族およびインフォーマルセクターで供給，伝統的サードセクターも未発達である。 ＊社会的企業は，公的セクターとも伝統的サードセクターとも競合せずに急速に発展し，行政，既存サードセクターや協同組合運動からの支援も得る。 ＊行政は，社会的企業の有効性を積極的に認知して，資金提供の役割を担う。
法制度上の相違	アソシエーション	＊アソシエーションが準企業に匹敵する国やアソシエーションの市場参入を許容する国（フランス・ベルギー）ではアソシエーションの法人形態をとる。
	協同組合	＊アソシエーションが理想的な目的追求中心で，協同組合の設立が容易な国（スウェーデン・フィンランド・イタリア・スペイン）では協同組合の法人形態をとる。
	新しい法律	＊検討が進む新しい法律上の変更によって，アソシエーションと協同組合は組織形態上，収斂していく可能性があり，その際，社会的企業の企業家的行動を強調し，協同組合形態を促進する傾向がみられる。

（注）邦訳476-481頁他に基づいて作成。

スの生産と労働市場への統合活動とを結合させている」からである。換言すれば，この2つの領域を統合するという行動様式こそ，既存サードセクター組織にはなく，社会的企業としてはじめてもちうる活力の源泉だとさえいうべきかもしれない。

このように，EU各国で確認される社会的企業というサードセクターの新しい動向は，既存サードセクター組織を超える活力をもって登場してきている。そして，社会的弱者の労働市場への統合をルートとした社会的統合，社会的ニーズとしての社会サービス・コミュニティケアサービスの供給という点での社会的貢献を確認することもできる。とはいえ，「社会的企業は，社会サービス・コミュニティケアサービス供給のわずかな部分しかまだカバーしておらず，また，社会的弱者のごく一部分しか労働者として雇用していない」という点も冷静に見極めておかねばならない。そのうえで，社会的企業が「目にみえる量としての影響力をもっているわけでは必ずしもない」としても，「社会的企業の貢献は，実際に起こった変化というよりむしろ，起こりうる一般的な傾向を示すもの」だと考えることが重要である。そうであるならば，「福祉制度の転換」「雇用創出」「社会的弱者の社会への統合」「地域開発」「サードセクターの活性化」に関わって多様な社会的貢献（図表6）をなしうる社会的企業をさらに発展させるためには，さしあたりは社会的企業が内部に抱える弱点を克服し，その発展を阻害するさまざまな外部の障壁を徐々に除去していく必要があるであろう（図表7）。

その際，著者たちがとりわけ強調するのは，社会的企業を社会に根づいたものとして定置させるための政策論レベルでの戦略構想を各国政府がもちうるか否かである。「社会的企業の多くはまったく補助金なしで，あるいは補助金を無視して活動を始め，しばらくしてやっと，行政がその活動を認知したに過ぎない」，あるいは，「（社会的企業の）活動の多くは，公的支援がほとんどないかまったくないまま，市民グループが自立的に始めたものである。しかしながら，社会的企業が供給するサービスが公益と認識されて，数年後には，政府や自治体が資金の一部あるいは全部を，この分野の社会的企業の活動に提供するようになってきた」というケースは決して例外的ではない。そうだとすれば，行政の単なる補完物，あるいは，公共政策が不在のために解決の困難な問題に

図表6　社会的企業の貢献

領　　域	貢献の概要
福祉制度の転換	社会的企業は，①再分配機能を果たすことで所得分配をコミュニティの望むかたちへ近づける，②コストのかからない資源・低コスト資源を混合することでコスト抑制に役立つ，③公共政策が認知しないサービスの供給を含め，追加的なサービス供給量を増やす，④マルチステークホルダーによるサービス生産への参加によってサービスと仕事の質の維持・改善に役立つ，といった方法を通じて，福祉制度改革に貢献できる。
雇用創出	社会的企業は，特定カテゴリーの労働者の労働市場への統合活動および社会サービス・コミュニティケアサービスの供給活動を通じて，追加的な雇用・新しい雇用の創出に貢献できる。とくに，財政的制約のもとでも，現金給付からサービス給付およびそのための公的資金提供へと公共支出構成の転換があれば，社会的企業は，サービスの需要・供給双方を発展させることができる。
社会的統合・社会的資本	社会的企業は，社会的弱者の労働市場への統合を通じて社会的統合を促進し，社会的排除と闘う独自の活動を進める。社会的企業は，社会連帯と相互扶助を通じた信頼関係を醸成し，ボランティア活動の促進やマルチステークホルダーの参加による社会問題解決への市民参加を推進する。そうすることでまた，社会的資本の創造に貢献する。
地域開発	社会的企業は，小規模ではあるが地域に根づいた企業として，地域ニーズへの理解，社会的資本の創出，多様な諸資源の最適混合から生まれる効果を通じて，地域開発の1つのアクターとして貢献する。グローバリゼーションの影響のもと，地域開発と地域雇用創出とを結びつける社会的企業は「新しいローカリゼーション」のあり方を生む可能性をもっている。
サードセクターの活性化	社会的企業は，①新しい組織形態や新しいサービスを創出したり，新しいニーズを掘り起こしたりする際のイノベーション行動，②資源を混合する際のより多様なあり方に依拠する能力，③とくに，新しい活動を立ち上げる際のリスクを背負う強い構えを通じて，サードセクターの伝統的なあり方を革新し，活性化する。すなわち，社会的企業は，生産的で企業家的な非営利組織として，市場の外部でもなく，資源配分の公的システムの外部でもない，双方の領域における社会的な存在として自己を主張する。

(注)　邦訳481-491頁他に基づいて作成。

図表7　社会的企業の弱点と障壁

	内部の弱点		外部の障壁
組織上の脆弱性	＊社会的企業が社会・経済システムで果たす役割，とくに社会的企業の多元的な目的をマネージする能力が社会に十分知られていない。 ＊それゆえ，社会的企業としての適切なマネジメント戦略が採れず，組織上の脆弱性が生まれる。	営利企業の有効性という信念	＊公共政策と営利企業との連繋こそ社会問題を効率的に解決するという信念が流布している。 ＊それゆえ，社会的企業の「新しい企業形態」としての潜在的な可能性が過小評価される。
		社会・労働政策との関係における首尾一貫性の欠如	＊社会サービス・コミュニティケアサービスをめぐる直接的な補助金と外部契約化とを混合するあり方が首尾一貫していない。とくに，外部契約方式の場合，社会的企業の特有の性格が考慮されなくなる。 ＊それゆえ，営利企業等の大規模企業に押されて，社会的企業の活動環境が不安定になる。 ＊雇用補助金等の労働政策がしばしば硬直的である。 ＊それゆえ，労働市場への統合型社会的企業が雇用補助金の活用にあたって柔軟な活用が難しい。
既存組織への同形化傾向	＊適切な法人格が不備のため，既存法人格に依拠する。 ＊それゆえ，既存組織と同形化する傾向があり，社会的企業としての独自の革新性を発展させることが難しくなる。		
統治コスト	＊マルチステークホルダーの参加を重視するため，その統治には大きなコストを要する。 ＊それゆえ，ステークホルダー間に利害対立が発生すると，ステークホルダーの参加という利点が一転して不効率の大きな要因となる。	適合的な法人形態の不備	＊社会的企業に適合的な法人形態が欠如しているため，社会的企業の再生産が限界づけられる。 ＊それゆえ，入札への参入可能性，パートナーシップ関係の可能性，人的・財政的資源の発展可能性に制約が生まれ，社会的企業としての活動それ自体が制約されることがある。
発展規模の限界	＊社会的企業には企業規模に発展の限界がある。 ＊それゆえ，大きな課題に首尾よく対応できず，地域を越えた評判を高めることができない場合がある。	政策へのアクセスの欠如	＊新しい企業活動を促進する産業政策や革新的な社会サービスのための公的資金へのアクセスが不十分である。 ＊それゆえ，社会的企業の発展が阻害される場合がある。

(注) 邦訳491-495頁に基づいて作成。

のみ役立つに過ぎない例外的な解決策として社会的企業をみるのではなく，社会的企業の役割をより積極的に位置づけることを可能とするような公共政策のドラスティックな転換が必要である。

すなわち，「特殊な問題の解決だけを主要な目的とする部分的な関与政策」でしかない行政の「最低限アプローチ」から「社会的企業が果たす役割を考慮して，社会的企業がいっそう自律的に発展するための方法を整え……社会的企業をもっと普遍化する支援策」を具体化するような，行政による「普遍化アプローチ」への転換である。たとえば，社会的企業によるコミュニティへの貢献が「社会的に共通の外部性（collective externalities），すなわち，主要なサービス生産活動と結びついた社会的共通益（collective benefits）の明確な増進」にあると考えるならば，その貢献には公的支援の正当な根拠があると正面からの評価を付与する姿勢である。いうならば，〈「上から」与えられる市民にとってはよそよそしい公共性〉を超えて，市民の自律的関与と行政による正当な支援で成り立つであろう〈新しい市民的公共性〉を創出するという市民社会のあり方論ともつながっていく発想である。

そのためにも，① 社会的企業の組織上の脆弱性を除去するための法的認知政策，② 社会的企業に対する新しい需要の発生と社会的企業による供給の展開を支援しうるような柔軟な財政政策，③ 外部契約方式と準市場化戦略の実施にあたっての，ボランティアや寄付といった地域の非営利資源を独自に混合しながら活動する社会的企業を明確に認知するような政策選択が当面の必須条件となるであろう。著者たちが，「ヨーロッパの経済には，サードセクターを構成する諸組織と類似しつつも，同時に，より企業家的であるような新しい組織形態が必要である。社会的企業こそ，そのような新しい組織形態の一例である。本書に集約された研究が示すとおり，社会的企業は，現に存在し，実際に発展できるのである。社会的企業がさらに発展できるかどうかは，かなりの程度で，ヨーロッパ諸国の政府の決断にかかっている」と本書の最後に述べて，社会的企業への積極的な政策対応の必要性を強調するのも，しだいにその存在の意義が知られるようになった社会的企業のなしうる公共的で社会的な貢献をさらに普遍化することの重要性ゆえである。

6　社会的企業と「新しい混合経済」

　近年のヨーロッパにおける社会的企業の登場とその後の発展は，集約的にいえば，ヨーロッパ福祉国家の衰退とパラレルな現象だといってよい。各国ごとの細部での相違に関する詳細な分析を捨象して端的にいってしまえば，安定的な経済成長に依拠して成り立つ「福祉国家体制」[15]，すなわち，経済成長・完全雇用・安定財政・ライフサイクル全般をカバーする福祉施策というヨーロッパの戦後世界を主導してきた経済・社会像の綻びが経済成長の構造的停滞による雇用削減と財政悪化，それを背景とする福祉削減となってあらわれてきたといって大過ないだろう。換言すれば，福祉国家の衰退は〈雇用と福祉の衰退〉として象徴的に現象するということである。すでに確認したように，社会的企業の主要な活動領域が雇用弱者の労働市場への統合と社会サービス・コミュニティケアサービスの供給にあり，〈労働市場への統合型社会的企業〉および〈社会サービス・コミュニティケアサービスの供給型社会的企業〉という主要な類型（場合によっては両者の統合）が析出されるのも，社会的企業の登場が福祉国家の衰退現象に符合するものであることを物語っている。本邦訳書に，「雇用・福祉のEUサードセクター」とのサブタイトルを付したゆえんでもある。

　もちろん，社会的企業だけで雇用問題・福祉問題といった「包括的な課題」が解決できるわけではないというのはいうまでもなく冷厳な事実である。しかし同時に，社会的企業がこうした「包括的な課題への主要な回答」にはなりえないとしても，社会的企業には「かなりの程度でその解決に貢献できる能力がある」とみることは必ずしも不当なことではない。そして，問題解決への潜在能力を備えた社会的企業は「社会政策や社会運動の計画的な活動の所産」として生成してきたというより，さしあたりは「市民社会の自発的な活力の結果」

---

[15]　福祉国家論の動向については，さしあたり Esping-Andersen, G. [1990]，岡沢・宮本編 [1997] を参照。

として自生的に創出されてきたという点に留意しておくことがあらためて重要である。要求を重ねてその実現を待つという受動的な姿勢では決してなく，それを超えて生まれてきた雇用問題・福祉問題に対する市民社会からの能動的な取り組みを正当に評価するという立場からいえば，市民社会による自生的な試みが活かされるようなポスト福祉国家の経済像をどう描くかというひとまわり大きな枠組みからする社会的企業の考察へと視野を広げておく必要があるだろう。それは，近年になって登場したばかりの「社会的企業の固有の理論」を彫琢するために必要な前提をなす論点でもある。

そこで最後に，ヨーロッパでの動向を踏まえながら，社会的企業をポスト福祉国家の経済像との関連でどう位置づけるかについて簡単ながら触れておくことにしよう。ポスト福祉国家にふさわしい経済システムのあり方として，民間営利セクター・公的セクター・サードセクターによる3セクター間関係論として描く方法は有力な選択肢である。ヨーロッパ福祉国家の経済体制が混合経済であったことと対応させていえば，サードセクターの役割をビルトインさせたポスト福祉国家の経済体制は「新しい混合経済」と呼ぶことができるだろう。すなわち，「1930年代以降60年代を通じて，ヨーロッパ経済は，2つの主要セクターから構成される混合経済とますますみなされるようになった。この混合経済とは，民間営利セクターと並んで国家の関与と公的セクターが第2の主要な構成要素となる経済のあり方である」という従来型の混合経済に対して，民間営利セクターおよび公的セクターとならんでサードセクターを明示的に位置づける新しい混合経済体制である。

ここで「新しい混合経済」という場合，ただ単に第3の要素としてサードセクターが加えられるという意味にとどまるものではない。その「新しい」という形容にはおよそ3つの意味が込められていると考えることができる。第1は，それまでにも存在したはずのサードセクター組織がシャドウのままに扱われてきたのに対し，新しい混合経済においては，非営利経済とはいえ経済活動全体の有意な構成部分として顕在化されるという意味である。いわばシャドウセクターから認知されたフォーマルセクターへの転化である。それには相応の理由がある。というのは，3セクター間関係論においては，民間営利セクターとも公的セクターとも異なった原理によるサードセクターの活動様式を社会的に認

知するからである。そして，社会的企業というコンセプトの発見とともに明確にされたように，社会的企業が主導するかたちでサードセクターの再構成が進展するとすれば，再構成されていくサードセクターは，市場システムの外部でもなく，また公的セクターの外部でもないところでその自律性・自立性を発揮する「生産的で企業家的な非営利組織」として他の2セクターにおける組織とは明らかに異なった固有の行動様式によってみずからの存在証明を主張するからである。

　第2の「新しい」という意味は，3つのセクターを経済体制の構成上それぞれ対等な存在として位置づけるという点である。たとえば，著者たちが今後の福祉のあり方の展望を「新しい混合型福祉」と呼んで次のように主張するとき，そこには3セクター間の対等関係がおのずと含意されている。「私たちはおそらく，福祉国家から新しい混合型福祉 (a new welfare mix) へと移行する途上にある。そして，新しい混合型福祉では，効率性と公正性という厳正な基準に基づいて，行政，営利的サービス供給者，サードセクター組織それぞれが責任を分担しあうべきなのである」。ここで3セクター間の対等関係というとき，それは，サードセクターを他セクターの「補完物」あるいは「下請け」と位置づけるという未だ残存する傾向から脱却し，3セクターそれぞれを性格づける独自の原理を相互承認することを意味するのであり，そして，相互承認に基づいた対等関係の基礎上でこそ3セクター間の相互補完性も成り立ちうることを意味する。著者たちによるEMESネットワークの進行中に提出されたヨーロッパの社会的企業に関するOECD研究報告書でも指摘されているように，「社会的企業への公的助成政策を再構築する必要（性）」「市場セクターと公的セクターとの（サードセクターによる）パートナーシップを促進する必要性」（図表8, 9）といった課題を実現するためには，3セクター間の対等関係を前提としなければならないというのは絶対的な条件であろう。

　「新しい」に関する第3の意味は，この3セクター間の対等関係の確認ともかかわって，サードセクターと公的セクターとの協同・協働関係が「新しい公共領域」を創出するという点である。先に，「共益組織を公益の担い手から除外する論理構成には検討の余地が残されている」と述べた。しかしながら，社会的経済アプローチで把握されてきたサードセクター組織（協同組合・共済団

図表8 社会的企業の概要

項　目	概　　要
社会的企業をめぐるキーワード	① 各国ごとに異なる多様な法人形態（協同組合・アソシエーション等） ② 企業家的な活動組織 ③ 利潤を分配せず，企業としての社会的目的を達成するための再投資 ④ 民主的参加に依拠する企業組織として，株主よりステークホルダーの重視 ⑤ 経済的目的と社会的目的の保有 ⑥ 経済的イノベーションと社会的イノベーションの追求 ⑦ 市場ルールの監視 ⑧ 経済的な生存能力 ⑨ 高いレベルでの自立的な資金調達と結びついた資金混合構成 　・主要な活動 　・社会的弱者の範疇に入る労働者の，職業訓練を通じた労働市場への再統合 ⑩ 財・サービスの生産（伝統的活動・コミュニティケアサービス・新しい社会的な需要を満たす活動）を通じて満たされないコミュニティのニーズに対応 ⑪ 労働集約型の活動
社会的企業の諸課題	① 広く受け入れられるような社会的企業概念の不在 ② 国内的にも国際的にも，社会的企業に関する統計情報を得ることの難しさ ③ 社会的企業が急速に発展しつつある領域については，まだ調査が始まったばかりであること ④ このような新しいタイプの企業に適合的な法人形態がまだないこと ⑤ 公的な助成政策が曖昧で不安定であり，詳細な精査をもとに，社会的企業への公的助成政策を再構築する必要があること ⑥ 民間セクターと共存するための相互交流がほとんどないこと

（出典）OECD [1999] p. 11.　①②……は引用者による。

体・アソシエーション）および非営利セクターアプローチで把握されてきたサードセクター組織（非営利組織）を社会的企業というかたちで統合・再編するというサードセクターの姿態転換がその姿をしだいに鮮明にし，それが公益の担い手としても社会的に認知され位置づけられていくと予測すれば，そのサードセクターは単に「2つの主要セクター」に付け加えるべき「第3の要素」というにとどまらず，いわば「民間公益セクター」という性格をも獲得することになる。

　このような文脈において，共益組織をも包み込むかたちで成り立つ「民間共益・公益セクター」としてのサードセクターと公的セクターとの文字どおりの対等な協同・協働関係が具体化されるときには，そこに，公的セクターだけで

図表9　社会的企業（サードセクター）の成長

項　目	概　　要
サードセクター成長の背景・状況	①福祉国家の変容 ②特定の活動領域における市場の失敗 ③雇用のための新しいインセンティブ・スキーム，および，経済的活動主体と社会的活動主体との間の協同関係 ④社会サービス・コミュニティサービスへの需要の増加
発展の可能性	①経済的目的と社会的目的の結合を強化することで，サードセクターはこうした新しい状況に対応できる。 ②サードセクターの発展は，それぞれ，法的枠組み（legal system），社会的・経済的状況，各国政府の政策に規定される。
諸問題	①「多元的な経済」の長所と弱点を明確にする必要性 ②市場セクターと公的セクターとのパートナーシップを促進する必要性

（出典）OECD [1999] p. 13.　①②……は，引用者による。

成り立つのではない「新しい公共領域」を創り出していく可能性が胚胎してくるといえるのではないだろうか。その意味で，社会的企業を基軸コンセプトとするサードセクターの再構成は，「民」を構成する「民間共益・公益セクター」として，公的セクターと民間セクターをつなぎながら「新しい公共領域」を創造するための重要な媒介となるといってよい。

　この「新しい公共領域」の創造と社会的企業・サードセクターという点に関連して，福祉国家と福祉社会の関係をどうみるかという問題がある。それ自体大きなテーマとして検討が必要であるとしても，ヨーロッパ社会的企業の経験はこのテーマを考えるヒントを与えるものと思われる。すなわち，社会的企業が福祉国家による資源提供（資金助成等）と市民社会が準備する資源調達（自主財源・ボランティアや寄付という非営利資源・社会的資本と呼ばれる，信頼をその象徴とする社会関係資源）とを混合する固有の経済活動を通じて福祉社会の創造に貢献するのだとすれば，「福祉国家」か「福祉社会」かという二者択一の問題としてではなく，まさに両者を媒介するかたちで新しい福祉社会のあり方を模索するという方向性を提示しているからである。こうしてみると，社会的企業によるサードセクターの再構成およびそのサードセクターと公的セクターの協同・協働による，福祉国家を含み込んで成立する福祉社会というか

たちでポスト福祉国家の社会像を描くことは決して唐突な着想ではない。その内実を埋めていく作業は，今後の重要な研究課題だといえよう[16]。

(2003年7月15日)

［付記1］　邦訳にあたっては，以下の分担で作業を行った。内山哲朗：緒論・結

---

16)　以上のような社会的企業のマクロ的な位置を確認したうえで，独自の企業のあり方として社会的企業のミクロ的な検討を積み重ねていくことが今後必要とされるだろう。「社会的企業の固有の理論」は，その構築に向けた努力がまだ始まったばかりである。本書第Ⅱ部はそのスタートを宣するものだと考えてよい。そこでは，「社会的企業の理論」を構築するために「社会的企業におけるインセンティブ構造」「社会的企業による社会的資本の創造」「社会的企業における所有構造と生産機能」「社会的企業における経営管理者の役割」という4つの論点が検討されている。こうした個別論点に関する立ち入った検討については別の機会に譲りたい。

　ただ，ここで若干付言しておくとすれば，「(通常の) 労働市場への統合をめざす社会的企業」という場合，その「市場観」に検討の余地はないのか（グローバル市場原理主義のアメリカ型資本主義とは相対的に類別される，「抑制された市場経済」の1タイプとしてのヨーロッパ型資本主義を前提するとしても，である），また，公的セクターと民間セクターをつなぐ新しい企業のあり方として社会的企業を積極的に位置づけるならば，その「労働観」は〈本質としての「不安定性」〉が不可避である従来型の雇用労働という概念だけで十分なのか（社会的企業による社会的資本の創出のもつ社会的意義を強調するならば，たとえば「協同型自己雇用」に基づく「協同労働」のように，社会的資本のつなぎ目の役割を果たすであろう〈労働・仕事の新しいあり方〉へのセンシティブな問題意識があってもいいはずである），あるいは，「企業の社会性・社会的責任・企業倫理」といった視点からする営利企業セクターにおいても近年みられるような企業のあり方論とどのように交差させながら社会的企業を評価していくべきなのか，さらに，「福祉のジェンダー化」といわれる現象について本書はほとんどブラインドのままになっているけれども，市場・労働・企業のあり方にかかわる問題のジェンダー視点からのとらえ返しを放置したままでいいのか等々，ポスト福祉国家の経済像・社会像を描いていくなかに社会的企業論の積極的な意義を見出すのだとすれば，それと関連してくるであろう論点もまだ数多く存在すると思われる。もちろん，それだけ，社会的企業論のパースペクティブは広く開かれているということでもある。

論・解題・索引，石塚秀雄：1・2・3・4・5・9・11・12・13・14・16・18章，柳沢敏勝：6・7・8・10・15・17・19章。訳文の一次的な文責がそれぞれにあることは言うまでもないけれども，全編を通じて繰り返し相互調整を重ねて最終的に訳稿を確定した。その意味では，本邦訳書は，3名による共同作業の産物だと私たちは考えている。

なお，訳者3名の海外出張，学内業務，編集担当者の途中交代等々が重なって，最終盤での仕上げのための時間確保に思いのほか手間取ってしまった。そのため，刊行時期も大幅にずれ込むことになり，日本語版の刊行を鶴首されていた著者たちには心よりお詫び申し上げなければならない。また，訳稿完成までの経過を見守りながら，出版を快諾していただいた日本経済評論社の栗原哲也社長，そして，編集業務を担当していただいた宮野芳一氏，中途引継ぎによる編集仕上げ作業に携わっていただいた清達二氏には衷心より御礼申し上げたい。

わが国でも近年，さまざまな領域から，また，さまざまな視点から「社会的企業家精神」「社会的企(起)業家活動」「社会的企業」への関心が広がってきている。本邦訳書の刊行が「新しい経済セクター」研究の発展に寄与できるならば，私たち訳者3名にとっても望外の喜びである。

[付記2] 本邦訳書は，「平成14-17年度日本学術振興会科学研究費補助金基盤研究(A)(2)」に基づく研究成果である。また，解題については，「平成14-15年度専修大学研究助成」による研究の一部である。

(2004年5月15日)

参考文献

阿部謹也［1995］『「世間」とは何か』講談社。
阿部謹也［2001］『学問と「世間」』岩波書店。
今村仁司［2000］『交易する人間―贈与と交換の人間学―』筑摩書房。
岡沢憲芙・宮本太郎編［1997］『比較福祉国家論―揺らぎとオルタナティブ―』法律文化社。
協同総合研究所編［1999a］「特集：欧州における『社会的企業』の勃興」(『協同の発見』第87号)。
協同総合研究所編［1999b］『資料集：欧州ワーカーズコープ最新事情―社会的連帯・就労支援への協同の広がり―』協同総合研究所。
佐藤慶幸［2003］『NPOと市民社会―アソシエーション論の可能性―』有斐閣。

佐藤良一編［2003］『市場経済の神話とその変革―〈社会的なこと〉の復権―』法政大学出版局。

J.A. シュンペーター［1998］（清成忠男編訳）『企業家とは何か』東洋経済新報社。

神野直彦［2002］『人間回復の経済学』岩波書店。

生協総合研究所編［1998］『欧州における非営利・協同組織の新しい展開―「社会的協同組合」から「社会的企業」へ―』（生協総研レポート No.18）。

生協総合研究所編［2002］「特集：非営利・協同組織をめぐる研究動向」（『生活協同組合研究』323）。

田中洋子［1996］「『資本主義的利潤追求を目的としない』社会―ドイツにみる企業の『社会的（sozial）』な位置―」（西村豁通他編『個人と共同体の社会科学―近代における社会と人間―』ミネルヴァ書房）。

田畑稔他編［2003］『アソシエーション革命へ―理論・構想・実践―』社会評論社。

富沢賢治［1999］『社会的経済セクターの分析―民間非営利組織の理論と実践―』岩波書店。

宮本太郎［2003］「ヨーロッパ社会的経済の新しい動向―ポスト福祉国家の理論と経験―」（市民セクター政策機構『社会運動』276）。

Esping-Andersen, G. [1990] The Three World of Welfare Capitalism, Polity Press.（岡沢憲芙他監訳［2001］『福祉資本主義の三つの世界―比較福祉国家の理論と動態―』ミネルヴァ書房）。

Borzaga, C. and Santuari, A. [1998] *Social Enterprises and New Employment in Europe*, Regione Autonoma Trentino-Alto Adige.

OECD [1999] *Social Enterprises*, OECD Publications.

事項索引

[ア行]

アソシエーション
　　——主義　133
　　——の企業家的性格　22
　　経済——　299-300, 305-6
　　コミュニティ——　115
　　雇用——　139
　　社会福祉——　45, 50-1
　　自由な——　7, 9
　　住宅——　115, 205-6, 318, 348-50
　　地域——　113, 117, 128
　　仲介——　134, 147
　　非営利——　9, 65, 250, 252-3, 300, 305
　　ボランタリー——　12, 115, 225
アドボカシー　9, 27, 35, 140, 202-3, 223, 227, 229, 344, 379, 381, 450, 479, 484
イノベーション　18, 20-1, 171, 361-2, 484, 489-90, 493
　　——行動　18, 484, 489
　　社会的な——　361
EMES ネットワーク　3, 26, 34, 471, 477, 495
エンプロイアビリティ　277, 283-4, 295, 322
OECD　44, 46, 52, 210, 220, 397, 414
オン・ザ・ジョブ・トレーニング　66, 155, 191, 205

[カ行]

外部契約化　22, 52-3, 93, 232, 237, 274
外部性　37, 80-1, 152, 242, 269, 281, 286, 290, 326, 332, 360, 362, 424-6, 440-1, 463
　　社会的に共通の——　37, 80-1, 152, 269, 326, 332, 424-6, 440-1

企業
　　協同——　134
　　契約の連結体としての——　372
　　コミュニティ——　121, 209
　　社会的経済——　44-5, 47-8, 50, 472
　　従業員所有——　129-30, 275, 282
　　職業訓練——　66
　　挿入——　134
　　調整メカニズムとしての——　371, 373
　　橋渡し——　283, 289
　　非営利——　66, 108, 351, 371, 378, 465
　　労働参入支援——　263
　　労働者自主管理——　4
　　労働者所有——　371
企業家活動
　　新しい——　18-9, 24, 26
　　社会的——　2-3, 18, 29, 76, 219, 271, 295, 361, 398, 443, 490
企業家精神　2, 24, 31, 135, 175, 471, 491
起業組織　1-3, 5, 8-11, 19, 21-5, 27-32, 38, 45-46, 49-53, 55, 57, 65-67, 69-71, 74-76, 81, 83-4, 88, 94, 96, 98, 100, 102, 106, 110-1, 113, 116, 129-30, 140-1, 144-5, 151, 154, 162, 164, 167-75, 179, 183-5, 188-90, 193-4, 196, 200, 207-8, 210-1, 214, 249, 252-3, 255-6, 289, 291, 293, 302-3, 310, 313, 325-8, 342, 346-51, 361, 397, 408, 410-1, 441, 471, 476, 493-4
寄付　14, 25, 73, 79, 191, 205, 207, 214, 242, 261, 264, 267-8, 285-7, 344, 346, 369, 378-9, 381, 384, 386, 396, 403-6, 408, 428-9, 436, 438-40, 443, 449-50, 455, 459, 462, 473, 483, 486, 488, 490, 497
共済組合　16, 63, 110, 133, 204, 261-2, 339,

341, 346, 351, 420, 441
競争的な自由市場　187
協同組合
　アグリツーリズム——　32, 188-9, 191-4
　給食サービス——　343
　——企業　47, 88, 92
　——銀行　127, 339
　——原則　4, 47, 271, 345
　——振興機関　303, 305, 342
　——振興計画　263, 268
　小売業——　8
　コミュニティ労働者——　211, 213
　在宅介護——　31, 35, 343, 355, 357-60
　自然食品——　114, 343
　社会的——　1, 8, 23-4, 30, 112, 117, 127, 157, 185, 197, 223-6, 228-43, 295, 303, 305, 307, 309-14, 342, 379, 426, 472
　社会的雇用——　342
　社会的の労働者——　305
　社会的の連帯——　24, 230, 232, 263, 266, 271
　障害児教育リハビリテーション——　263
　消費者——　8, 43, 91, 296, 385, 463
　住宅——　8, 93, 349
　都市型——　188-92
　農業——　35, 339, 424
　農民——　90
　ビレッジ——　115, 474
　不動産——　115
　保険——　8, 339
　労働参入——　32, 110, 112, 116-27, 129-30, 477, 479
　労働者——　8, 90-3, 113, 116, 118, 122, 126-7, 130, 211, 213, 242, 275-6, 304-7, 342, 350, 424, 460, 463
近隣サービス開発機関　141
クレジットユニオン　204, 206, 340, 351
系柱
　——化　43, 318-9
　——組織　318-9, 321
現金給付　43, 55, 151, 182, 223, 437, 479-80,
485-6, 488, 497
現物給付　44, 138, 151, 311, 438
公共財　1, 59, 376, 396, 428, 432, 449
公共支出　274, 475, 479, 485-7, 497, 499
コミュニティ
　オルタナティブな——　100
　——開発　31, 88, 207, 210, 215, 269
　——基金　329
　——企業　121, 209
　——グループ　210-1, 360
　——交通　350, 353
　——志向　60, 173, 407
　——生活　434
　——全体の利益　35, 82
　——組織　203, 346
　——づくり　172, 210, 414
　——のニーズ　9, 128, 135
　——パートナー　350
　——ビジネス　32, 130, 200, 213, 344-6, 348-50, 396
　——プラットフォーム　211, 219
　——ベース　202, 204, 211, 351-2
　——への貢献　11, 28, 37, 178, 423-4
　——保険制度　9
　——ワーク　96, 101-2
　——市民　163, 401, 409
　——生産　105
　——政治的　432, 437
　——地域　9, 26, 30, 95-7, 100-1, 103, 168, 172, 193, 209-10, 213, 217, 233-4, 241, 264, 309, 339, 368-9, 386, 392, 405, 412-3, 420, 450, 452, 460, 463, 475, 477, 484, 486, 488-9, 491-2
互酬　6, 37, 422, 437-9, 440-3
雇用
　完全——　110, 159-61, 245, 247, 254, 303
　緊急避難型——　205, 265, 283, 472-3, 476, 487
　——計画　21, 173-4, 178, 267, 345
　——構造　186
　——戦略　173, 178

事項索引　　*531*

──創出　31-2, 38, 59, 66, 93, 111, 139, 148, 169, 173, 184, 265, 271, 277, 302-3, 478, 482, 485
──比率　186, 485
──連帯契約　147
社会的──　32, 168-9, 172, 260, 263, 265, 270, 342-3
追加的──　44, 60, 167, 485
パートタイム──　111, 143, 186
臨時──　48, 111, 120-1, 147, 167-8
混合
資源──　29, 176, 402-3, 405, 491, 497
報酬──　465
混合型
──組合員制度　236
──福祉　2, 43, 52-3, 59

[サ行]

サードセクター
──アプローチ　5
──企業　338, 423, 425
──組織　2, 17, 21, 25-6, 36, 95, 163-4, 172, 178-9, 223, 228, 264, 295, 297-8, 301-2, 310, 337-8, 368-9, 375-84, 386, 388, 397-8, 402-9, 411-2, 414-6, 420, 423-4, 471, 474, 476-9, 486, 498
サービス
医療──　89, 116, 129, 201-2, 235, 250, 343, 352
家族──　250
給食──　215, 217, 343-4
近隣──　20, 30, 32, 50, 68, 84, 114-5, 133, 135-6, 140-1, 145-7, 149, 152-4, 157, 177, 204, 206-7, 212-3, 257, 261, 266, 361
コミュニティ──　63, 65, 68, 77-81, 83-4, 209, 223, 350, 383, 410, 424-5, 430, 436, 440, 443, 485
コミュニティケア──　367, 472-4, 478-80, 482, 485-6, 489, 493-4, 496-9
在宅介護──　139, 353, 359, 449

社会──　13, 31, 44, 47, 50, 52, 60, 75, 89-90, 93-6, 101, 106-8, 110, 116, 119, 127, 135-6, 146-7, 167, 182-3, 193-7, 201-2, 223-4, 226-9, 231-3, 235, 239-43, 250, 255-6, 261, 274, 288, 293, 312, 322, 327, 340, 354, 357-8, 367-8, 378-9, 381-3, 386-9, 392, 411, 415, 452, 458, 460, 472-80, 483-7, 489, 493-9
社会的共通──　82, 367, 379-81, 386-7, 392-3
社会福祉──　44, 97, 161, 168, 174-5, 182, 184, 187, 451
職業訓練──　179, 477
対人──　20, 30, 45, 50, 134, 136, 146-7, 149, 204, 206, 213, 220, 223, 233, 274-5, 342, 352, 380, 383, 392-3, 424, 428, 433-4, 485, 499
デイケア──　355
福祉──　31, 44, 97, 110, 161-2, 168, 174-5, 182, 184, 187, 202, 295-7, 312, 344, 352-3, 355, 360, 368, 451, 490
文化──　487, 489, 499
保育──　52, 55, 58, 60, 135-6, 150-2, 183, 295
在宅
──介護士　139
──支援　30, 68, 74-6, 135, 138-9, 141, 144, 148-52, 156, 214
財団　6, 9, 16, 27, 35, 67, 102, 105, 112, 150, 157, 225, 227-9, 262, 268, 274, 276, 280, 282, 288, 299, 311, 319-21, 324-5, 327-9, 333, 338, 368, 388, 438, 491
再分配　6, 37, 135, 139, 227, 344, 381, 385-7, 392, 422, 437-40, 442-3, 449, 491-2, 497
──活動　344, 483
──機能　1, 387, 463, 483-4, 490, 499
──効果　487
資源──　386
所得──　381
利潤──　387

作業所
　共同—— 100, 279
　緊急避難型—— 49, 66-7, 110, 112-3, 324-5
　雇用—— 277, 283-4, 287
　社会的—— 67, 113, 117, 324
資源
　貨幣的—— 25, 28
　非営利—— 25, 78, 473
　非貨幣的—— 25, 28
　非市場—— 154
仕事おこし計画　159-60, 170, 178, 325
市場
　社会的雇用—— 260, 263, 265, 270
　準—— 22-3, 31, 60, 152, 243, 314, 347, 353, 360-1, 414, 443, 479, 482, 484, 494, 497, 499
　非—— 36, 85, 154, 267, 302, 340, 372, 396-7, 404, 406, 436, 439
市場経済　133, 159, 161, 438, 441-2
失業
　構造的—— 1, 46, 81, 251, 281
　——対策　70, 80, 113, 128, 146-7, 234, 247, 322, 328
　——手当　116, 247, 275, 323, 479
　——問題　111, 130, 160, 182, 188, 209
　——率　44, 68, 93, 111, 121, 128-9, 174, 186-7, 246-8, 251, 275, 347, 485
失業者
　若年—— 47, 49, 102, 248, 253, 303, 322
　長期—— 44, 57, 67, 93, 111-4, 127, 160, 164-5, 168, 171, 187, 205, 213-4, 248, 263, 268, 277, 302, 321-3, 325, 327, 331, 334, 342, 345, 348, 413, 498
失敗
　市場の—— 199-200, 274, 276, 293, 337-40, 347, 353, 370, 372, 378, 380-1, 385, 387, 392, 498
　政府の—— 337-9, 347, 353, 362
市民
　——資本　36, 401-2, 435-6

　——社会　1-2, 51, 163, 165, 201, 260, 273, 275, 287, 321, 399-402, 416, 432, 476, 490
社会開発　95-8, 108, 164, 167, 172, 207
社会的
　——資本　36-8, 57, 79, 99, 106, 128-9, 163-6, 168, 170, 172, 176-9, 212, 218, 234, 240, 269, 282, 309, 326, 334-5, 339, 359-60, 362, 368, 396-413, 415-6, 421-2, 427-32, 435-6, 439-43, 487-8, 492, 497
　——統合　38, 43, 80, 96-7, 107, 134, 154, 163-5, 167, 172-7, 192, 230, 239-40, 276, 280, 284, 289-90, 292-3, 321, 334, 361, 397, 402, 409, 413-5, 424, 441, 482, 487
　——包摂　50-1
社会的企業
　社会サービスの供給型—— 473, 478, 485
　——（という）概念　3, 107, 163, 169, 172, 201, 264
　——のインセンティブ構造　36, 386-8, 391-3
　——の生産性　175
　——のジレンマ　175
　——の潜在的可能性　178-9
　——のタイプ　103, 188, 359
　——のハイブリッドな性格　31, 448, 450
　——のリスク　289
　労働市場への統合型—— 245, 274, 282-3, 295, 472-3, 476-8, 483, 485, 489, 494, 498
社会的共通益　37, 81, 152-3, 156, 225, 332, 424-6, 434-6, 439-40, 442-3, 481
社会的経済　1, 3, 6 -12, 14-18, 20, 24-26, 34, 51, 63-5, 68, 77-8, 81, 85, 107-8, 110-1, 118, 133-4, 142, 156-7, 184, 199-200-1, 203-5, 207-8, 211-4, 218-20, 256-7, 260-1, 268, 271, 276, 278, 285, 287-9, 293, 317, 337-8, 353, 420, 431, 441, 489-91
　市場志向型の—— 68, 77-8, 85

事項索引　　533

──の規範的アプローチ　10
──の法制度的アプローチ　7, 10, 14
非営利的な──　78
社会的目的
　──をもった会社　24, 64, 472
　──をもった企業　35, 49, 157, 289, 350
　──をもった協同組合　472
障害者派遣ボランタリー会社　343
職業
　──訓練　20, 32, 44, 49, 51, 65-6, 74, 99, 102, 104, 115, 160, 166-8, 179, 184, 209, 212, 215-7, 246-8, 253-4, 261, 265, 267-8, 277, 283, 344-5, 347-8, 351, 358, 413, 473, 477
　──紹介　49, 161, 166, 184, 283-4, 302, 348-9
信頼関係　163, 176, 178, 240, 368-9, 389, 399-402, 404-6, 408, 413-4, 429, 434, 483, 487-8
政策
　家族──　74
　競争──　243
　経済──　111, 188, 207, 340, 347, 475
　公共──　4, 36, 53, 70, 80, 85, 136, 146-7, 149, 157, 160, 167, 173, 178-9, 208, 271, 291, 392-3, 397, 412, 416, 442-3, 483, 493, 496
　雇用──　80, 83-4, 111, 129, 160-1, 178, 249, 268, 273, 320, 473, 475-6, 498
　高齢者──　138
　社会──　1, 59, 88, 95-7, 101, 111, 134, 161, 164, 167, 174, 184, 196, 207, 474-5, 490, 494, 496, 498
　社会的統合──　165, 176
　社会福祉──　52
　社会保障──　320, 322
　住宅──　70
　地域──　153-4
　都市──　95, 174
　福祉──　260
　保育──　150

民営化──　2, 476, 484
労働──　474, 476, 494
労働市場──　44-7, 53, 83, 111, 171, 220, 303, 317, 321-2, 335, 348-9, 473
労働市場への統合──　166
生産
　──学校　95
　──コミューン　31, 100
セクター
　インフォーマル──　259, 317, 361
　営利──　1, 4, 14, 23, 79-80, 85, 107, 149, 165, 183, 200, 282, 355, 367, 412, 450
　公的──　1, 4-5, 10, 14, 20, 77, 79, 82, 85, 95, 97, 106, 121, 124, 129-30, 136, 141, 162, 183, 186-7, 199-200, 210, 212-3, 226-7, 273, 286, 291, 296-7, 304, 309-11, 323, 325, 344, 353-5, 357, 367, 376, 405, 410, 423, 438, 448-50, 452, 456-61, 463-5, 477, 486, 490
　協同組合──　92, 133, 194, 268, 338-9, 342
　コミュニティ──　201-2, 210, 219
　資本主義──　133
　社会サービス──　197, 293, 382, 389, 411
　社会的経済──　111, 184, 199, 219-20, 317
　独立セクター　12, 402
　非営利──　1, 3, 5-6, 12-8, 24-6, 63, 79, 82-3, 90, 195, 201-2, 206, 223, 226, 260, 302, 317-21, 336-7, 367, 383, 480, 489
　ボランタリー──　14, 82, 141, 201-4, 211, 250-1, 340, 344, 349, 353-4
　ボランタリー・コミュニティ──　201-2
ソーシャルワーク　88, 90, 94-6, 101-2, 107, 160, 170, 226, 249, 251, 255, 327

[タ行]

地域
　──開発　32, 38, 46, 80, 134, 163, 165-6, 174, 178-9, 194, 199-200, 204, 207-11, 213-4, 218-9, 221, 271, 303, 334, 340,

344, 348-50, 413, 424, 474, 482, 488-9
——雇用 46, 113, 160, 163, 208, 212
低家賃住宅 31, 68-73, 95, 103-4, 205-6, 212, 349, 476
同形化 37, 85, 140, 441, 443, 492, 495-6
投資
 社会的責任—— 344
 倫理的—— 344

[ナ行]

ネットワーク
 協同—— 166
 社会的—— 99, 102, 156, 165, 309, 434-5, 442, 451
 地域—— 408
 ボランティア—— 351

[ハ行]

パートナーシップ
 協同的な—— 197
 社会的—— 43, 207, 405
 地域—— 79, 95, 121-2, 210, 436, 443
 ——関係 495
ハイブリッド化 37, 165, 439-441, 443
バウチャー 242, 347, 497
 ——制度 238
1株1票制 11
1人1票制 11, 16, 28, 124, 191, 213, 229, 299-300, 306, 341
フィランソロピー 73, 82, 297, 440
福祉
 コミュニティ—— 396, 498
 ——国家 1-2, 22, 52, 88, 90, 110-1, 129, 133, 136, 140, 146, 202, 250, 260, 273, 288, 291, 295-7, 303, 339-40, 352, 438, 478, 480, 485
 普遍的—— 303
保育
 共同—— 136-7, 142, 150, 151
 コミュニティ—— 141, 144
 在宅—— 137, 147

法
 求職者挿入—— 322
 コミュニティ公共医療サービス介護—— 352
 産業共済組合—— 204, 341
 社会的協同組合—— 223, 230-2
 社会的目的をもった会社—— 24, 64
 社会的連帯協同組合—— 24, 263, 266, 271
 内国歳入—— 13
 ボランティア—— 224
 有限責任社会的協同組合—— 24, 185
 若者雇用保障—— 323
補完性原則 43, 161, 319
ホームレス 47-8, 50, 69-70, 72, 83, 100, 107, 205, 207, 213, 260, 350
ボランティア 1, 14, 20-2, 24-6, 28, 30, 37, 51, 63, 76, 79, 96, 102, 107, 113-5, 125, 136, 139-40, 145, 150, 155, 162-3, 166, 172, 176, 202, 206-7, 213, 220, 224, 228-31, 233-4, 236-7, 240-1, 250, 255, 263-4, 268, 274, 277, 285-7, 295, 302-3, 311, 321-2, 333, 335, 339, 343, 346, 351, 353, 361, 368-9, 379, 381-2, 386, 388, 396, 403-6, 408, 411, 413, 416, 426, 429, 436, 439-40, 442-3, 448, 450, 452, 455-6, 458, 461, 463-5, 473, 483-4, 486, 488, 490-2, 497

[マ行]

マルチステークホルダー 21, 24, 121, 128, 326, 427, 436, 443, 450, 462
 ——企業 121, 426-7, 431
 ——構造 165, 293, 409
民衆高校 31, 95, 104-5
 非寄宿舎型—— 95, 104

[ラ行]

利潤
 ——非分配制約 14-6, 29, 368-9, 376-9, 386, 461, 497

——を目的としない組織　227
連帯　80, 106, 119, 128, 135, 154, 157, 162-5, 177-8, 185, 191, 200, 206, 218, 220, 242, 250, 260-2, 267-8, 279, 289, 321, 326, 334, 360, 399, 421, 441, 488
労働
　——株式会社　8, 275
　——組合　91-4, 106, 108, 121, 126, 145, 166, 168, 219, 257, 300, 318, 320, 409, 413, 458, 490
　——コレクティブ　105
労働市場
　中間——　159, 345-6, 348
　通常の——　32, 44, 93, 253, 276-7, 281, 283-4, 288-9, 292, 322, 345, 409, 473, 494
　——から排除された人々　30-1, 65, 290, 303
　——の流動性　169
　——への参入・再参入　118, 215, 251, 263-4, 476
　——への統合　20, 45, 65, 67, 80, 110, 112, 114-5, 117, 119, 129-30, 164, 166-7, 171, 173, 175, 178-9, 183-4, 188, 204-5, 219, 223-4, 233, 245, 251-5, 257, 277-9, 282-3, 285, 286-7, 291-2, 303, 347-8, 351, 368, 388, 397, 402, 404, 409, 413-4, 472, 473-4, 477, 488

【訳者紹介】(翻訳執筆順)

内山　哲朗（うちやま　てつろう）
1950年長野県生まれ．一橋大学大学院社会学研究科博士課程単位取得
専修大学経済学部教授（社会政策）

石塚　秀雄（いしづか　ひでお）
1948年東京都生まれ．中央大学文学部哲学科卒業
非営利・協同総合研究所主任研究員，都留文科大学文学部社会学科
講師

柳沢　敏勝（やなぎさわ　としかつ）
1951年青森県生まれ．明治大学大学院商学研究科博士課程単位取得
明治大学商学部教授（経営労務論）

社会的企業（ソーシャルエンタープライズ）——雇用・福祉のEUサードセクター——

| 2004年7月25日　第1刷発行　　定価（本体8200円＋税） |
| 2007年3月30日　第2刷発行 |

編　者　　C．ボルザガ
　　　　　J．ドゥフルニ
訳　者　　内　山　哲　朗
　　　　　石　塚　秀　雄
　　　　　柳　沢　敏　勝
発行者　　栗　原　哲　也

発行所　　株式会社 日本経済評論社
〒101-0051　東京都千代田区神田神保町3-2
電話 03-3230-1661　FAX 03-3265-2993
E-mail : nikkeihy@js7.so-net.ne.jp
URL : http://www.nikkeihyo.co.jp

装丁＊鈴木弘　　　　　　　　　印刷＊新栄堂　製本＊協栄製本

乱丁落丁本はお取替えいたします．　　　　Printed in Japan
ISBN 4-8188-1558-6
© T. Uchiyama, H. Ishizuka and T. Yanagisawa, 2004

Ⓡ〈日本複写権センター委託出版物〉
本書の全部または一部を無断で複写複製（コピー）することは，著作権法
上での例外を除き，禁じられています．本書からの複写を希望される場合
は，日本複写権センター（03-3401-2382）にご連絡ください．

協同思想

農林中金総合研究所編／中川雄一郎監修
協同で再生する地域と暮らし
――豊かな仕事と人間復興――
1459-8　C0036　　　　　A5判　282頁　2200円

地域の実態を実証的（財政・資源など）に分析し、住民生活の変化を捉え、国内外の実践事例を報告する。失われつつあるコミュニティ回復と地域経済の再興の可能性を探る。（2002年）

相馬健次著
戦後日本生活協同組合論史
――主要書籍を読み解く――
1440-7　C3036　　　　　A5判　278頁　3600円

今日、生協の活動・運動は広く社会に普及しているが、戦後日本社会の歩みとともに、いかなる形成・展開・変容を辿ったのか。協同組合・生協論にみる、政策と理論の変遷。（2002年）

中川雄一郎著
キリスト教社会主義と協同組合
――E. V. ニールの協同居住福祉論――
1413-X　C3036　　　　　A5判　356頁　4400円

19世紀イギリスの労働者生産協同組合運動を多様な人物、思想的葛藤、コミュニティ福祉論の実際等から検証し、近代協同組合運動の中に位置づけた著者のライフワーク。（2002年）

青柳斉著
中国農村合作社の改革
――供銷社の展開過程――
1431-8　C3036　　　　　A5判　356頁　4800円

劉少奇の申し子、供銷合作社は浮沈を経て、今や1億8千万戸が加入しICAには副会長を送っている。変貌する中国農業にあって農民協同組合の展開可能性を詳細に論じる。（2002年）

G. アシュホフ、E. ヘニングセン著／関　英昭・野田輝久訳
新版　ドイツの協同組合制度
――歴史・構造・経済的潜在力――
1085-1　C3036　　　　　A5判　231頁　3000円

ドイツ経済政策の基本理念は社会的な市場の運営にある。経済構造を支える協同組合の特徴を、歴史・教育・法制・国際間協同等につき、統一後の状況にも解説を加えた増補新版。（2001年）

J. ロバートソン著／石見　尚・森田邦彦訳
21世紀の経済システム展望
1183-1　C0036　　　　　A5判　140頁　1200円

持続可能な生活の基盤を確立するためには社会正義とエコロジー的生存を優先させる必要がある。欧米の工業社会の価値観を見直したシューマッハー（『スモールイズビューティフル』の著者）の双書第一巻。（1999年）

長谷川　勉著
協同組織金融の形成と動態
1273-0　C3036　　　　　A5判　380頁　5000円

国際化・自由化の中で協同組織金融は弱体化を辿っている。「設立の思想と理念」「地域と中小企業との同栄」を視座に、世界の歴史的変遷と現状を論究し、社会的金融としての今後を展望する。（2000年）

V. ペストフ著／藤田暁男ほか訳
福祉社会と市民民主主義
――市場と国家を超えて――
1307-9　C3036　　　　　A5判　350頁　3800円

社会的企業や第三セクターの貢献なくしては福祉社会の発展はない。サービス提供者とクライアントの相互活動、労働環境の改善等、現場から市民民主主義の漸進を捉える。（2000年）

G. マクラウド著／中川雄一郎訳
協同組合企業とコミュニティ
――モンドラゴンから世界へ――
1319-2　C3036　　　　　A5判　250頁　2400円

モンドラゴン、そしてバレンシアでの実験は多様な事業を生み出し、創設者たちの社会ビジョンや革新的思想が実行されている。モンドラゴンの核心をつく著者の多年にわたる調査と考察。（2000年）

ICA編／日本協同組合学会訳編
21世紀の協同組合原則
――ICAアイデンティティ声明と宣言――
1320-6　C3036　　　　　四六判　150頁　1400円

1988年のマルコスによる価値議論の提起、92年のベイク報告を経て、95年に協同組合が依って立つ価値と実践のための原則を確立する。文献、年表等も加えた英訳決定版。（2000年）

表示価格に消費税は含まれておりません

協同思想

川口清史・富沢賢治編
福祉社会と非営利・協同セクター
1076-2 C3036　　　A5判 276頁 3500円

福祉国家から福祉社会へ転換の今日、非営利・協同セクターの概念を再確定し、その組織と運営・機能の実際をヨーロッパ各国からの報告を元に、日本の課題と共に分析する。（1999年）

河野直践著
産消混合型協同組合
——消費者と農業の新しい関係——
0990-X C3036　　　A5判 323頁 3800円

農畜産物などの生産者とその消費者が実質的に一緒になり協同組合を設立し、また組合員となって運営する。現在認められていない新型の組織ざし、法制度にも言及していく。（1998年）

田中秀樹著
消費者の生協からの転換
1045-2 C3036　　　四六判 208頁 2300円

日本も世界も、今までの協同組合の時代が終わり、新しい時代が始まろうとしている。主体と協同の変化に対応した生協運動の構築のために何を志向せねばならないか。（1998年）

辻村英之著
南部アフリカの農村協同組合
——構造調整政策下における役割と育成——
1054-1 C3033　　　A5判 274頁 5200円

小農の絶対的貧困の解消に農村協同組合は貢献しうるのか。その場合、どんな育成手段と役割、機能を組合に負わせるのがいいか。80年代後半の事例と現地調査から分析する。（1999年）

富沢賢治・川口清史編
非営利・協同セクターの理論と現実
——参加型社会システムを求めて——
0919-5 C3036　　　A5判 350頁 3400円

現在の社会経済システムへの反省から非営利組織がふえ、協同組合・共済組織と共に今後の活動が期待されている。欧米と日本国内の活動状況を分析し論ずる関係者待望のテキスト。（1997年）

富沢賢治・中川雄一郎・柳沢敏勝編著
労働者協同組合の新地平
——社会的経済の現代的再生——
0846-6 C3036　　　A5判 325頁 4400円

労働者が自らを雇用し生産活動を行う協同組合。その理念・制度・実態をイギリス、スペイン、イタリアを中心に検証。既存の産業構造のなかでどのように活動しているのか？（1996年）

CRI・生協労働研究会編
90年代の生協改革
——コープかながわ・コープしずおかの葛藤——
0964-0 C3036　　　四六判 256頁 2400円

組織・事業の拡大をはかった多くの生協は、いまその反動により苦境にある。経営危機発生の根本を捉え、組合員・職員・経営者の共同作業による危機克服の方途。（1997年）

村岡範男著
ドイツ農村信用組合の成立
——ライファイゼン・システムの軌跡——
0956-X C3033　　　A5判 280頁 5500円

資本主義経済の進展下、ライン地方における自助・自己責任・自己管理という近代的協同組合の実態をもつ信用組合がいつ、どんな形で誕生したのか。その成立過程を解明する。（1997年）

J.モロー著／石塚秀雄ほか訳
社会的経済とは何か
——新自由主義を超えるもの——
0893-8 C3036　　　四六判 223頁 2500円

協同経済組織に対して、国家と新自由主義が「自由と両立しない」と批判するが、はたしてそうか。本書は「分権・自発・自助・連携」のための行動と倫理を主張する。（1996年）

ドゥフルニ，モンソン編／石塚秀雄ほか訳　富沢賢治解題
社会的経済
——近未来の社会経済システム——
（オンデマンド版）1611-6 C3036　A5判 484頁 7500円

私的および公的セクターに属さない経済活動が活発化している状況下、主要先進国における社会的経済の理論と実証を試みた国際プロジェクトによる初の成果。（1995年）

S.デーリチュ著／東信協研究センター訳
シュルツェの庶民銀行論
0689-7 C3033　　　A5判 272頁 3200円

協同組合運動の祖として、ライファイゼンと並ぶシュルツェの代表作『庶民銀行としての前貸組合』『協同組合読本』等を初めて訳出。併せてシュルツェの業績を加える。（1993年）

表示価格に消費税は含まれておりません

A. エバース，J.-L. ラヴィル編／内山哲朗・柳沢敏勝訳
欧州サードセクター
―歴史・理論・政策―
欧州におけるサードセクターとは何か。欧州サードセクターの歴史的な展開、多元的経済の一翼としてのサードセクター経済をめぐる理論的・政策的課題を追求する。　　**本体 4600 円**

田中夏子
イタリア社会的経済の地域展開
「生きにくさ」の時代に「人が大事にされる暮らし方・働き方」を模索する社会的協同組合の現場から、それを担う人々に光を当て、その社会的背景、地域社会の構造を分析。　**本体 3700 円**

堀田祐三子
イギリス住宅政策と非営利組織
地方自治体による公営住宅供給から、ボランタリー組織による住宅供給・支援へ、ドラスチックな政策転換の実態と意義を詳細に分析・解明。今後の展開を探る。　　**本体 4200 円**